小企业金融丛书
中国社会科学院中小银行研究基地文库

新版小微金融手册

The New Microfinance Handbook

［世界银行］乔安娜·莱杰伍德（加）（**Joanna Ledgerwood**）

朱莉·阿恩（**Julie Earne**）

坎迪斯·尼尔森（**Candace Nelson**）　编著

白海峰　游　春　黄文礼　译

游　春　王　泽　校

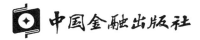中国金融出版社

责任编辑：张哲强

责任校对：潘　洁

责任印制：程　颖

图书在版编目（CIP）数据

新版小微金融手册（Xinban Xiaowei Jinrong Shouce）/（加）乔安娜·莱杰伍德等编著；白海峰，游春，黄文礼译. —北京：中国金融出版社，2017.11

ISBN 978 - 7 - 5049 - 8960 - 4

Ⅰ.①新…　Ⅱ.①乔…②白…③游…④黄…　Ⅲ.①金融业务—手册　Ⅳ.①F830.4 - 62

中国版本图书馆 CIP 数据核字（2017）第 066302 号

出版
发行　中国金融出版社

社址　北京市丰台区益泽路 2 号
市场开发部　（010）63266347，63805472，63439533（传真）
网 上 书 店　http://www.chinafph.com
　　　　　　（010）63286832，63365686（传真）
读者服务部　（010）66070833，62568380
邮编　100071
经销　新华书店
印刷　北京市松源印刷有限公司
尺寸　169 毫米 ×239 毫米
印张　33.25
字数　517 千
版次　2017 年 11 月第 1 版
印次　2017 年 11 月第 1 次印刷
定价　98.00 元
ISBN 978 - 7 - 5049 - 8960 - 4
如出现印装错误本社负责调换　联系电话（010）63263947

丛书总序

随着经济全球化的不断推进，以及科学技术的创新和发展，全球的企业组织形态出现了两种截然不同的趋势：一是并购浪潮迭起，行业巨头垄断市场份额；二是中小企业繁荣发展，成为社会经济体系不可或缺的组成部分。从中国的经济运行状况看，中小企业对民生、就业、创新和税收具有的重要意义毋庸赘言，但是发展过程中存在的金融服务资源分配不合理、融资难度大等共性问题一直明显存在。

从中国经济周期的波动情况看，往往在经济的回落阶段和紧缩阶段，中小企业成熟的紧缩压力常常因为融资渠道的单一等而受到更大的冲击，如何在充分借鉴国际经验的基础上，立足中国的金融市场环境，着手化解中小企业融资难问题，成为下一步金融改革的重要问题。

在新的经济金融环境下，中国的金融改革应当如何推进？从金融改革已经取得的成就和当前实体经济对金融业的现实需求看，小微企业金融服务相对滞后，利率市场化等推进相对谨慎，经济相对欠发达的农村以及中西部地区的金融服务供给不足。从金融服务于实体经济的总体要求出发，小微金融服务的改进与上述金融服务需求都程度不同地相关，并可能成为下一阶段金融改革的重点。小微金融的有效发展，可以服务"三农"、完善农村金融服务，缓解农村金融市场资金需求；培育和发展竞争性农村金融市场，开辟满足农民和农村小微企业资金需求的新渠道，进而促进经济欠发达地区的经济发展；有利于合理有效利用民间资本，引导和促进民间融资规范发展；以及支持小微企业发展，缓解小微企业融资难问题。

据统计，当前中国具有法人资格的中小企业1 000多万户，占全国企业总数的99%，贡献了中国60%的GDP、50%的税收，创造了75%的新增城镇就业机会。我国中央银行发布的《2011年金融机构贷款投向统计报告》显示，截至 2011 年 12 月末，小企业贷款（含票据贴现）余额为 10.76 万亿元，同比增长 25.8%，比上年末下降 3.9 个百分点。全国工商联调查显示，规模以下的小企业 90% 没有与金融机构发生任何借贷关系，小微企业 95% 没有与金融机构发生任何借贷关系。中小企业为社会创造的价值和与其获得的金融资源相比是明显不匹配。特别是在经济紧缩时期，金融机构容易将更为稀缺的信贷等金融资源向大型企业倾斜，客观上形成对小微企业的挤压，加大了小微企业的经营压力。

要逐步缓解这个问题，需要针对小微金融的不同金融需求，为不同的金融机构找到为小微企业服务的商业定位与可行的商业模式，一方面要积极发展村镇银行、小贷公司等小微金融机构，同时要推动大型的商业银行为小微企业提供服务，大型商业银行要通过建立差异化的考核机制和商业模式推进客户结构调整。

当前金融业严格的准入管制，使得面向小微企业的金融服务明显不足，即便是在民间融资十分活跃的 2011 年，主要面向小微企业的小贷公司在年底的贷款余额也仅仅达到 3 914.74 亿元，仍远远不能满足市场的需求。其实，不仅小贷公司，从整个金融机构的分布看，在小微企业较为集中的中小城镇，能够提供金融服务的金融机构十分有限，金融服务的供应不足，也使得面向小微企业的金融服务市场竞争不充分，从而使得小微企业贷款利率相对较高。从这个意义上说，面向小微企业服务的金融业的严格准入管制导致竞争不充分，直接提高了小微企业的融资成本。而且严格的准入管制，带来了显著的牌照溢价，也使得金融机构往往习惯于依赖牌照管制带来的溢价等来经营，内在的改进经营管理的动力不足。

因此应当适当放松管制指标，以促进小贷公司等小微金融机构为小微企业提供金融服务，并通过引进新的小贷公司，促进竞争，降低小微企业贷款成本。

小微金融机构可持续发展的内涵是小微金融机构提供的金融服务所获得的收入可以覆盖其营业成本和资金成本，以实现其独立生存并不断发展壮大，小微金融机构的财务可持续性是其主要内容之一。

从总体上看，利率市场化有利于促进小微金融机构本身的财务可持续发展。从发展历史看，中国的一些早期小额信贷经营状况欠佳的原因之一是政策导向上一度错误地认为低利率才是"扶贫"，这一方面使得商业化的金融机构不愿意从事小额信贷业务，或者从事小额信贷业务的机构只能依靠扶持性质的特定外部资金，从而无法实现小贷公司的财务独立；另一方面低利率可能导致的寻租现象往往使得真正需要资金的小微企业无法获得信贷机会和资金扶持。可见，要促进小微金融机构的健康可持续发展，就必须使其能够通过正常经营获取必要的利润，十分重要的一点就是逐步对小微企业金融服务放开利率的管制。

在利率市场化的过程中，小微金融机构应聚焦小微企业的客户定位，提供那些最能体现小微企业需求的金融服务，并发挥小微金融机构区域特征明显、信息成本较低以及业务审批速度快、交易成本较低的优势，集中精力发展有潜质的小微企业客户，加强小微企业金融服务的风险管理创新，调整业务结构和业务竞争能力，走与大银行等大型金融机构有差异化的发展道路。这样在客观上也有利于推动整个金融结构的调整。

从实践经验来看，不同国家和地区解决中小企业融资问题的方法各有千秋，成效也不尽相同。在南亚，格莱珉银行有力地推动了小额信贷发展，虽然格莱珉银行主要的贷款对象是贫困妇女，贷款的主要目的和意义在于扶贫，但其在运用担保方式降低贷款信用风险方面的做法还是值得金融机构借鉴的，其为解决世界贫困问题所作出的贡献值得深入分析；中国台湾地区在中小企业金融服务方面也有不少成熟的经验，金融机构等不仅提供资金、减免税收，还全方位地为中小企业提供信息和技术，培育中小企业成长的沃土。

在欧洲，虽然各国情况略有差异，但中小企业最重要的融资渠道还是银行信贷，银行也十分注重与中小企业的信贷业务关系，银行业有针对中小企业的信用评级系统，也建立了较为完善的中小企业信用记录档案；美国则发展了成熟的中小银行和社区银行网络来对中小企业和个人提供金融服务，其提供的金融产品不仅限于信贷方面，还包括各种金融工具和衍生品，可以说是多层次、多样化的金融服务。

从当前的情况看，要解决中小企业信息不对称问题，满足中小企业融资需求，就要从多个方面着手，重点是建立适应中小企业特征、迎合中小企业需要的银行服务体系。只有为中小企业度身打造一套科学完整的风险定价、贷款审批、贷后管理系统，培养专门的人才队伍，才能为其提供对口的金融服务，逐步化解中小企业的融资难问题。

在这方面，一些中国本土金融机构已经作出了不少有益的实践并取得了一些经验，事实证明，地方性金融机构所具有的地缘优势和人力资源优势特别适合发展中小企业信贷这种"劳动力密集型"业务。此外，在信贷的基础上还能够进一步展开相关的金融服务，为中小企业提供更加充足的金融资源。还有一些将中国实际市场状况与成熟的商业模式、信贷模式相结合而搭建的微小贷款平台，为推动我国微金融和普惠金融发展作出了积极的探索，同时也为解决中小企业融资问题开辟了新的路径。

现在一些大型的金融机构也开始注重开辟中小企业金融服务市场。大型金融机构在这方面拥有强大的技术优势和营销优势，即使是零售业务也能够进行批量化推广。一方面通过标准化产品为客户提供简单快速的服务，另一方面也可以为目标客户群量身定做融资方案，进行全方位服务。除了银行贷款以外，还要完善其他各种融资渠道。例如鼓励发展机构和个人创办的天使投资基金，为初创期的企业提供成长的资金支持；放宽民间资本进入金融业，引导民间融资规范化运作。

健全的金融系统对一个经济体所起的作用应该类似于灌溉系统，将源源不断的资源充分有效地分配于社会各个阶层，满足不同主体的需要。目前我国已有不少对于国内中小企业金融服务的研究及对国外经验的借鉴分析，即将陆续出版的这套小企业金融丛书可以进一步围绕小企业金融，提供有特色的专业研究成果。

小企业金融丛书涉及小企业金融服务的方方面面，既包括研究社区银行、小贷公司等专门为小企业提供金融服务的机构方面的书籍，又包括小企业信用风险评估、融资担保方式等技术层面的实用手册和研究报告；既有国外文献的译著，又有针对国内问题的著述，详细系统地介绍了小企业金融的各个方面。希望这套丛书能够为我国小企业和金融业的发展开辟新的视野，带来新的启迪。

是为序。

巴曙松

研究员、

中国银行业协会首席经济学家、

香港交易及结算所首席中国经济学家、

中国宏观经济学会副秘书长

前　　言

　　当乔安娜·莱杰伍德（Joanna Ledgerwood）主编的《小微金融手册》在1998 年首次出版的时候，对于那些致力于提高穷人的小额信贷可及性的小额信贷捐赠者、政策制定者和从业者来说，这本手册是必不可少的项目指南。在随后的几年里，小额信贷商业化的机会和压力驱使我们重新评估小额信贷是什么？应该为谁服务？今天，除了能力建设和确保机构的可持续性外，更大的小额信贷社区正在仔细审视客户的多样化需求，更广泛的金融生态系统，以及技术的转换性。这个重新评估已成为全球关于减少贫困的对话的惯常手段。

　　那么，现在《新版小微金融手册》的出版是及时的。现在微型金融部门反映了金融、技术、发展的多领域交叉。这些新思想使得改变成为可能的艺术。作者反映了这种多样的生态系统，包括从移动运营商到小额信贷机构和社区网络的一切。这本书同时带来了一个令人印象深刻的不断变化的实践领域里的专家队列。

　　我们很高兴这本书提出了"关于贫困人口真正需要的是什么"这一难题。这意味着将对话转移到机构的禁锢之外进入复杂的客户世界。一个农村农民的需求是与一个城市的小企业主不同的。一个年轻的女人在放学后所寻求的生活与一个寻求保护她家庭资产的母亲是有不同的优先生活选择项的。小额信贷履行其最初的承诺，我们需要把生活贫困的人的需求，作为这项工作的重心。

　　该是总结我们前行时学到的知识的时候了。这本《新版小微金融手册》将发挥重要作用，帮助我们了解金融服务如何服务于穷人们的多样化需求。

序　言

　　想象一下没有金融服务的生活：没有存款账户，没有借记卡，没有火灾保险，没有大学储蓄计划，没有住房抵押贷款。生活将像一个令人难以置信的压力过山车，大多数梦想将仍然实现不了。你得到工作薪水的那一天会很好，其他日子则会过得很艰难。任何一次意外事故就会让你的家庭陷入困顿，更别提送孩子上大学了。买房子？还是忘了它吧。没人能从积攒的私房钱去支付这样的需求。对我们来说，没有金融服务的生活是难以想象的。

　　然而根据世界银行 2011 年的数据表明，全球大约有 25 亿成年劳动力（超过一半多的全球成年人口）不得不那样生活。当然，他们过着无法获得金融服务的生活。因为，他们离开了金融中介就啥事也做不了，因此，他们只能依赖过时的、非正式的机制。他们把购买牲畜作为储蓄的一种形式；他们举办一场乡村宴请来密切当地的关系，以此作为应对未来家庭危机的一个预先保障性安排。他们通过典当珠宝来满足应急性流动资金需求；他们向高利贷者借贷。这些机制是危险的，而且往往非常昂贵。

　　越来越多的强大经验证据表明，适当的金融服务可以帮助改善家庭福利和刺激小企业经营活动。宏观证据也显示，深入的金融中介和更可及的金融服务会使得经济增长更快，减少收入不平等。在全球范围内政策制定者和监管机构认识到了这些联系。他们发展了普惠金融，使得那里的人们有机会接受和选择他们所需要的金融服务，在全球优先发展方式中以负责任的方式传递服务。

　　一个负责任的金融市场发展的强大愿景正在浮现。目的是让另一半的全球劳动力人口通过目前已掌握的小额信贷杠杆技术接受银行服务。利用技术进步促进产品和商业模式的创新，鼓励营造一个能创造一个赋能的、风险适当的规则和监管环境的新思维方式。

　　《新版小微金融手册》反映了我们这个集体最前沿的思考和经验。它首先需要了解需求方。非正规经济中的贫困家庭既是生产者也是消费者。他们需要获得全方位的金融服务来产生收入，获得资产，平滑消费，管理风险。全球普惠金融议程认识到这些广泛的需求。它也认识到金融素养的重要性，包括考虑到对非正规经济中贫困家庭建立金融消费能力和消费者保护制度。

　　该手册还提供了一个宽阔的视角，尤其是在满足不同需求的多样化金融服务提供者方面和针对不同产品的商业模式创新方面。早期的小额信贷运动找到了一个巧妙的途径去消除在为穷人提供信贷方面的先前存在的障碍。在当地一部分人在申办贷款时候没有正常的抵押品，你是如何管控信用风险和保证偿付？创新就在于使用了连带责任的团体贷款，团体贷款让穷人们通过相互承诺建立社会性担保。但商业模式的挑战在于完全不同于其他的金融服务。对于小额储蓄和汇款，交易成本必须极低；对于保险产品，风险必须在同一精算尺度下集中管理；对于养老金产品，小额的投入必须被以适当的方式投资以产生长期足够的长期回报。

　　产品和商业模式的持续创新是必要的，这样以便我们让更广泛的产品以更低的价格服务更多的人。没有人能够克服所有产品上的商业模式带来的挑战。相反，他们需要各种类型的金融服务提供者，他们为处于经济金字塔底层的穷人服务的过程中在当地市场体系中而走到一起。

　　最后，手册需要重新审视使用的基础设施和监管环境。基础设施的需求需要从服务偏远地理区域的大量低成本的金融便利设施服务点变化为建立全国范围的唯一的金融服务身份识别标准，以便金融消费者注册、登记和保护。在监管方面，政策制定者认识到金融排斥对政治稳定构成威胁，阻碍经济发展，而且越来越愿意平衡金融稳定、金融诚信和普惠金融之间最终相互加强的需求。

　　伴随我们对客户需求的深入理解，不断创新的产品和商业模式以满足这种需求。我们认识到我们需要一个保护和促进支持的有利环境，我们相信我们有知识和方法在有生之年实现全面的普惠金融目标。让我们继续学习，明白这一切是如何发生的，还有什么是需要的。

蒂尔曼·埃尔贝克（Tilman Ehrbeck）

扶贫协商小组（CGAP）首席执行官

编著者简介

乔安娜·莱杰伍德（Joanna Ledgerwood）是阿加汗基金会（Aga Khan Foundation）高级顾问，她在非洲、中亚和南亚地区发起和领导普惠金融发展项目计划。她也是《微型金融手册》的作者，与维多利亚·怀特（Victoria White）合著了《变革微型金融机构》一书。

朱莉·阿恩（Julie Earne）是国际金融公司（IFC）的高级微型金融专家。她曾深入非洲工作，在非洲一线投资和促进当地国家的金融部门发展。

坎迪斯·尼尔森（Candace Nelson）是一位培训师、教练、研究人员和作家，在微型金融发展方面具有三十多年的经验，尤其是在非洲与拉美的金融教育与团体储蓄领域。她主编了《团体储蓄实践》一书。

缩略词

AFI （Alliance for Financial Inclusion，普惠金融联盟）

AKAM （Aga Khan Agency for Microfinance，阿加汗小额信贷机构）

ALM （asset – liability management，资产负债管理）

AML （anti – money – laundering，反洗钱）

APR （annual percentage rate，年均百分比率）

ASCA （accumulating savings and credit association，储蓄信贷协会）

ATM （automated teller machine，自动柜员机）

B2P （business – to – person，企业对个人）

BCBS （Basel Committee on Banking Supervision，巴塞尔银行监管委员会）

CAR （capital adequacy requirement，资本充足率要求）

CBS （core banking system，银行核心业务系统）

CDD （consumer due diligence，消费者的尽职调查）

CDO （collateralized debt obligation，债务担保债券）

CFT （combating the financing of terrorism，打击恐怖主义融资）

CGAP （Consultative Group to Assist the Poor，贫困援助协商小组）

CLO （collateralized loan obligation，抵押贷款契约）

COSO （Committee of Sponsoring Organizations of the Treadway Commission，反对虚假财务报告的发起组织委员会）

DFI （development finance institution，开发性金融机构）

EFT （electronic fund transfer，电子化资金转账）

EIR （effective interest rate，实际利率）

FAS （Financial Access Survey，IMF，国际货币基金组织的金融准

入调查）

FATF	（Financial Action Task Force，金融行动特别工作组）
FinDex	（Global Financial Inclusion database，全球普惠金融数据库）
FIU	（financial intelligence unit，金融智能单元）
FSD Kenya	（Financial Sector Development Kenya，肯尼亚财政发展部）
FSP	（financial service provider，金融服务提供商）
G2P	（government – to – person，政府对个人）
GDP	（gross domestic product，国内生产总值）
GNI	（gross national income，国民总收入）
GPRS	（general packet radio service，通用分组无线业务）
GSM	（Global System for Mobile，全球通）
IAIS	（International Association of Insurance Supervisors，国际保险监督官协会）
ID	（identification，身份证明）
IMF	（International Monetary Fund，国际货币基金组织）
IPO	（initial public offering，首次公开发行）
IT	（information technology，信息技术）
IVR	（interactive voice response，交互式语音应答）
KfW	（Kreditanstalt für Wiederaufbau，复兴信贷银行）
KYC	（Know Your Customer，了解你的客户）
MDB	（multilateral development bank，多边开发银行）
MDI	（microfinance deposit – taking institution，小额存款机构）
Me2Me	（me – to – me（payment），本人对本人支付）
MFI	（microfinance institution，微型金融机构）
MFRS	（Microfinance Financial Reporting Standards，小额信贷财务报告准则）
MII	（microfinance investment intermediary，小额信贷投资中介）
MIS	（management information system，管理信息系统）
MIV	（microfinance investment vehicle，小额信贷投资工具）
MIX	（Microfinance Information eXchange，小额信贷信息交流中心）
MNO	（mobile network operator，移动网络运营商）

NBFI （non – bank financial institution，非银行金融机构）

NGO （nongovernmental organization，非政府组织）

P2B （person – to – business，个人对企业）

P2P （person – to – person，个人对个人）

PAT （poverty assessment tool，贫困评估工具）

PCG （partial credit guarantee，不完全信用担保）

PIN （personal identification number，个人身份证号码）

POS （point – of – sale，销售点终端）

PPI （Progress out of Poverty Index，脱贫进步指数）

PRA （participatory rapid assessment，参与式快速评估）

PSP （payment service provider，支付服务提供商）

RCT （randomized control trial，随机对照试验）

RIA （regulatory impact assessment，监管影响评估）

ROSCA （rotating savings and credit association，循环储蓄信贷协会）

RTGS （real – time gross settlement，实时全额结算）

SaaS （software as a service，软件作为一种服务）

SACCO （savings and credit cooperative，储蓄信贷合作）

SAR （Special Administrative Region，特别行政区）

SAVIX （Savings Groups Information Exchange，团体储蓄信息交流）

SEEP （Small Enterprise Education and Promotion，中小企业教育与推广）

SG （Savings Group，团体储蓄）

SHG （Self – Help Group，自助小组）

SIM （subscriber identity module，客户身份识别卡）

SMART （specific, measurable, achievable, realistic, and time – bound，具体的，可衡量的，可实现的，现实的，有时间约束的）

SMS （short messaging service，短信服务）

SPV （special purpose vehicle，特殊目的载体）

SRI （socially responsible investing，社会责任投资）

STK （SIM Tool Kit，用户识别工具）

SWIFT （Society for Worldwide Interbank Financial Telecommunication，

環球金融電信協会）

TCP	（transmission control protocol，传输控制协议）
USAID	（U. S. Agency for International Development，美国国际开发署）
USSD	（unstructured supplementary services data，非结构化的补充服务数据）
VPN	（virtual private network，虚拟专用网络）
WSBI	（World Savings Banks Institute，世界储蓄银行协会）
WOCCU	（World Council of Credit Unions，世界信用合作社理事会）

目　　录

第四部分　规模化和可持续的机构管理

第五部分　支持普惠金融

引　言

2013 年的小微金融

自《小微金融手册》（Ledgerwood，1998）首次出版 15 年来小微金融已经发生了很多变化。小微金融现在已是家喻户晓的名词术语，关于其增长、创新和影响的报道更是频繁见诸媒体。就其客户、供应商及所提供的产品数量而言，该产业的增长已呈爆发态式。这其中的核心已经不再是小微企业的小额贷款，而是满足穷人们多样化的金融需求创造出来的金融产品。这 15 年来的统计数据显示出这样的变化。这些数据同样也让我们更好地了解到了穷人们获取和使用金融服务的障碍，并一探究竟。

这些年来，人们的话题已经从"小微信贷"变成"小微金融"，从"普惠金融"变成"金融生态系统"，并且考虑如何为穷人服务以让金融市场运转得更好。例如，最近的世界银行扶贫协商小组（CGAP）调查显示：不同的产品提供了不同的风险和交割条件，只提供单一产品来满足穷人们多样化的金融需求是不可能的。核心的挑战就是如何为市场参与者们构建一个更加完整的金融生态系统以让他们安全有效地互相各取所需。

为了达到这个目的，政策制定者在他们的经济工作日程中已经开始重视普惠金融。他们相信提高需求者获取金融服务的能力对资产货币化、风险平摊化、产值增长有非常大的帮助。这也促进了经济增长和社会稳定。

小微金融最好的实践领域是责任金融，后者被定义为透明的、普惠的、平等的零售金融服务（BMZ，CGAP，IFC 2011）。保护消费者和提高消费者的金融素质如今被认为是政策的主要目标，尤其在现今有更新的供应商、更成熟的产品和高新技术的供应渠道等环境下。最近的媒体对于小微金融银行上市的关注也越发要求这些小微金融银行提供透明的定价和合理的利率水平。

不像 15 年前，为小微金融做贡献的只是慈善家们。到 2011 年时已经有超过 100 家小微金融机构管理约 70 亿美元的资产（Symbiotics，2011），为个体进行服务。随着小微金融机构的融入，之前的慈善家们已经开始转型，他们为金融体系的外部环境建设和信息畅通以及金融基础设施的建设作出了更多努力。

虽然在改革金融监管系统方面已做出重要的举措，这些措施使小微金融机构们被纳入监管的正式框架之下，但目前只有相对较少的小微金融机构吸收了大额资本。"然而，有现成投资可用的小微金融机构的数量较少并且其拓展速度还赶不上权益投资的供应速度。52% 的所有外债是被引导到获得外债注资的 524 个小微金融机构中的 25 个小微金融机构里。在国家的层面上，外国投资在很大程度上仍旧聚焦于拉丁美洲和欧洲、中亚地区，并且只有中等程度的金融普惠。"（Reille et al.，2011，p. 10）介于这种偏重部分地区的投资情况，在其他地方的投资增长还不见起色。大量穷人还是被主流的金融领域拒之门外，并且很多小微金融机构仍然是靠补贴生存。

追溯以往，似乎技术可以帮助人们更加便捷地接触非传统的金融服务供应商。这种技术可能是来自移动钱包、生物计量的认证系统、智能手机、无线网络连接等。同时，然而也有一些实体方面的改进和提高，比如给"无网点银行模式"（Branchless Banking Model）更多的监管（Alexandre，2011）。更进一步地，了解家庭如何管理金融资源是至关重要的，尤其是他们在非正式领域内的行为，以及技术在其中扮演的角色。

因此，人们在不断地全面关注并改进着小微金融领域的不足之处。这些关注包括以下几个方面：

- 服务范围拓展：在很多国家，金融服务只是普及到一小部分人口；发展中国家只有 41% 的成年人拥有正式金融机构的账户，8% 的成年人在过去 12 个月来从正式金融机构那里贷过款，2% 的成年人单独购买了健康保险（Demirguc – Kunt and Klapper，2012）；超过半数的成年人不适合使用正式或半正式的金融服务。这些成年人几乎都生活在非洲，亚洲和拉丁美洲（Chaia et al.，2009）。

- 持续性：虽然无法精确具体数目，但大部分的小微金融机构仍然在接受补贴；商业性融资在拉丁美洲和东欧是占据主导地位的，而大部分的穷人是居住在亚洲和非洲的。除了直接的小微金融机构业务的运作，其他重要的工作（比如培训、产品改进、技术建议）通常被补贴。

- 影响：最近的研究表明小微信贷的影响具有多重性。研究显示，消费和商业投资的增长并不与削减贫困具有相关性（O'Dell，2011），并且收入的分配是不均匀的。低效率的使用和获取金融服务方面的障碍阻碍了小微金融对贫穷发挥积极作用。

在这些关注点中最核心的应该是更好地了解穷人们的金融服务需求和使用情况。研究（Demirguc – Kunt and Klapper，2012）表明穷人们使用了诸多策略管理他们的金融资产，比如存款、借款、与正式的和非正式的金融机构都进行交易等。为了给穷人们创造普惠金融我们不能仅仅依靠小微金融机构，而也要提高供应商的服务质量和频度，更充分地了解客户的行为以及他们的行为是如何产生金融服务需求的。

衡量进展

在撰写头版《小微金融手册》的时候，一个公认的假定是"增加获取途径"和"支付意愿"是很重要的影响。尽管今天我们可能会挑战这个假定，并且开始投资更多去评估效果。如果我们去看看调查数据，就会发现我们的小微金融机构做得多么失败。尽管在过去几十年来这个领域涌入了大量的投资，但居民真正获取正式金融服务的途径非常少，尤其在撒哈拉以南的非洲（见图 1.1）。世界银行调查的数据显示（Demirguc – Kunt and Klapper，2012），在撒哈拉以南 15 岁以上的居民中只有 13% 的人在过去 12 个月里在正式金融机构中存过款，只有 5% 的人得到了小微金融机构提供的贷款。然而这样的使用状况并不是反映了低需求，与此同时，有 19% 的人存钱在存款俱乐部，40% 的人从亲戚朋友那里获得贷款。在南非也是类似的比例，11% 的人存款在正式金融机构，9% 的人从正式金融机构获取贷款。在印度，截至 2010 年 3 月 31 日，有 9700 万的居民被纳入存款互助团体的队伍中。但相比印度日均收入在 2 美元以下的 9 亿广大群体中，这个 9700 万的数字也表明这个潜在市场的需求远远没有被填满（Chen et al.，2010）。

服务范围局限的一个原因在于传统的小微金融模式本身。它是建立在以放款给生产性活动以及服务中介费用的营利性活动基础之上的。但在小微金融领域，成本高昂，回报却相对较小。这对乡村地带的低收入者们更是这样，他们没有投资机会，没有能力去还清债务，所以也造成了小微金融机构不愿意深入乡村地带为人们服务。所以减少成本是我们需要着重关注的方面。尽管技术已经在这方面做出提高，但盲目的扩大获取途径也可能导致错误的利益导向，盲目的扩大获取途径不会自动转化成客户的使用效率。比如，南非的 Mzani 账户的数量增长可能掩盖住了大部分是休眠账户的事实，这些休眠账户只是被开户了，但从未被开户者使用过，因为这些客户可能又发现了更好的选择，或者实在太穷不能使用这些账户。从开户到能否真正有效使用还是一个未知数。

增加获取途径，尤其还应提供更多样化的金融产品，可能要求客户们有更高的金融素养。因为在任何市场，如果获取途径方面的增长不是以一个市场化竞争性的方式的话，那么利益就只会掌握在少数人手里。掌握有限信息或选择有限的客户们不知道如何对供应商们施加压力以让他们提供更好的服务。

供应商们应该更进一步了解获取途径的多重障碍、消费者们的不均匀性，以及穷人们多样化的金融服务需求。只注重单一金融产品的影响和其带来的风险只会造成一叶障目，忽略了需求者们本身因生活习性的多样化而带来的金融服务诉求的多样化。

重新定义目标

在撰写初版《小微金融手册》的时候，最先在小微金融领域活跃的是非政府组织的小微金融机构，它们提供给小微企业贷款来帮助其投资业务。这种模式是基于生产性活动的小额借贷可以支持小微企业发展，促进经济增长，减轻贫穷，增加就业，提高女性地位等考量而产生的。然而，越来越多的数据显示，这种模式虽给小微企业的发展带来一定作用，但对提高女性地位方面作用甚微，并且对减轻贫穷方面也无明显作用（O'Dell，2010）。

15 年后，人们开始转向普惠金融，这种普惠金融旨在更好地了解以上作用，包括促进经济增长，提高人们管理风险能力的消费平滑，投资生产性活动，购置资产等。这些更全面的目的需要供应商更加了解需求者，并且提高自身的服务水平。

"尽管不同环境下会有不同的观点，但最核心最基础的观点是相同的：帮助穷人们在非正式经济里实现价值，并且提供给他们北美人认为理所当然的金融工具来管理自己的生活。"（Ehrbeck，2012）

更好的普惠金融要求我们处理好局限性以及利用整个金融生态系统里的机会。供应商们开始关注需求者的多样性（地理因素、收入水平、生活习性、性别、生命周期）和他们的需求（商业扩张、现金管理、抵御风险），以及各种各样的金融产品（贷款、存款、支付和保险），以及金融服务供应商们（非正式供应商、小微金融机构、合作社、银行、保险公司）和获取途径（支行、代理商、电话）去满足他们的需求。他们正在关注这些金融服务的有效性（社会行为/影响，透明度和消费者保护）以及需求者们需要使用它们的基本知识（金融素养），指导金融市场的规则（监管条例、行业标准、文化习俗），用于支撑市场的金融市场基础设施（支付系统和信用局），以及对其股东的信息披露服务去更好地改善整个金融生态系统。本书探讨这些问题旨在为达到改善金融普惠生态系统和更好地为穷人服务的目标。

关于本书

在强调穷人金融服务复杂性的情况下，本书采取了与前版《小微金融手册》不一样的研究方法。前书是系统性地（供给方的角度）介绍了小微金融，而本书先从消费者入手探讨他们的需求（需求者角度），以及市场系统如何更好地运转来满足他们的需求。本书还阐述让金融服务变得更好的规则和配套功能。本书将会更多描述金融市场系统和它的功能，以及它们在服务穷人方面是如何运转的，而不是拘泥于给出做法建议。本书的目的是提供一个策略上的指导去帮助评估穷人们的金融需求，并且给出提供多种经营的金融行业该如何面对这些需求的建议。最终本书希望能够使穷人透过可持续的、以市场为基础的金融服务供应商获取满足其需要的金融产品及服务。

本书是一本关于为穷人提供金融服务的通识读物。本书的读者可以是市场实践者、推动者、政策制定者、监管者、投资者或慈善捐赠者。同样，本书对通信运营商和其他配套供应商、学生和学者，以及政府顾问和培训人员有一定的用处。

尽管本书是原书的部分更新，供应商领域的增长和金融市场系统的复杂性已提供了一个远比"金融及机构角度"更广泛的观点。结果是我们增加了一些新的章节来讨论相关话题。为了展示这些复杂性，我们邀请了大量专家来撰写新的章节。之外，本书可能不会像前书一样给出很多的细节，但读者可以在每个章节后面找到索引来了解这些细节。最后，虽然本书仍沿用小微金融作为标题，但本书也大篇幅地阐述了更宽广的金融生态系统，将传统的小微金融定义上升到整个普惠金融生态系统领域。

本书结构和内容安排

本书大致沿用初版《小微金融手册》的框架，按以下五个部分安排：

第一部分：理解需求和金融生态系统

第二部分：金融服务提供者

第三部分：金融服务和交付渠道

第四部分：规模化和可持续的机构管理

第五部分：支持普惠金融

第一部分——理解需求和金融生态系统。这部分更新了前书的第一部分并且加入了一些更宏大的新的问题——金融形势、客户和实现金融普惠的策略。鉴于金融服务行业的形势在不断更新变化，本书将首先开始第一章——发展中的金融版图，由 Joanna Ledgerwood 和 Alan Gibson 撰写。本章主要讲述了影响穷人金融服务这个领域发展的三个关键要素：重新对客户关注；认可金融生态系统的整体作用；技术的潜在能力。第二章——客户，主要论述客户以及其金融管理。这部分的内容取材于《穷人的资产组合》（*Portfolios of the Poor*）（Collins et al.，2009）。这本书的作者 Stuart Rutherford，Daryl Collins 和 Susan Johnson 实地调研了穷人对金融服务的需求以及这些需求是怎样被满足的。第三章——政府和行业对于金融普惠性的作用，由 Stefan Staschen 和 Candace Nelson 撰写，主要讲述了从作为政策制定者的政府到行业的这些核心市场参与者们如何促进金融普惠的。第四章——捐助者对金融普惠性的作用，由 Mayada El - Zogbhi 和 Barbara Gahwiler 撰写，主要讲述捐助者们促进金融普惠的作用和他们扮演的角色。随着金融普惠被政策制定者们提上日程，人们开始更加关注它并且评估金融服务使用所带来的影响。在第五章——衡量金融普惠性和评估影响里，Joanna Ledgerwood 对供给和需求做了研究，进行了影响力评估及其他严格的研究。

第二部分——金融服务提供者更新了原来的第四章，增加了额外章节阐述非正规的部门存在大量多样化的供应商的问题。第六章——基于社区的供应商是由 Candace Nelson 写的，描述了本土的非正规金融供应商，例如，放债者、存款收集者、民间标会和信贷组织以及各种帮扶组织。第七章——机构提供者是由 Joanna Ledgerwood 所写的，描述了更正规的金融服务提供商。这组包括了多种不同的供应商类型，在提供的服务、组织结构、常规形态、目标市场和对象等方面都有所不同，但是它们比非正规的金融部门有更加规范的架构，因此它们被称为机构。

第一部分和第二部分是本书中最通俗的部分，理解它们不需要任何了解小微金融或金融理论的背景。这部分将最吸引捐赠者，政策制定者，学生和其他了解金融普惠及其参与者的人们阅读。

第三部分——金融服务和交付渠道是由原书拓展而来，在原书关于储蓄、信贷问题讨论的基础上增加了农业金融、保险和支付服务的讨论。也增加了许多关于可替代渠道的描述。第八章——储蓄服务是由 Joanna Ledgerwood 所写，考虑了穷人所需的不同储蓄产品类型。第九章——信贷是由 Joanna Ledgerwood 和 Julie Earne 完成的，关注了贷款定价和不同信贷的产品类型，包括传统的流动资本和固定资产，也包含了新型的住房贷款。第十章——农业金融是由 Calvin Miller 所写的，承认了在农村地区生活工作的人民对金融产品的潜在需求。尽管在前版"手册"中，保险曾略有提及，但在这个版本中，我们给予了普惠金融中的小微保险以更大的重要性并强调了穷人进行风险管理的必要性。第十一章——保险是由 Craig Churchill 所写，关注了小微保险和产品特性。第十二章——支付服务和分销渠道是由 Joyce Lehman 和 Joanna Ledgerwood 所写，描述了资金转账和账单支付这样的转账服务，以及各种金融服务的服务渠道。本章尤其描述了客户通过不同的分支机构网点来享受服务。第十三章——产品之外是由 Ignacio Mas 所写，提出了金融产品通过手机集成所提供的客户体验。

第三部分将会令那些正在开发、建模或者重新定义金融产品的那些人最感兴趣，那些开发穷人金融产品的咨询师和想要更好理解金融产品和服务以及分销渠道的人也会对这部分非常感兴趣。

第四部分——机构的规模和可持续的机构管理——包括两个章节，更进一步叙述了先前章节关于小微金融机构管理的内容。第十四章"监控和管理财务业绩和社会绩效"由 Joanna Ledgerwood，Geraldine，O'Keeffe 和 Ines Arevalo 编写，描述了银行核心业务系统以及财务业绩和社会绩效管理。第十五章"治理与运营管理"由 Peter McConaghy 编写，本章关注了机构提供商包括监管、人力资源管理、产品管理和风险管理的诸多方面。第五部分比本书前面的章节更有技术性。虽然专门的组织绩效在本书中没有客户和金融系统那么受到重视，这部分的内容就是面向对向穷人提供金融服务的机构的运营和绩效感兴趣的参与者和基金管理者的利益。

第五部分——提供普惠金融——是新加入的内容，包括四个章节，聚焦支持和提升金融整体生态系统的利益相关者的角色和功能。第十六章"融资"由 Julie Earne 和 Lisa Sherk 编写，考察了为金融服务提供商提供资本过程中扮演重要角色的投资人。由 Kate Lauer 和 Stefan Staschen 编写的第十七章"监管"描述了随着提供商的数量和多样性不断增加，为支持适当的监管和保证金融市场系统和各种参与者的安全而构建的法律和监管框架。第十八章"基础设施和外包服务"，由 Geraldine O'Keeffe，Julie Earne，Joakim Vincze 和 Peter McConaghy 编写，考察了为了实现一个运转良好的金融市场所需要的支持体系，包括信贷机构、存款保险、清算和结算系统以及身份识别系统。外包服务，如软件服务、培训和安保，也有涉及。第十九章"构建普惠性金融市场"，由 David Ferrand 编写，利用市场系统框架讨论了开发机构在构建一个更有效服务穷人的金融体系中的角色和贡献，强调了不同市场参与者在功能上的不同（持续提供服务的提供商）以及那些促进市场的功能（捐款者和其他暂时性的开发机构）。

第五部分会令提供或者支持一个金融生态体系的细观层面（mesolevel）功能发展的人最感兴趣。

第一部分　理解需求和金融生态系统

第一章　发展中的金融版图

Joanna Ledgerwood，Alan Gibson

历史上，通过小额贷款来减轻赤贫的承诺主要离不开一个产品——小微企业的生产性贷款。这种产品主要是由一种供应商提供，也就是小微金融机构（MFIs）。但事实却掩盖了这个模式的先决条件：需求者通常不总是使用这些贷款用做生产性用途，他们或者有限度地使用这笔贷款，或者他们有更紧急的需要去平滑消费和收入。当今人们广泛认可的一个事实是资本流入是让经济发展和赤贫减轻的唯一方式。并且，另一个被广泛认可的事实是穷人们需要不同的金融服务来满足他们不同的需求。其中，有些金融服务要优于其他，个中原因我们才刚刚开始明白。

自从初版《小微金融手册》问世以来，小微金融领域已经发生实质性改变，尤其是在最近这些年。很多事件影响到了服务于穷人的金融机构的前景，但最值得关注的是三个重要的转折点，这三个重要的转折点就是我们这章开放讨论的主题。

第一个转折点是从单一关注小微金融机构到更多关注小微金融服务对象的转变——了解他们的行为，金融服务需求，并且怎样满足他们多样化的需求。这个转变是基于大量的数据和全面研究得出来的。这同样也是小微金融发展的自然结果。小微金融不再仅限于小微企业的借贷，而是已经围绕着所有的金融服务如何提高穷人生活质量而展开。

第二个转折点是从一个狭隘的以供给为导向转变到一个更广泛的关注金融生态系统。这也对本书产生了很大的影响。

第三个转折点是新的商业模式创造出了大量的机会，这种新的商业模式是通过高新技术和代理商网络形成的无网点的银行来拓宽服务范围。然而，尽管机会看起来非常多，到目前为止只有一部分使用这样的新模式达到了可观的规模。在撰写本书的时候，这个领域需要更多的工作和试验去探究。

本章将讨论这些影响并在上下文/字里行间展现出整个金融新前景。对读者来说，理解这些对当今小微金融的影响是有趣的。本章中讨论的每一个主题在接下来的篇章中都有详述。

关注服务对象

　　几乎在所有地方，涉及小微金融的人们都在探讨其服务对象。至此，小微金融的概念已经发生了变化。最初人们只有存款需要的时候，小微金融就是小微信贷。在今天，政策制定者们和企业主们使用诸如普惠金融、金融获取、金融生态系统和金融的普惠等术语（见专栏1.1）。

　　关注服务对象是一个必要的改变。然而，最后的结果不能仅仅是去创造新的产品或者对小微金融机构作出新的调整：金融机构单一的调整是不够的。我们必须了解消费者的行为，并且了解他们是怎样影响金融服务的需求和使用的。尽管最终的解决方案可能是一个更好的产品或服务，或者一个更容易的方式去获取一个账户或者一个交付渠道。为了达到这样一个目标，我们需要了解是什么因素影响了低收入者们所作所为，怎样才能让金融服务最大化利于他们。例如，在玻利维亚关于小微金融服务对象的一个市场调查显示需求者们最在意的是尊严。产品属性虽然很重要，但是这不是最重要的因素（Perdomo，2008）。当需求者们与金融机构沟通交涉的时候他们想要维护他们的尊严，他们想要一种不受到恐惧没有羞愧的贷款方式。那么，在玻利维亚，为了促成这些交易，则需要详细了解他们签署的合约，小微金融提供者们需要重视和关注消费者服务方面。显然在这里最优的解决方案不是简单地提供一个新的产品。

　　为了了解消费者行为如何影响了金融服务，我们需要仔细考量客户本身。每个客户都是独一无二的，他们在生命周期、生活习性、地理位置、收入水平、性别等方面的不同影响了他们的行为。接下的几个小节我们将讨论这些影响因素，而在第二章我们将基于《穷人们的资产组合》（*Portfolios of the Poor*）这本书的研究结果来概述需求者们是如何使用金融服务的。

专栏1.1　从小微金融到普惠金融

　　普惠金融是一个多维度的概念。它旨在创造出更好的金融产品和金融服务、更加高素质的顾客及更加有效率的使用。把这个理论概念付诸实践应用中不仅需要更多的机构扩张和投资增长，而且更需要平衡消费者兴趣和产品服务可行性、金融资源整合相关政策、立法、产业和消费者保护标准及金融能力之间的关系。

人们已经逐步开始关注小微金融这个领域出现的机会。商业化在不断改造这个领域，改变穷人们的生活也是一部分社会任务。但小微金融作为一个新兴的市场，至今还没有吸引到大的资本量。

并且，在有些国家，由于产品数量、品种的有限以及借钱者贪图利息而过度冒险放款，导致了客户的过度负债，因此导致了高的坏账率。2010 年，印度安德拉邦就爆发了坏账危机（Chen，Rasmussen，Reille，2010）。过度负债可能导致金融和社会问题，可以采取措施限制贷款者的过度负债。

同时，技术的创新正在带给市场更多的消费者和供应商。产品的丰富多样性也给消费者们带来了多样化的选择。然而，尽管这样的多样化市场代表了一个成熟的市场，但是多样化并不能直接转换成高效率。开一个银行账户又不一定表示它会被使用。信息不对称和产品的不匹配性以及可获取性低阻碍着效率。这导致了供给方（金融机构）和（需求方）穷人两方的不均衡，促使消费者使用非正规金融工具获取金融服务。

年龄、生命周期和家庭结构

金融需求是伴随着人们的生命周期循环诸如从依赖家庭到独立，从学生时代到毕业后工作，完成婚姻，承担家庭责任，直到退休而一直变化着的。子孙们为了挣取更多收入四处迁徙，年轻的母亲们既要关注孩子们的健康，又要对营养开支精打细算，父母们努力挣钱供孩子们读书。寡妇们担忧着土地和其他财产被丈夫的亲戚们掠夺。年长的客户处境艰难，因身体衰弱导致的不能劳作，行动不便，因其子孙们纷纷独立并建立自己的家庭而失去供养支持（Hatch，2011）。这些改变导致了在不同生命周期阶段将需要不同的金融服务。

生命周期阶段的其他大事情，如重大节日庆祝、宗教仪式或建造房屋，需要一次性支付大量的资金，这对获取不到金融服务的人们来说是很难办到的。年龄严重影响了金融普惠，因为年轻人面临着严峻的形势（Johnson and Arnold，2011；见专栏 1.2）。金融服务供应商们必须推出产品和服务以满足他们在不同阶段的金融需求。供应商们可以设计基于不同年龄段的金融产品，如青年储蓄账户或养老基金。

家庭结构同样也影响人们使用金融服务的方式。在很多社群中，家庭的概念超出了配偶、兄弟姐妹、子女和父母。表亲和远房亲戚甚至邻居也是一个家庭的一分子。一夫多妻制的群体里更是这样。一个大家庭可以居住在一起，整合其所有的个人金融资源去应对日常需求或重大突发情况。相似的是，他们的收入通常也共享。在缺乏有效的金融服务时，尽管单一个体的收入很难有盈余，但所有人共享收入的模式可以帮助他们抵御突发的风险（见专栏1.3）。在大多数情况下，社群的长老掌握着资产并且决定在群体内部怎么分配。所以个人获得的金融资源是依赖于他在族群的内部地位或他和长老之间的关系。

专栏 1.2　金融服务：一个创造未来的机会

当前，年龄在12岁至24岁的青年人口大约有15亿人，这是有史以来这个年龄阶层的最大数目了。其中，有85%的人，大约在13亿左右，是来自发展中国家（世界银行统计）。尽管在中东国家和中欧国家，青年人口的数目并没有增长，但在撒哈拉以南的非洲这四十年来却在加速增长。在这97个发展中国家中，一半的人口不足25岁。全世界范围内，47%的失业者是青年人。大多数发展中国家的年轻人没有机会享受到金融服务和教育来帮助他们创造财富以及实现公民自我价值。

青年群体的涌现给人类的发展带来了机遇和挑战。青年人善于学习，并且在这个阶段让他们最初接触借贷，投资和保险等金融服务，让他们形成良好的思维方式和习惯。合适的金融服务会帮助青年们更好地管理自己的财富，帮助他们创业。

然而，因为年龄的限制、身份的要求和相对较低的借贷额度造成了金融服务提供者们很难提供适当的服务给青年人。对于这个问题在过去的几年里一直有很多的创新。在大多数情况下，已经推出包括生活技能培训、劳动力培训、支教、实习项目等教育活动去让青年人们了解。社区管理的小型金融存贷机构已经为年轻人的需求做出了相应的调整，并产生了效果。

一些初步的证据已经表明金融服务的普及已经帮助了青年人管理好他们的财富和未来的计划。这些结果也显示出在产品设计上如何将金融性和非金融性的服务有效捆绑还需要更多的创新和试验。

　　面向年轻人的金融服务领域，一直在整个金融服务范围内处在被孤立的位置，主要是由一小部分捐赠者和非政府组织在行动。如果要满足年轻人这部分逐步增长的需求，那我们则必须要将年轻人金融服务这个领域主流化，将其列在普惠金融发展的日程表里。不仅仅针对一个国家，对全球亦即如此。

专栏 1.3　冈比亚家庭结构及其对金融行为和需求的影响

　　世界妇女银行在冈比亚做了一个调查，揭示了家庭结构是如何影响金融服务需求的（Orozco，Banthia，Ashcroft，2011）。在一夫多妻的制度下，女性通常扮演着管理家庭预算的角色。对很多冈比亚女人来说，家庭购买土地或者存钱的金融服务需求要次于日常生活的金融服务需求。女人们通常把钱存到叫做 ososus 的非正式存款俱乐部，因为这个机构离她们很近，对她们而言很便捷并且可以把这部分钱与其他家庭男成员分隔开。

　　冈比亚妇女们除了通过小规模的经济活动获取财富，还利用国际援助维持家庭开支、送子女去学校、为宗教活动购买衣物等。在这其中，很多冈比亚妇女说国际援助汇款帮助满足了她们的金融要求，但是考虑到她们去银行的成本和所耗费的时间，一直使用存款账户将是很困难的。

生活习性、地理位置和收入水平

　　对穷人们来说，用他们的收入来应付日常开支、应对突发状况或生命周期中的大事时，将面临巨大压力。不论是数以百万计的穷人还是私人小业主或者有固定薪水的工人，都面对同样的压力，但他们的金融服务需求却因生活习性和地理位置的不同而有所区别。这反过来也影响了他们的收入水平。

　　历史上，小微金融主要关注小微企业业主，主要给那些有日现金流或周现金流但需要运营资金的业主们提供贷款。然而，小微金融的供应商们却忽略了另外潜在的市场。正如图 1.1 显示，在 16 亿的低收入群体中，只有不超过 5 亿的人口是小微企业业主或有固定薪水的工人，其他的都是从事农牧、临时工、捕鱼等没有固定收入的低收入者（Christen，2011）。他们和其他人一样都需要金融服务来维持他们的日常生计，他们需要多样化的金融产品来满足他们的金融需求。

　　地理因素也起了很重要的作用。例如，住在乡村地带的人们大多都是靠农耕劳动获取收入，和小私人业主们的现金流收入不一样的是，这种收入的现金流通常是不固定的，为这些农民创造出的金融服务应当匹配他们的现金流，并应考虑到特定庄稼产出和市场风险（见第十章）。然而，对供应商来说，他们不愿意把金融服务普及到乡村地带，因为成本很高。特别是那些人口密度小、基础设施落后的地方。乡村地区的人们经常面临因缺乏多样化的经济来源所产生的协同风险和自然灾害带来的粮食减产的风险；在有些乡村地带，历史上曾有过专为穷人们设计的农村信贷计划（补贴或者直接贷款，无存款流动性），这可以影响人们对金融服务的认知。

尽管对一个有固定薪水的人来说，相比那些直接以现金方式结算工资的人，有一个银行账户可能只是看起来更方便一点，但人们还是需要一个安全的地方把自己的薪水存起来，累积起来以应对突发情况或新的投资机会。

除了金融服务的需求者们获取收入的方式，其获取收入的多少也同样影响着他们获取金融服务的可能性和对金融服务的需求。为了应对不同收入水平层次的人们，产品和服务应该在最低余额、申领标准、收益这些特征上有所区分。

这些年里，我们已经知道相对贫穷的人们而不是最贫穷的人们已经从金融服务中获得了很多好处（在没有其他干扰条件下）。"据估计全世界有一亿五千万人口的生活条件是在贫困线附近"（Hashemi 和 de Montesquiou，2011）。

从需求者和供给者两方面角度来看，高频率交易小额资金的成本是很昂贵的。对供应商来说，小额的交易产生的利润也是很小的。例如，低收入者们通常只有较少的储蓄余额，贷款能力和挣更多收入的能力也有限。这些因素加到一起对供应商们为低收入者提供服务造成了很大的困难。

对那些极其贫困的人们来说，现金随时存取而不是小额贷款是更好的选择。如果他们能够得到一个合适的银行账户来实现现金的跨期流动，这也能促进金融普惠（见第三章）。

尽管大多数供应商们服务的对象都是相对贫穷的人们，但在孟加拉国，BRAC 针对最穷的人们开发了新的金融服务，取得了良好的效果，并正被其他国家纷纷效仿（见专栏 1.5）。

专栏 1.4　墨西哥穷人们的金融服务需求

尽管借贷是所有人群的普遍金融需求，但受于流动性所限，并不是每一

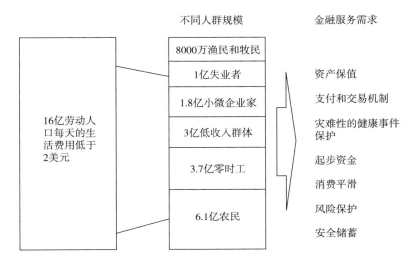

不同人群规模　　金融服务需求

8000万渔民和牧民

1亿失业者

1.8亿小微企业家

3亿低收入群体

3.7亿零时工

6.1亿农民

16亿劳动人口每天的生活费用低于2美元

资产保值

支付和交易机制

灾难性的健康事件保护

起步资金

消费平滑

风险保护

安全储蓄

资料来源：Wyman，2007。

图1.1　不同人群的金融服务需求

笔贷款都能得到有效偿还。理想情况下，金融服务应该帮助人们创造流动性并且增加他们的金融资产。

- 固定工资的工人们喜欢一个储蓄的资产组合，这样能给他们提供不同期限、回报、流动性特点的储蓄产品选择，包括为预知和非预知开支所做的准备和长期计划准备的零存整取储蓄账户。
- 私人业主拥有一个变化的收入，他们将偏爱一系列存款和贷款的业务，这样能帮他们稳定提供流动性来应对商业机会和运转周期的平稳运行。
- 季节性的工人或农耕者的收入不固定，经常不能自给自足。他们比较偏爱一些存款服务、保险和一些碰到突发情况时的小额贷款。

专栏1.5　帮助最贫穷的人——等级模型的应用（Graduation Model）

BRAC在孟加拉国的70000个村庄、2000个贫民窟里为穷人们提供小微金融、学校教育、医疗、法律咨询和市场设施等服务。意识到它提供的服务还没能触及最贫困的人们，BRAC于1985年和世界粮食署合作推出了一个等级政策去帮助最贫穷的人群。BRAC给他们连续两年每个月提供一定的食物。

这个等级模型是建立在 5 个核心因素之上的：目标确定、消费支持、储蓄、技能培训和定期辅导、资产转移。不到 20 年，这个项目已经涵盖了 220 万个家庭。在 2002 年的时候 BRAC 调整了其方法，更加优化地确认了哪些是"最贫穷的人"（即其整体支出的 80% 用于食物支出还不能满足他们最低食物需求的 80%）。

到 2010 年，BRAC 已经用它的新方式涵盖了 30 万个"最贫穷家庭"，它们将这个项目命名为"挑战削减贫穷的边界"，瞄向最贫穷的人。BRAC 估计至少有 75% 的人已经得到食物保障，并且稳定地进行经济活动了。

种族、种姓和宗教制度

建立起一个稳定的信用机制可以帮助金融的普惠，并且在有不同种族或宗教团体的内部显得尤其重要。种姓制度，尽管它不完全是一个种族因素，却能和种族差异一样制造出文化障碍。在一个以种姓制度或宗教制度为核心文化的国家，某些个体可能根本获取不到金融服务，因为他们是来自地位低下的种姓或者不同的宗教。

伊斯兰国家的金融可能是宗教对金融服务产生深刻影响的最有名的例子。伊斯兰国家的金融主要是建立在伊斯兰教教法基础之上，尽管称之为"法律"，但伊斯兰国家的金融主要还是以文化准则为基础的。根据 Karim，Tarazi，Reille 的研究结果（2008），"在某些社会，尊重教法与其说是遵守宗教法则倒不如说是遵守文化准则"。

伊斯兰国家金融的最高原则是金融是为了整个群体创造价值，它不允许有不公平的或者剥削性质的行为出现。金融服务本身可能就不能带来固定的或预定的回报，而这个基本的道理却在伊斯兰国家被禁止。这是基于两个伊斯兰教教法准则：货币是中性的，没有内在价值；供应商们必须承担业务风险（Karim，Tarazi，Reille，2008）。尽管这些准则广泛地在人群中形成根基，但基于伊斯兰教教法的监管正在开始改善。

宗教和种族同样也影响着女性获取金融服务。例如，在有些国家，因为宗教原因，女性只能待在家里，不能和外界的供应商接触或者与其他女性形成互助团体。类似地，有些文化禁止男性供应商员工拜访女性客户。性别歧视的规则和文化惯例对女性金融服务的获取和需求产生了很大的影响。

专栏1.6　印度的宗教和种姓制度

印度的种姓制度是一种按家族世袭、职业或财富严格区分社会阶级类别的一种制度。根据历史惯例，不同的种姓从事不同的工作。低级别种姓的人们只能使用低层次的技术手段，比如他们只能自己扛着货物而不能使用推车。印度的宗教和种姓制度的区别导致了人们获取技能以及金融服务存在歧视，存在差别。

和其他项目干扰因素一样，对小微金融中性别问题的认知，不只意味着将服务目标定位于女性，更意味着对女性在男性主导社会中的地位关系的认知，如与丈夫和家人的关系、与当地群体和权威机构的关系，拓展至广义角度，由法律和习俗主导的国家层面上的社会地位。我们有必要帮助女性克服身处这些关系中所遇到的种种障碍，以获取金融服务实现自己的愿景。

性别

女性通常不能掌控家庭的经济财富，而且需要依靠她们的丈夫来获取金融服务。规则也禁止女性在外从事经济活动获取收入（见专栏1.7）。例如，在摩洛哥，女性在外活动是被禁止的，女性在外面工作被认为是蒙羞的，因为这代表着男人没用。

表1.1展示了最普遍的性别歧视障碍影响金融服务获取和使用的情况。

总的来说，年龄、收入水平、文化习俗、性别等对金融服务的需求和获取有很大的影响。我们对需求者群体的特征和行为了解得越多，则越能帮助我们提供更好的金融服务，更好地达到金融普惠的目标。

专栏1.7　肯尼亚的性别歧视化的金融服务

基于肯尼亚乡村地区的调查指出，性别严重影响着人们选择正式金融服务或非正式金融服务（Johnson，2004）。男性更倾向于使用正式的金融服务，比如拥有银行账户或者信用合作社账户，而女性更倾向于使用非正式金融服务，尤其是轮转基金（信用合作社借贷）。并且男性对于 M‐PESA——一种电子货币支付和转移的服务也使用得较多。

我们有必要去了解劳动力和收入掌控是如何影响金融服务类型选择的。女性一般都从事农耕劳动，而男性一般都在从事物质回报最大的劳动。女性操持着用于购买食物和家用物品的收入。这些收入决定了她们的选择，对女性来说，轮转基金是一种非常好的长期小额运转的理财方式，而她们对获取资金的时限要求也不是特别迫切。而男性的收入经常数目更大，并且他们的收入主要是用来支付诸如置备农场等大型支出，所以他们通常较少使用轮转基金，而是更多地使用银行或储蓄信贷合作社去管理较大数额的资金。

　　文化差别也同样影响着男性和女性在选择金融服务方面的差异。例如，男性和女性对待轮转基金群体内部违约事件的态度是不一样的。女性会觉得如果她违约了这是一个非常不光彩、羞耻的事情，并且觉得自己是群体里的害群之马。而男性则不以为然，不会感到羞愧，会觉得即使违约也不会被怎么样。所以在肯尼亚，女性群体内部的轮转基金要比男性群体更成功。

表 1.1　　　　　　　　　小微金融和小微企业中的性别障碍

障碍类别	个人	家庭	更广泛的社区和国家层面
金融	女性缺少获得银行或金融服务的渠道	男性控制现金收入和支出不能支撑整个家庭	男性被认为是金钱和贷款的控制者
经济	女性从事的活动产生较低的收益；女性有更重的家务负担	家庭有很多特征，包括：劳动上以性别进行分类，不公平地获得和控制土地、劳动、原材料，不公平地控制家庭联合生产以及由此产生的现金流	同样的工作女性获得的工资更低；女性被分配到工资更低的工作；如果女性的流动性受到社会规则的限制，那么她们将难以接触市场以获得投资和产出
社会或文化	女性受教育水平更低；女孩在教育上没有优先权	女性在家庭决策中扮演有限的角色；一夫多妻导致冲突、竞争和妻子之间的歧视；对女性的暴力很普遍	银行和金融机构不把女性视为潜在的市场；女性的流动性受到社会规则的限制
政治或法律	女性缺乏索取政治和法律权利的自信	女性缺乏对夫妻共有财产的法律保护	女性的家庭财产权在法律中没有定义或者不能用来作为抵押物；女性缺少建立合适法律的政治地位；女性缺乏传统和法律上的对土地的权利

资料来源：Johnson n. d.。

金融生态系统

尽管了解需求者群体的行为和需求情况是最重要的，但很多供应者们也同样关心广泛意义上的金融生态系统，并且关心它如何影响普惠金融。普惠金融致力于如何将金融服务的供给（持续地提供的产品和服务）与需求良好的匹配起来；普惠金融同样也认可支持金融交易的市场系统的重要性。

本书的内容是在市场系统方法下形成的（见 M4P Hub 2008）。这个方法提供了一个评估消费者行为、金融服务供需、支持交易的规则和功能的实践方式。金融服务诉求能否转化为供应商提供的服务需求取决于很多因素，包括供应商确认客户需求的程度，潜在客户了解供应商的程度以及两者之间的信任。除此之外，供应商能否发展和提供一个合适的金融产品取决于产品改善和交付渠道的难易，以及是否有足够的动机去改善它们。例如，规则真的鼓励服务的改善和拓宽吗？关于抵押要求的法律真的促进了金融的普惠吗？供应商们能够得到融资去实现增长吗？他们有真正的合法地位以及供应商网络吗？征信机构真的存在并且管用吗？这些可获得的基础设施能够促进普惠金融吗？同样重要的是，态度和文化准则是怎样在消费者和供应商之间影响金融普惠的？

本节内容阐述金融市场系统，主要是其内部的功能以及各个市场参与者们所起到的作用。一个市场系统通常包括私有的和公有的部门，也包括民间团体和消费者本身。因为市场这个术语经常指私营部门，所以在本书中我们有时用生态系统（ecosystem）这个词来指代市场系统（见 Ehrbeck，Pickens，Tarazi，2012）。

市场系统的功能

市场系统主要有三个功能，这三个功能是由众多市场参与者，包括私人部门、政府、非政府组织、民间团体、代表性行业协会和消费者所产生的。

- 核心。供给方和需求方之间的交易（供需）。
- 规则。规范市场参与者行为的正式和非正式的规则。
- 配套功能。提供支持发展和推动核心功能的信息和服务的功能集合。

了解金融市场系统包括要把这些功能再详细的一一分解开，确定每一个功能里包含的元素并且这其中的主要参与者（见图 1.2）。虽然可以孤立地看每一个功能，但在实践中必须在一个完整的金融系统的里才能发挥作用。在融合需求者们的利益需求和规则产生的影响以及其配套功能的条件下，我们必须要深刻地了解整个金融市场系统才能摆脱其中的束缚，并且充分利用机会去创造金融的普惠（见专栏 1.8）。

核心

　　获取一系列的金融产品服务和深入地了解在现有的生活习性和文化惯例下，金融产品如何被使用才能帮助人们更好地管理他们的金融资产。市场系统方法的核心是去了解需求方以及支持以需求者为中心的发展和创新（FSD kenya）。

　　为了让金融市场系统更好地运转，我们必须要强调两点。第一，交易的数量必须要增长；开发那些之前没有获取过金融服务的群体是一个关键因素，也是很多金融机构的目标。第二，产品必须契合客户的需求，造福他们的生活和商业活动。市场的核心参与者是客户（需求者）和金融服务供应商（供给）。下面的讨论将提供一个关于供给方和需求方的简单概述。更详细的讨论将在后续的章节给出。

需求：客户

　　正如前面关于需求者们的讨论，穷人们一直都需要一系列的金融工具来提高他们的产出，保障他们的消费和投资选择，以及管理未知或已知的风险。了解需求不仅仅需要了解他们的金融服务诉求，也需要了解他们对现有金融服务采取的行为。

　　来自孟加拉国、印度、南非的数据分析显示了一个超出我们想象的复杂的金融服务需求版图。《穷人们的资产组合》这本书的作者发现使用八种至十种非正规金融工具的家庭的资金流通额度一般是其资产净值的 10 倍并且超出他们整体收入的一倍。这反映了巨大的金融服务诉求，但如果交易费用不是和交易额度而是和交易频率成正比，那么使用这些非正规金融工具的成本将非常高。所以对这些穷人来说，他们不需要这种金融工具，他们需要匹配需求减小成本的金融工具（Kendall，2010）。

　　穷人们通常是偏爱非正式的金融产品，因为他们看重这些产品的获取方式、灵活性、产品特点和服务质量。然而，非正式的金融供应商们面临着成

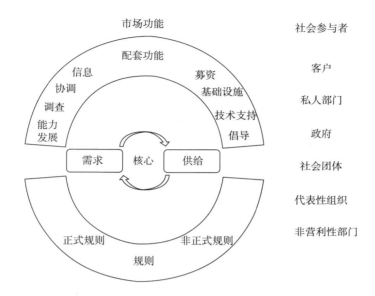

图 1.2　金融生态系统程式化的观点

本、便捷性受限等方面的挑战。第二章会给出更加详细的关于需求以及我们如何从非正式供应商和消费者行为学习的讨论。

专栏 1.8　理解金融市场系统

对任何一个金融市场参与者——营利性公司、非政府组织、政府、投资者、捐赠者以及其他参与者来说，当考虑到它们各自起到的作用和达到的目的时，了解这个金融市场系统是非常重要的。金融服务只有通过普惠的金融市场系统的发展才能造福于穷人并且促进经济发展。

金融市场系统需要不同的人来融入这个系统并且发挥他们各自的作用。尽管这个系统的核心功能是提供一个自由交易的场地，但这些自由交易总是被各种正式和非正式的规则以及配套功能所影响着。为了达到更好地为穷人们服务这个目的，虽然供应方是至关重要的，但这个问题的解决也不单单是供需平衡问题的解决。这里还有其他的一些影响因素——态度、价值观、技能、产品、组织发展、监管法规、政策。这些因素影响了人们的决策和实践并形成了各种关系。

供给：提供商

尽管最开始的时候大部分小微金融机构（即提供商）是非政府组织（NGO），但后续又产生了很多类型的提供商。提供一系列金融服务的专业银行已经证明了穷人们是"可以使用银行服务的"，而以群体为基础的金融服务可以直接在群体内部被提供。关于供应商本书将在第二部分详细讲解。关于提供商的整体概述将在这里阐述，如图1.3所示。

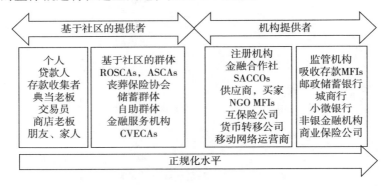

注：ROSCAs = 循环储蓄与信贷协会；ASCAs = 累积储蓄和信贷协会；CVECAs = 自力更生农村储蓄和信贷银行；SACOs = 储蓄和信贷合作社；NGO = 非政府组织；MFIs = 小微金融机构。

图1.3　金融服务提供者的范围

虽然金融服务提供商可以根据它们的受监管状态分为正式、半正式、非正式，我们将它们分为社群基础（一般来说是没有合法地位的非正式机构）和机构化的（institutional，一般是更加正式并且在某些情况下受监管）。

群体基础的提供商包括个人（比如朋友、家人、借钱者、店主、商人、储蓄者）和团体，包括本土团体，如ROSCAs（轮转基金）和ASCAs（累积储蓄信贷机构）和外部机构促进团体，比如Saving Groups（储蓄团体）和Self-Help Groups（自助团体）。尽管后者比轮转基金更加正式，这些促进团体并不被认做是机构化的，因为它们大部分都没有合法执照，并且只有少量开支，主要提供给它们群体内部人员（详见第六章）。

机构化的提供商包括成员共有的金融合作机构和非政府组织，这些都合法登记过并被监管，同样也有银行（私人和公有的）、吸收存款的小微金融机构（MFI）、非银行金融机构（NBFI）如保险公司和租赁公司，这些也在某种形式下被监管（详见第七章）。

没有任何一家供应商能够去满足所有市场片区的需求，在偏远地区，低成本结构和自负盈亏的供应商相比于更加专业的小微金融机构要有更明显的优势。然而，信贷机构和银行则能提供更多更全品种的金融服务，并且比它们更可靠。新兴的供应商如移动运营商们（MNO）可以在乡村地区便捷地提供金融服务，但目前这个规模很小。

尽管最近这些年有大量的小微金融机构涌现，但非正式的金融服务供应商始终是穷人们获取服务的途径。例如，据 FinAccess 统计，肯尼亚的消费者使用一系列金融服务的组合，在这些组合中，仅使用正式金融服务只有11%，31%的人使用半正式的金融服务，13%的人使用非正式金融服务，剩下45%的人以上三种金融服务都使用。使用半正式服务的这群人中超半数都也同时在使用非正式的金融服务。并且，这种混合使用三种金融服务的人数在2006年到2009年间逐步增长，最后仅使用正式金融服务的人只剩下 2.5%（FSD可持续发展基金会，FinAccess，2011）。

专栏1.9 撒哈拉以南非洲的供应商类别分布

2011 年小微金融信息交换所 MIX 统计了撒哈拉以南地区的供应商类别分布，数据调集了 60 个类别的产业资源，统计了大约 23000 家金融服务供应商。数据显示非洲有一个庞大的供应商群体，其中小微金融机构是一个重要的组成部分，当然低收入者也通过银行、信用合作社、邮政储蓄银行、储蓄团体等获取服务。图 B1.9.1 展示了这些不同类别的数量统计。

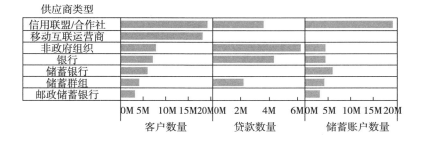

资料来源：Linthorst 和 Gaul，2011。

图 B1.9.1 非洲不同类别供应商客户数量、贷款数量、储蓄账户数量

供给：产品

需求者们通过一系列的金融服务来帮助自己维持生计，打理商业事务，处理挑战。有限并且不规律的资金流意味着频繁，小额及增长性的交易要比一个需要最小交易额或者规定时间点的交易更加有效和便捷。社区团体内提供的产品被使用得比较多，因为它们更便捷，离穷人们所在地更近（见专栏1.10）。

金融服务主要包括储蓄、信贷、支付和保险（本书第三部分会有详述）。尽管金融服务产品通常以期限、规模、价格、回报、资质等来区分，但对消费者而言，他们的偏好将取决于可获取性、便捷性、流动性、安全性和可承受性。例如，产品是可获取的意味着在供应商解释产品特点后消费者能明白这个产品的合约，并在签署合约时双方的交易是透明的。更进一步地，期限更加灵活的金融产品正在被推出，包括提前偿付贷款、续贷、没有最低限额的开户服务等。支付服务、住房和教育贷款、特别面向年轻人的存款账户，甚至更复杂的产品如租赁和保险开始走向低收入人群。

随着服务逐渐变成以需求者为导向，产品的递送也在通过创新性渠道而快速发展着（详见第十二章）。

表1.2展示了整个市场系统，也就是需求（主要的金融服务需求，包括现金管理、累积大额资金、风险管理、资金周转）和供给。

专栏1.10　孟加拉国的储蓄导向型金融业务

SafeSave，世界上首批小微金融服务机构之一，给穷人们提供了最基础的财富管理服务。尽管他们知道穷人们的收入通常是不规律的，没有保障的。孟加拉国的居民很难获取到官方供应商提供的服务，于是他们加入存款俱乐部，但存款俱乐部不总是可靠的。Safesave旨在提供一种非正式的金融服务方式以改善他们的状况。

Safesave提供一种居民只需要在离他最近的分支机构进行存贷的服务方式。Safesave的工作人员每周有六天去拜访住户，为他们当面服务。客户可以一次存低至1塔卡（折合0.015美元）。超过1000塔卡（折合15美元）的账户可获得6%的年利息。客户也可以单天当场取出不超过500塔卡（折合7.50美元），也可以去分支机构单天取不超过5000塔卡（75美元）的现金。

Safesave 也推出信贷业务。贷款者首次贷款限额为 5000 塔卡（折合 75 美元）。在 2010 年 3 月，Safesave 的储蓄数额首次超过了它的贷款数额。

表1.2　　　　　　　　　　家庭财务管理需求解决方案

财务管理需要	每日现金管理	总额管理	管控风险	转账汇款
预设的机制	随身携带	藏在隐秘的地方	减少消费；变卖资产	转给个人；汇给朋友或家人
益处	无费用；无交易成本；高流动性	无费用；无交易成本；高流动性	无须计划	便宜；对社会有益处
成本	高征收风险；没有借钱能力	高丢失风险；缺乏储蓄纪律；太易获取；贬值风险	困难；减少潜在的未来收益	有被偷的风险；耗费时间；缓慢
特别使用的基于社区的机制	ROSCAs；商店信用	ROSCAs；ASCAs	ROSCAs；其他社区群组；贷款者	公交或出租车
益处	无费用；低交易成本；社会益处	无费用；低交易成本；储蓄纪律；投资收益（ASCAs）	高灵活性；低交易成本；社会支持；反应快	熟悉的机制；没有获取限制
成本	不灵活的条款；损失风险；不可预测；商店信用的潜在成本	损失风险；隐私的泄露	可获得性无法预测；潜在的高费用；高或有负债	有风险；缓慢；获取困难；昂贵
特别使用的机构机制	银行交易账户	银行储蓄账户	保险；紧急贷款	手机移动支付
益处	高灵活性；安全（存款保护）方便支付；可获取贷款	安全（存款保护）；移动储蓄"远离诱惑"；可以获取贷款	可以覆盖极端风险；没有或有负债；风险覆盖可以确定	更低的风险；快捷；获取方便；更低的成本
成本	高取款费；每日获取困难	高最低门槛；每日获取困难；低收益	高利率；可获得；长期或无法预知的条款程序	需要账户和 SIM 卡

资料来源：David Ferrand，FSD Kenya。

规则和配套功能

　　规则和配套功能影响了交易的有效性（市场的核心）并且提供了一个允许市场增长、适应和改变的环境。建立和制定规则的人以及提供配套功能的人因功能不同而异。有些功能，比如监管，被视做是一个"公共福利"，核心的参与者是政府和政策制定者，并且偶尔还可能是商业机构。其他的诸如信贷机构或者评级机构，更适合由私有公司承担。

规则

这个规则包含正式的规则（监管和行业标准）和非正式的规则（社会契约和文化传统）。正式和非正式的规则——这些规则本身及其实施——控制了金融市场系统中人们的参与状况和行为状况，并且显著影响结果。正式规则有一个确定的、书面的责任描述，分配到具体部门，共同形成法律上的参数来规范化供给者和需求者们的行为。非正式的规则相比正式规则经常是非书面的、朦胧模糊的，定义也没有正式规则严谨。它们在态度上、行为规范、社会组织和风俗惯例上证明了上述的特点。

正式规则的核心参与者是政府组织和产业机构。金融系统的复杂性和内部的创新如移动银行给规则制定者带来了新的挑战，不仅要决定制定什么样的规则，什么人制定，并且要决定什么人负责实施。

正式规则在市场系统中扮演着一个公共角色，给供给者和需求者划定界限。正式规则建立了法律框架及影响市场准入、产品范围以及竞争格局的行业标准，这影响了消费者，继而又影响了提供者和他们的服务。例如，强制执行合同和登记资产的法律，国家身份认证系统，公共存款的保障都是诸如此类的正式规则。关于正式规则我们将在第三章、第十七章、第十九章详细讨论。

非正式的规则是地方文化、价值体系和风俗惯例的总和。根据定义，它们不是某一个参与者的责任。虽然某些个体或机构会发挥巨大的作用，但是非正式规则是以一种有机的形式混合呈现出来，是性别、宗教、种姓、文化传统、世袭制度、土地所有制度等所综合影响下的产物。

这些风俗惯例提出了一套准则，使得人们觉得应该按照准则来做，这样才不会受到惩罚。社会和文化的风俗惯例可以极大地影响一个团体内部的最佳金融服务是什么样的类型。比如，信用在决定采用什么金融服务时是一个重要的参考要素（Shipton，2007）。在高社会资本的社会里，社会体系和结构已经有良好发展，建立了信用制度和培育了摆脱只认家族亲属理念的良好交易环境，在这样的环境下建立金融中介服务将会变得更简单并且更低成本。

在某些情况下，非正式规则可以达到正式规则同样的效果。比如伊斯兰世界的金融准则已经融入监管的体系里了。非正式规则甚至比正式规则在某些情况下更好用。比如，在村民需要贷款却提供不了官方的信用证明后，村干部可以给他担保，并且在没有房产的法定登记下向外证明他的财产。鉴于这些非正式规则代表了人们长久以来的信念和社会习惯，这些非正式规则已经很难被改变（尽管有一部分可以被司法强制修正）。

尽管有些非正式规则看起来没意义，但却起着重要的作用。比如维护一个社会安全网络。正如前文所阐述的那样，这些规则可能包括共享群体的收入和财产、严格的社会等级划分。然而，社会准则也会随着新技术和新文化的产生而改变。例如，在线支付会让货币从城市转移到乡村变得更容易，因此减少了对单一依靠某个团体来管理风险和处理紧急状况的情形。了解非正式规则将有助于我们了解这个团体到底需要什么。

专栏 1. 11　　存款业务的核心规则和配套功能

- 规则。严密的监管制度保障存款人的存款安全。
- 运营和人力资源开发。旨在提高供应商能力的一系列培训服务和技术咨询。
- 存款保险。不管是公有还是私人机构，都应达成存款保险制度的协议。

专栏 1. 12　　正式和非正式规则

正式规则包括成文的法律、政府政策、官方监管条例以及行业内正式的行业准则。它们是受非正式规则的影响，它们因非正式规则而成形。反过来，正式规则也在影响着非正式规则的运用。

非正式规则是非书面的、隐性的规则。它们基于社会习俗、文化和历史因素来规范人们的行动。有些时候这些非正式规则弥补了正式规则里的漏洞。非正式规则就似乎是一个心灵守则，虽然没有成文规定，但都存在于人们的潜意识里。

配套功能

配套功能提供了资源、信息和服务来规范金融市场行为并且让整个金融市场在瞬息变化中成长以及适应。薄弱的配套功能（以及不合适的规则）让市场变得脆弱，缺乏足够的深度持续下去并且适应瞬息万变的世界。配套功能的组成部分以及其提供者因情况不同而异，但普遍都和信息、沟通、产能建设、协作、资源发展和创新有关。所有的这些都支撑了一个核心功能，即需求方与供给方的交流。

配套功能因具体情况不同而异，所以没有一个全面的配套功能列表介绍。这里提供一些主要的配套功能介绍。

- 素质培养。包含政策制定者和供给者的素养提升。因此这会包含一些培训服务或其他能使雇佣者提升技能的方式。在一个更加成熟的市场里，行业的素质培养会包含私人和公共参与者的一同协作。

- 协作。这是指在一个市场系统里，超越个人产能限制，将整个系统视为一个整体并支持其发展。这是一个非商业化的功能。所以很可能是由政府或代表性的行业（或者消费者）协会来做。

- 主张。这是指让供给者和需求者在金融市场里能有发言权，确保他们对于行业标准和监管的观点能真正对公共功能的改善起到作用。

- 信息。粗略的指"信息环境"，比如与新潮流和新产品（同时面向供给者和需求者）有关的信息，以及更加具体的以信息为基础的产品和服务。其关键的参与者包括专业服务的公司、政府，或其他和公共信息——如行业标准和法律权益——有关的机构。

- 研究。以知识形成呈现的产品或服务，如与供需双方都有关，影响评估和新产品的扩大推广。

- 融资。可以以多种形式，比如权益或者债务的形式。核心的参与者是私人投资者。但实际上，尤其是对小微金融来说，通常的参与者是捐赠基金会，他们并不是以盈利为目的去投资。

- 基础设施。提高整个市场系统的效率的配套技术和其他的后台支持服务。这可以包括信用部门，存款保险和会计服务。核心的参与者大多是私营企业和监管当局。

关于配套功能我们将在第三章、第五章、第十六章、第十八章继续详细讨论。

专栏1.13　　了解金融版图里的非正式规则

整个金融版图的方法论旨在寻找是哪些因素影响了低收入者们欠缺金融服务的渠道，我们可以从以下因素考虑：

- 地域因素。地理位置和交通便捷程度是怎样影响供应商们提供金融服务的，考虑到聚落形态和物质基础设施。

- 历史因素。过去的政策是怎样塑造服务的供给状况和态度的。
- 社会文化因素。社会和个人网络是如何发展起来应对这种受限状况的。
- 经济因素。居民的收入和支出的状况是如何影响需求的。

这个研究我们不仅仅是要关注这些低收入者，并且要深层次地考虑这些因素是如何影响金融服务获取和供给的。在考量这些因素的过程中，我们逐步发现了一些非正式的规则在推进其发展。

市场系统框架的含义：供给者和促进者

尽管所有参与普惠金融的组织都同意发展整个市场系统是一个有价值的目标，但并不是所有的组织都起了这样的作用。参与其中的组织因法律地位（比如营利性企业、非政府组织、行业协会、政府）、融资来源（比如基金拨款、债务、权证等）、规模、动机等不同而不同。然而也许最基本但最有用的区别就是他们是否会主动充当这个市场的推动者和催化剂（见图 1.4）。知道你在金融市场里所处的位置是很重要的，这会决定你应该做什么并且如何做。

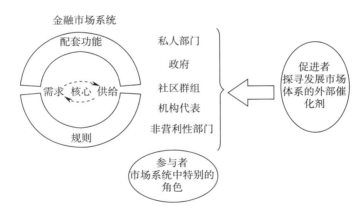

图 1.4　市场系统参与者和促进者

- 市场参与者。持续地在金融生态系统里发挥功能的组织或个人。这包括金融服务的供给者、监管者、其他正式规则的制定者和推进者与配套功能的供给者。
- 促进者。外部的参与者。在系统外部协助市场系统做出积极的改进。促进者通常是捐赠机构和一些慈善家捐赠的发展机构（提供债务或权益的投资者通常被认为是市场参与者，因为他们提供一个重要的配套功能即融资）。基金拨款是被用于协调市场并提高市场参与者产能。尽管协作者的协作方式有很多种，但主要是利用资源来应对限制，让系统更加有效的运转。因此起的是一个促进公益的作用（非商业化）；它是暂时的（非永久性的）并且需要可以及时用资源（金融的、人力的、政治的）去干预市场的能力。在短期或者中期看来，促进者扮演的角色可能包含很多内容：包括在需要的情况下市场的直接角色。在长期看来，促进者的目标是在市场系统里不再有持续性的角色。

表 1.3 描述了这两个角色的战略性差别。在长期看来，是谁应该变成市场参与者（也就是提供私营或公共的产品和服务），是谁应该为这些产品或服务付款？人们在谁应该承担金融市场系统里的某些功能的争论中存在一些分歧。

表 1.3　　　　　　金融市场系统促进者和提供者的关键特征

特征	促进者	市场参与者
目标和导向	广泛。什么是对市场系统作为一个整体来说是好的？	狭窄。什么对我和我的客户或受益人是有好处的？
长期角色	长期不扮演什么角色；促进市场系统中的其他人	继续作为激励的角色并提高能力
活动	根据市场限制进行变化，例如，技术支持，金融支持，行政支持，信息支持	和长期角色一致；提供服务，或者在核心部门提高金融服务或者在配套功能或正式规则中
技能，知识	用来解除限制的战略性的概览和技术能力	较少的技术上的能力以完成特定的角色
资金来源	开发机构和捐赠者	市场上其他的参与者，客户或政府部门
法律形式	开发机制；捐赠者；基金会；承包商；非政府组织	与不同的角色相适应；主要是私人参与者（正式的和非正式的）的服务条款
成本基础	与开发机构相适应	与市场系统相适应

无网点银行

对穷人金融服务产生的第三个重要影响是技术为推进普惠金融提供了机会。基于前面关于金融生态系统的讨论，本节介绍的无网点银行主要关注新的市场参与者——移动运营商（MNOs）和代理商网络。第十二章将会对每一个交易和接入点比如手机、互联网、自动取款机等进行一个更加技术性的讨论；这也包括了所有无网点银行的所有运营模式。

成本和距离是金融服务的考量因素。历史上，即使近距离地给需求者提供服务对提供者和需求者来说都是高成本的。然而现在金融服务的提供者们创造了更多创新的方式去提供日常的金融服务。尽管基于社区的服务提供商已经实现了大范围的去无网点化，对机构供应商来说，移动银行正在改变需求者和供应商的合作方式，并且给他们创造了更低的成本，方便他们得以接触到之前得不到金融服务的家庭，尤其是那些偏远地区、人口稀疏地区和城区贫民窟里的人们（CGAP，2011）。

无网点的银行需要替代的接入口。这包括手机、自动取款机、人工提供、第三方代理机构如使用 POS 机的零售商（或者有时是小微金融机构）。无网点的银行服务包括个人和政府资金转移，以及全方位的银行服务如存取款、贷款偿还、支付、缴纳保险等。

下面我们定义一些术语。移动货币（Mobile Money）指可以通过手机进行转移的移动货币。这种移动货币的发行方可以是 MNO 或第三方，包括银行。（CGAP，2011）。移动银行业务（Mobile Banking）指的是利用手机连接到银行账户并执行金融交易的方式。这也包括非交易性的服务如查阅手机中的相关金融信息。代理商（Agent）指任何一个承担银行或其他金融服务供给者如移动货币发行方职能的第三方机构。它起到将现金与移动货币相互转化的作用。

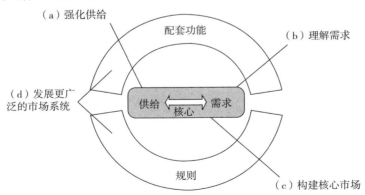

资料来源：Rob Hitchins，The Springfield Centre。

图 1.5　干预从金融机构向金融系统进化

新的市场参与者：一个更宽广的生态系统

去无网点的银行是伴随着新的市场参与者、新的金融服务需求、新的技术兴起而产生的商业模式。它和传统银行业运作方式非常不一样。无网点银行需要一个参与者组成的整体生态系统。例如，无网点的银行一种——移动银行，需要移动运营商（MNOs）和银行或其他金融服务机构以及代理商的合作才能完成。但移动银行的想法非常难以实现。因为首先它需要多个机构牢固的合作，再者需要经过多方面的监管，并且如果其中任何一个环节出现了问题则会前功尽弃。确实，维系一个系统的稳定是来源于各方的利益诉求（Mas，2008）。本节主要讨论两个新兴的市场参与者——代理商网络和移动运营商。

代理商网络

尽管移动银行给需求者们提供了便捷和很多接入口，但 POS 机却不能实现存款服务，互联网也不能自身实现现金交易，人工提供服务也不可能频繁实现。因此这些渠道不能完全代替传统的金融服务（Mas，2008）。所以代理商出现在这一领域。

一个代理商网络是指一组主要提供现金与移动货币互换的实体店面。一个代理商可以是任何一个邻近的有现金流量、可以服务消费者存取款或者转移资金到第三方的零售企业。供应商们如银行或移动运营商（MNOs）可以在诸如营业厅、店主、零售企业、商人、加油站、邮局或商场小卖部等建立代理商网络。代理商收取交易手续费，但是因为这些代理商服务的地方基本上对大多数机构供应商来说不能囊括，所以这部分的手续费还是比机构供应商单独开设支行的成本要小。

代理商可以通过如 POS 机刷卡、手机、个人电脑等方式促进交易。某个客户可以在某个代理商处储存一定的现金，而另外某个客户可以刚好在另外一个代理商那里从中取回。代理商必须要有一个安全的全时监控的银行账户，并且要有详细的收支账单（详见第十二章）。在处理交易的过程中需要一个完备的支付系统（详见第十八章）。消费者保护法也规定要最小化降低银行客户的风险敞口（Mas，2008）。

有些供应商使用代理商不仅仅是为了交易之便，比如提供银行账单、提醒客户到期日、发布信贷产品等。如果这些供应商有相应的牌照，他们甚至可以发布保险产品。一个典型的例子就是在墨西哥市场里，在支行可以办理的服务有 20% 都可以在代理商那里办理。

根据法律的要求，有时小微金融机构 MFIs 可以充当大型商业银行或 MNO 的代理商，这一策略使得小微金融客户得以更广泛地接触到移动银行，也帮助小微金融机构增强竞争力并增加自己网点的流动性（Kumar，McKay 和 Rotman，2010）。

代理商供给消费者接口。因此，当发展代理商网络时，供应商必须注重考虑打造良好的消费者体验，打造诚信并维持良好的诚信氛围。供应商可以雇佣并打造属于他们自己的团队或者将这一功能外包出去（详见第十二章）。

移动运营商

移动运营商提供了手机使用金融服务的功能。移动运营商可以提供资金的转移和支付服务，并且可以协助银行或其他供应商一起拓宽金融服务的范围（Kumar，McKay 和 Rotman，2010）。

移动运营商的作用可以是简单地发送短信服务，也可以是提供全方位的类似银行所提供的服务（尽管我们还未确定到底包含哪些服务）。银行或者其他金融服务供应商想让移动运营商扮演的角色取决于他们想要把移动银行业务和其核心传统业务整合到一起的程度。需求者们的体验是这些移动运营商的技术所创造出来的，这部分仍然在更新，但未来是怎样的还是个未知数。

新的商业模式：与无网点银行合作

在供应商和移动运营商之间建立合作关系是不容易的。一个核心的考虑就是建立这样的合作会使得交易变得有多便捷？移动运营商可能会与很多金融机构合作，增加其客户通过金融机构做交易的能力，但减少了其伙伴们独有的附加价值（见第十二章）。同时，只与一个移动运营商建立合作关系的银行和其他供应商会限制客户只能使用该移动运营商提供的功能。

在最开始的时候，开拓移动银行的成本非常高昂，所以很难找到合作者。有些供应商，包括一些移动运营商，没有足够高的市场份额将这部分转化为电子业务谋求盈亏平衡。并且，这还需要后台支持，大部分小供应商根本无力提供。为了增加采用率，银行和其他的供应商要大力唤起消费者的需求以及进行品牌宣传。尽管移动银行减少了人们的交付成本，并且给供应商和客户都提供了便捷，但还需要更加努力确保客户的资金安全。

除此之外，移动运营商与供应商之间应协商考虑用户服务界面（如移动运营商的客户呼叫中心）和市场营销以及对电话客户的配套销售。移动运营商可以充分利用他们的代理商网络和零售店面去提供资金进出的服务。

最后，在很多国家，银行监管机构对移动运营商的监管尚不明确，尽管随着新的模式出现以及大量的投资人更清楚地认识到移动银行里存在的系统性风险，这种监管局面会慢慢改善。最终要形成严格的监管条例来规范这些移动银行的业务。实际上允许的最大转账额度还是相对较低，这将会限制这项服务的使用。其他的问题还包括数据安全、消费者隐私、非银行发行账户、纳税情况。

在本书撰写的时候，大量依赖技术的商业模式涌现出来：提供可以进行资金转移的模式（Mobile Money，移动货币），把银行与移动运营商链接的模式（移动银行），通过零售企业店面建立的代理商网络。专栏 1.15 将介绍一些更有趣的模式，时间会告诉我们哪种模式最可靠、最能经受时间的考验。

专栏 1.14　　移动银行的潜力

移动银行在给低收入者、无银行账户的人们提供多样化的金融服务方面有着相当大的潜力。然而，事实表明，移动银行根本不清楚低收入者和无银行账户的人们想要什么样的服务。

首先，移动运营商们创造出复杂的金融产品已经超出他们的能力范围，他们对信贷、储蓄和保险所知甚少。并且在提供其他服务的方面缺乏监管。电子货币在监管打击下已经没落了，而在一些国家，移动运营商们提供的电子货币并未像银行那样受到监管。简单来说，移动运营商在提供一系列专业的金融产品方面没有经验。而金融市场里的供应商们更加了解客户们的需求，这两者联合起来是非常关键的。移动运营商们仅仅知道消费者需要什么样的服务我们就提供给他们，它们期望这样的方式能增加人气，减少营业厅开支。换句话说，它们没有动力再去创新，它们没有目的性、计划性。因为金融服务不是它们的核心业务，所以移动运营商的老板们自然不会愿意在这方面进行投资。

专栏 1.15　　无网点银行的新商业模式

Safaricom's M - PESA：是一项在肯尼亚拥有 1700 万用户的提供转账支付

服务。而这个国家的银行只有 700 万个活跃账户。个人账户只有在 M‑PESA 平台上才有，而银行没有。银行账户持有流动自今年支撑了电子账户的流动，这得以让 Safaricom 成为了电子货币的发行方，尽管它并没有取得合法执照并且处在央行或电子货币监管机构之下监管。在 M‑PESA 中，流动资金是信用维持的，而不是 Safaricom 自己持有的。M‑PESA 有一个混合的代理商模式。一部分代理商以营业厅方式营业，并且直接受 Safaricom 控制，但大多数代理商是被中介公司所控制，这些中介公司与 Safaricom 达成了一致协议。

M‑Kesho, Iko Pesa：移动货币和银行账户的链接。在肯尼亚，M‑Kesho 用一个权证银行（Equity Bank）提供的银行账户与 M‑PESA 账户链接起来，使得消费者能够在 M‑PESA 账户与权证银行提供的银行账户之间进行资金的自由转让。奥兰治公司（Orange）通过技术上将奥兰治货币平台与权证银行系统对接，将所有的奥兰治货币（Orange Money）转换成权证银行里的电子货币。不是增加一个从 M‑PESA 账户里转移资金到 M‑Kesho 账户的链接，Iko Pesa 的账户是全部被整合成为一体并保持一致。在西非的加纳（Ghana）和布基纳法索（Burkina Faso），电信钱包（Airtel Money）已经和生态银行（Ecobank）成功对接。在马达加斯加，奥兰治公司已经与一家小微金融银行联合起来在奥兰治货币（Orange Money）上提供付息的储蓄账户。然而这些模式的成功与否将有待于进一步验证。

Telenor 和 Tameer's EasyPaisa（巴基斯坦）。在 Tameer 银行（Tameer Bank）准备将手机银行业务普及到乡村地带的时候，它与一家移动运营商 Telenor 进行了合作。Telenor 在巴基斯坦有 1800 万注册用户，而 Tameer 银行想利用 Telenor 广泛的用户群去打造它的移动支付服务，想让 Telenor 做它的代理商。Tameer 银行打造出了一个联合的服务品牌——EasyPaisa。在 2012 年时，数以百万计的人使用 EasyPaisa 提供的服务，超过 50 万人拥有移动钱包账户。建立了 12000 个代理商的网络后，EasyPaisa 仍在高速发展。Tameer 银行的核心业务（信贷、储蓄、保险）因此而加强。Tameer 所拥有客户账户里的浮动资金来弥补自己流动性的需求，从而减少了自己贷款资产的成本。Tameer 通过 EasyPaisa 发放员工的薪水，在未来，Tameer 可以尝试更多的储蓄和其他账户的业务，把优质客户的存贷服务搬到移动支付端上来。Telenor 也受益于两者的联合，增加了消费者忠实度和降低了布局营业厅的成本，这些都加强了它的电话和短信的传统业务。EasyPaisa 的事例反映了两家具有各自竞争优势的企业互相观察到了合作共生的利益而强强联合在一起。

　　Oxxo（墨西哥）：代理商银行。Oxxo 是北美最大的零售网络。在墨西哥有超过 9000 家门店。Oxxo 号称每 8 小时新开一家店面并且每天服务 750 万人。它 100% 由 FEMSA 控股，FEMSA 是拉美最大的饮料公司，最早是卖啤酒的。Oxxo 目前已经有了规模可观的账单支付和保险的金融服务。它正在和大多数银行谈判建立起移动支付功能，目前已经与一家公司达成协议提供自有品牌的电子钱包服务，这个电子钱包可以用通过卡或者直接用手机完成。Oxxo 主要的客户群是无银行账户的人群，所以它的举措对普惠金融来说是一个重要的贡献。

无网点银行和小微金融机构

　　小微金融机构和非政府组织并没有在移动银行方面起到至关重要的作用。而它们只是在优化消费者服务和减少成本方面使用了一些新技术。例如，当小微金融机构取得牌照后，它们可以加入国家支付系统，可以利用自动取款机和信用卡以及 POS 机来提供服务。尽管有些小微金融机构充分利用了技术提供的机会，但很多还在挣扎之中，它们想通过技术实现的模式还不能实现。小微金融机构需要卓越的客户服务技能，熟练的后台运作技能，强而有力的领导和技术去实现其目标，但很多都还没有实现。然而，小微金融机构和其他更小的供应商可以通过以下一些方式来参与移动银行：

- 使用手机（或者个人电子助理、笔记本电脑，或其他技术）在这个领域去获得数据。
- 使用电子金融服务去更新替换传统的核心业务，如使用给贷款和保险购买加入移动支付的功能。
- 作为移动运营商或银行的代理商。

　　总的来说，这三股驱动因素——更加注重需求者本身，承认金融生态系统的多角色和多功能，技术提供新的契机——在促进着普惠金融的发展。接下来的几个章节里我们将对三股驱动因素进行更细致的研究，描述它们的功能，描述它们在金融市场系统里的扮演的角色，描述它们如何为穷人们更好地服务。

注释

　　[1] 例如，见 Consultative Group to Assist Poor（CGAP）的 Clients at the Center Initiative

或者 ACCION 的 Center for Financial Inclusion。

[2] 苏格兰政府将普惠金融定义为面向个人的合理金融产品和服务。这些人拥有知识和技能并且能够有效利用这类产品和服务。普惠金融经常被视为贫困的象征，同时也是成因之一。

[3] 结论是基于同 64 位来自正规和非正规金融机构的客户和 20 位辩论协会会员的深度访谈的讨论产生的。

[4] Portfolios of the Poor 是一部整合来自孟加拉国、印度和南非的金融调查结果的开创性著作（Collins 等，2009）。

[5] 这已经成了一个有争议的问题，有些人认为由捐助者支撑的小微金融已经发展成了强调供给方/产品推动性的产业，而不是其他服务，特别是储蓄，增加了个人债务却没有带来相应的福利。

[6] 当然有例外。一些大型合作社的运作非常类似于监管金融机构，而一些农村银行虽然受到正式监管，但规模微小，有些不正规。此外，形式或法律形式的程度并不总是等同于可持续性。一些国有银行可能严重依赖补贴，而大多数商业银行在经济上是独立的。而储蓄集团可以有非常正式的操作程序，一般是可持续的，且可以长期不依赖任何外部援助。一些外部支持集团，如自助团体和金融服务协会，旨在利用中长期的外部人员，大多数非政府组织小额信贷机构继续依靠捐助补贴。

[7] 其他产品，如外汇或债券也可在正规部门使用，但是本书中没有涉及，因为贫困人口很少使用它们。

[8] 在实践中，规则和支持功能，无论其类型如何，通常由发展机构直接提供或补贴。小微金融的可持续性分析历来集中在核心供应商，以及他们由营业收入所提供资金支持的营业活动，而不是拓展到整个更广泛的市场体系。然而，如果目标是发展有效的可持续市场系统，可持续性分析需要全面，不止核心功能，同时包括支持功能。

[9] 规则的概念是制度经济学的核心。有关进一步讨论，请参见第十九章。

[10] 根据 microLINKS wiki（2010），社会机构是复杂的，是持久的结构或社会秩序（和合作）的机制，它们管理着对社会重要的习俗和重复行为模式。它们通常被认为具有社会目的（例如减轻冲突、验证精英）。持久的机构，如性别、种族或民族、阶级和宗教有助于塑造个人的信仰和期望。社会机构存在是因为它们服务于一个目的，这通常是为了保护特定群体的权力或特权。

[11] 尽管仍然依赖移动货币，但是其确实可能因为社会制度而获得成功。见苏珊·约翰逊博客，她说："这些在社交网络内运行的人际间的转移，涉及了'给予和取得'，这是可以在长期内运行，并且资源能以一种形式如现金转移成另一种形式的关系。例如，为工作支持许多不同种类或不同社会关系的资源等。因此，移动支付已经带来了一系列涉及

互惠层面的金融交易。"

http：//technology. cgap. org/2012/04/19/what – does – therapid – uptake – of – mobile – money – transfer – inkenya – really – mean – for – fnancial – inclusion/.

［12］为了市场的需求方，金融素养或金融教育可以纳入这一功能，或作为一个单独的类别。

［13］本节使用了 CGAP 的各种注释，包括 Mas 和 Kumar（2008）；Mas（2008）；Kumar，McKay 和 Rotman（2010）；和 McKay 和 Pickens（2010）。

［14］例外的是，如果银行想要推出自己的直接移动支付系统，它只需要来自 MNO 的常规数据服务，因此无需任何真正的合作伙伴即可发布，它只需要能够正常使用移动电话网络即可。

［15］本节改编自 Flaming，McKay 和 Pickens（2011）和 Lehman（2010）。

［16］虽然 POS 设备也提供对银行账户的访问，但资金的访问速度取决于机构之间的结算安排。

［17］至少，银行或其他提供商需要从 MNO 购买无线连接。下一步是寻求访问用户识别模块（SIM）中的存储器，以此来使用从 MNO 获得的加密密钥和电话服务菜单。MNO 将会更多地参与管理客户端和银行后端服务器之间的整个通信。银行甚至可以使用 MNO 主机来运行核心银行系统，在这种情况下，当银行拥有账户时，MNO 就将操作系统。

参考文献及进一步阅读

* Key works for further reading.

Banthia, Anjali, Janiece Greene, Celina Kawas, Elizabeth Lynch, and Julie Slama. 2011. *Solutions for Financial Inclusion: Serving Rural Women*. New York: Women's World Banking.

Banthia, Anjali, and Peter McConaghy. 2012. *Remittances and Access to Finance in Spain and The Gambia: Understanding the Supply and Demand of Remittances between Spain and The Gambia and Its Impact on Financial Service Access*. New York: Women's World Banking.

Bennett, Lynn. 1997. "A Systems Approach to Social and Financial Intermediation with the Poor." Paper presented at the Banking with the Poor Network and World Bank Asia regional conference "Sustainable Banking with the Poor," Bangkok, November 3–7.

Bold, Chris, David Porteous, and Sarah Rotman. 2012. "Social Cash Transfers and Financial Inclusion: Evidence from Four Countries." Focus Note 77, CGAP, Washington, DC, February.

Bouman, F. J. A., and Otto Hospes. 1994. *Financial Landscapes Reconstructed: The Fine Art of Mapping Development*. Boulder: Westview Press.

*CGAP (Consultative Group to Assist the Poor). 2011. "Global Standard-Setting Bodies and Financial Inclusion for the Poor—Toward Proportionate Standards and Guidance." White Paper prepared on behalf of the G-20's Global Partnership for Financial Inclusion, CGAP, Washington, DC, October.

CGAP and World Bank. 2010. *Financial Access 2010: The State of Financial Inclusion through the Crisis*. Washington, DC: CGAP and World Bank.

Chatain, Pierre-Laruent, Andrew Zerzan, Wameek Noor, Najah Dannaoui, and Louis de Koker. 2011. "Protecting Mobile Money against Financial Crimes." World Bank, Washington, DC.

*Chen, Greg, Stephen Rasmussen, and Xavier Reille. 2010. "Growth and Vulnerabilities in Microfinance." Focus Note 61, CGAP, Washington, DC. http://www.cgap.org/gm/document-1.9.42393/FN61.pdf.

ﾚristen, Robert Peck. 2011. "What Does Focusing on the Client Really Mean?" CGAP Blog, CGAP, Washington, DC.

A (Central Intelligence Agency). 2008. *CIA World Factbook 2008*. Washington, DC: CIA.

*Cohen, Monique. n.d. "The Emerging Market-Led Microfinance Agenda." MicroSave Briefing Note 25, MicroSave Kenya.

Cohen, Monique, and Candace Nelson. 2011. "Financial Literacy: A Step for Clients towards Financial Inclusion." Workshop paper commissioned for the 2011 Global Microcredit Summit, Valladolid, Spain, November 14–17.

Coleman, J. C. 1990, 1994. *Foundations of Social Theory*. Cambridge, MA: Harvard University Press.

*Collins, Daryl, Jonathan Morduch, Stuart Rutherford, and Orlanda Ruthven. 2009. *Portfolios of the Poor*. Princeton: Princeton University Press.

*Demirgüç-Kunt, Aslı, and Leora Klapper. 2012. "Measuring Financial Inclusion: The Global Findex." Policy Research Working Paper 6025, World Bank, Washington, DC.

*Ehrbeck, Tilman, Mark Pickens, and Michael Tarazi. 2012. "Financially Inclusive Ecosystems: The Roles of Government Today." Focus Note 76, CGAP, Washington, DC, February.

Faz, Xavier, and Paul Breloff. 2012. "A Structured Approach to Understanding the Financial Service Needs of the Poor in Mexico." CGAP Brief, CGAP, Washington, DC, May.

*Flaming, Mark, Claudia McKay, and Mark Pickens. 2011. "Agent Management Toolkit: Building a Viable Network of Branchless Banking Agents (Technical Guide)." CGAP, Washington, DC.

*Glisovic, Jasmina, and Mayada El-Zoghbi with Sarah Foster. 2011. "Advancing Savings Services: Resource Guide for Funders." CGAP, Washington, DC.

Harriss-White, B. 2004. "India's Socially Regulated Economy." *Indian Journal of Labour Economics* 47 (1).

*Hashemi, Syed M., and Aude de Montesquiou. 2011. "Reaching the Poorest: Lessons from the Graduation Model." Focus Note 69, CGAP, Washington, DC, March.

Hatch, John. 2011. "When Clients Grow Old: The Importance of Age in Addressing Client Needs." Workshop paper commissioned for the 2011 Global Microcredit Summit, Valladolid, Spain, November 14–17.

Hudon, M. 2008. "Norms and Values of the Various Microfinance Institutions." CEB

Working Paper 08/006, Centre Emile Bernheim, Brussels, February.

*Johnson, Susan. n.d. "Gender and Microfinance: Guidelines for Good Practice." http://www.gdrc.org/icm/wind/gendersjonson.html.

—— 2000. "Gender Impact Assessment in Microfinance and Microenterprise: Why and How?" *Development in Practice* 10 (1): 89–93.

—— 2004. "Gender Norms in Financial Markets: Evidence from Kenya." *World Development* 32 (8): 1355–74.

—— 2011. "Understanding Kenya's Financial Landscape: The Missing Social Dimension." *FSD News* 17 (August): 2.

*Johnson, S., and S. Arnold. 2011. "Financial Exclusion in Kenya: Examining the Changing Picture 2006–2009." In *Financial Inclusion in Kenya: Survey Results and Analysis from FinAccess 2009*, 88–117. Nairobi: FSD Kenya and Central Bank of Kenya.

*Karim, Nimrah, Michael Tarazi, and Xavier Reille. 2008. "Islamic Microfinance: An Emerging Market Niche." Focus Note 49, CGAP, Washington, DC.

*Kendall, Jake. 2010. "Improving People's Lives through Savings." Global Savings Forum, November. http://www.gatesfoundation.org/financialservicesforthepoor/Documents/improving-lives.pdf.

*Kumar, Kabir, Claudia McKay, and Sarah Rotman. 2010. "Microfinance and Mobile Banking: The Story So Far." Focus Note 62, CGAP, Washington, DC, July.

Ledgerwood, Joanna. 1998. *Microfinance Handbook*. Washington, DC: World Bank.

*Lehman, Joyce. 2010. "Operational Challenges of Agent Banking Systems." Brief written for the Global Savings Forum, Bill and Melinda Gates Foundation, Seattle, November.

Linthorst, Audrey, and Scott Gaul. 2011. "What Do We Need to Know about Financial Inclusion in Africa?" SEEP Network, Washington, DC.

*M4P Hub. 2008. "A Synthesis for Making Markets Work for the Poor (M4P) Approach." http://www.m4phub.org/resource-finder/result.aspx?k=m4p%20synthesis&t=0&c=0&s=0.

*Mas, Ignacio. 2008. "Being Able to Make (Small) Deposits and Payments, Anywhere." Focus Note 45, Washington, DC, CGAP.

—— 2010. "Savings for the Poor: Banking on Mobile Phones." *World Economics* 11 (4).

*Mas, Ignacio, and Kabir Kumar. 2008. "Banking on Mobiles: Why, How, for Whom?" Focus Note 48, CGAP, Washington, DC.

Mas, Ignacio, and Dan Radcliffe. 2010. "Mobile Payments Go Viral: M-PESA in Kenya." http://papers.ssrn.com/sol3/papers.cfm?abstract_id=1593388.

*McKay, Claudia, and Mark Pickens. 2010. "Branchless Banking 2010: Who's Served? At What Price? What's Next?" Focus Note 66, CGAP, Washington, DC.

microLINKS wiki. 2010. "Informal Regulations under BEE." Value Chain Framework wiki page. http://apps.develebridge.net/amap/index.php/Informal_Regulations_under_BEE.

—— n.d. "Social Institutions Comprising Informal Regulations." http://microlinks.kdid.org/good-practice-center/value-chain-wiki/social-institutions-comprising-informal-regulations.

Orozco, Manuel, Anjali Banthia, and Mariama Ashcroft. 2011. "A Country Profile on The Gambia: The Marketplace and Financial Access." Women's World Banking, New York.

Perdomo, Maria. 2008. "Consumer Protection: A Client Perspective." Research note prepared for Microfinance Opportunities and Freedom from Hunger.

Pickens, Mark. 2011. "Which Way? Mobile Money and Branchless Banking in 2011." CGAP Technology Blog, CGAP, Washington, DC, March 9.

*Porteous, D. 2005. "The Access Frontier as an Approach and Tool in Making Markets Work for the Poor." http://bankablefrontier.com/assets/pdfs/access-frontier-as-tool.pdf.

Rankin, Katharine N. 2002. "Social Capital, Microfinance, and the Politics of Development." *Feminist Economics* 8 (1): 1–24.

Rotman, Sarah. 2010. "An Alternative to M-PESA? Orange and Equity Bank Launch Iko PESA." CGAP Technology Blog, CGAP, Washington, DC, December 6.

Shipton, Parker. 2007. *The Nature of Entrustment: Intimacy, Exchange, and the Sacred in Africa*. New Haven: Yale University Press.

World Bank. 2011. *World Development Report 2011: Conflict, Security, and Development*. Washington, DC: World Bank.

Wyman, Oliver. 2007. "Sizing and Segmenting Financial Needs of the World's Poor." Bill and Melinda Gates Foundation, Seattle.

第二章 客 户

Stuart Rutherford，Daryl Collins 和 Susan Johnson

　　不管怎么测量，不能获取金融服务的人群都是非常庞大的。在 1976 年穆罕默德·尤努斯创办格莱珉银行（孟加拉国乡村银行）时，他关注的对象主要是穷人。随着小微金融不断的发展，吸引了经济相对较宽裕的穷人（Economically Active Poor），这些人很可能贷款去经营一些小的经济活动。在普惠金融不断深化下的今天，人们把注意力转向了"没有银行账户的穷人"（Unbanked Poor）——那些没有使用正式或者半正式金融服务的人群。这类群体在全世界所有成年人群中达到了一半以上，而且他们大部分是穷人：在非洲，五分之四的成年人是没有银行账户的，南非则达到五分之三（Chaia 等，2009）。相比而言，在富裕国家，只有不到十分之一。所有这些群体——最穷的、中等贫穷的没有银行账户的穷人——远远超过了现有已经获取到金融服务的人群，这部分获取金融服务的人群截止到 2009 年据估计有 1.9 亿（小微信贷运动峰会，2011）。

　　在第一章"发展中的金融版图"中，我们讨论了哪些是穷困人群，他们的特点，以及诸如不同的生命周期阶段、地理、生活习性、非正式规则和风俗文化、性别等如何影响他们的金融决策。在本章中，我们将从穷人们的角度去分析金融服务。探讨他们需要什么样的金融服务，为什么需要这些服务，以及评估他们的金融服务获取程度。我们也将探讨优质的扶贫金融产品的核心特征以及这些产品为什么能够给这些穷人们带来好处和它们是如何带来好处的。

穷人和金融服务：多样化需求和共同的问题

　　穷困人群占据了全球所有人口的一半以上。尽管他们大部分集聚在某些特定地区，尤其是非洲和亚洲，但他们的特点却各有不同。那么他们的金融服务需求也相应各有不同。尽管在那些生活习性相近的地方，内在的差异如性别、年龄、家庭成员的健康状况也同样影响他们的金融决策。研究表明男性和女性往往对于家庭资源包括金融资源的分配采取的态度是不同的，在个体层面，个人的性格特点占据了主导的因素：有些人非常谨慎，因此厌恶贷款，更加乐意去储蓄。相反，存在一些主导性的风俗惯例——比如在中国的某些民族或内罗毕的某些穷人居住区里他们非常偏爱某些储蓄贷款俱乐部——这给他们塑造了一个不一样的金融决策风格。在一个国家或地区，经济的货币化程度也影响着金融中介的广度。一个家庭的金融服务需求也随着生命周期阶段的变化而变化：例如，当孩子们接受了教育离开家庭去工作，则家庭的负担就会减轻，家庭生产性的活动就会锐减。

　　但是，贫穷给穷人们带来了大量的金融管理问题，这些问题因各个家庭的情况、传统、生活习性不同而不同。这些共性将是本章的主题。本章将展示一些穷人们对总体需求和他们的资金管理需求。我们从一个最基本的问题开始：为什么穷人们首先需要金融工具？为了回答这个问题，我们应当深入乡村地区和贫民窟去找到更多的细节。

穷人们的"金融资产组合"

　　金融有两方面核心要素——时间和金钱。缺少任何一个要素都是不完整的。某些一次性的调查可能只关注于穷人们使用哪种储蓄存款机构并且何种数额的贷款最受欢迎，而对他们现金使用的时机却鲜有提及。为了了解穷人们如何将有限的收入和开支需求协调以及如何充分利用金融工具来达到两者的协调，我们需要将穷人家庭的金融决策整合在一起看，也就是他们的金融工具组合。为了了解穷人们为什么选择以及如何使用金融工具，我们要观察这些资产组合是怎样随时间变化而变化的："在资产组合中，我们常常只关注了单个资产是怎么变动的，没有关注它们整体是怎么协调的。关注它们整体的协调运作会给我们提供一个新的思路。"（Collins 等，2009）

　　在《穷人们的资产组合》这本书里，作者在孟加拉国、印度、南非这三个国家做了为期一年的"金融日记"。这些"日记"并非是居民自己所作，而是通过说当地语言的专业调查人士采访所得的调研报告。这些调查人员尽可能获取一个家庭完整的收入和支出情况，并且尤其关注他们的资金流动情况——在储蓄或贷款下的资金流动和流出。同时，他们也调查了环境、偏好和愿望是如何影响他们的金融决策的。从这些日记中，我们不仅可以建立起每个受调查家庭的资产负债表，也可以得到资产负债表背后的具体现金流动。一共有250份家庭的数据被收集，后续又有50份孟加拉国的数据被收集。

主动的资金管理人

这个"日记"的内容揭示了原来穷人有强烈的意愿使用金融工具。起初我们觉得这是违反直觉的，我们很自然地认为他们微薄的收入只能勉强帮助他们填饱肚子，他们根本没有使用金融工具的需要。但是事实却不是这样。这些穷人是非常主动的资金管理人，他们千方百计地寻找一些理财方式。他们这样做不是排除了收入低这一因素，而是正因为他们的钱很少。低收入通常是不可靠的，并且收入是不定期的，所以他们必须要有足够的钱去保证在没有收入的时候也能买得起食物。即使有定期的低收入，在碰到如婚姻、教育、建房、节日、置备家用器具等大的支出时也是无力以对。所以必须要有借贷。这同样也适用于碰到重大的突发情况，这时需要一次性大笔的资金才能成功应对。穷人们对于借贷的需求超过了非贫穷人们的需求：并不注重具体多少数额，而是注重紧迫性。从银行或善心的邻居那借到一美元，就可能帮助一位母亲带她女儿到诊所去治好结膜炎，如若不然，她的女儿就可能会失明。管理好自己的钱是一个很重要的生活技能，尤其对穷人们来说。

为了管理好他们的资金，"日记"中的受访户更多使用了非正式的金融工具，而不是如银行、保险公司或小微金融机构提供的储蓄、保险产品这样正式的金融工具。甚至银行就在身边（南非）或者小微金融机构已经深入到乡村或贫民窟（孟加拉国）的情况下也是这样。而供给方对这个情况只是部分了解。银行开展业务主要都是面向较富有的私人小业主，给他们提供贷款，没有想过给穷人们创造服务。小微金融机构本应该是为服务穷人而设立的，但至少到现在他们主要还是面向小微企业发放短期贷款。给小微企业们提供贷款确实能给银行或小微金融机构带来收益，但这些远非最广泛的金融客户群体。很多小微金融机构和其他服务的供应商已经意识到这个问题并开始为穷人们提供一系列的金融服务，但大部分这些服务相对较新并且还没有吸纳较多数量的客户。

如果我们从穷人们的角度来看这个现象的话，我们很容易就能明白为什么穷人们需要非正式的金融服务。他们需要一些方法来累积资金：这些资金用于家庭的日常生计和面对突发情况时的大额开支。因为这些资金只能通过他们从平时的小额资金流里挤压一点点累积出来，所以他们需要金融工具来帮助他们——每天或每周存一些钱或偿还贷款。这些工具需要唾手可得，并像存款或偿款一样足够灵活地获取。"日记"中显示每天存一点钱在家里是最常见最频繁的方式，尽管要确保他们不能把这笔钱花在其他用途上。然后则产生了村庄或贫民窟里的基于家庭和朋友之间的借贷活动，而且这种借贷活动通常是免费的。为了攒钱，穷人们一般都会把钱存到储蓄互助团体里（有些互助团体的模式已经非常陈旧）或者进行较大额度的民间借贷，而这种民间借贷通常都是有利息的。

了解穷人们的金融服务需求

调查揭示出了穷人们现金管理的复杂性以及形成这种复杂性的内在因素和受到的个人及家庭环境因素的影响。但该研究也令我们得以一探穷人的金融生存状况及所有穷人面临的日益迫切的金融需求。其中之一就是应付日常生活开支的短期现金流管理——经济学家称之为"消费平滑"（Consumption Smoothing）。另外一个就是如何处理突发情况或者称之为"风险管理"。第三个就是穷人们如何累积较大数额的资金以满足他们整个生命周期里的需要以及累积家庭资产。对有些家庭来说，第三个问题还包括投资生产性经济活动，比如建立或者投资小的经济业务，或者购置生产所用的工具自给自足，比如劳动人力车。

现金流管理和收入平滑

据世界银行的说法，全球有1%的人口日均收入2美元。它的意思是一年按365天算，总的收入除以天数得出的日均2美元。但大多数低收入者们并不是每天都能得到恒定的2美元。很多穷人们只是靠他们的非正式劳动一次性获得收入，他们并非每天都获得收入。一个印度贫民窟里的居民可能大多数日子出去跑人力车，但碰到没有乘客或者当天下雨，再或者他生病了或街道被游行集会堵住了，那他当天就没有收入。同时他的妻子在制衣厂工作，理论上，她每个月都可以领到薪水，但实际上她不能保证工厂里的监工会恪守承诺付她薪水。她也不确定这份工作会让她持续干多久。

收入不定期性和不稳定性构成了对穷人们的"三重打击"的一重。另外两重打击是收入水平低和金融工具的缺乏。这三个打击相互影响并互相加强，使得穷人们更难以维持日常生计。如果他们的收入能稳定地每日获取 2 美元，那不仅仅是安排日常的开支变得容易很多，也会有更多的人或储蓄机构愿意借钱给他们，因为他们有稳定的收入来源每天就可以还一点，尽管很少。但是如果一次性得到 8 美元的收入而接下来一个礼拜都没有收入，那么如果没有金融工具的帮助，能保证维持每天的生计是很困难的。

农民们和小商贩们面临着同样的问题，只不过他们不再是每天而是一个季节的周期。他们的收入是一次性的，农民们收割的时候获得收入，在重大节日时贩卖商品的小商贩们在那个时间段获得收入，他们都面临着两个相互交织的现金流管理问题。第一，他们要寻找到合适的方法保证他们一整年生产活动的流动性，农民们可能保存大部分粮食然后一次次的卖分批获得收入。第二，他们要确保一次性积攒下来的用于一整年的日常生活开支的钱不能用做其他用途。专栏 2.1 和专栏 2.2 列举了"日记"中这样情况的两个家庭。

"日记"里显示出不管是乡村还是城镇里的居民，每日的现金管理对他们来说是最要紧的资金管理任务部分。这个发现并不让人惊讶。几乎在任何地方，家庭主妇们都会在他们购物时省下一小部分钱，做饭的时候省一点粮食放到"小储库"里。他们在所居住的贫民窟或者村庄里进行借贷活动，借贷一些小数额的钱，或者一些大米、煤油、盐、肥皂。一种金融工具的缺陷促使他们使用下一种，有的时候再下一种，连锁反应下去。例如，因为他们要面临家庭和邻居的借款需求，或者花钱给孩子们买糖果和饮料的诱惑，所以他们省钱下来存在家里变得很困难。于是人们经常利用"金钱守护者"（Moneyguards）来存钱——通常是家族或邻居之外的可以信任的人。但因为这些"金钱守护者"们不总是可靠的——于是他们需要钱的时候却不能及时取出来——所以最后穷人们可能从邻居那里借钱（如果数额小的话通常是免费的）或者在商店买东西赊账，或者拖欠房屋租金。然后，当房东因穷人不能按时交租金而催款威胁的时候，他们从其他借款人手中贷更大笔数目的有息贷款。为了还债，他们则要更加艰辛地省吃俭用，或者变卖家当。但是变卖家当——例如，卖掉房顶——但卖财产却只能让他们又需要攒钱买回卖掉的东西。难怪"日记"里的受访户叹言"变卖房顶让我们整夜都不能睡着"，"我很讨厌从其他人那里借钱——但是没有钱是万万不能的，我们又必须这么做。"

虽然大部分金融服务是使用在日常的现金管理上，但这在穷人们的资产负债表上却未显示出来。"日记"里的受访户的年度资产负债表显示出十分低的家庭储蓄率和借贷率。大部分家庭的年度现金流是他们家庭金融资产和负债的好几倍。在印度，通过使用金融工具的资金流入流出量占平均年度收入的比例在 75% ~ 175%。在孟加拉国也是相似的比例，南非要稍微高一点（Collins 等，2009）。这是因为大量的日常现金管理需要短期频繁的资金流动。大量的小额贷款在一段时间之后得到了偿还。"大的现金流和小的资产负债"是对穷人们资产组合一个较好的描述，并且这也符合小微金融机构之前推出的非寻常便利存折存款产品的体验。当我们看到孟加拉国的一个小微金融机构 BURO 的数据时发现，通过存折存款产品的资金流入流出量是年末储蓄余额的 4.5 倍（Rutherford 等，2001）。穷人们需要频繁的小额存款来累积大数目的钱去维持生计。大多数情况下，人们存钱是为了应付收入的不确定性和小额性而不是为了打造资产（见专栏2.3）。

专栏 2.1　收入不稳定性，周复一周，年复一年

Pumza 住在开普敦附近的兰加镇上。她靠在路边售卖烤羊杂碎来养活她和她的四个小孩。每天她会买好羊杂碎并且烤熟卖给过往的路人。这是个不错的差事，Pumza 每月可以挣 95 美元。因为政府认为每个小孩的健康成长每月至少要保证 25 美元的开支，所以 Pumza 的月收入至少要达到 120 美元。

图 B2.1.1 显示了每两周的现金流动情况。深实线表示她的资金流入，也就是她的收入和别人欠她的还款。淡实线表示她的资金流出，包括她的烤羊杂碎的原料开支。这两条线都不稳定，但最重要的是，它们的走势并不是一致的。有时她的烤羊杂碎不景气，所以她就没有钱来买下一天的原料。从图中我们可以看到她两次碰到这样的情况。她可能把陈货售卖给顾客，但顾客更喜欢新鲜的杂碎于是就不愿意去她的铺子里买杂碎。从图中我们可以看到她碰到了两次危机。在 5 月的时候，她和其他卖烤羊杂碎的人们一起建立了一个存款俱乐部。从星期一到星期四，她们每人存 7.7 美元进去，并且一直到它们累积到 30 美元后取出来。以这种方式，她得以弥补她的第一次资金短

板。然而令人失落的是，因为俱乐部里的某个人未能及时存款，这个存款俱乐部没能够继续帮她渡过第二次资金短板危机，于是 Pumza 向放贷者借了月利率30%的贷款来渡过难关。

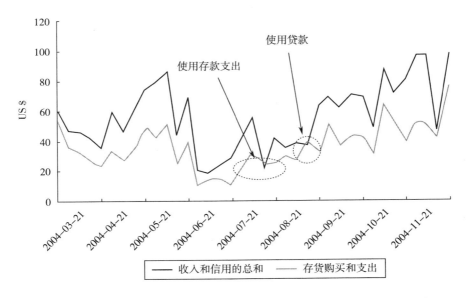

图 B2.1.1　一个南非女小贩的收入和存货费用，每日现金流总计（一月两次）

专栏2.2　不稳定的季节性收入状况下的现金流管理

Sita 是一个寡妇，在北印度有一小片农耕土地。她和两个儿子住在一起，两个儿子在家帮她务农。但是他们60%的收入是从6月到9月这4个月产生的，而且如果再碰到恶劣的天气时，他们的收入会下降非常多。平均一年下来，这个家庭月均收入低于30美元，大约每天人均创造产出32美分（按购买力平价调整约为1.2美元）。

然而令人吃惊的是，Sita 和他的儿子储存了足够的粮食和现金以确保他们全年吃喝不愁。他们将土地抵押出去，通过向其中一个儿子受雇的粮食贸易商贷款，并且每月从他的工资中扣除一部分还款。一年下来，他们总共还了63美元，大约是他们全年收入的五分之一。

处理突发情况和预期风险

当突发情况发生时，穷人们需要大笔的钱去应对。在富裕国家里，对那些经济状况稍好一点的穷人来说，保险是最好的方式。保险现在是发展速度最快的小微金融服务业务，但现在只普及了一部分家庭。由于缺乏正规的保险，大部分穷人必须要寻找新的方式去抵御风险应对突发状况。

穷人们应对突发情况时太脆弱了。很多穷人们生活在十分脆弱的金融生态系统中：他们因贫困而生活在最底层，他们更容易遭受到自然灾害的袭击。在发展中国家有近五分之一的疾病困扰可归因于自然环境的威胁——缺乏安全饮水，医疗设施落后，卫生状况恶劣等，这些直接导致了大量死亡（世界银行，2005）。穷人们以不确定的法律地位在贫民窟里艰难生活着，受到房东们的压迫和火灾的威胁，政府也对他们关注很少。由于不能够购买药品和饲料，他们的家畜也活不久，产量也不及富有的农民们的家畜。做饭的设施简陋，顶着茅草屋顶，一不小心就会因发生巨大的火灾事故而倾家荡产。产生的这些烟气也同样威胁着他们肺部和眼睛的健康，所以他们面临着重大的健康隐患。

在孟加拉国，"日记"中受访户有大部分都遭受因疾病而带来临近破产的困扰。在印度这个比例有五分之二。五分之一的孟加拉国家庭因此而失去亲人。五分之四的南非家庭要花大笔钱在亲人的葬礼上——死者通常都是因为艾滋病而死亡。

当重大突发情况发生时他们如何应对？大多数情况是他们应对不了：疾病不会被治愈，工作也丢了，亲戚们也只能救济一点点丧葬费用。那么他们怎样尝试着去应对呢？当灾难来临时，穷人们竭尽自己所能去救济。他们会变卖家当，卖掉首饰，或者抵押出土地。存款被耗尽，他们向群体内部寻求低息贷款或援助。所有的钱都投在应对灾难中去了。没有保险服务的情况下，穷人们利用一切可能利用的金融工具来抵御风险（见专栏2.4）。

但是，当这个灾难是耗费巨大的，或者极有可能发生，穷人们会预先购买保障，他们通常会使用正规的保险服务或者相似的非正规替代物。南非的丧葬保险就是这样。"日记"中受访户们就加入了"丧葬互助团体"，他们每月付一些保费，到丧葬发生的时候一次性提取出来帮助他们减轻压力。其中有些家庭还把钱投进了正规的"丧葬政策保险"。

很多家庭同时使用正规的金融服务和非正规的金融服务，所以"日记"的作者可以比较这两者的运作情况。南非家庭使用 8 ~ 12 种金融产品，其中一般至少包括一个"丧葬互助团体"的产品，一个正规的"丧葬政策保险"的产品。这些家庭一般会把每月收入 3% 的投入丧葬保险产品中。

正规的丧葬保险和非正规的丧葬保险拥有几乎差不多的经济价值。正规的丧葬保险的保费往往要比非正规的稍高一些，但它们的产出也会稍高一点。如果不看具体的数额，非正规的丧葬服务如"丧葬互助团体"在丧葬仪式上给予的人力帮助和道德关怀上要更有优势。"丧葬互助团体"里的人会帮忙准备丧葬仪式中的道具或者帮忙做饭。然而，"丧葬互助团体"也可能是非常不可信任的。证据表明有近 10% 的丧葬互助团体倒闭了（FinMark Trust，2003）。因此，尽管很多穷人继续参与非正规的丧葬保险服务，但正规的丧葬保险服务已经渐渐有了更大的影响力，为他们创造更优的产品，提供更可靠的服务。

专栏 2.3　Ramna 的"充值贷款"（top – ups）

格莱珉银行在 2002 年引入了"充值"的贷款服务以使得它的产品变得不那么严苛。在这种供应下，贷款者到了还款日程中期的时候加满自己的贷款。实际上，他们可以每 6 个月贷一次小款而不是一整年贷一次大款。Ramma 和她的丈夫是一个从充值贷款中获益的很好例子。他们年龄在增长，他们没有技能，没有受过教育，越来越干不了活，但是他们还有两个需要上学的孩子。他们的收入来自 Ramma 的丈夫，她丈夫干任何他可以干的杂活来挣钱：在这受访的三年，他干农活，抓螃蟹，在茶摊上工作。Ramma 负责打理家务，确保每个人都有吃的。她发现"充值贷款"非常有用。每 6 个月她从中得到一笔金钱来维持家用。研究者们发现她用这笔钱来买米，支付她公公的葬礼费用，支付教育费用和书本以及衣物费用。一次她将只是把钱存在一个邻居"金钱守护者"那里直到需要把钱取出来还一个到期的私人贷款。有一天她被发现留了一部分钱在柜子里锁着。因为她知道"下坡"（down）期即将要到来，她需要另外一个资金来源来偿还格莱珉银行的贷款——这表明了她一年两次的资本使用是很有价值的。

专栏 2.4　Enayet 的脚

Enayet 和他爸爸在孟加拉国首都达卡的一个建筑工地工作，当他 17 岁的时候，染上了毒瘾。他父母责骂了他，他逃到几百公里之外的港口城市吉大港露宿街头。他爸爸带着仅有的盘缠放弃工作去寻找他。但不幸的是，当他父亲发现他时，他被卷入了一场斗殴事故，并摔断了腿。他没有钱去医治，不得已找到他父亲求助。他父亲将他带回达卡，Enayet 的家庭倾其所有送他去医院医治，他们将家具、首饰和他们的自行车卖掉，从其他亲戚那里借钱，Enayet 的姐姐将存在工作的制衣厂里的俱乐部存款、用于准备婚事的钱全部取出来。但所有这些还不足以支付他的医疗费。Enayet 的父亲向较宽裕一点的邻居——一位领退休金的教师、一位商店老板、一位小典当铺老板——求助以 10% 的月利息向他们借款。所幸通过这笔借款，Enayet 已经可以用一根拐杖走路了。然而这笔高昂的贷款无法偿还，而且只付了一点点利息。Enayet 的妈妈饱受借款人们的言语羞辱，她尝试去忽视这些言语侮辱。但几乎可以肯定的是，这笔债务将不会被还清。Enayet 将会象征性地支付一些利息，希望这笔本金会随着时间的推移被遗忘或被一笔勾销。

为人生大事、购置家当、商业活动储备更大的资金

持续突发灾难的威胁迫使穷人们加快寻找大额资金。但是这种突发灾难不是穷人们需要获取大额资金的唯一原因。所有的人，包括穷人，都会面临着一次性花大笔数额的钱来处理生活中碰到的大事——年节、婚姻、死亡、出生的仪式庆祝、建房、教育等支出，以及购置家当如电风扇或电视机。有些人也可能会想利用一笔大数额的钱来做投资，投资他们已有的经济活动，或者让自己能独立经营而不是被雇用打工，比如拥有自己的人力车或自己的农耕土地。其他人可能用这笔钱去满足他们迁徙到大城市寻找工作需要的生活费用。但是他们怎么积累一笔大数额的钱呢？

我们已经知道穷人们使用的金融工具大部分是非正规的。但存大笔数额的钱在家里或者存款俱乐部是不安全的，因为存的时间越长，存的钱越多，那么遭受损失或者被偷窃被误用的风险就越大。那些最贪婪的借款者们也不愿意把大数额的钱借给穷人们，因为借大数额的钱给穷人们就意味着要很长周期才能还，时间越长，违约的风险就越大。

所以，尽管这些大额的开支都在预料之中而非突然而至，但穷人们只能一点一点积累。购置家当的时候他们经常会利用一系列的方式比如存款、贷款、家庭其他成员的自主或者自有资产的抵押。

一些物品如珠宝首饰，屋顶用的草料（或者砖瓦、水泥顶材料、木板材料），家畜等在很多家庭被视做长期的资产。尽管大部分的非正规金融工具是短期的，它们可以被用来购置这些实物储蓄资产。轮转基金就是一个很好的例子。

ROSCAs，轮转基金的缩写，是指一群相互了解和信任的个人组成团体，该团体的成员每隔一定时间需要捐献一定数额的资金形成一笔基金，然后按照某种次序轮流将汇集起来的全部或部分资金交给团体中的每个成员，直至所有成员都有且仅有一次获得该笔资金，该团体宣告结束。专栏 2.1 中的卖烤羊杂碎商贩 Pumza，就加入了一个四个成员组成的日轮转基金。专栏 2.4 里提到的 Enayet 的妹妹，就加入了一个更大的由制衣厂女工们组织的月轮转基金。轮转基金的设计初衷就是为让其成员满足一次性的大额支出需求。在菲律宾，结婚后的乡村教师们就会选择轮转基金去帮助他们支出置备家具的钱：他们还说服他们的同事去加入轮转基金来继续达到购置沙发和桌椅的目的。

让小微金融机构惊愕的是，表面上他们的客户可能是因商业投资而借钱，但实际上他们拿贷款来买黄金珠宝。从客户的角度上来看，用贷款的钱来买黄金珠宝是天经地义的，尤其是没有其他的什么手段可以帮他们买黄金珠宝。这些首饰在结婚时是必需的。在"日记"调研里的三个国家，大部分农村居民都拥有自己的土地和住房，境况稍好一点的农户也有一些农耕用地（印度和孟加拉国），南非可能还更多一点。相比之下，在城市租住房屋的情况要更普遍。在南非，"日记"里的一些受访户拥有永久的砖瓦房，在"日记"里的受访户中，只有一小部分的人面临着购置属于自己房产的压力——但一旦存在，正如南非的 Jonas，Mimimi 显示的那样（见专栏 2.5）这个压力是巨大的，而且解决方案需要高度的自控。尽管很多小微金融机构和其他的供应商开始给这些购置房产的客户提供房屋贷款，但这些客户通常获取不了这样的服务。所以像全世界其他地方的人一样，他们只能通过一点点累积才能买房。

再者，如轮转基金这样基于群体的工具，有着简单灵活的制度规则，可以是积累资本储存现金的一个强而有力的方式。在越南渔业团体里，他们使用"拍卖轮转基金"去帮助自己为渔船和捕鱼设备攒钱。在孟加拉国，人力车车夫团体建立了"人力车轮转基金"去帮助自己攒钱买人力车。在有些地方，人力车轮转基金收集到的钱通常放在车库里，每一个车夫都会从他们当天的收入拿出一部分存进去。当这个资金池够买一辆人力车的时候，将抽彩决定群体里的哪一位可以得到车。在一个成员得到人力车之后他会每天在里面放之前两倍多的钱：他能担负的起因为他现在有自己的车再也不用付原先的租人力车的租金了。这个效应加快轮转基金的运转，以至于等到下次资金池增长到可以再买一辆车所需的时间会很短。减少了成员投资风险。有一部分人加入了这个轮转基金并按它的规定运转得很好，所以他们很快就拥有了一个人力车车队，并且还装了马达。

不过值得注意的是，并不是每一个达卡人力车车夫都想拥有自己的人力车。拥有这些车存在着风险和成本。人力车需要在晚上的时候存在安全的地方，车夫要保护他们不被警察的敲诈克扣掉。并不是每一个人力车车夫都可以摆平这些，所以也有很多人不去买车。

所以也有人不愿意参加轮转基金。每天要存一点钱对有些人来说压力还是挺大的，并且如果自己都不能保证自己每次都能按时交钱，则他们觉得最好还是避免加入这样的承诺。这不仅仅是因为违约的影响——会感到羞愧或者受到其他成员的粗暴对待，更重要的是，不能按期完成任务会导致自己丧失在群体内部的信誉。很多人加入轮转基金，结果为了按时存款甚至贱卖掉他们的人力车，因为保证同时按时存款又要维持生计是非常困难的。

这导致了一个重要发现：所有的穷人们需要金融工具来应付基本的需求：日常消费平滑，应对突发灾难，为生活中的大事储备资金。如果这些基本需求不能保证至少被部分满足，单向穷人放贷只为生产性投资可能不太明智。最好是把用于营生的贷款应用于满足基本需求，而不是最糟糕的情况下投到短命生意或因债主追债而产生损失的情况。

以孟加拉国为例，世界上最成熟的小微金融市场之一，MFI 贷款人对许多贫穷客户将贷款用做非生产性目的熟视无睹——虽然一些 MFIs 对公众坚持说贷款只能用于小微企业投资。一组用来检验非正式设备和 MFI 服务是如何适应孟加拉国贫困地区人民金融生活的日志使我们看清：生产性投资只是人们从 MFIs 借钱后众多使用去向中的一种（见专栏 2.6）。

其他证据表明企业家可以从小的、灵活的资金注入中获得益处，但是它们不一定导致生意的成长。南非小本企业主的金融日志表明企业主能够通过相当小的前期投资进行运作。但是，要保持他们生意的运作，他们需要持续规律的资金支持。他们中很少有人想要扩大生意，或者想象如果真的扩大经营他们能够赚到更多的钱。他们更关心的是如果收入较少的话能否持续稳定地经营下去。

不是所有的企业都能借到钱。然而，MFI 借款人中的很大一部分人——专栏 2.6 孟加拉国例子中的至少七分之一的人——得到了贷款并建立或者扩大经营。

大多数 MFIs 从给穷人提供贷款以支持他们建立或扩大经营起家，但是早期让每个穷人都能成为成功企业家的愿望现在开始给企业贷款最好瞄准那些有经商天赋且家庭财务稳定的客户的理念让路。结果，企业投资方面的小微金融正逐渐从与小本生意现金流模式不匹配的每周还款方案，转为私人定制方案而不是集体方案。这应该给非企业家的穷人的集体储蓄和借贷留出余地，以满足他们广泛的非生意上的现金管理需求。

专栏 2.5 一点一点建房子

Jonas 和 Mimimi 是一对夫妻，他们在开普敦的兰加区经营一家小镇酒吧。他们的理财能力让人印象深刻。Mimimi 经营这家酒吧每月产生的利润是 324 美元，Jonas 是一个园丁，每月获得 185 美元的薪水，他们的薪水总计 509 美元。和兰加区的家庭平均收入 425 美元比起来，他们已经做得不错了。Mimimi 每月要寄 31 美元到东开普敦村庄的亲戚去，他们的孩子和 Mimimi 的母亲住在一起，她每个月都会给他们孩子寄钱过去供他们吃穿和学费开支。她把他们自己的生活开支节省到 87 美元每月，以下是他们详细的月度预算：

Mimimi 的月度预算	509（美元）
收入来源	
营业利润	324
月度工资	185
资金用途	
手机费用	6
香烟	3
电费	16
食物	49
寄到东开普敦亲戚家	31
购物的交通开支	1

工作的交通开支　　　13

存款俱乐部　　　　　367

银行净存款　　　　　23

Jonas 和 Mimimi 使用的主要存款服务是两个非正式的存款俱乐部。他们每月总共要在里面存 367 美元。他们在被跟访的一年中，一共从其中一个存款俱乐部中取出 3065 美元，这部分钱被用于在东开普敦建一座房子。另外一个俱乐部几个月之后可以从中取出 725 美元。这部分钱他们将大部分用于圣诞节晚宴的花费和购买圣诞礼物，剩下的 260 美元他们用做房屋装修的费用。

总的来说，他们的两个存款账户和银行的净存款一年加起来达到 4000 美元（不包括他们每月寄给东开普敦亲戚的钱），这其中 12% 用在圣诞节上，6% 被继续存放在银行，剩下的 82% 用于建房子。这种存款建房的方式以及用于建房子的存款占收入的比例在大部分南非民众之间是非常类似的。

专栏 2.6　孟加拉国的小微金融机构贷款是如何被使用的

三年中调查的 237 份贷款合同里，只有一半以下被用做商业投资等生产性活动，十分之一用于二次借贷给其他人，十分之一用于还旧债，剩下的用于消费平滑。就资金量而言，这些贷款的一半是被用在广义的称为"收入产出性活动"中。但这不意味着一半的贷款者采用这样的用途，因为只有一小部分是商业活动贷款者，并且他们贷款数额较大。想象一下在孟加拉国一个小的村庄里：只有一小部分家营商店，这个商店的价值甚至不值一间木材小屋的价值。然后有一个人发现了一小部分家庭还从事其他一些生产性活动：也许有一对夫妻从事稻米磨坊，有些人经营着衣服工厂废料制地毯。大部分其他的村民都在从事农业劳动，或者自主生产性活动，拉人力车或者在码头搬运货物或者在周边市场卖茶叶。小部分条件稍好一点的农民，有足够的土地去生产一个家庭所需的粮食，大部分都不是小微金融机构的客户，因为他们不喜欢参加每周的会议并且觉得这些贷款对他们而言太少：他们可能更倾向于接触正规金融服务，尤其是他们有大片土地可以抵押。把这些数字也纳入其中，研究发现有 14% 的小微金融机构贷款者将所有小微金融机构的贷款的三分之二用于商业活动。

金融工具被穷人们使用得如何

到目前为止本章介绍了大量穷人们如何选择和使用金融工具的例子。在本节中，我们回过头来梳理一下这些金融工具和服务的特点。了解这些金融工具的优缺点会帮助小微金融更好地为穷人们造福。

便利、频繁以及灵活——但不总是可靠的

现金管理最便捷的工具是那些被人们自己掌控的工具，不需要和其他人交涉，也不需要奔波很远，可以在任何时候得到并且没什么成本。那么这就一点也不让人吃惊"日记"里的数据显示几乎每一个穷人家庭都在使用或者尝试着使用家庭储蓄。但这种便捷和灵活性也带来了不足：用着太方便以至于很难收回这些储蓄，除非你有极强的自制力（确实有一些这样的人）。安全也是一个重要的方面：钱在家里可能会被偷或者误用，或者被洪水和风暴吹走，并且他们也在承受着通货膨胀的压力。

为了消除这些不足，一个方法就是与其他人形成金融互助的关系。"金钱守护者"——人们相信这种人并把钱存在他那儿——则是非常普遍的方式。这些人可能是邻居、亲戚或者老板。经常这种交易是双向的："日记"发现有些家庭以这种方式同时放入和取出钱。在这其中金钱守护更像是家庭或邻居间的无息借贷。有时候这两者很难区分："日记"中的孟加拉国受访户可能说他们那周在邻居里放了一些钱，并且当被问到这是给邻居的贷款还是存款或是偿还邻居的贷款时他们给出了很模糊的答案。这个模糊的部分，正如很多非正规金融服务的优点和缺点兼具：促使了大量的交易但不是很可靠，于是反过来给这种金融中介的方式带来了价值和期限方面的限制。

如果需要大笔资金，那么则需要付出一定的代价。村庄或贫民窟里的借款者会对借钱用于投资商业的人要求一定的利息，而且大部分这类借款者是迫于家庭和社会舆论的压力出去借钱的。这个利息通常是比较高的，一方面弥补穷人们的信用风险，另一方面也因穷人担心借多了还的利息就多而自然限制了贷款的数额。在下文会从社会的角度对这种借款进行更多的描述。

免息贷款的一种方式就是使用抵押物。但问题是穷人们本来就没有什么有价值的抵押物，所以他们很难通过这种方式得到贷款。抵押土地有其他的

缺陷：抵押出去的土地可能是家庭的主要经济来源，如果还不清贷款，那么提供主要经济来源的土地也没了，那就更还不了款了。

小微金融机构在提供非正式金融服务方面要比银行做得好多了。他们做了很多工作。首先，他们定期在穷人的聚居地以集会的方式来贴近穷人们。然后，他们推出便捷的小额贷款产品——通常可以每周开会来收款或者每日通过巡回流动的收款人来收还款。这给他们带来了便捷和效率，而不是仅仅借钱给小微企业主用于生产性活动。所以早期人们对小微贷款极度追捧。

管制——但只有在短期的时候

把钱存在自己那里是非常困难的。把钱存到金钱守护者那里可以帮助隔开自己，但还是不够严格受管制。把钱存在如轮转基金（ROSCAs）或累积储蓄信贷协会（ASCAs）那样的团体里就提供了比较大的管制性，因为很多人迫于团体的压力或者制裁而不得不定期存钱。很多穷人都意识到非正式金融的灵活性和便捷性的不足之处——缺乏管制——这也解释了为什么轮转基金受欢迎的原因。

在先前的章节里我们已经看到轮转基金帮助人们应对突发灾害和购置家当资产。轮转基金虽然有时也会瓦解，但除了它能够给成员提供强制性的存款环境之外，它还有其他优点。其一就是基金的管理者不会中饱私囊。另外一个就是在众人的监督之下交易变得很透明和合规。这些优点抵消了轮转基金运转失效的风险，因为在他一次性得到自己应得的大额资金时他便没有权利再次投入了。轮转基金的其他特征也贴合了穷人们的需求：它不需要保留记账的册子，所以那些不识字的穷人们不会因不识字而困惑。它通常是没有成本的：钱直接从存款者流向提款者，这大概是世界上最便捷的金融中介方式了。它近在手边并且十分便捷：人们就在他们工作或生活的地方建立轮转基金，并且定期开会进行存取款。专栏2.7展示了一些轮转基金的特点。

穷人们发现通过轮转基金要比其他诸如在家存钱或存到"现金保护人"那里更容易累积大额资金。但是，足够买房子或者创立事业或者积累养老年金的这样一笔大额资金——通常不能通过轮转基金获取。因为像其他非正规金融工具那样，轮转基金运转的时间越长，风险就越大。轮转基金是和时间有相当大关联度的：一旦人们提取他们的所有存款，那么轮转基金自动就会瓦解掉，虽然还可以重新建立一个新的轮转基金并直至运转到一定数量的存款。轮转基金是一种在安全方面面临着时间和容量挑战的非正规金融工具。

基于群体的金融工具方法已经被很多穷人以不同的方式采用。在全世界范围内最古老的并且最让人印象深刻的就是信用合作社。信用合作社采取了轮转基金和储蓄信贷协会最核心的观念——让一个群体内部的人聚集起来存款——并且积累一定量的存款使之稳定成为一个长久的非正式金融机构，提供给穷人们所需要的服务，并且重要的是能保障他们的存款安全。然而这种信用合作社发展的障碍就是存款群体缺乏基本的金融知识和教育。于是信用合作社触及不到世界上大部分的农村和贫民窟里的贫民。

信用合作社是 19 世纪的产物。在其之后，非政府组织采取了存款互助团体的基本理念，开始为穷人们提供金融服务和其他服务。典型代表就是印度的自助团体（Self - Help Groups），它吸纳了数以百万级的印度人。存款自助团体是一个链接到银行的存款俱乐部，它们被银行视为具有合法地位的团体并且可以得到银行优惠利息的贷款。在这之后，产生了存款团体（Saving Groups），这是在过去 20 年里按照完全不同的方式稳定运行的机构。非政府组织在帮助推动存款团体的运行，它们帮助解决存款团体解决不了的问题，尤其是培训穷人们如何有效地使用。因为存款团体不直接链接到银行或其他金融机构，所以它们对遥远地区或人口稀疏地域的穷人们来说非常合适。

众所周知，小微金融机构通过这些团体来发放贷款。但在快速壮大的小微信贷模式中，小微金融机构团体却并非是拥有或分享自己团体资金的互动实体，而只是为了减少服务开销而将零售客户聚集到一处的团体。

专栏 2.7　Daisy 的轮转基金

Enayet 姐姐的存款俱乐部（见专栏 2.4）是一个轮转基金（她称之为 lot-teri shomiti）。Daisy 月收入是 1500 塔卡（按市场汇率大约 25 美元）。在每月举行的轮转基金会议上，她和其他 16 名女性每月从他们的薪水中拿出 300 塔卡存放在一起，并且按固定的顺序每月安排一位女性保管这 5100 塔卡。当 Enayet 进医院的时候，虽然 Daisy 还没有达到足够的条件把钱取出来，但她可以找其他的人与她交换把她的份额换取回来。

社会植入——优点和缺点

轮转基金里成员们的自律一部分是群体内部社会关系影响的结果：成为

其中一员就代表着要按时履行义务，否则就会在群体面前丢面子。然而，这种自律通常被轮转基金应答客户需求的流动性所削弱。这个群体的本质特征是它代表了一种在各种情况下获取流动性的方式。这就包括了在会议上直接沟通协商去领回自己的存款，因为碰到了一个紧急的需求、冲击或突发灾难。或者成员们可以直接与其他成员沟通协商调整领回存款的顺序（正如 Daisy 的例子；见专栏 2.7）或者从已经取回存款的成员那借钱。群体组织进行自我协调有很多方式，并且在流动性方面又各有变化，但是核心特征是通过共同创造流动性来源，成员有权利对资源的分配提出意见并让其他成员聆听意见，不管是在会议上还是在边缘（margins）上。这个特征可以被概括为"可谈判性"（negotiability）。

尽管不同情形下机制不一样，但可谈判性是一个放贷的核心特征。放贷通常被认为是一种剥削性的行为，但这其中的社会关系可能是复杂的，包括体力劳动的交换和土地出租以及借钱。在这样的情况下"出借者"可能扮演着援助贷款人的赞助者角色。这也同时导致了债上加债，不利于贷款者长期的福利。在这种情形下，无路可走的穷人们经常选择接受这种贷款，而不是去避免。

还有一种社会关系影响非正规金融领域的方式就是人们互相帮助，尤其是在家庭和朋友之间。穷人们可能无条件地帮助他们的朋友和亲戚。如果一个小孩需要学费，而父母提供不了，另一个亲戚——或者甚至是一个朋友——可能会帮助。这样的帮助给得到帮助的人制造了一个回报义务。它不需要以金钱或者再以学费的方式偿还，而是可以以完全不一样的方式偿还，比如体力劳动、借出家畜、照料小孩。这种偿还并不一定是金钱方面的，而且偿还日期不定的方式，但不论如何它是一种义务。这种情况下还债通常是不可避免的：他们制造了在未来回报的社会关系。在 Enayet 的例子里（见专栏 2.4）他父母的贷款永远都还不清，并且等待着被"宽恕"——但社会舆论保证他们不会忘记这份回报的义务。

植入非正式金融服务的社会关系既是利也是弊。对那些有能力"谈判"的人来说，他们可以充分享受流动性，享受谈判带来的好处，然而这种社会关系并不是对所有人都开放的，那些最穷的人一般没有机会，因为他们没有能力进行回报，尽管他们可能时不时地获得帮助。

为穷人们创造更好的金融服务

本章全面地描述了穷人金融服务，这带给小微金融领域诸多方面积极有益的启示。这些启示会有助于小微金融在金融服务的质和量方面的巨大增长：

- 第一，穷人们对金融服务的需求非常大。这点可以从穷人们利用各种金融工具的频繁性上看出。

- 第二，这些金融需求不管是质的方面还是量的方面都没有被完全满足。因为在我们之前的描述中，现有的金融工具存在可靠性或者其他方面的问题不能满足他们的需求。而且能够被小微金融机构和其他正规金融工具所涵盖的穷人还不够多。

- 第三，穷人们的需求不是那些小微金融在过去三十多年来认为提供的产品和服务能满足的。实际上，穷人们对存款的需求超过了贷款，人们对一般目的的贷款需求超过了人们为小微企业投资的贷款需求，人们对长期借贷和保险的需求超过了短期的需求。

- 第四，小微金融手段上的改善已经逐步在贴近穷人们的金融需求。在更靠近客户，使得他们更频繁地存取款，不用受限于距离等因素，技术仍是关键因素。像格莱珉银行那样，在把一次性的存款肢解成小额的、周度的现金流，或者发展成日度的收款人收集存款等方面还需继续提高。不过最重要的是，小微金融机构相对那些非正式金融服务机构体现出来的可信任性和透明度需要保持并且加强。

- 第五，启示了我们小微金融需要在哪些方面进行提升以拓展产品类别和产品交付系统。需要实现两个很重要的目标以提高短期贷款和还款计划（尽管仍然是强制性的）的灵活性。要通过长期义务存款计划（包括保险和退休金计划）及延长贷款期限来使穷人由短期借贷向中长期借贷过渡。

- 第六，揭示出不同地域的穷人们的金融服务需求却可能是相似的。这就启示着小微金融的服务者们：虽然他们要针对不同地方相应修正产品，但核心功能是一致的。这点通过我们在前文描述的两个南亚国家和南非的情况存在高度一致性可以验证。虽然这两个地方有着不同的历史、文化和经济发展水平。

　　对正规金融服务的供应商来说核心的挑战是足够靠近穷人们，以与非正规金融工具在便捷和频度方面竞争。非正规金融工具在这些方面一直保持着优势，正规金融工具不可能在这方面将非正规金融工具完全取代。但如果正式金融机构在靠近穷人们方面做出更多的努力，通过每周或每日的常规提款安排，或者电话和银行代理商等手段，那么正规金融工具在穷人中的市场份额肯定要比现在好。创新也会帮助他们提高市场份额，比如电话银行或者改进法律使银行可以实施通过代理商提供服务——正如印度当下的"银行联络员"（banking correspondent）或者巴西的零售门店的附加服务。

　　对正式金融服务的供应商来说另外一个挑战就是要使产品更有灵活性，能包容穷人们不稳定的现金流状况。早期的小微信贷先驱者们担心内部治理问题以及出于把业务变得简单的考虑，他们要求严格的周度还款，如格莱珉银行就是这样。但随着技术的发展，他们现在已经能够提供"存折"（passbook）存款服务——穷人们可以随时存取——并且提供了更加灵活的还款服务，至少当原先贷款的数额不是很大的时候。

　　因为小微金融机构和其他正规金融服务供应商是永久机构，所以他们更容易提供长期性的金融中介服务。穷人们的正规义务存款计划（包括保险和养老计划）将是一个小微金融领域巨大的潜在市场。他们可以提供类似轮转基金那样供穷人们定期存款以累积大笔数目金钱的服务，并且比轮转基金更加持久以累积更大数额的存款。他们也可以提供"一站式"服务。在东非，人们把钱存到各类不同的轮转基金的情况很普遍，这可以满足他们不同的消费需求——每周的消费，每季度的租金，年度的子女学费。而这些需求可以被正式机构更好地满足，因为它们更可信赖。

　　这些挑战值得正规金融服务供应商去解决面对。穷人们所依赖的非正式金融存在着可靠性不足以及不能够提供长期大数额的存款服务。这些是主要缺点，而正规金融机构可以并且应该提供更好的服务。可靠性，意味着确保达成的合同一定能被执行，这是基本要求。穷人们生存的环境是一直在变化着的；大部分人既没有现金流，也没有生活安排，或者稳定和睦的社会和自然环境。金融工具的可靠性将促进他们长期地规划自己的生产生活。这要求金融服务要及时并且透明的，并且方便应答穷人们的问题并寻求补偿。

　　穷人金融服务在21世纪的第二个十年的计划里至少要包括：中长期义务存款和灵活性的小额贷款（为短至中期的现金管理）、中期贷款（例如最长3

年期）提供服务。技术在更新，供应商们也需要增加它们的养老金、保险服务覆盖面。穷人们寿险的保费计算最简单，而他们在健康和农业方面的保险就相对更难，但供应商们应当在这些方面开始着手提供服务。为了区分不同层次的客户，供应商也应当学会如何给商业投资提供相应的长期贷款，如何依据家庭的现金流状况提供相应补足生活的贷款。小微金融的历史告诉我们，在 21 世纪的第二个十年里把这些服务提供给穷人们是可以实现的。

第三章　政府和行业
对于金融普惠性的作用

Stefan Staschen，Candace Nelson

调整一个国家的金融系统，使金融市场更好地为低收入人群服务，这需要公共和私人参与者的共同努力。近年来，政府和金融服务行业都认可了提高金融普惠性的重要之处，这也是值得赞扬的。但金融普惠性不仅仅是纸面上的数字，或者单纯地帮金融服务提供者吸引更多的客户。在"负责任的"金融普惠性下，消费者可以有更多的机会接触到安全的金融服务。这些金融服务能够给予消费者知识和选择，从而保证他们都能够参与。这个愿景需要公私参与者的协同努力来达成。政府是投资方面的权威，它们制定政策和规定，规范市场行为；它们的影响是广泛的，从基础设施到合法地扩大目标市场。行业界的参与者以增加透明度和公平对待消费者的行为准则为中心，对他们在金融，社会和环境方面的表现进行定义。每个方面的表现都对"责任"金融负责，在保护消费者的基础上创造金融普惠性。

这一章列出了政府（通过政策、规定和其他促进金融稳定的支持）和行业（通过标准和方针）作为独立且有时相互重叠的活动平台，对促进金融普惠性所起到的作用。除此之外，此章还提到在市场体系内，协调和游说是不可或缺的。这一章从一个较高的视角去看政府和行业，大体上与在塑造金融市场体系中起作用的正式规定相关；第十七章提到了更多关于调控的细节信息。对于政策制定者，行业团体，金融服务提供者和其他想要了解金融服务环境的利益持有者来说，这一章将会很有意思。

政府在金融普惠性中所起作用

小微金融现在已经被视做一个金融普惠性体系整体中的部分。所以，金融普惠性已成为一项重要的政策目标，意在巩固货币和金融稳定性的传统支柱以及其他常规目标如保护消费者权益。

政府作为法规制定者

近年来，政府越来越倾向于将金融普惠作为政策目标。2010 年对金融理财途径调查（CGAP，2011）的数据显示百分之九十的经济体，至少金融普惠性议程所提到的它们中间的某些部分，都在主流金融调控的控制之下。更进一步说，作为法规制定者，政府不仅要确定为促进金融普惠性应该做哪些工作，而且要确定是谁，以什么方式，什么时间做这些工作。

除了制定慎重的、保护消费者的法规，政府还能鼓励创新型金融普惠性商业模型的发展，包括允许新的参与者进入金融服务市场。比起直接提供金融服务，政府的作用更体现在维持宏观经济稳定性和监督整体经济框架上。尽管假设仍然认为私人参与者在提供金融服务中起核心作用，更多的关注已经投向了市场力量为何不能提高金融普惠性的原因，市场力量缺失合适的实现环境，基础设施支持，足够的消费者保护和金融能力的情况下。

政策的制定是一个复杂的过程，它让各种使用着大量工具和战略的参与者集合在一起，目的是提升金融普惠性。政策制定影响着资源分配和政治、经济和社会机构中的先后顺序。政策被设计出来是为了指导决策者并实现既定目标。一般地，决策者会列出大体上的原则，但是他们不会将法律的力量考虑在内。

政策制定者认识到了通过发展更加具有普惠性的金融服务市场，实现经济发展和减轻贫困程度的可能性。在这么做的同时，他们也承认发展金融普惠性过程中会碰到三种基本障碍：

- 供应者障碍，比如交易费用，追溯个人金融历史的不可能性，以及关于如何服务贫穷顾客方面知识的缺乏。
- 需求者障碍，它们限制使用产品和服务的人的数量。需求者障碍包括社会经济学和文化上的因素，正式的身份识别系统的缺失，还有金融知识的缺乏。
- 监管体系的不健全，包括消费者保护机制，它们会阻碍金融产品服务的数量和质量。

正式法规的参与建立者主要是立法机关（典型代表是议会），政府单位（相关部门和政府官僚机构）和监管者（中央银行或管理局）。在小微金融领域，立法的过程一般以一场专家和监管者之间的技术讨论作为开端，但最终还是要依靠立法机关对于实施法律修正的支持。在早期，有着教育背景的法律制定者在关于法律议案的理论和目标方面可以帮助克服任何潜在的抵抗因素，在关于如何为低收入人群提供金融服务方面形成共识。

基础设施支持

以前，政府一直在保证基础设施到位和提供监督方面起着显著作用。前端的基础设施包括与客户沟通的接入点，如邮局、自动出纳机、销售点设备和零售代理商，这些都必须服从于特定的法律和监督之下。后端的基础设施包括自动票据交换所，实时全额结算系统，零售支付交换和现金分配网络。当支付系统的基础设施能够为提高金融服务的成本效益提供有效帮助时，它受到了高度关注，尤其是在无银行模式日渐重要的情况下。如果政府（比如中央银行）不去运作这些系统，那么至少它会去培养这些系统，制定关于如何使它们运作的通用法规。

除了服务性质的基础设施，在政府提高金融普惠性的过程当中，其他几种起帮助的功能也应该被纳入考虑。举一个例子，信用机构让客户建立一份信用历史记录，帮助金融服务提供者减少为客户服务过程中的风险；设立存款保险制度，以保护客户免受存款损失；设立土地登记制度，用土地作为担保物，使借贷机会增多。

非金融性质的基础设施也与金融普惠性有关。例如，通往最近服务点的道路，用于为手机充电和维持远程地区、代理商和总部之间实时通信的电力，以及公民身份识别系统，这些都会对金融市场的运作起到帮助。在所有这些方面，政府都扮演着重要的角色，不管是作为提供者，调控者还是促进者。

通过政府补贴促进储蓄

政府在促进和催化储蓄方面起着重要作用，而这种重要性是通过转移社会转移支付、工资和养老金补贴到电子渠道，以及保证这些渠道与基础的交易账户便利连接来实现的。因此，政府颁布的与社会安全网和政府到个人（G2P）相关的政策对创新渠道的生存能力来说有着重要影响，也使得更多客户加入正规的金融业。政府和低收入人群都会从中获益，因为 G2P 补贴如果通过电子渠道发放的话，成本会大量降低，也不容易出现漏损（Pickens, Porteous & Rotman 2009；见专栏 3.1）。

专栏 3.1 银行和零售网络的伙伴关系

墨西哥政府正在为公共基础设施融资，以促进储蓄和 G2P 补贴。金融部门制订的 2010 年预算法规定了所有的政府补贴（主要由社会发展部门提供）必须经由电子渠道发放，直到 2012 年。为达到这一目标，公共基础设施都由政府控制着。在金融服务普及不到的地方，政府尝试通过连接一个包含 23000 个社区商店的网状系统，针对它们的现金补助计划（机遇计划）和国立银行提供的储蓄服务，将自己的影响扩散到人民群众。

保护消费者

当今，在金融产品和服务越来越复杂多样的情况下，要维持金融市场体系的整体稳定性，对消费者权益的有效保障是不可或缺的。正规金融业的参与者必须考虑到那些脆弱的、低收入的、在金融方面没有什么知识和经验的客户人群，为他们创造一个低风险的环境。

政府的重要作用体现在颁布法律和推行强制手段，以保证金融机构做到保障消费者权益，避免它们通过自己的优势，比如信息、知识、权力，获取不正当利益。有效的消费者权益保护法律适用于所有金融服务提供者，它可以增加消费者在购物时的比较，促进良性竞争，使产品和业务的质量更佳。尽管在一些小微金融亟须发展的国家，政府在调控方面的能力仍然不足，在法律合同的执行上也存在着挑战，但它仍然可以保证金融服务提供者一直将信贷产品的相关因素——如价格等——保持公开，并且使用一致认可的专业术语和解释。政府还可以制定一些其他法规，关于客户隐私、庭外赔偿机制、严格保障数据储存和传递的安全，以保护顾客的资金和信息。下面是一些保护消费者的例子。

- 柬埔寨国家银行要求小微金融机构以余额递减法而不是统一折旧率法，陈述自己的收益。
- 南非的全面国家信贷法案处理了过度负债和随意借贷的问题，通过将这些条目列入法律。这份法案也在其他业务的公开透明、信贷报告和广告等方面作了详细的规定。
- 印度尼西亚的监管机构要求受监管的提供者将运营程序和正式投诉的情况写成文案。

　　在被形容为难准入的这些国家里（即金融市场入口少，人们的金融知识缺乏，监管者收到的投诉多），扶贫协商小组提出政府关于消费者保护的计划应该追求三个基本目标：透明度、公平待遇和有效追索（Chien，2012；Brix & McKee，2010）。

　　透明度指的是对产品项目和条件的广泛披露，包括定价、费用和违约金储备。当这些信息披露条款要求所有同类产品提供者使用标准化的准则，用明白易懂的语言交流相关费用时，消费者就可以更方便地对比产品间的差异。信息披露被认为更有利于市场，而且在减少借方成本这一点上，它表现得比强制规定利息率上限更有效。

　　透明度要实现两个相互关联的目标——增加消费者的理解度，让消费者了解和选择合适的产品；促进市场竞争，刺激消费者参与比较购买。关于信息披露的法规应规定提供给消费者的内容，还有如何与消费者交流以促进他们的理解。各种成本要素和其他产品信息的披露对消费者来说可能是影响巨大的，但也使得他们难以理解。例如，亚美尼亚的信贷者需要以口述形式在关于服务的成本、风险和义务方面给予顾客建议。一张所有供应商都会使用的关于产品成本和期限的标准化清单在保证消费者拥有能够理解和比较的信息方面，是最有用的工具之一。标准化的形式也给予提供者便利，特别是那些规模较小的新手提供者，为他们节省时间和资源以免自己提供符合法律规范的披露形式（Chien，2012）。

　　消费者个人的视角对于调整信息披露的规章制度来说至关重要。贷款的定价是一个很好的例子。因为名义利率并不影响贷款的总成本，规章制度必须规定定价应遵循以下几种方法：（1）信贷的总体金融成本；（2）还款计划；（3）年百分率（APR）或实际利率（EIR；见第九章）。当 APR 和 EIR 之间的可比较性更大时，贷款的总成本、金额和还款的频率对于低收入消费者来说可能会更方便理解。有限的数据表明借贷者倾向于重视分期付款的金额，而不是利息率，因为他们的主要关注点在于他们的现金流动量是否能填补贷款支付（Chien，2012）。举一个例子，秘鲁和加纳的政策制定者将 APR 和 EIR 的算法标准化，让监管机构特别针对解决那些小的，不太正式的机构能力有限的问题。在菲律宾，APR 和 EIR 每月公布一次，这是另一个切合实际的选择。每月的 APR 和 EIR 可能更适用于期限在一年以内的贷款，也更方便消费者理解。

公平待遇包括员工的道德行为、销售合适的产品，以及可接受的市场营销、合理的募集手段。规则保证着广告的真实性，支持通过信息披露提高透明度。关于道德的法律避免了对不良行为的过度反应。对不良行为的零容忍，是制度绩效的基石，却会导致侮辱性的金融行为，对贫困家庭造成负面影响。在印度、加纳等地，监管机构建立了一些法规，以保证公平的债务征收，禁止恐吓和强迫。

要在正规金融业中取得顾客的信任，有效追索是必不可少的。当错误发生时，消费者需要知道他们可以提出投诉从而解决问题。消费者追索机制，如金融机构内的专业帮助台，不但处理投诉，而且常常解答消费者的问题，促进消费者对披露信息的理解。有时调控部门自己履行这些责任，有时调控部门指派一些行业团体、巡视专员或其他实体来完成这些工作。控制这些程序的规则应当详细说明消费者投诉的各个方面，包括提交形式，地点，解决问题的时间计划。提供者需要清楚地显示出这些信息，并将这些信息直接传达给客户。

当这三个目标——透明度、公平待遇、追索权——作为保护消费者的基础时，同时实现这三个目标可能并不实际。考虑到行业和政府调控能力，有必要建立一系列信息公开政策的增量式方法。起始点可以是在指定的背景下，处理最重要且不相关联的透明度问题。到中间环节，政府可以以扩大消费者的理解度为目标。最后，监管机构可以通过广泛传播具有可比较性的总成本标准（如 APR 和 EIR），加强市场竞争。广泛传播新的信息公开要求，加上充足的实施时间，能帮助减少行业的遵从成本。消费者测试可以用于改善每一阶段的信息披露规则，随着时间的推移，逐步建立更加权威的信息披露制度（Chien，2012；见专栏 3.2）。

但是，即便法律如此规定，消费者权益保障实际上仍然很难做到广泛的应用和实施。其间可能碰到的挑战包括如何持续执行规则，和当监督的权力被分散时如何协调多个监管机构之间的关系，小额保险为我们提供了一个很好的范例（见专栏 3.3）。

专栏 3.2   鼓励利益持有者采纳新规则

信息披露制度在秘鲁做得很成功，这可以归因于银行和保险业监督者的全面努力。监管机构花了两年时间与行业一起讨论信息披露的规则，处理遵从成本的问题，提高提供者对计算 EIR 公式的熟悉程度。此外，一个大型运动已经发起，旨在为消费者传授关于 EIR 知识，保证他们了解新的信息披露规则。

秘鲁的金融机构被要求解决所有和合同内容相关的问题，在合同签订之前。除此之外，它们还必须指派客服员工去同顾客商定标准化合同的有效范围。这种办法转移了提供者的理解负担，但是并不能被视做详细指令的替代品，即关于公开什么信息，如何公开信息的指令。

专栏 3.3　小额保险政策

政策制定者需要了解低收入家庭对保险的需求，保证这些政策可以促进小额保险的市场储备。他们可以让保险业或者其他部门，比如不受管理的保险公司和销售网络，参与到有关小微保险的对话，并让他们参与市场教育和提升小额保险。政府可以考虑在对待小额保险产品与上税的商业产品上有一些差异。在低水平的信息化和信任度成为影响保险在低收入人群中普及的最大障碍的情况下，中央银行和金融部门已逐渐参与到金融知识的普及当中。

培养金融能力

尽管历史上政府可能更重视通过利率上限和债务豁免对不良信贷产品加以限制，如今他们的关注点已经转移到了给金融服务使用者授权，通知他们，给予他们维权的工具（CGAP，2010）。CGAP 将消费者的金融素养、政府调控和行业行为确定为 3 条主要的消费者保护策略。为了使用这些策略，消费者需要清楚自己的权利。这些权利包括了解产品选择的权利，常常由竞争中的供应商提供；和选择最优服务的权利。如果消费者没有安全感，那么他们需要同金融服务提供者建立关系，在知识和选择的基础上。不知情的消费者和不受监督的提供者会削弱政府在金融普惠性方面做出的努力；迅速频繁由科技驱动的变化正在金融服务市场中发生时，这种风险尤其高。假如消费者和提供者之间在知识、信息和技术方面存在不对称，政府会在应对这些挑战时起帮助作用。这些挑战存在于教育、监管和金融领域，政府会通过鼓励消费者有效运用金融服务和帮助他们维权来解决问题。然而，由于处理这一需求的经验有限，政府支持负责任的金融企业的策略是了解有效做法的关键（见专栏 3.4）。三个相互关联的术语与消费金融能力有关，包括金融素养、才能和教育。

金融素养是理解关于金融产品和服务的基本信息的能力。

金融才能是应用这些知识做出明智的决定，以及在现在和未来的财务管理上做出有效行动的能力。它包含储蓄、借贷、明智地消费、产生更多的现金流动，以及管理那些高成本的生命周期事件所带来的挑战（见专栏3.5）。财务管理上的挑战一直是变化着的，解决方法也是，尤其是在贫穷人群的收入不可预测，而且呈现季度性的情况下。金融才能是一种处于进化状态中的能力，由变化不定的个人和经济情况所决定。

专栏 3.4 金融才能战略

2007年，加纳政府的一个调查揭露了成年人对金融机构、服务和产品的知识缺乏的现状。所以，在2008年，政府颁布了一项提高金融素养的计划，以吸引更多的关注，帮助建立消费者和提供者之间的信任关系。到2009年，政府实施了一项国家性战略，在小微金融领域提高消费者的金融素养，促进消费者权益保障。它指出了金融才能的三个支柱：知道，理解和改变行为。这项战略将教育资源视为重点，并将其推广到农村地区。

专栏 3.5 俄罗斯联邦的金融素养

俄罗斯也实施了一项研究，关于更高的金融素养对金融产品和计划的影响。研究表明金融素养与金融市场的参与度呈正相关，与非正式渠道的借贷呈负相关。拥有更高金融素养的人们显然倾向于在月底留下一些未用完的剩余收入，也具有更高的消费能力。在最近的金融危机期间，金融素养和剩余收入可利用性之间的关系更加明显，研究也提出更高的金融素养可以使个人具备更好地应对宏观经济冲击的能力。

金融教育，外加上运用金融服务的经验，是关键的工具，可以建立消费者的金融素养和才能。它将优质的财务管理方法介绍给人们，关于如何挣钱、消费、储蓄、借贷和投资。它的作用表现在与所有人的相关性，不管是计划着把存款从储蓄集团转出的个人，还是在相互竞争的银行之间比较各种银行账户特点的储蓄者。肩负着多种相互关联的目的，金融教育可以提升个人的金融管理能力，对产品的理解和使用能力，以及消费者的意识和自我保护能力。

　　将金融教育的内容与目标人群相匹配是使它们相互关联的基本保证。金融教育的目标人群可以由年龄、性别、职业状况或与特定金融产品的关系等因素来决定。例如，面向年轻人的金融教育更关注如何与父母协商关于金钱的使用、储蓄的价值以及对未来的计划。

　　最后，为确保消费者具有金融才能，金融教育必须与实践教学相结合；消费者需要在清楚自己的全面收益的情况下、挑选、使用金融产品和服务。

金融普惠性战略

　　金融普惠性战略明确定义并使政策制定者和其他利益攸关方达成一个金融普惠性市场上的共识。它也提高了对安全的意识和责任，确立了实施规则时交流和协调的意义，以避免出现分歧和工作的重复。在 2010 年，参与了涉足金融市场活动调查的百分之四十五的国家都有投入提高金融普惠性工作的计划（见专栏 3.6）。制定了金融普惠性战略的国家监管机构，在其权限内也有更多的金融普惠性课题，和更多为之服务的资源和人员。

　　金融普惠性战略通过主要利益攸关方（政府、监管机构、行业和消费者协会）之间的协商来建立，由政府来批准。它们一般包括对行业现状的诊断结论，以确保"基于证据的政策制定"、政策目标、政策战略和实施计划。金融普惠性战略需要考虑现有的能力，以及对实行改革、提高能力的需要。

　　战略的制定过程本身也是一个重要的元素：将各种不同的参与者带入同一个平台，而这些参与者唯一的共同特性是影响金融生态系统和达到行业共识的潜力。战略的实施计划需要考虑金融市场体系的一切元素：核心（客户、提供者和交易的产品）、规则（正式和非正式的）和支持设备（基础设施、资金和信息）。只有所有的利益持有者共同努力，才有可能对市场服务低收入人群的总体目标产生显著影响。

　　当金融普惠性战略有通向结构更好的，更加基于证据的政策制定过程的潜质时，它们通常也有着一些缺陷（来自 2011 年 Duflos 总结 CGAP 研究）：

- 许多战略是由捐赠者驱使的。政府一定会在意并掌控过程和结果。
- 战略的结果只能和分析的情况一样好。有时，诊断结论并不能包含所有相关的参与者和机构；分析必须由包含多种技能的专家组来执行，而且需定期更新。

- 在达成共同愿景的时候，地区性背景不能被充分考虑。特别是当文件由国际顾问起草而缺乏地方参与者时尤为严重。
- 战略没有得到广泛传播，或是定期更新。战略实施的成功依靠于广泛传播、规则的明确分配、充足的资金，以及可实现的目标的制定。这项战略应当成为一份"活的文件"。

金融普惠性战略对金融业的改善程度很难了解，因为我们不知道市场是如何在缺乏战略的情况下发展的。我们只知道，如果严格执行金融普惠性战略，它将是一种有力的，能够召集可影响金融普惠性的利益攸关方的工具，然后帮助他们达成关于如何实现目标的共识。

关注负责的金融普惠性、反对单一金融渠道的国家战略，会为家庭和相似的服务提供者带来显著增加的利益。在很多金融普惠性战略可能并没有关注消费者的权益保障和金融才能时，国家战略能做到这一点。

专栏 3.6 金融普惠性在墨西哥

在 2007 年 12 月的国家发展计划中，墨西哥政府改革了银行法，禁止非传统实体，如银行代理，在农村地区运营。比起传统银行，利基银行被允许提供不同的服务，也要服从与传统银行所接受的不同的监管。这项计划也促进了小额存款和信贷机构向符合监管规范的储蓄实体转换。

法律强制规定

一些国家将量化的金融普惠性目标或法律规定特定产品供应作为将金融服务普及给生活在服务水平低下地区的人群的工具。这些金融普惠性的强制规定可以被视做对其他金融规则和激励因素的补充（例如，提供者在接触贫穷人群上的税收优势）。法律规定是一种简单有效的、能够达成金融普惠性目标的工具。假设强制服从具有可行性，预定的目标就可以实现（例如，每个人都可以接触到某些产品，或者所有街区至少能被一个网点服务）。然而，实际上这不一定都能实现。

优先领域贷款目标是金融普惠性目标的最著名的例子。优先领域贷款通常需要提供者的贷款组合中特定百分比的贷款用于农业、小微企业、住房和小微金融这些领域。基本的或"无多余服务"的银行账户是为低收入客户设计的，一般只收取很少的费用或免费，这是金融普惠性强制规定的另一个典范。在一些国家（包括欧盟的比利时和法国、印度尼西亚、墨西哥），法律要求银行提供基本账户（见专栏 3.7）。

> "责任"金融普惠性能提高金融能力及带来以下好处的:
> 1.个人、企业、经济、金融行业层面更强的积极影响
> 2.更低的风险（针对个人、金融机构、金融行业）
> 3.加快新技术的采用

普惠金融		与金融素养、消费者保护相结合的普惠金融
关于家庭/企业如何获利的例子		关于家庭/企业如何获利的例子

小微保险：减少潜在的损失保证企业增长

基本银行账户：低收入家庭通过手机或ATM获取

监管改革：金融机构进行创新以服务低收入客户

小微保险：理解与潜在收益相适应的风险覆盖和成本已选择产品

基本银行账户：选择与自身需求、管理费、债务水平相匹配的银行账户

管理改革：能力水平和教学目标的和谐管理

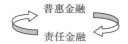

普惠金融

责任金融

资料来源：Tata Pearce，2012。

图 3.1　金融普惠性战略和责任金融

专栏 3.7　金融普惠性在印度

印度政府在提升金融普惠性上有很长一段历史。印度的中央银行和储备银行经营重点行业的贷款超过 40 年，强制规定一部分银行的贷款组合要用于农业和小微企业。在 2005 年，政府要求银行提供基本的、无多余服务的账户，做到完全免费或只收取非常低的、可以让人们接受的费用。然而，这些账户的使用率很低。在 2011 年，政府建议银行提供至少四种产品：（1）储蓄或透支账户；（2）用于政府电子账户之间转账汇款的产品；（3）纯储蓄账户（理论上是一种定期存款计划）；（4）企业信用。

2010 年政府和中央银行定下了目标，到 2015 年要将银行门户面向印度600000 个村庄（通过分支网点或零售代理商，其在印度他被称为商务通讯员），并规定了每年的目标。当这些目标没有法律解释时，储备银行要求所有

的银行定期汇报进程，严格监督他们的成就。

现在断言这些雄心壮志的目标完成得是否成功，还为时尚早。一些银行已经迎接了挑战，开放了许多新的"折扣店"（大部分是商务通讯员）。其他银行则投诉他们的利益受到了金融普惠性目标的损害。

关于法律强制规定是否有用，专家持不同的意见。反对者给出了如下理由：

- 在市场经济中，一般假设提供者最清楚怎么服务市场，也假设一个决定不提供特定产品的决策是受经济因素的影响。如果加以强制规定，提供者将会遭受损失，只能到别处去寻求弥补。
- 目标可以只花费最低成本上达到，前提是只关注那些调整最佳位置上为达成目标作出贡献的提供者。
- 从更实际的层面来说，反对规避管制（例如，提供者选择一种不同的法律形式，转移到另一个部门的管辖范围，或曲解法律）的规则是难以建立的。
- 目标的完成需要监督，而有效的执行机制（包括对无功劳的惩罚）需被建立，并且需要额外的资源。

然而，拥护者们坚称，用于探索市场的强制规定是必需的，为了遏制金融机构的自满情绪。当强制规定实行时（即运用于所有企业，提供者的竞争优势完全被消除），金融机构将尽全力，以最低的成本去完成目标，且最终可能会将成本弥补回来。在一些实例中（如南非和德国），法律禁止商业银行拒绝为顾客开户，这唯一的胁迫足以使整个银行业自行将基本账户提供给所有人。是否用法律对金融机构作强制规定，这一问题的最终决策取决于国家的特定背景。

全球标准和标准制定团体

在金融行业中，"标准"一词包含了许多意思。标准可以是通用的或者特定的，国家性的或国际性的。监督的标准大部分是由国际金融标准制定团体制定的，它们借鉴国内外不同类型的金融机构，和各种活动的风险和收益来制定这些标准。尽管标准代表正式规则，但它们仍然是典型的"软法律"；这些法律的执行并没有技术上的意义，虽然违反它们会造成一定的后果（关于声誉和定价方面的）。在一些情况下，这些后果所带来的威胁会对政府或其管理机构的行为产生巨大影响。

　　全球标准制定团体制定标准，为金融机构的监管者提供指导。由于历史上重视为现存机构和客户制定标准，监督这些机构，很多标准并没有考虑为低收入人群服务的特殊问题。这些标准更多地可能会阻碍新方法的诞生，包括技术和非技术性的创新，以及低收入人群需要的产品和服务。然而，全球标准制定者已经开始考虑现存的标准该如何修正，以促进金融普惠性。这一工作需要了解金融排斥性的风险，以及金融普惠性增长所带来的不定的风险与收益。此外，贫穷国家的状况也需要了解和关注。在贫穷国家，金融排斥性很高，而监督能力（人员配置和经验）低下。相应地，标准也需要作出调整。

　　在各种标准制定团体中，有三个团体与低收入人群的金融服务最具有相关性。它们是巴塞尔银行监管委员会（BCBS）、金融行动特别工作组（FATF）、国际保险监督官协会（IAIS）。

　　BCBS 为监督银行和其他存款收受机构的制定标准和提供指导，以制定了资本充足率的国际标准和有效银行监管的核心原则（也叫巴塞尔核心原则）而闻名。2011 年 12 月，BCBS 提出了修正过的原则，意图处理后危机期问题，巩固安全监督系统。这些原则对促成均衡原则的突出地位有很大的意义（见第十六章）。2010 年，BCBS 发布了关于如何在存款机构的小微金融活动中运用巴塞尔核心原则的指导方针。这些指导方针强调了均衡手段（以风险为基础）的重要性，和小额贷款计划与商业投资计划之间的主要不同之处。这些主要不同之处包括（1）劳动密集型小额贷款方法论的特殊性；（2）颁布特许证的资格，它们比商业银行的必需条件更能反映出不同的风险；（3）特殊的准备金提取和准备金比率应当用于小额贷款中；（4）对不同流动性条件的需求。

　　FATF 是反洗钱的全球标准制定团体，制定反洗钱反恐怖融资（AML/CFT）规则。它的组织结构类似一个专门工作组，包括 34 个成员国和两个地区性组织（欧盟委员会和海湾合作委员会）。FATF 提出的国家层面的反洗钱反恐怖融资标准的建议，最近进行了修正，加入了一种基于风险的、对金融普惠性工作至关重要的方法（FATF，2012）。例如，根据修正后的建议，一种具有严格交易限制的移动现金账户并不需要像活期账户一样，对客户尽职调查进行规定。FATF 的建议特别指出了国家、金融机构和相关企业都必须实行的一些措施。尽管这些建议并不具有法律约束力，不遵从这些建议的国家仍然被认为是在冒险，会成为违法犯罪活动的摇篮。等待着它们的将是国际制裁、更高的借贷成本等后果。

　　IAIS 是一个具有广泛基础的论坛，由来自 140 个国家、190 个司法管辖区域的保险监管者和监督者组成。它宣称的目标是提高保险业调控和监督的有效性和全球一致性，为了使投保人获利、保护投保人，而建立和维持公平、安全、稳定的保险市场。IAIS 负责制定标准和指导材料（包括小额保险的调控和监督问题），最近它修正了保险监管核心原则，在其中加入均衡原则。保险监管核心原则特别提出，"监督者需要调整某些监督的要求和行动，使之与个体保险公司的性质、规模和复杂性相符合。在这一点上，监督者应当具有灵活性，以调整监督要求和行动，使其能应对个体保险公司产生的风险，以及保险公司给保险行业抑或是整个金融行业造成的潜在风险"。

协调与拥护

　　金融普惠性政策与规则制定的一个重要元素是不同利益攸关方之间的互动，以及这些互动是如何体现政策结果的。正式规则的建立和实施并不是一次性事件，规则需要根据经验和知识定期进行修正。如同金融市场体系的其他方面一样，如何建立规则，哪些人参与规则的制定，这些都需要在一种亲贫的管理方式下加以理解和支持。

　　规则如何建立，取决于规则制定者对不同利益集团拥护"呼声"的责任性和反应性的程度，以及金融监管周边更广泛的政治经济因素。这意味着协调团体，如 20 国集团金融普惠性全球伙伴关系，而诸如提供者或消费者协会这样的拥护团体都在关于金融服务的规则制定中扮演了重要的角色。每个团体都有着自己的出发点和目标，可能导致产生对政策的受益人广大群众的最佳方案，也可能不会。

协调

　　协调政策制定者与对各种扶贫金融服务有兴趣的利益攸关方之间的关系，是设计和实施有效金融普惠性改革和政策的关键要素（见专栏 3.8）。这具有特别重要的意义，因为提供者之间建立了新的伙伴关系，包括银行和移动网络运营商之间；或因为零售商和代理商参与进了金融服务的提供当中。协调的缺乏会导致风险的增加，如监管政策变化的先后顺序不当，或是一个领域的监管政策变化对其他领域的工作造成了消极影响。

专栏3.8　乌干达的小微金融特殊法案协商：利益冲突的后果

2003年，乌干达出台了一部针对小微金融存款收受机构的特殊法案。一个关于法案被采纳的过程和参与的利益集团扮演的角色的细节调查可以解释为什么法律总体上被认为是成功的，尽管其中存在对于过度监管（以牺牲接触金融服务的机会为代价）和消费者保护强调不足的偏见。

对政策的结果起到强有力作用的利益集团包括中央银行（乌干达银行）、捐助机构，以及国内最成熟的小微金融机构（它们计划在新的法律背景下申请特许证）。关于一个可实现的小微金融法架构应有的形式，这三个集团有着最高层面的理解。乌干达银行对金融监管了如指掌，也获取了越来越多的小微金融方面的知识，不过仍被认为有过度监管之嫌（同典型的监管机构一样）；相反地，小微金融机构了解小微金融，也对金融监管有了越来越深的理解；捐献项目在当时是由知识渊博的小微金融"赢家"所领导的。

政策制定者（政府和国会）也对小微金融的议题有着极大兴趣，将其视为获取政治资本的途径，不过他们并不了解调控小微金融的基本原理和目的，可能会在这个过程中偏离目标。但是捐助机构、小微金融机构和乌干达银行预防了这种事情的发生。最终，当法律得到采用时，客户的受益最多，因为他们有了更多接触金融服务（特别是储蓄）的机会。然而在整个过程中，他们的呼声很难得到重视。客户顾问的缺失和监管机构过于保守的举措，解释了新的机制在不断增加的机会下并没有取得想象中的成功，以及消费者保护方面表现疲软的原因。

金融普惠联盟

越来越多的政策制定者和代表团体开始互相建立正式合作关系，以影响金融普惠性。例如在2012年，78个国家的政府机构加入了金融普惠全球联盟（AFI），它是一个由金融政策制定者组成的网络，可以促进同侪学习和有效政策的实施，向金融普惠目标迈进：

一个对全球政策的回应，由发展中国家领导，以更紧密的国际合作和国内和国际层面相关公私利益持有者之间强有力的、协调一致的伙伴关系为基础，可以说是支持国家各种层面的政策建立的最有效方式……政策制定者和行业之间的对话同样是辨识和减缓风险的有力工具，可以帮助建立监管制度，促进创新的过程。

在协调工作方面，AFI 发起的玛雅宣言是一个典范，保证了政策制定者将金融普惠性放在首要位置（见专栏 3.9）。

其他协调和拥护工作包括 20 国集团金融普惠性全球伙伴关系和责任性金融论坛。

专栏 3.9　玛雅宣言

玛雅宣言由 AFI 发起，是首个具有全球范围性的、可衡量的承诺，以发展中国家的政府为先锋，目的是通过更高的金融普惠性，释放 2.5 亿最贫困人群的经济和社会潜能。在宣言中，成员国们认识到金融普惠性政策在提高稳定性和促进一体化方面的关键性，它在扶贫方面扮演的角色，还有它对普惠性经济增长所做的本质性的贡献。玛雅宣言为金融普惠性描绘了一个轮廓，使人民群众可以确切地感知它，以保证政策制定者对自己的承诺负责。在 AFI 中，有 24 个成员国已经针对金融普惠性作出了具体的国家性承诺。例如，

- 巴西中央银行许诺，为促进金融普惠性而发展国家之间的伙伴关系。
- 坦桑尼亚银行保证，到 2015 年为止，通过移动银行使 50% 的国民都能有接触金融服务的机会。
- 墨西哥国家银行和证券委员会承诺，到 2014 年为止，在国内的所有基层政权中建立银行代理机构或分部门。
- 马拉维储备银行制定了 2017 年将金融普惠性提高到 80% 的目标。
- 秘鲁银行和保险监管局许诺，于明年颁布一项关于监管电子货币的法律。

为了巩固玛雅宣言，AFI 正在建立一种同行审查机制，像提供同行审查解决方法的政策中心那样，同时也为成员国提供专业知识，以促进承诺的履行。AFI 还会为金融机构提供宣传工具，为促进知识交流，建立金融普惠性战略，帮助金融机构赢得在战略实施中亟须的关键战略伙伴的支持。

金融普惠性全球伙伴关系

2010 年，20 国集团（G20），认识到了金融普惠性是全球发展计划的关键

支柱，并建立了金融普惠性全球伙伴关系，将其作为一个对 G20 国家、非 G20 国家和其他相关利益攸关方（Ehrbeck，Pickens 和 Tarazi，2012）开放的实施机关。G20 的创新型金融普惠性原则作为政策制定者和其他利益攸关方寻求如何提高金融普惠性的参考资料，扮演着越来越重要的角色（见专栏 3.10）。

专栏 3.10　G20 金融普惠性原则

2010 年 6 月的第一次峰会上，G20 确认了一系列原则。这些原则说明了那些在保护金融稳定性和消费者的情况下，激发金融普惠性创新的条件。

- 领袖。培养一个具有广泛基础的、对金融普惠性负责的政府，以减轻贫困。
- 多样性。实施促进竞争、提供以市场为基础的能够实现可持续金融渠道的激励因素，以及推动使用大量价格实惠的金融服务（储蓄，信贷，支付和转账，保险）和多种服务提供者的政策方针。
- 创新。促进技术和机构的创新，是一种扩大金融系统进入和使用渠道的手段，它是处理基础设施问题的方法之一。
- 保护。促成一种保护消费者的广泛性手段的诞生，且这种手段能够明确政府、提供者和消费者的角色。
- 强化。建立金融素养和金融才能。
- 合作。建立一个政府内部责任分工清晰的制度环境，鼓励政府、企业和其他利益持有者之间建立伙伴关系和直接咨询。
- 知识。运用分析处理过的数据，制定基于事实证据的政策，衡量进展，设想出一种递进式"测试和学习"的方法，可以被监管者和服务提供者所接受。
- 均衡。基于对现存监管机构的不足和障碍的理解，建立能将创新型产品和服务的风险与收益相均衡的政策和监管结构。
- 结构。考虑到监管结构中反映国际标准、国家情况和巩固竞争形势这几个方面，合适的结构应该包含如下部分：一个适当灵活、基于风险的 AML/CFT 体系；作为顾客联系人的代理商的使用条件；一个为以电子形式储存的资产而设立的明确的监管体系；基于市场的，为实现具有广泛的互通性和互联性的长期目标的激励因素。

责任性金融论坛

　　责任性金融论坛是一个机构间的共同体，其职能是促进知识交流，在责任性金融方面形成共识。它的创建是为了在进行发展工作和促进潜在合作方面帮助参与机构，包括发展机构和开发金融机构，分享知识和信息给它们，以建立责任性金融架构，促成具有广泛基础的对话，加速观点的融合，推动行为的调整。责任性金融论坛主要考虑那些与消费者保护监管、行业行为和金融才能相关的问题，强调了透明度，普惠性和平等的金融市场（Responsibie Finance Forum，2012；见图 3.2）。

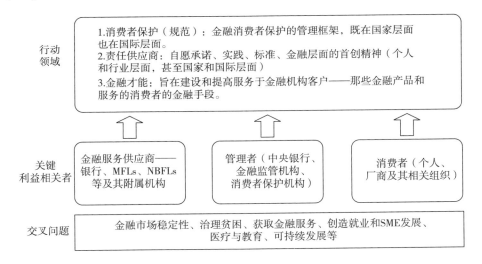

资料来源：责任性金融论坛，2011。

图 3.2　责任金融：多个利益相关者的方法

拥护

　　行业网络和协会在支持提供者利益中扮演了主要角色。因为组织是以共同利益为基础形成的，所以它们能够针对成员们共同关注的问题，进行有效的交流沟通。支持活动一般基于成员需求、内部能力和外部政治环境等因素而出现。例如，由国家级别的人员网络和来自多个国家的提供者构成的地域性或国际性协会，会以更加委婉的方式参与政策制定。地域性协会常常在具有跨市场或跨国影响力的问题上为行业操作或市场游说人士提供信息。凭借这种做法它们促进了地区协会代表的工作发展。

国家性协会可以更加直接地影响政策制定，通过与那些有权直接修改各种法律或二级立法（例如监管和指导方针）的地区政权接触来实现这个目的。它们可以实施一些具体的、可提升拥护战略的行动，如写信，公众运动，或直接游说政策制定者，将自己所支持的在特定议题上做出的改变公之于众。行业协会常以为成员提供服务的形式对政策加以支持。如果实施得当，这种支持可以增强提供者及其协会的呼声，然后帮助建立能使它们各取所需的规则（见专栏 3.11）。

尽管客户理应成为金融普惠性工作的最大受益者，他们的呼声仍然常常不为人所知。他们通常缺乏技术知识，而无法有效地为自己的利益进行有效游说。除此之外，他们的利益分歧成为了共同行动的最大挑战。虽然消费者协会试图克服这些挑战，他们在小微金融领域的影响仍然不广泛。提供商和客户的利益交叉点更加具有代表性。当提供商和客户的利益不一致的时候（比如在产品定价方面），提供者依赖于客户的满意度，这样一个事实可将他们的利益在大体上重归一致。更多地，因为客户构成了一个重要的票选集团，政策制定者必须对此采取行动，考虑客户们的当前和潜在利益。

专栏 3.11 SEEP 寻求政策拥护的工具箱

小型企业教育及推广（SEEP）网络，将来自世界各地的微型企业从业人员联系到一起，旨在开发实用的指导方针，以支持为每个家庭带来可持续收入这一共同愿景的实现。SEEP 网络拥有一个公众支持规划模式，以发展小微金融业内部的拥护能力。以下是 SEEP 提出的最普遍的拥护形式：

- 参与其中，是一个渐进的建立关系的过程。它并不只关注一个特定的政策目标，而是关注熟悉度、信任度和共同理解程度的发展。协会可以通过邀请利益相关者参加由其主办的活动、给予他们教育机会、召开正式和非正式的会议，而使利益相关者参与其中。
- 便利服务和咨询台，是基于同政策制定者和受影响的利益相关者一道以创造行动机会为目的而建立的。便利服务包括创造与决策者进行直接沟通的机会，通过会议、工作室、实地考察和会晤，促进对话，建立共识。便利服务也可能包括为更直接的政策制定而建立战略。咨询台以各种背景的成员和范围广泛的利益相关者为基础，当与政策相关的讨论的总体参与度增加时，咨询台是促进个人和组织团体贡献的必需品。

- 倡导者催化政策改革，所做的最重大贡献是通过高质量的研究和信息的传播。协会成员对受影响人群的关注点有着直接的理解。通过在市场细分内创建可信的，记录良好的信息，作为代表人群呼声的协会可以建立自己的合法性。具体的例子包括行业评估、基准报告、市场研究，以及关注政策调查。

拥护以最直接的形式促成具体解决方案的产生。支持者可以推动现存法律的改革、创造新的法律，反对可能对细分市场有害的立法动机，促进现有政策和监管在实施上的变化。通过游说能够造成影响的决策者和利益相关者，支持者可以直接影响政策的结果。

行业在金融普惠中扮演的角色

金融普惠性需要更好的宣传、合适的产品和服务，以及消费者的信任。责任性金融强调了价值、尊重和消费者保护（Mc Kee，Lahaye 和 Koning，2011）。服务提供者对鼓励责任性金融所做的种种努力影响了金融机构的行为、市场进入、可提供的产品和服务的广度，及竞争格局，这些都对市场运作和金融服务的合适度产生影响。鉴于穷人提供的金融服务在一个监督能力有限的国家非常普遍，那么提供者就要承担起促进责任性金融发展的责任。

行业标准和指导方针

金融服务提供商和其他市场参与者恪守的操作标准和实施法则，可以为金融普惠性作贡献，帮助行业建立对消费者的承诺。近年来，多边机构已出台多项措施，以提供指导方针和原则，并为目标区域的文件定义名称："联合国普惠金融投资者原则"，"世界银行消费者金融保护草案"，经合组织合作发展准则及最佳财务启蒙教育实践。这些一般都是正在实施的文件，当成员对利益相关者提出的问题有所回应，以及对标准和法则中缺失和不足的部分有了更好理解的时候，可以进行修正和校订。然而，强制推行可能具有风险：失败一般不承担法律后果，而且有影响力的金融机构可能会利用自身影响力去阻碍自律机构（例如一个小微金融协会）采取行动。没有了强制推行，这些标准仅仅能发挥微弱的影响。

CGAP 基于不同利益相关者的一致想法，提出了大量的行业指导方针。例如，"小微金融投资媒介公开方针"，"小微金融资助者良好操作方针"，"监管与监督一致性方针"，"信息系统实施方针"，"小微金融机构金融报告公开方针"。

其他行业代表团体，如社会绩效工作小组，用户权益保护智能运动（the smart campaign on client protection principles）和小微金融透明度，它们都发起了倡议和寻求公众支持的活动。

社会绩效工作小组

社会绩效工作小组在 2011 年拥有超过 1000 名成员，代表穷人金融服务的基本利益相关者：医生、捐助者与投资者、行业协会、技术协助提供者、评级机构，以及学者。它将社会绩效定义为"将小微金融任务向普通接受的社会价值转变的实践"。它的目标是建立标准，使提供商可以控制作为扶贫金融服务核心的双重（有时是三重）底线。为确保服务针对客户，社会绩效工作小组提出了以下几点：

- 为持续服务越来越多的穷人和得不到服务的人所做的努力。
- 系统评估目标人群的具体需求，以提高服务的质量和相关性。
- 小微金融客户以及他们的家庭和社区的利益，包括增长的社会资本、资产、收入、接触服务的机会、不易受伤害的程度提升和基本需求的满足。
- 提供商对客户、员工和所服务的社区的社会责任。

涉及大范围目标的工具，推动了高社会绩效的评估和达成。

智能运动（the smart campaign）

在社会绩效管理广阔的保护伞之下，2009 年由金融普惠性中心（the Center for Financial Inclusion）在美国行动国际（ACCION International）发起的智能运动，宣传了消费者保护原则，并招募了上百个组织和个人来支持他们。消费者保护方法从提出假想到明确清晰，这个过程遵循了小微金融内部对于定价和获利的辩论，以及由过度负债和滥用行为所带来的不断扩大的危机。智能运动提出了七条消费者保护原则。

- 合适的产品设计和投放。在产品设计和投放渠道上，提供商需要投以足够的关注，以一种不伤害客户的方法进行。产品和投放渠道将会考虑客户的特点而进行设计。

- 预防过度负债。提供商需要足够关注他们在信贷过程中的所有方面，确定客户在不过度负债的情况下具有支付能力。此外，提供商还要实施和监督内部系统，促进过度负债的预防，加速提升市场级别信贷风险管理的工作。

- 透明度。提供商需要将清晰、充足、及时的信息交流给客户，使用客户可以理解的方式和语言，从而让客户能在知情的情况下做出决定。信息公开透明化在定价、条款和产品的条件方面尤其重要。

- 责任性定价。金融机构若要做到持续性，则价格、条款和条件必须以客户能接受的方式决定。提供商应力争提供正的实际存款回报率。

- 平等并尊重地对待客户。金融服务提供商和他们的代理商必须平等、尊重地对待他们的客户，不能有歧视现象发生。提供商必须确保有足够的保护措施，以发现和修正腐败行为，以及员工和代理商的侵犯或欺侮行为，尤其是在放贷和讨债的过程当中。

- 客户数据的隐私权。个人客户的数据隐私权必须按照关于个人管辖范围的法律规定而被尊重。这些数据只能用于当信息被收集时，或是在法律允许的情况下被使用，或是取得了客户的允许。

- 投诉处理机制。提供商需要拥有适当的、及时的、能够应答的机制，为客户处理投诉，解决问题。这些机制既可以用来解决个人问题，也可以提升产品和服务的档次。

在这七条原则中，过度负债和透明度受到的关注是同样的。过度负债的预防工作包括对客户债务能力的更加细致的评估，针对投资组合质量的员工激励机制，以及确认和限制单个客户从多个贷方那里取得的贷款量（见专栏3.12）。此外，贷方也发现，那些为竞争最不激烈的市场所颁布的政策需要进行调节，以适应更加成熟的、拥有更多提供商的市场。

智能运动是一场全球性的运动，为这七条原则寻求支持。它也促成了很多活动，帮助提供者完成从认可到履行的转变，包括建立大量的评估、培训和客户保护与教育的工具。

社会绩效工作小组和智能运动都同小微金融评级机构和投资者一起工作，以达到评级机构或尽职调查过程与消费者保护原则之间的一致。

小微金融透明度

如果除去利润和增加的社会责任，那么对金融服务提供商来说，定价是整个辩论中最核心的部分。小额贷款的真实价格因为不能总是精确地度量或公布出来而广泛为人所误解。所以在行业中，提高利息率透明度和成本的标准化与交流度，是首要的。小微金融透明度（MFTransparency）是一个全球倡议组织，旨在提高小微金融领域的定价透明度。这个组织通过以下几种方法达成目标：数据收集，标准化和传播；金融机构的培训和能力培养；教育资源升级；以及同监管机构与政策制定者协商，制定价格披露的立法。

小额贷款比起主流商业贷款来说，常常有着更高的利息率，因为它们的产生和管理成本更高。这个挑战令许多提供商的报价明显低于有效价格。一旦在特定市场中的提供商开始应用具有迷惑性的产品定价，对任何一个个体提供者来说，继续维持透明定价将会变得十分困难。标准形式的信息披露可以帮助解决这个难题。

专栏 3.12　　阿塞拜疆打击过度负债的工作

除了进行严格的内部工作以避免过度负债情形在自己的客户身上发生，AccessBank 已率先行动，减少部门级别的过度信贷。与阿塞拜疆小微金融协会一起，AccessBank 提出了"一个客户，一个贷方"战略，即希望给其他小微金融机构客户发放贷款的某一贷方应偿付该客户现有未偿的贷款。因此如果贷方希望发行 3000 美元贷款给欠着另一个贷方 5000 美元的客户，新银行将不得不发行 8000 美元的贷款，其中一部分会去偿还客户的未偿债务。

承诺

行业协会和个人金融服务提供商的一个重要作用是通过制定标准促进责任性金融发展。然而，行业标准的制定依赖于自我行为准则的遵守和对欺诈行为强烈动机的明确拒绝。此外，行业协会的会员无法包含所有相关提供商，这限制了保护的范围，使潜在的提供商处于竞争劣势。例如，尽管消费者保护原则提出的智能活动旨在同时造福金融服务提供商和他们的客户，且定价透明度倡议旨在造福客户，供应商所认可的信息和客户所理解的信息之间的不对称有可能破坏这些努力。辨认消费者与提供商的重视点，凸显将责任性金融原则向有效实践转化的潜在障碍，因为客户与金融机构之间的距离非常显著（见表 3.1）。

表 3.1　　　　　　　　　通过标准和准则去有效保护消费者的潜在障碍

目标群组和障碍	细节
客户	
低文化水平	不识字的客户无法阅读消费者保护和消费者权利条款。他们在填写投诉单时可能遇到困难
获得贷款的优先权较高	害怕得不到贷款通常会影响到消费者的行为使他们不断询问产品信息或者引发道德风险
缺乏知识	客户通常不知道他们有什么权利或者哪些行为属于违约。违约不限于借贷者之间的违约。在玻利维亚，群组借贷成员报告有成员滥用讨债方式——试图羞辱违约者——这侵犯了成员的权利。客户经常无法理解产品介绍。最基本的，许多客户无法理解利息是按贷款的百分率算的；只有很少的客户能够区分利息是按固定利率收取还是浮动利率收取
金融机构	
高估了消费者的知识	机构在对客户教育上的投资没有和在产品开发上的投资相匹配
潜在的利益冲突	业绩的要求和激励限制了员工花费足够的时间向客户介绍产品的信息以确保客户理解他们所购买的产品。如果没有统一地在同样的市场上向所有的借款人清晰地阐明利率与费用，那么这种做法就存在缺点
消费者保护原则的执行	执行新的规则成本会很高，包括修改人力资源系统、新的消费者反馈和投诉机制、投诉监控系统

资料来源：Nelson，2009。

　　表 3.1 中指出的障碍强调了清楚供应商和消费者的观点的需要。它们还指出消费者保护过程中的另一个角色——开发消费者的金融能力。通过直接接触消费者，有些供应商主动选择为建设客户的金融能力而投资。金融教育是相对较新的，其最初的工作在 2000 年才开始，但许多机构已经接受了它，如一个小微金融机构 Faulu 肯尼亚的例子（见专栏 3.13）。

专栏 3.13　作为商业模式组成部分的金融教育

　　仅仅三年时间，肯尼亚金融市场经历了大幅增长，向许多以前未开户的客户发行了一系列越来越复杂的产品。面对这些产品客户缺少足够的信息做出明智的决定，他们经常感到迷惑，容易受到剥削。Faulu 肯尼亚认为金融服务使用不当会导致过度负债和违约。客户不知道如何最好地使用信贷以及如何做出借款或不借款的决策，不知道借多少，何时借。2009 年，Faulu 肯尼亚与金融教育基金共同开创了金融教育项目 Elewa Pesa（理解你的钱）。Faulu 的目标是为 26 个网点近 50000 个客户进行必要的财务知识和技能教学，以促进谨慎的资金管理，基于"受过教育的人是更好的客户"这样一个信念。通过一次性培训班的形式提供金融教育，辅以视频剪辑、漫画和互动的工作表，由专业教练进行培训。培训以同信贷员一起的交互式训练课程为基础。一个采用准实验设计的影响评估，用来显示实验组内改善特定指标的知识和行为。最重要的是，四个试点实验网点的投资组合风险比无实验的网点更低。

　　培训员工最初是为了计划促进吸引客户。然而，将金融教育作为员工课程的一部分，会带来更深远的影响。员工变得更加知识渊博，能更好地回答客户的问题，更多地参与指导和建议客户；他们自己甚至也开始存更多的钱。

　　在发现金融教育能够同时为客户和机构谋福利之后，Faulu 将金融教育纳入贷款取向培训之下，作为一个关键的效益指标。

注释

　　[1] 正如第一章所讨论的，正式规则通常是政府或者行业利益相关者的权限。它们包括不论是法定的（即由立法机构通过的）还是由司法机构设立的一级立法（也称法律）；由政府机构或执行机构依法颁布的次级立法（可称为条例、准则或通告）；以及对金融服务提供商和支持金融系统的其他参与者施加的其他法律公告。正式规则还包括消费者保护指南，指导监管机构行动的全球标准、原则及行业标准和那些尽管不具备法律强制性的金融服务提供商指导准则。

　　[2] 在某些情况下，市场参与者只关注监管机构的公开声明（如政策）。

　　[3] 在许多情况下，捐助者发挥了关键作用。

　　[4] 本节引用 Brix 和 McKee（2010）；Chien（2012）。

　　[5] CGAP 是为穷人提供信息和金融协调服务的重要供应商。作为一个设在世界银行的行业协调机构，CGAP 关注"代表 30 多个发展机构和私人基金会的政策和研究，这些发展机构和私人基金会共同承担减轻贫困的使命。CGAP 提供市场情报，促进标准制定，开发创新解决方案，并向政府、金融服务提供商、捐助者和投资者提供咨询服务。见 www.cgap.org。

　　[6] 消费者保护通常是建立在供应商和客户的权利和责任的基础上来讨论的。客户需要提高评估产品功能的能力；为了做到这一点，他们有权询问有关产品的问题，并且供应

商有义务回答。

［7］这将争取建立一个可交易的"优先部门贷款证书"市场，正如 Rajan 委员所讨论的关于印度的情况。见 Planning Commission，India（2009）。

［8］南非表明，行业的这种自我承诺可以带来许多新账户（在四年内有 700 万个账户，到 2008 年年底银行人口将达到 2000 万）。银行现在提供低成本银行账户。见 Bank-ableFrontier Associates（2009）；http：//mg. co. za/article/2012 – 02 – 17 – mzansi – accounts – reachdead – end。

［9］本节由 Kate Lauer 提供。

［10］www. fatf – gaf. org。

［11］关于小微金融监管中利益集团分析的例子，参见 Staschen（2010，第 7 章）。

［12］见 www. CGAP. org。

［13］http：//sptf. info/hp – what – is – sp。

［14］http：//sptf. info/。

［15］www. smartcampaign. com。

［16］见 http：//www. smartcampaign. org/ tools – a – resources。

［17］由 Alexandra Fiorillo 提供。

［18］在一次发展中国家早期金融教育尝试中显示，2006 年 5 月至 2011 年 12 月期间，469 个组织参加了金融教育培训师培训班。它还通过直接金融教育培训和通过大众媒体传递财务教育信息的方式向超过 4000 万最终用户提供外展服务。

参考文献及进一步阅读

* Key works for further reading.

AFI (Alliance for Financial Inclusion). 2010. "Consumer Protection: Leveling the Playing Field in Financial Inclusion." Bangkok, Thailand: Alliance for Financial Inclusion.

*———. 2011. "G-20 Principles for Innovative Financial Inclusion." http://www.afi-global .org/library/publications/g20-principles-innovative-financial-inclusion.

Almazan, Mireya. 2010. "Beyond Enablement: Harnessing Government Assets and Needs." Global Savings Forum, Bill and Melinda Gates Foundation, Seattle.

*Bankable Frontier Associates. 2009. "The Mzansi Bank Account Initiative in South Africa." FinMark Trust.

*BCBS (Basel Committee on Banking Supervision). 2010. "Microfinance Activities and the Core Principles for Effective Banking Supervision—Final Document." BCBS, Basel, August. http://www.bis.org/publ/bcbs175.htm.

———. 2011. "Core Principles for Effective Banking Supervision: Consultative Document." BCBS, Basel, December. http://www.bis.org/publ/bcbs129.htm.

Bester, H., D. Chamberlain, L. de Koker, C. Hougaard, R. Short, A. Smith, and R. Walker. 2008. "Implementing FATF Standards in Developing Countries and Financial Inclusion: Findings and Guidelines." The FIRST Initiative, World Bank, Washington, DC.

*Brix, Laura, and Katharine McKee. 2010. "Consumer Protection Regulation in Low-Access Environments: Opportunities to Promote Responsible Finance." Focus Note 60, CGAP, Washington, DC, February.

*CGAP (Consultative Group to Assist the Poor). 2010. "Investors Implementing the Client Protection Principles." CGAP, Washington, DC.

*———. 2011. "Global Standard-Setting Bodies and Financial Inclusion for the Poor: Toward Proportionate Standards and Guidance." White paper prepared on behalf of the G-20's Global Partnership for Financial Inclusion. CGAP, Washington, DC, October. http://www.gpfi.org/sites/default/files/documents/CGAP.pdf.

Chatain, P.-L., R. Hernandéz-Coss, K. Borowik, and A. Zerzan. 2008. "Integrity in Mobile Phone Financial Services: Measures for Mitigating Risks from Money Laundering and Terrorist Financing." Working Paper 146, World Bank, Washington, DC.

*Chien, Jennifer. 2012. "Designing Disclosure Regimes for Responsible Financial Inclusion." Focus Note 78, CGAP, Washington, DC, March.

Cohen, Monique, and Candace Nelson. 2011. "Financial Literacy: A Step for Clients towards Financial Inclusion." Workshop paper commission for the 2011 Global Microcredit Summit, Valladolid, Spain, November 14–17.

*Dias, D., and K. McKee. 2010. "Protecting Branchless Banking Consumers: Policy Objectives and Regulatory Options." Focus Note 64, CGAP, Washington, DC.

D'Onofrio, S. 2010. "Policy Advocacy: A Toolkit for Microfinance Associations." SEEP Network, Washington, DC. http://networks .seepnetwork.org/ppt-newhtml/Policy_Advocacy_mar2010_web.en_.pdf.

*Duflos, E. 2011. "National Strategies for Financial Inclusion: Lessons Learned." Unpublished presentation.

*Duflos, E., and J. Glisovic-Mézières. 2008. "National Microfinance Strategies." CGAP Brief, CGAP, Washington, DC.

*Duflos, E., and K. Imboden. 2004. "The Role of Governments in Microfinance." Donor Brief 19, CGAP, Washington, DC.

EDA Rural Systems and M-CRIL (Micro-Credit Ratings International). 2011. "Of Interest Rates, Margin Caps, and Poverty Lending: How the RBI Policy Will Affect Access to Microcredit by Low-Income Clients." M-CRIL, Gurgaon.

*Ehrbeck, T., M. Pickens, and Michael Tarazi. 2012. "Financially Inclusive Ecosystems: The Roles of Government Today." Focus Note 76, CGAP, Washington, DC.

*FATF (Financial Action Task Force). 2012. *International Standards on Combating Money Laundering and the Financing of Terrorism and*

Proliferation: The FATF Recommendations. Paris: FATF, February.

Gibson, Alan. 2010. "The Financial Market Systems Framework." Unpublished draft.

*Hannig, A., and S. Jansen. 2010. "Financial Inclusion and Financial Stability: Current Policy Issues." ADBI Working Paper 259, Asian Development Bank Institute, Tokyo.

*Helms, Brigit, and Xavier Reille. 2004. "Interest Rate Ceilings and Microfinance: The Story So Far." Occasional Paper 9, CGAP, Washington, DC, September.

*IAIS (International Association of Insurance Supervisors). 2007. *Issues in Regulation and Supervision of Microinsurance.* Basel: BIS.

*——. 2011. *Insurance Core Principles, Standards, Guidance, and Assessment Methodology.* Basel: BIS, October.

*Isern, J., and L. de Koker. 2009. "AML/CFT: Strengthening Financial Inclusion and Integrity." Focus Note 56, CGAP, Washington, DC. http://www.cgap.org/gm/document-1.9.37862/FN56.pdf.

Klapper, Leora, Annamaria Lusardi, and Georgios A. Panos. 2012. "Financial Literacy and the Financial Crisis." Policy Research Working Paper 5980, World Bank, Washington, DC, February.

MasterCard Foundation, Microfinance Opportunities, and Genesis Analytics. 2011. "Taking Stock: Financial Education Initiatives for the Poor." MasterCard Foundation, Toronto.

*McKee, Katherine, Estelle Lahaye, and Antonique Koning. 2011. "Responsible Finance: Putting Principles to Work." Focus Note 73, CGAP, Washington, DC, September.

*Morduch, J. 2005. "Smart Subsidy in Microfinance." *ADB: Finance for the Poor* 6 (4).

Nelson, Candace. 2009. "Consumer Protection: A Client Perspective." Brief, Microfinance Opportunities, Washington, DC.

——. 2010. "Financial Education for All Ages." *Innovations* 5 (2): 83–86.

Nelson, Candace, and Angela Wambugu. 2008. *Financial Education in Kenya: Scoping Exercise Report.* Nairobi: FSD Kenya.

*Pickens, M., D. Porteous, and S. Rotman. 2009. "Banking the Poor via G2P Payments." Focus Note 58, CGAP, Washington, DC.

*Planning Commission, India. 2009. *A Hundred Small Steps: Report of the Committee on Financial Sector Reforms.* New Delhi: Sage.

*Porter, Beth. 2011. "National Strategies: Where Do They Get Us? A Roadmap for Financial Inclusion." Workshop paper commissioned for the 2011 Global Microcredit Summit, Valladolid, Spain, November 14–17.

*Porteous, D., and B. Helms. 2005. "Protecting Microfinance Borrowers." Focus Note 27, CGAP, Washington, DC.

*Responsible Finance Forum. 2011. "Advancing Responsible Finance for Greater Development Impact." Consultation draft, BMZ, CGAP, and IFC, Washington, DC, and Berlin.

——. 2012. "Global Mapping 2012: Progress in Responsible Financial Inclusion, Terms of Reference—July 2012." BMZ, CGAP, and IFC, Washington, DC, and Berlin.

Rozas, Daniel. 2011. "Implementing Client Protection in Microfinance: The State of the Practice, 2011." Center for Financial Inclusion, Washington, DC.

*Staschen, S. 2010. *Regulatory Impact Assessment in Microfinance: A Theoretical Framework and Its Application to Uganda.* Berlin: Wissenschaftlicher Verlag Berlin.

*Tata, Gaiv, and Douglas Pearce. 2012. "Catalyzing Financial Inclusion through National Strategies." CGAP, Washington, DC, March 5.

第四章　捐助者对金融普惠性的作用

Mayada El – Zoghbi, Barbara Gähwiler

在金融普惠性的状态下，个人和企业都有接触和使用一些合适的金融服务的机会和能力，负责任的机构可以提供这样的服务。如第一章所述，金融服务的供应和需求属于一个更广泛的金融生态系统，这个系统涵盖了配套功能和规章制度。捐助者以金融普惠性为目标，将其作为终点，或作为一种达到经济发展和扶贫的方法，可以帮助改善金融生态系统，使其更具普惠性。

第一章展示了在市场体系内的参与者和市场体系外的组织之间的一个重要的区别。在大多数情况下，捐助者是在体系之外的，但是他们可能进入体系，暂时为市场开发的过程提供促进的作用。本章将讨论支持金融普惠性的捐助者，金融系统的哪部分需要捐助者的支持，捐助者该如何推动达到完全的金融普惠性，以及他们使用的工具（见图4.1）。

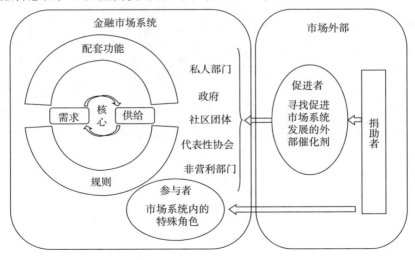

资料来源：Alan Gibson，The Springfield Centre。

图 4.1　金融市场系统发展中捐助者的作用

支持金融普惠性的捐助者

　　在这一章里，我们使用"捐助者"这个词，意味着实体有一个明确的任务来支持发展目标。这些参与者在所有权、在哪里提取资源，以及如何在市场上运作方面都有各自的范围。一些捐助者属于国有机构，而另一些是私人基金会。一些捐助者的资金来自公共资源，如联邦或州政府拥有的资源（即税收）。捐助者也可能通过私人捐款募集资源。一些捐助者开出高度优惠的条件，而另一些试图模仿私人投资者。不管他们位于这个行为范围中的哪个位置，金融普惠性捐助者的基本作用是为市场开发提供促进支持（见表4.1）。

表4.1　　　　　　　普惠金融捐助者的分类及各自的运作方式

捐助者类型	例子	资金来源	优惠和商业	所有权
基金会	比尔和梅琳达盖茨基金会 迈克尔和苏珊戴尔基金会 万事达基金会	私人捐献	优惠	私人
双边捐助者	USAID（美国） DFID（英国） GIZ（德国） SIDA（瑞典）	政府基金	优惠	公共
多边捐助者	联合国机构（IFAD, UNCDF） 欧盟委员会 世界银行	双边捐助者 （地方会员） 资本市场	优惠	公共
地方银行	非洲开发银行 亚洲开发银行	双边捐助者 （地方会员） 资本市场	混合	公共
发展金融机构	IFC KfT（德国） Proparco（法国）	双边捐助者 政府基金 资本市场	大多数商业 （少部分优惠）	公共

　　在这里重要的是要指出，发展类金融机构（DFIs）是一个独特的发展机构类别。他们往往认为自己是市场参与者（在市场内部）并试图模仿私人投资者的行为。尽管他们可能暂时扮演一个市场参与者的角色，他们的存在、

授权、法律地位使他们必须担任相同的促进市场发展的角色，和"传统"的捐助者一样。发展类金融机构是支援发展公共系统的一部分，能够在资本市场内筹集资金，受益于隐含的政府担保。所以，发展类金融机构只应暂时性地进入市场，通过"挤入"其他市场参与者的空间，如当地的资本市场、银行或储户，发挥促进作用。如果发展类金融机构永久地留在一个市场，他们的市场促进作用就失灵了。

尽管许多国际非政府组织（NGOs），如世界宣明和护理会（World Vision and CARE），募集大量的私人捐款，将其分配给在现场的合作伙伴或者用于自己的开发工作，我们仍然不把它们归类为捐助者。大多数的非政府组织依赖于捐助融资，通过赠款或合作协议而获得。然而，非政府组织让人看到的一面大体上都是他们如何操作，一些像捐赠者，一些担任引导员，还有一些进入市场，提供零售或直接提供辅助服务。本章将不会关注国际非政府组织的作用，只关注他们与捐赠者、引导员或者市场参与者之间可能重叠的部分。

何处需要催化资金

在市场体系内的区域中，需要捐助者促进支持的往往分为三类：信息、能力和激励。

信息

市场是一种交易机制。交易方之间发生交易，这种交易是否货币化或仅仅是交易，某些信息是必需的——关于交易的物品，参与了交易的实体和交易的条款本身。如果各方参与者之间的信息交换出现了曲解，市场会产生看起来不平衡或不公正的结果。

在金融服务市场之中，市场信息不对称是一种常见的故障，供应商没有充分地去了解某些领域的客户（需求），或者客户没有足够的知识和信息以在供应商之间做出明智的选择。

市场信息问题的解决方法可以从改变规章制度着手，比如强制披露利率；可以从配套功能着手，比如建立一个私营信贷机构，将所有收入群体的交易历史数据纳入其中；或从核心本身着手，比如，向提供商透露与当前交易可能无关的特定市场部分的产品性质和数量的信息。

能力

如第一章所述，金融市场体系是由许多参与者组成的（见图 4.2）。这些参与者都是核心，但也提供配套功能，建立规则和规范。某些体系内参与者的能力可能会阻碍体系作为一个整体的发展。例如，政府的能力可能是一个主要的约束力，限制金融服务监管惠及贫民。代表协会的能力可能太弱而无力支持所需要的监管改革。

能力问题的解决方法远远超出了直接交付能力，需要与那些能够提供能力发展的市场合作。这需要加强他们的能力，为整个市场提供长期能力发展的支持。许多当地市场的参与者可以填补这个角色，如私人咨询公司、大学、行业协会和培训中心。

在某些情况下，当地市场对于一个可行的实体来说可能太小，无法在可持续的基础上提供能力发展。寻找区域性甚至全球性的解决方案可能是首选的机制，以确保做到长期的能力发展。

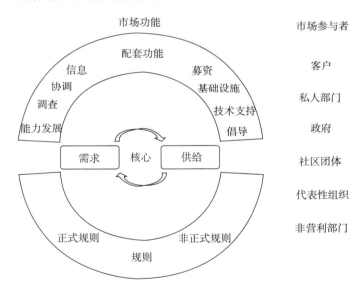

资料来源：Alan Gibson，The Speringfield Centre。

图 4.2　金融市场系统程式化观点

激励

激励指导着选择和行为，无论是有形还是无形的。作为完成某些目标或指标的奖励，激励可以是明确的。当系统作为整体奖励特定行为或选择时，这个意义上的激励可能是不言明的。激励也可以是正面或负面的。重要的是要完全理解和承认参与者经营和提供服务的动机，在一个不间断的基础上，也就是说，捐助补贴必须被设计成确保长期激励存在，以便在补贴结束后继续提供服务。

饱受负面激励的金融体系，会减少体系中参与者考虑穷人或向穷人提供服务的可能性。例如，监管体系可能激励银行系统为企业客户服务，而忽略了其他潜在的细分市场。捐助者的干预可能会通过与监管机构合作改变规则而对银行系统产生负面激励。

在许多市场中，金融服务提供商拥有的关于贫穷客户的信息很有限。通常他们需要信息和激励，来使自己的产品和服务满足这些细分市场的需求。捐助者的担保可以一种方式进行结构化，这样金融服务提供商服务这部分市场的负面激励就会减少。

解决激励问题，需要对一个国家的政治经济具有深刻意识和理解。最终，对激励因素的修改经常会遭遇根深蒂固的社会权力的挑战。在上面处理监管的例子中，银行家可能与传统客户之间具有深远、强大的关系。传统客户指的是企业客户和高价值的个人。为金融服务提供商服务低收入客户而创建一个新的激励制度，可能会对一个现有的、舒适的、具有固有风险水平、服务上层社会的监管体系造成威胁。

目前的捐助资金具有促进作用吗

在过去的 30 年里，在许多国家的金融普惠性工作中，我们看到了相当大的进展。由于金融服务市场的动态特性，这幅场景将继续发展。市场经历了新提供商和辅助性参与者的加入，也许还有其他人的退出。需求不断发展，新的途径和产品不断出现，以满足客户的需要。随着市场成长和变得更加成熟，不同的市场参与者的风险和回报也在变化。作为他们的工作，捐助者需要应对这些变化，以支持具有普惠性的金融市场的发展。

如果我们看看目前的捐助承诺，关于资金分配的数据呈现许多问题，比如捐助资金是否以能够起促进作用的方式使用，以及有没有分配在可以最大限度发挥其价值的地方。

大部分用于转贷的捐助资金

依赖于某一市场里的机会和约束，捐助者的干预措施可能在市场体系的各个层面上都是必需的，包括通过对零售金融服务提供商的资助而对市场体系的核心产生影响。由于缺少彻底的市场评估,我们不能做出捐助资金是否被用于促进的判断。然而,全球捐助承诺的数量仍然被分配给零售金融服务提供商,以转贷给小微金融客户。这些客户本应由市场体系中的资助者为其服务,对此各种问题产生了。在过去的 20 年里,投资者对小微金融的兴趣逐渐增长,作为另一种可选择的资产类别。它已导致超过 100 个专门的小微金融机构出现,它们将资金从机构和个人投资者以及从发展类金融机构传送至小微金融机构(MFIs)。这些机构的累积资产估计达 68 亿美元。除了外国私人投资,主要是通过这些小微金融投资工具,小微金融机构从当地商业银行获得越来越多的资金或客户存款作为资金来源。一项关于最大的 20 个捐助者和投资者的调查显示,尽管参与者资金在市场体系中是可利用的,86% 的捐助承诺仍用于转贷。能力建设在市场基础设施级别(配套设施)和政策层面(规章制度)仅占承诺总额的 2%(见图 4.3)。尽管只通过查看一部分捐助者的承诺金额很难得出任何结论,分配的资金仍然看起来不平衡,与促进市场发展的途径并没有联系。相反,捐助资金的可利用性会对发展或扩大储蓄服务造成约束,并会破坏借贷机构的财务纪律。在一些国家,太多的资金会为小微金融机构带来非可持续的大幅增长,导致还款危机的发生。

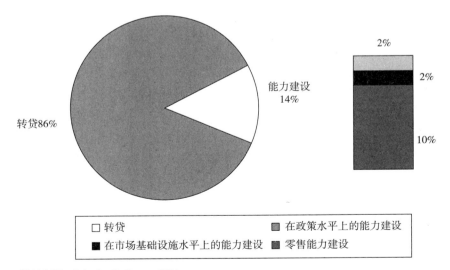

资料来源:Gähwiler 和 Nègre,2011。

图 4.3 捐助承诺的目的

集中于少数机构的捐助资金

在捐助者中间，发展类金融机构是小微金融机构资金的主要提供者。对于年轻的小微金融机构，或那些在新兴市场中的机构，发展类金融机构可以通过促进私人投资发挥市场发展的作用。私营投资者更有可能向从发展类金融机构获得资金的小微金融机构贷款。一旦一个小微金融机构与私营投资者建立了关系，发展类金融机构的持续投资增加的价值可以说是减少了。理论上，发展类金融机构应该转而关注欠发达市场，或具有广阔的市场发展潜力的高风险机构（例如创新商业模式或得不到服务的客户群体）。然而，截至2009 年 12 月，超过 40% 的发展类金融机构提供的贷款都集中在 15 个盈利的小微金融机构身上，所有这些机构收到的资金都来源于私人。

捐助资金的地理集中性

2010 年，援助赤贫者协商小组对超过 60 个捐助者的调查显示，捐助资金支持了至少 122 个不同国家的计划实施。除去分配给单一国家（区域和全球项目除外）的资金，15 个国家收到了超过 50% 的总承诺金额。在接受最高捐赠承诺的国家里，有着当今最发达的小微金融市场，如印度、孟加拉国、波斯尼亚和黑塞哥维那、摩洛哥和肯尼亚。在那些国家里，各种各样的金融机构提供了一系列的金融服务给贫困和低收入家庭，而且接触正式金融机构账户的渠道水平高于区域平均水平。今天，当地资金来源或外国私人投资在这些国家是可用的，这意味着许多捐助者的促进方法是成功的。然而，小微金融机构在这些国家继续接收大量的捐助资金。一方面，集中资金在关于广泛援助有效性的学问中，被认为是一个积极因素，因为它使国家拥有足够的资源来解决一个特定问题。另一方面，在市场开发中，捐助资金的作用是利用私人投资，因此随着时间的推移，捐助资金会递减。因此在任何国家，一段时间内捐助资金的集中都值得进一步探索，因为它可能意味着"挤出效应"而不是"挤入效应"。

支持金融普惠性的捐助工作

一些捐助机构内部的激励因素与许多支持促进市场发展所需的特征背道而驰。内部系统经常支付大量的资金作为回报，创建一个偏向于市场和容易吸收大量资金的接受者的环境。更具挑战性的金融普惠性障碍往往被忽视，它们可能需要小额、长期、耐心的资金支持。大多数捐助机构的趋势是在少数国家支持更大的项目。

为了保持低成本，捐助者正在削减人员预算，现在主要的人员配备模型可以令多面人才监督不同领域和学科的大型项目。这意味着即使金融普惠性在监管、支付系统、信用报告和其他附属专业领域需要越来越多的专业知识，做出融资决策的捐助者在需要捐助资金的领域拥有的相关知识越来越少。

减少援助预算也要求捐助者通过明确的结果来证明其有效性。媒体和议会普遍要求物有所值。对某些行业来说，这样更容易衡量特定干预措施的影响。例如，在卫生部门，有人发现了几十年的测量免疫接种的儿童数量或疟疾感染的发病率的经验和数据。在捐助者正尝试支持发展的私营金融部门，要展示结果是个艰巨的任务，建立归因时更是如此。

这些相当现实的约束对捐助者产生挑战，使他们去思考什么样的模型才能在不过度扭曲市场的情况下引导正确的技术、资金和监督。我们看到捐助者有两个可选项，旨在限制市场扭曲的情况下实现促进市场开发：（1）扮演促进者；或（2）资助一个促进者。

不同的捐助者配有不同的融资工具，在本章后面将对此进行更多的讨论。然而，要理解捐助者的角色，重要的是了解角色应与工具保持密切的一致。例如，双边机构倾向于将赠款作为它们的主要工具，而多边机构，如世界银行或国际农业发展基金会主要通过政府的贷款进行工作，但也可能拥有提供技术援助拨款的机制。发展类金融机构主要提供债务，但渐渐地也可以使用股权投资。一些机构，如国际金融公司等也有显著的赠款资金，用于构建市场基础设施或为投资者提供技术支持。还有一些机构主要依靠担保，比如海外私人投资公司和发展信用权威，它们都是美国政府的一部分。

融资工具的使用应符合所需的促进类型，而不是要求市场适应捐助机构提供的工具。例如，捐助者只把给政府的贷款作为其主要的工具，就应该注意如何更广泛地干预私营部门发展，更具体地干预金融普惠性体系发展。最终，许多从事金融服务传递的参与者来自私营部门，因此直接与私人机构一同工作的能力是首要的。尽管如此，金融市场体系中的许多方面是公共产品，处于政府领导的担保之下。因此将贷款给政府作为主要工具的捐助者应该首先侧重于他们对政府政策问题的影响力，以及维持金融体系内部的公共物品。他们不应该强迫他们的工具——给政府的贷款——去资助私营部门。

扮演促进者

如果捐助者在国家层面进行操作，他们可以直接充当调解人的角色。这个角色要求捐助者了解给定市场中的约束和机遇，有能力和灵活性去应对具体的需求。

第一章指出，市场开发促进必须以金融领域的图谱开始，然后辨识市场中的机遇，在那些市场中，促进将导致金融服务的使用扩大。这是对市场非常重要的理解，而我们需要的就是促进的核心含义。因为一切都基于市场条件，而这个独特市场中的机遇则意味着没有标准配方可以遵循。没有蓝图可以让促进者从一个国家获得，并在下一个国家应用。然而，每一个金融市场都可以在总体结构——和它的多功能与多个参与者的特性——之内被观察，即使细节上的组成元素不同。虽然它不是一个精确的或公式化的模型，但它是一种对战略分析和决策制定的帮助（见专栏4.1）。

市场开发过程必然是动态的，一个给定类型的干预是否合适，其结果强烈依赖于市场的发展阶段。虽然在何为新兴市场的问题上并没有可用的全球性定义，但我们可以假设它是一个接触和使用金融服务的机会很少、可能的环境并不便利，现有市场基础设施并不到位的市场。在另一个极端，我们可以假设一个拥有这些东西的成熟市场。在这两个极端之间，我们发现了许多其他市场发展阶段。促进者的角色将根据市场发展阶段不同而异。

在新兴的或"前沿"市场，促进者可能需要维持基本的零售层面能力（"核心"的供应方面）。尽管小微金融机构和其他提供商可能会在其他地方证明他们的成功，当地参与者在新兴市场未必会有任何信息或分享这些知识。因此，促进者可能需要解决这个市场中的不足。因为基本的市场基础设施和监管环境也可能不发达，促进者仍然需要在重要的地方进行干预。

在一个成熟的市场中，促进者的角色变得更加微妙。在这些市场，我们已经找到运营当中的、有着许多固守生意经的市场参与者。此外，在这些市场，促进者可能需要引入颠覆性的技术或商业模式，威胁到现有市场参与者的存在。辨别机会，开发新领域，成为了一个促进者最重要的一步。促进者可能还需要直接面对构成现状的那些政治相关的、有影响力的参与者。

促进者的最终目标是让市场在没有他们的维持下工作。这意味着他们对任何一个市场参与者的支持事实上都是临时的。因为在同一个参与者身上停留过长时间有着如此严重的风险，促进者应该以一种与时间相关的方法极度小心地安排融资手段。测试一个促进者做的事情是否正确的试金石，是问"X年后它会是什么样子"。如果促进者仍然被要求在市场中提供一个特定功能，那么这是一个迹象，表明促进者干预不当。促进者将要关注的地区应该随着时间的推移、市场的发展和新机遇的出现而改变。为确保一个干预"与时间相关"，促进者必须在对市场进行干预时制定令人信服的退出策略（见第十九章）。

专栏4.1　在理解市场体系的基础上形成干预

FinMark 信托公司的交易银行服务在南非的发展从一开始就是独特的。面临如何改善接触（市场核心）渠道的挑战，FinMark 试图查明金融市场体系内部配套设施和规章制度的接触渠道缺乏的根本原因；也就是说，它采取系统性的角度加以分析和干预，以促进改变。尽管传统的方法可能会强调直接引入拥有资金和技术援助的提供商，而实际上，FinMark 提出了一系列优先限制领域（见下图）：

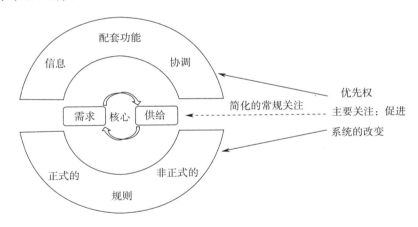

- 规则——关于消费者的贷款存在许多缺陷，贷款提供者的资本要求也存在问题。
- 非正式规则——一种流行的文化，没有理解或强调低收入消费者，或者考虑怎么提供新的服务。
- 协调——利益相关者之间关于低获得率以及怎样去解决这一问题的小

型的建设性会谈。

- 信息——缺乏关于低收入市场的细化节、分析性数据，包括规模、服务和提供者的预期、现金使用情况和需求。

这些约束形成了一个行动计划，为行业整体而制定，也专门为 FinMark 而制定。它的干预着重于这些潜在的原因——规章制度和配套设备——以此带来市场核心的改变，并在 2003 年到 2010 年间大幅提高了准入机会。

资助一个促进者

虽然关于这个模型只能找到相对较少的例子，我们仍然认为这是一个新兴的方法，当捐助者在国家层面为促进市场提供支持的时候，有可能缓解他们面临的内部约束，在扮演这个角色时，捐助者将他们的资金完全外包给一个国家层面的促进者。这方面的一个例子是肯尼亚的金融业信托深化由英国国际发展部、世界银行、瑞典国际发展机构、盖茨基金会、法国开发署和肯尼亚政府进行资助（见专栏 4.2）。

这种外包模型允许捐助者将大量的资金放置进一个实体，从而缓解支付压力，这个实体可以花时间了解当地市场，辨别哪些干预措施可以释放市场的潜力，并帮助市场参与者提高能力，使他们可以履行长期服务的职能。这个模型允许多个资助者聚集资源，支持联合的促进者，这是一个在国家内协调资金和增加捐助的好方法。这个实体的结构可以类似于 FSD 肯尼亚、一个独立的信托机构，也可以是一个项目、一个国际非政府组织或另一个可以满足这种促进功能的结构。

多个促进者可以在任何一个市场工作，每个促进者都关注核心竞争力的某些领域，只要他们之间存在互补性并找到支持市场开发的共同愿景。例如，一个注重单一能力发展的促进者。

一个促进者的显著特征是，它在国家层面进行操作。实践这一角色所需要的市场知识的水平可以将全球层面的参与者排除在外。尽管如此，促进者仍然可以通过与全球参与者从其他地方分享和传播知识而得到协助，有助于在不同的市场注入观点，使观点呈现多样性。

确保这样一个实体能够担任促进者的角色，而没有捐助者内部固有的关于一些关键设计考虑上的弱点。关键是这样的实体必须能够承担风险，用小额赠款对创新进行投资，具有长期目光，通过直接和间接的方法在市场上展示他们的影响力。我们将在下面解释促进者如何干预和促进市场。

给促进者的捐助资金需要进行结构化，像一个中长期项目一样。然而，这个促进者向市场提供的资金需要能满足许多小的、短期的融资协议。

专栏4.2　肯尼亚金融业深化（FSD Kenya）

FSD Kenya 作为一个 DFID 项目，在 2001 年开始，但在 2005 年转变成了一个多捐助者信托机构。这个独立信托机构的创建是出于对通过允许一个更近、更灵活、反应更快的与市场参与者的接触和在一个单一特殊目的机构内部，通过聚集捐助资金提高效率来增强效果的渴望。受托监督由专业受托人公司（目前是毕马威国际会计公司）提供，而政策指导和战略方向是计划投资委员会（PIC）的责任。PIC 包含了来自支持捐助者和独立专家群体的候选人。一个专业技术团队，负责开发和传达 FSD Kenya 的战略，以及管理市场的投资活动。随着肯尼亚市场的发展，这个团队中专业知识的深度已经扩大，并且强调的重点从融资转变到通过研究和技术援助引导市场参与者。为使 FSD Kenya 成为有效的市场推动者，其核心捐助者资助了一个单独的常见方法，从其战略文件入手。

与促进者进行协调

鉴于政治压力和内部诱因，一些捐助者无法将融资决策外包给一个促进者。继续直接资助干预活动的捐助者必须在地方层面与其他促进者密切合作，以获取市场知识，这些知识可用于辨别使市场提升的干预措施。这是捐助者所需的最低限度的责任，以确保他们能最大限度上减少市场的扭曲。

发展类金融机构、多边机构和区域发展银行都可能存在内部诱因，使他们很难将资金外包给促进者。尽管如此，这些捐助者仍然对政府和有效融资水平有着显著影响，如果他们想保持促进作用，必须优先处理协调问题。

协调是长期发展的问题，成功的例子并不多。尽管如此，这个事实并不会减轻寻找可能的解决方案以在国家层面改善捐助者互动和互补方式这一工作的负担。

捐助资金工具

捐助资金的传递方式将对其有效性产生深远影响。使用捐助资金来开发市场，这已经被发现存在着剧烈的风险，提供的资源可能会取代以市场为基础的活动。甚至，一个相对较小的补贴都可以通过改变期望而扭曲激励因素。也许关于这种情况的一个更加明显的例证存在于利率的补贴当中，这可能导致整个市场的借款人都期待着利率的降低。使用正确的工具可以减少这种风险。然而，无论使用哪种工具，没有一个替代品可以维持一种市场在发展的强烈意识，并确保当市场参与者能够接管市场时，促进者所提供的市场外部支持可以被撤销。

技术协助

　　大多数技术都与隐性知识相关，很难习得，习得之后也很难传播出去。例如，虽然课堂学习可以发挥有益的作用，信贷官员关于如何成功管理一个团结的集体的知识，实际上是通过实践而学习。与特定的组织一起工作，习得知识的关键点，这一步常是必不可少的。然而只要有可能，技术协助的目标应该是找到渠道，传播这些知识给其他参与者，扩大影响，减少市场倾斜的风险，有利于使机构获得支持。

赠款

　　赠款通常用于支持小微金融的发展。从积极的一面来看，赠款可以为市场提供一段有时限的推进作用。除了为共同目的和适度的申报义务而使用赠款，以接受者的角度来说赠款不会为捐助者带来任何互惠性的义务。

　　然而，比起其他任何工具，赠款或许会带来扭曲市场和激励因素的风险。赠款可以当做简单的底线补贴，在没有案例可循或更糟糕的情况，只为提供优势给一个参与者以压倒另一个参与者的情况下，确保一个商业活动或企业支撑下去，亏损并不少见，低效的小微金融机构可以仅仅通过获得一系列捐赠资助而维持很长一段时期。与股权投资不同，赠款不一定（或很少）在捐助者与被支持的机构之间建立长期关系。如果小微金融机构内部创造的资本价值没有真正的所有者这有可能削弱治理。在市场经济中，所有权的作用是至关重要的，它提供一个长期的激励管理结构，使稀缺的资本资源可以得到有效的利用。

　　有时会遇到非常少见的情况，建立零售机构的赠款仍与当前金融普惠性的形势保持着相关性。在一些新兴市场，如冲突后的国家，赠款的使用对于帮助启动一个行业来说，可能仍然具有重大意义。赠款也可以帮助相关机构在难以到达的细分市场扩大影响，如偏远农村地区。然而，赠款与市场基础设施建设、支持政策和监管改革之间的联系越来越紧密，特别是当我们的考虑范围开始超出小微金融时。

挑战基金为赠款的使用提供了一个有价值的方法，特别是鼓励私营部门创新，惠及穷人。挑战基金的条款是提前设置好的，具有透明度，在竞争的基础上寻求赠款申请，采取措施，以达到指定的最终目标。申请人将说明他们想要如何使用赠款和竞争有限的资源。通常，条款要求那些奖励申请与赠款资源相匹配，并且在他们的申请中表明如何在奖金用尽之后做到持续发展。这种结构有助于减少一些关于赠款的常见问题。挑战基金特别有利于鼓励创新，通过提供一种简单的方式来分散固有风险，以及通过公开竞争化解风险，避免一些参与者得到不平等的好处。

赠款对于与研究相关的工作而言可能也是必不可少的——无论是了解干预措施对客户的影响或市场和客户需求的数据收集。虽然从长远来看，市场应该能够在没有援助的情况下提供这种信息，捐助者可能仍然需要对研究机构进行能力培养，或向私人参与者证明这些信息是对他们的业务来说是有用的。令人吃惊的是，有时现有市场参与者（或相关市场参与者）对市场潜能常常意识不到。金融领域的研究堪称是在行业中创造更深刻意识，将机会指引给参与者，使他们增强普惠性这一过程中的重要的第一步。FinMark 信托公司在南非进行的 FinScope 调查（现在非洲和亚洲部分地区使用），在这方面是非常成功的，帮助商业银行看到全新的市场领域。这种类型的研究可以被认为具备了部门公益的主要特征，如果没有外部支持这部分的公益也不会充足。因此一个显著的例子是由捐助者在短期内为其融资。最终，信息提供者也应该争取成为可行的商业途径。

担保

担保是政府和捐助者常用的支持金融市场的手段。许多不同形式的担保都在使用，但是担保的核心概念是协议在未来根据指定的条件提供金融资源。最常见的形式是一个简单的保证，如果借款人违约，则偿还部分或全部贷款（或更多的贷款组合）。主要吸引提供商的是，资金往往不需要预付，多样化的担保组合提供了相当大的融资可能性。美国国际开发署的发展信用权威，是一个健全和管理完善的程序，能够建立一个强大的组合，对专项资源进行

28 次利用。担保可以帮助谨慎的机构进入新的市场，在那些市场中，它们缺乏关于管理风险的知识和证明自己的技巧。有效推动市场发展的前提是，机构将通过过程而学习，根据结果而改变。想要使之可信，一个担保人必须有足够的激励因素和实际的潜力，使接受担保的机构产生改变。简单地减少或消除风险不一定会实现这一目标。要做到有效，接受担保的机构一般都要承担部分风险。平均分担往往证明是一个很好的起点。然而，如果行为发生改变，就有必要确保有实现这一目标的实际计划。通常这需要开发新的方法来测量和控制风险，这可能涉及定义新的流程，部署新技术，或培训信贷人员和风险管理部门。风险在于，没有一个清晰的发展计划，一旦担保被移除，机构就会恢复到先前的状态。

股权和准股权

在推动零售（或其他）机构的发展中，使用股权或准股权提供风险资本可以说是有价值的，避免了一些赠款带来的可能导致市场扭曲的问题。如果创造出大量新的组织能力，无论是在零售市场还是在基础设施层面，对实现进步都是至关重要的，在此之后通过股权投资往往是更可取的。有时会有反对观点指出，在早期发展过程中，一个新的机构可能会亏损。这很容易克服，通过简单地将预计损失累计到所需的股权投资整体水平上即可。许多企业通过商业渠道融资，投资者甚至好几年都不指望打破这些渠道。

股权作为一种融资方法，与其他手段相比，具有重要的优势，它与治理和为管理者创造适当的激励因素相关。股权投资也可以减轻市场扭曲的问题，还可以在成功投资的地方使市场参与者最终得到更多的资本回报。然而，使用投资手段会带来更高的交易成本，需要一开始的精心构建以及持续管理投资。有效使用股权投资的技能，实际上可能并不被许多有着广泛基础的市场促进组织所奉行。具有专家影响力的投资基金具备能力和当地影响力，应更好地被用于管理股权投资组合，并在所投资的机构的治理方面扮演积极角色。

退出计划可能也会出现问题，特别是在资本市场薄弱的地方。准股权（各种形式的具有股权类特征的债务）是解决这一难题的一种方法，前提是它能可靠地组织还款。不过，长期的介入一般是必需的，因为资本的偿付需要更替——通过新投资资本或保留收入而进行。

使用投资手段所面临的危险是，投资了一个公司的市场促进者会越过界限，而成为一个参与者。商业资本的取代存在风险，尤其是来自优惠来源的投资基金。长期目标应该着眼于优惠资本（或有显性或隐性的政府担保的资本，通常就是发展类金融机构）被商业来源所取代。还应该指出的是，商业资本的来源中存在相当大的异质性。投资者的目标差异很大。在一个纯粹的商业层面上，投资者将有不同的风险偏好、最低回报和时间视野。除此之外，人们对投资的社会和环境影响的兴趣逐渐上升，这与金融普惠性高度相关。长期社会投资的可利用性，为促进者较早退出市场提供了机会。

贷款给政府

贷款给政府是一种手段，通常为多边组织、区域发展银行和一些双边机构所使用。总体而言，它们约占金融普惠性捐赠承诺总额的 25%。给政府的贷款期限最长为 11 年或更久，这使得它们成为了长期支持的好工具，但需承受本来当地政府或市场可以承受的补贴功能的风险。给政府的贷款可以用于多个目的，包括预算维持，以及通过批发金融机构转贷给零售金融提供商，或加强市场基础设施和政策环境。通过与政府的关系和（或）条件中制定的贷款协议，资助者可以影响政府对资金的使用。然而，给政府的贷款并不适用于私营参与者，且资助者对项目的管理和实施几乎无法控制。

结论

在金融普惠性取得的进展中，捐助者已发挥了重要作用。大量的为小微金融机构的金融需求服务的私募基金是对这一成功的证明。这个角色在帮助去"挤入"私人资本的时候曾被认为是市场的缺陷，需要进行纠正。如今，将一个疲弱的国内资金市场作为首要问题要求促进捐赠援助的情况已经远不如以前常见。

因此捐赠者必须有所回应，将注意力集中在他们应该如何在构建金融市场中保持促进作用以及为穷人服务上面。捐赠者可以试着按照本章提出的方法来做，通过完成工作或与促进者一起工作，或表现得像当地市场的促进者本身一样。在所有的情况下，一个有市场知识、身在其中的促进者是使这个角色成功的关键。因为有人发现如今没有几个捐助者在以这种方法组织支持活动，而且由于真正的内部挑战正在酝酿当中，还有很多工作可以做以调整融资机构内部的激励机制，减少负面的市场扭曲。在实践中也可以学到很多知识，用来提高捐助者对促进作用的发挥能力。

注释

　　［1］最大的 20 个捐助者投资者包括 10 个开发性金融机构、3 个多边机构、3 个双边捐助者、2 个区域开发银行、1 个私人基金和 1 个私人机构投资者。

　　［2］例如，参见 Bill Easterly 和 Tobias Pfutze（2008）的工作，其使用碎片化程度作为对捐赠效率进行排序的标准之一。

　　［3］本节最初由 David Ferrand 起草。

　　［4］这就是为什么通常应该避免价格补贴的原因之一。基于价格的信号传导是有效市场运作的关键机制，供应方补贴可能干扰信号传递。此外，鉴于金融服务市场很少发现支持普遍补贴的公共政策案例本资源且结果导向是常态的案例。实际上，这些通常会证明难以有效降低成本和控制潜在的寻租行为的发生。

　　［5］这种研究数据当然是非竞争性的，并且这种信息的属性使得其变得不可排他（因为难以保持结果私有）。

参考文献及进一步阅读

CGAP (Consultative Group to Assist the Poor). 2010a. "2010 CGAP Funder Survey." CGAP, Washington, DC.

———. 2010b. "Growth and Vulnerabilities in Microfinance." Focus Note 61, CGAP, Washington, DC.

Demirgüç-Kunt, Aslı, and Leora Klapper. 2012, "Measuring Financial Inclusion: The Global Findex." Policy Research Working Paper 3628, World Bank, Washington, DC.

Easterly, William, and Tobias Pfutze. 2008. "Where Does the Money Go? Best and Worst Practices in Foreign Aid." *Journal of Economic Perspectives* 22 (2): 29–52.

El-Zoghbi, Mayada, Barbara Gähwiler, and Kate Lauer. 2011. "Cross-border Funding in Microfinance." Focus Note, CGAP, Washington DC, April.

FSD Kenya. 2005. "Policies and Procedures." Financial Sector Deepening Project, Nairobi, Kenya.

Gähwiler, Barbara, and Alice Nègre. 2011. "Trends in Cross-border Funding." Brief, CGAP, Washington, DC, December.

McKee, Katherine. 2012. "Voting the Double Bottom Line: Active Governance by Microfinance Equity Investors." Focus Note 79 CGAP, Washington, DC.

Symbiotics. 2011. "Symbiotics 2011 MIV Survey Report: Market Data & Peer Group Analysis." Symbiotics, Geneva, August.

第五章　衡量金融普惠性和评估影响

Joanna Ledgerwood

　　使金融市场更好地为穷人工作，理解金融市场的核心系统——什么类型的服务，由谁提供，向谁提供，以及如何提供——正在发生什么，以及会造成什么影响，这是非常重要的。衡量金融普惠性有助于我们了解一些信息，比如什么地方的人缺乏什么类型的金融服务，为什么他们缺乏接触服务的机会，以及他们正在使用什么样的金融服务。对金融普惠性的监控令我们可以确认，比起其他国家的类似群体，我们的金融服务的普惠性是否在随着时间的推移而进步。评估影响有助于我们了解服务的质量，包括便利性、支付能力、安全、尊严，以及使用金融服务的长期结果。这提供了一个对提高金融普惠性的价值和为实现它而继续投资的重要性的更好理解。

　　本章侧重于从供应和需求方面衡量和监控金融普惠性，并评估结果带来的影响。在这样做的时候，它提供了一个衡量和监控金融普惠性的手段总览，并在此基础上进行研究。它试图让利益相关者，包括发展机构、监管机构和提供商——他们不断修改政策、服务、交付渠道和接触模型——利用数据库提供的见解和研究成果。这些修正手段可以发生在宏观层面，由政府和监管机构发起，或在微观层面影响社区内的金融服务结构和金融服务提供商本身（见专栏 5.1）。

专栏 5.1　利用数据提升金融普惠性

　　更好的数据可以增加对金融排斥问题的关注，激励政策制定者推行市场扩张改革。数据也可以给私营部门需要的信息，使其可以扩大和开发新产品，能激发新的关于金融普惠性的驱动因素和影响的研究。

　　在 2009 年内罗毕的金融普惠性联盟全球政策论坛上，肯尼亚中央银行主管杰拉尔德·诺亚玛称赞了第一次 FinAccess 调查。调查显示，2006 年，肯尼亚只有 14% 的人口能获得银行服务。这对中央银行的决定造成了重大影响，使中央银行允许 Safaricom 推出 M－PESA 平台，一个电子货币转账和支付系统。M－PESA 现在普及到了 55% 的肯尼亚的成年人。赞比亚的第一次 FinScope 调查数据在 2005 年公布，被调查的几个机构正积极投资新的商业项目。巴克莱银行重新开放它的一些农村网点，赞比亚国家商业银行推出了手机银行企业，而 Dunavant，一家棉花公司，为 150000 个种植者创建了一个移动支付链接。从其他国家的政策制定者和市场参与者那里也传来类似的成果。

衡量金融普惠性

金融普惠性是指个人和企业拥有接触合适的和负担得起的金融服务的机会。对金融普惠性的定义，可能还包括距离（20 公里范围内的访问点，例如，银行网点，自动柜员机［ATM］、小微金融机构［MFI］或代理商）或选择（获得多个提供者的多种相关产品和服务）等因素，以及具有了解可用的选择和这些选择的最佳使用方法的金融才能。然而，金融服务接触和选择的增加并不总是会转化为使用上的增加。除了关于衡量接触机会的研究，试着去了解使用和服务质量并最终了解它们的影响也很重要。

正如第三章和第四章中所讨论的，政府、行业和其他人，包括发展机构，都在为提高金融普惠性而发挥作用。为了实现这一目标，有必要确定金融市场的当前状态，确认被排除在外的人群。对金融普惠性的衡量也揭示出各种类型的提供者的服务访问频率，提供了国家或地区之间，或一个区域之内贫困水平的比较。这使得利益相关者更好了解和应对相应的政策和法规。2011 年全球金融普惠性伙伴关系组织的报告称，"一组全面的金融普惠性指标应该有三个目的：（1）将国内和国际层面的金融普惠性决策公开宣传；（2）为衡量全球范围内和国家层面上金融普惠性的当前状态提供基础；（3）为监测和评价国内外金融普惠性的政策和目标提供依据"。

然而，对金融普惠性的衡量并不是一个简单直接的操作。金融普惠性必须根据国家的需要而进行明确定义。金融普惠性联盟（AFI）提出了金融普惠性的四个方面——接触、使用、质量和福利，每个方面都需要日益复杂的数据收集和分析，并确定了每个方面应达到的指标。

接触是指使用金融服务的能力，需要考虑物理距离、负担能力和资格。

对接触等级的了解可能需要洞察力和对潜在障碍的分析。衡量接触的指标包括接触由正式或非正式的提供者提供的某一类型的服务（信贷、储蓄、支付、保险）的人数或百分比，一定距离内的客户接触点和贫困水平。

- 使用是指金融服务和产品的实际使用。对使用的确定着眼于规律、频率和随着时间推移使用方式上的变化，包括服务的组合。衡量使用的指标包括使用频率或活跃账户的比例。

- 质量是指消费者需要的金融服务或产品的属性或相关度。质量是由金融服务提供者和消费者之间关系的性质和深度决定的，包括可用的选择、消费者的金融功能，以及这些功能是如何影响经验的。衡量质量的指标包括消费者的金融能力，从合理距离内可选择的服务及提供者和投诉的频率。

- 福利是最难衡量的结果，它关注金融服务对消费者福利的影响，包括消费的变化，业务生产力和生活质量。衡量福利的指标包括储蓄、消费和家庭决策的增加。

对接触和使用的衡量需要评估金融服务的供应和需求。像 Financial Access 2010 或小微金融信息交流中心（MIX）这样供应方面的研究和数据库，使用聚合数据以理解各种类型提供者的总体外延和性能，并保证比较分析能定期更新。需求方面的调查，如 FinScope3 或 Findex4，寻求关于个人、家庭和社区如何使用金融服务的详细信息。

需求方面的研究比供应方面的研究提供了更丰富的信息，提供了分析穷人该如何管理他们财务生活的新渠道，突出财务管理的多面性。需求方面的研究通常需要家庭调查，所以成本更昂贵，因此没那么频繁。此外，需求方面的信息容易受到样本偏差和受访者遗漏的影响，使不同时间或类似的国家之间的可比性减少（根据 2011 年全球金融包容性伙伴关系的数据）。供应方面的数据可以更频繁地被收集，并且能够进行比较；然而，这些信息往往只包括正式的和监管之下的提供商，而很大一部分发生在金融市场体系内的事件被忽略了。相比之下，需求方面的研究可以提供对非正式部门的价值和活力的观察，强调了家庭内部的灵活度和创新能力、亲属关系和以社区为基础的金融服务。

供应方面的研究

对供应方面的研究，收集和聚合了来自许多关于提供商的数量、所使用的服务（主要是信贷和储蓄账户，有时是支付和保险产品）和访问点（例如银行网点和自动取款机）的数据，也可能收集关于容量和成本方面的数据。供应方面的数据一般由监管机构、其他政府机构或发展机构（如世界银行所做的金融服务接触机会研究）收集，或由供应商亲自报告给如 MIX 这样的全球数据库。供应方面的数据在大多数情况下是公开的，一般在网上可获取。供应方面的数据显示了金融服务提供商活动的规模和趋势，可以从中观察到增长、深度和推广的规模。数据库还提供了一个有价值的二手数据来源，以维持影响评估及了解主要成果，也可能有助于揭示产业中的紧迫问题，例如过度信贷、定价不合理或提供者糟糕的财政和社会表现，有时也会是消费者的滥用（见专栏 5.2）。

全球供应研究

两个相关的全球供应调查（有时称为背景供应数据）是：（1）2009 年和 2010 年援助赤贫者协商小组（CGAP）金融接触情况调查和世界银行集团收集的大约 150 个国家的金融监管机构的数据，和（2）国际货币基金组织（IMF）的金融接触调查（FAS），报告了在大约 160 个国家在地理和人口方面进行金融服务拓展的关键因素。

"2010 年度金融接触报告中一系列援助赤贫者协商小组和世界银行的年报中的第二篇的目的是监控世界各地金融接触的统计数据并公布政策辩论情况。这个年报系列的启动是为了回应政策制定者和发展团体对金融普惠性的兴趣增长。2009 年的第一个金融接触报告介绍了 139 个经济体的金融服务数据统计，反映了广泛的金融普惠性支持政策和措施的运用。基于前一年的数据，2010 年金融接触报告修正了对 142 个经济体的调查结果，更新了关于金融服务使用的统计数据，并分析了在 2009 年——金融领域动荡的一年——发生的变化"（2010 年援助赤贫者协商小组和世界银行）。2010 年度金融接触报告有助于衡量全球国家层面的金融接触，开发一个一致的数据库，并以连贯的方式为未来的分析进行数据展示。

专栏 5.2 对过度负债的研究证据

过度负债已经成为一个引起关注的原因及研究与数据收集的一个新焦点。市场中的激烈竞争和一些投资者对回报率的过度期望，导致掠夺性贷款和投资组合风险水平的上升。对这些行为的解释有很多，包括征信机构的缺乏，对出借人的尽职调查不足，或者对客户过度负债的假设。来自一系列出借人的多个贷款与违约的级别相关。迄今为止的证据都是不明确的。21世纪头10年的末期的波斯尼亚和黑塞哥维那，高度的违约证实债务太多和缺乏金融信贷管理能力。相比之下，在加纳，很多人拥有兼顾多种贷款的金融能力，即使为此要付出很高的个人成本。没有改变的是，过度信贷一直是贫困的一个特征，一生面临不停的冲击却不受保护，让很多人陷入贫困的恶性循环。

国际货币基金组织每年进行金融接触调查（FAS），通过一个在线数据库向公众开放数据。FAS数据库传达地理和人口的关键指标，拓展金融服务以及底层数据。它通过银行的分支网络和自动取款机，以及三个关键的金融工具（存款、贷款、保险）的可用性来衡量推广的情况。关于未偿还存款和家庭贷款的数据也被放在了2011年度的FAS上。数据库帮助政策制定者和研究人员理解影响金融访问和使用的决定因素。金融访问指标可以帮助研究人员和当局确定知识差距，制定适当的政策拓宽金融接触面，时时监控政策的有效性。

大约140个国家加入了2011年度的FAS，FAS网站现在包含大约160个受访者的年度数据，跨度时间为七年（2004～2010年），包括来自20国集团所有国家的数据。

全球供应调查提供有用的国家层面的数据。很多调查每年都会进行，这些数据可以表明金融普惠性工作的进展。然而，大多数供应方面的调查主要依靠从监管机构或受监管的金融机构处取得的信息，完全地排除了不受监管的（或非正式的）提供者。其他提供商，例如非政府组织（NGO）小微金融机构、合作社、储蓄团体（SGs）和作为一个整体的非正式部门，它们提供的服务使用情况并没有被计算在内。因此结果产生了扭曲，特别是在非洲，只有五个国家——科摩罗、埃塞俄比亚、马达加斯加、毛里求斯和卢旺达——将信贷推广的数据报告给FAS。

此外，由于数据跟踪账户而不是个人，所以存在重复计算的可能性。更多地，在许多发展中国家，金融身份的普遍缺乏削弱了供应方面数据的可靠性；在进行国家层面的统计时，用户无法被单独辨认，容易造成多次计数。同时，在接触服务的进行当中，提供商一般得不到任何关于收入水平或生活片段的信息。

全国性供应调查

　　监管机构和其他团体开始衡量国家层面的金融普惠性。根据金融普惠性联盟 2011 年的调查,"越来越多的政策制定者认识到以证据为基础制定政策的重要性,及决策过程中数据扮演的关键角色,从设计和实施到监测与评价。有了严谨、客观、可靠的数据,决策者可以准确诊断金融普惠性的状态,明智地设定目标,识别现有障碍,制定有效的政策,以及监测和评估政策的影响。"

　　要确定如何在国家层面衡量金融普惠性,第一步是定义金融普惠性。也就是说,哪些提供者和服务被认为是金融上普惠的。第二步是定义数据需求,查看从二手来源得到的信息(在供应和需求方面),然后确定该如何获取缺失的数据。选项包括加强现有的调查,或创建一个新的调查。

　　为了创建一套以相同的方式定义的、因此可以在全国性调查中追踪和进行各国比较的一致性指标,AFI 的金融普惠性数据工作组开发了"核心"的指标,供国家层面的监管机构使用。AFI 核心的这组指标提供了一个框架来指导国家层面的数据收集,以及通过创建一个关于衡量什么、如何衡量的标准来支持政策制定。

　　核心组包括五个定量指标以衡量金融普惠性的最基本和基础的方面:接触和使用。

- 接触指标包括在国家层面,每 10000 名成年人拥有的接触点数量,它的划分依据是:种类和有关行政单位;至少有一个接触点的行政单位的比例;拥有至少一个接触点的行政单位所有人口占总人口的比例。
- 使用指标包括拥有至少一种监管存款账户的成年人的比例和拥有至少一种监管信用账户的成年人的比例。在使用指标的数据无法获得时,可引用以下替代指标:每 10000 名成年人的存款账户数量和每 10000 名成年人的贷款账户数量。

它们不衡量质量和福利,后者需要更多的定性研究。

全球数据库

　　虽然调查持续提供有用的信息以扩大规模,但是拓展供应方面的数据,将不受监管的供应商包括在内,仍然是一个关键的挑战。全球数据库和供应商网络有助于填补这个空白。

除了全球和国家（或地区）层面供应方面的调查，供应方面的数据也通过自我报告数据库——如 MIX，储蓄团体信息交易所 the SavingsGroups Information Exchange（SAVIX）、小微金融峰会、世界信用合作社理事会（WOCCU）和世界储蓄银行研究所等——被收集起来。

MIX 是一个全球性的、基于网络的小微金融信息的平台。它提供了世界范围内小微金融机构的信息，投资于小微金融、小微金融机构网络、评级机构和外部评估、咨询公司的公共和私人基金的信息以及政府和监管机构的信息。各机构向 MIX 自行提交报告，数据由机构内部的分析师核实。而 MIX 则负责收集不受监管实体的数据，信息请求更偏向在一致的基础上有能力报告规定的指标的可持续机构。因此，大多数较小的小微金融机构、储蓄和信用合作社（SACCOs），及其他不参与。然而，MIX 数据库涵盖了估计有 85% 由专门的小微金融提供者的服务客户（见专栏 5.3）。

专栏5.3　小微金融信息交易所

为了通过促进透明度增强金融普惠性和小微金融部门的实力，MIX 提供有关小微金融机构的性能、资助者、网络和为低收入客户服务的提供商的信息。

在 2002 年成立后，MIX 收集和审查财务、运营、产品、客户和社会绩效数据，规范信息的可比性。其发表的数据追踪行业发展，为运营商和那些通过资金、政策或分析支持行业的机构服务。主要数据平台——MIX 市场——发布小微金融机构状况调查和自 2002 年以来的年度标准绩效报告。2002 年至2012 年，其公共数据库覆盖面从仅仅 100 多家小额贷款公司，扩大到世界各地的 2000 多个供应商。其平台数据包括基准和比较分析以及季度业绩。此外，MIX 发布年度区域性更新，通过微型银行的长期公告对部门进行局部分析。

可用于 MIX 市场的数据随着行业而发展。在初期，数据集中在推广和财务业绩上，因为市场在寻求理解建立可持续机构的动力。随着资金来源和产品多样化，MIX 的数据也在演化，以捕捉有关小微金融机构筹集资金的性质、期限和信贷存款产品种类不断增多等方面的信息。近年来，对社会使命理解和市场结果的重新关注，使得 MIX 与业内同行合作以进行标准化、收集和分析关于小微金融机构社会绩效的数据。

积极参与的合作伙伴包括小型企业教育和推广（SEEP）网络（目的是发展金融报告标准）和衡量小微金融机构社会绩效的社会发展工作组。此外，MIX 鼓励地方小微金融协会将这些报告标准引入当地市场，与全球的分析师网络进行关联，与小微金融机构一起收集、规范、分析和传播关于小微金融机构绩效的数据。目前已有 30 多个协会加入网络。

自 2011 年以来，MIX 发布国家简报，季度性更新市场发展情况，主要预测小微金融市场形势。这些额外的工具和分析可以通过付费获得。

SAVIX 是一个集中的报告系统，为 SGs（储蓄机构）提供透明的、标准化的数据（见第六章）。数据以季度为单位进行收集和提交（见专栏 5.4）。

小微金融峰会数据库比起其他数据库来，包含更多的提供者信息，但只收集关于借款人数量（2010 年总计 1.375 亿）、"最贫穷"借款人的数量和利润方面的信息。摘要信息每年发布一次。

小微金融透明度（Microfinance Transparencg）是一个非政府组织，它的建立是为了促进供应商的定价透明度。它为个别国家市场维护一个以小微金融利率数据组成的数据库，发布一系列互动信息的图表。数据库推动了促进透明的小微金融行业定价的使命。

世界信用合作社理事会是一个全球贸易协会和金融合作发展机构，促进全球金融合作的发展，倡导改善法律法规。它维护其成员的数据库，每年为信用合作社提供关于总成员、存款余额、贷款余额、储备和总资产的信息（由国家提供）。

世界储蓄银行研究所代表储蓄和社会上相互关联的零售银行或协会。它维护全球储蓄和邮政银行的数据库，每年追踪总资产、贷款、存款、资本充足率、网点以及员工和客户。

专栏 5.4　储蓄团体信息交易所
the Savings Groups Information Exchange

SAVIX 是一个在线报告系统，提供透明和标准化的关于储蓄团体绩效，以及促进他们绩效上升的机构的数据。2012 年，它收集和验证了来自 80000 多个储蓄团体的财务和运营数据，这些储蓄团体代表了来自所有地区发展中国家的超过 180 万个成员。其度量标准包括推广的措施（例如团组数量）、会员数据（例如女性成员的百分比）、组合指标（例如未偿贷款的价值）和绩效比率（例如年度资产回报率）。截至 2012 年中期，有 22 个国家的 142 个项目在自愿的基础上报告给了 SAVIX，并且每一季度都把项目数据上传到网站。

SAVIX 使用户能够通过度量标准或筛选法进行比较、追踪和地理性分析。知情的状况下做出的决策可以改善项目规划和管理，且 SAVIX 希望促进分析，建立规范，促进储蓄团体改善机构的性能。网站还为捐赠者和促进机构提供行业基准和对支持整个行业规划和投资的分析。

在大多数情况下，这些数据库收集关于推广和财务绩效的信息，为不同的利益相关者所使用（见专栏 5.5）。然而，一些数据库最近开始收集非金融信息。自 2005 年以来，行业内的"社会绩效工作组"开发了方法来衡量社会绩效（见第十四章），建立 22 个社会绩效指标，来评估一个小微金融机构如何将其系统做到与使命和社会绩效相一致的措施。MIX 于 2009 年开始收集这些社会绩效指标的信息，包含来自 212 个小微金融机构的报告。SAVIX 正在考虑一旦为储蓄团体建立起社会绩效指数后对其进行内容补充。

需求方面的研究

需求方面的研究目标是关于如何使用金融服务和从哪个提供者处得来服务的详细信息。它可以在个体、家庭、社区层面进行，使用各种工具，例如全国性调查、小组研究、随机控制试验（RCTs）和焦点小组讨论。需求方面的研究可以识别未满足的需求以及服务（供应）的享受率可能会低于预期的原因。研究人员也会分析阻止穷人接触金融服务的市场结构性缺陷，探索金融普惠性增长的机会。

需求方面的研究往往始于客户行为，尝试评估个人和家庭层面的交易量，识别服务的使用和质量之间的联系。这与机构驱动的、关注将提供商表现作为金融接触衡量指标的信息收集技术相反。

总的来说，需求方面的研究会考虑贫困家庭如何使用金融服务，哪些客户被排除在外，有时也看家庭现金流的性质和钱是怎么花掉的。需求方面的研究例子包括世界银行的融资渠道、生活水准测量研究、全球 Findex 和 Fin-Scope 数据库——后两者的相关性最高。大多数金融日记研究也进行需求方面的调研。

全球 Findex

全球金融普惠性（Findex）数据库是一个详细的需求方面的调查，覆盖了来自 148 个经济体的 150000 人，调查成人如何使用金融服务。根据 2012 年 Demirgüç Kunt 和 Klapper 的调查数据，"全球 Findex 填补了金融普惠性的主要差距，是第一个需求指标的公共数据库，其数据包括跨国家和时域的个人金融产品的使用。全球 Findex 覆盖了广泛的主题，可以用来追踪全球金融普惠政策，促进更加深入、细致地了解世界各地的成年人如何进行保存、借款和支付。"

Findex 按性别、年龄、教育、地理、收入水平提供需要的数据，帮助决策者等人去理解关于消费者接触和使用金融服务的行为和约束。主要特征包括跨国兼容性，人口协变量的可用性和对整个受调查组内国家随着时间的测量结果。Findex 为金融普惠性的基准测试提供了一个基线，随着时间的推移跟踪进度，可以因此识别先后顺序（见专栏 5.6）："调查结果最吸引人的部分之一是人们对所面临的金融接触障碍所做出的回答，有太贵，文体要求和路途太远"。

专栏 5.5　谁使用背景供应数据

知识就是力量，这句话只有在知识有生产力的时候有效。谁去使用这些数以百计的组织煞费苦心收集的数据？谁应该使用这些信息？

到目前为止，许多关于金融普惠性的活动发生在高级政策领域。监管机构和政策制定者使用金融普惠性相关数据，以发展政策和监督进展情况。例如，秘鲁的银行和保险监管使用金融普惠性基准来衡量在缺少服务地区的金融普及工作的进展。然而，小微金融机构还可以使用背景数据来推动业务计划，当它们开拓一个新市场或新产品的时候。它们还会遇到什么类型的竞争？哪些人群得到的服务最少？对国家层面以下的数据，尤其是在网点或行政区层面，在这些问题的解决上是有价值的。

专栏 5.6　全球 Findex 的核心指标

全球 Findex 的核心指标主要处理个人金融服务使用的五个方面：账户、储蓄、借贷、支付模式和保险。金融服务的使用指的是不同的群体（穷人、青年和妇女）如何使用金融产品。金融普惠性也指个人可以方便地接触可用的、由正式机构（定义为被授权或许可提供金融服务的机构，可能被也可能不被积极监督）提供的金融服务和产品。全球 Findex 补充现有的、由国际货币基金组织的金融接触调查收集的需求方面的数据，以及 AFI 金融普惠性核心指标。

下列金融普惠性的核心指标和次指标是基于全球 Findex 数据库的内容：

- 银行账户的使用。在一个正式的金融机构（如银行、信用社、邮局或在政府注册并被监管的小微金融机构）拥有账户的成年人的比例，账户的目的（个人或企业），交易频率（存款和取款），在一个正式的金融机构有活跃账户的成年人的比例，以及接触模式（如 ATM、银行分行、零售商店或银行代理）。
- 储蓄。在过去 12 个月使用一个正式的金融机构（如银行、信用社、邮局或小微金融机构）进行了储蓄活动的成年人的百分比，在过去 12 个月内使用一个非正式的储蓄俱乐部或在家庭外的个人处存钱的成年人百分比，以及在过去 12 个月选择另外地方进行储蓄的成年人百分比（例如在家里）。
- 借贷。在过去 12 个月内从正式金融机构，如银行、信用合作社、邮政、小微金融机构（流动措施）借款的成年人的百分比，在过去 12 个月里从一个非正式的来源（包括家人和朋友）借款的成年人百分比，及有着购买房子或公寓（股票措施）的未偿贷款的成年人的比例。
- 支付。在过去 12 个月内使用正式的账户接收工资或政府支付的成年人的百分比，在过去 12 个月内使用正式的账户接收或发送钱给生活在其他地方的家庭成员成年人的百分比，及在过去 12 个月内使用手机支付账单或发送或接收账款（不包括在高收入国家）的成年人的百分比。
- 保险。购买私人医疗保险的成年人百分比，及从事农业、林业、渔业并为作物、降雨或牲畜买个人保险的成年人的比例。

Finscope

南非 FinMark 信托公司是一个独立的信托公司，旨在通过加强市场体系扩大金融接触渠道。2003 年 FinMark 信托公司发布了 FinScope，一个旨在了解消费者需求对来自正式和非正式提供者的交易、储蓄、信贷、保险服务接触的影响的消费者调查。

FinScope 是 FinMark 信托公司发起的倡议，"是一个具有全国代表性的、针对消费者对金融服务和问题的看法的研究，可由此观察消费者的收入来源和如何管理他们的财务生活。样本覆盖整个成年人群，富人和穷人，城市和农村，以创建一个对整个市场的细分，并发布对不同细分市场的看法"。

FinScope 主要是关于需求的一项调查，也收集供应方面的信息，所以它对使用的理解更加全面。FinScope 数据集合可以用来发布政策、商业战略和产品开发以及发展议程（见专栏 5.7）。按惯常做法，捐助者对调查进行资助，尽管在一些国家，部分成本可以通过企业联合资助的方式弥补利益相关者（通常是商业性质的，也可能是公共的）凭此关系购买，获得最终结果。

FinScope 数据被用于创建三个关键接触指标，包括金融接触链，接触前沿和金融接触格局。金融接触链在客户的金融水平的基础上，提供了金融市场的详细信息（正式的非正式的和与金融无关的），使各国金融普惠性和市场细分状况能被比较（见图 5.1）。

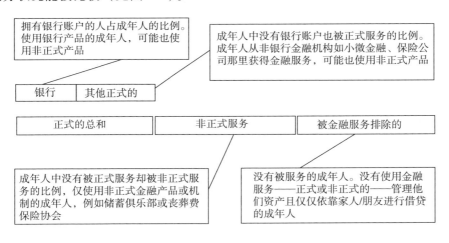

资料来源：FinScope。

图 5.1　FinScope 金融访问链：定义

一旦"未获得正式服务的需求"被 FinScope 调查确认，FinScope 生活结构会用于评估影响使用金融服务的个人和各种因素，从而更好地理解所需要的干预手段，以增加金融普惠性，特别是消费者的需求。调查的结果就是服务接触前沿，这提供了一个对未得到服务、但随时间推移能在金融上被惠及的人群百分比的估计。这促进了识别新的市场潜在机会，以及增加金融普惠性的具体发展需要（见图 5.2）。

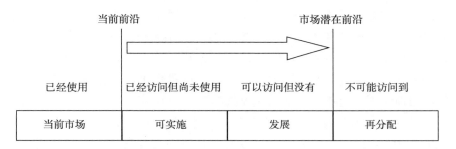

资料来源：FinScope。

图 5.2　FinScope 访问前沿

专栏 5.7　Finscope 调查

FinScope 调查推动私营和公共部门的行动信息，以改善政策环境，刺激商业创新。例如，

- 纳米比亚的温得和克银行用 FinScope 来发展其称为 EasySave 的低收入储蓄产品。

- 在南非，金融服务委员会用 FinScope 来提高消费者的金融素养。董事会称，"通过追踪消费者随时间推移的金融行为，FinScope 调查在识别消费者金融教育的需要中发挥了重要作用，并为消费者金融教育项目将有价值的信息提供给其他人。"南非国库还用 FinScope 数据发展金融普惠性政策，以便政府广泛地进行社会保障改革。

- 非洲赞比亚寿险称，"从我们开始使用 FinScope 的时候起，我们已经能够为非正式市场开发一个葬礼保险政策……并通过了解当前应对机制和这样的非正式部门使用的机制的经常性成本，我们已经能够确定一个合理的价格。"

- 南非最大的零售银行 ABSA 说，"在 FinScope 之前，没有任何信息来源为我们提供一个对不同区域的南非人群生活方式的深入了解……（FinScope）真的给了我们获得这样一个认识的优势，我们可以真正地为大众市场建立客户价值主张。"

金融接触形势提供了接触特定产品的进一步信息，通过创建一个有五个坐标轴的图表说明使用交易、储蓄、信贷、保险或汇款等金融产品或服务的成年人的比例。

而接触链是一个关键的比较指标，以观察接触随着时间的推移而做出的改变，它在解释多样的产品和服务的使用时并不是特别合适。例如，使用正式和非正式服务的个人只能算在正式服务的受众之内（见专栏5.8）。

金融日志

金融日志也评估需求，尽管因为其所涉及的费用它们（通常）评估更小的群体（因此不可能被统计在国家层），金融日志基本上依靠纵向调查，是用来理解某些地理区域内金融部门的消费者行为，如2009年柯林斯的研究等，已在第二章进行了概述。

金融日志使用详细的微观层面的消费者数据描绘了一幅复杂的穷人金融生活的真实画面。数据主要是关于收入、消费、储蓄、贷款和一段时间（通常是一年）的投资。一组由研究机构培训和支持的当地员工每周或每两周访问每一个参与家庭，要求成员讲述所有在前期（一周或两周）进入或离开家庭或所经营商业的资源。金融日志使研究人员能够检查金融行为的动态，在近期"实时"捕捉交易数据和检查数据序列，得以一窥家庭预算的"黑匣子"。

金融日志也可以用来测试一个新产品，或作为一种交付渠道，可以使特定金融服务提供者更好理解其目标市场，如马拉维国际银行开展的工作（见专栏5.9）。

专栏5.8 解释金融访问链

FinAccess Kenya 2009年对访问链做了一个调查，其中最主要的发现就是正式服务的个人从2006年的18.9%上升到2009年的22.6%，使用"其他正式"服务（如SACCOs，MFIs，转账服务）的比例从7.5%激增到17.9%。使用"非正式服务"（如循环储蓄，信用联盟，ROSCAs）的比例从35.2%下降到26.8%，所以"其他正式"服务增长了，非正式服务降低了（见图B5.8.1）。

但是，访问链根据"最正式"服务的使用将人们进行区分。服务分析呈现鲜明的观点。图B5.8.2将"其他正式"服务进行细分，使用SACCOs的比例下降了，使用MFIs的比例有个小幅的上升，使用M-PESA的比例有大幅的上升。数据还显示非正式服务（ROSCAs，ASCAs，买方，分期付款，当地商店，非正式借贷）的使用量上升了。虽然使用正式服务的比例上升了，但是非正式服务的使用也上升了。这在图B5.8.1中不是很明显，图B5.8.1中只要一个人使用了更正式的服务就不会记录他的非正式服务的使用。

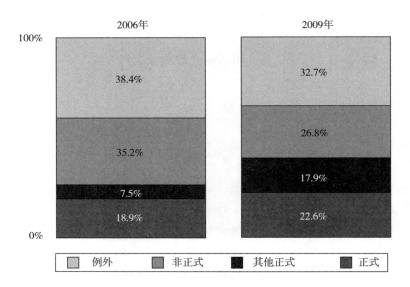

资料来源：FSD Kenya and Central Bank of Kenya，2009。

图 B5.8.1　访问链分析

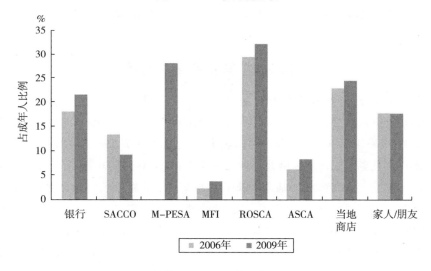

图 B5.8.2　服务分析

　　所以使用访问链方法的时候需要小心。首先，"正式"服务使用量的增加不一定意味着"其他正式"或"非正式"服务使用量减少了。其次，知道这些研究是如何分类的很重要。在肯尼亚，M－PESA 被归类为"其他正式"，这意味着金融普惠性会有很大的提高。但是 M－PESA 并不像 SACCOs 和 MFIs 的方式运行，许多研究显示许多人仅把 M－PESA 当做资金流入、流出的机制。所以单独使用 M－PESA 并不能像使用 SACCO 或 MFI 那样促进金融普惠性，而且会引起普惠性金融分类的错误。

　　资料来源：Susan Johnson，巴斯大学发展研究中心。

金融版图研究

　　金融版图研究结合需求和供应方面的数据，利用来自消费者和金融服务提供者的数据，记录什么样的金融服务是可用的（包括正式和非正式的）和如何使用它们，包括消费者的偏好和随时间的变化。为确定改善服务接触的策略，金融版图的研究关注消费者的需求。它们对任何机构形式都没有偏见；它们用供应方面的调查（供应商和产品）和需求方面的调查（客户）来理解需求、正式与非正式提供者的服务使用情况，以及有利环境。它们也可能检查发展金融市场所需的规则和配套设施，将普惠性普及到穷人。基于这种理解，它们提出干预措施以增加适当的访问。版图研究常常在更小的地理区域开展，而不是全国进行，有时在多个区域的研究会被进行对比。金融版图的研究也会关注某一个类型的机构或服务创新，把它放在当地竞争的背景下，观察这些互动是如何抑制或扩大影响的。

专栏 5.9　现金流入和流出：马拉维的金融日志

　　在金融日志的使用下，Microfinance Opportunities（MFO）进行了研究，探索在马拉维中部农村地区引入移动"bank－on－wheels"服务，能在多大程度上为没有 Opportunity International Bank of Malawi（马拉维机会国际银行，缩写为 OIBM）分支机构的地区创造价值。MFO 从将近 200 个低收入家庭中收集交易数据（所有的流入和流出，包括金融服务的使用），其中一半是 OIBM 手机银行的使用客户，在 2008 年到 2009 年的 18 个月内。样本人群主要是贫穷的农民和小企业主。八个实地工作者在面包车停靠站每周采访参与者一次，记录下他们的金融交易。

　　研究表明，平均每个家庭每周交易的次数是 19 次。个人间的现金往来无处不在，男人比起女人来占大多数，揭示出存在基于性别的现金礼物依赖和普遍的家庭及朋友之间非正式的安全网。存款交易主导着银行的使用。虽然移动货车银行在最初很受欢迎，但是 OIBM 服务很少取代非正规金融，货车银行的使用率显著下降。然而 OIBM 货车银行为女性客户增加利益，此外，对总交易数据的分析也帮助 OIBM 了解客户行为和开发更好的产品。

金融版图研究寻求以下问题的答案：

- 供应。金融服务供给的格局是什么？金融服务的提供者是谁？现有的提供者提供的主要产品是什么？不同类型的提供商的关键特征是什么（例如价格、数量、市场份额、产品结构）？令提供商无法为穷人提供服务的限制是什么？
- 接触。什么是获得金融服务的水平和类型？接触金融服务的关键的障碍、机会和限制是什么？干预措施可以被认为是改善和提高该地区的生活吗？
- 使用。穷人使用金融产品和服务做什么？穷人使用哪些供应商的服务？这些供应商在正式还是非正式的部门，或两个都在？穷人在多大程度上使用各种金融服务？当穷人没有接触渠道时，他们会使用某些产品或服务吗？需求的特点会为服务模式设计提供有益启示吗？
- 规则和支持功能。什么规则（正式、非正式）和配套设施（例如基础设施、资金）在市场上存在，或不存在？例如，薄弱的配套设施会限制接触吗？政府的作用是什么，有机会改善它们的作用吗？有足够的电信和基础设施受益于创新的配送渠道吗？

在供应方面，尽可能多的供应商被采访，以了解他们提供什么产品和服务，价格和数量（账户、储蓄和贷款）及业务的竞争力和动力。在需求方面，对随机样本使用一次性接触和使用的调查，映射反贫困水平的现有使用模式（使用贫困评估工具），按照生计类型、性别和年龄细分。数据的分析是用于描述模式，以及回归分析，用于建立决定接触和使用的关键社会经济、人口和地理因素，包括消费者随着时间发生的喜好变化。除了调查，通常还有一个全面的办公桌二手数据审查被包括在内，它覆盖关于金融服务推广情况的数据（例如 FinScope 研究，如果可用）。

金融版图方法提供了有关消费者行为和他们使用金融服务的启示，使结果符合实际的本地服务提供环境——例如，了解当地供应商的性质以及它们如何适应市场体系。定量和定性数据的结合，使得对消费者的偏好和策略的观察更加深入，并能更好地理解他们在市场中的参与（见专栏5.10）。金融版图的研究开始关注金融普惠性的质量，如同 AFI 定义的那样。

金融版图研究也研究地方和国家水平上更广泛的环境和配套设施。信息通过深入采访关键被调查对象（包括决策者、监管者、客户、私人部门提供者和捐助者）而收集。规章制度、基础设施和交付渠道、信息和资金都会经受调研；二手研究也被运用，以辅助从采访获得的信息。

有时会通过金融日志，或者生活版图的研究等做进一步的研究，以作为采访信息的补充（见专栏5.11）。

专栏5.10　肯尼亚的金融版图

版图研究反映了金融服务（包括正式的和非正式）的供求双方，寻求对模式和使用原因的理解。肯尼亚的 Financial Sector Development（FSD）在 2010～2011 年委托进行了一次版图研究，以检查在较小的城镇和农村环境中发生了什么。目标是在特定的背景下金融部门很难接触到的人（因为低收入和农村背景）理解在多大程度上和以何种方式市场在国家层面上明显经历了动态变化。

研究在三个被选中的城镇进行，以反映不同的贫困状况。一个供应方面的调查收集了关于 SACCOs（储蓄信用合作社）、银行、小微金融机构和非正式组织的数据，这些数据是关于产品资料、客户数量、储蓄和贷款、竞争和当地市场背景的。在需求方面，问卷以小样本（在可能的情况下，20个家庭，以及每个家庭中的多个用户）的形式，在每个城镇和距离较远的两个农村点开展。总体样本包括三个地点的194户，共337人。调查之后，深入定性采访了148人。

供应方面的数据收集是为了建立关于所提供服务及产品的大致情况，并提供对竞争动态的洞察。分析涉及概率单位回归，以理解与特定服务（例如就业类型、贫困水平、年龄、性别、婚姻状况和距离）最相关的社会经济特征和定性数据的分析，来确定人们对服务的使用和偏好的原因。

结果显示如下：

银行账户和 SACCOs 更多地被用于管理支付，相较于自愿储蓄。

金融团体正被广泛使用，因为它们不仅提供资本组织，还有灵活性和流动性——特别是为个人带来所需贷款的接触途径，可贷款的次数更多，而不是由正式的供应商提供的数额更大的贷款。

移动货币服务被广泛使用，因为它们是基于社交网络建立的，具有流动性，但不用于紧急储备以外的储蓄。

监测与评估

除了供给和需求研究，监测和评估结果对理解金融普惠性很重要。特别是，它们帮助评估质量和福利，也就是 AFI（金融普惠联盟）定义的金融普惠性的最后两个方面。

监测包括定期收集数据，通常是定量的，而评价包括定期或一次性深入分析性能目标和预期成果。对影响的评估试图确定消费者福利是否有变化，如果有，那变化是什么，以及它是否可以归因于金融服务的使用（或寻求加强金融普惠性的干预活动）。

一般监测和评估包括四个主要部分——输入、活动、输出和结果。输入是使用的基本资源，活动是采取的行动，输出是可交付的成果，结果是持续输出的净成果。长期的结果有时也被称为影响。这些都可以看做一个逻辑模型（见图5.3）。

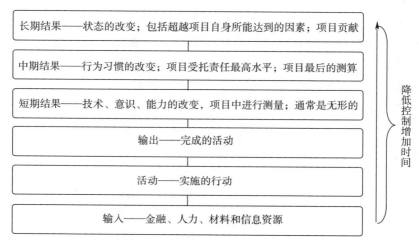

资料来源：Aga Klian Foundtion，2011。

图5.3　逻辑模型定义

逻辑模型（也称为变化链或结果链理论）将我们希望看到的结果同适当的输入和活动关联起来（见专栏 5.12）。

专栏 5.11　生活版图研究

生活版图研究和金融版图研究有着类似的定性定位，采用相同的方法，但是它更关注目标人群的生活策略，包括职业的范围和感知的优缺点。生活版图研究超越了职业，包括一系列有助于个人和家庭生存的全面活动。它特别关注理解个人追求的复合生活策略（例如，小企业，加上农业，再加上来自家庭的支持），这些又是如何契合在一起的，以及如何运用自己的理由。这些研究也试图理解生活策略的细分访问途径，促进或限制获得金融服务的因素——例如阶级，性别或种族。

专栏 5.12　衡量促进储蓄团体的结果

储蓄团体促进者大体预测了在团体参与的头两年多个领域内出现的结果，这些领域会随时间而深化。五个领域的结果如下：

- 更强的经济能力。资产积累、消费平滑、能产生收入的投资、收入、财政管理、储蓄。
- 增加社会资本。团结（与其他成员），由成员组织的集体活动，增加社区成员中的领导角色。
- 增加自强性。增加自信，家庭拥有更大的决策权。
- 增强食品安全。增加食品消费或更多样化的饮食。
- 其他。由针对性的活动而引起的变化，如增加特定知识或行为的改变。

评估影响

影响评估即评估长期结果。它们帮助供应商了解他们的服务对客户利益的影响（正面和负面），帮助投资者了解他们投资的影响，与衡量金融普惠性一道，帮助决策者调整政策和预算分配决策。学者使用影响评估回答关于穷人生活中金融服务的作用和功能的严格学术问题。在对金融普惠性的兴趣和关注日益增加的情况下，利益相关者的利益已经从单纯地增加账户持有人的数量转移到理解消费者是否正受益于金融服务的提供，以及是否使用了公平和审慎的方法。

　　传统的影响评估衡量预期发展和使用金融服务带来了意想不到的结果。它试图确定产品使用和客户利益之间的联系。带来的影响可以是经济、社会、政治或文化方面的。经济影响包括经济增长的各种变化，例如从物物交换到货币化经济（尤其是在农村）的变化，企业业务扩张或转换，非正规经济的各个部门的净收入，或通过消费平滑的脆弱性和风险管理减轻贫困程度。社会政治的影响可能包括改变政策，提高商业环境或改善一个地区的人类发展指标（如营养和教育成果的变化）。文化影响可能包括资产、权利或家庭决策权的重新分配。例如，如果信贷或农作物保险集中在获利更大、但风险也更大、主要由男性控制的经济作物上，评估将资源从主要由女性控制的作物上转移出去所带来的潜在利益影响就是非常重要的。

　　从历史上看，进行影响评估，通常是为了确定一个特定提供者的服务或交付是否对客户有任何影响。其目的是基于评估结果改善其产品和服务。这种方法虽然有优点，但以下部分提供了一个更广泛的对影响评估和研究方法的讨论，其中一些可能不是由个人提供者广泛使用的（例如 RCT，见专栏 5.13）。

研究

　　通常所有的研究始于一个首要的问题，这个问题指导关注点、方法论和用来进行这项研究的工具。研究问题可能是一个假设的形式，这是对一个现象或推定因果关系的可能解释——例如，提供支付服务将导致较低的盗窃发生率（Nelsem n. d.）。假设可以被确认、否认或通过定性或定量的研究提请进一步的调查。一个研究问题也可以开放式的结束。例如，研究可以通过一个投资者（或委托）评估一个地区的金融版图来确定约束和资金的机会，通过捐赠来确定特定干预的影响，或由供应商更好地理解他们的客户或潜在客户的需求。

专栏 5.13　影响评估的变化焦点

　　人们对于小微金融影响力的评估非常多样。由原先的利益攸关者——供应商、赞助商和研究者——已经拓展到包含投资者、政策制定者以及监管机构。然而，尽管他们考虑角度有差异，但投资于影响评估的动机却没什么变化。有说服力的影响结果曾经是且现在仍然是被用来判定公共和私人财产分配的合理性。但是，影响力评估也会对市场调查起作用，因为客户资料将能帮助供应商来提高他们的产品和服务。这两种方案一起形成"证明—改善"的连续机制，可为设计和使用评估结果提供导向。

对于那些寻求证明影响力的人来说，由因果关系、选择偏见和金钱的可替代性带来的方法上的挑战仍然存在。在20世纪90年代中期，这些困难导致了一些人对影响力评估的抵触，他们辩称那些想证实小额贷款和缩小贫困间的因果关系的人将会面临艰难的斗争。相反地，他们提议用更为简单、实用的代替者。例如，早期的商业化倡导者，声称重复贷款就是一个很好的指标来衡量借款人从小额贷款得到的积极价值，同时相比较于那些难以得到的影响力数据也是一个可靠的替代。在这几年间，两种观点都显露出它们的缺点，获得信用对福利的影响被证明是微乎其微，而相比于低收入群体所使用的产品是否合适，重复借款则更能反映低收入者获得资金的困难之大。为了满足消费和提供运营资金所需的现金的需求胜过一切。

因此严谨调查的可信度和信息有用性之间持续存在着一定冲突。行业持续、快速的发展满足了证明影响力的需求。为得到可信赖的结果调查上的严格被认为是必需的，同时，人们实施RCT（随机对照实验）的兴趣也因此而剧增。一些很重要的知识因此生成，尽管看起来有些脱离行业的动态或提供服务的实用性。

尽管已实施了一些公认"好"的可信研究，行业还是有很大的发展空间。尽管它已经不再是局限于仅仅关注营运资金贷款的单一产品产业，影响力评估的主要部分还是集中于小额贷款的效果。对市场细分以及产品差异化的认可尚未能产生相应的产品和服务，用于满足客户的生命周期变化的需求。我们期待更为全面的影响力评估以及金融普惠性的研究。

影响力评估在公共领域如何逐渐发展这一形势似乎已开始发生变化。随着客户的增加，在一些国家，这些信息变得尤为政治化，同时新的评论造成的结果将会被政客用来损害供应商和他们的客户。2009年至2011年在印度发生的小微金融危机就反映出了这一利益错位。

指标选择

指标是具体的数据，与目标和假设（如果适用）相关联。这些指标使得定性变化被测量或分析，帮助理解一个关于假设是否正确，并凸显其他意想不到的变化或过程。指标需要与组织或研究人员希望观察到的变化密切相关。更广泛的影响——范围超出目前个人或家庭得到的直接金融和社会效益——难以识别和评估。因为许多更广泛的变化很难直接测量，所以替代指标经常被使用。

除了 SMART（具体的 specific、可衡量的 measurable、可达成的 achievable、现实的 realistic 和有时限的 time – bound），理想的指标还有以下特征：

- 有效性。衡量那些需要衡量的数据，捕获由于干预而不是外部因素造成的影响。
- 可靠性。可证实的和客观的，即如果在不同的时间或地方，由不同的人测量，结论仍是相同的。
- 相关性。与干预的目标直接相关。
- 技术上的可行性。能够评估和测量。
- 可用性。容易理解，在理想情况下提供有用的信息以评估性能及公布决策。
- 敏感性。能够展示变化，捕捉感兴趣领域的变化结果（国家人均收入不可能受某一次单一干预的影响）。
- 及时性。相对较快地收集信息。
- 成本效益。收集、处理和分析的成本花销是值得的。
- 道德性。对那些提供信息的人来说是可接受的。

指标帮助研究人员测量他们所认为受影响的事物；但是，如果只注重测量指标，研究可能错过意外或不可预料的影响，可能是积极的，也可能是消极的。理想的研究工作追求指标一致性和可计量性，并提出更多的问题以理解更广泛或意外的影响。

研究方法

证明研究假设或回答研究问题的整体方法受研究目标、所需信息的质量、各利益相关者的利益和研究预算的影响。对于这项研究的范围需要做出很多决策。其范围包括规模（个人及家庭数量）、时间框架（一次性调查或纵向研究）、研究单位（事务、个人、家庭或企业）和地理范围（地方、国家、地区或全球）。

　　研究方法的选择还包括研究是否应该是一个在一段时间内持续收集信息的过程（比如金融日志）；一次性调查；或两轮或两轮以上的调查，如一段时间后需要重复的基线或端线；研究是否会将金融行业作为一个整体来调研，或专注于个人提供者或特定产品（或潜在产品）；会关注需求还是供应，还是整体金融版图；以及谁将进行研究。一个关键的决定是定性和定量方法或组合之间的平衡。结合不同的工具可以增加研究的可信度和有效性，但也增加了复杂性和成本。

定性研究

　　进行定性研究是为了理解人类行为和原因。定性方法研究为什么和如何决策，而不仅仅是决策是什么，在哪里，什么时候。定性方法捕捉人们必须用他们的语言说的话，并深度描述他们的经历。定性研究可以帮助我们发现我们不知道的东西，因为它灵活、适应性强，它允许我们跟踪有趣、意外的发现。因此，定性研究使用小而集中的样本，而定量研究使用大样本。抽样一般是有目的性的——即选择受访者是因为他们有特定的特征，可以提供具体的信息研究的焦点。研究人员正在寻找的信息的类型将决定个体选择的类型，研究单体或群体所花费的时间和样本的大小。在样本非常小的情况下，选择"掌握丰富信息的"客户进行采访是至关重要的。

　　定性研究通常使用个人深度访谈、焦点小组讨论或参与观察。这些访谈和讨论可以形成案例研究的基础，以评估需求的条件、机会、少数个体的局限性。参与式快速评估（PRA）拓展了传统的焦点小组讨论，使它具有高度互动性（见专栏5.14）。

专栏5.14　参与式快速评估法（PRA）

　　PRA源于经典社会学和人类学的方法，因为它们涉及与关键被调查人进行半结构式访谈、参与者观察以及三角和无休止的方法论原则。然而，与传统方法相比，PRA技术更加互动。工作间活动使受访者通过图纸、故事和戏剧参与进来，鼓励他们发现在他们的生活中因接触金融服务而发生的重大变化，PRA使用以下技术：

- 由参与者进行社会映射和建模，表明哪些机构和社区的结构在他们的生活中是很重要的。
- 季节性地图或日历，允许社区展示在他们一年以内生活中的各种现象是怎样变化的。

- 每天使用时间分析法追踪参与者如何使用自己的时间，允许参与者和研究者获得责任、挑战、机遇以组织干预措施。
- 参与连锁图，显示因果关系链。
- 维恩图，显示不同的机构或个人在社区的相对重要性。
- 财富排名。
- 产品属性排名。
- 生命周期的需求分析。
- 现金流动性映射，它提供了一个关于社区去何处获取或支付现金（市场、劳动工资、合作社），并推出有关供给和需求的讨论。

定量研究

　　定量研究从样本人口中收集数据来创建可概括的结果。它测量受试者对许多预先确定的问题所作出的回答。测量是定量研究的中心过程，因为它提供了实证观察和定量关系的数学表达式之间的基本联系。因此采样（选择个人、家庭或企业））必须是随机的，足以充分代表人群。正确设计的定量研究可以提供可靠的结果，因为统计结果有效，在抽样方法上也无偏倚。但是这些方法不如定性方法灵活，所以当有一些临时想法的时候，后者是最合适的。

　　定量研究通常使用调查，即使用在正式采访中预先设计和预先测试的调查问卷。调查包含具有一组答案有限的问题，这样的结果可以量化、比较、统计分析。因为定量研究与对大量客户回答的统计分析相关联，它被认为是一个比定性方法更"科学"的方法。定量方法允许研究人员确定现象的广泛度以及它是否存在统计上的确定性，但它们不能够测量不可预见的影响或现象。

　　定量研究方法可以是非实验、准实验或实验的。非实验研究注重不同的人之间的行为差异，与结果中变量的接触程度相关。准实验和实验研究注重实验组（访问服务）和对照组（不访问服务，否则被认为是与实验组相同）之间随时间发生什么变化。两组都进行基线和跟踪调查，结果被用来比较和显示由于使用金融服务发生了什么及没有使用它们结果又如何。

　　准实验研究是非随机化的，而实验方法或 RCTs 是随机分配团体或个人到实验组或对照组里的。虽然没有人能知道如果他们不参与干预一个特定个体将会发生什么，对照组随机形成一个对于使用服务或得到利益的个人或家庭的反事实（如果被研究的对象不存在，将会产生什么后果）。不是由于金融服务的使用而产生的变化应该平等地影响所有人群，所以人群随时间变化而产生的任何差异可以归因于被研究的金融服务的影响。

然而，没有一种方法是完美的，因为研究中存在各种方法论上的挑战：

- 归因。将变化归因于特定活动（接触或使用金融服务）时遇到的困难——考虑到环境的复杂性取决于一系列因素，包括经济因素、社会和文化规范、政治气候。
- 可替代性。用一件事交换或替代另一件——这种情况下，可替代性意味着钱可以用于许多目的，意图发生迅速的变化。评估借贷业务的影响，例如，假设借款人过去将贷款资金用于业务，而现在借款人就并没有减少来自其他来源的借款（即替代）。
- 选择性偏倚。自主选择参与一场干预或接触一种金融服务的人群所具有的特征上的系统性差异，以及是否这些特征使人们更有可能从使用服务中受益（Gash，2012）。
- 因果关系。当第二个事件被认为是第一个的结果的时候一个事件（原因）和第二个事件（影响）的关系，隔离一个变量因果影响的困难通常被称为因果关系的偏倚。

虽然几十年的社会研究表明这些挑战一直存在，一些新的技术被用于解决它们，特别是取样偏差和因果关系的问题。总的来说，非实验和准实验设计，通常被认为证明相关性或关联度方面的效果要好于证明因果性。RCTs 尝试通过随机分配人群到实验和控制组（实验设计）以克服因果关系偏倚；从选择性偏差被移除，就有能将影响归因于服务的使用（见专栏 5.15）。

专栏 5.15　证明因果关系的难处

设计一种能够证明存在因果关系或者能够排除其他外部解释性因素的研究方法的能力是重点考虑的事情。探索各种方法之间的联系以及它们证明因果关系的效力的一种有效的途径是考虑这种方法落在图 5.15.1 频谱上的哪个位置上。越是落在右边，这种方法解释因果关系的能力越强，越落在左边，解释因果关系的能力越弱并且仅仅能解释相关性。总体来说，方法越严谨，就越可以被归因于干预。

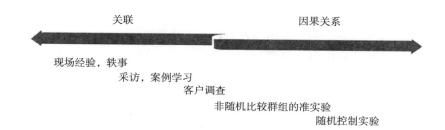

图 5.15.1　证据的频谱

　　准实验和非实验研究显示影响可能在哪儿并且帮助确定重要的问题，而充分回答这些问题需要实验研究。在鉴定不可预知的影响方面，实验研究可能会更加灵活而且通常和环境密不可分。实验研究的结果还可以暗示结果的原因，而这是其他方法不能做到的。长期的非实验研究给我们对额外的影响以启发，这些影响是伴随着参与者使用 RCTs 服务超过 1 年至 3 年而产生的。在实操中，准实验和非实验研究比实际执行更经济简单。准实验和非实验研究或监测系统可以在其他地方用来检验相似的结果。本质上，三种方法是互补的。

　　资料来源：Gash，2012。

随机控制实验

　　在撰写本书时，随机控制实验在小微金融领域相对较新，从而进行更详细的描述。除了克服偏见，RCTs 是为数不多的方法之一（如果不是唯一的方法），可以发现难以察觉的因素。因为控制和实验组是随机选择的，在所有可观察到的（例如教育水平）和不可见的（例如一个人的创业技能、组织能力、访问社交网络的渠道）特征方面这些组中的家庭应该是等价的、均质的。随机设计可以发现干预的影响，排除选择偏见。

　　然而，实验方法只是去估计接触服务或其他干预措施的平均影响。他们不提供对中值影响的理解，并在实践中他们并不重视分布的影响。例如，如果访问会让一个人获利，所有其他人略微受损，一个随机对照实验可能会得出这样的结论：平均影响是正面的积极的影响，如果一个人的正面影响足以抵消其他人负面影响的综合。也就是说，如果样本足够大，数据可以分解成子目录，以观察某些群体所受的影响。

　　此外，当个体被随机化的时候，溢出或泄露可能发生。例如，当某人从实验组转移到对照组，反之亦然（即泄露），或当对照组成员无意中受到实验的影响。这可能发生，例如当一个借款人贷一部分款给他的一个在对照组的朋友，或当一个接受培训的客户与没有接受培训的人分享经验。

RCTs 非常擅长提供对影响的估计，但结果可能很难推广到其他情况。这意味着它们可能有较高的内部效度（以它们本身的情况来讲估计是可信的）而不是外部效度（结论适用于更大范围的情况下）。例如，当进行 RCTs 时，研究人员有时被迫使用非标准的人群，使结果就不那么具有外部效度。虽然非随机化的方法适合在更大的地理区域或多样化的人群中收集数据，因此外部效度出现的问题较少，这些方法的内部效度往往是更令人满意。为了减少外部效度问题，精心设计的 RCTs 通过收集关于中间结果的信息和考虑其他结论将用于的背景（或在不同的背景中进行多项研究）尝试理解影响出现的原因。

RCTs 有时被认为是不道德的，因为他们要求部分的人群不能接触被评估的干预活动。此外，接受或不接受干预的人的选择不是基于最需要或最应得的人。然而，有时随机选择参与者可以比其他选择机制更"公平"，例如，资金太有限以至于不能服务所有合格的人。在这种情况下，将谁获益、谁不获益的问题公开随机化，可以改善公平（Bauchet 和 Morduch，2010）。

混合方法

结合定量和定性的方法往往比单独一种方法提供了更全面的结果。混合方法可以同时进行，在一项研究中使用不同的研究小组或混合方法。例如，将定量的入户调查与定性的焦点小组讨论相结合跟踪变化，采访关键线人以拓展对背景因素的理解，也有可能导致意想不到的想法。

一个混合的方法也可以是按顺序实施的。定性的工作可以通知什么问题应通过定量工作测量，或从定量研究探索不同寻常的发现。不同的研究可以按预期的或意想不到的方式而互相依赖。例如，定性研究表明，SG 成员从第一到第二个周期的储蓄率似乎有所增加，因为第一个周期期末，成员开始信任实验模型，知道他们可以存钱并从存款上赚取利润。然而，补充定量数据显示，这种从第一个到第二个周期储蓄的增加在村里的第一组比在同一个村庄的后来组更加剧烈。后来组从第一组获得经验，能更好地理解这种模式是如何运作的，倾向于希望开始获得更高的储蓄率，因此后来的结果增长并不明显。

所有研究受益于三角测量——也就是说，与受访者一起检查数据，并与他人一起反复核对信息，确认对于相同现象的不同观点，来验证一些更有可能是真实的事物，而不是由于仅仅一个或几个可能会有偏见的受访者而决定的。同样，二手资源和对现有发现进行案头调查可以对初始研究进行补充。

表5.1总结了各种研究方法和其效用。

表5.1 研究方法及其有用性

方法	应用	优点	缺点	有用性
随机控制实验（RCTs）比较处理群组和控制群组	当样本容量足够大时，使用结构化的调查方法来衡量变量及变化	被认为是最严谨的统计方法；避免了"选择偏差"，因为处理群组和控制群组的均值是相同的	如果处理群组是自由选择的，那么该方法会变得难以设计和执行。在这种情况下可以利用鼓励机制，人人都能参与处理，但是鼓励却是随机分配的	能够有效衡量特定创新的效果，因为衡量的影响因素（如储蓄账户、气候保险的特定产品或服务）是具有随机性的
准实验研究比较处理群组和控制群组在实验前和实验后的特征	使用结构化调查方法来衡量变化；对实验项目可能很有用	在控制群组方法不是很精确控制时更加近似	比RCTs更加易于执行；结果相似，但是控制群组不是完美的对照组因为它不是随机选取的。对于RCTs和非随机控制群组来说，调查的设计、执行和分析的成本是一样的。小心仔细的设计和测量是必需的。当控制群组和处理群组区别较大时实验结果无效	与RCTs相似。样本很大时，对调查特殊的干预很有用，但是由于操作的原因，RCTs不灵活
参与式方法	习惯的改变是由于不同因素造成时使用这一方法	可能是展示归因的唯一方法；可以揭示未知的冲击	可能有主观的偏差	对理解和使用金融工具很有用
关键人物观点和专家访谈	当关键的改变是由某个关键人物驱动时使用这一方法	成本低	可能会被采访者影响；受主观解释的影响	对理解政策的改变过程很有用并且对评估规则和支持功能的发展很有必要

续表

方法	应用	优点	缺点	有用性
案例学习分析习惯和行为的改变	当量化的数据需要定性的解释时使用这一方法	成本低；如果设计和执行得好的话将会给归因提供好的帮助	可能不能代表受益人群体；花很长时间；可能会被采访者影响	对逻辑模型和结果链的每一环节都很有用，特别是对理解客户使用习惯的改变很有帮助

资料来源：Johnson，2009。

贫困评估工具

贫困评估工具（或校准过的收入代理工具）是用来确定团体或个人的贫困水平的研究。虽然大多数的贫困评估工具与社会绩效监控相关，我们在这里讨论它们，是因为它们通常用于各种研究成果（例如金融版图研究或影响评估）以评估被研究的贫苦群体的水平。他们使研究人员（或供应商或其他人）得以估计目标人群（或客户）中的贫困率，无须衡量收入或直接通过耗时的家庭预算调查。

贫困评估工具包括短期的、针对特定国家的调查，根据极端贫困的立法定义适用于国家问题调查指标被认为能最佳反映出给定的一组家庭是否很穷。一旦收集的数据进入一个模板，软件可以估计生活在适用贫困线之下的家庭的所占份额。工具的构建依赖于一组与国家层面有代表性的支出调查中的贫困水平最紧密相关的指标。每个工具是由至少训练有素的工作人员在 20 分钟或更少的时间内掌握的。

表 5.2 概述了广泛用于小微金融、衡量绝对贫困和相对贫困的贫困评估工具。绝对衡量将人分为贫穷或不贫穷，与定义的贫困线（国家或国际上的，如每天 1.25 美元的购买力平价）相关。相对衡量将相同的社区或地理区域内的人分为一类。绝对衡量允许供应商之间、国家之间的比较等，对于影响评估非常有用。一般来说，测量绝对贫困的工具在总体层面表现得更好（也就是说，他们在衡量一群人的贫困状况时，而不是在衡量一个人的贫困状况时更可靠。如果目的是定位受益者，相对措施是一个更好的选择。然而，格莱

珉基金会的 the Progress out of Poverty Index（PPI）与美国国际开发署的贫困评估工具（PAT）或客户评估工具（FCAT）、国际社会援助基金会（FINCA）不同，后两者也可以用于测量绝对贫困，也可以用于定位，因为它们都使用了用于派生指标的方法。

表中没有工具使用收入作为幸福指标的，而人们通常认为消费，比起收入和福利，是首选的测量贫困的更好指标。表 5.2 中提供的工具，两个试图衡量支出（FCAT 和 CGAP PAT）。然而，需要不依赖长时间召回的样本和先进的技术以减少估计误差。为了克服这个问题，大多数工具使用与贫困相关的指标，如家庭特征、住宅结构、所有权的资产、人力资本、接触服务设施。

两个工具，其指标与贫困有着最强相关性，它们是格莱珉基金会的 PPI 和美国国际开发署的 PAT，他们的最后一组指标来自大型的、全国性家庭收入和支出调查。其他工具，如房地产指数，依赖单一的指标来预测贫困，只有当一个指标的相关性很强时，我们才能预期一份强健的关系。一般来说，这种对贫困的过度简化定义会导致不准确的评估。其他工具依赖于一系列更广泛的指标（例如参与式财富排名），但这些都是主观产生的，这意味着贫困的速度不能跨地区进行比较。

一个重要的附加说明适用于表 5.2 内的大多数工具，强调了它们随着时间变化的有效性。当这些指标和贫困之间的内在关系变化时，工具的准确性会降低。这意味着工具需要更新（更近期的国家层面调查需要依照 PPI 和 PAT 的情形进行，或再进行一次参与性财富排名运动），并且要做出额外努力使从应用工具得出的推理结论适用于不同时间点。

表 5.2   **小微金融实践者的主流贫困评估工具**

工具	目的	描述	执行	优点	缺点
格莱珉基金会脱贫指数(PPI)	基于一个或两个贫困线，估计贫困客户的百分比；评估一个人在贫困线以下的概率；测量绝对的贫困	国别化的贫困计分卡涉及 10 个问题（与贫困相挂钩的社会经济指标）；这些指标源于大规模的全国典型调查	计分卡能应用于顾客样本或整个顾客群；由工作人员执行并能在服务交付之前、之中及之后使用	能很好地平衡使用性和准确性；能够应用于目标市场选择及贫困水平变化的评估；在不同地区得到的结果可以进行比较	没有考虑城乡差异；并非对所有国家都有效；指标的有效性会随着时间改变

工具	目的	描述	执行	优点	缺点
USAID 贫困评估工具（USAID PAT）	基于一个或两个贫困线，估计贫困客户的百分比；提供贫困的绝对测量	国别化的贫困计分卡涉及 16～33 个问题（与贫困相挂钩的社会经济指标）；这些指标源于大规模的全国典型调查	计分卡能应用于顾客样本或整个顾客群；最好能在顾客参加项目之后使用	能很好地平衡使用性和准确性；在不同地区得到的结果可以进行比较	无法分解数据且并非对所有国家都有效；指标的有效性会随着时间改变
FINCA 客户评估工具（FCAT）	广泛的客户评价；允许基于消费数据，根据不同的贫困线，将贫困人口进行分类；提供贫困的绝对测量	一份 130 问的调查被分成多个部分；人口统计与贷款信息、家庭特征、开销、资产、设施条件（水、电和医疗）、商业类型及顾客满意度等	调查一顾客样本并定期跟进	提供了顾客幸福度的综合评估且相当多的信息能被管理层采用	依赖于顾客对过去开销的回忆来衡量贫困水平，这很有可能产生测量误差
CGAP 贫困评估工具（CGAP PAT）	基于多维数据，评估 MFI 服务地区的相对于非客户的客户贫困水平；提供贫困的相对测量	问题包括一系列的指标（结合当地环境）：人口学特征、住房质量、资产（类型、数量及价值）、教育水平和家庭成员职业类型、食品安全和隐患以及衣物和鞋类的开销（贫困基准）	调查 200 名顾客和 300 名非顾客；由外界顾问执行	使用贫困的多维定义	冗长的调查；需要技术投入（高素质员工），无法为将来的内部回应建立内部容积

续表

工具	目的	描述	执行	优点	缺点
住房指数	基于他们住房的结构和条件，评估贫困家庭与他们所在社区的关系；提供贫困的相对测量	使用当地状况适用的单一指标，仅关于住房条件	MFI员工访问社区并运用该指数来鉴定潜在顾客；在服务交付之前或之后使用	方便核实；能应用于目标选择、监控及评估	贫困的界定有限；准确性依赖于贫困状况和住房条件的实际相关度
经济状况调查	基于复合指数，评估家庭的贫困水平；提供贫困的相对测量	使用少量易于检验的指标来进行调查；包括资产所有权（土地、家畜、收音机和电视等）、社会人口特征及其他	由员工对所有的潜在顾客进行简短的调查；在服务交付之前或之后使用	将简单指标与简短调查和标准化的计分方法相结合，简化执行；能有效应用于目标选择、监控及评估	指标也许会或不会与贫困紧密相关；准确性未知
参与式财富排名	基于社区财富的认知鉴别社区里的穷人（测量相对贫困）	包括为社区绘图、按财富水平排名、三角化结果以及人群分类	在社区中实施参与式评估；在项目之前或之后咨询有关专家及MFI职员；100～500个家庭	提供了生活方式、性质以及贫困原因的丰富画面；与国家贫困线高度相关	要求员工拥有高超的引导技巧；准确性未知

资料来源：Ines Arevalo, consultant to the Aga Khan Agency for Microfinance drawing from Social Performance Task Force (2009)；CGAP (2003)；IFAD (2006)；Simanowitz, Nkuna, and Kasim (2000)；SEEP Network (2008)；www. progressoutofpoverty. org；www. povertytools. org；http：//www. microfinancegateway. org/p/site/m/template. rc/1. 11. 48260/1. 26. 9234/。

第二部分　金融服务提供者

第六章　以社区为基础的提供者

"有许多方法可以让小额储蓄转变为大量的钱（即主要货币），这也是穷人的理财任务。其中大量的由非正式部门完成"（Rutherford，2009）。人们经常从朋友或者亲戚那里借进或借出钱，来使现金流更顺畅，抓住好的时机，为人生大事做准备活动，或者应急。以相互帮助或者以储蓄和信贷为目的的非正式团体，也很常见。2012 年全球金融普惠性（Global Findex）数据库报告指出，"以社区为基础的储蓄方法，例如储蓄俱乐部，被广泛运用在部分地区，尤其常见的是在撒哈拉以南的非洲地区。在这些过去 12 个月报告过储蓄活动的人中，48% 的人报告使用了以社区为基础的储蓄方法"；其中，34% 报告只用过社区储蓄俱乐部来存钱（也就是说，没有其他正式账户）（Demirguc‐Kunt and Klapper，2012）。

非正式的金融服务往往灵活、方便，而且接近穷人生活的地方。然而，亟须用钱的人却不能总是得到所需的数目。正如在第一章讨论过的，非正式的金融服务提供者被称为以社区为基础的提供者（见图 6.1）。

以社区为基础的提供者提供灵活的服务，来适应非确定的现金流并提供可以鼓励常规储蓄和贷款偿付的准则。以社区为基础的提供者的最大好处是可达性，其接近度和产品特征（如最小行政方法、无担保物要求、低交易费、灵活的期限）共同决定了它非常适用于穷人。然而，它也有不利因素，即有限的产品供应和潜在的不可靠性。比起公立机构的提供者（第七章我们将讨论），无论是否由于腐败，缺少纪律约束，或者各种冲击（如自然灾害或者坏的收成）以社区为基础的提供者更容易遭遇崩溃和欺诈。当借钱人不得不依赖他人或过度负债时，从朋友或者家人那儿借钱变成很不体面的事情（Ruthven，2002）。

非正式的或者以社区为基础的金融服务提供者可以宽泛地分为两类：本地提供者和服务商。

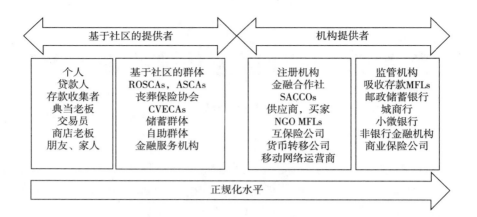

注：ROSCAs = 循环储蓄与信贷协会；ASCAs = 累积储蓄和信贷协会；CVECAs = 自力更生农村储蓄和信贷银行；SACCSs = 储蓄和信贷合作社；NGO = 非政府组织；MFIs = 小微金融机构。

图 6.1　金融服务提供者的范围

对于个人或者团体来说，本地提供者来自社区本身，且没有受过额外的教育和训练。个人提供者（例如放款人）通常根据他们自己的资本提供基本的信用服务。作为当地居民，他们提供方便快捷的回应。而本地团体不一样，他们通常的目标是将金额以少聚多，服务于不同的团队类型。互助协会将成员贡献的金额集合成应急资金形成轮转基金，资金（通常是特别类型的轮转基金（rotating savings and credit association，ROSCA）再将钱给成员轮流循环使用，开支，比如葬礼）。团队成员制定规则去管理这个团队。

服务商提供者是可以接受通常是由非政府组织（NGOs）或者政府提供额外培训和帮助来促进和实施存贷过程的团体（不是个人）。多年来有很多形式的服务商团体被介绍，但可能最大的、最著名的是印度自助团体（SHGs）。大多数服务商组织遵循一系列规则，来帮助储蓄人定期存储，以累积资金产生贷款。有些操作仅仅在社区范围内；另外一些是联邦内的，服务商从银行借钱再贷给自己的成员，并承担金融服务以外的其他发展活动。不考虑他们的多样性，服务商团体服务于那些通常接触不到金融服务的人。他们和外部的服务商（通常有时间限制）有关系，这样可以引进系统的有具体步骤的方法或模型，来指导他们的金融活动。

本地提供者

个人本地提供者包括放款人、收款人、非正式的交易员、典当商、店主和非正式汇款服务供应商。一些交易员、加工者和投入品供应商也可以进行非正式的操作，而其他提供者在本质上则更加正式（这里我们将在第七章来讨论）。本地团体，包括轮转基金、累积储蓄信用协会（ASCAs）和丧葬协会。表6.1总结了它们的主要特征。

表6.1 　　　　　　　　**社区金融服务提供者特征：固有的提供者**

特征	个人（放款人，收款人，交易员）	转账（哈瓦拉系统）	社区团体（ROSCAs，ASCAs，丧葬协会）
法律形式	无正式的法律形式；按当地传统；有时是注册的	无正式的法律形式，按当地传统；有时是注册的	可能在当地机构注册过
监管	通常无监管；有时是当地监管	无监管	无监管
所有权	拥有者操控	拥有者操控	会员所有
治理形式	私人管理	私人管理	私人管理；有时选举委员会
目标市场	穷人和需要信贷的穷人	穷人和急需转账服务的穷人	穷人或需要小额贷款和安全储蓄之地的穷人
产品	基本的信贷和储蓄；合同储蓄	非正式的转账服务	无资金成本；费用
资金	自有资金；利息和费用	无资金成本；费用	会员出资；有时外部融资；利息和费用（无运营成本）

个人的提供者

在所有经济处于发展中的地区，家人和朋友是最常见的非正式环节的金融服务提供者，特别是在撒哈拉以南的非洲地区，那里29%的成年人称家人和朋友是他们唯一贷款的来源（Demirguc-Kunt and Klapper，2012）。除了个人关系，以社区为基础的个人提供者是常见的，而且也可分为有执照的提供者或者完全非正式的。

作为当地社区的一部分，放款人不只是简单地接触借款人，通常还涉及个人关系来评估借钱人的还款能力。这些因素可以让客户的本地交易更快速便捷。然而，放款人要求的偿还代价可以变得十分昂贵。举个例子，很多国家放款人都是采用标准的"5/6 贷款"。也就是说，每五个单位的钱被借出，需要偿还六个单位。这意味着周期性的（日/周/月）利率超过 20%（Helms，2006）。可个人常常愿意付更高的价格来更快更方便地换取现金，特别是遇到没有选择的紧急情况时。

典当商通常被认为可在短期内提供大量的小额贷款。与大多数放款人相比较，典当商在放款时需要实际占有抵押物。在一些国家这个过程已变得更规范，有规则、标准并需要注册。贷款额通常显著小于抵押品担保额。经过必要的处理、估值和抵押品存储，典当商的交易成本可能看起来比小额借贷的数额还高。然而这些一部分交易成本被部分抵消，因为典当商没有花时间去评估借款人或者监督贷款（Skully，1994）。贷款被严格根据抵押品的抵押额制定，这样可以通过出售抵押品来抵销贷款额（大多数典当商需要经营零售店来销售未被赎回的商品）。

存款收集人，又称金钱守护者，也就是来收集或者办理存储的人，在发展中地区是很常见的。他们提供一个便捷的方法将储户们的现金安全地放到别的地方，这一过程不需要花金钱和时间。存款收集人上门拜访他的客户或者招徕了生意，以收集事先定好的钱数（以日或周为单位），当然他们通常希望客户会来找他们（见专栏6.1）。收款是周期性的，之后定期返还时要扣除一定的手续费。需要收的费用有按存款百分比，或按每笔收取固定收费率。调研发现，收的费额和直接或者间接地存在银行或者在固定资产上总的花费相近（Ashraf，Karlan，Yin，2006）。客户使用储蓄收集人的理由有很多，包括方便、缺乏联系或者文化限制。储蓄收集人提供方法来积累存款，提供安全和秩序。然而储蓄收集人的储蓄不是没有风险的，客户可能无法获得所需资金或者收集人携款潜逃的时候。

店主有时会帮助保存客户不想放在家里的钱；他们也经常为信用记录良好的客户提供授信赊账，而且为他们延长付款期限。

特别是在依赖农业的农村地区，生意伙伴可能是农夫非正式信贷的重要资源。例如，授信范围可能被拓展为向生意伙伴购买原材料，并承诺将生产出的产品回卖给生意伙伴。

专栏 6.1　加纳的民间储蓄商：SuSu 商

加纳有大量从事私营金融服务的民间储蓄商——SuSu 商，他们挨家挨户收集存款并赚取费用，通常针对女性商贩和小微业主。每个 SuSu 商有平均150~200 个客户，在村民家里按天或按周收集储蓄。SuSu 俱乐部是这个存款收集系统的变体。成员每周指定时间去指定地点，向 SuSu 商存钱，后者以团体形式为更广大的受众提供金融服务。

当信用和储蓄是最普通的、在非正式环节中与个人提供者相关的服务时，转账提供者（专门从事个人转账的人）提供快捷、通常安全、节省开支的方法进行国内或国外的现金转账。各种非正式的资金转移系统在结构和复杂性上有很大差异。手持现金是最基本的系统，通常当亲朋好友是经常回家的移民，特别是对季节性或者周期性的移民来说很常见。在国际上，现金是通过快递员这样的物理方式转移的；在国内，现金是通过汽车公司或者出租车司机转移的（Isern，Deshpande，Van Doom，2005）。很多寄送者和接受者更喜欢非正式的传递机制，因为后者更稳妥且更少涉及非文书工作。他们也更加易获取，特别是对那些在递送国没有身份证明的人来说，而且这种方式更值得信赖因为还牵涉到个人关系在其中（见专栏 6.2）。

专栏 6.2　超额携款：非正式的现金转账系统

世界上还存在着更多不同名称的复杂的非正式系统，包括 hundi（南亚），fei‐chen（中国），hui kwan（中国香港特别行政区），padala（菲律宾），phei kwan（泰国）和 hawala（中东）。为了应对货物的转移，很多这样的系统发展为贸易融资和针对货物运输的转账机制，比如在一些非洲矿物出口国家（如安哥拉）。

在大中东地区的 Hawala 系统极具代表性地阐明了这个系统是如何运作的。通常，一个移民需要在他工作和生活的国家付款给经纪人（hawaladar），然后经纪人提供一个验证代码来授权这个转账交易。

转账过后，hawaladars 通过现金或者货物和服务支付来结算。他们通过收取转账费来获利。Hawaladars 经常依据不同货币的需求变动来为顾客提供比银行更好的汇率（大多数交易仅用授权的汇价）。很多 hawaladars 也涉足必须转账的交易，例如商品贸易，转账服务很适用于他们的活动。汇款和业务转账通过同一个银行账户来处理，产生较少甚至没有额外的操作费用。

在非正式部门的个人提供者提供在社区内运作种种优势，包括易获得性、便利性、小额交易和熟悉性。他们提供直接的存取款服务，所有交易常常在村里仅凭个人就可完成。这些使得交易成本相对较低，尽管服务费相对较高。当个人提供者常常是唯一的可选项时，穷人被迫接受他们的价钱和风险，包括盗窃和欺诈。尽管大多数人没有意识到它们正在发生，与非法活动有染也是个风险。非正式的提供者要求最低程度的身份说明，理论上讲这是不合规的。

本地的团体

拥有会员的社区团体在提供基本的金融服务上被证明十分有效，特别是在没有充足基础设施、低存储和还款能力的偏远或者城市的贫民区。他们使会员之间能相互鼓励储蓄并明智地理财并提供一张经济安全网以保护他们免于陷入突发的困境。在做这些事情的时候，他们推进储蓄制度，构建社会资本，增加资产，减少家庭面对金融和其他冲击的脆弱性。

穷人发现这些团体可以轻易接触到，因为他们都在当地，而且准入阻碍较小。成员们熟知彼此，可以尝试相互依赖，从而一起达到他们共同的金融目标。以社区为基础的金融团体的共同目标是得到大笔的钱，无论是通过储蓄还是借款，并且通过嵌入的社会关系来强化还款机制。一些团体建立社会基金在危机时帮助成员。这种一起管理基金并使用集体力量既帮助家庭融资又帮助有需求的朋友的经历使团体内部很团结。这正是为什么人们在已获得正式的金融服务以后维持他们在以社区为基础的团体里的会员身份。

这里有三个重要的本地团体类型，轮转基金（ROSCAs），积累储蓄和信贷协会（ASCAs）和非正式的小微保险（microinsurers）。

轮转基金

世界上很多发展中国家存在轮转基金，并有许多当地熟知的名字：merry-go-rounds（肯尼亚），tandas（墨西哥），tontines（西非），chit fund（印度），kibati（坦桑尼亚），stockvel（南非）和 esusu（尼日利亚）。轮转基金是金融中介中最简单的形式：一些人成立一个团体，然后对定期支付约定的钱数。在每次会面（或者会合）中，筹集资金，然后每次轮转都会把钱给予其中的一个成员。当最后一个成员收到了一次性付款，团体可以选择开始新的循环或者解散。

轮转基金在很多国家非常常见，因为它很容易形成和管理。印度的金融管理研究所的一项研究估计，注册的轮转基金占借贷给优先行业的资金总数的10%～50%；非注册的轮转基金市场的规模可能有注册的轮转基金市场的15倍之多（Linder，2010）。

轮转基金被构建为完全由团体成员监督的金融服务。因为每次碰面时成员贡献出的钱数都相同时，所以当轮到自己接受基金时，每人都会得到相同的钱。交易只在定期碰面的情况下进行（通常是每月的），而且通常所有成员都在场。另外，因为团体没有保留钱，常常不需要记录（而不是名单上的某个人在当时接受资金），不需要看护资金。这个系统进一步降低了成员的风险，因为它受时间限制，通常不会超过一年。这样缓和了成员需过早抽走资金和停止贡献的潜在损失。这些特征让系统更加透明、灵活、简易，提供了适应于受教率低的贫困社区的金融服务。与此同时，很多有钱人同样加入了轮转基金，不仅为特别的目标而储蓄，而且利用了发展中的社会资本。尽管轮转基金通常更吸引女人，混合型轮转基金仍然存在。

轮转基金虽然形式简单，但仍具有风险及缺乏灵活性。

- 所有的轮转基金成员按照预先规定的顺序，收到了相同的钱。每个人必须等着轮到自己而不是根据他的需求来拿到钱，不能灵活地超过或减少支付规定的金额。
- 资金不会产生升值，因为没有贷款也不用付利息。
- 如果团体解散的话，最后一个轮转的人就有收不到自己份钱的风险。当一个轮转基金崩溃，那些还没有得到过基金的人则没有补偿。

这些限制产生了非正式的二级市场，通过一个成员付额外费用给另外一个成员来改变轮转次序。这些钱有时候超过了轮转钱数的50%甚至更多。

积累储蓄和信贷协会（Accumulating Savings and Credit Associations）

虽然依旧是本地性质，ASCA较之轮转基金是一个更加灵活更加复杂的团体储蓄机制。和轮转基金一样，团体成员定期储蓄，但是在每次碰面不会划分所有的贡献，汇聚存款是为了给成员放贷。当所有的成员储蓄时，不是每个人都会借钱。只有当有需要时，成员才会借大家都认可的其可偿还的金额。

因为所有的成员不会按同样的方式来交易，ASCAs比轮转基金更加复杂。

成员可能在不同的时候按不同的期限借不同的数额。付息提供了一个可被团体成员共同分享的储蓄回报。ASCAs 可能是"有时间限制的",成员在规定的期限储蓄,借款,偿还(通常是 6～12 个月)。然而,根据本地 ASCAs 的多样性,这一周期的长短千差万别,部分人选择无限期地运作(见专栏 6.3)。依赖于时间框架和其结构的简洁性,ASCAs 可以不用记录地运作,通过周期性地将积累的资金等分。然而,更加复杂的 ASCAs 要求记账,特别是对于那些需要处理大宗钱数或运作周期较长的情况。

专栏 6.3　印度农村地区的 ASCAs

在印度北部,好的 ASCA 领导和记账人在社区内是大名鼎鼎的,所以建立一个新的 ASCA 就是需要确定可靠的、需要分享金融服务的成员。另外,ASCAs 需要采取一些措施来应对农村地区现金流的季节性变化。

- 他们在盈余季节开始操作。
- 他们做出额外的贡献,通常是在开始的时候每个份额追加贡献 100 卢比。
- 在收入枯竭的季节,成员可以通过将需要的储蓄金额转成至多两月的短期贷款,来延迟贡献。
- 他们在周期结束时(通常是又一个盈余季节),处理还贷的态度比周期中间时更加严格。

非正式的小微保险商

第三类以社区为基础的金融服务提供者着眼于提供保险服务。提供保险的以社区为基础的组织为自己成员所拥有和管理。尽管他们有规模和操作范围都不大这两个缺点,他们的亲市场性让他们设计和推销产品更加方便快捷。他们通常只在有限地域运营,极有可能发生大量客户同时遭遇厄运需要理赔的风险(协方差风险)。客户同时提出理赔会损耗组织的资金,或者本质上减少个人的赔付。从定义上来说,他们没有执照所以不能获得保险补偿(见第十一章)。一些以社区为基础的小微保险商与别的小微保险商结成联盟,来增强监管和管理,但这种情况并不常见。

根据 Roth,McCord 和 Liber(2007,24)"在 100 个最贫穷的国家中,有无数[类型]的非正式保险公司,涵盖了数千万的非正式小团体,包括上千万的低收入人群"。最常见的两个是丧葬协会（burial sociaty）和担架俱乐部（stretcher club）。

丧葬协会帮助正经历亲人去世的成员。他们包括少数家庭或者一个大城市中不同区域的几千人。丧葬协会按照社区来管理；成员达成的共识明确了运作、贡献、参与和利益政策。成员像商业保险一样，按月或者按周交钱，迟交的话得不到收益。涉及去世事宜，钱直接付给成员的家属来支付葬礼的开支。某些丧葬协会也向外贷出所筹来的钱来形成另外的资源。丧葬协会在时逢大的经济或个人意外状况时，提供重要的社区层面的融资服务。然而，这种保险诈骗的潜在风险很高，例如有些管理者会携款潜逃（Churchill 和 Frankiewicz, 2006）。

担架俱乐部是常在农村建立的、本地社区团体，处理医疗紧急状况。成员依照俱乐部的规定和团体结构，按月或按周交小额的钱。当一个成员生病时，他需要被运送至医疗机构，交通费和其他医疗相关的钱会由担架俱乐部支付。在少数例子中，成员真正的由担架带到合适的医疗中心，而通常是由俱乐部提供现金来支付相关费用。担架俱乐部在社区中管理，由管理者决定组织形式、规则、贡献和收益。

服务商团体（Facilitated Groups）

在这个世界的很多的地方，本地轮转基金、ASCAs 和非正式保险体系通过易化促进过程（包括培训和能力培养方面的支持——通常由非政府组织及其他外部机构来提供——得到强化）。培训支持改善了管理、记录、安全和某些时候得到附加服务的可能性。在非正式部门中服务商团体例子有储蓄团体（SGs），互助团体（SHGs）和社区组织（见表6.2）。

SGs 本质上是"按时限来分配"的 ASCAs。自从 20 世纪 90 年代早期的在非洲问世以来发展势头一直很好。SHGs 通常没有时间限制的，而是为了获取大宗贷款常与银行有关。它们以多种形式存在于很多国家，但是最常见的是在印度。不那么流行但是更加规范的组织包括金融服务组织（Financial Service Associations，FSAs）和乡村储蓄及信贷银行（d'EPargne et de Cre'dit Autoge'er'e，CVECAS）。尽管仍以社区为基础，但它们更加庞大而且表现得像金融合作社，保持着相对的非正式性。不像其他以社区为基础的团体——正常情况下服务协助过程到一定时候就会结束（尽管 SHG 也可能需要持续的帮扶），它们通常依赖于持续不断的外部管理。

表 6.2 社区金融服务提供者特征：服务商团体

特征	储蓄团体	自助团体	社区组织（FSAs，CVECAs）
法律形式	可能在当地机构注册过	可能在当地机构注册过	在当地机构注册过
公司治理	通过委员会自我管理	通过委员会自我管理	通过委员会自我管理
目标市场	穷人，频繁需要小额贷款和安全储蓄之地的穷人	穷人，需要贷款和安全储蓄之地的穷人	穷人和农民
产品	储蓄和信贷（基本）；保险（经常）；非金融服务（有时）	储蓄和信贷（基本）；非金融服务（有时）	储蓄和信贷产品（基本）
管理和报告	最初从服务商得到技术支持的自我管理	通常外包给经验丰富的社区成员或自助团体联盟	持续的外部支持
资金	成员的储蓄	成员的储蓄和外部信贷	成员的储蓄和外部信贷
可持续性：总体独立	在 9~18 个月后独立	至少需要 3 年才能独立；通常联盟提供长期支持	持续性和独立性差异较大

通过接受为成员提供的金融服务，很多人只能接触有限的储蓄和贷款，这些服务商团体支持金融普惠（financial inclusion）。在这些过程中，他们也培养成员的金融能力。通过加入团体，成员有机会储蓄和借贷，从而产生更加稳定的现金流，来管理代价高昂、与以生命为周期的事件有关的风险。定期碰面使成员们把财务管理当成重要事项去对待，引领他们批判性思考他们的财政行为。总而言之，他们通过在一个相对安全可靠的环境中做事情来学习。但是一些支持者相信服务商金融团体可以做更多的事情来增强成员的金融能力，从而增加金融普惠。为团体成员提供金融教育是个积极主动的策略，这样可以增进服务商团体的利益。金融教育引导人们合理管理钱财，包括赚钱、花钱、存钱、借钱和投资。因此，这自然地将经验学习与集体参与、金融教育的内容联系起来。金融教育可以帮助实现以下几点：

- 增强成员如何管理金钱的知识，特别是牵涉到小额贷款和一次性付款这些他们加入组织之前没有接触过的事情。
- 让成员学会为未来开支做计划。

- 使成员可以比较产品，这是对于凭借团体经验来接触正式小微金融机构和银行的人来说特别重要的技巧。
- 帮助成员来理解他们逐渐需要接触的各种移动支付和电子钱包的花费和好处（Ledgerwood 和 Jethani，2012）。

储蓄团体（Savings Groups）

作为对传统的轮转基金的改善，储蓄团体于 20 世纪 90 年代在尼日尔出现。现在很多国际或当地的非政府组织对其进行扶持，同时在有限的时间内动员团体、培训成员并监督他们的操作。这些服务代理机构引进了监管和记录系统来确保有效的自我管理。这种方法促进了民主参与，以清晰透明的措施增强了成员对该组织是个存贷安全的地方的信任。最小的风险，最高的透明度，储蓄可获利的结构，可获取小额贷款，每年一次性获取资本——这些都是 SG 方法论的标志。大多数储蓄团体出现在非洲，但是正开始在亚洲和拉丁美洲传播。

储蓄团体的方法论

团体由 15 个到 25 个自选的个人组成，通常以 9 个到 12 个月为周期来运作。成员制定他们自己的规则，来确定会议频率（通常按周，但是有些按两周或按月）、储蓄要求、贷款期限。在储蓄团队的一些变体中，每个成员存相同的钱，团体可以在当前周期中决定改变定期存钱的数额，来反映当地经济的季节性。在别的变体中，成员可以通过购买股份来存钱；股价由团体决定，而且在周期内不得更改。每次碰头会，每个成员有机会买一份或者更多的股份，通常最多可以买五份。他们汇集的储蓄（贷款资金）可以借给别的成员，贷款规模通常限制在储蓄数额的一个最大倍数，经常为三倍。这种资本循环为了贷款资金赚取了利息。

在每个周期的最后，成员根据团体选择的计算方式，分享积累的储蓄和收入。这种"分红"让成员可以一次性获得本钱进行投资或者为了其他目的。这种周期终了分配钱款的模式简化了记账，并起到"行动审计"的作用，为成员及时确认他们的储蓄是完整的且是有利可图的。在每年的分配以后，团体开始了新一轮的储蓄和借款。此时，成员可以离开，新成员可以加入。他们可以做出一些改变，比如调整股价，也可能决定额外贡献（也即，超过股份购买正常最大限制的一次性的贡献）来对借贷资金进行资本重组。当团体成熟时，储蓄可以轻松超过几万美元。

　　团体每年选举管理者，包括专门管理钱和掌管钥匙的职位。出纳员或者记账员在存取款记录簿或分类账中记录成员的储蓄和贷款，通常使用符号标记来服务于不识字或者不懂数学的成员。一些团体仅凭记忆而完全不使用纸质记录。

　　安全性和透明性是成功的关键。大多数但非全部的 SGs，将他们的记录和额外的现金放进保险箱，通常让不同团体的成员掌管钥匙。只有当全体成员碰面时才可以打开保险柜，这也是团体资金唯一会被处理的时候。多个钥匙和锁的掌管者被选举出来，减少了记录和钱在会议间被篡改的可能性。成员说他们相信团体，因为他们可以了解自己钱款的动向，并在周期结束时得到全部返款。

　　很多 SGs 也有保险基金（常常被称为社会基金），这可以根据团体制定的规定来应对很多紧急情况和社会目的。各个团体为社会资金设置自己的政策，尤其是如何利用资本，支付金的条款（例如，作为补助金和无息贷款）。保险基金通常和贷款资金分离，且所有成员贡献相同的额度。保险基金被设定为用来满足团体成员最小的应急资金需求，而且不是以资金增长为目的。

服务商机构（facilitating agencies）的角色

　　在第一次循环中服务商机构组织 SGs 并且认真地训练和监督他们。服务商（facilitators）是培训者，而不是服务提供者。他们不需要管理团队的活动，也从不触及钱财和管理他们的账目。服务商在集中训练团体开始时，之后仅仅简单地监管储蓄团体的运作流程并帮助其业务步入常规化操作。随着团体已展示出他们可以召开有序组织的会议和保持精确记录的能力时，服务商机构会减少访问频率。服务商机构由捐赠者出自资聘请，而且不在团体内部产生任何收入。当 SGs 能自我维持运营时，服务商机构仍可以继续为团体提供其他发展干预（见专栏 6.4）。

专栏 6.4　储蓄团体和其他活动

　　SGs 基本上是用来提供金融服务的。然而，但建立通过外部的促进和自发的复制发展，它们发展成为农村团体可见的网络，逐渐作为其他服务（非金融）的平台。它们是发展从农业生产、作物营销到商业技能培训，到文教、医疗等发展项目的天然载体。但是非金融服务的添加对于 SGs 来说不那么简单。决定"添加"是否真正由需求激发，从而探究添加的动机是十分重要的。（也就是说，这个活动是否真正给成员带来真正的利益，是否为非政府组织设定了合适的角色，是否可以为非政府组织吸引额外的资金。）它是否会破坏Savings Groups 的独立性？额外的收入、持续的对外部服务的依赖性、团体资金转而要求"额外"服务、团体资源（成员的时间、精力、聚焦点、资金）的勉强传播，这些都是从业者需要考虑的风险。另外，伴随着有限的资源，服务商机构面对在增强已有的 SGs 和额外创造新项目二者之间的困难选择。

资料来源：Ashe 和 Nelson，2012；Rippey 和 Fowler，2011。

服务商机构已承担了使用标准化的管理信息系统（见第十三章）追踪 SG 业务表现的责任。另外，他们还将数据报告给储蓄团体信息交换（Savings Groups Information Exchange，SAVIX），它是一个提供有关 SG 表现和外展服务的透明的、标准化的、数据的在线数据库（见第五章）。

储蓄团体的可持续性和复制

这个模型的最大好处是可持续性和简易性，能够进行自我管理和自发的团体复制。在最初的培训期之后，SGs 进行自我管理，而早期的研究表明大多数团体无限期地如此运作。另外，成员将这个模型介绍给别人，以产生更好的团体，投资建立一个团体常常促成两个到三个其他团体成形（Anyango 等，2007；见专栏 6.5）。

大多数服务商机构在它们的方法论中创建由以社区为基础的训练者（CBTs，也被称做乡村代理人或者复制代理人，服务商培训出来能独立操作的成员个人）进行有目的复制的体系。最终，受聘的服务商转变成更接近于监管的角色，CBTs 直接受聘于社区，无论是通过现金、股票或者其他形式（例如在耕种季节享受免费劳力帮助）。这个付费服务模型是很多 SG 项目的变体中的主要形式。这显著地减少了服务商的费用，为社区建立了以市场为基础的系统来促生新的团体，并在服务商离开后支持已存在的团体（见专栏 6.6）。

从市场发展角度来看当付费服务看起来像是下一个符合逻辑的步骤时，仍然无法明确服务培训市场是否在较长的将来会充分支持当地的训练者。如果复制是稳健的，对于促进 SG 发展最合算的选择也许是投资建立一大批 SG，从而依赖自发的付费服务和志愿复制的合并效果来刺激团体扩张（Ferrand，2011）。

专栏6.5 储蓄团体复制的方法

在肯尼亚的现场调查研究发现，SGs 通过以下几种方式在没有外部的服务商时"自动"复制：

- 大的团体的分裂。当团体增加成员，它们变得笨重庞大，有时分成两个或更多的团体。
- 团体分裂。成员反对他们团体的某些方面，所以重新建立了新的团体。
- 社会企业家。动态团体成员成立了另外的团体（通常是民间服务型的），但是有时是为了收费。
- 轮转基金的升级。SG 的成员向其轮转理念基金或者其他团体介绍该方法。
- 娘家村庄。搬到丈夫家村子的女人回去拜访她的家人，同时介绍 SG 模型。
- 受启发。邻里间仔细观察碰面形式并效仿他们的步骤。
- 群聚。团体通常在相同的时间和地点见面，形成一小撮群体。群聚的可见性和活力吸引新的成员，鼓励他们成立新的团体。

资料来源：Dippey 和 O'Dell，2010；Digital Divide Data，2011。

专栏6.6 付费服务：同一主题的要件

在印度的阿加汗基金会最初通过当地合作的非政府组织，雇人运作它的 SG 项目。然而，当这个项目成熟以后，当地的合作者用 CBT 来确保持续的扩张和可持续发展。CBT 以每次会议每人次 1 卢比的比率来获得酬劳，而且专门由他们动员和训练的成员来支付。这些资金被放进钱柜里分开的袋子里，由 CBT 在任何一次碰面时取出。

在肯尼亚、乌干达和坦桑尼亚，天主救济服务（Catholic Relief Services）成立用来训练和支持 SGs 的私人商业系统。它雇佣了现场代理人，他们用一年时间来学习如何履行职责。经过严格的认证过程，这些经理人变成了私人服务提供者。他们工作的社区确保自始至终能够承担付费给私人服务提供者的责任。

在肯尼亚西部 CARE 率先使用独立承包人（个人企业家和基于信仰的组

织）签订了他们自己的 CBT 来动员和训练 SG，并为每个受训的成功团体支付费用。当这个先行举措大大减少了每个成员训练的费用，而且大量在项目中创造的 SGs 增强了可见性时，社区群体开始逐渐接受付费接受培训以建立自己的 SG 的形式。CBT 服务进一步的要求来自已有的团体，来寻求培训结束后间歇性的帮助。

金融的联系

尽管 SGs 的支持者捍卫其简洁性：基于本地、可接触的、透明的、自治的金融服务提供者，免于外部借贷者的债务约束。当团体变得成熟时，接触正式的金融服务可能变得重要。SGs 不需要也不计划满足所有成员的所有金融需求，而且他们的部分局限性可以通过联系正式的金融服务提供者来解决。在所有需求中最紧急的是安全储存现金资产；这一点主要在循环周期的最后出现，当所有的贷款到期期望分红时。在这个时候，掌握在上锁箱子中的几千美元的群体面临严重的风险而著名。然而，使用正式存款工具管理流动资金的需求可能在循环周期中始终存在；根据 SAVIX，在 2012 年的第一季度，全球的贷款只占 SGs 营利性资产的 53.2%，显示出流动性的明显过度。正在出现的创新让 SG 得以通过成员的手机来收紧过度流动的资金（见专栏 6.7）。

专栏 6.7　通过手机的银行联系

CARE、Equity Bank 和 Orange 之间的合作伙伴关系使肯尼亚的 CARE Savings Groups 得以在 Equity Bank 开设了一个账户（pamoja）并且无须访问现实网点就可以在有息的团体储蓄账户里存入现金。肯尼亚的 Equity Bank 广阔的网络和遍布肯尼亚的 Orange 代理机构让这变成可能。

为了加强账户安全，CARE、Orange 和 Equity Bank 率先开发了一款安全验证系统，它要求这三方的三个成员在每次交易时提供个人身份号码，电子操纵的相当于金属的三重上锁的箱子，防止任何一人偷拿团体的现金。尽管以前个人可以通过手机获取银行账号，这是第一个允许团体有相同类型的安全移动登录方式的系统。

第二个特征是所有的团体成员可以通过手机注册来接受团体账户发生交易的提醒短信，这于 2012 年完成最后一环的测试。这确保他们不会在成员碰面之外的时间篡改账目。

Equity Bank's pamoja 储蓄账户提供了存钱的安全地方，年利率为 2.5%，没有储蓄费和最小取款费。SGs 可以 24 小时通过 Eazzy 24/7 手机平台进入他们的账户。使用相同的系统，Equity 不久将为 SG 提供贷款。

尽管 SG 为提供（储蓄、信用、付款和在某些情况下的保险产品）这些服务，而与其他金融服务提供商有联系，这么做的明智和好处仍然值得讨论。支持者说这些金融的联系让 SG 在通往正式的金融普惠之路上更进一步；而其他人担心精英掌控、缺少自治和团体的可持续性，认为 SG 作为金融服务提供者应被他们自己掌控，这些辩论主要聚焦在以下这些问题：

- 服务商之间的联系是否为了储蓄、信用或者二者兼有而被创造出来？
- 应该仅关注联系个体成员与正式的金融机构的联系，还是关注与所有团体的联系？
- 当不断加强和其他提供者的新关系时，是否有方法保留原始的团体和他的特征？
- 在促进正式联系时，服务商机构在培养金融素养和消费者保护方面的角色和责任有哪些？

自助团体 （SHG）

SHG 起源于 20 世纪 80 年代的印度，是由 10 ~ 20 人组成的共同存取钱的团体，他们大多数是女人和穷苦的农夫和无土地的农业劳动者。很多包括非政府组织、农夫俱乐部、政府机构甚至银行的外部组织帮助他们（见专栏 6.8）。这些服务商统称为自助促进机构。

专栏 6.8　服务商银行

在印度东方商业银行的项目中，卢德拉普尔分行的唯一角色就是服务于 SHG。该分行的两个官员大概监督 1000 个成员为五人的 SHGs，并且实施很多支持性举措。这个银行每年向团体收取 11% 的贷款利率用于支付资金花费，支持服务和管理费用。个人"服务商"给团体直接提供每天的交易和记账服务。每个服务商被大概与 200 个 SHGs 签约，而且每个团体支付给服务商未结清贷款的 1%。

最初，SHG 的功能很像本地 ASCAs，成员定期存储并且使用汇聚的钱来贷款。然而，在相对短的时间内（6 ~ 8 个月），大多数在银行建立了信用。

事实上，他们本质上是受信用驱使的；他们存钱主要是为了达到取得银行贷款的必要条件。他们也成为女性活跃于村庄事宜、代表当地选举或者对于社会或社区问题（比如虐待女人，酒精，嫁妆系统，学校和当地饮用水供应）采取行动的社区平台（Sinha 等，2010）。

自助团体可以达到令人赞叹的拓展：截至 2010 年，将近 700 万团体为超过 8000 万的成员服务，让他们成为印度甚至可能世界的小微金融的主要形式。尽管中非政府组织率先倡导，通过 1992 年引入的旗舰自助团体银行联系项目（Lee，2010）SHG 模型被国家农业和农村发展银行（NABARD）推动成为规模化发展，该银行是政府大宗放贷人。发展这种关系的潜力受到政府监管之下、向银行借贷的优先部门的催化（所有银行信用的 40% 必须借给优先部门的借款人，比如农业、小微企业和低收入人群）。银行大部分为政府所有，它们在人口密集的农村一直保持活跃性。自从发起了该项目，该银行已向数百家银行贷出数十亿美元转贷给 SHG，显著拓展了后者的数量。

SHG 的会员对所有人开放，并覆盖所有社会群体，包括印度的低下层阶级和部落。SHG 通常是单阶层的团体。在四个邦进行的 214 个 SHG 调查发现，三分之二的抽样团体是单阶层的，反映了临近相似性和通过密切关系组织人员会更加容易的实际好处（EDA 农村系统和 APMAS，2006）。SHG 的构成（在哪个村庄和谁一起）受到了自助促进团体的目标政策的影响。有些目标仅仅针对贫穷地区和穷人，有些是包括部分穷人的更宽泛目标，有些则追求采取普惠社区的方法（EDA 农村系统和 APMAS，2006）。

自助团体方法论（SHG 方法论）

成员加入 SHG 为了存钱（至少初衷是）和借贷。在最初的几个月中，成员关注建立团体基金来增加可以内部借贷的数额，以及更重要的，谋求获得更大额的外部贷款。当团体存够银行要求的可以进行大宗贷款的数额，成员常常停止随团体一起储蓄（Isern 等，2007）。

SHG 在银行存钱超过六个月后，通常可取得银行贷款的资格。银行常常贷款给团体，后者再转贷给成员。初始贷款通常各 1 万卢比（在 2012 年 10 月相当于 186 美元），需要六个月到一年之内还清。银行收取 SHGs 8% ~10% 的利息，团体通常收取成员 24% 的利息。随后的贷款可以申请更大数额更长的时期（3 年到 5 年）。贷款规模通常基于团体的储蓄比，平均数是 4∶1；然而，这个比率从 1:1 到 20:1 都有（Isern 等，2007；EDA 农村系统和 APMAS，2006；Srinivasan，2010）。

因为成员的储蓄被用做向银行借贷的保证金，所以他们只能进行有限借贷。通常在周期最后，SHGs "翻滚" 或者保留一些收益。他们不会通过完全 "取走现金" 来让他们获得更长的贷款周期，但是要求更复杂的记账（Lee，2010）。他们不受期限限制这样的事实将他们与其他 ASCA 类型区分开来。但是伴随着上百万的 SHGs，多样性显而易见；一些 SHGs 在定期上套现，很多人不再有外部贷款。估计 25%～30% 的 SHGs 和银行没有联系（Lee，2010）。

自助团体 SHG 的构建和技术援助

自助促进机构训练、监控并支持 SHGs，并且经常帮助记账。大多数由政府银行资助来履行这个角色，机构与机构之间有很大的不同；一些被委托来做草根社会变革和动员，其他的则更狭隘地关注在村庄层面上建立永久金融服务。他们的多样性反映在他们提供的活动中。除了训练和促进银行联系，他们可能提供的包括关于再生产的健康、解决争端的方式、学校建设、加强剥夺公民权的社会倡议（例如，支持底层的权利，反对童婚，女童工教育）的服务。

和加入 SG 相似的是加入 SHG 有时引起雇佣关系的产生，因为个人也可以作为其他团体的服务商（见专栏 6.9）。

专栏 6.9　个人作为服务商

Sedesh 是一个 "个人促进者"，她直接和 30 多个 SHG 一起工作，她将大多数 "推荐给" 当地银行经理或者银行项目来实现他们的目标：

我是政府项目下的一个团体的领导。成员要求我在我的村庄成立更多些的团体……从那以后，我在邻近的村庄促成了超过 30 个团体。自我和这些团体同时一起工作这就是我的主要工作。银行经理说他需要少一些的团体，所以我给他一些（作为交换他为每个团体付给我 800 卢比）；接着 DRDA（the District Rural Development Agency）需要一些团体，所以给了他们一些（也是对每个 SHG 收 800 卢比）。现在，DRDA 的目标达到了，所以他们不需要其他团体，而且银行间不时需要 SHG。我仍然还有八个团体。我向每个团体每月收 20 卢比的记录费用，这给我带来了不错的收入。

除了成立 SHG 以外，一些促进机构将一部分拨款和轮转基金给成员，以用于内部借款（EDA 农村系统和 APMA，2006）。尽管大多数不需要从银行将中间贷款基金给团体，他们仍协助建立连接；一般来说，SHG 在独立运作之前的三年依赖于他们的帮助。

政府鼓励 SHG 联合成更大的组织，来减轻促进机构从金融和非金融角色中的退出。这些联盟也可以支持希望通过提供中间人和单点合同借钱给 SHGs 的银行。在这个角色中，一些联盟中间协调资金，从银行借钱借给成员团体（Sriniasan，2010）。他们也培养金融能力，监控表现，提供政策引导。

尽管一些邦政府积极地促进和建立 SHG 联盟（在安德拉邦有 1100 个，泰米尔纳德邦有 12000 个，奥里萨邦有 7800 个），期望银行可以提供给他们可以转贷的贷款，但是联盟面临严重的金融，特别是组织的挑战（Srinivasan，2010；Lee，2010）。另外，考虑到印度有世界上最大的银行分行网络，而且一些村子离一些类型的分行很近有些质疑他们的附加。一些事例表明建立 SHG 的依据可能更多的是社会的而非金融的。聚集使团体更加具有可见性，并且给予他们社会互动的经验。但是为了达到金融和社会的目标，SHG 联盟要求更好的监管、工作人员、组织的过程和系统（Sinha 等，2010）。

因此 SHG 从各种来源获得了组织上、运营上和金融的支持。促进机构（非政府组织，政府，银行）通常雇佣一个现场代理商来训练和监控团体，联盟提供了技术支持（例如帮助记账人），贷方经常会雇佣一个专职员工协助 SHGs 的。

挑战

管理良好的 SHG 可以在被要求给穷人和边缘人群提供金融服务时获得利益。他们提供促进服务的费用比其他小微金融方法的费用更实惠（Isern 等，2007）。尽管少数是管理良好的，很多表现得糟糕。他们的记账系统是复杂的，部分是由于外部贷款的急切需要，部分是由于大多数年复一年持续开展金融活动，从不停止地定期分红。没有完全的现金补足时，SHG 需要某种程度的交易分析，来跟踪不同的期限和付账、拖欠（有时超过一年）、流动资金的复杂性和风险管理（Lee，2010）。记录的次数和为此付出的工作量，促使很多人依赖于他们的促进机构或联盟来保持他们的记录。一个专业的 SHG 支持机构（安德拉邦 Mahila Abhivruddhi Society）在 2002 年报告称，仅仅 15% 的 SHG 记录是好的，安德拉邦将近 40% 的 SHG 的记录总体被忽视或者根本不存在（Isern 等，2007）。而且，当外部贷款联系到储蓄时，SHGs 有强烈的动力来夸大他们的储蓄，弱化他们的损失（Matthews 和 Devi，2010）。研究人员将记账称做"自助团体的阴暗面"（EDA Rural System 和 APMAS，2006）。

其他对 SHG 的表现产生挑战的事件，包括团体内部贷款的高违约（内部贷款的还款率据说低至 35% ~40%），银行贷款在成员中均分，不需要贷那么多钱的人将借出多余的给别人（Srinivasan，2010）。

然而，印度的 SHG 模型依然在规模和面向穷人服务方面保持着独特性；SHG 是个人、农村区域银行，商业银行和合作之间的联系纽带。尽管以社区为基础，它们依然展示出政府、正规银行及有组织的穷人代理人如何一起工作，来应对农村穷人的金融服务需求。除了提供借贷渠道，它们还发起很多社会活动（见专栏 6.10）。

专栏 6.10　自助团体：整体的观念

基于印度的银行政策的一些关键的因素，解释了 SHG 如何发展且覆盖了超过 7000 万的人。首先，印度储备银行指示各家银行必须将 40% 的资本投在"优先部门"，SHG 是满足这些要求的一个选择。其次，1993 年的印度国家农业与农村发展银行的一项政策允许非正式的、非注册的 SHG 被认定为"合法人"，让银行帮他们开户和与之交易。总体上来说，大约 70% 的 SHG 为了贷款和银行联系起来，超过 16% 的对优先部门的银行贷款通过他们完成。

作为印度国家旗舰的项目，SHG 是一个关键的政府策略，为了向没有银行账户的群体提供金融服务，扩大金融普惠，特别是针对妇女。也许更重要的是，它们被日益用于传递许多其他计划和项目。所以，它们不再仅仅是非正式的金融团体。很多共同参与了生计、营销和采购活动。健康和营养工作者利用它们来提供服务；SHGs 常常达到当地水管理委员会两倍大的规模；廉租房、养老金和团体保险由它们传递；大范围的就业保证计划由它们付款；当地领导组织的社会运动让它们作为组织基础；所有党派和意识形态争取它们的支持来努力影响观点和赢得竞选。从最高层面的政府政策和计划再到地方乡村政府，SHG 成为为妇女发展和赋权的最可见的平台之一；它们是公共和发展项目里家喻户晓的名字。

SHG 就是小微金融世界里的金融机构，成员自有和掌管的模型，包含大量小的、分散的、非正式的合作组织，有能力获得积极帮助、提升、从州中获取资源，把妇女作为他们的中央关注点。然而，这个美景的实现变化非常大；一些民间社会组织和妇女项目强调自主和赋权；其他着眼于更加保守的金融普惠的，只是更加强调联系贷款。能力和表现参差不齐。但SHG模型相对简单，它通过复杂的方式得到演化，这些团体已成为社会、政治和金融参与的重要机构。

其他服务商团体

以社区为基础的团体还有许多其他模型，目的都是为了帮助曾遇到障碍（比如，距离、花费、信任）的团体的借贷活动来接近更多正式的提供者。有些很小，限制20~30个成员。其他为了服务于上百人而联合小的团体。两个例子是非洲的金融服务协会（FSAs）和CVECAs（自我管理乡村储蓄和信贷银行）。

金融服务协会（FSA）

受农业发展国际基金的支持于1997年被介绍到贝宁共和国，金融服务协会是成员所有的，而且在村庄层面上运作的机构。通过外部技术支持，它们在一些国家（巴布亚新几内亚、毛里塔尼亚、肯尼亚、乌干达、塞拉利昂）得到效仿，产生出变体。一些利用银行贷款靠成员股份来构建使用股本基数（Helms，2006）。在塞拉利昂，一些提供长期的信用和团体方法来营销商品和生产（IFAD，2010）。会员全体包括团体和机构，比如储蓄俱乐部，学校，教堂，医疗诊所。它们的大小包含从300个到10000个成员不等。会员资格要求购买股份，这可以被卖给其他成员但是不能撤资。FSA受大体近似于股东的人管辖，它们选举了董事会和审计委员会。在一些国家它们不是注册的，而在其他国家它们作为以社区为基础的组织或合作社，在相关政府部门名下注册。

最初的目标——成为继最初的训练和监督之后能够自我依赖的组织——已经向糟糕的管理和疲弱的监管妥协。经理们常常缺少基本的能力和必需的经验来管理金融机构；在管理和监管间缺少清晰的责任分离，使得很多问题发生，诸如贷款给亲友或者董事会的重要成员（后者觉得没义务要偿还贷款）。为了应对这些挑战，大多数FSA都拥有管理合同，雇佣一个外部服务公司来帮助管理运作（见专栏6.11）。其他地，特别在乌干达，已演变成金融合作社。

专栏 6.11　肯尼亚的金融服务协会

在肯尼亚，K–Rap 发展机构（KDA）推动发展 FSAs；从 1997 年到 2007 年，77 个机构包括总共 34000 个成员在 17 个地区成立，也包括遥远的北方，那里生态农业条件非常恶劣，生计主要是依赖于牲畜，人口密度也低。在金融部门深化项目——KDA 注册的 K–Rap Fedha Services（KFS），一个有限责任公司——为机构提供包括管理服务和监管的收费服务。除了训练以外，KFS 也提供市场调研、策略规划、商务发展、品牌和营销的帮助。其目标是达到可持续的管理和监管。明显的绩效改善使社团信心增加和 FSAs 的使用量增长。在 2012 年 KFS 网络包括 44 个 FSA，总数接近 122000 个成员。KSD 肯尼亚估计另有 80000 名成员在 KFS 网络以外的 40 个协会中。

资料来源：FSD 肯尼亚 2007；与 Felistus Mbole、金融部门深化项目的通讯内容，2012 年 6 月。

CVECAs（乡村储蓄和信贷银行）

CVECAs 是以成员为基础的机构，重点关注遥远的农村地区。最初由在法国的国际研究发展中心推动发展，初衷是为了改善西非传统的合作社模型。CVECA 是以成员为基础的、由外部技术支持协助的小微金融中间人。它们被设计成用来在农村地区运营，客户主要是非农物收入最低、求生存的农夫。尽管大多数 CVECA 的成员不足 250 人，他们通过网络合作成为区域联盟，达到了灵活性和成规模的经济。CVECA 是 20 世纪 80 年代末在马里共和国的多贡区首先发展的，并被非洲的其他国家（喀麦隆和冈比亚）效仿，将原有的模型适应到新的当地环境中。在冈比亚，他们被当成村庄储蓄和信用联合会。他们原来的角色是提供安全和容易的存储方法，提供现金账户、定期存款和贷款。一些团体也利用额外的信用，扭曲储蓄目的，导致其他关于偿还、所有权和持久运营方面的困难。许多可能受到疲软监管的不良影响，这是许多金融服务提供者要面对的常见问题（Secka，2011）。

第七章 公共机构的提供者

Joanna Ledgerwood

第一章提供了在金融生态系统核心的金融服务提供者类型的概览。第六章聚焦到主要在非正式的部门运作以社区为基础的提供者。这个章节聚焦到公共机构的提供者，那些在本质上更加正式；也就是说，他们通常有实体的分支网点（但不是总有），导致运营或本，产生收入，维护金融账户（包括产生财务报表），他们通常依法注册并受监管。

金融机构是资产（人类、金融和其他）的组合，联合来产生活动比如授权贷款，认购保险或者筹措存款。项目不是机构，机构在市场系统的核心里，承担长期的职能。给穷人提供金融服务的金融机构包括非政府组织小微金融机构（MFIs）、金融合作社、正规的商业小微金融银行、专业化的小微金融机构和其他非银行金融机构（NBFIs）比如保险和租赁公司以及支付服务商。他们可以在图7.1的右半部分发现。

这些机构在组织结构、监管、产品及提供的服务类型、他们的合法形式、当局的相关监管方面各有不同。尽管他们可能缺少以社区为基础的供应商的灵活性和邻近性，他们经常能提供广泛种类的产品和服务。服务商提供的金融产品和服务的种类受到其合法结构、相关规定（如果适当的）、能力、授权和目标市场的影响。大多数但非全部的金融服务商提供授信，或是与金融合作社一道向他们的成员提供授信，或是与银行或者非政府组织一道向公众提供信用。大多数不受监管的机构和甚至一些受监管的NBFI（金融公司、保险公司）通常不允许动员和协调来自公众的存款。尽管一些银行、小微金融机构和合作社卖保险，这个产品大大受制于保险公司，因为是分保的保险。在一些国家，除了汇款公司，银行、受管理的小微金融机构和一些移动网络服务商，也提供支付服务和其他交易账户。机构的服务商常常要求比非正式服务商更加复杂的运作，这常常意味着专业的员工和相对更加复杂的系统。不同服务商的金融服务持续性和独立性主要在于

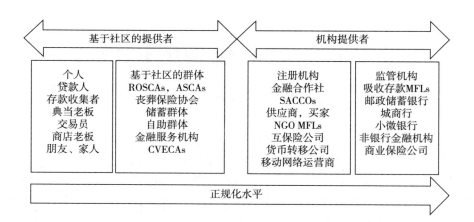

注：ROSCAs = 循环储蓄与信贷协会；ASCAs = 累积储蓄和信贷协会；CVECAs = 自力更生农村储蓄和信贷银行；SACCSs = 储蓄和信贷合作社；NGO = 非政府组织；MFIs = 小微金融机构。

图 7.1　金融服务提供者的范围

时间和在一些情况下的目标方面有所不同。非政府组织小微金融机构和变体小微金融机构花时间来达到可持续性，依赖于他们的目标市场、提供的支持和总体任务，而小微金融银行还要花几年的时间才能打破这一格局因为他们需要在基础设施建设方面投资和发展他们的市场。至今，小额保险服务商发现很难达到可持续性。

本章讨论了给穷人提供金融服务的机构的类型。机构管理事宜将在第十四章和第十五章讨论，包括人力资源管理、产品研发、社会绩效监控，以及金融报告和风险管理。

金融机构的特征

金融机构结构由以下来决定：法定形式、所有权、公司治理结构、受国家监管的等级和服务客户类型。反过来，这些影响一个机构产品的提供、金融管理、报告需求、资金来源、整体金融持续性和独立性。表 7.1 总结了机构金融服务商的关键特点。

表 7.1　机构金融服务提供者的特征

提供者种类	法律形式	监督管理	所有权	公司治理	客户类型	产品	管理和报告	资金	可持续性和独立性
金融合作社	在中央部门注册过的	信贷联盟可能会被特定的组织监管	成员所有	董事会或成员选举的管理委员会	客户的范围由成员决定	基本的储蓄和信贷	专业的管理；向监管机构报告	成员的股份；存款和一些外部债务	中度至高度，取决于管理层的治理能力
NGO MFIs 和多目的的 NGOs	注册为 NGO，非营利机构或私利有限公司	无监管；可能会受政府监督	无所有者；创始人和投资者有很大的所有权	董事会，由创始人和投资者任命	穷人，"非银"客户；对多目的的 NGOs 来说，有很多目标客户和受益人	传统的信贷；多目的的 NGOs 就是给其他活动增添金融服务	专业的管理；可能向登记机构报告	开发机构的贷款和赠予，基金会，社会责任的投资者或混合者	低度至中度，成本转移会很高，有同的隔离机制可能会耽误或阻碍可持续性
储蓄 MFIs	有银行执照或满足其他类似的监管要求	受央行、部分其他委或其他组织监管	大多数私人股东；一些开发银行作为初始股东	由股东任命董事会	未被服务的或未被重视的个人或小微企业	贷款，储蓄，支付服务	专业的管理；向央行或监管机构报告	私人或公共混合股，市场混合股权和债务融资	变化的，成本转移会很高；持续监管的成本会很高
NBFIs：信贷公司，融资公司，保险公司，租赁公司	有 NBFI 执照的金融机构（由国家特定的法律条款决定）	受央行或其他特定的组织或一个政府机构监管	私人或公共股权；其他金融机构或其他公司	由股东任命董事会	客户由产品的类型决定（比如贷款或保险）	贷款，保险；通常无法吸收存款	专业的管理；向监管机构报告	私人或公共混合股，市场混合股权和债务融资	中度至高度；根据目标市场情况，可能需要初始的支持

续表

提供者种类	法律形式	监督管理	所有权	公司治理	客户类型	产品	管理和报告	资金	可持续性和独立性
供应商，批发买家，处理商	登记为私企	贷款服务通常不受监管	差异较大；可以是私人，控股也可以是大公司的一部分	差异较大	乡下人，农民	基本的信贷产品	较少有正式的章程结构	运营资金；可能有负债	高可持续性
农村储蓄或邮政银行	有银行执照	受央行或其他特定的组织或一个或多个政府机构监管	股东，政府或私人	由股东任命董事会	穷人，通常是乡下人	主要是储蓄；信用贷款	专业的管理；向监管者报告	权益和债务融资，通常是面向公众	中度至高度
城商行	有中央权力机关发的牌照	通常受央行监管	股东，通常是政府，有些是私人	董事会，受政府的影响	普通大众；政府有时指定面向穷人和乡下人	差异较大；一些提供全套金融服务，其他的关注农业贷款	专业的管理，但是可能是受政治影响；正常向管理者报告	公开募集；向银行发债	差异较大；中度（从政府得到补贴，因为在农村开设网点）
小微商业银行	有商业银行许可证	受央行监管	私人股东，一些开发银行	由股东任命董事会	小微企业客户；市民；少数劳人	贷款，储蓄，支付，有时保险	专业的管理；向央行报告	机构投资者权益和债务融资	高度；需要一些初始的支持后独立
汇款公司	有汇款许可证	受当地金融服务机构监管	私人控股	由股东任命董事会	劳人和非劳人；乡下人和城市人	转账和支付	专业的管理	私募股权	总体上高度可持续

金融合作社

金融合作社是成员所有的金融服务商，也被称做储蓄和信用合作社（SACCOs）、储蓄和贷款协会、信用联合会或房屋信贷互助会（调动成员存款以资助买房的特殊信用社形式）。金融合作社根据基本的合作社原则来组织和运作：这里没有外部股东；成员都是所有人；每个成员都有一个投票权。金融合作社的成员通常根据地理位置、职业和信仰方面的情况被接纳进来。为了成为成员，要求每人购买一定股份，并不能超过拥有股份的上限。股价由合作社定，且对于所有成员是相同的，尽管股价可以随时变动。除了持有可赎回的与票面等值的股票，成员可以在合作社存钱或借钱。尽管金融合作社传统意义上提供简单的储蓄和信用产品，仍有很多可以介绍的产品，例如合约储蓄和住房贷款；如果有合适的许可，他们有时提供货币转账或者付款服务和保险（Branch，2005）。

管理良好的合作社通常提供利率比小微金融机构低的贷款。如果有利可图，他们或者在合作社重新投资额外的储蓄，或者以分成的形式返还给成员，通常依据他们的平均储蓄账目或者股份所有权。这些措施有时转换成成员可承担得起的贷款，或者比其他机构服务商提供更高的储蓄返还（WOCCU，2011）。

作为合作社的主要经费保障机制，成员的储蓄和股份组成了稳定和相对低成本的资金来源以供贷款之用。例如在 2008 年的金融危机中，当地的金融合作社相对好地挨过风暴，因为当地储蓄证明了是比外部投资更加稳定的资金来源（Christen 和 Mas，2009）。

金融合作社本质上是一个大的集合性储蓄和信用协会（ASCA）的正式版本（合法注册的）（见第六章）。它们在规模上或大（几千个成员）或小（几十个成员）。它们服从于国家法律，支付需要的税款。合作社通常由志愿者理事会管理，这些人由成员在他们中间选举出来。在较小的合作社中，管理可能也是志愿性质。和小微金融部门一样，公司治理也是合作社面临的巨大挑战。

合作社（特别是较小的）可能关注农村市场、促进储蓄和信用服务以及在社区内循环使用资源。有钱的和贫穷的成员一起存款，一户的额外的流动资金可以给别人提供信用。然而，合作社也可能受制于权力的非平衡——选举出的理事会成员或者管理层利用职务之便，来向其支持者过度借贷或放贷（见专栏7.1）。

专栏7.1　关于成员所有的金融服务商的思考

成员所有和管理的金融机构服务商有许多吸引穷人的特征。第一，他们的生存依赖于他们对于成员的金融服务需求的回应程度。第二，现在高度的客户所有权和参与：用户对于决定提供的金融服务，包括需要支付的利率有直接的影响。（然而，灵活的期限和条件要求监控绩效的更详细报告，因此要求更高的管理技巧和更强的监管机制。）人们彼此协助并提供社会扶持，当一个成员有真正的偿还问题时，成员可以争取延长时间来还款（Johnson，2004）。这种灵活性意味着成员不会像在其他系统里一样，因为从系统里借钱而害怕；和小微金融机构团体团结系统不一样的是，不强迫成员以违约者的身份做出偿还。

然而这些好处的本质却使用户所有系统面临诸多问题。"可协商性因素"使权势人物可以操纵系统向着对他们有利的方向（Johnson，2004）。这是源自一个更加普遍的"主要代理商问题"问题，其中组织中的投资人或者股东（委托人〔principal〕）选举董事会或者委员会（代理商）来表达他们的利益（受托人责任）。但是当这些组织变大，而监控董事会的行为变得更加困难时，董事会倾向于保护他们自己及管理局的利益，而不是股东和整个组织的利益。这导致了众所周知的情况，就是上升的价格和董事会成员的坏贷款，当董事会成员是储蓄不能抵消贷款损失的净借款者时这就特别麻烦。这些问题在贫困地区很复杂，因为人们受教育少，不懂对组织进行监督。这些系统最成功之处在于，董事会成员（如退休的公务员和专家）是经验丰富，充分考虑组织的福利。成员常常相信社区领导而不是别的机构不熟悉的职员。

某一金融合作社常常选择隶属于一家高级机构，这代表了国家层级的合作社，为隶属合作社提供了训练和技术支持，表现为集中储蓄和借贷设施（中央金融设施），而且在一些情况下，将来自外部捐助者的资源输送至国家信合系统。作为高级机构的一员也意味着个人合作社获益于买进或者其他服务的规模经济。隶属关系包括购买股份资本、向国家或者地区的顶尖机构每年支付费用。成员身份提供国家领导、政策的选举权，从而参与到国家资助的服务和项目中。

作为调和成员储蓄的机构，更大的合作社通常被监督。监督的程度和结构在国家之间显著不同（见第十七章）。在许多国家，当局负责监督所有种类的合作社（农业、商业、交通和其他），也监督商业合作社。这些实体可能不需必要的技能，来监管这些金融中间人。这种金融监督的整体缺失与弱治理可能损害金融合作社的安全和稳定性，这在穷人的储蓄处于危险时问题尤其严重。尽管很多存在管理不利的情况，金融合作社在很多发展中国家是金融服务的重要服务商。

NGO MFI（非政府组织性质的小微金融机构）

非政府组织（NGO）是在各种服务中，提供社会和经济服务（可能包括健康、教育或者小微金融）的非营利组织。和金融合作社或者以社区为基础的团体不同的是，它们不是成员所有和掌管的。NGO 是一个多重性的团体，包括大的多目的的组织，例如孟加拉国的 BRAC，帮助扶持当地 NGO 网络的国际 NGOs，例如 ACCION 或者 Opportunity International，以及小的独立当地组织。

NGO 的正式程度各异，取决于目标、提供的资金和组织的愿景。NGO 通常在国家法律下注册，获准进行大量活动，法律还决定了捐款人应得的税收待遇及来自运营的收入应缴纳的税。NGO MFI 没有所有人。相反，他们有发起人或投资人任命的成员组成的董事会，这功能上等价于股东。NGO 董事会负责监管 NGO 的活动，指导战略活动。NGO 治理结构通常不适于承担信托责任，因为董事会成员不代表股东或者承担金钱风险的成员所有者。NGO MFI 可能接受政府机构或国际网络的监管，但是它们通常没有被国家中央银行或者金融系统监管当局来监管。

作为金融服务商，NGO MFI 所提供的服务也受到限制（比如，仅仅信用）；一些也可能作为银行或者保险公司代理人来运作。传统意义上，他们给予要在生产活动中投资的小型企业提供标准的贷款，无论是个人还是团体，通常使用同行保证、团体支持、或者乡村银行方法（在 5～30 人的邻居间定期开会讨论借贷，为彼此贷款提供保证；见第九章）。尽管一些 NGO 要求义务的储蓄，但是这些钱不能被合法调配（也就是说，转贷给别的客户）。很多NGO扩大他们的产品供应，以强化金融服务的可获得性，不是为了生产性投资而是为了使用而提供信用诸如教育或住房。

NGO MFI 的资金结构多种多样。传统的 NGO MFI 通常以捐助、负债和积累的股权等形式获得资金。然而，伴随着 NGO MFI 间的专业化和可持续性需求，每日运作的收入被希望用来支付所有的开支和提供增长的资本，然而代理人更加喜欢在技术支持和产品、渠道发展上花钱。NGO MFI 的股权包括捐赠者提供的贷款资本和保留利润（收支相抵后的盈余）。NGO 常常有相对较弱的杠杆作用（相对于股权的债务量），因为它们缺乏的正式性能限制它们商业借款能力，尽管它们逐渐得到各种各样的债务。当传统意义上它们被投资人要求来持有现金担保物或者许诺它们的贷款资产组合作为担保物，业绩好的 NGO 能通过保证以较低甚至没有实在的担保物要求来借款。NGO 的贷款大多以定期贷款的形式；然而，少数 NGO MFI 可以在部分信用保证的支持下发行债券（见第十六章）。

NGO MFI 从不太繁重的报告要求和没有正规机构正式的结构中获益，因此可能会更加非正式地运作来应对客户需求。然而，管理常常是虚弱的，尤其是随着 NGO 的扩张，这可能导致保持稳定和增长的困难。NGO MFI 即使不是第一个也是早的，拥有正式金融机构服务的地区的小微金融服务商。然而过了这么多年，NGO 变成小微金融领域已不那么突出，因为它们不能提供储蓄业务，而且很难支付它们的支出和扩大规模。尽管有成千的多目的的 NGO 提供小额信用，但是它们服务于相对少的客户。考虑到这些限制，一些 NGO MFI 变成受监管的机构。大的多目的的 NGOs 可能分剥出金融服务来构成一个单独的实体（理想情况下可自给自足），而其他活动继续需要补贴。

接受存款的 MFI

接受存款的 MFI 有机构的结构，并需要获得监管上的许可来动员和调配存款。它们可能有执照，像银行一样受监管或者经营监管当局建立的特殊类别的小微金融储蓄。例如乌干达银行创造了特别的"第三"种类金融机构，被称做微型存款接受机构，它调解储蓄但是不具有银行资质。这些机构由更少的最小资本要求，不能提供银行能提供的所有服务。MFI 接受存款的能力是应归功于通过提供客户在安全地存储的普惠金融。通过促进存储，这些机构更好地应对客户需求，也可以扩大服务至非借款人。

接受存款的 MFI 可以被建立为未开发的机构，或者将 NGO MFI 变成中央银行授权和监管的机构。接受储蓄提供了有价值的服务和建立贷款资金的重要资源基础。接受存储也增强了 MFI 的可持续性，将它放置在更好的位置来接受商业来源的资金来维持增长和扩大服务范围。鉴于它们受监管的地位，伴随着混合的资金来源，接受存款的 MFI 常常是股份性质的机构，包括来自股东的股本，收益及存款存留和各种形式的贷款。接受存款的 MFI 常常能够从广泛的借款者和资本市场中借款。接受存款的 MFI 的借款能力由它的绩效来决定。

接受存款的 MFI 是一种非银行金融机构（NBFI）的形式，这可以是得到银行执照或者最终自己成为银行的过渡步骤。和其他股份制机构一起，接受存款的 MFI 需要平衡股东追求价值和回报的需求和帮助穷人的盈利需求。而且，从一个没有所有人的非营利机构转型成为一个追求股东回报的营利性公司，需要大量工作和强大的领导力。文化变革（从一线员工，到各级管理层到董事会）很难管理，需要大量的董事会参与和高级管理。转型需要钱、强大有远见的领导力、机构所有权和时间（见专栏 7.2）。

专栏 7.2　从 NGO 到接受存款的机构转型

很多 NGO 在过去的十年中走了不同的路线，有些更大和更专业的组织转型为接受存款的机构。转型过程是复杂的，被证明为特别耗时耗钱。因此，这不是 NGO MFI 的大多数情况。假设合适的监管框架形成了，NGO MFI 必须调整他的公司治理结构，发展储蓄产品，设计新的运作方式和步骤。这些方式包括前端操作（面对客户的）和后端操作（包括记账、报告和库房）。另外，升级基础设施比如银行大堂、地下室来符合银行监管要求，发展管理信息服务包括报告给监管者、获取和储蓄产品的相关数据，都是成功转型的重要活动。而且 MFI 必须雇用和训练新的员工来做储蓄产品，他们通常雇用新的有经验的管理层来经营一个受监管的机构。

大量机构的目的都与成为接受储蓄的机构有关。当产品范围拓展时，客户的满意程度提高了；储蓄提供了当地货币资金稳定的基础。另外，严格地向监管人报告促进了透明性和接触不同投资人和资金来源的可能性。然而，需要权衡。很多机构目标是大的储蓄，这通常以较低成本就可以筹措，但是可能比小的地方储蓄要不稳定一些，也可能破坏了转型的初衷。然而，仅仅筹措小额的储蓄通常成本较高，所以不是可行的。一些机构努力多年，希望实施合适的信息系统来促进吸纳存款，很多低估了在正式环节里的竞争。另外，对投资者、监管人和董事会的正式报告本质上对接受存款的机构更有难度。很多 MFI 发现要赶上受监管的金融机构要求的监管报告量和细节水平是困难的。

其他非银行金融机构（NBFI）

除了通常没有向银行一样拥有授权的接受存款的专业 MFI，其他 NBFI 开始拓展它们的对于穷人的延伸深度。NBFI 包括保险公司（下面会单独讨论）、租赁公司、专业信用公司例如金融公司、消费者信用公司和其他。NBFI 在它们能提供的服务范围内和它们将得到的金融基础设施方面受到法律的限制。NBFI 不能正常地调配储蓄（除非特别的许可可以这么做），也可能不被允许参与支付和结算系统（见第十八章）。从法律和监管的角度来说，作为 NBFI 而不是银行来得到许可运作通常更加容易，因为最小资本需求更低，而且它们完全不能（或者大多数部分）调配存款使得其系统风险更小。

租赁公司

租赁公司和分期购买公司为固定资产比如设备或者重型车辆提供资金支持，大多数在金融租赁合同下提供信用。在租赁模式下，租赁公司保持租赁资产的所有权，通常作为交易的抵押品。租赁公司经银行业权威机构授权并受其监管，且通常是私有的。尽管大多数租赁公司不关注穷人（这里有少数微型租赁公司），很多种类的提供者开始添加租赁产品。因为租赁是在现金流基础上以资产本身作为担保而授予权的，租赁在有限预算下为企业家开办企业或者通过新的资本投资来提高生产力来提供金融资源。租赁要求包含资产所有权、剩余价值、特别的税收、会计和合法要求的过程和系统。租赁产品在第九章会讨论。

金融和消费者信用公司

金融公司或金融家是提供小额、短期贷款的 NBFI，常常无安全保障，用于为消费者购买耐用的产品和服务。金融机构常常涉及消费者信用和分期付款合同。它们通常不允许吸纳存款；然而，它们的活动却因不同的从业许可而异，并存在例外情况。例如，一些也许能吸纳定期存款，但是不能吸纳活期存款（见专栏7.3）。

专栏7.3　印度的 NBFI

印度的很多 MFIs 作为营利性 NBFI 而运作。根据印度的法律，NBFI 是个根据1956年的《公司法》而注册的公司，从事贷款、预付款的业务以及股份、股票、债券、公司债券和政府或地方债的购买等业务。

NBFI 和银行不同：（1）NBFIs 不能接受活期存款；（2）它们不是支付和结算系统的一部分，而且不能发布支票；（3）不提供储蓄保险业务。在央行登记注册的 NBFI 被划分为资产金融公司、投资公司或者贷款公司。资产公司（最典型的 NBFI）是主要业务为实体资产融资的金融机构，实体资产包括汽车、拖拉机、机床或者支持生产性活动的发动机。

提供消费者信用的组织包括专门的消费者金融公司、发薪日贷款机构、供应商信贷和零售商店。例如，一些大的零售店正申请提供金融服务的执照，例如墨西哥的 Grupo Elektra（见专栏7.4）。一些为职员提供短期或中期消费者贷款，通过扣除工资来偿还。和 MFI 相似的是，消费者信用公司经常服务于低收入家庭和小微企业家，它们在很多新兴发展的市场上变得更加重要："对于大多数消费者，消费者信用是它们接触金融系统的第一经验和第一途径。消费者建立信用记录，开始储蓄，开始使用金融系统。消费者金融在社会上刺激了社会金融服务的拓展，发展好的消费者金融传递系统导致产生更好的整体金融结构（银行和非银行）、更好的竞争，以及使所有收入阶层增加获得信贷的机会，并享受更优惠的条款"（FMO，2006）。

专栏7.4　墨西哥的 Grupo Elektra 和 Banco Azteca

2002年3月，墨西哥最大的电子和家用产品零售商 Grupo Elektra 收到了银行执照。2002年10月，它启动了 Banco Azteca，在所有的 Grupo Elektra 商店中有815个网点。

从一开始，Banco Azteca 目标是低收入和中等收入的顾客，这些人以往是接触不到传统银行业服务的。Azteca 开始提供储蓄账户，并且仅仅需要5美元就可以开户。在第一个月，开了157000个账户，并在2002年12月增长到25万个账户。在2002年10月开始时，Banco Azteca 也接管了分期贷款业务，这过去由 Elektrafin（Grupo Elektra 零售店的金融部门）来解决。这些贷款平均为250美元。尽管与购买有关，他们可用来实现业务目标，例如新的缝纫机、电冰箱的购买。在2003年，Azteca 开始提供500美元的与购买无关的消费者贷款。这些份额在大小上可以与许多小微金融企业提供的贷款相当，这在2002年达到平均360美元。在2003年底，Azteca 也扩大到抵押和保险业务。

资产金融公司特别是在20世纪50年代在北美风靡一时，如今主要被大型零售连锁企业的金融部门替换，但是他们可以帮助工作的穷人购买家庭财产比如家具和家用电器。这种筹资和租赁相似（购买者可以在租约期间使用资产），也和消费者金融相似（零售商销售"保留顾客将来付清货款的商品"，且购买者定期支付一定的数额，直到完全付清拥有资产）。然而，顾客的融资成本可能很高。

供应商和购买者

私人公司比如输入供应商（input suppliers）、买家、批发商、出口商和加工商有时提供主要是信用的金融服务给低收入的市场。供应商信用是由输入供应商和批发商提供，他提供了非现金的（in-kind）信用或者现金，为了获得分期付款或者到期一次偿付的款额。例如，种子供应商在种植季可能向农夫提供种子，希望种子可以在收获季支付。融资成本被加入种子的价格中。

输入供应商和卖家提供的信用通常涉及别的交易，因此没有交易时不发生信用。信用通过价值链渗入现存的业务关系中。价值链是产品跟随着原材料到消费者、输入供应商到生产商、通过多种在它到达最终条件和地点前拥有商品购买权的行动者的路径（Jones 和 Miller，2010）。在相同价值链下的行动者，通过输入供应商、工人、批发商和其他人提供有目的的贷款，比如保证输入的销售，或者对生产者承诺销售产品给供应商。价值链金融将在第十章详细讨论。

提供信用的私人公司通常不被银行业权威机构监管，因为它们通常不产生系统性风险（也可能完全不被许可来提供金融服务）。尽管提供的数目没有统计，私人公司常常提供大量信用，特别是在农村地区。

　　除了供应商的信用之外，其他私人公司在他们的普通业务操作中带入了金融服务。比如，Patrimonio Hoy 提供金融服务来增加购买住房（见专栏 7.5）。

专栏 7.5　Patrimonio Hoy：强调市场机遇的房屋小微金融

　　CEMEX（墨西哥一个总市值 150 亿美元的水泥制造商）发展了一个名叫 Patrimonio Hoy（现在叫做 Patrimony）的公司社会责任新项目。这个项目在低收入的墨西哥城市贫民区内，刺激消费者对于房屋材料的需求，目标是减少墨西哥房屋赤字，该赤字让超过 2 千万的人没有足够的安居之所。

　　超过一年来，CEMEX 雇员和顾问重点关注 Jalisco 州的 Mesa Colorada 的城市贫民区，在那里他们执行了一系列学习实验和深度采访。他们发现建造住房的一个重要障碍是没有充足的钱来买需要的材料。那些家庭解释说投入长时间的项目是困难的，因为当地的就业不稳定。而且，即使他们尝试购买建筑材料，Patrimonio Hoy 参与者也没有地方储存材料。在贫民区附近，盗窃是常见的，天气条件也常常在材料使用前将其破坏。Patrimonio Hoy 的参与者在 70 周内每周支付 14 美元，得到 CEMEX 建筑师的咨询和与建房阶段相适应的计划好的材料运输。房屋的所有材料的价格在项目中保持稳定，这防止了消费者遇到自由市场上常见的价格突然上涨和供应紧缺。参与者可以在需要时，用安全的 CEMEX 设施存放他们的材料。参与者发现这个项目让他们更便宜地建造房屋，而且比他们自己建房快了 3 倍。

　　从 2000 年到 2011 年，Patrimonio Hoy 向拉丁美洲超过 130 万人提供了可承受的解决方案，这让超过 265000 的家庭（251000 个墨西哥家庭和 15000 其他国家）建造他们自己的家。Patrimonio Hoy 在墨西哥、哥伦比亚、哥斯达黎加、尼加拉瓜和多米尼加共和国超过 100 个中心运作。在这些办公室中，85 个在墨西哥，93 个完全是自主运营的。

银行

　　很多类型的银行涉及小微金融，包括农村银行、邮政储蓄银行、国有和商业银行。银行通常是有执照的，而且受中央银行和其他政府机构或部门监管，这保证了"银行"这一概念为金融机构的特定形式。小微金融银行尽管和普通商业或零售银行特征相同，它的贷款和服务范围定位为传统正式金融机构无法惠及的顾客。

农村和社区银行

农村和社区银行在农村地区运作，主要提供储蓄服务和农业贷款，反映了农村地区的主要经济活动。农村银行可以是政府所有的、成员所有的或私人所有的，而且通常被银行业权威机构许可营业和监管。它们是相对小的机构，但是足以支撑专业的管理和员工。它们通常被限制在一定的地理区域内，它们提供的产品也是有限的。它们通常提供与商业银行相似的产品，包括短期和长期储蓄产品（有时可透支）、投资和消费贷款，常常着眼于农业和贸易。农业银行也可能被允许提供货币转账或者支付。根据它们的小规模，农村银行常常是协会或者顶尖机构的一部分，可能从技术支持（如能力建设、资金筹措和财富管理）中获利。作为加纳银行的代表，加纳的农村银行协会也有重要的监管功能（见专栏7.6）。

专栏7.6　加纳的农村和社区银行

作为一种网络，农村和社区银行是加纳农村地区正式金融机构最大的服务商。截至2008年底，加纳有127个农村和社区银行，584个服务出口，代表国家总体一半左右的银行出口，覆盖了大约280万的存款人和68万的借款人。尽管网络的服务传递已经是强大的，但金融表现却是喜忧参半。虽然网络的获利状况和网络价值在增长，但是一些成员的金融表现是糟糕的，少数破产了。

农村和社区银行在印度尼西亚、加纳、厄瓜多尔、印度、中国和菲律宾占据主导。在这些国家中，农村银行常常作为农村发展战略的一部分，在国家政府的政策落实下建立起来。举例来说，在印度尼西亚20世纪60年代建立起多家农村银行，旨在发展金融服务业。印度尼西亚的农村银行大部分隶属于省级政府，常常响应地区的经济政策。在印度，区域农村银行受委托增强金融服务的可能性，这些服务包括储蓄，主要是服务不到位的农村地区，参与到与信用相关的自助团体项目（Linder，2010a，2010b）。菲律宾有农村银行和合作农村银行。前者是由个体在特定社区内所有和组织的，后者是由合作社和其他农夫协会所有和组织的。在菲律宾，除了储蓄和信用服务，一些农村银行也被允许从事小额保险（BSP，2011）。

储蓄银行

储蓄银行是受监管的金融机构，在零售业务上重点关注延伸到广阔地理范围。在欧洲和北美，储蓄银行早在18世纪产生，目标是向广大人口提供易得的储蓄服务。

存储银行的领域千差万别；没有"原型"储蓄或者承担社会义务的零售银行存在。然而，大多数储蓄银行被建立起来，来争取没有被商业银行服务的客户。通常它们不是以利益最大化为目标的（Christen，Rosenberg和Jayadeva，2004）。

被银行权威机构监管的储蓄银行有公有和私有两种。它们常常拥有广泛的分散的分配网络，为当地和区域提供服务。由世界储蓄银行机构在2006年的研究显示，储蓄银行持有14亿由遵守双重底线的金融机构提供的可接触的（accessible）账户的3/4（De Noose，2007）。而且，2000年到2003年的数据显示，非邮政储蓄银行代表了接近20%的总体银行资产（Christen，Rosenberg和Jayadeva，2004）。因为它们有大的分支网络，在很多国家比如肯尼亚和智利，储蓄银行地理上的邻近使得比其他类型的服务商更容易接近。还有，储蓄银行提供的产品种类使得它们更易接近；它们的标准存款账户有最低甚至没有存款下限。最终，储蓄银行也可以帮助发展金融能力，因为除了向很多没有银行账户的人介绍金融服务，它们常常提供金融教育项目。例如，在泰国的政府储蓄银行，有以学校为基础的存储项目，那里学生在班级里创建储蓄银行，并且学习个人理财管理的基本原则（De Noose，2007）。

邮政储蓄银行

大部分储蓄银行是邮政储蓄银行，常常由来源于邮政网络，由政府建立。除了它们的核心储蓄活动（收集和分发信件和包裹），邮政分支网络可以提供金融服务。邮政金融服务传统上包括支付、货币转账和通常是小额的储蓄服务（见专栏7.7）。在一些国家服务也包括信用和保险产品，如果获准吸纳存款就可直接通过邮政银行来提供，再就是代表以作为代理商的邮政局为伙伴的商业银行。邮政银行主要是由政府直接所有，或者通过政府所有和管理的邮政局所有。它们常常由特别的中央银行部门或者独立的政府机构一起监管（Christen，Rosenberg 和 Jayadeva，2004）。

专栏 7.7 印度的邮政局银行

在 2008 年 3 月印度报告的 155000 个邮政局分支中，超过 98% 提供特定的储蓄服务。邮政局控制了 1.747 亿个储蓄账户（相当于银行拥有的 40.7%），储蓄额达 3.4 万亿卢比（超过 756 亿美元，相当于银行拥有储蓄额的 42.9%）。对金融普惠来说更令人鼓舞的是，不同于银行，89.8% 的邮政局是位于农村地区。

在 2010 年，世界上的邮政局有包括超过 660000 个销货点的零售分布网络；其中很多都是位于城市边缘、农村、偏远地区，展现出向公众提供了初级银行服务的巨大机会（WSBI，2010；见专栏 7.8）。

专栏 7.8 通过邮政储蓄银行增长的金融普惠

邮政银行的广大分支和机构网络提供了国际和国内货币转账的有价值的渠道。通过使用邮政银行网络，政府和其他机构可以支付薪资和退休金，个人可以支付学费、将津贴转移到不受商业银行服务的偏远地区的学生中。例如，在肯尼亚，公立大学大学生的津贴的 55% 和政府养老金的 50%，通过肯尼亚邮政局储蓄银行来支付（Robinson 和 Anyango，2003）。储蓄银行常常吸引年轻人和学生——无论是为子女寻求便宜的银行账户的父母，还是在全国寻求支付学生津贴的政府。

重大机会存在的意义是，让邮政银行变成有利可图的、现代的、客户负责的组织。邮政银行有大量的分支网络，给予它们有相对于商业银行的竞争优势，开发了提供电子银行方案的潜质。邮政银行网络也有相对于店铺和其他代理人的优势。它们被允许接受储蓄和物业账单支付，用于处理汇款和管理金钱，在许多情况下比有限营业额的店铺有更多的流动资金。事实上，在一些国家，中央银行当局不允许店铺或者其他场所来提供甚至是基础的取款服务。战略上与其他银行联合，可以让邮政银行通过销售点机构或手机为基础的支付系统提供取款或者储蓄服务，从而为邮政银行系统融资。肯尼亚的邮政局储蓄银行和花旗银行与斯坦贝克银行一起来做这个事情。随着保险公司加强调查低收入的大众市场，且为大众市场设计产品，网络系统也可以为保险产品提供有价值的营销点和机构。然而，成功联系和战略性联盟方面的挑战不应该被低估；目前为止，很少有例子可以达到大的规模。

当邮政银行开始重建它们自己及其业务时，与邮政局品牌混淆的威胁显著增长。肯尼亚邮政局储蓄银行面临着名誉损害，因为被混淆成邮政局及连带拥有糟糕的服务质量。邮政银行也常常受到严重的冗员困扰，部分是由于它们的人工运作和过去任命的政治化。这个现象表明，在一些程度上，储蓄银行不仅仅有太多的员工，也没有合适的技巧来管理现金平衡和财富，因此储蓄者必须经常去更大的中心来取钱。另外，大多数邮政银行需遵守执行法案和法律要求主要通过政府手段投资。通常，国营公司不能在没有股东同意的情况下借钱，政府规定了借钱的数额。这导致了预算限制。国债的波动利率意味着在每年利润和执行主要项目的能力上出现重大变化。

国有银行

国有银行包括农业银行、发展银行、邮政银行（上面讨论过的）和甚至一些情况下国有商业银行。主要的机构特征是它们主要由政府所有和控制，本身被认为是公有的或者半公有的实体。国有银行常常有大量储蓄者和延伸的分支网络。和它们的所有权结构一致的是，它们大部分由公共基金和储蓄投资来资助的。

很多政府所有的银行被建立来服务于农业。它们主要的活动包括拓展信用和储蓄服务，来提升小范围的农业生产、村舍、农村产业和其他农村生计活动。个人农夫和商人、合作社和协会常常是主要目标市场。在很多情况下，农业发展银行是农村地区唯一的金融服务商。

国有银行常常为了改正市场失败、向服务不到位的或者高优先级的经济部门提供资源而被建立起来。结果，它们可能容易受到农村政府的政策优先权、可能不是服务于机构目标的政治势力的影响。除了政治，政府所有权的一些方面威胁到国有银行的长期可持续性：隐性的政府保证创建了安全网，限制了它们盈利的动机，糟糕的征收措施和频繁的宽恕机制导致了虚弱的信用文化，破坏了私营部门在农村市场运行的能力（Young 和 Vogel，2005）。国有银行可能不愿意在稳健的金融管理和记账措施下运作。举例来说，它们可能不会记录拖欠的贷款、少报资产组合的风险及虚报利润和资产。政治纽带可能损害了金融地位的透明性。国有银行可能不会像私人银行或者金融服务公司那样向监管人"负责任"。而且，董事会成员可能更多依据政治或者其他评判标准被任命，而不是专业技能或者职业理性，这限制有效的治理并导致持续面临受托人责任的挑战。政府常常主动补贴持续的损失，弱化管理条令（Christen，Rosenberg 和 Jayadeva，2004）。面对通常大的预算负担，一些政府不得不关闭或者重构国有的金融机构（ADB，2007；见专栏7.9）。

专栏7.9　私有化：蒙古国的 Khan 银行的经历

在 1991 年，Khan 银行以服务于农村部分为目标，从前国有银行的资产中成立。在 1991 年，世界银行（the World Bank）让重构中的 Khan 银行成为其在蒙古国的金融部门调整信用项目的条件，美国国际开发署同意投入额外的资金来管理 Khan 银行。管理的目标有以下几个：（1）恢复 Khan 银行的金融稳健性；（2）给国家的农村人口带来金融服务；（3）让 Khan 银行作为私有化先驱，准备独立运作。

在 2000 年的破产清算后，该银行被放置在一个重构计划中重新注入资本，在 2003 年成功实现私有化。从 2001 年 12 月到 2006 年 6 月，贷款组合从 900 万美元增长到 1.49 亿美元。在 2006 年，76% 的贷款组合在农村地区，企业贷款（business loans）占 45%，消费者贷款占 28%，农业贷款占 26%。这个投资组合的 30 天风险仅仅为 2.5%。在最初的过渡期，Khan 银行关注农村地区简单的、标准化产品。它选择一些城市发行新的产品，只在证明产品切实可行的时候才推出它们。Khan 银行一直在扩大它们的产品范围，现在提供大范围的贷款、储蓄和货币转移服务。贷款产品包括小额快速贷款（express micro loans）、中小型企业贷款、农产品和牧人信用（crop and herder credit）。

然而，不是所有的国有银行都受到公司治理和管理问题的困扰和不会盈利。印度尼西亚人民银行提供了一个好的例子（见专栏7.10）。

专栏7.10　印度尼西亚人民银行（Bank Rakyat Indonesia，BRI）

在 1983 年，印度尼西亚人民银行开始从受补贴的农业信用分配机构转型为自筹微型银行网络，其储蓄、贷款组合、利润、市场低端（lower segment）扩大服务持续增长。在 1997 年和 1998 年，亚洲金融危机摧毁了印度尼西亚的许多商业部分，几乎彻底摧毁了国家的银行业。然而，印度尼西亚人民银行是没有倒闭的国有银行之一。在 2000 年它通过大量资本重组重建，在 2003 年印度尼西亚政府向公众投放了 40% 的 BRI 的股份作为最初的资产投放。在印度尼西亚证券交易所的上市给 BRI 带来了新的报告层级、透明化、真实双底线。与此同时，公共投资者期待他们股票的回报，而政府保持大部分所有权以防止纯粹的商业动机。

印度尼西亚人民银行在 2007 年成为印度尼西亚最赚钱的银行，并在 2008 年 4 月成为贷款投资组合规模最大的银行。在 2010 年，印度尼西亚人民银行购买了 Bank Agroniaga 为了努力拓展它在农业综合企业的业务。

私人商业银行

商业银行拥有所有金融服务提供者中最稳健的产品供应，特别是提供了全方位的支付、信用和储蓄服务。尽管私人商业银行开始于低收入市场，但是私人商业银行通常在城市地区运营，为富裕的客户提供服务，而不是像一些金融机构目标是低收入人群。

考虑到因其正式性、监管的状态和商业本质所接触到的不同资金来源，商业银行趋向于比其他服务商更高的杠杆。股本由股东通过私人或者资本市场来筹集。债务来自商业来源，包括从其他商业银行、发展金融机构、小微金融投资媒介和资本市场借款。

通常来说，商业银行通过三种方式参与小微金融：（1）被称做降尺度——通过创建单独的内部部门或者新的附属机构，将产品供应拓展至小微客户（microclients）；（2）被称做开发未开发地区——通过建立新的机构，来实现向穷人提供受监管的正式金融服务的特定目标；（3）建立和有经验的小微组织或其他提供者的机构关系。

缩小规模

当一个商业银行创造了单独的内部部门或者建立小微子机构时，它需要改变它的组织结构、放贷方法、人员配置、流程和促进适合小微客户的小型交易的步骤。举例来说，传统意义上在分行会见潜在客户的信贷员（loan officers），通常必须在客户的家、市场、村庄中会见客户。必须调整贷款产品来反映现实，那就是大多数小微客户没有担保物、官方账户、财务报表；信贷员反倒必须致力于业务和家庭现金流。需要调整储蓄服务，使其有更低甚至没有最低存款额。需要调整价格来反映更高的运作支出和更低的收益。同样，需要调整审计和会计过程，来分析无数小额贸易的投资组合。需要明确的管理结构来保证这个重大的文化运作变化，首先是新的小微金融部门或下属机构为客户提供一个符合自己印象和品牌的价值命题。商业银行的文化和品牌不一定能被恰当地贯彻到小微金融部门，当子部门形成，必须获得许可，并受单独监管，拥有自己的管理团队，总行只是部分拥有，其他投资者（股东）带给小微金融经验，专业咨询公司通常也参与建立和管理这一新部门（见专栏7.11）。

专栏 7.11　实践中的子公司模型：ACCION – Ecobank 伙伴关系

　　Ecobank 是一个提供全套服务的地区性银行机构，它在 29 个非洲西部、中部、南部国家建立了 746 个分支和办公室，雇佣了超过 11000 个员工。在给低收入客户提供银行服务的过程中，它与 ACCION 建立了伙伴关系，并在加纳和喀麦隆建立了子公司。作为协议的一部分，ACCION 带来了他的专业技术和在小微金融圈的领导力，Ecobank 提供了扩大它们的基础设施的机会，并且利用 Ecobank 广泛的银行网点给低收入群体提供标准化且高质量的金融服务。

　　在 2006 年末，Ecobank 和 ACCION 在加纳建立了 Ecobank – ACCION 储蓄和信贷公司（EASL），Ecobank 拥有 70% 的股权，ACCION 拥有 30% 的股权。这个新的公司在 2008 年 3 月收到了加纳银行的许可证。自从建立起，EASL 已经经历了快速的增长，通过一个由 6 个分支和 2 个卫星报纸体系组成的网络给客户提供服务。EASL 给穷人提供接触贷款和储蓄产品的机会。特别是，EASL 已经成功发行了 6 个储蓄产品，满足了许多客户的需要。在 2010 年 5 月，EASL 在喀麦隆的西部港口城市杜阿拉建立了两个分支机构。

　　资料来源：Ecobank – ACCION website（http：//www. accion. org/page. aspx？pid = 2067）。

开发未开发地区

　　尽管将 NOG MF 转型并对现有商业银行降尺度可以有效增加金融普惠性，开发未开发的地区（新的小微银行的开始和创建）是正规银行被创立的另一个方法，完全专注于微型、小型、中型企业市场。银行是被授权的、正式地被监管的机构，具有专业管理团队和特别的关于开展小范围储蓄账户、信用、其他金融服务的方法论。

新的小微金融银行从 2006 年开始迅速增长，伴随着大量商业小微金融网络的创造。这些网络被构造成控股公司（holding companies），赞助商和主要股东提供专家技术而其他志趣相投的投资者（发展金融机构、双边捐赠机构）提供多种形式的资金，除了投资股权，股东通常提供资金给技术伙伴，通常是外国网络，来发展机构的能力、相关的产品和通道，支持对目标受益人的金融需求进行关键性分析，雇佣和训练当地的职员。随着时间的推移，当地职员被训练来最终接管新银行的所有职能。

控股公司为它们的附属子机构提供标准化的服务，例如支持筹款、帮助协商贷款和达成股东协议、对信息系统、产品开发、审计和中高级管理训练项目的后台支持。商业小微金融网络模型建立在社会责任、透明、高效、持续性获利的原则上。属于同一家控股公司的银行融合成世界范围的网络，交换观点和经验，开发协同合作。所有的网络机构有共同品牌，遵循着伦理的、环境的和专业的标准（见专栏 7.12）。

专栏 7.12　小微金融网络和商业 MFIs

作为第一个商业小微金融网络，ProCredit 在中欧和东欧开展运作。在 2011 年，ProCredit 团体包括 21 个在东欧、拉丁美洲和非洲的转型经济体和发展中国家中运作的银行。建立在网络模型的成功之上，大量其他商业小微金融网络在 2005 年到 2007 年间创立，包括 AccessHolding，MicroCred 和 Advans。这些网络大部分致力于一些最缺乏银行的国家，填补市场空缺。从 2006 年到 2010 年，在这些网络中，超过 20 个小微金融银行是在非洲未开发的地方，主要由国际金融公司和 Kreditanstalt für Widenraufbau 提供支持。

AccessHolding 是致力于通过结合股权和技术伙伴 LFS 金融系统 GmbH（LFS Financial Systems GmbH）提供的管理服务及股权投资小微金融银行的商业小微金融控股公司，专注于刚起步的和早期的未开发地区的银行。和其他伙伴一起，其建立了新的并将存在的非银行小微租借机构转型成服务周全的小微金融银行。随着时间的推移，AccessHolding 将从合伙 MFIs 控股公司转变成有共同品牌身份的小微金融银行全球网络的控股总公司。截至 2011 年 12 月，AccessHolding 有价值 4.798 亿欧元的资产，投资于阿塞拜疆等国家的 7

个小微银行。所有的投资都受监管，在完全的商业银行或者特别的小微金融执照下运作。

建立新的机构遵循以下三个阶段：

- 建立阶段。建立未开发地区的 MFI，得到执照，发展最初的能力，开始运作。在这个阶段的管理包括从技术伙伴或股东征调大量的员工。新的银行从技术伙伴那里获得连续的训练和建立能力。理想情况下，当地的合作关系也在这个时期建立。
- 机构发展阶段。分支网络逐渐扩大，在运作的第三年或者第四年预期达到运作的盈亏平衡点。技术支持的资金仍被保留但是数额减少了，因为当地的管理和员工已得到培训，充足的系统已投入运行。
- 可持续性和将来的发展。预计在运作的第五年或第六年，资本的第二次注入会保持银行的增长。当地员工现在承担了大多数管理岗位，如果可行的话，银行可以担负高级海外人员的雇佣成本。

代理商关系和合作伙伴关系

参与小微金融的第三个方法是通过代理商提供服务（而不是直接提供服务）。商业银行与小微金融机构或其他金融服务商合作，代表银行为小微金融客户提供服务。

在这个模型中，小微金融客户不需要直接与银行打交道，而是和作为他的代理人的合作机构打交道。代理人从事推销、销售和服务（大多数是直接的客户接触），而贷款和储蓄被登记在银行的资产负债表上。通常以付费服务为基础运作，银行对每笔新贷款向代理人支付佣金；设定目标来保证贷款质量。当使用代理人关系时，银行主要的改变发生在高级管理阶段，来融合小微金融财产到银行的整体战略和成本结构中。

小微金融机构作为银行的代理，可以提供实体店面、经验，灵活地达到低收入人群、更高效地接触他们，尽管银行提供长期的低成本的资金来源。对于 MFI，当扩大金融服务到他们的客户时，代理关系可以支持增长的收入（Miller，2011）。一些代理关系来源于小微金融机构，而不是商业银行。而其他是两种来源都有，仅仅部分服务是由代理机构管理的。

机构关系也可以包括不同的金融服务商（大多数是银行或者货币转移公司），使客户在他们不能接触主要服务商的时候进行交易；这牵涉到"代理银行（correspondent banking）"，也就是一个银行为别的国家或者城市的另一个银行设立服务。一个代理银行常常进行业务交易，接受储蓄，代表别的银行或者别的金融机构收集文件。其他代理银行服务可能包括财富管理、信用服务或者外汇。

代理银行服务可以帮助金融机构拓展地理上的覆盖范围同时利用伙伴机构的现有基础设施降低客户的交易成本。代理银行可以用来向客户提供服务，而且不需要投资实体的基础设施，这可能对于小的服务商太昂贵。举例来说，货币转移公司，例如西部联盟或者 MoneyGram 常常在银行（或 MFI）内安排一个亭子或者窗口。各个合作伙伴通常继续分别经营业务，但是从分担分行开支和接触更多的客户的能力中获利。另一个例子是很多小的服务商（如 MFI 或者 SACCO）与大的银行或者一组银行结成伙伴关系，来商讨使用大服务商的 ATM 的网络（见专栏 7.13）。

专栏 7.13　连接不同类型的机构

SACCO Link 是肯尼亚的伙伴关系（partnership），它增加了正式的金融部门间联系。SACCO Link 服务帮助了 SACCO（储蓄和信贷合作社）来加强他们为成员提供的金融服务的智能（sophistication）。SACCO Link 借记卡让 SACCO 成员来通过肯尼亚合作银行的 ATM 和任何 Visa 下的 ATM 来接触他们的钱。它将很多农村合作成员与大的金融部门联系起来。SACCOs 为连接、软件升级和连接银行系统综合体的桥梁付款。

保险公司

小额保险是小微金融中相对新的领域，它仍然绝对处于学习阶段。第十一章提供了全面的小额保险产品和服务的讨论，阐述一些问题和面对小额保险传送的挑战。这个部分描述了活跃在小额保险中的主要保险服务商的类型。

NGO 保险服务商

NGO 保险服务商包括发展组织、贸易联盟、联邦及提供小额保险的 MFI（Roth，McCord 和 Liber，2007）。他们直接与贫穷的社区互动，所以非常接近市场。大多数在没有保险许可的情况下运作，而是在商业保险公司（insurer）

必须遵守的监管之外。他们不是受利益驱动的，这给他们更多的灵活性和偏好来从事提供新的小额保险产品的实验。例如，NGO 保险服务商传统意义上是最大的健康小额保险服务商，一部分是因为需求存在，另一部分是因为向健康保险投入资金在捐赠者（donor）间很流行。

相互保险公司 （Mutual Insurers）

相互保险公司是非营利的、以成员为基础的机构，它常常是信用联盟或者合作社所有的。和其他的以社区为基础的团体如丧葬协会（见第六章）不一样，他们有专业的管理，而且通常受到规章而不是保险法案的监管。他们在低收入地区运作有优势，而且在金融活动、支付和事件认定上有优势。在商业保险和 NGOs 之后，相互保险公司是第三大的小额贷款服务商（Roth，McCord 和 Liber，2007）。

回教保险是根据伊斯兰世界的金融原则来运作的保险机构；一个回教保险公司可以仅在无息资产上投资，而且，这样的话，本质上就是非营利性的互助机构。然而很少有回教保险公司提供小额保险服务。

商业保险服务商

金融保险人是受各个国家不同的保险法案的监管、以盈利为目的的保险人。他们被专业地管理，被要求保持准备金（reserves），以符合规章。商业保险人通过建立的销路和运输结构提供了多种保险产品，且具有广泛地分发小额保险的潜能。然而，除了修正产品以使他们对低收入和高收入的人都适用，促进保险的特别挑战是在保险公司和客户间建立信任。特别是商业保险公司，可能不习惯于付出额外努力来保证客户理解服务和见到小额保险价值。小额保险服务商需要理解客户的风险文件、穷人的容忍度和缓解措施，这让小额保险的监管相比传统的保险更加具有挑战性。

与通常的信用和储蓄产品不同的是，保险产品常常涉及不止一个组织——保险公司和运送渠道。保险公司承担风险，制定保险费和产品设计，最终支付索赔。运送通道销售产品，提供售后服务（Roth，McCord 和 Liber，2007）。

卖保险、收集保费、支持投保人索赔可能由保险公司直接的销售分部或其他作为保险销售渠道的部门来实施，包括 MFIs、金融合作社、独立代理人、教堂、邮政局、政府、葬礼店和零售商。依赖于国家，规章可能不同地影响不同的保险销售渠道。

举例来说，尽管 MFI 可能没有能力或者监管许可来提供保险，但是它可以作为大的保险公司的代理人，提供直接接触顾客的方法（见专栏 7.14）。在这样的合作中责任被分配，保险公司专门从事产品设计和风险管理，MFI 负责提供实地网点和建立客户关系。在这些情况下，MFI 管理他们的顾客关系、处理销售、收取保险费、政策管理、索赔评估和结算，而小额保险服务商对产品的设计和发展负责（Roth，McCord 和 Liber，2007）。在一些情况下，也包括第三方服务商（比如医保服务商）。

拥有强大流程和系统的 MFIs 可以监管保险公司执行政策。然而，这些地区的弱点可能通过执行小额保险政策的责任而被夸大（Roth，McCord 和 Liber，2007）。这些关系要求花费大量的时间来建立信用、能力和提供支持。

商业保险公司也使用再保险。再保险是一种风险管理工具，由此一个保险公司从其他保险公司购买保险。再保险公司向保险公司提供保险防范重大灾害或超额损失，这在小额保险领域已日益普遍，尽管目前为止，他们尚未扮演一个重要角色，因为他们索赔的数额太小了（Roth，McCord 和 Liber，2007）。

专栏 7.14　安联（Allianz）在西非

安联，一个商业保险公司。为了开拓低收入市场，他们寻找合作伙伴以在偏远地区建立自己的分支。他们和 PlaNet Guarantee（一个在非洲宣传小微金融的国际组织）进行合作。PlaNet Guarantee 为安联在非洲不同国家的九个合作方做经纪人。合作方都是一些提供标准贷款的小微金融机构。CAURIE 是安联在塞内加尔的合作方，他通过 275 个乡村银行为 21000 个妇女提供贷款。在乡村银行内，这些妇女每 3~10 个人分成一组。为了避免组员死亡而给小组带来压力，小微金融机构给产品添加了强制性的生命保险。

通过这个新服务，CAURIE 的信贷经理必须学会如何解释小微金融。他们发现保险的好处比信贷的好处更难表达，因为客户为以后的事件提前支付了一笔款项，而且这个事件还不一定发生，比如，为死亡购买保险，如果没有死亡就得不到回报。而且，客户还必须相信保险公司会信守诺言。在那些村民没有固定居所、没有身份证的村庄，正式的合同是一文不值的。他们不知道自己的权利也不知道自己有什么义务。在一个叫"信用瀑布"的项目中，安联依靠 PlaNet Guarantee 对当地小微金融机构的了解和管理小微金融机构的能力；PlaNet Guarantee 也相信安联的可靠性；CAURIE 相信 PlaNet Guarantee 的建议；信贷经理相信 CAURIE；乡村银行里的女性相信她们的信贷经理。关于保险和安联产品的信息就在这样的"瀑布"中被传递下去。

为了在未来提供更好地服务，PlaNet Guarantee 和安联通过当地的 NGOs 发起了一个与 300 个小微贷款客户对话的活动。客户帮助信贷经理理解他们的需求。这些信息帮助安联去开发新的产品，给客户提供额外的价值。在塞内加尔，安联将生计因素添加到生命保险产品中去。这个保险产品会每天给那些无法工作的投保人一些固定的金额以支持其每天的开销。虽然还不是一个成熟的健康保险，但是每天的津贴足以支付少量的医疗花费。

资料来源：Allianz，2010。

支付服务商（Payment Service Providers）

支付服务指的是资金的电子转移，有时被称做货币转移、转移服务、交易、移动货币（当使用手机时）或者简单地被称为支付。尽管非电子支付服务仍然存在（比如，向一个人行使支付将现金转移到另外一人，在第六章讨论过），对于机构的服务商这些属于双方间资金的电子转移。

多种类型的服务商提供电子货币或者电子货币产品（e-money products）（电子或者移动支付服务），包括货币转移公司、邮局、银行或者其他正式的金融机构和最近通过互联网和移动网络运营商（MNO）及其他第三方服务商。这些支付服务通常要求存取现金的地方，由此转账的顾客可以带现金去服务网点或有隶属关系的代理商网点。

货币转移公司是为没有银行服务的或者不喜欢使用正式或非正式银行系统的人在国内外进行资金转移的商业网络。他们通过电子资金转移（EFT）网络来转移资金。在转移资金和电话或短信通知接受者的时候，寄件人来公司的零售网点或隶属的代理人网点，递送转移金额，支付款额。接受者得到电话或短信通知，随后可以通过在任何代表货币转移公司的零售网点，或者代理人机构，出示资金的合理身份，来收集转移款项。每个主要的货币转移公司以相似的方式运作，而中央数据库联系着被广泛分布在各地的所有的职员或者公司代理人，包括分支办公室（通常是自己所有的）、伙伴银行的延伸网络、邮政机构、MFIs、外币兑换处、杂货店、便利店和其他零售商。

　　货币转移服务的供应是早在互联网和手机网络出现之前的高利润的产业（见专栏7.15）。由于电信的创新产生了顾客的其他选项，尽管围绕着这些服务的利润缩水了，但是转移服务公司保持着作为重要的金融服务商的地位。服务点可以广泛地接触，服务是高效和便捷的，并且没有太多的文书工作。尽管昂贵，货币转移服务常常是没有银行服务的顾客的唯一选项，他们不能也不愿依赖于非正式的系统，或者不喜欢通过手机转移货币。

　　邮局提供了电子的跨界支付，称做giro转账。为了转账，客户必须在邮局地点这么做；接受者可以接受转账到邮政账号、银行账户或者现金。Giro转账利用邮政系统的现金流，尽管转账时间可能相对长（2～4天），转账费通常比银行的要低（Frankiewicz和Churchill，2011）。

　　银行常常通过现金账户实施转账和支付（见第十二章）。现金账户交易可能通过可商谈的方式带出，比如支票或者汇票（money orders），像其他金融产品一样，它可以通过多种运送渠道来到达，比如借记卡、ATM、手机。商业银行也协助电子资金转账到另一个银行账户；这通常昂贵，而且对没有银行账号的人不适用。

　　尽管传统的电子交易服务的服务商受到金融机构、信用联盟、邮局或者商业转账公司的监管，在过去的十年间，超过100家移动货币调度（也就是说，货币转移通过手机）在发展中国家开展，这表明MNO通过手机提供支付服务有着巨大的商业利益。移动网络运营商成为金融生态系统重要的参与者——作为通过手机传递金融产品和服务以及自主提供金钱转移服务的通道。当积累经验且部门发展以后，他们保持变得更加关系重大。

　　尽管肯尼亚的规章允许MNO向没有银行账号的客户提供支付服务，其他国家（比如，印度、巴基斯坦、孟加拉国）的中央银行要求所有移动支付应在被银行引导下进行；换句话说，移动支付的用户是银行的顾客，移动设施是通过银行账户进行交易的移动通道（见第十二章）。和第三方服务商相关的是，金融机构或者MNO都不是作为支付服务商出现的，比如孟加拉国的bKash和印度Sub－K。但他们的确提供直接的客户接触，他们被放在第十二章讨论，因为很难区分他们是作为服务商还是递送平台；从定义上来说，他们需要和其他服务商合作来提供服务。

专栏 7.15　西联国际汇款公司和速汇金公司

在货币转移行业有两个最大的玩家，他们是西联国际汇款公司和速汇金公司。在 2012 年，西联国际汇款公司在全球 200 个国家和地区拥有大约 510000 个代理机构，允许消费者把钱转到世界范围内的零售商和代理机构，包括便利店、报亭和邮局。类似地，速汇金公司在全球 194 个国家拥有 275000 个代理机构。每个公司都利润惊人。

西联国际汇款公司和速汇金公司加快了在发展中国家增设代理机构的速度，同时，瞄准离散的犹太人群体，他们经常汇钱回自己的祖国。在大城市寻找就业机会的外出打工人员也很自然地成为了目标群体，因为很多外来劳工不使用银行。

资料来源：Isem，Deshpande、Van Doom，2005。

注释

[1] www. wsbi. org.

[2] 双底线金融机构瞄准大众市场，如小额信贷机构、信贷工会、合作社、农业开发银行，以及储蓄和邮政储蓄银行（De Noose，2007）。

[3] 本节由 Julie Earne 提供。

[4] 本节摘自 Roth，McCord 和 Liber（2007）。

[5] GSMA Mobile Deployment Tracker（http：//www. wirelessintelligence. com/mobile – money）.

参考文献及进一步阅读

* Key works for further reading.

ADB (Asian Development Bank). 2007. "Proposed Loan. Mongolia: Khan Bank. Report and Recommendation of the President to the Board of Directors." Project 41911, ADB.

Allianz. 2010. "Learning to Insure the Poor." Microinsurance Report. Allianz, Munich.

Branch, Brian. 2005. "Working with Savings and Credit Cooperatives." Donor Brief 25, CGAP, Washington, DC, August.

Bruhn, Miriam, and Inessa Love. 2009. "The Economic Impact of Banking the Unbanked: Evidence from Mexico." Policy Research Paper 4981, World Bank, Washington, DC.

BSP (Bangko Sentral ng Pilipinas). 2011. "BSDP Grants Microinsurance License to Two Rural Banks." Press release, BSP, December 22.

*Christen, Robert Peck, and Ignacio Mas. 2009. "It's Time to Address the Microsavings Challenge, Scalably." *Enterprise Development and Microfinance* 20 (4): 274–85.

*Christen, Robert Peck, Richard Rosenberg, and Veena Jayadeva. 2004. "Financial Institutions with a 'Double Bottom Line': Implications for the Future of Microfinance." Occasional Paper 8, CGAP, Washington, DC, July.

Co-Operative Bank of Kenya. 2008. "Africa Technical Workshop." PowerPoint presentation, November 26.

DAI. 2007. "Khan Bank: Bank Management Support." http://dai.com/our-work/projects/mongolia%E2%80%94khan-bank-bank-management-support.

*De Noose, Chris. 2007. "Bringing the Hidden Giants to the Footlight: The Role of Savings and Retail Banks in Increasing the Level of Access to Financial Services." *Microbanking Bulletin* 15 (Autumn).

FMO (Entrepreneurial Development Bank of the Netherlands). 2006. "Guidelines for Consumer Finance." Memo, FMO, July 6.

*Frankiewicz, Cheryl, and Craig Churchill. 2006. *Making Microfinance Work: Managing for Improved Performance.* Geneva: ILO.

———. 2011. *Making Microfinance Work: Managing Product Diversification.* Geneva: ILO.

*Helms, Brigit. 2006. "Access for All: Building Inclusive Financial Systems." World Bank and CGAP, Washington, DC.

India Microfinance Editorial Team. 2009. "NBFC—Frequently Asked Questions—RBI." India Microfinance Business News (Delhi), Financial Inclusion, Social Entrepreneurship, and Mobile Money Blog, April 7.

Isern, Jennifer, Rani Deshpande, and Judith Van Doom. 2005. "Crafting a Money Transfers Strategy: Guidance for Pro-Poor Financial Service Providers." Occasional Paper 10, CGAP, Washington, DC.

Johnson, S. 2004. "'Milking the Elephant': Financial Markets as Real Markets in Kenya." *Development and Change* 35 (2): 249–75.

Johnson, Susan, Markku Malkamaki, and Kuria Wanjau. 2005. "Tackling the 'Frontiers' of Microfinance in Kenya: The Role of Decentralized Services." Decentralized Financial Services, Nairobi.

Jones, Linda, and Calvin Miller. 2010. *Agricultural Value Chain Finance: Tools and Lessons.* Rome: Food and Agriculture Organization.

Ledgerwood, Joanna, and Victoria White. 2006. *Transforming Microfinance Institutions: Providing Full Financial Services to the Poor.* Washington, DC: World Bank.

Linder, Chris with contributions from Denny George. 2010a. "Who Says You Can't Do MicroSavings in India? Part 1: Community-Based/Owned." Briefing Note 45, MicroSave India.

———. 2010b. "Who Says You Can't Do MicroSavings in India? Part 2: Conventional Finance." Briefing Note 46, MicroSave India.

Miller, Calvin. 2011. "Microfinance and Crop Agriculture: New Approaches, Technologies, and Other Innovations to Address Food Insecurity among the Poor." Workshop paper commissioned for the 2011 Global Microcredit Summit, Valladolid, Spain, November 14–17.

Nair, Ajar, and Azeb Fissha. 2010. "Rural Banking: The Case of Rural and Community Banks in Ghana." In *Innovations in Rural and Agriculture Finance,* ed. Renate Kloeppinger-Todd and

Manohar Sharma. Focus 18, Brief 5. Washington, DC: International Food Policy Research Institute and World Bank.

Ritchie, A. n.d. "Typology of Microfinance Service Providers." Version 1.3. World Bank, Washington, DC.

Robinson, Marguerite, and Ezra Anyango. 2003. "Report on Kenya Post Office Savings Bank: MicroSave Africa Mid-Term Review." Background paper, MicroSave, Nairobi.

*Roth, Jim, Michael McCord, and Dominic Liber. 2007. *The Landscape of Microinsurance in the World's 100 Poorest Countries.* Appleton, WI: MicroInsurance Centre.

Segal, Arthur I., Michael Chu, and Gustavo A. Herrero. 2006. "Patrimonio Hoy: A Financial Perspective." Case study, Harvard Business School, Cambridge, MA.

Seibel, H. D., and M. Ozaki. 2009. "Restructuring State-Owned Financial Institutions: Lessons from Bank Rakyat Indonesia." Asian Development Bank, Mandaluyong City, Philippines.

*WOCCU (World Council of Credit Unions). 2011. "What Is a Credit Union?" http://www.woccu .org/about/creditunion/.

Wright, Graham A. N., Nyambura Koigi, and Alphonse Kihwele. 2006. "Teaching Elephants to Tango: Working with Post Banks to Realise Their Full Potential." MicroSave, Nairobi, Kenya.

*WSBI (World Savings Banks Institute). 2010. "A WSBI Roadmap for Postal Financial Services Reform and Development." Position paper, WSBI, Brussels, June.

*Young, Robin, and Robert Vogel. 2005. "State-Owned Retail Banks (SORBs) in Rural and Microfinance Markets: A Framework for Considering the Constraints and Potential." Development Alternatives, Inc., Maryland.

第三部分　金融服务和交付渠道

第八章　储蓄服务

Joanna Ledgerwood

从公众来的自愿的储蓄不是增加少量的产品到小额贷款（microcredit）组织。如果成功的话，它不可避免且不可逆转地改变组织，尽管这没有改变他们的目标。不准备发生这些改变的组织不应该承担从公众吸纳存款的业务。然而，那些愿意且能够做出需要克服风险的改变的组织，作为金融中间人能够有力地得到广泛的拓展，并作为金融行业的典范来为其他机构服务。

——Robinson（2006）

储蓄服务的需求是多种多样和强劲的。安全地方的少量储蓄能够提供资源来管理消费需求、缓和不定的收入、覆盖关于教育和保险的开支或者提供必要的资本在家庭资产或者可以提高生产力并带来更高收入的新工具和运作中投资。储蓄也可以通过在危机时提供资源，来应对突发变故（见图 8.1）。在最近几年，对安全便利的储蓄服务的需求量和消费者喜好越发得到认可，过去认为"穷人不存钱"的观念已然落伍。

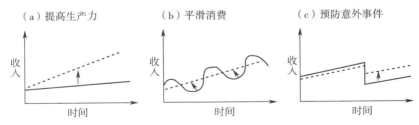

资料来源：Christen 和 Mas，2009。

注：虚线代表人们获得储蓄服务时的现金流。

图 8.1　储蓄如何提高穷人的生活水平

"穷人需要存储服务来使他们（1）经常存储少量、变动的数额；（2）在短、中、长期得到大笔钱款（Rutherford，2009）。和其他人一样，他们需要储蓄产品组合来提供不同的时限的存款，产生不同的回报"（CGAP，2005）。在一些情况下，穷人需要大量流动服务，比如，处理紧急事件或者利用投资机会。对于其他目的，他们偏好非流动选择来保护他们的储蓄，在心中逐步灌输这一原则，特别是如果他们储蓄来购买资产或者支付即将到来的开支，比如学校的费用。储蓄服务也帮助来保持储蓄安全，特别是当接受了一次性付款时，比如在收获季或者通过汇款（CGAP，2005）。

这个章节提供储蓄服务的概览，主要从机构的角度，着重于机构应具备的能力、客户服务的范围、当移动储蓄时给运作添加的复杂性，及对储蓄产品的简单讨论。这将会吸引从业者、捐助者、监管者，特别是对添加穷人储蓄服务有兴趣的人。

社区的储蓄服务

在邻近性作为关键的前提下，穷人常常将方便性、可接触性和安全排在利息收益之前。对于这些原因，穷的储蓄者坚持选择非正式的部门。银行通常只有有限的农村基础设施，很多银行很难从服务于小的甚至单个的储蓄人中获利。而且，对于客户来说，从正式机构接触储蓄服务通常需要时间和高额交易费用，比如交通、身份证明、注册和机会成本。还有，考虑到低的不定期收入，穷人小额存储，使交易成本相应地甚至更高。产品可能有更复杂的步骤和穷人难以达到的要求，比如，最低存款数或者正式身份验证；令人生畏的银行设施和操作流程可以潜在地让穷的储蓄者感到不受尊重（Frankiewicz 和 Churchill，2011）。尽管非正式的储蓄机制有缺陷，由于难以接触到正式服务商，很多穷人继续通过非正式的方法储蓄（见专栏 8.1；也参见第二章）。

专栏 8.1　印度的存款模式

MicroSave 和国际金融公司对印度存钱模式的研究表明，存储风险可能包括现金流的波动、计划外花费和不可预期的事件比如疾病和自然灾害。检查了印度穷人不同储蓄类别的供求状况，这个研究强调了监管和运作的挑战，及服务于低收入市场的金融机构和移动银行平台的机遇。研究发现将近75%的存钱机会是未计划的，停留在非正式的部门，因为后者的简单性和可接近性。尽管印度的银行分行密度是合理的，功能却少，因为在银行不好的个人体验、对银行系统的不信任、不可接触性（特别是交通和交易方面时间和金钱上负担能力的阻碍），以及开户漫长的过程。鉴于此，大多数过量的流动资金保留在非正式部门。

当被要求回答为什么他们不存钱时，现金流的波动性是被提及最多的原因。计划外支出、意外重大事件比如疾病或自然灾害、缺乏合适的地方来存钱也经常被提及。个人用户看重的是可以定期合理地存储。研究者结论提出影响服务商吸纳存款表现的七个要点：安全、利息、接近性、流动性（可支取性）、可接受小额存款、存款期限及可定期小额存储。

在家或者在邻居亲朋间的现金存储是最具有流动性的，而且是储蓄的可接触形式，但是也容易遭受意外或不必要的开支以及面临偷盗风险。为了避免风险，很多人选择以实物储蓄（存储价值体现在粮食、动物或珠宝上），或者通过当地社区的储蓄俱乐部或者储蓄收集者来存储。

通常，女人喜欢在邻居那儿存储大量食物（比如大米），在粮食紧缺的时候可以用。这些安排通常在家庭间是互惠的，建立在信任和社区内的社会资本之上。在牲畜上存储也是常见的，这可以通过销售产品（比如奶、蛋、羊毛）提供短期收入。另外，销售动物可以支撑中期的一次性付款的需求。然而，以实物存储不总是安全的，也不总是像市场需求和价值波动一样有流动性。这里也有支出与以牲畜储蓄相关的，因为动物需要实物、水、放牧场地和遮蔽棚子，这些支出也增加了家庭金融压力。以珠宝存储在很多文化中都很流行的，因为它可以转化为现金，也可以用来在通货膨胀时期保值。然而，珠宝也会有价值波动，还面临着偷盗和诈骗的高风险（Robinson，2004）。

储蓄俱乐部比如轮转储蓄和信用协会（ROSCAs）、积累储蓄和信用协会（ASCAs）、储蓄收集者和其他形式在社区里的常常被用到（见第六章）。这些比在家保留现金和其他资产提供了更多的安全性，并赋予硬性定期存储（按日、周、双周或月）以规则。然而，它们也可以变得不灵活（例如ROSCAs），也会导致负的收益（比如，储蓄收集者），还有可能货币在需要的时候是不可获取的（比如ASCAs）。

机构存储服务

正式的服务商开始在向低收入市场提供储蓄服务方面取得重大进展。当储蓄服务由机构服务商提供，他们通常指的是存款。在讨论与保持存储在他人那儿的资产相关的大量活动时，储蓄（savings）是更加通常的概念；存款（deposits）是金融机构掌控的储蓄（savings）的一部分（CGAP，2005）。移动储蓄非常不同于提供信用，而且更加复杂。虽然贷方必须选择他们相信的借款人来偿还贷款，情形在存款这儿转变了：顾客必须相信服务商（Robinson，2006）。

正式的服务商的存款服务可以改善非正式的服务，在一些情况下，支持增长的收入（见专栏8.2）

专栏 8.2　存款限制和小微企业的发展：肯尼亚的证据

"正式存款服务的有限接触是否干扰了贫穷地区的业务增长？"在找寻答案的调查里，Pascaline Dupas 和 Jonathan Robinson 做了现场实验。他们从肯尼亚西部的农村中，随机抽取一个非正式小业主的样本，这些小业主获得了一个无息储蓄账户。通过直接扩大银行账户的接触，他们测试了这些账户对全体储蓄动员、业务投资、收入（通过开支来衡量）和健康经费这些变量的影响。样本主要由集市小贩组成。Dupas 和 Robison 依赖于从实验组（接触了账户）和对比组（没接触账户）中 279 个个人日志中收集的数据。日志数据由银行账户活动信息补充，让它可以检查通常情况下无法轻易衡量的多维度下账户的影响。

银行收取大量取款费，这样事实上账户的本身利率是负的。尽管如此，账户的开启和使用率对于集市小贩是高的，特别是对于女性——40% 的女性集市小贩开启了储蓄账户。这些女性自愿在收益为负的账户里储蓄表明，接触储蓄账户是很有价值的。

调查发现，拥有账户对集市小贩的生产投资水平有重要的积极作用，在六个月内就能让他们有更高的收入水平，通过开支代理来判定。作者发现大量证据显示，账户让商场中的女性面对健康打击时不那么脆弱。日志数据表明在研究时期，对比组的集市中的女性为了应对健康打击，被迫拉低她们的工作资本；而实验组的女性没有减少她们的业务投资水平，更好地缓和了她们的劳动力供应来应对疾病。这看起来 Dupas 和 Robinson 最初的假设是正确的：接触正式存钱服务的局限性会妨碍贫穷国家的业务增长。

机构能力

金融机构若要向公众提供储蓄服务，必须获得授权（见第十七章）。它们也要求有能力的、可承担责任的治理架构来进行仔细监督，后者涉及金融调解、包括有技巧的管理、合理的系统、管理借贷和转移存款二者的复杂性、促进相互信赖关系强大的机构能力（见第十五章）。基础设施需要向客户（见第十八章）提供简单的接触方式，也需要通过分行网络、批发商店或者代理商管理流动资金的能力（见第十四章）。为了满足监管团体的、额外的（有时候重要的）报告要求和服从事宜（比如强大的房间、保险箱、出纳窗口）表明个人支出、扩展的信息系统和基础设施的需求等方面的增长。根据 Robinson（2006），金融机构来调动公众储蓄需满足以下 5 个主要条件：

a. 政治经济。动用自愿的公众储蓄要求至少有适度能动的宏观经济和一定程度的政治稳定性。

b. 政治和监管环境。需要一个合理充分的政策和监管环境。如果不是立马可能实现的，至少不合理的政策和规章始终不实施。机构被授权来从公众获得存款，被授权来调配这些资金。这些资金需要在利率自由和适合商业小微金融的规章下运作。

c. 公众监督。为了保护他们顾客的，特别是储蓄人，调动储蓄的机构必须被公众监督。这通常意味着他们的政府必须愿意调整他们标准的银行监管措施，这样规则才能对他们的活动合适。合适的监督不是意味着放松标准；它意味着将高标准应用于金融服务商服务于穷人相关的方法。这也意味着确保了监管团体有能力高效地监督这些被授权服务商的表现。

d. 强大的机构表现记录。调动储蓄的机构必须有适合金融媒介的高质量的治理和管理能力。机构应该被跟踪证明具备高水平的表现和透明度。应该有高效和充足的运作，保持高的贷款回收率，通常赚到很好的盈利。在相当大范围内应该是金融自足的。

e. 为深远的改变做准备。在接受监管和从事储蓄动员之前，机构的所有者、董事会、经理、员工和授权机构，需要理解应在机构组织、领导、基础设施、信息及运作方面发生重要的变革——他们中的一些在相对短的时期内发生。

为了变得金融自足，从穷人那儿吸收储蓄的机构也必须吸引大额储蓄；对于小额账户来说，收集存款的交易费太高因此吸收不了太多这样的储户。向大量的小额储蓄人提供储蓄服务是劳动密集型的，所以昂贵——即使存款低于最小余额时不需要支付利息。通过吸引大额储蓄，总体支出变低，流动性的风险减小，特别是当低收入客户需要同时取钱时，比如到交学费的期限或者在收获之前的月份。如果大量客户同时取钱，机构会容易遇到流动性问题。当存款是从包括组织和机构的不同收入阶层的广泛客户那儿收集时，这种问题不容易遇到，除非遇到特殊情况如极度通货膨胀、区域震荡或者服务商失去信用（Robinson，2006）。

管理技巧

管理金融中介（也就是吸收存款并用存款借给他人的机构）比仅仅管理信用服务更加复杂。金融中介需要重要的管理技巧，特别是强大的金融能力、向穷人提供金融服务的机遇和风险的知识。出色的经理很难找到，他们通常要求高薪（Robinson，2006）。

当动员储蓄时，经理和职员需要理解当地市场是如何运作的、如何定位潜在的储户、如何为市场设计工具和服务。他们需要理解基础金融，以及贷款和储蓄服务之间恰当传播的重要性。他们需要被训练来发展储蓄产品和对所有类型储户合适的服务，而且在必要时改变产品。在市场调查中，需要课堂培训和岗位培训，包括监控和估价、产品成本计算和定价，以及运作过程（Robinson，2006）。

管理运作

大多数动员储蓄的服务商拥有广大的、分散的组织结构。靠近储蓄顾客的地方为服务商和他们的顾客降低了交易成本，这些地方是在相互信任基础上建立永久关系的重要部分，这是成功储蓄动员的关键。"人们只在他们认为可靠、值得信赖、专业的机构存储"（Frankiewicz 和 Churchill，2011，见专栏8.3）。

专栏8.3　激发信任

为了保证储户和机构发展信任关系，服务商必须做到以下几点：

- 按照承诺递送，即使它们看起来不重要或者与存款产品无直接联系；递送失败将会使服务商的印象变得不可依赖。
- 给顾客提供高效、友好、积极响应的服务。
- 提供定义明确的、透明的服务。
- 创造安全、吸引人和专业的外表。
- 雇佣并提升表现专业、被客户认为胜任、有风险意识和值得信赖的经理。
- 让取款变得简单轻松。
- 开展营销运动和分发宣传材料，将安全、信赖、透明、长期承诺扩散到社区。
- 将公众关系作为机构市场营销策略的重要组成部分。
- 提供金融咨询或金融教育，来加强客户对于存款利益、服务商采取的保障资金安全的措施的理解。

因为这个延伸的、分散的结构，储蓄运作可能相对信贷业务更易遭受欺诈和错误。机构必须管理与大量现金有关的流动资产风险，以及存款规模和时限的不可预计性。举例来说，高效的资产责任管理（见第十四章）、内部掌控（见第十五章）和充分的前提很重要。会计、报告、审计系统必须通常由监管者和内部掌控者同意，通常是物理前提。储蓄动员机构必须保证产品周期不许增加利率和流动资产风险，动员的储蓄被投资于符合他们周期和定价结构的资产。这必须有充足的准备金、资本、运作资金来覆盖运作损失，或者重大灾难导致的损失。内部掌控措施必须充分保护存款，防止诈骗和管理失误，来确保资金的物理安全。物理前提必须提供充分的保护，为客户提供便利，赢得他们的信任。可能需要另外的安全措施、报告和信息系统。系统必须可以处理与动员储蓄相关的增长的数量和类型，提供充足、精确、及时、透明的信息。最终，接受存款的机构需要将动员来的存款投资于获利的地方，另一部分留做放贷（CGAP，2005；McKee，2005）。

总体上讲，动员储蓄的金融机构通常拥有相比贷款账户更多的储蓄账户。

机构必须知道如何为多种客户设计、递送产品，包括贷款，并提供能持续产生利益的商业计划。税收和开支需要详细说明，除了行政管理和储蓄的金融成本，计划也必须考虑资本成本。

存款产品的定价

一些存款服务向储蓄支付利息（或者当存款被借出时的股份收益（share of earnings））；其他不会这么做，而且事实上，会产生负利润（存款价值下降了），因为存款要被征收费用。在存款产品上支付的利率常常与余额和存款储蓄时间长短相联系，时间越长款额越大，通常会有更高的利率。通常在以下情况下收费：取钱、每月超过允许免费交易金额的转账、余额比事先商定的最小值低的时候。存款人或货币保险人收取储蓄的费用，会使存款产生负回报。

储蓄的利率通常基于相似机构的相似产品普遍的储蓄率、通胀率及市场供求状况而定。根据储蓄的周期，风险因素比如流动资金风险和利率风险也必须被考虑。由于管理高流动资金账户对于监管者成本是昂贵的，他们支付更低的利率。大多数选择了流动资金账户的储户对得到他们的存款的便利性更感兴趣，而不是为了获得更高的收益。定期储蓄利率更高，因为资金被锁定了，相对流动资金储蓄产品，提供了更加稳定的资金来源。

除了储蓄的利率支出，服务商还需支付大量其他开支，包括雇员和分行用来动员和监管储蓄账户的开支。储蓄不会为服务商产生收入；相反地，他们提供资本，这用来在资金贷款或者其他为了盈利的投资中使用。正如第九章讨论过的，信贷产品的定价用来覆盖所有的运作开支、贷款损失、监管开销和资本开销。资本开销包括储蓄开销和其他债务、股权。服务商需要赚取支付存款利息和提供贷款服务之间的利差。这个利差用来支付其他开支，即运作开支、监管开支和其他资本开支。信贷和存款产品应该一起被设计和定价，使得二者有合适的覆盖范围和机构利润（Robinson，2006）。决定存款利率的过程是复杂的，必须作为提供金融服务的整体开支结构的一部分来考虑（见第十五章）。

一些服务商组织他们的分支或外地办事处作为利润中心，采用转让定价的方法，确保分行网点的全成本覆盖。转让定价指的是指在成本覆盖的基础上由总部向分行网点提供服务的定价。举例来说，总部为了管理全体组织所引起的成本，根据分行的资产（贷款）或债务（储蓄）的百分比按比例到分行。融资成本也是按比例分配的。支出的大量贷款而不是收集储蓄的分支机构，需要从总部（或其他分支机构）接受资金，来支持他们的贷款。总部（或者地方办公室）作为中央资金机构来保证一个分行的任何超出的储蓄要"卖到"其他分支机构来支持他们的贷款。有额外储蓄的分行会为这些资金得到收入（利润收入），而接受资金的分行则要支付一定费用（利息开销）。如果总部认为系统里没有额外的资金，他们会接触外部资金，按照指定的价格转贷给他的分行。

分行间转让价格，不是接近银行同业拆借利率，就是采用比服务商资金平均融资价格稍高的利率。这提高了分行在本地动员存款的动力，而不是依靠网络中其他分行的额外流动资金。这也能导致总部有额外收入来支付管理费用。转让定价保证了透明性，在分行间灌输了责任性。

存款产品

一般来说，提供储蓄服务的机构不需要大量产品（见专栏8.4）。允许无限制交易的存款账户，定期存款账户（包括到期日相对短的期权），支持教育、退休、住房、婚丧仪式等的契约式存款账户，如果必要的话，一到两个其他储蓄产品就足够了。必须在设计上能够体现产品特点、安全性、便捷性，使它们可以被不同类型储户（穷或富、个人或机构）以不同的目的用于不同组合的价格这些方面的平衡考量（Robinson，2006）。

专栏8.4　储蓄服务——不只是关于产品

"很多年来，产品设计在小微金融中受到忽视。现在情况已经变化，经理有时似乎认为有着大量产品的服务商会赢得竞争，他们常常夸大产品设计。设计良好的储蓄产品固然重要，但是它们只是成功获得公众存款动员的大量要求中的一个因素——它们中很多可能会被忽视，因为逐渐强调设计多样化的产品。产品运输比产品设计复杂得多。分行地点和营业时间的便利性；经理和职员对客户的态度；信息系统、空间使用、资产负债管理、流动资产和现金管理；运作的高效性（比如，储户存取钱的等待时间）；管理的质量；贷款组合的质量；机构的可信度；很多其他因素对捕捉和保持公众存款是重要的。正确对待这些环节的构造和运作比设计大量产品更重要，这要求在多层面上有经验有技巧的管理。通常获取胜利的机构是将少量精选产品进行最佳递送的机构。"

受监管的服务商提供的储蓄产品包括现金账户、存款账户、契约存款账户、定期存款、长期存款或者小额养老金。

现金账户

现金账户通常被认作交易账户，而不是储蓄账户（见第十二章）。它们赋予账户持有人管理每日现金流、转移资金、支付资金的能力。现金账户也被称做支票账户（checking account）或者需求或者地点储蓄（site deposit）。现金账户是完全的流动账户，储户可以在任何时间存取任意量的钱，不需要预约或者通知。现金账户能自动转账，比如每月支付账单或者转移到其他账户。

顾客常常必须存入至少最低数量的钱，来建立现金账户，保持最小余额来让它活跃。现金账户通常不支付任何利息，但是需要客户按月或按交易或兼有地支付费用。如果客户从他们的现金账户取钱，他们可以被要求支付罚金（penalty），不然支付会完全被拒绝。

存折存款账户

基础存款账户或存折是完全流动性（也就是说账户持有人可以自由地存取钱）或半流动性（交易次数受限）的账户。例如，对于没有最小余额要求的存款账户，为了弥补通常在这些账户里的余额，服务商可以限制每月交易数量、和/或限制在低成本接触点（lower-cost access points）比如自动的取款机或者手机的取款次数。存折存款通常给客户提供储蓄基金的利息，尽管很多服务商也需要收取交易费或者与服务相关的其他费用。

存折账户最大的优点，相对于现金或者以交易为基础的账户，是流动性和更高的利率。通常来说，存折储蓄账户用来对短期存款做现金流管理，或应急，或应对预料外的机遇。利息支付通常比定期存款的要低。

契约存款账户

契约存款账户（也被称做承诺存款或目标存款）要求客户在特定的时期存储一定量的钱，直到达到既定日期或钱数。客户在到期日前取钱是禁止或会受罚的。到期日之后，客户可以取出所有的钱，外加赚取的利息。

契约存款账户帮助客户积累资金来达到特定的预期需求，比如支付学费、或支付即将到来的庆典如婚礼（见专栏 8.5）。通常来说，支付契约存款和其他存钱账户相似，主要的好处是他们做出的约束。

专栏8.5　教育储蓄

Opportunity Bank Malawi 提供为有学龄孩子的父母和监护人设计的存款账户，称做 Tsogolo Langa。这个账户让父母更容易地支付学费或者其他相关开支，在存款费用到期前保持资金安全，理想地让孩子可以连续上学。账户特征包括最小余额为 300 马拉维克瓦查（1.85 美元），父母和银行有合同协议，银行要使用存款来支付孩子的教育。如果孩子在任意银行认可的学校，父母可以开户，任意存钱进去。账户不需要服务费，支付的费用代表储户直接到学校。利息按月支付。

契约存款产品可以作为小微金融里青年的第一个切入点。通常只需要少量修改，来为青年调整常规化的产品，包括比如，低的或者没有最小余额或与金融教育项目相关联。

一款和契约存款相似的创新存款产品，是为了存钱而借钱（见专栏 8.6）。

专栏8.6　借钱来存钱

P9 是孟加拉国的 SafeSave 公司，为低收入家庭提供的储蓄—贷款服务，建立在斯图尔特·拉瑟福德理解穷人如何管理他们的金融生活之上。P9 通过增加一小部分贷款，保持剩余（40% ~ 50%）作为"存款"于第三方托管。长久以来，客户支付所有的贷款，保持存款。比如，如果客户想存 5 美元，她借了 10 美元并立即用 5 美元来做她想做的事情。剩余的 5 美元作为储蓄被锁起来。直到她完全偿还 10 美元前，她不能使用那被冻结的 5 美元，于是，她积累了 5 美元的存款。客户能够在接下来的资金中借到更多的钱，在短期内建立重要的储蓄。P9 最初收取 200 塔卡（大约 3 美元）的注册费，3% 的手续，无息，允许追加。Jipange Kusave（JKS）以相同的概念建立，通过肯尼亚非常流行的移动货币服务 M – PESA，提供储蓄—贷款服务。第一笔贷款通常很小，大约 20 美元。一半的钱被存到客户的 M – PESA 的账户里，被他们任意使用；其他一半存入受监管的银行的账户里。JKS 鼓励客户建立"储蓄目标"，承担少量责任——比如存款 50 美元的目标，可以包括 5 轮，每轮 20 美元。JKS 收取最初费用 2% ~ 5% 的办理费，5% 的提前储蓄取款费，M - PESE 每笔交易收取肯尼亚先令（大约 12 美分）。

然而，产品不是没有风险的。客户变动的开支可能太高，确保合适的银行执照和满足监管要求可能是它们增长的关键。

定期存款（time deposits）

定期存款，也被称做固定存款，是客户做出的一次性存款，必须在特定时期取出，不然支付罚金。在存款周期结束时，客户可以取出所有的钱和利息，或者将存款投入下一个周期。金融机构提供可能周期的范围，通常比契约存储账户支付更高的利率，因为这些账户为机构以较低的成本提供了长期大量的钱（见专栏 8.7）。

专栏 8.7　尼加拉瓜——提高农业储蓄

The Central de Cooperativas de Ahorro y Credito Financiera de Nicaragua（CCACN）是尼加拉瓜信贷联盟二线网络。CCACN 开发了一个定期储蓄产品，称做稍有不同的"农业工资"。不是接受每年或者每半年收割后一次性收到一大笔收益，产品的目标是平缓农夫得到的收入流。信贷联盟和农夫成员一起开了存款账户，在每个收入季节存入收入，然后向每个人一道确认他/她的个人开支，每月从信贷联盟中取出被界定合适的"工资"——收割后储蓄与利息总和的一部分。

长期存款和小额养老金

穷人是脆弱的，因为低的不定期的收入伴随不充足的金融工具常常在他们逐渐老去的时候存不下多少储蓄。在很多发展中国家，儿辈和孙辈需要对他们的长辈负金融上的责任，为他们提供住处和金融来源。除了家庭的支持以外，还有金融服务为长期目标和/或退休来加强储蓄，包括长期存款、小额养老金、与保险产品结合的储蓄。

养老金

尽管在穷的社区内没有非常流行，养老金作为储蓄产品的一种，提供从退休直到死亡的定期支付过程。有时这些支付被转移仍健在的配偶。养老金主要由雇主提供。利润根据收入水平和服务的年数来积累；服务越多年，雇员赚得越多，支付的就会越多。养老基金可以由公司内部管理，或者外包给其他投资经理，这可以由雇主（确定了收益养老金）完全资金支持，或者由雇员和雇主共同提供确定提拨养老金（defined contribution pension），雇主与雇员的贡献比值使用公式表示，比如 2:1 或 0.5:1。

即使不那么普遍——事实上，目前为止有很少的长期经验可借鉴——小额养老金提供了一种收入保障的形式，使人们为年老而自愿存钱或目标针对低收入人群（Sterk，2011）。久而久之，他们要求固定的贡献，这投资于定期存款账户、团体定期存款账户、或者实体资产如财产、地产和牲畜，以在小额养老金受益人没有收入时，创造稳定的收入流。小额养老金提供长期投资于金融资产的选项——不是以周期作一次性支出，就是通过养老年金的购买——在预定时间开始（Sterk，2011）。小额养老金也能变得非正式，由此资金投入业务或者家庭成员的教育，换取未来的收入或生计上的支持（Ruther-ford，2008）。

长期契约储蓄

与小额养老金相似的是，长期契约储蓄（LTCS）产品可以用来为退休做准备，为预期未来发生的人生大事件建立资源。LTCS 产品的运作很像其他契约储蓄产品，由此客户随时间推移做小额定期储蓄，接着一次性取出大笔钱，或像上面描述的小额养老金一样，年金允许在一定年龄后长期定期的支取（见专栏 8.8）。尽管客户喜欢 LTCS 产品非流动性的特质和存款约束的好处（像其他契约的储蓄产品一样），他们必须比较在别处的投资选项和相关的风险。特别地，如果有的话，客户需要考虑长期储蓄还是买保险收益更多。LTCS 产品的风险是人可能在储蓄目标达到前死亡。这个风险由保险公司提供的退休和人寿产品来解决（Frankiewicz 和 Churchill，2011）。

专栏 8.8　格莱珉的储蓄养老金计划（GPS）

在 2001 年，格莱珉开始向穷人提供长期的储蓄产品。周期是 5～10 年，每月等额储蓄总共只有 1 美元。10 年期的利息为每年支付 12%。实际利率约为 8%，而且比商业银行的同类产品所提供的利率要高得多（这导致非贫困家庭对得到 Grammen 会员资格需求增长，由此引发了产品收益的问题）。储户在周期最终得到大约她存的钱的两倍。到期的总和可能通过现金或者每月收入的方式得到。储户可能也将总数转变成格莱珉的定期存款。

　　每个 Grameen 成员在必须参加的每周的会议上储蓄。格莱珉因此使用它自己的"代理人",因为代理人也是信贷员。5 年之后,在 2005 年,GPS 也吸引了超过 300 万账户,掌控大约 8300 万美元。到 2011 年 10 月底,余额有388.7 亿塔卡(5.13 亿美元)。

　　要精确了解为什么产品如此流行却因一个事实变得复杂化了——所有贷款超过 125 美元的人被要求掌握拥有最低存款的 GPS 账户。然而,很多储户掌握超过一个账户,表明产品本身是有价值的。

　　最终,退休计划也可以涉及储蓄和保险产品的集合,特别是,储蓄完成保险(savings completion insurance),养老计划(endowment plans),或年金。这将在第十一章的保险产品中介绍。

注释

　　[1] 贫困妇女和男性对存款的支付意愿表明了储蓄服务的价值,以及对高频率小额储蓄的整体需求。

　　[2] 本节摘自罗宾逊(2006)。

　　[3] 这种产品的描述主要来自 Gilsovic,El – Zoghbi 和 Foster(2010)。

参考文献及进一步阅读

* Key works for further reading.

Ashraf, Nava, Dean Karlan, and Wesley Yin. 2006. "Tying Odysseus to the Mast: Evidence from a Commitment Savings Product in the Philippines." *Quarterly Journal of Economics* 121: 635–72.

*CGAP (Consultative Group to Assist the Poor). 2005. "Microfinance Consensus Guidelines Developing Deposit Services for the Poor." CGAP, Washington, DC.

*Christen, Robert Peck, and Ignacio Mas. 2009. "It's Time to Address the Microsavings Challenge, Scalably." *Enterprise Development and Microfinance* 20 (4): 274–85.

Dupas, Pascaline, and Jonathan Robinson. 2011. "Savings Constraints and Microenterprise Development: Evidence from a Field Experiment in Kenya." NBER Working Paper 14693. NBER, Cambridge, MA, October 27.

*Frankiewicz, Cheryl, and Craig Churchill. 2006. *Making Microfinance Work: Managing for Improved Performance.* Geneva: International Labour Organization.

*———. 2011. *Making Microfinance Work; Managing Product Diversification.* Geneva: International Labour Organization.

*Gilsovic, Jasmina, Mayada El-Zoghbi, and Sarah Foster. 2010. "Advancing Saving Services: Resource Guide for Funders." CGAP, Washington, DC.

*Karlan, Dean, and Jonathan Morduch. 2009. "The Economics of Saving. Access to Finance: Ideas and Evidence." Financial Access Initiative and Innovations for Poverty Action, New York and New Haven, CT.

*McKee, K. 2005. "Prerequisites for Intermediating Savings." In *Savings Services for the Poor,* ed. Madeline Hirschland, 27–42. Bloomsfield, CT: Kumarian.

Robinson, Marguerite. 2004. "Mobilizing Savings from the Public: Basic Principles and Practices." USAID, SPEED Network, and Women's World Banking, Kampala, Uganda.

*———. 2006. "Mobilizing Savings from the Public." In *Transforming Microfinance Institutions: Providing Full Financial Services to the Poor,* ed. Joanna Ledgerwood and Victoria White. Washington, DC: World Bank.

Roe, Alan, Robert Stone, Stephen Peachey, and Abigail Carpio. 2008. "Increasing the Number of Deposit Accounts: A White Paper for Discussion." Oxford Policy Management, Oxford.

Rosenberg, Rich. 1996. "Microcredit Interest Rates." CGAP Occasional Paper 1. CGAP, Washington, DC.

Roth, Jim, Michael McCord, and Dominic Liber. 2007. *The Landscape of Microinsurance in the World's 100 Poorest Countries.* Appleton, WI: MicroInsurance Centre.

Rutherford, Stuart. 2008. "Micropensions: Old Age Security for the Poor?" In *New Partnerships for Innovation in Microfinance,* ed. Ingrid Matthäus-Maier and J. D. von Pischke, 241–64. Berlin: Springer.

*———. 2009. *The Poor and Their Money: An Essay about Financial Services for Poor People.* New Delhi: Oxford University Press.

Sadana, Mukesh, et al. 2011. "Deposit Assessment in India." IFC, MicroSave, and Ministry of Foreign Affairs, March. http://www.microsave. org/sites/default/files/research_papers/ Microsave_IFC.pdf.

*Sterk, Boudewwijn. 2011. "Micro Pensions: Helping the Poor to Save for the Future." Aegon Global Pensions, The Hague, May 31.

WOCCU (World Council of Credit Unions). 2003. "A Technical Guide to Rural Finance: Exploring Products." Technical Guide 3. WOCCU, Madison, WI, December.

第九章 信　　贷

Joanna Lederwood，Julie Earne

　　信贷产品为客户提供了借钱的能力，作为交换，签下协议在未来某时偿还有利息/费用的本金。信贷产品包括工作资本贷款、紧急情况和消费贷款、租赁产品和住房的贷款。它们在金融市场系统处于核心地位。

　　本章提供了租赁产品的简略概览，包括产品特征、定价、决定有效借贷成本的方法，大多数流行的现在被穷人接触的信贷产品。这将会是从业者、捐助人和其他想向穷人扩大信贷支持范围的人的兴趣所在。

信贷产品的特征

　　贷款的构建是基于客户需求、服务商的能力和风险管理要求（来保证还款）。贷款最核心的成分是规模、周期、还款期限、租赁方法、抵押物或保证金，以及定价。

　　贷款规模因需求而不同，以社区为基础的服务商可以低至 5 美元，对于个人业务贷款或住房贷款可以达到 2 万美元甚至更多。根据客户需求、借贷能力、信贷历史，贷款规模可以随着时间增加，贷款不应该被当做持续借款的功能而轻易增加。

　　贷款期限（或合约期）指的是可贷款的时间长度。大多数小微金融贷款期限可以达到 3 个月甚至更多。团体贷款倾向于更短的到期日，考虑到它们通常较小，有时提供给没有信贷记录的客户。农业贷款可能有更长的期限以匹配种植和收获时期，而住房贷款由于它们更大的规模和目的，期限可能甚至更长。考虑到长期期限有更高的风险，贷款期限可以随着客户建立起跟踪记录而增加。

　　还款期限影响信贷风险、交易成本和贷款产品的可达性。贷款通常被设计为在贷款期限内，周期性的分期（通常是相等时间间隔）付款来偿还，或者在到期一次性付清，完美地符合贷方的现金流。贷款支付（通常包括主体和利息，但是在主体在最终付清时只有利息）可以按每周、每双周、每月分期付款，这取决于贷款结构，或者可以是到期一次性支付。贷款支付的频率依赖于客户的需求和服务商的能力，来保证还款和管理流动资金。宽限期（grace period，贷款发放日和首次还款之间的时间）也可能被提供，特别是对用于种植的农业贷款。

更加频繁的贷款服务于减少信贷风险，但是反过来会增长交易成本，可能会让贷款对于偏远地区或没有频繁现金流的借方更难接近。依据支付在何时何地如何做出，如果借方不能管理更多的分期付款或者最终的一次性支出，失败的风险可能会增加。

必须很好地构建贷款产品，来达到客户的需求，并提供安全透明的方式。例如，有效评估偿贷能力是必要的，这可以保证客户借了钱可以按期偿还。当客户不能还款时，服务商应该有政策来支持拖欠债务的借方，并限制更进一步的伤害，而同时仍要确保执行严格的偿还规则。

放贷方法

放贷方法根据贷款是否在团体还是个人里面而不同，以及在一些情况下，他们是否还需要遵守符合伊斯兰教义的银行准则。放贷方法的选择极大地影响了产品设计、客户选择、申请和许可过程、贷款偿还、监管和资产组合管理。贷款方法也影响了机构结构、职员要求，包括训练和补偿。

团体贷款（group lending）

以团体为基础的方法是将一笔贷款发放给团体本身，或者借给团体的成员，或者贷给向每个成员转贷的团体。团体贷款减少了服务商的交易成本和风险，常常促进很难接触的金融服务的可接触性，惠及包括偏远农村人口、还款能力差的人口、没有抵押物或信贷历史的人口。团体机制有效地将大部分审查、监督和执行责任，以及部分成本从服务商转移至借贷者。

一些最熟知的团体贷款方法包括：

- 格莱珉——五人小组，这样的六个小组组成了 30 人的借方中心。小组之间相互保证了贷款，中心提供了辅助保证。
- 团结小组——每组 3 ~ 10 人，保证了彼此的个人贷款。
- 乡村银行——15 ~ 50 人成立了"乡村银行"，向个体成员发放贷款。

在一些情况下，汇集的成员存款可能被借给团体的成员；这样的贷款被称为"内部账户"的贷款。

团体方法的缺点包括：由于时间花在团体会议而导致客户更高的交易费（与富有成效的活动或者家庭责任不同）、相对有限的产品供应，缺乏隐私、当然还有团体成员伙伴犯错的风险。协方差风险（covariance risk）——团体成员在相似的生产活动或事件中，在相同时间收到相同风险影响——也会存在，导致了对于服务商和借方都有更高的风险。团体训练开支可能很高，由于优质的团体构建和相关的消费者教育的重要性。而且，团体成员有时对借钱感到压力，即使是他们不需要贷款或者对他们还款能力不确定时。这也可能发生在储蓄团体（Savings Groups）或者自助团体（Self – Help Groups），即使贷款是由团体向个人来发放的。

个人贷款（individual lending）

个人贷款要求更好的客户及其现金流的预先分析，有时是物理抵押品，和贷款期限内与客户密切频繁的接触。贷款批准和数量建立在申请者的资格和偿贷能力，这反过来依赖于大量因素，包括个人和业务的特征，比如年龄、性别、名声、资源、收入量、业务年龄（如果有的话），现金流、可用的抵押品。历史上，很多服务商也考虑到贷款的目的，作为贷款许可决定的一部分。但随着服务商开始理解客户现金流、他们的需求，以及金钱在家庭和小微企业是可代替的事实，最后一种考虑已经越来越没那么普遍了。

现金流分析主要用于个人贷款，着眼于家庭或者小微企业的整体的开支结构，包括所有的收入、花费开支，在贷款期限内期望的现金流，借方吸收贷款的能力。很多个人服务商设计流线化的工作单，引导贷方人员进行现金流分析。这些工作单让信贷员，依赖于收入、开支、成交量、股价、家庭或企业的供应创造了基本的资产负债表。

现金流分析可以被其他工具补充，比如信贷等级、信贷评分、心理测量学的评估，这取决于它们在给定市场的可用性。信用评级可从征信机构那儿获取，提供了借方在信贷局内服务商那儿的还款历史和过失来提供信息（见第十八章）。

对于没有信用历史和正式工作的客户，服务商使用其他数据来更好地评估风险，帮助现有的没有银行记录的客户发展正式的信用历史。这些数据可以包括以下的：

- 账单支付（电、气、水）。
- 话费账单（固定电话或移动电话，预付或后付的）。
- 租金支付。
- 交易数据（汇款、取钱、储蓄、转账）。

这些数据有时记入信用评分中，信用评分使用历史支付数据，通过数学方法预测客户违约的概率。没有对财务报表进行广泛分析，信用评分使用了简单的预测变量，比如业务的时间长度、账单支付、与金融机构相处的时间，来产生分数代表未来还款概率（Frankiewicz 和 Churchill，2011）。随着放贷机构电子渠道的使用增加（比如，移动银行、ATM、银行代理），追踪、使用客户支付交易历史来预测支付能力和可信度的能力增加了。

心理测试是客户评估的新形式，它处于发展的早期。心理测试评估包括提出一系列问题来评估潜在的借方态度、前景、能力、努力预测可信度的特质。由专业的公司来处理这些测试，尝试在没有正式金融账户、业务计划或抵押品时估计信用风险。

伊斯兰贷款（Islamic Lending）

伊斯兰贷款需要特殊的贷款方法。伊斯兰（或者伊斯兰教法兼容的）金融原则严格禁止在金融交易中，给予或收取任何固定的、事先决定的收益率（Karim 等，2008）。因为伊斯兰教法禁止借贷钱，伊斯兰贷款更多地被看做更像股本，而不是贷款，出借方被看做投资者而不是贷方。其他伊斯兰银行原则声明：（1）所有金融交易必须联系到"真实的"经济活动包括有形资产；（2）资金不能投资于不符合伊斯兰教法的活动中（酒精、猪肉、赌博）。而且，合同必须反映共识；各方必须对买卖的产品和服务有精确了解（Karim 等，2008）。

这里有许多类型的伊斯兰小微金融贷款合同。Murabaha sale 是一种成本加上加成（cost－plus－markup）销售合同，应客户要求，它要求金融服务商来购买资产，将按照事先商定用于支付给服务的加成卖出（见专栏9.1）。合同也可以发展成利润和损失共享的体系：Musharaka 指的是根据事先定好的比率，在各方共享利润和损失的业务中的股本参与。Musharaka 可以用来投资资产或者获取工作资本。Mudaraba 是一种信托融资形式，一方提供资金，而另一方提供管理经验来管理业务，他们分享盈利或损失。利润和损失共享制度要求警觉的报告和高水平的透明度以确保盈亏公平分配（Karim 等，2008）。

专栏 9.1　实践中的伊斯兰金融

2001 年，Akhuwat 成立于巴基斯坦，旨在为穷人提供无息的小额贷款。Akhuwat 免除了小额无息贷款（qard al－hasan）的百分之五的手续费。管理程序和借贷活动是通过清真寺和社区来协调的。他们没有独立的办公室；然而，其贷款却是在清真寺发放和收回。穆斯林贷款者信赖互相担保的无抵押的个人融资。某些逸事证据认为在清真寺中发放贷款，也就意味着借款人因其宗教信仰会宣誓及时归还借款。

Islamic Relief 是一穆斯林的国际救济与发展组织，基于融资加成本的原则，在巴基斯坦为穆斯林个人提供小额信贷服务，通过综合个人担保、团体储蓄账户、联合签署以及社区推荐信等信息来确保贷款偿还。2009 年，Islamic Relief 与汇丰回教银行合作，这是伊斯兰金融与商业银行汇丰银行的联手，在拉瓦尔品第为其微型金融项目提供资金。汇丰回教银行同时协助发展伊斯兰教组织的融资模式及金融合约，并为 Islamic Relief 的员工提供伊斯兰金融的培养。反之，Islamic Relief 的员工管理微型金融项目，包括陈列资格标准、筛选潜在受益人并向汇丰回教银行报告。

资料来源：安理国际律师事务所，2009。

贷款抵押物

低收入客户常常有最小的担保贷款资产；财产、土地、组织和其他资本资产他们常常不具备，鉴于此，替代抵押品（alternative collateral）被用来减少贷方的风险。

抵押物替代品

最常见的抵押物替代品是同辈压力，无论是自己的还是加入了团体担保的。

团体担保人：很多服务商促进了团体的成形，团体成员共同担保彼此的贷款。担保形式有隐含担保，即当所有成员现在不在贷款支付中的，其他团体成员不可获得贷款，或者是实际担保即如果其他团体成员拖欠贷款，则所有成员都有责任偿还。

其他服务商要求团体成员对团体担保资金作出贡献，该担保基金在一个甚至多个借方无法偿付时会被使用。担保资金的使用有时由团体决策，有时由贷方服务商决定，当它由团体决定使用时，团体常常会将保证资金中的钱转贷给无法偿还的团体成员。从组织基金里"借钱"的成员有责任偿还资金。如果由服务商来管理团体保证金，资金根据贷款拖欠的程度没收，其他团体成员弥补不足。如果做不到这一点则意味着整个团体都不再有信用。

基于品性的贷款：一些服务商向有好名声的人借钱。在做出这个贷款前，信贷员拜访了社区内多种多样的企业，询问关于潜在客户的品性和表现。

频繁的客户拜访：假设分行或信贷员与其客户的距离是在合理距离内的，通过频繁的拜访来确定客户能够且愿意偿还贷款。频繁的拜访也让信贷员来理解他或她的客户的现金流和贷款的合适性（数量、期限、支付频率，等等）。拜访也促进了客户和信贷员间相互尊重，因为他们学会欣赏和理解他人对工作的努力，这带来了客户和服务商更稳固的关系。然而，越多的客户拜访伴随的额外成本需要被考虑。

抵押品的另外形式

常用的抵押品替代形式还有强制储蓄和个人担保。

强制储蓄：很多服务商要求客户在第一笔或接下来的（或二者皆有）贷款中，保持存款（或对团体基金的贡献）有余额（被称做贷款百分比）。强制存款与自愿储蓄不同，因为他们在贷款未到期的时候不能取钱。从这方面来说，强制储蓄是作为抵押品的一种形式。

因被要求将资金作为储蓄而存入，借款方在使用这些资金方面受到限制。通常情况下，储蓄的利率（如果有的话）没有借方将存款投入自己的业务或者投资他人的回报高。这导致了机会成本等价于客户在强制储蓄上挣得的钱和通过其他方式挣得的回报的差价。在计算借款方的贷款成本时需要考虑这一点。然而，强制储蓄也提供了为客户提供资产的手段；不是所有的服务商将强制储蓄严格看做抵押品的替代形式。

强制储蓄的变体是借方按月支付额外的利息，如果他们每月按时支付全额，额外的金额会返还给他们。例如，在印度尼西亚人民银行（Bank Rakyat Indonesia），这被称为"即时支付激励"，结果借方在贷款期限最后收到了一次性付款。这对借方有利，提供了按时还贷的具体激励，这同时也对银行有利。

个人担保人：如果借方没有能力来担保他们的贷款，他们有时会列出他们的亲友来提供个人担保（有时指的是作为联署人）。这意味着在借方无法偿还的事件中，提供个人担保的人有责任偿还贷款。

贷款定价

　　贷款的收入，最重要的一部分，是从利息和手续费中产生，包括一些情况下对于延迟还款的惩罚。收入需要覆盖多种花费，包括运作花费、贷款损失计提、资本成本，理想情况下会留下盈余。定价要求平衡由收入覆盖开支和客户对简单透明可支付性的需求。对于以社区为基础的借方，他的成本开销最小，贷款定价通常建立在供求之上。如果定价太高，那只有少量的需求，从而回报低；如果定价太低，供将小于求。

　　贷款定价通常被称为名义利率（nominal interest rate）——贷款数额的百分比。利率可以是灵活的，根据市场要求变动，或者甚至在贷款期限内不变。当收取利息之外的费用时，有效价格会增长。通常在初次偿贷时收费，可能作为贷款额的一部分或者覆盖贷款开支的绝对金额来表达。客户的其他开支比如见服务商的交通成本、得到如身份证明或财产权的文件的成本、孩子抚养、业务以外的时间都会增加借方信用成本，但是通常不是在贷款定价上体现，也不会为贷方产生收益。

计算利率

　　利率可以用余额递减法或者固定费率（flat – rate）方法率说明。递减的余额以贷款期间未偿付金额的百分比计算利息。随着贷款主体金额伴随每次周期性付款下降时，利息只根据剩余金额计算。固定费率方法根据最初的支出金额计算利息（有时是扣除手续费用）。固定费率方法因为它计算的简单性有时受到服务商的喜爱，因为利息支付在每个支付周期都是相同的数量，一些服务商表示使用固定费率方法对于职员和客户更好理解（见专栏9.2）。

专栏9.2　固定费率方法

　　固定费率方法以最初贷款额而不是在贷款期限内未偿还的数额（下降的）的百分比来计算利率。使用固定费率费率方法意味着利息常常计算在贷款最初分配的总额上，即使是周期的支付导致未偿还本金在下降。

　　使用固定费率方法计算利息，仅仅将利率简单乘以最初贷款额。举例来说，如果服务商收取20%的利息，在1000元贷款上使用固定利率方法，可支付利息是200元。

举例来说，贷款额：1000 元；12 个月的贷款周期；每月贷款还款：100 元；利率：20%。

月	支付	本金	利息	贷款余额
0	—	—	—	1000.00
1	100	83.33	16.67	916.67
2	100	83.33	16.67	833.34
3	100	83.33	16.67	750.01
4	100	83.33	16.67	666.68
5	100	83.33	16.67	583.35
6	100	83.33	16.67	500.02
7	100	83.33	16.67	416.69
8	100	83.33	16.67	333.36
9	100	83.33	16.67	250.03
10	100	83.33	16.67	166.70
11	100	83.33	16.67	83.37
12	100	83.33	16.67	0.00
总和	1200	1000.00	200.00	—

尽管很多服务商为了计算简便使用固定费率方法，较之递减余额法相同的利率，它导致了更高的实际利率（因此对于借钱的人来说成本更高）。例如，在一笔 1000 元一年期的贷款到第六个月时，如果他或她定期按周付款，借款者只欠 500 元（大约），此时如果贷款价格使用递减余额方法来计算，利息只会按本金为 500 元而不是 1000 元来计算。（注意利息是按递减余额来计算的，还贷初期几个月每月主要支付的是利息，到结束前主要偿还的金额则是本金。这导致了在贷款中期还有一半多的本金未偿还。在专栏 9.3 中，在 6月，仍有 524.79 元仍然未偿还，而不是 500 元。）

递减余额方法对于贷款定价是更加公平的方法，但是更加难以计算，可能令借方迷惑（见专栏 9.3）。然而，服务商应该意识到不考虑名义汇率（nominal rate）时，所有的利息计算透明是重要的。

专栏 9.2 和专栏 9.3 的例子表明，当其他变量不变时，对于相同的设定比率，通过递减余额计算的利息比固定费率计算的利息要低。为了比较不同方法计算下的利息，必须要考虑使用递减余额法时需要哪种利率所得到的利息才能等同于使用固定利率法所得到的名义利息数（见专栏9.4）。

专栏9.3　递减余额法

为了计算递减余额利息，需要金融计算器（financial calculator）。对于大多数金融计算器，现值和支付必须被标记为相反的符号；也就是说，如果现值是正的，支付必须是负的，反之亦然。这是因为一个是现金流入，一个是现金流出。金融计算器允许用户输入不同如下的贷款变量：

PV＝现在的值，或者现金的净值（net amount of cash）在贷款一开始分配给借方。

i＝利率，表示为相同时间单元（如下面的字母n来表示）的利率。

n＝贷款时期，这等于需要的支付次数。

PMT＝每个时期需要支付的金额。

在上面的例子中，1000元的一年贷款，按月支付，按照下降余额法支付的利息，通过以下方法计算：

PV＝－1000（输入作为负值，作为现金流出）

i＝20%每年；1.67%每月

n＝12个月

解出PMT：

PMT＝92.63

总支付等于1111.56元（12个月每月支付92.63元）。

总的利息：111.56元

贷款总额：1000元；12个月的时期；每月支出：92.63元；利率：20%

月	支付	本金	利息	贷款余额
0	—	—	—	1000.00
1	92.63	75.96	16.67	924.04
2	92.63	77.23	15.40	846.79
3	92.63	78.52	14.21	768.29
4	92.63	79.83	12.81	688.46
5	92.63	81.16	11.48	607.30

月	支付	本金	利息	贷款余额
6	92.63	82.51	10.12	524.79
7	92.63	83.88	8.75	440.91
8	92.63	85.28	7.35	335.63
9	92.63	86.70	5.93	268.93
10	92.63	88.15	4.49	180.78
11	92.63	89.62	3.02	91.16
12	92.63	91.16	1.53	0.00
总和	1111.56[a]	1000.00	111.76[a]	—

专栏9.4 使递减余额法和固定费率法等同

1000元的贷款以递减余额法计算，20%的利率，每月支付，结果利息共为112元（四舍五入自111.56元）。同一笔贷款，以固定费率方法计算，结果要付200元的利息。1000元贷款为了赚取200元的利息，利息以递减余额法计算，利率会增长15%～35%（额外的利息收益88元，根据100元贷款的利息用35%的递减余额法计算，就会得到200元的利息，四舍五入自199.52元）。

	利息20% 余额递减	利息20% 固定费率	差异	利息20% 固定费率	利息35% 余额递减
实际成本	112	200	88	200	200

手续费用和其他服务费用

除了收取利息，很多服务商也在支出贷款时收取手续费或服务费。手续费用和服务费增加了借方贷款的财务成本和服务商的收益。手续费用通常作为一种手段，来覆盖初始开支，或为服务商增加收益而不是让他们收取更高的名义利率。

手续费用通常按最初贷款额的百分比来收取，在贷款前而不是在期间收取。因为手续费用不是按递减余额法来计算，其增加的效果比相似的增加名义利率的影响更大（如果利息是用递减余额计算）。

计算有效利率

贷款的总成本常常被表达成"有效利率"。有效利率指的是按一个利率算出的贷款所有直接金融成本。有效利率与名义汇率的不同包括，融合的利息，手续费用，利息计算方法，和其他对于贷款的财务成本的要求。有效利率也包括义务储蓄的成本或团体资金贡献，因为这些都是借方的财务成本。其他交易成本，包括财务和非财务的，由借方接触贷款而产生，比如去银行开户、交通、抚养孩子的成本或者机会成本。在计算有效利率时这些不包括在内，因为这些因借方的不同而异。有效利率对于判断一种贷款的条件使它比其他贷款更贵还是更便宜以及定价政策改变的影响都是有用的。

当利息以递减余额法来计算，而且贷款没有额外的财务成本，则有效利率和名义利率相同。然而，很多服务商按照固定费率的计算利息，收取手续费用和利息，或要求借方保持储蓄、为团体资金做贡献（担保金或保险基金）。

影响有效利率的小额贷款的变量包括以下几个方面：

- 名义汇率。
- 利息计算方法：递减余额法或者固定费率法。
- 在开始时支付利息（作为借方所获本金数量的扣款）或者在贷款期限内支付。
- 服务费在开始支付还是在期间支付。
- 对担保金、保险或团体资金做贡献。
- 义务储蓄或者补偿余额，由服务商或其他机构（银行或者信贷联盟）相应支付给借方的利息。
- 还款频率。
- 贷款期限。
- 贷款额。

当所有的变量被表达成贷款金额的百分比时，贷款绝对金额的改变不会改变有效利率。有效利率的计算解释了不同的贷款产品变量是如何影响总体的成本和贷款的收益的。专栏9.5展示了贷款手续费和期限的改变对有效利率的影响（例子中各使用了固定费率法和递减余额法来计算有效利率）。

专栏9.5　贷款手续费用和贷款时期的改变产生的影响

当其他变量一定时，由固定费率计算出的贷款的实际利率（effective rate），会比由递减余额方法计算的贷款的实际利率高。手续费用也增加了实际利率，如果收取手续费用，当贷款期限缩短时，实际利率进而增加。因为费用依据最初的贷款额计算，不考虑贷款时间的长度。当贷款期缩短时，相同金额需要在更短的时间内支付，因此增加了实际利率（当贷款利率是按照递减余额法计算时差别最大。较短的贷款时间增加了手续费相对于总体成本的百分比）。相似地，对于收取现金手续费的贷款额（比如每份贷款申请收25美元）改变，会改变实际利率；也就是说，相同手续费用（现金）的较小贷款额将导致更高的实际利率。

费率/期限	计算方法	服务费率（%）	贷款期限（月）	每个月实际成本（%）	变化（%）
3%费率：12个月	固定费率法	3	12	3.5	
费率上升至8%	固定费率法	8	12	4.3	↑0.8
期限下降至3个月	固定费率法	3	3	4.0	↑0.5
费率3%；12个月	余额递减法	3	12	2.1	
费率上升至8%	余额递减法	8	12	2.9	↑0.8
期限下降至3个月	余额递减法	3	3	3.2	↑1.1

我们注意到，无论贷款以递减余额法还是固定费率法计算利息，手续费用5%（到8%）的增长所产生的影响相同（每月实际利率增长0.8%）。这是因为费用是基于最初的贷款额计算的。

在构建贷款时考虑所有可能的变量，可能有大量的例子，并且有多种排列组合。多种资源可以更详细地解释如何计算有效比率，包括 Rosenberg（1996），Ledgerwood（1998）和 mftransparency. org。特别是后者，提供了可下载的 Excel 表格，称为"计算透明价格工具"。

现实中，甚至不需要复杂的系统，所有服务商都可能计算递减余额利率，并告知客户有效利率。使用一些广泛可用的工具，服务商可以分摊贷款，使得每个分期付款是相同的，所以保持了对于想要分期等额支付的客户的简单性。这被几乎所有的金融机构使用。另外，如果所有的服务商使用递减余额方法，这可以使价格战建立在透明性之上。

贷款产品

正如我们现在知道的，穷人有很多金融服务需求。另外，越来越多的服务商知道金钱是可以被替代的；也就是说，用于特定目的的贷款可能被用来为了家庭或者业务中别的什么事情。所以，服务商扩大了他们提供的信贷产品，不仅仅包括为了营运资本或固定资产的标准小微企业贷款。贷款开始用于不同的目的，包括以下几点：

- 现金流管理（运营资本、消费贷款）。
- 风险管理（紧急情况和补充贷款）。
- 资产建立，生产性投资（固定资产贷款、租赁、房屋贷款）。

现金流管理

小微企业的运营资本贷款是第一批于 20 世纪 70 年代小微企业发展初期开发出来的小微信贷产品。运营资本贷款（通常称做小微企业贷款）用于创建或者扩展企业，假设额外的业务利润在之前决定的阶段，根据事前定好的偿付间隔被用来偿还本金和利息。大多数情况下，运营资本贷款用来现金流管理，从而支持生产性投资。

信贷额度（lines of credit）常常用于运营资本或家庭现金流管理。并非接受将会被偿还的一笔贷款，信贷额度允许借方得到需要的信贷至特定额度内。偿还也非常灵活。只要还未被偿还，利息和费用（如果有的话）按照借的金额（或"下降额"）偿还。然而，信贷的最高限额要求管理系统精确地跟踪每笔贷款的取款和支付，以及在各时段保证充足流动性的能力；他们通常只在商业服务商那儿才可获得。

消费贷款：很多家庭面对与日常消费和大额生命周期事件的花费（比如来应对紧急情况或者教育的需求）相关的现金管理挑战。这些需求常常通过储蓄得到最佳解决，但是如果不可获得或者现金流是不充足的，有着合适金额和还款期限的消费贷款是有用的。这些贷款的主要目标是帮助家庭来平缓现金流，这样每日消费变得不那么依赖于收入，特别是收入飘忽不定的时候（Frankiewicz 和 Churchill，2011）。当服务商被用来评估小微企业现金流来判断贷款偿还能力的时候，也许不能获得消费贷款。常常当消费贷款不可获得时，借方会使用运营资本贷款，并用于消费。

工资贷款（Salary loans）是发放给那些有定期工资收入来源的客户。借方工资作为贷款的抵押物，还款常常通过工资周期，直接偿还给借方。工资贷款可能会或不会被要求用于特别的投资或者购买，而常常用来消费。然而，工资贷款，常常对于低甚至超低收入人口非常罕见，因为他们大多数没有具有收入的工作。

教育贷款（Education loans）用来支持初等和中等教育。这些贷款可以拥有更加灵活的还款计划和抵押物要求来适应学生没有定期的收入和资产的情况，一些情况下，还款可以被延迟到学业结束。为了发展有金融能力的消费者，教育贷款逐渐与青年的金融教育相联系。

当更多股东开始意识到教育资金的需求，创新产品开始发展（见专栏9.6）。

专栏9.6　通过人力资源合约来资助教育

教育金融长久以来一直是金融服务商感兴趣的一个地方。人类资本合约（HCC）作为新的工具，提供了解决为接受高等教育而借钱所面临的相关挑战的新方法。

HCC更像是股本而不是贷款，技术意义上不是信贷产品。参与者申请并得到给定数额的资金来帮助支付跟高等教育相关的开支。作为交换，在他们毕业以后的固定时期内，每个学生上交收入的指定百分比。交易没有固定的本金——学生的责任在指定的交易次数之后完成（指定年份内按月支付通常他们收入的固定百分比），而不考虑支付的总额。任务从未超过收入的15％，根据他/她期望的收入为每人制定。所以，一些学生最终付的比别人多，但是所有的学生面对毕业后可支付得起的账单。毕业生在未被雇佣时不要求做出支付，他们在失业期间支付较少，减少了与传统学生贷款的难管理的贷款服务的风险。

尽管对于学生HCC有更低的风险，借方必须处理多变的支付流，确认收入，贯彻过程中有障碍。拉丁美洲的公司Lumni成功地战胜了这些和其他挑战。通过收集学生合同，在资金设计和合同定价工作中引入精算师及劳动力市场的专业知识Lumni缓和了这个多变的支付计划中的风险。为了确保双方都成功，学生得到职业发展服务和人际社交活动。

截止到 2012 年，Lumni 在智利、哥伦比亚、墨西哥、美国资助了超过
3000 个学生，现在计划扩展到秘鲁。

风险管理

应急贷款（Emergency loans）随时为非预期的重大事件提供资金。它们
常常由以社区为基础的服务商提供，但是由机构服务商来提供正变得更加普
遍。银行有时给有长期关系的客户应急贷款，常常作为对现有贷款的补充。
和任何贷款一样，借方的偿贷能力必须被确认。

补充贷款（Top‐up loans）：很多正式的或非正式的服务商，若借方提出
的金额要求相对较小时，可以增加借方未到期贷款的数额，提供补充贷款。
补充贷款给传统的运营资本贷款提供灵活性，而且根据借方还款历史可以快
速决定处理贷款增加请求。

资产建立和生产性投资

固定资产贷款用来为特定资产（比如缝纫机或摩托车）提供资金；通常
假设是这类资产将有助于产生收入的活动或者企业，增长了借方的现金流，
由此增加了偿贷能力。然而，正如上面提到的，声称的和实际用法可能差别
很大。因此评估没有资产的现金流和贷款能力是很重要的，以防贷款没有用
来购买资产的情况。了解到这时而发生，而且穷人可能想购买的资产不是生
产性的，一些服务商开始考虑发放购买房产的贷款。

租赁

租赁是允许企业或个人使用设备或者其他资产，却不必在一开始拥有或
购买他们的融资形式。租户（lessee）向出租人（lessor）按期支付特定的数
量。通常租赁的资产包括机器（如犁或铲子）、交通工具、农产设备和牲畜。
分开资产的使用权和所有权削减了企业或家庭将稀缺资本购买资产的需求
（Wakelin 等，2003）。广泛的意义下，有两种租赁协议，金融的和运营的，会
有些变动。

金融租赁是与被租设备的所有权有关的风险和回报常常从出租人传递到
租户的租赁。金融租赁有以下共同点：

- 资产价格的按期付款——包括对于达成一致的支付数额或在租赁期最
终支付的购买权。

- 保持性——租户对保持和所有与所有权相关却没有实际拥有资产的风险负责。
- 不可取消性——协议常常在签合同时定下来（Kloeppinger - Todd 和 Sharma，2010）。

对于受到缺少抵押物资产限制的农夫或者企业，金融租赁克服了这一限制，在一些情况下，租户在租赁期结束时完全拥有了资产（见专栏9.7）。

专栏9.7　奶牛租赁

K - Rep 发展机构与 Swisscontact 合作，开发了奶牛租赁产品。在这种租赁下，农夫借走怀孕的奶牛、饲料切割机来生产牛奶。多种可替代的抵押品形式和风险缓解机制用来保护服务商和农夫。第一，作为租赁，资产本身是种抵押物，因为，如果农夫不会按照协议支付服务商可以将奶牛要回。第二，农夫必须和其他农夫一起属于团体，这样可以相互充当担保人。第三，农夫为奶牛和他自己投保。这种附带的信用生活产品，保证了小额贷款公司和农夫家庭包含的所有风险，它的成本算入租赁金额内。在农夫或奶牛死亡事件中，租赁公司支付未偿还的贷款金额。

根据小额贷款合同，农夫从至多三个月的宽限日中获利。在这段时期以后，农夫开始偿还奶牛的开支外加利息。农夫可以选择在9个月、12个月、18个月中偿还。农夫使用了牛奶销售的收入来偿还贷款。当农夫完成了奶牛和饲料切割机的支付后，他完全拥有了它们；因为奶牛已经怀孕了，农夫拥有了奶牛和牛犊。

金融租赁常常对没有租赁设备相关知识的服务商有利。在金融租赁下，出租人需要承担租赁产品的金融风险却没有必要承担产品表现相关的技术风险。金融租赁有时被称做资本租赁，租赁来购买或雇佣—购买租赁（伴随着雇佣—购买租赁，资产所有权的一部分被转移到每次付款中，完成了最后一次分期付款租户变成完全所有人）。金融租赁的变化是销售和回租租赁（lease - back leases）；资产最初被卖给出租人，同时协议要求租户要在租赁协议期回购资产（Deelen 等，2003）。

构建运营租赁（operating leases），以使与租赁资产相关的所有权属于拥有资产的出租人。一般而言，运营租赁的期限显著少于资产的经济寿命，租户在有限的时期内花钱使用它。运营租赁的例子包括牲畜或交通工具几天的使用以换取金钱。有了运营租赁，出租人负责维持正在进行的资产运作。

资产也可以以伊斯兰银行的形式提供。ijarah 是典型的用来资助小型设备的租赁合同。租赁期和支付计划必须事先决定，来避免投机活动，而且应遵守伊斯兰教教法。为使合同符合伊斯兰教义，ijarah 合同必须指定资产的所有权、维护它的责任，始终归投资人。ijarah 合同可能跟着销售合同，资产的所有权被传递到租户（Karim 等，2008）。

然而目前为止，租赁服务还不是完全可用，考虑到提供租赁产品的困难和对于特许执照和经验的需求。

房屋贷款

房屋贷款在过去的十年间变得越来越流行，随着服务商意识到人们对完全的容身之所的需求和建筑资产的价值。房屋贷款与传统抵押贷款（mortgage）不同，抵押贷款金融指的是长期贷款，来购买房地产，后者作为抵押品。抵押贷款通常由商业银行和抵押贷款公司按照市场利率提供；然而，多达80%的全球人口不能接触到传统抵押贷款金融，因为他们存在可承受性、非正式的收入、缺少清晰土地所有权、不够深度的金融市场，和/或虚弱的房屋金融机构等问题（Daphnis 和 Ferguson，2004）。世界银行评估了非洲只有3%的人口可以付得起抵押贷款（非洲可支付房屋金融中心，2011）。

CGAP（2004）将住房小微金融定义为"贷款针对低收入人群，用来翻新或扩大已有房屋，建造新的房屋，获取土地和基础设施"。一些机构服务商已经开始，尤其是在过去的 5～10 年，为低收入人群发展房屋贷款。这些产品结合了传统抵押贷款金融和小额信贷的元素。住房小微金融提供了相对高的贷款（高达 5000 美元）和更长的期限（1～8 年），很多要求用义务储蓄作抵押品。利率常常比小微企业贷款的要低。像其他小额信贷产品一样，房屋贷款常常使用团体保证人，而不是使用住房或者土地本身；服务商通常不要求土地来保证贷款，这使得产品更加亲近低收入借款人。即使是特定房屋金融产品仍不可获得，我们有证据表明高达 20% 的用于工作资本的小微金融贷款，被用于住房和升级的目的（Ferguson，2008）。

住房贷款提供了房屋支持服务，比如建筑、工程、建设监督方面的专家技术。比如，尼加拉瓜的 Prodel 和墨西哥的 Patrimonio Hoy program of Cemex

提供了特别的技术帮助，包括保证高质量的结果，并确保贷款资金被用于住房改造和建设。尽管许多服务商声称他们能提供有品质的住房（Ferguson，2010；Vance，2010），这些服务可能会很昂贵，而且递送起来很复杂（见专栏 9.8）。

专栏 9.8　加纳的付得起的住房

在 2007 年的 UN－Habitat（由瑞典、挪威和英国政府）资助支持项目中在靠近阿克拉的特马港，建立起当地的金融扶持机构，它被设计用来提供信用增强（在这一案例中指现金抵押物保障）和技术支持来发展"银行许可的"低收入住房或者贫民窟升级项目，也就是说，项目可以用来保证和支付商业住房贷款。TAMSUF 机构从事富有挑战性但因此会有巨大的项目，这导致了在 Amui Djor 中心地区建成了非正式的混合用途的低收入住房建设项目。建立在由特马当地市政厅所提供土地上的三层楼，在最上层有 32 个住宅单元，这以低价卖给了低收入居民。通过第一层的 15 个商店的建设和运作以及商业厕所和洗浴设施实现了交叉补贴。提供资金的安排包括由 TAMSUF 担保的商业贷款、社区首付、政府津贴，以及由商店、厕所、浴室带来的商业交叉津贴。目前为止，在这个所有人都没有正式工作的社区，已经支付了 100% 还款率的商业贷款。

尽管是一个要求认真构建和协商的复杂项目，Amui Djoy 建筑还是成为正面的例子，体现了社区可以偿还商业贷款，并且确保和管理团体还款。TAM-SUF 正致力于这个项目的将来阶段，在 2011 年 12 月获颁卓越奖，由 Con-sultASH 和 UK Charted Institute of Housing 表彰它在社会住房方面的创新工作。

目前为止大多数住房贷款的注意力主要在持续改善住房上，考虑到相关的费用和低收入单个家庭利用一系列贷款来逐渐改造他们的家，而且，穷人不会表现出对期限超过五年的大额贷款太多兴趣；他们充分考虑到他们会有其他需求——对于教育、婚礼、葬礼——这会要求他们付出资源。最终，没有多少服务商对为穷人的建房或贫民窟全面升级提供资金显示出强烈的兴趣，因为这么做会增加风险和开支。渐进式贷款，及伴随而来的住房改造很容易地与现有的大多数服务商追求金融可行性的递送模式相匹配（Ferguson，2010；McLeod 和 Mullard，2006）。

注释

〔1〕CGAP 技术—开发信用评分的替代数据，http：//www. cgap. org／p／site／c／template. rc／1. 26. 2144／。

〔2〕企业金融实验室，http：//www. efnlab. com。

〔3〕摘自 Karim et al（2008）。

〔4〕见 http：//www. mftransparency. org/resources/calculating－transparent－pricing－tool/。

〔5〕供稿：mftransparency. org,（October. 2011）。

〔6〕本节由 Liz Case 提供。

〔7〕Pierre Giguere，与 Liz Case 的私人交流，住房融资经理，DéveloppementInternational Desjardins，Canada，June，2010。

参考文献及进一步阅读

* Key works for further reading.

*Allen and Overy LLP. 2009. "Islamic Microfinance Report." Report for the International Development Law Organisation, February. http://loganswarning.com/wp-content/uploads/ 2010/12/Islamic-Microfinance-Report.txt.

Baumgartner, P., and P. Kamau, eds. 2010. "How Can a Farmer Get a High Yielding Cow?" *Organic Farmer* no. 56, January, Nairobi, Kenya.

Centre for Affordable Housing Finance in Africa, FinMark Trust. 2011. "2011 Yearbook." FinMark Trust, Parkview, South Africa. http://www.housingfinanceafrica.org/wp-content/uploads/2011/09/2011-Housing-Finance-Yearbook.pdf.

CGAP (Consultative Group to Assist the Poor). 2004. "Helping to Improve Donor Effectiveness in Microfinance: Housing Microfinance." Donor Brief 20, CGAP, Washington, DC.

Daphnis, Franck, and Bruce Ferguson, eds. 2004. *Housing Microfinance: A Guide to Practice*. Bloomfield, CT: Kumarian Foundation.

*Deelen, Linda, Mauricio Dupleich, Louis Othieno, Olivier Wakelin, and Robert Berold, eds. 2003. *Leasing for Small and Micro Enterprises: A Guide for Designing and Managing Leasing Schemes in Developing Countries*. Geneva: International Labour Organization.

Ferguson, Bruce. 2008. "A Value Chain Framework for Affordable Housing in Emerging Countries." *Global Urban Development Magazine* 4 (2), November. http://www.globalurban.org/GUDMag08Vol4Iss2/FergusonValueChain.htm.

———. 2010. "Financing Slum Upgrading and Slum Prevention for the Poor." Presentation at the conference Sustainable Housing Microfinance

in Sub-Saharan Africa: Turning Loans into Homes," April 12–15, Nairobi.

*Frankiewicz, Cheryl, and Craig Churchill. 2011. *Making Microfinance Work: Managing Product Diversification*. Geneva: International Labour Organization.

*Karim, Nimrah, Michael Tarazi, and Xavier Reille. 2008. "Islamic Microfinance: An Emerging Market Niche." Focus Note 49, CGAP, Washington, DC. http://www.cgap.org/gm/document-1.9.5029/FN49.pdf.

Kloeppinger-Todd, R., and M. Sharma. 2010. "Innovations in Rural and Agricultural Finance." Focus Note 18, World Bank, Washington, DC.

Ledgerwood, Joanna. 1998. *Microfinance Handbook: An Institutional and Financial Perspective*. Washington, DC: World Bank.

McLeod, Ruth, and Kim Mullard, eds. 2006. *Bridging the Finance Gap in Housing and Infrastructure*. Urban Management Series. Rugby, Warwickshire: Practical Action Publishing.

Vance, Irene. 2010. "Housing Support Services in Central America: Status and Challenges." Presentation at the conference Sustainable Housing Microfinance in Sub-Saharan Africa: Turning Loans into Homes, April 12–15, Nairobi.

Wakelin, Oliver, Louis Otheno, and Kirugumi Kinuya. 2003. "Leasing Equipment for Business: A Handbook for Kenya." Report, Enterprise Development Innovation Fund, September. http://practicalaction.org/microleasing/leasing.htm.

*Wright, Graham A. N. 2010. "Designing Savings and Loan Products." Report, MicroSave, Nairobi. http://www.microsave.org/research_paper/designing-savings-and-loan-products-0.

第十章　农业金融

Calvin Miller

农业金融是指在乡村地区提供、服务于农业或非农业目的的金融服务。农业金融从根本上说是乡村金融的一个子集，致力于为农业相关活动融资，比如农产品的投入、生产、储存、加工和销售。除了用于营运资金，农业金融还资助和投资基础设施，诸如灌溉系统、存储设施和机械设备。它包括诸如信贷、储蓄、保险和转移支付等各种产品。农业融资被以不同形式（现金和实物）提供给农业企业和农户经营的小、中、大型养殖场。它还包括金融服务，如仓单系统、储蓄或其他资本化机制以及针对农业的保险和远期合约。本章主要关注农业信贷产品、对想要理解农业领域的个人及企业需求并开发合适产品以满足他们需求的实践者、决策者及监管者将对本章内容感兴趣。

农业金融的环境

各国政府都致力于发展农业金融，通过政府拥有的农业银行和农业专项贷款项目提供信贷给低收入农户，由于系统或协变的风险使得农业信贷计划产生了相对惨淡的结果（同时影响了很多人的风险，如干旱）。由于运营成本高和补助的不可持续，资助的重点从农业信贷转向服务于农业活动外的其他乡村活动。由于服务于全体的人口，金融服务更加有效，同时由于不再只关注于农业活动而降低了风险。然而，由于没有激励机制，很多私营甚至国有的金融机构越来越不愿去为农业活动而募资，同时也有管理农业投资领域的资金困难。鉴于政府融资逐渐远离农业领域，农村和农业金融服务出现了显著的差距。

由于许多小额信贷机构（MFIs）为了服务于贫穷的人们而设立并且农业是农村就业、收入、粮食安全的重要保障来源，满足贫穷农民的金融需求正符合了这类机构的使命。但是，由于所提供服务的典型特征及成本，小额信贷机构打算做的农村金融服务都主要是针对非农业活动。然而，尽管产品的创新使得小额信贷机构得以运作农村贫困家庭的积蓄和贷款，伴随着训练和其他服务，为农业的金融服务仍只是其投资组合的一小部分。

如今，市场焦点和市场潜力正推动着农业和农业金融服务的新增长点。认识到大多数生活在发展中国家的贫苦人民仍生活在贫穷的乡村地区，并且以农业活动为生计，许多政府和成熟机构在国家发展的战略中，特别包括了对农业金融增长的支持。此外，在粮食储备下降的情形下，各国更加关注了粮食安全；食品价格上涨将有可能引起社会动乱，不断增长的粮食需求在长期更加增强了其脆弱性。与此同时，不断上涨的食品价格提高了农业的盈利能力以及投资该领域的收益，也就增强了对农业金融服务的需求。

除了上涨的食品价格和和长期增长的前景，一个更加根本的改变发生在农业的组织和运作领域。农业变得更加商业化，促进买家和卖家之间更多的整合，以满足更高的消费需求。买家、卖家和农业价值链上其他的参与者都在变得更加有效率，以满足更加严格的农工联合体的标准，满足市场品质稳定、交货及时、差异化的产品需求。这些改变都对农业如何融资产生了深远的影响。

新的信息和沟通技术的出现，为农产品金融链服务的发展提供了良好的契机。所有的金融机构、包括小额信贷机构利用现代化的信息技术均可对复杂的债款、积蓄和支付处理，也包括销售点的转移和直接转账。他们也提高了和农业用户的沟通效率。此外，改进了的信息获取方式，便于定价、直接销售和交付以及远期合约，这些技术降低了信息成本，使农业企业也成为了良好的客户。

农业金融一个没有改变的方面就是政府干预的效果，在某些国家甚至是显著的。政府经常干预农产品价格，不是通过对价格直接管控就是通过对进出口的限制和规章制定来影响价格和农业贷款人的还贷能力。甚至政府和捐助者经常控制给农业的贷款利率，特别是资本很少的农民，对他们来说这些因素是具有颠覆性的。在某些国家的政策制定者甚至可能直接干预农业金融，使用政策通过不同渠道来提供贴息贷款或者在选举季、收成不好的时候勾销欠款。这些政策相比于解决问题更多的是制造麻烦并且这些政策还使得私人金融机构更加谨慎地出借款项。这种对农民和农村合作社提供补贴款项的行为经常制造一些消极因素，使得私人投资者不愿涉足这一领域。例如在印度，政府在 1990 年和 2008 年制订了免除贫穷农民欠债的计划，这一政策增加了银行不愿向这些贫穷农民贷款的情绪。

导致政策介入小农经济的一个原因是小农经济常被看做是农业而不是综合农业加工业。然而，对于农业金融尤其是借贷来说，农业必须被看做是一种商业。"对于赖以生计的农业活动来说，贷款并不是恰当也不可行，尽管一些金融服务比如储存积蓄使得在收成不好时生活仍过得去，保险也因此变得有效。尽管援助那些贫穷的农民和把农业从维持生计推向市场经济一样重要，并且社会一直强调小额贷款机构的重要性，但是在没有市场联系的业务活动中这么做却并不是金融服务提供者该承担的角色"。

农业信贷的挑战

农民经常居住在远离传统金融服务的地区，另外他们也面临着气候和价格的风险、季节性对产品的需求，以及波动的劳动力和资金需求等风险。许多风险和挑战都不在农民的控制范围之内，如干旱、洪水、虫害、病毒感染。在同一区域内，他们常常承受同样的天气和气候风险，使得金融服务很难去对冲这些风险。因此，农业金融服务者很难去资助农业金融活动。

资金的自然流动对借入和借出者来说是更大的挑战。总体来说，农产品比 MFI 的其他风险投资产品的营收期更慢，且农业贷款常常需要更长的周期，并且有着不确定性和潜在的风险，另外回报率也偏低。因此，农业金融相比于其他小微金融来说有着较高的风险以及对利率有着更高的敏感度。

农业贷款需要调整，以使其不同于其他的典型小微金融贷款。由于现金流出发生在原材料的投入、资本和在种植季节刚开始时的劳动力投入，而在收割季节发生现金流入，这一特点使得农业贷款在农作物成熟期才能还款，而不是像其他贷款那样在整个贷款期间定期还款。利息或许可以在整个贷款期间分批次偿还。

在农业领域，土地经常是抵押品。然而，对于小型农户来说，却经常存在土地的归属权和财产权的问题，特别是女性经常没有土地的所有权（在一些文化里，女性无论是在正式场合还是非正式场合都是没有权利拥有土地的）。此外，小型贷款常常无法取得合法拥有土地的证明。可移动财产，如牲畜和设备也常常面临高风险，因为农民常常没有证据证明所有权也对这些动产没有保险。而个人和团体的担保也常常没什么作用，因为这个团体的成员也会面临同样的问题和风险。因此，当这个团体的成员不再依靠同样的收入来源，如农作物的收割，这时的担保才有效。农民的识字率偏低也对农业金融的效率产生了负面影响。

以下因素主要适用于农村和农业市场，并控制着金融服务的供需状况：

- 通常较低的人口密度、分散的需求、较低的识字率、欠发达的交通基础设施和通信设施。
- 对当地的人口来说有限的金融机会。
- 由于变动的收入、外来的金融风险和防范风险的有限措施导致潜在的借入借出者面临高风险。
- 季节性的产出使得对贷款有刚性需求以及在特定时期对资金和劳动力的短缺。
- 农业和农业相关活动的高度集中，暴露了客户和提供者的加倍风险。既有特定风险（对于某一家农户），也有共同风险（全体地区或整个国家）。
- 女性农民常常因缺少土地，由于丈夫逝世而失去土地以及没有丈夫的允许无法租借资源而受到限制。
- 缺乏对借款方的可靠信息。
- 缺乏市场信息和接触市场的机会。
- 较弱的制度建设，包括政府的无序治理，管理者和雇员的技能不足。
- 补贴和直接贷款的"挤出效应"。

尽管没有一个简单的解决方式可以给农业金融带来成功，一系列被证明的过程、方法和工具却在他们各自的环境中有效。这些延伸到贷款、积蓄和其他金融服务之外的包括保险、对冲、内嵌金融等非金融实体和投资金融还有一些。对农业金融的指导原则，被认做是具有普遍意义的较好实践。

农业风险评估包括特别客户和集体客户的风险，以及和他们有关系、有买卖的个人和集体的风险。因此，评估手段在常规的小额贷款的操作之外。小微金融的强调点经常放在对客户的了解，了解他们的性格、资产以及他们偿还贷款的历史记录。评估很快但是通常只是粗略地了解家庭或者企业的概况。在传统银行业，抵押品通常是最重要的，也是借款的决定性因素。只要贷款被担保，抵押品的价值要远远高于贷款额，银行充分了解家庭或公司的兴趣不大。对借方来说，金融机构对担保物品的要求通常是无法完成的，因为他们根本没有银行所需类型的担保物。

当资助农业活动时，充分了解客户、业务活动以及行业的风险和需求就很重要。就像传统银行以抵押贷款为主的方法，仅仅在分析客户性格和客户群体记录的基础上贷款是不够的。每一个贷款分析都要对借款者的性格、能力、抵押品、资本、状况、现金流详细了解，当然也包括他的农业生产状况。对借款者生产力的评估是很重要的，如果有必要，还要对他的农业伙伴的优势和弱势，资金状况、管理情况、技术能力进行调查。对借款者的性格和他不同的合作伙伴都要有足够的信心。虽然借款者的性格和抵押品很重要，但是他的现金流的状况更为重要。

现金流状况的分析对决定借款的数量、期限、还款计划和还款能力十分重要。即使在一个很小的农场里所进行的不同农业生产活动也会使其看起来比较复杂，但是家庭和农业生产活动的现金流要进行审查。贷款者会从借款农民的买方和卖方获取信息直接或间接地审查借款者的现金流。农民的一些现金流会是常规的，但也有一些是非常规的，对农业生产者来说，现金流都不是规律的，都是按照季节来的。

环境是第二重要的因素。环境不仅仅是指贷款的环境（当然借方的贷款环境必须调查清楚），但是短期或长期的整个价值链和各种因素必须要调查清楚。抵押品当然很重要，但依赖重点从固定资产抵押转向基于产品、合同和过程的抵押形式。

这些特征需要对计划深层次的评估和对款项的监控，因此对于小额贷款这些花费就过高了，这也是为什么银行对这些项目不感兴趣的原因。然而，农业的转变正在提供使用农业价值链去完成风险评估和监控的新方法。基于此，一个名为农业价值链金融开始出现以解决农业金融问题。这在本质上及那些采用综合手段处理农业贷款的人来说并不新鲜，但对许多人来说却是全新的。这是一种在了解风险和金融结构（也就是说适应环境）基础上寻求降低调查费用和低风险的方法，来满足参与这个价值链的参与者。

农业价值链金融

农业贷款需要的风险评估远远超出了农业借款人的范围，包括了对决定农业部门价格和产量的波动的市场动态的分析。这是因为农民的生产能力，销售他们的产品能力和产品的利润情况是受与他们交易的买卖方个人与企业的经济表现所影响的。这些农民，企业和个人都参与农产品的转化，是相互依存的成员，他们之间的每一位成员都通过他们的努力来增加产品的价值，直到最后的消费者购买产品。这些成员之间的相互交互最终构成了一个价值链的总集。

一个价值链的轨迹是从原材料到消费者的整个过程，从给生产者投入原材料，之后不同的角色来完善这个产品，直到最后到达最终的地点去销售。这个路径或许很短，从农民到家庭，也或许会很长，经历不同的情况，跨越很多地区，从农民到合作社，到原材料生产商，通过各部门的增加价值，最后到达零售商。在这个过程的广泛定义中，一个价值链及其分析也体现了支持服务的提供商、社会文化约束条件、有利的环境和利益相关者之间的关系。

价值链金融指资金在一个价值链上的流向和经历。它利用对产品、附加值及市场营销过程的了解去决定金融所需并提供融资给其中的参与者。金融价值链的强壮取决于对公司风险和竞争的理解，使用各种信息来支持投资决定，给价值链中的潜在和现有的客户提供金融服务。有竞争力的农业是关联农业——这个价值链中的各个参与部门都有其利益所在。

贷款人需要了解这个关系的本质以及参与一个特定的价值链的个人和企业的能力和局限性，以评估可能影响特定客户偿还贷款能力的风险水平。有了这些了解，出借者还需要考虑现金流和这条价值链上的其他参与者。此外，提供者也需要提升数据管理能力来抓取和使用产品和市场数据来为他们的客户和相关地区的重要农业因素服务。

价值链金融对于价值链可以是内生或外生性质的。例如，当一位供应商将贷款提供给制造商，或者批发商提前将货款给销售商来购买原材料，这些行为组成了价值链的内生行为。在价值链之间的内生金融经常"嵌入"其他服务。嵌入金融的常见形式是交易员的信用，投入供应商的信用，市场公司的信用和出借公司的经济状况。资金从外界流向价值链里一个行业或一个行业的一类人（如制造者，交易者，原材料提供者）被定义为外在金融价值链。例如，当银行借钱给一位消费者，或者一个供应商以仓库收据作为抵押而为农民延长信贷，这些都是外生金融价值链的例子。

比如，一个供应商提供常规贷款给农村偏远地区和农民，他们其中的一些人使用这些资金去种植特定作物，这些不是金融价值链。然而，如果同样的供应商借款给咖啡制造商以使他们能够购买投入材料——因为他们是这条可行的咖啡价值链的一部分，而这条价值链上有可靠的买方和市场，这就是金融价值链。这些关系经常给外在的金融参与者以信心使他们去扩大信贷给那些没有足够资金的人。此外，中介和大公司可能会为他们的生意伙伴来获取价值链上的地位以延长这条价值链。例如，一家银行可能没有准备好去为小额的制造商去服务，但是或许提供一笔贷款给一位大型买家，而这位买家会重新分配这些钱给这条链上的其他组成部分。这些出借可以使小型制造商来购买原材料，因此他们可以制造商品来销售给大型买家。了解这条价值链并且知道其如何运行可以提升还款能力并降低风险。

价值链和金融市场之间的交互加强了价值链和金融市场系统。接触到这些信贷帮助价值链之中的成员来克服瓶颈并且使价值链的运行更加有效。价值链的存在降低风险并且逐渐给借出者以信心，从而拓展服务。然而，农业价值链经常组织不善，缺乏透明报价，并且碎片化——这都是由于高昂的交易费用。在很多情况下，市场都是被利益相关者——包括捐助者、政府和发展银行——扭曲这些机构认为农业是社会问题而不是经济活动。

金融价值链不仅仅分析价值链之中参与者和金融机构的资金流向，而且审视所提供的支持性服务及那些需要其强化价值链上最弱环节的服务，如图10.1所示。

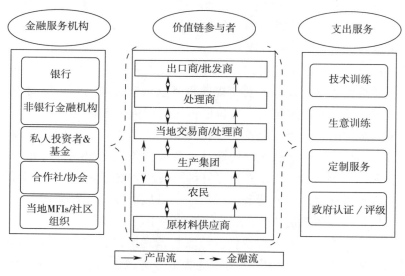

图 10.1　农业价值链金融

价值链商业模型

产品的本质、现金流动的动力、关系的类型、价值链相关的风险受各种商业模型所影响，而这些模型被定义为驱使价值链的动力。这里有几种类型的模型：

- 制造商驱动。
- 消费者驱动。
- 促进型。
- 综合型。

在制造商驱动模型里，制造者组织是驱动者和主要决策制定者。制造商甚至政府常常预想这个模型是最理想的，因为他给予制造商最大的动力。但是这个模型通常会暴露许多风险，需要农民有更大的生产能力和管理才能，必须接触更复杂的金融服务。大多数国家的小型制造商组织都不具备这样的能力和市场知识以在没有支持的情况下保持成功和发展。一个缺点就是市场需求是由消费者所决定，而消费者是在这个价值链中最远离制造商的一环。然而，对于拥有出色能力的制造商组织来说，这个模型是最成功的模型。

在消费者驱动模型里——例如合约农场——消费者签约制造商使其提供商品并且为其直接或间接提供贷款，以使他们能够直接面对支付需求。金融环境被设定为适合制造商现金流计划的环境。对于小农和他们的制造商组织，合约农场或者不太正规地被称为"成长计划"，正在成长为最普遍的消费者驱动模型的类型以将金融和价值链联系起来，确保投入、技术支持和市场接触。

促进型价值模型使用外在支持机构（总体来说是发展机构扮演服务商的角色）来建立生产力和经纪人伙伴关系，从而降低这个过程中的费用和风险。然而，这个模型依靠政府发展机构或非政府的补贴，它一定被构想为对中期模型的催化剂。服务商并没有成为直接参与产品流通或价值链交易的一环（见专栏 10.1）。

在综合型的模型里，领头的农业综合企业已经完全控制并对协调负责。这对大型的农业综合企业集团来说是正常的现象，并且可以降低他们的金融商业风险。这个模型由于很少包括小型制造商及农业企业，使其很难接触到贫困人群。

　　总而言之，理解商业模型，以及他们是如何被组织来帮助借出者去了解如何以最佳方式提供贷款来为价值链增值，因为融资常常通过或与价值链驱动者合作，后者然后可以将资金传递给合作者。然而，许多农业综合企业不喜欢管理贷款，所以就把贷款外包，因此创造了给金融服务提供者的机会。通过和原材料投入者和买方的工作关系他们可以提供低风险、高效益的金融服务，就像通过和仓库保管者和加工商的工作关系，贷款在货物被卖出时就被偿还。和专业的金融机构（而不是自己处理事务的提供商或消费者）共事常常会提升交付能力并且降低为价值链参与者提供金融服务时的花费。农业综合企业为他们的供应商或消费者提供金融服务是一种保障产品和市场的方法，但是他们常常不具备管理融资的能力并且发现关注他们核心业务会更有效，于是把管理贷款的事务交给了金融机构。与此同时，这条价值链上与他们一起工作的个人或组织常常比外部的金融机构更了解有关农业投入、市场的知识，这也是他们的相对优势。

专栏 10.1　DrumNet 项目

　　肯尼亚的 DrumNet 项目与供应链的关键参与者——购买者、银行和一些农业原材料零售商——建立了良好关系，并将它们通过专用交易平台以及一个完全集成的财务、生产、交付和支付过程链接到小农家庭。在整个平台上有针对性地使用信息和通信技术，使流程高效，并且具有成本效益和适用于非洲背景。

　　这个过程开始时，农民（组织成农民团体）与农业买家签订以固定价格购买的合同。该合同使农民能够接近合作银行，获得贷款，并从本地认证的零售商处获得农业投入。在收获时，通过将签约的农产品进行收集、分级，并在指定的收集点卖给买方。一个成功的交易是通过银行转账而无现金支付。DrumNet 作为还款现金流的中介，用来确保贷款在收入到达农民账户之前就被偿还。主合同管辖了整个过程，DrumNet 的信息技术系统监控了这个过程的合规性。

　　这个过程在几个方面创造了农业融资的有利环境。首先，银行在贷款时可以确保农民的产品有市场，农民的销售方式也符合市场要求。这两者就构建了健康的利润流。其次，银行通过提供实物贷款给农民，以便他们在生产时期进行投入，并在输入被分配后直接支付认证过（和被监测）的零售商，从而最大限度地减少贷款挪用的问题。最后，通过银行转账而不是直接的现金支付，减少了策略性违约，因为农民无法获得收益，除非他们的未偿还贷款全数偿还。

贸易融资

贸易和产品相关融资常常指由交易者、原材料供应者、农业综合过程参与者和消费者提供的贷款。贸易融资已经从传统上成为最常见的农业金融模式，特别是对小型生产者。对于有良好架构的农业价值链和不太正规的有些碎片化的价值链来说交易金融都是最常见的。这些农民交易员或消费者交易员的关系在连接农民和市场之间扮演了重要的角色。他们为农民提供贷款以使他们可以投入原材料、收割和其他的开支（如家庭日常消费和紧急事件）。在一些更有组织的价值链里，一位交易者或消费者可以预付给制造者资金以使他们能够购买原材料并且支付直到收割时所需的费用。之后，这位交易者从购买价中扣除提前支付的现金和提前商议好的利息费用。了解到制造者会在作物卖出后便给供应者支付款项的供应者可以为制造者提供信贷。在某些情形下，这些安排会涉及第三方，比如当消费者为生产投入而给供应商支付款项时，这些会在给生产者支付的价格中扣除。

收集生产商产品的营销公司和带头企业常在产品生产出来之前就提前支付货款，这也是交易信贷嵌入价值链的一种形式。相似地，当合约农场存在时，批发商依据合约给制造商提供信贷，指定农民必须在批发商指定的时间提供合规数量和质量的产品。或许没有明晰的利率，而销售价的折扣常常会写进合约之中。在合约农业的安排下，批发商也会提供技术支持，以确保产品质量。

交易者常常是乡村社区的成员，或者是来自这个地区。他们不仅有资金，还可以安排运输，但最重要的是，他们对相关市场有了解和联系，以确保他们可以在这个地区高效运作。交易者因此可以在担保作物在收割时以预先商议好的价格出售的情况下预先筹集资金。在越少竞争的地区，交易者所提供的价格经常低于赔偿的风险，嵌入利息的成本和利润；交易者会投机取巧并利用小农家庭对资金的需求。

对金融机构来说，尤其是小额信贷机构和政府银行，经常会假定金融服务必须直接提供给小微型农业者和家庭。由于费用和其中的风险，这样或许会也或许不会是农业金融服务最可行的办法。因此，金融机构也需要考虑其他供选择的金融供应者、交易者和那些可以提前找来生产者所需的原材料和资金的农业综合企业的消费者。例如，当在交易者和消费者之间有充分的竞争时，将会有助于保持价格真实反映市场行情，之后，通过这些交易者和消费者来间接对小微农户提供融资或许是最有效的方式。

账单折扣和保理

赊销的原材料供应者以及以寄售或延期付款（例如，60 天）的方式销售产品的农业综合企业或制造者协会，常常与资产流动性作斗争。这限制了销售的数量，反过来也限制了小农家庭在收割时期还款的能力。账单折扣和保理将会有助于提升现金流而不需要额外的抵押品（这些抵押品常常也得不到）。账单折扣和保理都是一种金融交易形式，企业或制造者协会以一定折扣销售他们账目的应收票据。这些都是贷款的形式，使企业能够及时获取现金而不是等待应收账目的偿还。这些提前于应收账款而回收到的现金对于小型企业十分重要，他们需要资金来购买产品或支付客户。

保理是账单折扣的一种特殊形式，通过专门的保理机构（见专栏 10.2）。消费者和批发商或原材料供给者以一定折扣出售他们的应收账款票据给保理机构，保理机构提供一笔资金（比如 80% 的应收账款的价值）给企业或制造商组织。这个机构收集应收账款票据，当到期时再偿还所有的资金给企业，但要扣除一部分手续费（比如管理费、利息）。保理加速了运营资金的周转同时也为应收账款的管理和账目的回收提供了管理服务。另外，也保护免受信贷风险，因为保理机构也进行了买方尽职调查评估，这也是必须完成的工作。

专栏 10.2　　保理支持农业发展

在肯尼亚，DGV 公司是一家有限责任公司，其关注点是通过保理来进行价值链融资。它的服务领域包括农业和制造业。任务就是通过消除公司间的金融压力来加强公司之间的联系。DGV 优先考虑农业部分，后者是它 80% 的利润来源。

DGV 允许农业供应者兑换票据并以事先定好的费用将它们折价兑换成现金。DGV 之后按面值价（全价）从买方那里收集发票。在兑换日，买方全额支付给 DGV，DGV 再按之前约定好的价格支付给供给者。

保理三种方式上与贷款不同。第一种，强调应收账款的价值，而不是农业综合企业或者制造者组织的信用价值。第二种，保理不是贷款；它是购买资产——票据。不是直接的金融提供者，它允许原材料提供者或消费者使用基金，这可以使接收预付款的农民受益。保理机构提供收集服务，这可以使其他的金融服务提供商更加愿意也有能力去拓展贷款服务并预付款项给农户。向超市出售的制造者组织或其他的委托消费者不仅仅必须去等待付款，而且还要经常去关心资金回收过程哪些地方有困难。鉴于他们的地点和回收经验不同，有一家保代机构去处理这些事情将会更加行之有效。

仓库收据系统

　仓库收据系统（有时也叫仓单）是一种存货清单的形式，起源于 19 世纪的欧洲农夫间。仓库收据包括一份三联的合约，由（a）把储存品当做抵押物的制造者（或常常是制造者组织，代表农夫来运作），以及（b）当地的金融机构（向制造者或组织提供贷款），以及（c）提供保管服务的仓库管理员签订。储存的产品常常在价格最高、潜在收益最大时卖出。农业综合企业也可以使用仓库收据，只要货物地被独立控制的仓库安全保管。农民和这条价值链上的参与者从仓库接到收据，收据声明货物的数量、质量和交易，以抵押品的形式保证从第三方金融服务机构，如某家企业或小额信贷机构获取贷款（见图 10.2）。

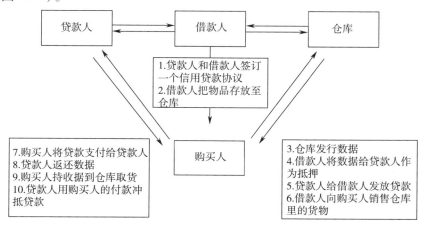

图 10.2　仓库收据金融系统

仓库收据系统可以帮助用于平滑一年内不同季节之间的价差，就像它们帮助消费者和销售者去了解仓库是否还有库存一样。这样可以帮助人们去预测需求和税收，从而引导市场更加稳固和有发展潜力。然而，对于那些商品价格不以可预测的、季节性的变化而上涨的情况，基本没有激励和需要去储藏和使用仓库收据。

尽管许多仓库收据系统是被正式构建起来的，不正式的信贷系统包括乡村谷仓或区域储存中心在一些发展中国家是很常见的。在拉丁美洲，小额信贷机构开始使用"微型认股权证"作为仓库收据金融的一种形式，对微型企业有显著帮助，信贷合作社联邦也使用了（许可证）系统（Miller，2011；见专栏10.3）。

专栏10.3　仓库收据系统：尼日尔的经验

在尼日尔，当地的农民组织和小额信贷机构已经接受了"warrantage"概念。从20世纪90年代中期开始，"warrantage"系统已经创造了由该国小额信贷机构提供的相当流行的金融产品。制造者组织向他们的成员提供、储存设施以及解决贷款的交易。这些贷款确保农民在种植季节能有足够的经费。这些受资助的活动的收入就可以使农民支付贷款而不用到最后使用储存商品卖出时的利润。

几个条件满足时仓库票据金融才工作。一些重要的因素包括详细的农业价值链动态的出借知识、借方农业综合企业的稳固性、可行的监管架构、合适的储存管理和设备，以及制造者组织内部的有力治理。尼日尔经验强调这些情况的重要性：尼日尔邻国稳定的进口谷物的需求对尼日尔农民创造了稳固的商机。通过他们的组织，农民建造储存设备，以谷物的储存量为倚仗要求联合贷款。出借者了解这些储存的谷物的价值，于是便接受这些谷物为抵押物。即使尼日尔的法院系统很难使贷款合约强制执行，但固定的农业机会组合、强大的农民组织和熟悉农业市场的出借人使得仓库收据可以在全国的金融市场有效。

农业租赁

就像在第九章所讨论的，金融租赁，也叫做租赁—购买合约，对设备和耐用资产融资来说是一种可供选择的可行贷款。租赁使用了农业设备和机械作为抵押品，因此为不具备传统抵押品而又要直接购买的客户提供一种可供选择的方式。租赁是一种特殊的金融产品，由清晰的立法来管理。租赁和小微租赁在一些国家变得比较常见，但还是相对较新。租赁有时可以从银行或小额信贷机构获取，但大部分还是从专业租赁公司获得，这些公司或有或没有与银行和小额信贷机构有所联系。

通过金融服务了解客户风险

农业受制于生产、价格和市场风险。这三个因素可以影响一个地区的所有客户。尽管这些风险由不可控的因素所决定，他们对收入和贷款偿还的影响却可以减轻。像其他任何金融机构一样，与低收入客户共事的金融服务者通过多样化的投资组合来缓和系统风险，如果可能的话，还进行区域分散和投保。此外，当他们提升数据管理能力并使用产品和市场数据来为他们的客户和地区最重要的农业因素服务时，也可以做出更好的农业借款决策。

农业保险

天气和相关的自然事件对产量的影响是无法预测的，并且随着气候变化，风险也在增加。保险可以降低这些风险。在第十一章中描述的不同类型的保险对农户和农业企业来说都是很重要的，对于农业风险，保险产品特别有效。

农业保险产品可以典型地分为四类：

- 损失保险。保险理赔在特定的损坏发生时发起，这类事件包括：冰雹、火灾、牲畜死亡等。这种类型的保险依据实际损失来赔偿。
- 产量保险。在客户的产量低于预先商议好的产量时，保险发起理赔，而不是依据观测到的损害程度。
- 收成收益保险。这种事先商议好时间和数量的赔偿将会依据事先规定的产量和产品价格发起理赔，而这种保险是依据该地区历史标准确定的。
- 指标型保险。预先设定的指标将会被用于估测购买保险的客户的损失程度。这个指标的计算是依据历史上的气象数据和生产数据。例子包括平均的气温、降雨、风速、农田和死亡率的综合。使用指标将会避免对损失的价值进行确认。与特定水平的偏差决定了赔偿数额。指标的例子包括：（a）在最短期的一个特定的最低温度（霜冻期）；（b）在特定的时间段一个特定的降雨量（对于那些雨水过量或缺少雨水的地方）；（c）一个特定的风速（对于飓风来说）。

　　尽管农业保险在发达国家十分常见，但在发展中国家还是很少见的。有关获取相关的数据、核实损失、完善合适的指标或者发布保险产品的制度机制在许多国家是受限制的，使得保险公司提供相关的服务的成本很高，他们也很难提供农民所能接受的保险价格。然而，如果一个合适的指标可以被确定，递送费用将会显著下降，由于赔偿的损失不必被确认，而是自动依据指标而决定。使用指标也避免了道德风险。这是由于保险人和机构都不能影响指标的测量，这些指标常常是第三方机构所测量，比如政府部门。然而，像所有类型的保险，指标型保险都是依据可靠的历史数据，尽管数据收集的水平在提升，对发展中国家的保险机构来说，这仍是一个明显的弱点。相关的挑战是在该赔偿时建立一组代表损失和避免不赔付款风险的指标。

　　此外，农业家庭面临有限的市场机会并极少地去接触其他服务，例如信贷、积蓄、农产品投入或通信基础设施。保险服务为农户带来的附加值极少，因此他们的支付意愿也很低，即使在提供补贴的情况下。

　　对于小农的农业保险，和其他的金融产品（如贷款、储蓄产品）相捆绑是很有效的。捆绑极大地降低了交易费用。保险产品的管理常常不在小额贷款管理公司的能力之内，但是通过他们或通过和保险提供者的联系来联合贷款将会有效地递送保险产品。

远期合约

　　远期合约规定发行人卖出在以后交付的产品，比如在收割季节。卖价在合约中就已规定。远期合约对小型农户、交易者和农业企业减轻风险或"对冲"价格风险十分有用，这将有助于借出者减轻风险，因为未来的收入将会更加有保障。远期合约也可以用于贷款的抵押品（见专栏10.4）。

专栏10.4　作物应收款

　　巴西政府设立了农村金融票据（rural finance note），被称为"cedula produto 农村"，用于贷款给农业企业和生产者。该票据不是一个典型的远期合约；是一个远期合约和仓单的混合体。其作用机制是非常简单的——农民给购买者发放农村金融票据，承诺在未来规定的时间和地点，农民提供有着特定数量和质量要求的农产品给买主。作为交换，买方需要按相应规定来提前支付一定数额的金钱。实际上，买方则根据票据而为农民支付了一笔无利息的贷款。

担保基金

在一些国家，政府、捐助者或商业公司为农业或目标农业群体提供担保基金。这都是为了减少借贷的风险。一个典型的例子是一项基金在违约的情况下保证承担约 50% 的贷款（无论是平均承担或预先承付），每年收取 3% ~ 5% 的费用。降低的风险激励借款者去借贷投向那些新的或有一定风险的项目并且可以更多的借贷。这个贷款保证金管理者也提供一份风险评估作为尽职调查的一部分。担保计划的弱点是成本，这是难以为继的，除非有政府或捐助者的补助。

畜牧贷款

之前的描述大部分都集中于作物农业，关注点也必须有畜牧业。给家畜提供金融服务在小微金融领域是常见的，也并没有与作物农业有相同的风险。小型牲畜养殖经常由妇女来完成。牲畜养殖给妇女提升地位提供了一种方式，但同时也在紧急或需要之时相对易变。另外，养殖牲畜可以使农民的收入和风险多样化，同时提升农民的信用水平。

然而，为牲畜养殖提供的信贷并不是没有风险。小型牲畜例如鸡、猪或牛常常以小规模在恶劣的环境下就被饲养，并且没有合理的看护。不完善的卫生条件、缺乏有效的喂养和良好的牧场，缺乏良好的疾病防控体制可能导致牲畜的失踪、疾病或不符合市场要求（比如牲畜有疾病、不符合质量要求而很难卖出）。除了资金喂养牲畜的农民可以从其他投入中获益（见专栏 10.5）。

专栏 10.5　国际小母牛

国际小母牛组织和 BRAC（孟加拉国农村发展委员会）很早就认识到，推动畜牧业发展可能比融资需要更多资源。国际小母牛组织提供实物贷款，受助人以牲畜后代偿还贷款。它在世界范围内超过 60 年的成功已经与其所支持的群体形成、牧场的改进、准兽医培训、接种疫苗运动和其他服务建立起了错综复杂的关系。为了增加其养鸡客户的成功率，BRAC 提供了支持孵化的设备并改善喂养条件。

小微金融机构在农村金融中的作用

所有提供农业金融服务的金融机构需要去了解农业和相关的小型农业综合企业以便更加高效。普惠金融承认农业在农村贫困人口中的作用。农业金融需要金融和非金融服务的结合。小微金融机构自己无法提供农村金融所需的广度，还需要非金融机构的技术支持。因此，对他们来说这是更有效地与其他服务提供商合作从而为农户提供全面的金融服务的方式。对于小微金融机构，理解他们的农业客户所需和与弥补他们服务的合作伙伴的联系是显著提升对农户服务的关键所在。

如果金融机构想以有效持续的方式来成功地接触小型农户和农业综合企业，持续创新是很重要的。小微金融机构已经成功地提供创新产品和方法来达到贫穷农户的需求；他们也可以正在持续创新来更好地服务于农业客户。如玻利维亚的 FONDECO（社区发展基金），一家小微金融机构已经开始不仅仅为农业产品提供贷款，而是提供一揽子金融产品来为这条价值链上的不同部分服务（见专栏 10.6）。

专栏 10.6　FONDECO：价值链中的小微金融创新

- 合同（耕种）保障——木薯（cassava）和木材
- 产品支持的贷款——畜牧业和林业产品，凭借产品作为担保
- 农业保险
- 小微担保（仓库收据）——大米、玉米、脱水桃子、杏仁、藜麦和羊毛
- 账单折扣金融——投入和服务供应商
- 小微保理——辣椒和学校的早餐
- 小微租赁——农业机械
- 购买者保障——小型咖啡制造商组织
- 保障基金——投入和服务供应商

● 风险基金——土豆和葡萄

总而言之，农业金融的新方法降低了费用和风险，其中的一些措施已经提升了价值链之间的联系，加强了管理、沟通和技术系统。即使如此，金融的三个 R 对于农业金融仍然十分重要：客户及其农业业务的风险（risk），给客户的资本要产生充足的回报（return），还款能力（repayment capacity）。这里没有可替代的或者快捷的方式来精确评估客户和他们的业务。现金流量分析、产品价值链的评估以及在适当的条件下对贷款进行裁减是至关重要的。

即使有最好的评估，农业贷款也应该购买保险来达到安全缓冲的目标。尽管保险产品可以帮助我们去减少损失，最重要的保险仍要通过积蓄和资产积累来构建，这可以在需要的时候很容易地变现清偿。方便的储蓄业务将会惠及农民。

农业融资依赖于农业部门作为一个整体的成功和客户的竞争力、风险状况和价值链。需要长期投资以提高产量和质量及建立人力资源的能力（技术和关系）和基础设施建设（灌溉、设备、储存和技术）。所有这些都是健康农业发展所必需的，而健康的农业发展也会促进经济增长和农民的增收。

注释

[1] 这些支持服务是基于市场的，用来在市场系统内的提供支持，而不是促进。

参考文献及进一步阅读

Becerra, N., M. Fiebig, and S. Wisniwski. 2010. "Agricultural Production Lending: A Toolkit for Loan Officers and Loan Portfolio Managers." Rural Finance Learning Center, FAO, Rome.

Campaigne, Jonathan, and Tom Rausch. 2010. *Bundling Development Services with Agricultural Finance: The Experience of DrumNet.* Innovations in Rural and Agriculture Finance Focus 18, Brief 14. Washington, DC: International Food Policy Research Institute and World Bank, July.

Christen, Robert P., and Douglas Pearce. 2005. "Managing Risks and Designing Products for Agricultural Microfinance: Features of an Emerging Model." Occasional Paper 11, CGAP, Washington, DC.

Das, P. K. 2012. "Agricultural Credit Policy in India." Unpublished research paper, Bhubaneswar, India.

Heney, J. 2011. "Loan Appraisal: Agricultural Lending; Self-Study Guide for Loan Officers." Rural Finance Learning Center, FAO, Rome.

Höllinger, Frank, Lamon Rutten, and Krassimir Kiriakov. 2009. "The Use of Warehouse Receipt Finance in Agriculture in Transition Countries." Working paper, FAO Investment Centre, FAO, Rome.

IFC (International Finance Corporation). 2010. "Indexed-Based Agricultural Insurance: A Product Design Case Study." IFC Advisory Services, Washington, DC.

Kang, M. G. 2007. "Innovative Agricultural Insurance Products and Schemes." Agricultural Management, Marketing, and Finance Occasional Paper, FAO, Rome.

Miller, Calvin. 2011. "Microfinance and Crop Agriculture: New Approaches, Technologies, and Other Innovations to Address Food Insecurity among the Poor." Workshop paper commissioned for the 2011 Global Microcredit Summit, Valladolid, Spain, November 14–17.

Miller, Calvin, and Carlos da Silva. 2007. "Value Chain Financing in Agriculture." *Enterprise Development and Microfinance* 18: 95–108.

Miller, Calvin, and Linda Jones. 2010. *Agricultural Value Chain Finance.* Rugby: FAO and Practical Action Publishing.

Obara, Beatrice. 2011. "De Deby Green Ventures Capital in Kenya." In *Agricultural Value Chain Finance,* ed. Rodolfo Quirós. Rome and San José: FAO and Academia de Centroamérica.

Roberts, R. A. J. 2007. "Livestock and Aquaculture Insurance in Developing Countries." Bulletin 164, FAO, Rome.

Van Empel, Gerard. 2010. "Rural Banking in Africa: The Rabobank Approach." In *Innovations in Rural and Agricultural Finance,* ed. R. Kloeppinger-Todd and M. Sharma. Focus 18, Brief 4. Washington, DC: International Food Policy Research Institute and World Bank.

Vargas, Edwin. 2010. "Innovaciones financieras en la cadena productiva." PowerPoint presentation at the conference "Agricultural Value Chain Finance," FAO and Academia de Centroamérica, Rome and San José, Costa Rica. http://www.academiaca.or.cr/presenta-cion2010/presentaciones/edwin_vargas.pdf.

Zander, Rauno, Calvin Miller, and N. Mhlanga. 2012. *Credit Guarantee Systems for Agriculture and Rural Enterprise Development.* Rome: FAO.

第十一章 保 险

Craig Churchill

低收入人群生活在充满风险的环境中，他们很容易受到如疾病、意外死亡、伤残以及因盗窃或火灾引起的财产损失、农业损失、自然和人为因素引起的灾害等无数危险。而且当危机发生时，他们也最没有能力去应对。例如，大约每年有 1.5 亿的人会受到在医疗保健服务上破费产生的不利影响，而且超过 90% 的这些人生活在低收入国家里；对约 1 亿人来说，在门诊医疗卫生服务上花费，这些如此巨额的费用致使他们的生活都被推至贫困线以下。

小额保险对于穷人来说比其他金融服务更新鲜。在初版小微金融手册（莱杰伍德，1998）里，它只讲述了两个段落和一个专栏。当时，针对围绕服务于穷人的保险有很少的经验或创新。然而，在过去十年中，小微保险发展迅猛，进步显著，部分原因在于小额保险网络和国际劳动组织的小额保险创新服务项目的工作，小额保险的增长已经上了更高的台阶。正是由于他们的努力，小额保险的经验被世界各地的提供商所记录和分析，创造新的课程和指导依据。

本章介绍了人们对保险的需求以及相关的低收入家庭保险应考虑的关键产品设计问题。它提供了产品类型的一个概述，包括人寿，健康，财产和农业保险，而且介绍了保险怎样才能被整合进普惠金融的议程中。这将是意在了解小额保险如何能够帮助贫困人群更好地管理风险的从业者、资助者及其他利益相关者的兴趣所在。

对小额保险的需求

小微金融的利益相关者往往把他们的注意力和资源放在金融的生产性方面，特别是微型和小型企业贷款。然而，如果该企业家的事业或家庭遇到危险，任何发展取得的成绩，如收入增加、资产积累和就业创造便会迅速丢失。

因此，生产性投资必须与类似的关注和资源相平衡以促进保护。

　　尽管不同国家的人们都在关注不同的风险，低收入家庭始终把收入赚取者的损失源和家庭成员的疾病作为自己最关心的问题（Cohen 和 Sebstad，2006）。该思想的主导地位并不令人惊讶，尤其是因为它的双重影响。在不能工作意味着家庭收入减少时，还需要额外支出来支付医保开销。对于有生病患儿的家庭，小费用可以快速攀升并产生巨大的金融影响；事故，以及慢性疾病如疟疾和艾滋病，需要比较大的款项，对家庭来说是一个巨大的财务负担。这些巨大的财务压力常落在女性身上，她们中的许多人担负起家庭福利的主要责任。

　　尽管贫困家庭可能有非正式的管理风险途径，这些策略通常未能提供足够的保护。许多风险管理策略，如传播金融和一些人力资源的创收活动，只产生低回报。非正式的风险应对策略，如从朋友和家人借钱，往往只能覆盖损失的一小部分，所以穷人必须拼凑各种支持来源。即使这样，非正式的风险保障也不能很好地抵抗一系列的危险；在家庭有机会从一个危机中完全恢复过来之前，他们往往会遭受另一个危机。

　　小额保险是一种新兴的互补工具，可以帮助低收入人群更有效地管理风险。它提供针对特定的危险进行保护，包括死亡，残疾，住院治疗或颗粒无收，以换取和风险发生时的可能情形和所需开销相匹配的定期付款比例。通常情况下，术语"保险"是泛指一般风险防范和管理技术。例如，紧急用途储蓄可能被称为保险基金。然而这本书，使用了更狭隘的定义，规定小额保险，像传统的保险一样，包括风险共担元素，它允许一大群被保险实体共享从一种罕见事件发生所造成的损失（见专栏11.1对关键保险术语的定义）。

　　被保险的实体，如人、企业、家庭、社区，甚至是国家，因此免受风险，作为交换，要缴纳所谓的保险费。保险费金额由事件发生的频率和严重程度所决定的。那些在某个特定时期风险池里没有遭受损失的人，实际上已经支付其他人所经历的损失。保险降低了家庭的脆弱程度，因为家庭将风险，取得的不确定性替换为伴随着制造小型、定期缴纳保险费和一旦危险发生接受偿付的现象。这种风险分担功能使得保险比储蓄、信用或支付服务更复杂。

　　尽管特征上与传统保险相似，小额保险需要使用根本不同的方法以适用于相关的低收入市场和可行的供应商。保险公司的产品一般并非专为满足贫穷劳动人群的特点，特别是非正规经济中谋生计者不规律的家庭现金流量这一特征而设计的。其他主要产品设计挑战包括不合适的保险金数额、复杂的除外责任以及难以辨认法律政策的语言，所有这些都阻碍了有效地为穷人服务。

专栏 11.1　主要保险条款

精算师：计算保险及保费年金，保险准备金及分红的人。

逆向选择：高风险的个人，因预期由较大可能会遭遇投保事件而一般寻求更大保险覆盖面的倾向。

代理人：索求，谈判，或影响保险合同，并给投保人和保险人提供服务的保险公司代表，通常会赚取保险费佣金。

基准风险：保险支付与投保人经历损失不一致的概率。这是指数保险要特别关注的，指数保险的支付基于量化指标，如雨水过多或过少，但指标可能会也可能不会与投保人的实际损失很好地相关。

受益人：个人或金融工具（例如，一只信托基金），在保单中被定义为投保事件发生时保险金的接受者。

保险金：保险公司应支付给索赔人或受益人的保险事故发生后的金额。

人头费：医生或医院在一个特定的计划里按每个人固定金额接收的保险公司付给费用，不管服务的频率或类型如何。

索赔：按保险合同提出对损失的理赔请求。

核实索赔：小额保险公司核实并处理索赔支付的过程。

共付：由保险公司与投保人分担风险，降低道德机制危险，建立公式划分保险公司与投保人之间的支付损失各占的份额。举例来说，一个共同支付安排可能需要向保单持有人付出一切损失的30%，而保险人承保的剩余部分。

协变风险：要么（1）许多家庭在相同时间内受风险影响；（2）一些风险总是一起出现的倾向。

覆盖范围：根据保险合同规定的保护范围，以及保单中涵盖的各种风险。

扣减（或过剩）：由保险公司与投保人分担风险，降低道德风险机制，其中规定，针对被保险损失总额，对每宗申索或保险事故投保人同意支付的百分比。

养老保险：如果投保人活着由人寿保险支付。如果被保险人或受益人在保单规定日期之前死去，在政策规定的到期日支付给受益人。

失效：由于保险费的未付款而终止或保险单的终止。

道德风险：因知道自己受保护，有保险的人从事更危险行为或使用更多的服务时存在的风险。一个例子可能包括未能采取预防保健措施或作出不必要的就医行为的一种风险。

预先存在的条件：这些是常常被排除在保险政策外的健康状况作为控制逆向选择的一种手段。要控制这一点，保险计划可能需要在入学前进行健康检查，或要求准保户回答的健康问卷。

保险费：由投保人支付，以保持保险单生效的总和费用。

附文：对保单的修正，保险的政策，通过扩大或限制其收益，或排除一定的覆盖条件以对保单做调整。

风险分担：在一些较大的群体所遭受的损失的传播。因此，在这个过程中，集体各成员的损失仅限于平均损耗（溢价付款），而非个人遭受的潜在更大的实际损失。风险共担有效分散了一些较大群体的损失。

自我管理：群体保单持有者对所持有的医保覆盖人群的所有记录的维护和责任的承担。职责包括为每个付款日期准备保险费账单并提交保费给保险公司。保险公司在大多数情况下有合同特权审核投保人的记录。另一种是第三方管理，因此专业公司可以行使行政管理的职能。

保险商：（1）接收保险费和履行保单合同责任的公司；（2）决定是否该公司应承担的特定风险的保险公司员工；或（3）销售保单的代理。

等待期：该期间的投保人在其注册后，不能享受某些特定好处的时间。等待期间的效果和排除预存情况基本相同，除了保险商的条件不具备承担索赔核查费用。

将保险业扩展到穷人的另一个主要的挑战是教化这个市场并克服其对保险的偏见。许多贫穷的人对为无形产品支付保费以享受未来可能不会享受到的好处持怀疑态度。保险供应商被视为迅速地拿一个人的钱，但却缓慢地付出来。事实上，这种偏见在两个方向上都有。保险公司工作的人通常不熟悉贫困人口的需求和担忧。此外，保险公司的文化和激励回报并鼓励销售人员把焦点专注于更大政策和更有利可图的客户。

小额保险仅仅是低收入家庭可获得的几个风险管理工具之一，所以真正关心关于帮助穷人管理风险的组织应评估是否提供小额保险是最合适的响应。

对于那些造成损失较小或发生概率高的风险，储蓄和紧急贷款会是更适当的风险管理金融服务。储蓄和信贷也比保险更灵活，因为它们可以用于各种不同的风险（和机会）。另一方面，对于大的损失，相比贫困家庭的自我补偿，保险提供了更完整的覆盖。对于这些较大的风险，参与一个风险池相比家庭自己尝试的独立保护是一种更有效的手段保护。

像其他金融产品一样，穷人保险计划必须平衡三个竞争目标：（1）提供覆盖范围，以满足目标人群的需求；（2）减少保险公司的经营成本；（3）减少价格（包括交易成本）为客户增强承受能力和可接触性。该目标是要在广泛的包容性、足够的好处、低溢价率和可持续性之间寻求平衡。

产品选择

在设计保险产品时，各种选择都需要考虑。保险将提供给团体还是个人？是强制性的还是自愿性的？覆盖条款及价格是什么？将如何收取保费？以及将如何支付收益？

团体或个人保险

区分个人保险还是团体保险的主要特征在于，对于团体保险，很多人都在一个主保单里承保。该团体保单持有人决定为该组的成员买覆盖什么范围的保险，负责招收成员，收取保费，传播保险及产品证书信息，并协助成员申报赔偿。该保单描述并定义该组成员的资格。

团体保险的承保指引一般在开始时要明确定义该团体的基本要求。主要的标准是，该团体已形成的原因必须不是为了获得保险。这种机制应该限制逆向选择的范围，并允许更容易承保和风险管理的现象出现；如专栏 11.2 所述，需要特别小心恰当地执行。适用于团体保险的团体例子包括公司的在职职工，工会成员，小微金融机构（MFI）的借款人及同业团体，如专业团体或社区协会。

专栏 11.2　在巴基斯坦 AKAM 的村级健康小额保险经验

2006 年阿加汗机构小额金融服务（AKAM）在巴基斯坦推出了小额保险计划，以测试一种创新健康小额保险对保障低收入家庭免受经常毁灭性的保健支出的影响。该计划试图在崎岖的北部地区村民中做保险，通过团保大幅降低交易成本，并设计满足目标市场需求的保险产品。

基于深入的市场调研，小额保险专家们设计了一个卓越的产品和创新的过程。产品不仅涵盖住院医疗费用（高达400美元每年），而且包括一个后续治疗和出院后需要服药的费用，同时也为每个参保人及家庭的经济支柱提供门诊咨询服务。该产品限制条款很少，而且对年龄也没有限制，无等待期，不需要共同支付，也无扣除费用。总体目的是要在某种程度上解决人们的需求，他们每人每年需要缴纳5美元，希望以这种方式让他们理解，欣赏和接受正规保险。

由于一位村民的灾难性医疗案件，开销会影响到整个社区，所以购买保险是整个社区的决定。村庄的团体保险申请原则将允许AKAM通过村组织销售产品，从而减少了个人的交易成本，保护项目免受只有不健康的人们会购买保险的风险。

然而，市场调查表明，保险的购买并不能强加到村里的每个人：有些人太穷了，而且最初假设条件较好的村民将资助他们邻居的保费是不现实的。所以从团体保险的一个基本原则出发，在一个村庄组织，家庭购买保险的比率从100%（每个人都是被保险人）降低到50%，但附加条件是那些决定购买的家庭其保险覆盖面必须包括每一个家庭成员。

这个精心设计的结果不如预期。买保险的人比预期少了，决定买的家庭也比预期平均家庭规模小。此外，保险利用率也大大超出预期；2007～2011年索赔超过保费的案例有数十万个，主要的原因是在于一个错误的假设——会员在村组织里，这既不普遍，也不是一成不变。虽然保险设计假定每个人接受保险时已经是村组织里的成员，事实上却是谁打算利用保险的人是因为目前怀孕或已经存在的疾病可以选择加入一个村级组织或其他专门访问保险。市场调研证实了投机心态。当记者问她为什么她没有续约，一名女子回答说："去年我怀孕了，但是今年我不打算要个孩子，那么为什么要投保续约？"

其他因素也加剧了这种行为：并非所有家庭的孩子都投保，保险在销售窗口正式关闭后被成功购买，而且索赔控制会越来越严格。鉴于想得到更多的保费收入和更多参保人以覆盖支出，以及减少人均成本，管理层几年来的重点就是不断地扩大规模。设计者期望，通过更多的人投保，更多健康的人将自动被保险，减少了不可持续的利用率。但这并没有发生，而且为了控制损失，最终还需重新设计限制性的产品。

个人小额保险需要潜在的目标市场的高参与率，确保提供个人保险财政上的可持续性。个人保险费用通常是团体保险的两倍，因为它需要较高的销售、承保、管理和索赔费用。通过更严格的承保，如医疗检查（因为不良风险将被识别和过滤掉或者是仅限于较低的理赔范围）单个保险索赔成本可以减少。然而，对于小额保险附加检查可能不经济，因为覆盖率非常低；此外，它可能会违背小额保险商的社会议程。

个人保险的主要优点是一旦团体成员资格停止，仍可以继续对个人进行覆盖，例如，对于不再需要贷款的小微金融机构借款人。使用延续选择团体覆盖可被转化为个人保单。在某种程度上，团体覆盖依赖基础设施组织的支持（如使用小额信贷机构收取使用费），延续保留可能需要额外收费和管理。

自愿性或强制性保险

强制性保险是最常见的小额保险类型，指一个组织要求其所有客户购买保险或是作为一个忠诚激励提供给客户（见专栏 11.3）。强制性参与确保了人们广泛参与的参与面，有助于限制反向选择。如果是以需求驱动和客户为中心的，人们所期望的自愿覆盖将是最合适的。然而，在保险领域，特别是在承受能力是非常重要的小额保险领域，一个强有力的理由可以强制进行覆盖，因为它执行以下操作：

- 允许保险公司去达到规模，从而增加预测未来索赔的准确性。
- 减少由于销量增加的成本和较低的费用率，管理，收集和承销费用。
- 提高索赔的比率，因为它带来的低风险的个人，这被称为积极的选择，否则他们可能会选择退出或推迟他们的参与。
- 减少员工舞弊漏洞，因为后者降低了代理销售保单和留住保费的机会。

专栏 11.3　IFFCO – Tokio 的捆绑 AD&D 保险

在印度由 IFFCO – Tokio 出售的 Sankat Haran 保单提供意外死亡和伤残（AD&D）覆盖范围，它是在客户买 50 公斤的 IFCCO 及印度钾肥品牌 Potash 时获得的。该肥料的付款收据作为支付凭证，而保单就印在化肥袋上。保险金额是意外死亡事件 90 美元和几类断肢和残疾的类别 45 美元。被保险人是化肥袋的买主，一个人可以拥有多个保单，最多为 2260 美元覆盖范围。此计划包括了超过 350 多万的农民。

本质上是该项目销售预付保险，意味着零售商购买肥料，包括从批发商那里得到保险。零售商提前偿还保险费，所以保险公司没有必要从客户，或者更确切地说，从零售商收取保费。

表面上，在竞争激烈的化肥和 AD&D 保险市场，很难想象什么样的价值是通过这种类型的嵌入提供给消费者。任何都想购买肥料或者 AD&D 保险的消费者可以单独购买，而无须两个一起购买。然而，印度农村市场没有竞争力，这可能是分配这种保险唯一手段。还有也可能是添加 AD&D 保险提供了一种购买特定品牌肥料的激励（以非常相似的方式的一些 Visa 卡配备了类似的旅行保险）。该保险是强制性的，这在理论上应该控制逆向选择。

社区团体，如妇女协会和其他社区组织，金融合作社，小微金融机构的借款人和小商业协会，可以利用分销渠道以防止逆向选择的机制。强制性覆盖的一个最大的缺点，除了事实上人们被要求购买他们不想要东西，主要在于分配制度往往忽略了消费者的需求信息。

这类产品一般具有过低的索赔率，似乎是人们不知道他们都被包括在内的结果。正如一位农村银行家在加纳指出，"如果我们告诉人们他们都被覆盖，我们就会收到大量索赔"。当提供强制覆盖，小额保险（或其代理人）需要确保客户知道有关购买无形资产服务将提供安全和安心确保他们能够体会到好处，从而导致建立一个保险文化。

小额保险供应商可以结合强制性和自愿性的覆盖优势通过使保险对现有组织所有成员的强制（最大限度地减少反向选择），同时提供两个或三个选项可供选择。这允许成员去选择他们喜欢的覆盖水平，而且将增加他们获得足够信息作出明智的决定的可能性。通过争取团体的支持有些小额保险比传统的保险公司更有效地使用群体，以减少过度使用的风险和道德风险，但根据专栏 11.2 里所述，表明这种方法并不总是成功的。

保险期限及定价

很多小额保险产品有 12 个月或更少的期限。短期保单一般为保险公司首选，因为长期保险涉及长期承诺，从而风险较高——相比在未来 10 年更容易预测在明年的保险事故的可能性。然而，对于被保险人，事实正好相反：长期覆盖的优点在于他或她将长期有保障而无须每年都重新申请保险。

为了解决需要平衡的长期风险与客户对长期覆盖的喜好，短期保单可以有一个期限更新安排，据此，保单持有人可以继续拥有直至覆盖最长的时间，而无须重新申请，只要缴付保费即可。期限更新将长短期保险的优点结合起来被保险人被保证接受继续覆盖范围，但保险公司可以调整定价，在每次延长期限，根据其经验向上或向下调价。

虽然保险公司倾向于排除高危人士，或向他们收取比别人高的费率，小额保险计划一般力求做到包容性。由于保额体积小，识别高危人士的费用高，如那些预先已经存在的疾病，可能比把他们首先排除的财务效益更高。因此，不是根据个人的风险状况对产品定价，小额保险一般采用团组定价方法。限制排除和限制的数量，降低行政成本，提高了效率，而团组则提供控制保险风险的一些手段。

除了使用群体团组，保险计划纳入各种机制，以防止逆向选择和过度使用，包括免赔额，共付额和受益上限。确定了扣除金额，低于规定数额的所有索赔都由被保险人支付。共付额安排作为一笔固定费用意味着部分由保险人支付及部分由保险公司支付，通常为一个固定期限内按人头计算访问的具体数额。受益上限限制总赔付额到指定的金额，通常以每人在一个固定的周期计算。不是使用等待期或筛查高危人群，小额保险计划通常包括逐渐累积的利益，在覆盖的最初几个月很少，而随着时间的推移将会增加，也创造了更新的激励。

保险费缴付机制

支付保险费的方法必须尽量减少保险公司的管理成本和对客户的交易成本。在一般情况下，收取保险费的最佳时期是当保单持有人持有现金时，例如，在收获时，或当它们收到贷款或政府的现金转移时。

为了简化支付保险费，一个常见的策略就是"搭便车"的溢价于另一项金融交易之上。连带支付保险费的贷款是这一策略中一个很好的例子；当客户端收到一笔贷款，他们有现金来支付保险费。同时这种策略也是实现高续约的最简单的方法之一。其缺点是，只有收到贷款的客户可以得到保险保障。

另外，储蓄和保险之间的联系提供了比信用和保险间的联系更多的连续覆盖，而且它可以显著降低交易成本。这可以通过从储蓄账户扣除保险费进行（虽然有一个公共关系风险，存款人可能不知道，这些钱被从中扣除）。另一种更具创新性的储蓄和保险之间联系是建立一个定期存款账户，并允许用利息支付保险费。此方法的一个挑战是最穷的客户要在账户存入足够钱。从管理的角度看，应付账款的风险利益率可能会改变而不足以支付保险费。

最近，保险被链接到其他金融交易，如购买食品杂货或手机通话时间或支付电费（见专栏 11.4）。更多有效支付服务的出现，例如，通过智能卡和销售点的设备或移动手机本身，创造了一个新的保费收取平台，且拓展了普及空间。

专栏 11.4　与哥伦比亚的公用事业公司合作

为了应对日益激烈的竞争，哥伦比亚最大的电力分销公司 CODENSA 开发了客户忠诚度计划，以加强其客户基础。该战略的一个核心组成部分是提供可选的方案，非电力产品，包括保险，它可以是通过电费支付。有了这个目标，CODENSA 于 2003 年与 MAPFRE 保险企业订立合伙关系，目前提供五种产品：人寿险，个人事故险，丧葬险，家庭和车辆保险。作为平等伙伴在该项目投资取得显著的成功，CODENSA 致力于最大限度地提高盈利能力和制定有效的小额保险商业模型。因为利益一致和良好的项目管理，该项目已使超过 30 万家庭通过支付其电费连同保险费来更有效地管理风险。

合格

当要设计一个保险产品时，确定被覆盖的对象是必需的。通常一个产品覆盖的人越多越好，因此，一个家庭受益方法，即可能包括配偶，家属，甚至父母的家庭，将为小额保险商创造大量优势：

- 一个家庭是一组承载着许多相同覆盖优势（包括人数更多和更低的逆向选择风险）的群体。当所有其他条件相同时，针对家庭单位的保费价格一般比个体的保费价格总和要低。
- 家庭覆盖可以有效地覆盖低风险人群。
- 家庭覆盖往往更有市场效应，因为索赔频繁，所以会有更多的例子来证明小额保险的价值。
- 贷款人关心他们的贷款能否得到保护且意识到当死亡或疾病打击借款人的家族成员时，借款人能否还款的问题。

家庭优势的负面在于，并非每个人都有一个家庭，或有些人有更大的家庭。为了应对大小家庭，个体保险要么要求投保人确定受保家属或为不同规模的家庭提供不同价格的保险。为确保妇女和儿童都不会被排除在外，家庭保险是较好的可能。

　　甚至比确定哪些家属是有资格被保护更重要的是确定谁优先被保护。为了最大限度地减少索赔欺诈，该项政策所涵盖的每个人必须单独使用确定的官方文件（如果可能）和/或照片。如果没有对附加人士的明确身份识别，将不能充分确定被保人群。同样重要的是要控制家属的行动。例如，为了控制逆向选择，客户可能有一个选项，该选项规定了新生儿加入保单的规定时间框架，在此之后则不行。

索赔

　　证明保险价值的最好机会是支付索赔。索赔什么时候支付与怎么支付同等重要。有些产品分期支付而不是一次性付清，以支付日常开支。在投保事件发生一段时间后理赔的好处可以保障被保险人事件有可能更大的发展，比一次性付款影响深远，因为对支付的接收要求变得更加显著；如果保险支出都花在为例如，在一个精心制作的葬礼，它不再是可用于帮助家庭应对亲人逝去带来的损失。

　　一般索赔支付，只有当声称索赔验证已通过，保单持有人的权利才会被高效地索赔处理，以确保他们获得实惠的保险费。申请索赔的验证过程包括：

　　（1）被保险人事件导致损失的通知；

　　（2）集合所需文件；

　　（3）介绍索赔申请中介或保险公司；

　　（4）理赔核实及金额；

　　（5）理赔。

　　一般来说，必须有足够的检查和第三方证明，以确保不是欺诈索赔。有效地控制集中在确保由保单持有人所提供的信息是准确的和可核查的，而且所有相关的与索赔提交的文件都是原始的并没有显示任何欺诈迹象。控制一定要严格，但也符合成本效益并反映出客户提供所需信息的能力。例如，死亡证明往往是寿险保单要求提供的，但如果他们能很容易地从贪官处购买，信息就不会得到有效的控制。另外，如果保护文档（包括时间和旅行）的成本都很高，那么该产品将不会给客户提供特别好的价值。

保险产品

　　保险产品应主要基于需求的研究而设计。人们究竟希望保险覆盖什么？一般的经验是，小额保险应因以下几个原因而尽可能保持简单。首先，要保持保费低，行政成本必须保持低；如果好处是简单明了就很容易实现这个目标。如果供应商有一个优秀的管理信息系统，就可能以成本效益的方式管理更复杂的产品虽然这尚不是一个小额保险表现出色的区域。

　　其次，小额保险的目标市场往往对保险缺乏接触，并且不信任供应商。复杂的福利计划向客户解释起来是困难和费时的。如果它很难使投保人提出索赔或完全理解什么费用可理赔，则保险中提到的好处不会是特别有益的。虽然好处应该是简单和可索赔的，小额贷款也应该考虑提供不同的福利水平，使低收入市场可以尝试一个非常基本的和价格便宜的产品。如果他们开始相信，保险为他们的钱提供了良好的价值，他们可能会被吸引到更高的福利水平。这种从入门级产品毕业到更多实质性的好处将是一个衡量客户满意度和忠诚度的重要指标。

　　保险为特定的风险而设计。小额保险产品，大致可分为五个主要类别：人寿，健康，财产，农业和复合产品。伊斯兰保险，称为回教保险，其中心概念是互保，据此多方出资用来支持团体有资金需要的时候，如死亡，农作物损失或事故的发生。支付的保费以遵从伊斯兰教义的方式进行投资，以避免获利。

人寿保险

　　基本寿险是要提供的最简单保险。它一般是高需求，相对便宜，最耐欺诈和道德危险，并且不依赖于其他基础设施的存在和有效运作，例如诊所或医院。寿险涉及合同，据此，保险公司承诺就受保人的死亡支付给指定受益人一笔钱。在某些情况下，其他的事件，如重大疾病或永久伤残也可能会触发付款。人寿保险包括一系列变化如信贷寿险，定期寿险和丧葬保险以及像养老保险和年金这样累积价值的保险。

　　信贷人寿保险是人身保险挂钩贷款。在其最基本的形式中，保险金是贷款未偿付的余额，受益人是放贷人。许多信贷寿险计划要求借款人参保寿险。

为在大多数情况下，信贷的人寿并没有提供太多的好处给客户；相反，它却可以保护放贷人。不过，为了提供更好的价值给客户，信贷寿险产品也可以覆盖配偶和/或其他人士的人寿，或覆盖其他风险，如永久性残疾或火灾伤害（Wipf 等，2012）。

定期寿险的好处是支付仅发生在特定期间的保险人身故的情况。如果被保险人期限终了时是活着的，就不支付任何的利益。定期寿险在定价格和管理风险上是相对简单。虽然定期寿险没有其他类型的保险昂贵，如果不接受任何好处的话，低收入家庭也许会感觉他们在浪费有限的资源来支付的保费。

葬礼保险本质上是一个定期寿险，是以现金或实物的效益来实现的，就比如，葬礼服务本身。本产品是独一无二的，因为在像南非一些地方，有显著的需求，因此它可以通过被动渠道比如一个零售商出售或上市。葬礼保险甚至可能在殡仪馆出售，可能会或可能不被受监管的保险公司承保。葬礼保险有时会比其他险种更吸引低收入群体。因为产品利益——葬礼服务——是有形的，代表了对低收入家庭的一笔显著费用。为了提高这类产品对受益者的价值，葬礼之后，一些葬礼产品提供一个利益支付的时间表，如支付学费和电费单或提供 12 个至 24 个月的食品杂货，帮助那些已经失去劳动力且需要支付葬礼的费用和没有经济来源的家庭（Hougaard 和 Chamberlian，2012）。

累积价值的产品，如养老计划和生活年金，包括长期人寿保险和储蓄的因素，因此它们是比基本的定期寿险产品更为复杂的金融工具。养老保单结合了契约型储蓄产品和保险等要素。一个养老保单在一段时间内积累价值，并定期，通常是 5 年、10 年或 15 年，支付保费。如果投保人能在保期后仍在世，他或她会收到一笔一次付清的款项。如果投保人死在保期内，他或她的受益人收到一笔支付款项，我们称它为保险金额。养老保险也可以提前放单，可以折价支付，这些变化取决于保单起效多长时间以及投保支付的总额。

养老政策的吸引力在于它们使投保人通过契约储蓄成分积累资产，使穷人能够获得保险赔偿金，即使保险事故不发生。这种产品的困难就是产品的保费有很大一部分用于支付行政费用，包括代理商的佣金。同时，通胀率和低投资回报率会降低利益，如果保单失效，贡献被没收。因此，本产品提供给投保人有限的价值，特别是如果客户不能定期支付保费和保单失效，这经常会发生于那些没有固定收入的低收入客户。克服养老保单短板的努力正在进行中，特别是印度的保险公司，这个可以在表 11.1 的例子中得到证明。

　　随着人寿年金，保单持有人定期支付保险费直到指定的日期，通常是指退休日期，退休之后他或她定期收到利益支付，直至死亡。通常人寿年金被称为养老金，虽然它们不一定与退休有关联。像其他保险产品，人寿年金遵循汇聚原则。一个人群可能被预期在人口平均寿命上下有一个寿命分布，所以这些死亡早的就会支持那些活得更长的。设计这样一个产品，保险公司需要目标人群年龄的准确数据和死亡率表以及精算专业知识来预测未来趋势。所以年金的定价非常困难，尤其是在发展中国家，因此，这样的产品一般不可用于低收益市场。

　　存款完成保险将契约型储蓄与保险相结合起来。在死亡事件中，储蓄完成保险覆盖了储存额和目标储蓄金额之间的差异。养老和储蓄完成保险的一个主要区别是对于后者保险人未持有储蓄，而是金融服务供应商持有。从保险公司的角度来看，这是一个很简单的产品：只是基本的定期寿险与递减的赔偿额。但是，它对保险公司来说可能比养老保单更无吸引力，因为保险公司一般都比较喜欢持有储蓄，这使他们能够投资并赚取额外收入。另外，储蓄完成保险可为客户提供更好的价值，因为他们的储蓄不会用来支付代理人的佣金（见专栏 11.5）。

　　对于所有长期保险产品，投保人要相信保险公司会存在于 10 年、20 年或 30 年后，能够支付预计福利。因此，保险公司需要接受管理和监督，以使他们继续运作并能履行自己的承诺，尤其是出现通货膨胀和货币贬值的情况。

表 11.1　　　　　　　　印度的两款长期保险及储蓄产品

项目	Max Vijay	Grameen Shakti
保险公司	马克斯纽约人寿保险有限公司	SBI 人寿保险有限公司
期限	10 年	5 年或 10 年
保险费	首付款从 1000 卢比至 2500 卢比（约为 22 ~ 55 美元）；随后每天都要交纳自愿性质的保费为 10 卢比（约合 0.20 美元）至 2500 卢比	每年支付 301 卢比，总和为 25000 卢比（约每年 6.50 美元，总和为 532 美元）；保费交纳前 30 天为宽限期
保额	五次支付的保费限制范围为 50000 ~ 10000 卢比（限制范围取决于第一次缴费金额大小）	5000 卢比至 50000 卢比（5000 的倍数）；团体来决定它希望确定的数目

续表

项目	Max Vijay	Grameen Shakti
满期保险金	支付的保费到期日 =（总和 + 投资回报 – 开户费）	5 年期 = 支付净额服务税担保费的 50%；10 年期 = 支付净额服务税保证保费的 100%
死亡赔偿	自然死亡 = 账户价值总和；意外身故 = 账户价值加上两次保额	投保金额
提取/退保	3 年后可退保或有可能提取部分	3 年后有可能退保

健康

健康保险是具有较高要求的保险产品之一，难以提供给低收入家庭。它具有很大的市场需求，因为健康风险频繁发生，成本可能是灾难性的。健康问题导致费用治疗，但也导致收入的减少，从而导致生产力的损失。有医疗保险的好处是，人们不必因为他们无法支付而耽误治疗，这反过来又可以减少收入和健康的损失，从而保持更好的健康状况。如果补贴不到位，覆盖穷人的范围将有限，治疗范围也有限。健康保险的有效性在很大程度上取决于卫生保健系统的可用性上。

健康保险可能很复杂且难以定价和管理，因为它涉及第三方（卫生保健提供者）以及潜在的风险，包括过度使用和欺诈行为。

专栏 11.5 储蓄完成保险提供者 TUW SKOK

TUW SKOK，保险波兰信贷工会的主要供应商，提供储蓄完成保险，以鼓励信贷工会成员定期储蓄。会员确定储蓄目标和时间，最多达 10 年。该信用工会计算会员每月存款的要求以实现他或她的储蓄目标。它还计算每月保费的保险覆盖范围。对于会员的意外死亡事件，TUW SKOK 支付受益人储蓄目标和已经完成的储蓄余额的差额。该保险产品特别受信用工会的青睐，因为它紧密地聚合进他们的核心业务并帮助他们实现自己的目标，以使契约储蓄产品更有吸引力。

健康保险福利往往是在付费报销的基础上享受的；保单持有人支付医疗费用，然后提交收据报销。这样的设置通常是不太适合于没有定期现金流的贫困客户。一些健康保险程序使用第三方或无现金支付制度，即小微保险商

（microinsurer）直接向医疗提供商支付费用，因此被保险人不会掏不起钱治疗，除此之外，共付额或交通费用有时也由保险公司报销（Le Roy 和 Holts，2012）。

如同寿险，有几种不同的构建健康保险福利的方式，但实际上不是所有方式都涵盖医疗成本。

最基本的版本，危险疾病的保障，本质上是支付人寿保单早期支付，也就是在人死之前，如果保单持有人被诊断为特定重大疾病或绝症。在小额保险的情况下，保险金是不太可能覆盖治疗成本，但会协助解决不能够正常工作的持保人的财务困难。

医院现金在被保人住院期间按日支付一定比率的保险金，以及有时还包括额外的交通费。这样的产品还没有连接到实际的医疗费用，因此索赔处理无须医学专业知识。这样的产品特别适用于情况不佳但有机会获得优质的政府医疗或其他低成本的医院（见专栏 11.6）。

住院病人的保险支付了住院的实际开销，并与产生的医疗费用直接相关。住院治疗是一个可保风险的很好例子，因为它是一笔大且很少发生的费用，所以有可能使风险池有效地发挥作用。但是，住院仅覆盖通常不包括预防保健和早期治疗的情况，鼓励被保险人等到病情很严重需要住院时前往就诊，而不是通过之前就医及早解决病情以得到更有效处理。

医药保险可以独自支付药品费用或作为其他健康保险的一个额外好处。

门诊保险项目用于支付门诊就医的费用。因为它不是一个主要开支且发生较为频繁，风险共担不能正常工作。因此，一些组织尝试了用健康储蓄代替门诊费用并有可能关联住院保险。它在保险产品里涵盖门诊费用的优点是保单持有人会利用这一福利并因此重视保单持续的价值。而住院保险项目正相反，只有不到 5% 的保单有可能出现索赔，因此，许多人可能觉得他们已经浪费了他们的钱。

专栏 11.6　女性"看护者"的小额基金产品

在医疗保健费用相比于事件的机会成本是很低的情况下，福利有时需要以每日津贴的形式发放，而保单持有人可以随意使用。在约旦，女性看护者的小额基金产品是作为医院现金型产品设计，但有性别侧重。它认识到妇女是家庭的主要照顾者，而且他们很可能不得不离开自己的工作，如果他们的配偶或孩子住院，看护者基金每晚向借款人或其直系亲属成员之一支付在医院里的花费。客户可以利用这笔资金来支付费用，如交通运输，儿童看护，医疗费，以及误工费。当借款人申请了新的贷款会自动被该保险项目覆盖，他们不需要做体检，并且不排除预先存在的条件。

在许多国家，包括发达国家和发展中国家，人们持续争论政府在向公众，尤其是穷人，提供健康保险福利上所应扮演的角色。虽然全民医疗保险覆盖范围肯定是一个理想的目标，政府无法负担它却可能影响到它的优点，在某种程度上，也许通过限制向穷人的覆盖面，或通过补贴医保提供者，以降低消费者成本。在一些发展中国家，包括卢旺达、加纳和印度（见专栏11.7），政府正带头领导扩大医疗保险覆盖面面向非正规经济的工人的工作。

事实上，小额保险正处于十字路口，位于金融普惠和社会保护之间；有时它是由保险公司在纯市场的基础上提供，有时它是由政府完全补贴，而事实往往是介于两者之间。

财产

财产保险的服务范围包括有形资产，如住房和机械设备等内容。对于低收入家庭和企业，这样的范围很难落实和核实索赔，因为所有权可能不是很清楚，实际的损失可能难以核实。除了农业保险，就没有多少独立的财产保险项目提供给低收入市场的例子，尽管它被包括在一些复合产品之中。也许最常见财产小额保险的类型是一个搭便车在一个信贷寿险保单上。如果借款人的业务破产，将对其支付特定的保险金。这种风险对在大市场中经营买卖的小微金融客户来说很常见。

农业

在农村，低收入家庭高度关注干旱、家畜死亡和其他农业风险。因为没有对农业风险进行保护，金融服务供应商可能不愿意对农业放贷。即使贫困农民有资金在一个生长季节支付种子和化肥，庄稼的颗粒无收可能会毁了他们在接下来的一个季节的种植能力。这些风险往往是协变的，影响在同一区域许多农民，同时造成特别大的本地贷款风险。当整个社区都受影响时，这也会限制农民互相帮助的能力。

专栏 11.7 印度的公私合作和医疗小额保险

在印度，关于医疗小额保险领域的一件特别有趣的事就是国家推动的批量项目的出现。这些项目都被放在小额保险这一大范围中考量，即使它们的补贴幅度都很大，因它们通常涉及某种形式的用户收费，它们往往通过公私合作关系实施保险业。

这种方案在 2007 年的覆盖范围是 75 亿人，据估计，有健康的小额保险在 2010 年有 3.02 亿人，在安得拉邦的 Aarogyasri 的、在泰米尔纳德邦的 Kalaignar 和国家的 Rashtriya Swasthya 比马由旬（RSBY）计划，这三个方案，据报道，到 2010 年年底（PHFI2011）被保险人为 5400 万个家庭。这是由政治意愿和能力为后盾聚集庞大的数字，这些程序通过解决小额保险健康的关键挑战，如数据的创建、投资识别技术，并制定行业标准的医疗保健设备。

对于 RSBY ，如此规模的成功实施可以归因于公私营合伙企业和技术的使用。而 Aarogyasri 和 Kalaignar 与一个保险人——星联保险合作，RSBY 在第一年与 8 个保险公司合作，与 16 个第三方管理员实施该方案。为了控制欺诈，RSBY 在发布的"实时"时使用生物识别卡，从而提高顾客服务和由发卡机构控制任何寻租行为。

农业保险一般包括作物种植失败和牲畜的死亡。然而，它也伴随着挑战，特别是道德危险（例如，有了保险却促使农民不遵循适当的耕作方式），协变风险（例如，自然灾害同时影响到保险公司的很多保单持有人），欺诈行为（例如，农民可以对种植损失作假或从索赔上不当获利），且验证过程花费不菲，特别是对于小农场。

正如专栏 11.8 所讲到的，克服这些问题的一种创新是指数型保险，据此，优点是在一个特定的地理保单区域，如果预定的衡量结果发生时，如雨水过多或过少、气温高于或低于一定的阈值，或过量的风速，无论他们是否遇到损失，持保人都会收到相应的保险金。指数型保险最大的好处是，它有助于消除欺诈和道德风险且最大限度地减少了索赔处理的成本。但是，一个关键的限制被称为基准风险是即使没有触发索引，农民可能遭受损失，或者不遭受损失却仍收到补偿。

专栏 11.8　指数保险及技术：肯尼亚的 Kilimo Salama 案例

Kilimo Salama 是以试行于 2009 年 3 月的指数型农业保险产品，最初只覆盖 200 户种植玉米的农民和两个气象站收集的数据绘制图。该项目发展到现在已使用了 30 个气象站的数据，覆盖 22000 个种植玉米、高粱、棉花、豆类和咖啡的农民。

Kilimo Salama（斯瓦希里语意为"安全农业"）是在肯尼亚的先正达基金会、最大的移动网络运营商 Safaricom 和大型全保险公司 UAP 的合作产物。该产品的保险涵盖了在干旱或雨水过多的情况下农民的农业投入品（如化肥、种子、农药）。该产品属于指数型保险，意味着由降雨量触发。在播种季节，实际的降雨量由使用太阳能驱动的气象站在每个区域计算。如果降雨量低于或高于预定阈值，则开始赔付。赔款的值表示了雨量记录偏离阈值的多少。

为了传播该产品，先正达提供了农业经销商和一个创新技术系统。Kilimo Salama 的管理中枢是一个完全自动化、无纸化、使用装有定制 Java 软件的手机作为销售点注册设备的技术。移动电话传输客户信息到一个中央服务器，服务器继而通过短信与投保农户联系。该"中枢"技术使用 Safaricom 公司的 M－PESA 移动支付平台方便支付保费和理赔。该技术如何支持办理保险业务的步骤如下：

- 农民参观当地农业经销商，该经销商提供 Kilimo Salama 与农民期望收成相关的保费或从农业经销商购买投入的成本。
- 如果一个农民决定买 Kilimo Salama，经销商会采用特殊设计的手机应用扫描种子袋条码。
- 应用程序然后通知经销商农民应付的保费，目前这占投入成本的 5% 至 15%。
- 农业经销商掌握了农民的详细信息、姓名、手机号码、保险金总额，通过经销商的手机经 GPRS 定位由中央通信服务器发送该信息到保险公司。
- 农民然后接收到有保单号码和保险细节的文本消息。对没有手机的农民规定：保单号码和保险的详细信息被发送至经销商的手机，经销商再把信息告知农民。

Kilimo Salama 使用降雨量触发索赔。在播种季节，气象站通过 GPRS 发送降水资料至 UAP。保险公司将资料放到一个气象指数的应用程序中，该应用程序概述了每种作物的降雨要求。应用程序计算出索赔的百分比，如果有索赔的话，UAP 将传送索赔金额给农民或经销商的 M – PESA 账户。

虽然该技术合理有效，但已经构成一定的挑战。该气象站技术允许设计一个可行的保险产品，但它也使产品理解起来更复杂化。农民离他们最近的气象局平均有 20 公里远，这可能会对农民造成一种误解，即：如果在他们的农场的雨水量不同于当地气象局的记录，他们是否有权为此得到补偿。这种基准风险增加客户广泛受教育的需要。

需要多种技术在构建天气容限指数上使误差最小化。仅依赖于气象站的数据是不可能提供关于特定区域的降雨模式的准确图片。如果气象站数量很少并且相距甚远的话，这将对误差的控制更加困难。为了克服这一挑战，Kilimo Salama 正在试验卫星制图系统并制定更好的方法来收集和跟踪产量数据。这将允许天气数据的交叉验证，以及选择更准确的产品参数。

综合保险

由一些低收入市场提供，综合保险是将多种保险收益融入一份保单中。可以从两个或多个不同的保险公司获益并被捆绑到一份综合性产品里。理由是复合保险以较低的成本提供更全面的风险保障包（即如果出售三个独立的产品价格会更昂贵）。很多保险产品的附加收益的边际成本是最小的。另外，当销售产品时，具有成本效益的解决方案可以解决多元化的风险管理需求。

例如，VimoSEWA，印度贸易团体"个体经营妇女协会"（以下简称 SEWA）的保险分支机构通过一个保险产品，向个人及家庭提供人寿、医疗及贫困的保险覆盖。然而，因为相关保险法规要求企业及公司在人寿保险和一般保险方面要有独立的许可证，所以风险是由两个不同的公司承销，印度人寿保险公司的人身保险和新印度保险公司的非人寿保险正是如此。

综合保险面临的一个挑战是，受益是复杂的，这违背了小额保险的一个主要宗旨：简单。一个相关的问题是缺乏透明度。每个人单个收益相对于总价的占比可能不能清楚地表示出来，也不允许客户选择他们想要的特定收益。因为不同的风险可能由不同的公司来管理，确实会存在这样的问题：通过该产品的一个组件提供的服务是不充分，并负面地影响到客户对整个产品的感观。

小额保险与金融普惠

小额保险的一个特性是广泛包容的意愿。商业保险公司通常会采取限制其曝光的方法排除高风险，正如老年人或有预存状况的人群，自然排除掉大量的弱势群体。小额保险面临的挑战是要找到一种方法在未来相当长的时间内以合理的价格普惠性地服务弱势家庭。

更广泛的包容意味着通过降低筛选成本以达到更低的运营成本，同时接受高风险人士及伴随的索赔费用。然而，需要显著的规模去证明这种方法。如果好处是受限制的，或者如果保费也相应对风险的成员比对余下的团体高，则高危人群可被包含。这两种方法都降低了由其余成员对高风险个体的交叉补贴以在一个可持续的基础上支持更广泛的普惠性。这里面也存在一个充分的经济考量，即：监督和执行复杂的成本排除必须对要规避的索赔进行权衡；被保险人的小额保险金和小额保险产品保费不能支持复杂的筛选和索赔验证。

要得到更广泛的小额保险普惠性面临的另一个挑战是在发展中国家，信息精算上，如死亡率和发病率，一般是不可靠的，通常是不使用的。伽兰德等（2012）对使用有限的数据进行精确定价提出了一些解决方案，但只有当一个项目有足够的经验他们才能准确地预测索赔事件和成本。

虽然保险项目可能愿意接受高风险的成员，他们可能不会那么倾向于保留旧保单持有人。大部分有年龄上限制，只是当成员真正需要回报时却可能会被要求离开项目。在这些情况下，有些小额保险提供一个提款支付。保险公司可能会利用下列原因排除：

- 控制逆向选择，例如，排除预先存在的某些条件。
- 降低道德风险，例如，排除自杀。
- 在特定的原因下通过消除高频或共同索赔及定位于特定的索赔理由以降低保险费用，例如，只承保事故，不包括因病导致的死亡。
- 控制协变或巨灾风险，例如，排除暴乱或天气灾难。
- 减少初始承保的范围，例如，在人寿保险中排除一年期艾滋病毒/艾滋病，无须用于测试。

然而，相比传统的保险公司小额保险可以采用不同的排除方法。虽然排除道德风险是合理的，本着社会保障的精神一个小额保险的类型可能通常排斥协变风险和一定的逆向选择风险。考虑到协变风险，很重要的是适当风险管理策略存在，如再保险。否则，不将灾难风险排除的唯一后果将是发生灾难后项目会破产，这对谁都没有好处。

排除先存状况的依据还不是很清楚。如果小额保险自愿提供个人保险，高风险的人最有可能注册；如果只有高风险的人加入，保险人不能有效地实行风险共担。但是，如果它是团体保险，尤其是如果它是强制性的，或小额保险招募大量保单持有人，那么考虑到预先存在的条件它可以更具有包容性。这种额外的风险在产品推出时最高。如果续约率可以保持高水平直到项目成熟，与预存状况相关联的风险更易于管理，因为新参保成员占整个组合的比例较小。

一个小额保险排除的替代品是等待期，指参保后一段时间内不能获得收益。例如，艾滋病毒/艾滋病有关的逆向选择是使用 6 个月到一年的事故等待时间来管理。如果保险事故等候期间发生，索赔拒绝；如果投保人已经有问题保险人无须与医生商量并且也不必复查医疗记录，因为它与排除预先存在条件有关。

另一种更符合小额保险精神的方法是用持续增长的收益来提供收益计划。例如，如果被保险事件在第一年发生时，回报很少；但如果它在第一年之后情况发生时，回报就大得多。这种方法是一种控制逆向选择的有效方法，而创造一个公平的小额保险计划鼓励长期参与和续约。

继续发展

小额保险的快速增长意味着有更多的低收入家庭有保险覆盖，但它并不一定意味着他们有高质量的覆盖。越来越多证据表明，对低收入家庭和公司提供计划并传递保险服务，是可能的，并且对提供商也是可行的，但接下来要做的是增加提供给被保险人及受益者的这些产品的价值。在这种情况下，概念值包括一个尺寸范围，包括可负担性，可接触性，覆盖相关的风险，快速支付索赔，并由投保人支付的保费的一部分又回到风险池以索赔的形式存在。为了实现这些目标，有以下几个关键问题需要解决：

- 提高保险素养：低水平的保险素养使客户很难了解它的政策并很好地加以利用，这损害了客户价值。金融教育对强制保险和补贴的产品都尤其重要。

- 提高效率：对于很多产品来说小额保险行政成本仍然很高，这很难使投保人得到足够的保费索赔。为了支持规模化发展，保险公司就需要有效地处理庞大的数据量。

同时，从便携机和销售点设备到手机的这些管理技术，正开始改善销售、缴费甚至理赔过程。我们对技术将促进无纸化保险过程，将简化系统和为投保人提供更大的价值抱有很大的期望。

- 引入自愿参保产品：迄今为止已经实现了的规模中很大一部分可以归因于强制覆盖或自动福利。下一步是尝试推出自愿参保产品和销售机制，为了更好地了解如何解锁对小额保险的潜在需求。

- 吸引新参与者：保险公司已越来越多地被吸引到小额保险，但是服务范围也已大大增加，部分是因为新参与者的增加，比如政府、移动电话公司、零售商、银行和记者。更大的竞争并不会自动导致更优质的产品，但这些新进入者可能有助于提升规模和客户价值。

- 开发更好的数据：保险是一个数据密集型工业，抑制小额保险扩大的缺陷之一是缺少数据，包括人与动物的死亡率和发病率、财产损失及天气等有关的信息。机构业绩数据也是有限的。因为小额保险不被认为是保险公司的业务条线，他们往往不能评估自己在低收入市场的绩效。

- 进入新市场：各个国家，包括印度、南非和菲律宾，都可以向人夸耀所取得的显著小额保险成就。但相对于每一个正在经历巨大的增长的发展中国家，至少有三四个国家正处于停滞或仅开展有限的小额保险活动。

由于所需的小额保险示范效应将需要一些时间来呈现，因此要耐心对待。从 Matul 等人（2011）的发现中表明，产品随着时间的推移更加成熟，它们变得更有效率并能提供更好的价值。在市场建设中一个关键的挑战是如何为鼓励中低收入家庭把向保险自然作为风险管理工具而创造条件。在小额保险普遍的环境中，供应商通过有效索赔支付培养市场信任的情况正新兴起来。然而，小额保险提供者需要继续认识到他们最重要的功能仍是支付索赔，并在新兴的示范效应基础上建设。

注释

[1] 本章大量引用了丘吉尔（2006）的内容，尤其是第 1.1 章和第 3.1 章，后续各章节也借鉴了丘吉尔和马图尔（2012）的研究。

[2] 也可以考虑事故和伤残保险，但也可以将其视为生命和/或健康的子集。它们可能是符合产品中最有用的部分。

参考文献及进一步阅读

Churchill, C., ed. 2006. *Protecting the Poor: A Microinsurance Compendium*. Geneva and Munich: International Labour Organization and Munich Re Foundation.

Churchill C., D. Liber, M. J. McCord, and J. Roth. 2003. *Making Insurance Work for Microfinance Institutions: A Technical Guide to Developing and Delivering Microinsurance*. Geneva: International Labour Organization.

Churchill, C., and M. Matul, eds. 2012. *Protecting the Poor: A Microinsurance Compendium, Vol. II*. Geneva and Munich: International Labour Organization and Munich Re Foundation.

Churchill, C., and T. Pepler. 2004. "TUW SKOK, Poland." CGAP Working Group on Microinsurance, Good and Bad Practices Case Study 2, ILO Social Finance Programme, Geneva.

Cohen, M., and J. Sebstad. 2006. "The Demand for Microinsurance." In *Protecting the Poor: A Microinsurance Compendium*, ed. C. Churchill, 25–44. Geneva and Munich: International Labour Organization and Munich Re Foundation.

Frankiewicz, C., and C. Churchill. 2011. *Making Microfinance Work: Managing Product Diversification*. Geneva: International Labour Organization.

Garand, D., C. Tatin-Jaleran, D. Swinderek, and M. Yang. 2012. "Pricing of Microinsurance Products." In *Protecting the Poor: A Microinsurance Compendium, Vol. II*, ed. C. Churchill and M. Matul, 464–83. Geneva and Munich: International Labour Organization and Munich Re Foundation.

Hougaard, C., and D. Chamberlain. 2012. "Funeral Insurance." In *Protecting the Poor: A Microinsurance Compendium, Vol. II*, ed. C. Churchill and M. Matul, 217–36. Geneva and Munich: International Labour Organization and Munich Re Foundation.

Leatherman, S., L. J. Christensen, and J. Holtz. 2012. "Innovations and Barriers in Health Microinsurance." In *Protecting the Poor: A Microinsurance Compendium, Vol. II*, ed. C. Churchill and M. Matul, 112–30. Geneva and Munich: International Labour Organization and Munich Re Foundation.

Ledgerwood, Joanna. 1998. *Microfinance Handbook: An Institutional and Financial Perspective*. Washington, DC: World Bank.

LeRoy, P., and J. Holtz. 2012. "Third-Party Payment Mechanisms in Health.

第十二章 支付服务和交付渠道

Joyce Lehman，Joanna Ledgerwood

支付服务指资金的电子化转移，有时也叫货币转移，转移服务、交易、移动支付或快捷支付。尽管非电子支付方式依然存在，在这章这些术语指资金在双方之间的电子转移，任意一方可以是个人、企业、政府或任何组织。谈到电子货币而不是使用常见的移动支付，大多数情况下反映了一个事实，支付服务都使用了设备而不是手机进行接触。

在电子支付服务中，很难区分产品和渠道。这些区别将在讨论电子货币时重点阐述。

支付服务包括服务的提供者和产品本身。提供者可以是不同金融服务提供者中的任何一人，包括转账公司、银行或其他正式金融机构、邮局和现在的移动网络运营商（MNOs）（见第七章）。这个产品可以是从一方到另一方的汇款，个人对公司的账单支付，薪水直接存入银行账户，或为从商店购买的商品付款。"支付服务"的术语被用在当本章讨论产品的时候。

支付服务不是付款系统。支付系统也称为结算或交收系统，是确保转账发生的基础设施。客户发起支付服务，但不参与支付系统，这将在第十八章中讨论。

交付渠道指由金融服务交付给客户的机制，和产品和提供者都有显著差别。例如，资金的转移（指产品）可以使用手机（支付渠道）通过 MNO（提供者）提供的服务来发生。或者一位客户可以通过给收银员现金而存款，这个服务是通过使用连接银行（提供者）后台技术部门的 POS 设备（支付渠道）而发生的。

在发达国家，拥有银行账户的个人可以以电子化方式完成大部分的财务转账。在发展中国家，大部分贫穷的人们只能花费大量的时间和金钱来实现资金转移。在越来越多可供选择的转移渠道出现后，贫穷的人们可以在他们的社区通过代理商就享受到这种服务，实现个人资金转移的花费将会大幅降低，无论是存款、取款、支付还是转账。

继讨论了交付所有金融产品能用到的交付通道后，这章描述穷人使用的各种支付服务。无论他们是 MNO、金融机构还是第三方机构，大部分交付渠道的关键是代表提供者执行转移并因此树立品牌的代理商网络。这个议题和在于设立高效的代理商网络所涉及的运营挑战将被讨论。

支付服务

支付服务或者电子转账可以发生在两个人之间、个人与企业之间、政府和个人之间。转账可以使用协商的方式进行，如支票、通过银行账户的直接借记、电子转账（EFT），POS 设备、ATM 或者手机。常用到的术语就是 P2P，P2P 是个人对个人转账的简称，P2B、B2P 是个人与企业之间的转账，G2P 是政府对个人的转账。尽管这些术语常常被用在移动支付的环境中，它们也可以适用于使用 POS 设备和其他渠道进行的支付。

所有的电子转账基本上都包括由转账机构所收取的手续费。例如，银行向那些查询活期存款账户账目的顾客收取手续费，向那些电子转账的顾客收取手续费。手续费是按转账数目的百分比来收取的，或者根据转账的规模而浮动计算手续费——根据不同的转账规模来收取固定的手续费或直接收取固定的手续费。

P2P（个人对个人转账）

低收入转账者的转账类型包括外出务工者的汇款或季度性工作的人们向家中或朋友汇款。他们之中的大多数都是国内汇款，迁居到城市工作的家庭成员向在乡村的家人汇款。国际汇款也比较常见，但要求供应商有跨境转账的能力。转账也可以发生在为了一般目的的私人双方之间。例如，在内罗毕的出租车司机更喜欢客人用 M–PESA 来电子转账而不是付现金，以减少偷盗的风险。

因为汇款双方常常是低收入群体，账户所有的钱数很少，服务的价格有时会很高，这需要被重点关注的（见专栏 12.1）。

尽管大部分的 P2P 转账通常通过汇款公司或者通过非正式渠道，但是，随着移动支付的问世，这一状况开始改变。

专栏 12.1　汇款服务的平均成本趋势

世界银行在 2008 年首先提出全球汇款价格（RPW）这一概念，它监控了跨境汇款的费用，测量了 2009 年八国集团一项目标的进程——即在五年内降低全球平均汇款费用的 5%。到 2011 年，全球汇款价格这一指数监控了 31 个汇款国家和 91 个接收款国家的 213 个汇款渠道的费用。这项研究结果是根据 2011 年第三季度的数据分析得出的。

商业银行收取了占汇款金额 14% 的手续费，而且在披露汇率方面是最不透明。邮局收取了至少 7.1% 的手续费，但是透明性也比较低。汇款转账公司则收取了 7.4% 的费用，与邮局的费用基本相同，但是却更加透明。这其中的 99% 的数据都储存在了全球汇款价格的数据库里，对他们的客户完全公开其价格。

汇款的价格会随着到款地不同而变化。南亚地区（6.2%），拉丁美洲和加勒比海地区（7.7%）是花费最少的，撒哈拉沙漠以南的非洲地区（12.4%）和东亚太平洋地区（9.8%）则是最贵的。这些不同则是归因于竞争水平和当地的环境因素，如当地的业务成本。

对产品平均价格的一份综合分析的结果如下：

- 现金产品的平均价格在 7.6% 左右。
- 账户对账户的服务花费昂贵，可高达 14.5%，但是如果双方账户是同一家银行或者是合作伙伴银行，则这一价格可以降低至 6.5%。
- 网上服务价格大约在 8.8%，但是总体来说对寄送者是不可行的。
- 最便宜的服务是预付卡和账户对现金的产品，分别是 4.2% 和 2.9%。

P2B（个人对企业转账）

P2B 转账包括由个人向公司支付账单，比如向公共设施或电话公司付账单，或者付款给商家。根据双方达成的协议，转账可以通过 POS 设备、信用卡或者手机来实现。一些组织允许顾客通过手机支付包括医疗保健费用在内的服务费用（见专栏 12.2）。典型的 P2B 转账协议并不向个人收取费用，而是由公司来为每笔交易支付一定的费用。在发展中国家，很多金融服务提供商乐意尝试使用电子转账的方式来偿还贷款，而不是在银行网点用现金转账。

P2B 转账正用于公司向员工派发薪水。这些薪水的派发直接通过存款来进入到雇员的账户中。一些贷款提供者也开始使用转移支付的形式来偿付贷款，尽管所放贷款额或许超过转账所允许的最高限度。

专栏 12.2　菲律宾小额保险方面的移动支付创新

医疗融资难是全世界提高医疗服务的最大制约因素之一。在菲律宾，国家健康保险确保客户通过手机支付小微保险的保费，并从移动金融账户之中直接获得保险金。他们也可以使用短信，以每周或每月的频率来支付保费，或者也有按季度或半年期支付的。随着便利性的增加和成本的下降，参与度越来越高。通过手机来提高小额支付的能力使个人有更多机会来管理保险支付和索赔。

G2P（政府转账支付）

G2P 支付包括政府公务员的薪水、奖金、健康和社会福利和一次性紧急事件的支付。这些政府的转账正和银行储蓄账户或者手机账户相连接，促进与金融系统的接触并鼓励大家把收到的奖金的一部分储存起来。接受者可以之后选择何时并以何种方式将其提取成现金（通过代理商、ATM、网点）。整个电子系统正在发展，越来越多的政府、企业、商家开始使用电子技术，客户有机会继续以电子形式来增加价值，而不是将其转换为现金。

现金出口（例如代理商）与接收人的接近明显导致了用于接收和付款、转移和取款、储款的时间和成本的节约（见专栏 12.3）。

然而，在政府看来升级 G2P 支付机制可以大幅降低行政费用并限制诈骗和渗漏的机会。在巴西，仅仅将一家金融机构转换为电子福利卡，就可以帮助将分发家庭补助金的手续费用从 14.7% 降低到 2.6%。并且，人们越来越意识到，金融普惠性的努力，特别是如果受促进储蓄服务的驱动，将对一系列社会保护目标是高度的补充。

专栏 12.3　在巴布亚新几内亚的移动支付

改善巴布亚新几内亚的移动支付网络，有助于通过减少护士和教师前往现金点收集他们的薪酬来改善医疗保健和教育。政府和私营部门通常设在城市地区，在农村地区雇用数千人遍布全国各地是最常见的。将钱从城市转移到农村的难度确实对农村的教育、医疗带来严重影响。教师和护士是政府最大的雇员群体，但是教育和医疗却是最薄弱的部分，主要原因就是资金的短缺和经济体制的不健全。例如教师，有15%的空缺率，主要是因为需要长途跋涉才能获取工资。为此付出的代价就是学校里的孩子缺老师教和医院的病人没有护士护理。移动支付减少了旷工现象并且改善了团体和私人服务，尤其是在乡村地区，效果更为显著。

支付服务的价值

一些支付服务产品比其他同类产品更加有吸引力。服务的价格很重要，相比于某些金融服务来说尤为如此；特别是一些小额账户参与其中，手续费是一个显著的花费。伴随科技的发展，支付服务的价格将会下降，特别是伴随着竞争的激烈；然而，这需要一定的规模而现在还未达到。

支付服务的一个重要特点是转账所花费的时间。总体来说，时间越短，费用越高，但也不总是这样，取决于使用的服务。转账可是使瞬时的，花费几个小时，也可能花费好几天。依据他们的需要，客户会愿意支付更多的费用以便能够更快地转账。

方便性也很重要——对收付双方都是如此。如果任一一方需要在交通、身份鉴定花费很多钱或从家或公司到网点花费很多时间，这些额外的花费也需要被计算在内。此外，通过电子转账尽管现金的安全性会提升，特别是使用新渠道，使用科技、代理商网络或者两者都使用可能缺乏在更传统的服务量所拥有的信任。客户需要确保他们转账的钱会在正确的时间汇入正确的人的正确的账户中。如果操作过于烦琐——例如在他们的手机上操作——或者容易犯错，没有权责分清，客户或许将会不太喜欢去使用这种服务。丢失钱的风险或接受方声称没有收到钱的风险是令人关注的。这些风险需要由服务提供商尽可能地去减少，来确保客户能够信任这项服务并且看到使用这项服务的价值。

交付渠道

转账可以通过一系列的渠道发生，或亲自在网点操作，或使用技术支持的替代方法。金融服务商传统上都是通过网点来办理业务的，需要与客户面对面的会面，无论是在分支网点还是在外地。就像在第一章所讨论的，要减少费用，增加方便性，接触更多的客户，服务提供者也在拓展渠道，比如 ATM、移动分支、代理商网点（使用 POS 机和手机）和网上银行。在大多数可供选择的渠道中，机构的"面对面的客户体验"变化最为显著，这一因素或许会改变产品的设计或销售方式。专栏 12.4 展示了与交付渠道相关的专业术语。

专栏 12.4　可供选择的渠道术语表

- 代理商。任何一家第三方代理机构扮演了代表银行或其他金融机构的角色，给他们的客户提供相关服务。
- 自动柜员机。一台无人值守的、通常位于公共场所、连接着数据网络的机器。客户使用银行卡进行操作。可以进行存取款及其他操作。
- 资金进入（cash in）。电子货币的概念，把现金兑换成电子货币。
- 资金流出（cash out）。电子货币概念，把电子货币兑换成现金。
- 信用卡。一张电子支付卡，持卡人可以凭信用来购买商品或服务。
- 借记卡。一张电子支付卡，可以用于存取款，可以在 ATM 和 POS 机上操作。
- 电子资金转账或电子支付。为了采购，通过电子终端、电话、计算机或磁带发起的传输指令给金融机构借记或贷记消费者账户。
- 电子货币。通常被理解为具有以下属性的存储价值工具或产品：（1）收到资金后发行，（2）由储存在设备上的电子记录价值组成（例如：芯片、预付卡、移动电话或电脑系统），（3）作为除发行人以外的另一方进行对外支付的付款方式，及（4）可兑换成现金。
- 电子账户。一个可以存放电子货币的账户。如果电子货币发行者是银行，则账户可能是一个"正常"交易的银行账户。如果电子货币发行者是非银行机构，那么该账户将记录电子货币发行人和客户持有电子货币的记录。账户资金金额可以与客户的其他非银行电子货币发行人的电子货币资金合并在一起。在某些情况下，可以为这样的客户建立信托账户。
- 电子货币的发行人。一个机构起初通过销售或发行电子货币来回收现金；一些国家只允许银行发行电子货币；其他国家也允许非银行发行的电子货币。

- 电子钱包。在手机、智能卡或网络中保持的电子货币。
- 互联网银行（网上银行）。通过银行的网站，在互联网上进行金融交易。
- 协同性。不同的信息技术系统有在一起协同工作的能力，该服务可以连接多个供应商。
- 手机银行。可以用手机来享受金融服务，可以与银行账户相关进行操作达成交易。这包括交易和非交易的服务，如查看一个客户手机账户上的金融信息（Chatain 等，2011）。
- 移动网点。有时也被称为移动服务车或迷你网点，车辆配备便携式 ATM，由配备小型笔记本电脑、手机或 POS 设备连接到服务提供商的核心银行系统，可以前往偏远地区的指定地进行金融交易，主要是现金存取服务。
- 移动金融服务。通过使用移动电话接受金融服务并达成金融交易。移动金融服务还可以包括移动网点。由于移动网点相对较少，这个词通常指的是通过移动电话接受金融服务和达成交易。
- 移动货币。一种可以通过 MnO 转账的电子货币。与其他电子货币发行主体相比，移动货币的发行人可能（取决于当地法律和商业模式）是 MnO、银行或一个第三方。
- 移动网络运营商。有政府颁发牌照的提供手机服务的公司。
- 手机支付。通过手机进行电子转账支付。
- 移动钱包。在移动设备上存储电子货币的移动账户。
- 支付终端。一个独立的类似于 ATM 的终端，提供零售现金充值，但不能取现。
- POS 机设备。一个可进行电子金融服务的小型便携式设备。
- 预付卡。也叫储值卡，塑料卡，预存金额用于能接受它进行购买或付款的场合。它们通常不需要银行账户，它们可以重复充值。
- 智能卡。一张嵌入了机器可读写芯片的卡片，用于存储有关客户账户的信息。
- 智能手机。具有内置手机的便携式电脑。
- 第三方供应商。代理人和代表金融服务提供商行事的其他人，无论是根据服务协议，合资协议还是其他合同安排。

资料来源：CGAP, draft glossary of mobile financial services terms；Center for Financial Inclusion，2010；CGAP，2011。

分支

在一家分支机构，一位出纳员或客服人员执行转账服务，包括转入、转出服务。这些实体机构是最贵的运营渠道。一家正常运营的分支机构需要可接通的公路、电力、连接的网络和电话。还有雇员的工资花费、安全的保障、后台资源支持、内部控制、风险管理和管理监控费用。由于开设分支的高昂费用，分支网点并没有触及到偏远地区、乡村地区以及低收入客户居住的地区。对于在偏远地区的客户，到访一家分支机构需要远距离的乘车，支付车费，到达之后还要排长队。

在技术继续改变核心银行业务的同时，分配给前台后台的空间正在发生着变化，网点变成销售机构，而其他交付渠道越来越多地被用来进行交易。

通过建立小型分支机构或网点，一周只服务一两天，或通过设置配备POS设备或笔记本电脑的自助亭，允许访问核心银行系统进行交易并打印单据。用这种方式可以在扩大业务范围的同时免除设立一个完全的分支机构所需的费用。例如，Kshetriya Grramin 金融服务（KGFS）在印度的分支机构设立了一些在乡村地区很受欢迎的见面点（颜色亮丽，提供阳台供人们休息交谈），后方也有技术部门的基础设施支持。在某种程度上，KGFS 的网点和在美国、欧洲地区的网点改革很相似，有时把分支机构兼做网吧。

现场办公人员

作为对外拓展策略的一部分，金融服务供应商经常派出工作人员到现场，以满足客户（或者个人或者团体）接近他们的营业地或居住地的要求。使用现场办公人员是一种常见的方式，常常与早期的小额信贷等举措相关，如格莱珉银行，团结组织贷款，或村镇银行。这个模型在许多国家都被证实为可塑性很强，但与其他正在开发的新渠道相比，仍然相对低效、昂贵。现场人员用纸和笔，把每一笔交易的交易记录登记下来，稍后返回分支机构时，将交易记录录入提供商的核心银行系统。这种方式正在改变，因为现场人员采取技术创新的优势和便利，通过手持设备（手机、POS 机、平板电脑、笔记本电脑）来直接录入，从而提高了效率。尽管更加昂贵，但有时现场人员可以提供其他的服务，比如信息技术支持以帮助客户提高生产力降低风险（见专栏 12.5）。

专栏 12.5　在斯里兰卡发展乡村金融

斯里兰卡的哈顿国家银行（HNB）是一家经营良好的商业银行，在 20 世纪 70 年代中期，政府要求私人商业银行要在乡村偏远地区建设更多的网点，哈顿国家银行被迫在农村地区开展金融服务业务。到 20 世纪 80 年代末，HNB 已经设计出了为那些没有相关金融服务的农村地区开展服务的计划战略。它缩减了常规运营的规模，建立了专门服务于乡村的银行，并且为农村的新客户提供了拓展业务。为支持新战略的发展，HNB 投资建设了新的渠道，以便更加高效地接触农村客户——开设了诸如客户服务中心、小微金融单元、ATM 和移动支付等渠道。

这家银行也投资于大规模的农业现场办公人员，聘用了大量的不仅懂金融也懂农业的人员，并且创造了 250 家"赤足银行"网点，这些"赤足银行"为乡村服务，并且通常情况下来自相关社区。他们扮演着现场办公人员的角色，同时也扮演了导师的角色，负责指导并给他们的农民客户提供技术帮扶，鼓励并引导农民客户成为商业客户。在"赤足银行"为农民客户提供技术支持和指导的情况下，银行大大降低了风险系数。

自动柜员机（ATM）

ATM 承担了许多与网点的收银和出纳同样的功能，但是客户需要使用 ATM 和银行卡来完成交易。ATM 常常在交通繁忙、靠近客户的地段设置，24 小时提供服务，可以方便地提供基础服务，包括提款、转账、支付账单。在某些情形下，它们也接受存款。ATM 凭借良好的地理位置大大增强了便捷性，另外，由于靠近网点，也减轻了网点的排队情况，减少了等待时间。然而，ATM 仍然相对稀缺。在 2009 年，在发展中国家，每 10 万人有 8 家银行分支机构，而在发达国家，每 24 人有一家银行分支机构；在发展中国家，每 10 万人只有 23 台 ATM，而在发达国家，这一数字是 78 台。

大部分 ATM 都会通过张贴在屏幕周围的写有操作步骤说明的通知来指导客户如何进行转账，一些 ATM 为不识字的人们设计出图片说明或者口述声音说明来指导他们，一些 ATM 也通过使用生物技术来替代银行卡或识别客户身份。这些机器一识别出客户身份并检索出账户信息，客户就可以进行一系列的操作了。

尽管比网点手续费便宜，对于服务提供商来说拥有和操作 ATM 仍然相对较贵。除了基础设施花费，他们也需要合适的防盗装置，数据网络连接，可靠的能源保障，常规的补充和收集资金。此外，规定要求具备严格的信息管理、内部控制系统，这可能限制了像小额信贷机构这种的缺乏类似严格管理的公司对 ATM 的使用。

银行卡

客户通过银行卡来使用 ATM，这时需要使用密码或个人身份验证码（PIN）来确认个人身份信息并完成转账的操作。银行卡可以是借记卡，可以取出的钱数取决于相关联的银行账户的余额；也可以是信用卡，有一个最大限度的信用额，如果使用，要在一段时间之后连本付息地偿还。他也可以和其他商家或组织的商标或类似于 Visa、MasterCard 的银行卡组织相联系，使客户可以使用这个组织所有的 ATM。

银行卡在磁条上或嵌入式芯片上存储了客户的个人信息。有嵌入式芯片的银行卡也被称做是智能卡。智能卡可以方便地访问不同的接入点并提高信息安全度。芯片确保了详细的转账信息被储存在线下并可以在转账操作时不必实时地和账户相连接。它们也可以储存生物信息。智能卡可以用做借记卡、信用卡或者预付卡（储值卡）。

预付卡不同于传统的借记卡，它预先被存入一定价值，也不必需要一个银行账户。预付卡有不同的形式，也可以单独使用或综合使用。它比发行传统的借记卡或信用卡更加便宜。此卡在政府转账领域里的使用度正在快速增长，可以通过银行或零售商来发行。例如，巴基斯坦的 UBL 意识到许多低收入妇女受益人没有自己的手机后便向她们发行银行卡，以接收政府的支付（见专栏 12.6）。

没有足够资金和技术能力的小型提供者可以通过伙伴关系来给他们的客户提供更大更完善的金融机构的 ATM 等。在这种被称为"白色标签"安排下，较小的机构取得专门印制的银行卡，密码邮件和电话客服中心的支持，来处理 ATM 的相关问题。

一些 ATM 不需要使用者使用银行卡，而是需要和手机相关联的现金点（cash point），使顾客无论是否有银行账户都可以使用电子钱包来通过使用 ATM 来获取现金（见专栏 12.7）。为了拥有这样的功能，ATM 需要放置在有手机全球系统（GSM）网络覆盖的地方，用户的手机也需要可以连接到 GSM，需要有一张 SIM 卡和预存话费。

专栏 12.6　世界粮食计划署卡试点，2009

联合银行（UBL）是巴基斯坦最大的私人银行之一，拥有一种称为 Omni 的无网点银行，渠道成立在 2009 年初，并在 2010 年 4 月完全铺开。在 2009 年，几百万的巴基斯坦斯瓦特山谷的居民由于该段时间武装安全部队与激进分子的紧张气氛而被迫搬出家园，使他们只能依靠世界粮食计划署（WFP）的紧急援助。UBL 与 WFP 相接洽，使用预付卡形式作为现金支付的试点手段支付了每两个月 4000 卢比（47 美元）的转账费用，WFP 指定 12000 个受益人参与，UBL 负责发卡。

专栏 12.7　无需卡的 ATM 转账

肯尼亚的 Paynet 公司开发出了世界上第一款用于在 ATM 上无卡操作的系统软件。在 2005 年 3 月，PesaPoint 公司成立，旨在乡村地区提供便捷的 ATM 服务。随着金融机构的整合，在 2012 年，PesaPoint 已经在全国范围内拥有超过 500 台 ATM，确保了肯尼亚的人民能够取款、支付账单、查询他们的 M - PESA 账户等。

PesaPoint 是一家"贴牌"的 ATM 网络公司。在它成立一年后，M - PESA 与 PesaPoint 开展合作。如今，客户可以在任意一台 PesaPoint ATM 上取款。为了能够执行这些操作，他们必须从 M - PESA 的菜单上选择"ATM 取款"。之后，客户会收到一条即时密码，他们可以凭借这个密码进入到 ATM 的操作界面。在操作过程中不需要银行卡。通过接触 PesaPoint ATM 网络，M - PESA 顾客现在可以在任何时间从他们的储蓄账户中取款，而不需要到 M - PESA 的网点中去办理这些业务。

支付终端

支付终端是设在当地的商店和市场，或在沿着街道的独立亭的零售现金接入点，常常是城市的一个街区有两三个。消费者使用支付终端来支付他们所享受的服务，如水电费、网络费。但凡公用事业公司的主要办事处或分支机构可能位于远离客户工作地点或家中时，支付终端就显得格外方便。根据发给运营商的不同牌照，支付终端也可以用来手机充值以及方便国内外人士对个人转账（见专栏12.8）。

像 ATM，支付终端可能对于企业来说比较昂贵去安装和维护。数据网络的接入，可靠的能源保障（一些地方如果常规能源无法安装要使用太阳能），以及现金处理是对于运营者的大量花费。相似地，一些终端需要客户有银行卡。银行卡的办理只能通过身份认证后才可以，大部分的情形下都需要注册。

支付终端的监管方式在不同的国家有不同的方法。有些终端接受现金存款，而这需要银行许可或与银行有合作关系。在一些国家，简单的账单支付也需要常规的监管。

专栏 12.8　俄罗斯联邦的支付终端

支付终端建设是俄罗斯基础设施建设的内容之一。终端只收钞不出钞——这是它们的主要缺陷，也是和 ATM 最大的区别特征。支付终端对手机来说极为方便。客户通过输入手机号来进入设备并把现金存入设备终端，随后便自动在其手机移动账户中更新余额。

近来，支付终端也可以支付交通费、电影票、向银行卡转账、支付其他服务的账单等一系列功能。在 2009 年，俄罗斯的主要运营商——QIWI 通过其终端向 1300 多家公司提供了支付服务。QIWI 正在欧洲、亚洲、非洲和美洲扩张其相关业务。

在 2010 年，平均支付规模为 132 卢布，约合 4.2 美元，总交易金额为 7722 亿卢布，合 247 亿美元，意味着有 58 亿笔账户交易。

销售点设备（POS 机）

POS 机是小型专用便携式计算设备，以便于支付、存取款、转账、打印凭证、查询账户余额、打印小型对账单。不像 ATM，在 POS 机上转账需要和代理商、零售商或移动支付操作员来支持才能成功完成转账，提供存取款服务，转账一完成就会打印出凭单。POS 机一般提供包括从银行卡上阅读信息的功能，这也使 POS 机可以用于预卡或储值卡。这些机器可以用于支付商品或服务、取款，如果和代理商一起的话，还可以用于存款。

POS 机一般都设在便利店，其中，零售商充当移动运营商或银行代理。零售商往往附属于一家银行卡品牌，而且可为所属银行卡品牌下辖的任何一家金融机构的客户提供服务。

尽管 POS 机的花费比手机要高，但这个设备提供了更大的屏幕，高质量的键盘，更高质量的数据安全，并且还可以打印客户凭单。零售商、供应商或者他们的代理商都可以使用这个功能来显示小型报表，例如，显示一位客户的最后 10 条交易记录。

POS 机设备的多种模式专门迎合去发展金融市场——通过便携性、装备生物扫描仪和包括蓝牙、Wi–Fi、GPRS 在内的无线数据连接能力，甚至一个允许通过模拟电话线数据连接的拨号调制解调器。还有可充电式电池，通常充一次电可进行几百次交易。POS 机有它们自己的专有操作系统，基本上可以配置为在任何核心银行系统和交易处理平台上都可以运行。

实物 POS 机可以操作软件建立与银行的后端系统的安全数据连接。加密的数据连接是用来保护客户的私人信息，包括账户号码、余额，以及接入代码。POS 设备所使用的与核心银行系统进行通信的数据通信协议是强大的，涉及多个交换设备以及银行平台之间的数据，以确保该交易已经成功完成。如果在交易期间的通信链路不稳定，POS 传输协议将确保交易过程是无效的，这是保护客户的账户余额的方法。

一些制造商已经尝试了将 POS 机设备转变成"无现金自动取款机"。在这种操作模式下，POS 机被用于自助服务终端，通常位于一个零售店中，后者作为该设备现金的主要来源，要使用 POS 机设备，客户将他们的银行卡插入，输入自己的密码，然后从设备显示屏中选择一个交易。取款时，设备会产生一个条码回执，客户则需要拿着这个条码回执到一家零售商现金点，验证该回执，然而零售商会提供现金给这位客户。

移动网点

移动网点操作要么在一辆小货车里装上了移动自动柜员机，或者在那辆小货车里，作为一个小网点，通过配有一个携带与银行核心系统相连接的小型的笔记本电脑、手机或者 POS 机的出纳人员，一般还有一位保卫人员。这些模式的目的是使在人口稀少的农村地区，让出行不方便、成本高、也没有其他访问点的人们享受到相关服务（见专栏 12.9）。移动网点通常有固定的时间表，通常在客户经常聚集的工作日到达偏远的农村地区。他们提供存取款服务，如果系统和网络相连接，账户信息可以实时更新。

专栏 12.9　Urwego 机会银行的移动银行和
天窗系统（Open Sky System）

为向卢旺达的农村人口提供服务，Urwego 机会银行在 2010 年推出了手机银行服务。一辆车配备了网络、调制解调器和一个叫天窗的设备系统，使得小额账户的操作可以和在总部运行的银行核心系统进行低带宽的实时连接，在这些偏远地区可以享受到核心业务，包括柜台交易、新开户和贷款申请。并且，时刻表早已提前公布，以便村民能够了解到移动银行什么时候来访。

当移动银行投入使用时，它似乎成为对偏远地区客户最有吸引力的方式，但是试用期过后，它注定就是花费昂贵。车辆的购买与配备本身就价格不菲，与运营相关的车辆维护、汽油、安全运输保障都要花费很多。

与此同时，使用移动货币已拥有多种选择来拓展网点。尽管最初的小货车银行还在使用，但是，银行已经把关注点转移到移动手机技术上来了。

移动电话

类似于 POS 机，移动电话可以拥有基本的功能：存取款、支付账单（通过代理商）、账户查询。移动电话不需要和账户相关联。如果顾客有银行账户，手机将成为进行账户中进出交易的设备。如果客户没有账户，手机只是提供电子货币服务或"移动支付"的设备。移动支付的供应商可能会依据当地法律，成为移动运营商、商业银行或第三方机构。在每种情况下的机制是相同的，使用移动电话进行的传输。

手机也可能成为"移动钱包"，来用做储存电子货币。通过把现金的存入、取出或者转账来增加其附加价值。移动钱包对低收入群体的银行账户也有同样的价值。一些客户把钱存入他们的移动账户纯粹是为了资金的安全性，而非有意识去转账到其他个人或银行账户。例如，储蓄群体或许会使用手机电子钱包来储蓄暂时用不到的资金，以备将来特殊时期使用。鉴于被盗的风险，一些人认为把钱储存在安全的电子钱包中会比传统上将钱锁在家中的柜子中更加安全。

许多电子货币计划已经在发达国家中尝试过，但是，除去借记卡，它们都最终都无法在已经有大量支付服务的空间中重新开拓出一片新天地。当前有很多种方式来完成电子转账，通过手机完成的电子转账或许会改变游戏规则。从 2010 年到 2012 年，使用手机而不再使用传统金融服务方式的人预计已经从 10 亿增长到 17 亿人。尽管其在发展中国家只有很小一部分移动支付方式实现了规模化，但是，那些已经证明了移动手机将会为金融服务带来革命性变化的显著潜力，正在为发展中国家中几乎没有其他取现选择的穷人们提供服务（见第一章）。

在肯尼亚，移动运营商 Safaricom 公司发展了 M－PESA，一种电子货币转账和支付产品，成为了第一种达到一定规模的移动货币的产品（见专栏 12.10）。M－PESA 是移动运营商的发展，顾客不需要银行账户。相反，顾客可以挑选保留移动设备的电子价值，有时也被看做是储存价值。M－PESA 的支付和储值服务的快速发展，以及该服务已越来越多地被资产较少的客户使用的事实，充分显示了它给客户带来的价值。

专栏 12.10　M－PESA 在移动货币方面已渐成规模

M－PESA 是肯尼亚的一家移动货币服务商，在 2007 年以"送钱到家"的理念而成立。M 代表移动（mobile），PESA 在斯瓦西里语里代表钱。在 2009 年年末，70% 以上的肯尼亚家庭用户，更重要的是 50% 以上的贫困、无银行账户、偏远的人群也在使用这项服务。截至 2010 年 6 月，70% 以上的肯尼亚转账服务都是通过使用 M－PESA 来完成的，但转账的总额仅占全国转账量的 2.3%，大多数都是小额转账。截至 2011 年 11 月，在肯尼亚，M－PESA 已经有 1400 万个使用者和超过 28000 家代理商。

M－PESA 感知得到的安全感和方便感是早期选择使用这项服务的主要原因。在 2008 年秋季，研究人员随机选择了 3000 户肯尼亚家庭完成了一项调查，以便进一步获得 M－PESA 系统使用的深层次原因。在抽样调查中，26% 的 M－PESA 用户说，安全是他们采用该项目的主要原因，而 45% 的用户表示操作方便是选择此项服务的主要原因。约 12% 的用户表示，他们使用 M－PE-SA 服务是应急需要（见 Jack 和 Suri 2010 年的完整调查结果）。此外，绝大多数用户认为 M－PESA 比先前采用的非正式汇兑方法更快、更方便、更安全（Rotman，2010）。2008 年调查中还发现，在未使用这项服务的人中主要是由于网络代理不足造成的。

总的来说，M－PESA 的成功已经证明了利用移动技术去延伸金融服务到没有银行账户的大部分穷人群体是可能的，主要是因为手机技术在发展中国家得到普及。相对传统银行业务模式依赖于借款人的负债所产生的利息和费用所获取的贷款收入来说，M－PESA 的收入模式是基于使用费。这种使用费模式已被证明是有利可图的，尽管客户细分市场针对的是服务难以触及的穷人。此外，M－PESA 已证明提供低成本支付服务的重要性。

肯尼亚中央银行对于 M－PESA 试点的早期支持以及在推出此服务的时候 Safaricom 公司在市场上占据了主导地位是导致该业务迅猛发展的关键因素。即便如此，M－PESA 的成功表明，能够为支付服务付费的低收入客户，被认为是相当有价值的，可以考虑为他们设计一种金融产品（如信贷、储蓄和保险）以帮助他们管理好自己的财务生活。

手机有取代银行卡和 POS 机的潜力。GSM 手机保留一个账户，记录每一个客户的 SIM 卡交易信息。顾客可以从与银行有合作伙伴关系的移动运营商那里直接申请 SIM 卡，从而确保了提供某种形式的个人身份认证以满足银行账户遵守了解客户或反洗钱的规定。

顾客的密码和账号在 SIM 卡或手机中被记录，在这种情形下，手机扮演了一张虚拟卡的角色。一被记录下来，顾客可以使用手机中的菜单栏从账户中移动资金。资金的存取服务仍然需要在网点、ATM 或代理商那里实现。

移动网络运营商提供三种类型的交易消息传递协议旨在 GSM 移动网络上以进行金融交易：

1. 短消息服务（SMS）。客户端发送一个特殊编码短消息给目标收件人。这通常被称为短信或文本消息。

2. 非结构化补充数据业务（USSD）。代理商通过在手机上输入移动网络运营商定义的代码，然后按"发送"开始"会话"。交易菜单提示客户选择所需的操作。USSD 消息创建一个实时连接，这使得它们比短信更敏感，并且不存储客户数据，这点不同于 SMS 协议。

3. 定制应用程序（Custom－built application）。该提供程序使用 SIM 卡或手机的内部存储器上的一个专用的应用软件程序，使用户可以直接从手机启动金融交易菜单。

尽管每种选择都有优缺点，但是客户一般不会在它们之间进行选择。当一家移动运营商、一家银行或一家第三方机构发布一个移动支付平台，该协议就已经被决定了。无论有什么样的功能，最重要的还是确保雇员或代理机构接受过良好的培训从而帮助客户使用这项服务。

消息协议、加密标准和软件平台等这些技术决策对客户体验有很大的影响（见专栏 12.11）。技术的选择也会影响银行及网络商之间的关系。使用 SIM 卡应用程序要求 MNO 的积极支持去安装菜单，并要启用加密密钥。同样，基于 USSD 的应用程序可能需要 MNO 允许访问其 USSD 服务器来从客户的手机发送和接收消息。其他的应用程序，包括那些为了特定目的而设计的，不需要移动运营商的支持甚至不需要移动运营商通知，移动银行转账正在进行。这些需求依赖上的变化可以创造一种在银行和移动运营商之间微妙的力量均衡，最终影响面向客户的定价结构。

专栏 12.11　手机银行：客户体验

要在银行开户，顾客需要访问银行的分支机构或代理商并根据法律规定进行身份确认。顾客需要填写相关表格，提供他的姓名、住址和手机号，并且需要呈递一份可被认可的身份认证。如果他已经有银行账户了，他可以通过向某个特定号码发送短信来注册自己的手机银行账户。账户一被开通，银行会向客户手机发送相关银行应用程序。客户注册他的手机号并设定密码。从现在开始，他就可以开始操作了。他可以接收他的薪水、汇款，并进行转账操作，例如进行支付账单（P2B），向其他人转账（P2P）。

如果客户想取钱，他可以通过他的银行代理商。他只需要从他手机上的主菜单选择申请取款，并输入密码就可以完成了。之后通过代理商就可以拿到现金。

图 12.1 指出了在手机银行交易中顾客、代理商和银行三者之间的关系。

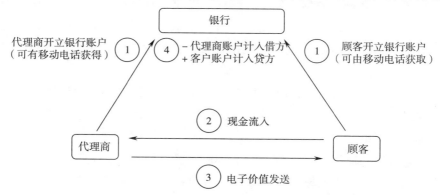

图 12.1　顾客、代理商和操作移动银行转账业务的银行三者之间的关系

当代理商开户之后，这个账户就可以操作了。代理商可以帮助客户开户，因此客户根本就不需要到银行。

越来越多的金融服务商正在使用手机来为他们自己和客户创造高效率的服务。一些人使用手机通过短信或 USSD 发送交易确认消息以及其他信息提供给客户。一些人使用基础短信去提醒贷款人还款。例如，不是等客户拖欠偿还时由信贷员拜访客户，提供贷款者在付款到期日的前一天就发送短信提醒，从而降低了供应商的成本，帮助客户不违约，并有可能降低投资组合的风险。如果欠贷款者不承认近期交易或增加其资产负债的话，在必要的情况下，用户还可以使用手机查询账户余额和最近账户活动，使他们能够发现欺诈行为或及时补充账户余额。

网上银行（电子银行）

全世界的金融服务提供商允许客户通过网络来办理他们账户的业务。为此，这些客户必须有一些接入互联网的设备，比如电脑、智能手机、平板电脑。使用者通过浏览器或安装在这些设备上的应用软件来接入提供商的网络平台。而之前通常情况下，存取款必须在代理商或派出机构那里才能完成。然而，由于专门的宽带基础设施和连接设备的成本费用高昂，网上银行还没有在发展中国家显著拓展。

在可及性和便利性方面，让客户通过智能手机进行金融交易是一个巨大的进步。智能手机和个人电脑一样，具有随机存取存储器和本地存储器，可以用来安装小的专用软件应用程序，通常它们只是称为"应用程序"。银行及其他金融服务提供者开发和发布应用程序给客户，以使他们能通过智能手机访问他们的账户。

在智能手机上办理业务比在常规普通手机上有更高质量的用户体验。此外，保证网络连接的数据计划对那些支付更多的客户来说是一种"高质量的服务"。对于在乡村的人们来说，智能手机带来的便利是毫无用处的（至少在现在这个时间节点上），许多移动网络数据在市区以外都不能可靠运行。另外，智能手机比常规手机也需要更频繁地更换电池，这可能不是一位生活在电力有保障地区的人所考虑的问题，但是在许多发展中国家的乡村，这个问题就必须考虑，因为他们通常没有可靠的电力保障。

作为一个实际问题，智能手机或许是最适合用于现场客户互动，也就是说，传统上只能从分支机构得到的信息和服务现在可以通过供应商的职员或代理人处获取。

互操作性

手机银行面对的一个主要挑战是需要互操作性，使同一行业内的供应商可以互相识别。银行和移动运营商有互操作性的谈判协议可以允许他们的顾客在他们直接服务的市场之外进行操作（例如银行的 ATM 和移动网络运营商的漫游服务），但是在移动银行方面它们现在却比较有疑虑。在移动银行方面，供应商往往要在与他方进行系统互操作前就回收在发展相关服务和基础设施方面的巨额投资。

供应商在"互操作"上的犹豫已经引起了第三方支付平台的关注，第三方支付平台允许从任何移动网络（或任何银行）客户端使用相同的接口进行交易。但有一些明显的例外，如在巴基斯坦的联合银行有限公司（UBL），发展自己的技术来创造支付平台，提供称为 Omni 的服务，并建立 Omni 代理商的全国性网络，大部分银行没有他们自己的平台，而是与第三方供应商——一些独立的公司——合作，后者为银行客户提供了接入的平台（见专栏12.12）。

第三方平台提供者或许在最初与一家移动网络运营商谈判形成一个非排他性的合同，但是之后就会对市场和银行、移动网络运营商免费。这对于规模较小的银行和小额信贷机构特别有用，它们可同时接入一个平台而无须与移动网络运营商私下谈判，也不需要发展自己的平台。例如，在孟加拉国的bKash 公司是一家独立的实体，研发出了支付平台，有自己的商标和代理网点，但是商业银行依然依照中央银行的规定保持着客户账户。bKash 的服务已经与多家移动网络运营商签署了协议，以确保他们的客户能成为 bKash 的客户（见专栏12.13）。

专栏 12.12　第三方提供者：新商业模型

在一些国家第三方技术公司正在和银行研发"技术确保的商业模型"。正在开发的例子有：FINO，印度的 Eko、ALW 和 SUBK 和北非的 WIZZIT。

FINO、ALW 和其他几家相似的公司都在使用卡及可识别卡的系统，经常专注于 G2P 的支付。这些账户有银行维持，所有的操作必须由代理商完成。这些公司管理代理商及它们与客户的接洽与互动，但是银行却"拥有"这些客户，并负责满足了解客户，保存文件及其他要求。FINO 的代理机构并不是静止的，反而他们会在支付日设立一些临时的网点。

FINO 和 ALW 会使用一些拥有生物统计学技术的智能卡，但是无论卡片还是读卡设备都十分昂贵，并且也无法与国家支付系统相连接。EKO 使用手机技术，需要客户能熟练键入号码。SUBK 使用声音技术，对穷人来说使用效果会更好些；它的系统可以接入国家支付系统。

Wizzit 有一个公司平台叫做 Wizzit 国际，和几个国家也签有合作协议，它在南非的业务也称为 Wizzit。所有的 Wizzit 账户都在雅典南非银行储存，后者负责使央行了解你的客户和风险管理状况。在 Wizzit 的 P2P 业务中，消费者既拥有一张借记卡，又拥有一张和他们银行账户相关联的 SIM 卡，可以用来执行相关操作。

在这些成立的公司中，还没有一家开始盈利，有一些还在竭力争取寻找合适的投资者，并把规模发展起来。但它们都已展示在新的商业模式之中，并且已经影响到监管部门开放限制并且吸引更多的投资者前来投资。

专栏 12.13　　bKash 公司

bKash 公司在 2010 年成立，旨在发展全国性的支付平台建设，以更多地接触那些在城市中生活的穷人们和在孟加拉国偏远地区生活的人们。bKash 作为一家第三方机构，渴望去和更多的银行和小额信贷公司合作。它由以下部分组成：

- 可互操作的移动金融软件平台，可以允许客户取款、存款、转账、支付账单、通过移动钱包账户来储蓄基金。
- 一个广泛的代理机构网络，可以为客户注册，帮助他们进行交易，并且可作为存取款的现金点。
- 移动运营商，bKash 通过它使用 USSD 渠道进行无线安全交易。
- 一家可以拉存客户账户的银行；第一家合作银行是 BRAC 银行，但是 bKash 寻求在未来增加其他银行。
- 其他平台的参与者，比如政府、招商、账单支付服务和信贷、保险提供商。

自从 2011 年 7 月办公点正式成立以来，顾客们可以通过 bKash 账户接受电子货币，津贴、贷款、国内汇款和其他垫付款都可以通过数以千计的 bKash 网点来完成相关操作。而且通过电子账户还可以保障安全性。

bKash 移动钱包是一个 Visa 技术平台，通过完全加密来确保操作的安全性。钱可以从这个账户中存入或取出，也可以用于其他的多种服务。

互操作性可以在平台的层面上被定义，平台上拥有着自己的账户和服务提供商的顾客；在代理商层面上，代理商可以为不止一家服务商的客户提供服务（只要平台是互联互通的）；在客户层面上，客户只要通过他安装有 SIM 卡的手机就可以操作他的一个或多个账户（Kumar，2011）。

对服务商相互连通的激励依赖于他们可分享的相关市场规模的大小，以及他们为维持地理区域覆盖所采取的策略。为了成为便利的分享平台或代理商网络，提供商需要：

（1）了解扩大客户范围而非控制少数代理商所产生的影响力。

（2）在优质的产品和服务的基础上竞争而不是试图建立带有高进入门槛的专属地理区域的必要性。

在互操作性有限制的地方，消费者通过开设多个移动账户并更换 SIM 卡来应对。这样的安排虽然可行，但很不理想，因为客户端必须保持对存款资金有一个更大的总金额，而不是一个完全可互操作的账户。允许客户通过其他的 SIM 卡来操作自己的账户的现象在增长，不仅是因为市场的潜力，也是因为存在着客户将选择其他网络商作为自己主要服务提供商的可能性。移动网络运营商或许会担心访问他们的用户可接触到的服务会蚕食自己的服务。

代理商网点

只有当服务供应商——银行和移动运营商——使用零售分销渠道以传统银行成本的几分之一来接近贫困人口，金融服务才可能提供给大多数贫困家庭（见专栏 12.14）。那些将现金转换为电子货币或将电子货币转换为现金的代理机构都是银行代理网点系统中的人。因此，在建设、激励和管理零售商网络必须解决运营上的挑战，即培养连贯积极的客户体验，这样才能创造并保持对这个系统的信任。

专栏 12.14　巴西的无网点银行

无论是人们支付税还是信用卡账单（P2B）或者是政府福利支付（G2P），支付市场已经由巴西的大型银行发展成为最成功的市场。这个国家已经有了超过 13 万个作为银行代理网点的小型外派分支机构，服务着自 2002 年以来新加入的 1300 万银行新客户。

因此，巴西成为第一个至少每个城市都有一个银行网点的发展中国家。巴西模式的成功归功于特定的国家模式。在需求方，两个因素为新的银行代理商在之前没有银行服务的区域内创造了垄断市场。首先，政府很早使用银行账户作为发放福利的渠道，大部分的新客户都是发放福利的受益者。其次账单支付被看做是受监管的银行服务，因此公用事业公司不能像其他国家一样注册当地商店为票据托收代理点。

在供应方，两个因素帮助创造了代理商网络的广泛分布。首先，国家资源被有效利用。国有的 Banco do Brasil 和 Caixa Federal 公司带头签约了代理商，广泛的邮政网点也被用做了银行代理商网点。这成为了三家最早和最强大的银行代理商网络并且促使其他银行来加入。其次，特别的零售商支付技术基础设施允许代理商从任意一家银行网点从其账户上存取款。这确保了远离他们账户所在银行网点的代理商能够接受相关服务。

建设一个代理商网络

一家高效的代理商应接受过良好训练，被客户所信任，拥有战略规划和便利的地点，并得到适当激励按流程办事，手头上保持足够的持股量，以及为客户提供服务。银行通常会选择规模更大、更成熟的零售店，然而移动网络更倾向于使用较小的零售店如路边看台、"夫妻店"、路边凉亭。一些供应商选择完全外包代理招聘和培训。无论哪种方式，代理网络的规模和增长，必须精心策划，以确保有足够多的代理商为客户提供服务和足够的客户保持对这种服务的兴趣（见专栏 12.15）。

Safaricom 公司，唯一最成功的移动货币公司。发展到今天为止，投入巨资开发 M-PESA 代理网络，这个网络专注于一致的客户体验。在其超过 2 万家的代理机构中，每一家都提供同样的服务（即签约新客户，为现金存取交易提供便利服务），遵循同样的程序，并且具有相同的品牌。其他供应商也赋予不同的代理商不同的角色，这导致了难以取舍。例如，乌干达的 MTN 公司从"静态"现金进出的功能中分离出"基于现场"的开户功能，来加速获得新用户。然而，这造成一种情况，即客户签约，即使他们并不需要的服务或无法找到办理事务的代理商（Davidson 和 Leishman，2010）。

当一个代理可以同时开立账户并促成交易时，不仅代理有动力去为客户提供服务，客户也被鼓励来使用这种服务。如果客户无法在开户时立即办理业务，他们失去了能够使用这项服务时的即时满足感。这种情况通过在西非"橙色金钱"（Orange Money）得到体现，其中注册过程最多需要一周的时间。由于这种长时间的等待，其第一批 120000 名客户中只有 6000 位客户，或者说 5% 的客户在积极使用他们的账户。

专栏 12.15　从支付终端到多样的服务

在俄罗斯支付终端网络的激励下，Express Pay——一个不受监管的支付服务提供商——2007 年在塔吉克斯坦成立了，现在在网络上提供金融服务。据 Express Pay 的成立合伙人 Dilshod Niyazov 介绍，塔吉克斯坦国家银行的一个思想前卫的代表发现 Express Pay 在杜尚别（塔吉克斯坦首都）的繁忙市场里的首个支付终端。并坚定支持 Express Pay 于 2009 年起建立了一个获得许可的小微存款机构以进行支付业务。作为回应，FG Vavilon 被成立，使得 Express Pay 得以合法吸纳存款并进行转账和账单支付业务［Niyazov 估计，Express Pay 25% 的业务来自于代理商，75% 来自终端，这种情况随着该公司地理覆盖面的扩张及深化在公用服务方面的业务（如雇员走家入户地开发票、收费、发收据）会得到改变。不难想象未来合格的无处不在的 Express Pay 代理商将会为各类公司提供这项服务］。

如今，Express Pay 已经在管理着 800 多家终端，类似于 ATM 的小型街边设备提供了存款服务，但不可以取款。通过这些终端，人们可以支付账单，转账，给手机充值，在某些情况下，还可以偿还贷款。支付账单服务是免费的，但是支付水电费、网费和其他金融服务会收取一定手续费。像转账服务，顾客最高会收取转账金额 3% 的手续费。

除了支付终端，Express Pay 还拓展了 1600 家代理商网点，这些网点大部分都是当地的便利店。代理商扮演着和终端同样的角色，但是他们还可以提供取款服务，并且账户会实时更新。

流动性管理

代理本质上是一个社会的现金需求的汇集。它是一个现金存储和传输的业务，会吸收现金保存业务上固有的风险。代理人必须维持充足的现金和电子货币浮动结余来满足客户的现金进出需求。如果有大量现金涌入，代理机构或许会用完电子浮动额（e‐float），并无法接受更多的存款。如果有太多的取款，代理会积聚电子浮动，但耗尽现金。如果代理人不能在客户需要的时候提供服务，在这两种情况下，客户将感到失望。此外，一个安全机制也需要到位以从代理那里运输现金。

如果代理商提供了一系列的服务（例如，存取款、开户、账单支付等），它们能够产生服务量，并更容易保持流动性。供应商已经开发了多种机制，以确保代理人的流动性，并协助代理处理现金。可用的选项很大程度上取决于对在代理经营的市场的银行基础架构和银行是否愿意去负责安全运钞。

例如坦桑尼亚的 Vodacom 公司，通过测试多种策略及设置使用"整合者"这两招来招募代理和管理它们的移动服务车，如果必要，也为代理商运输现金。整合者从每一个新的代理那里收取固定费用并按照代理商佣金的百分比收取固定费用。这就鼓励了积极参与交易的高质量代理商（Davidson 和 Leishman，2010）。

Banco de Crédito del Perú（BCP）发现外包管理其 2300 家代理商的效率较低，所以选择使用内部管理区识别、准备和管理各零售店铺。在人口稠密的地区，BCP 代理有充分的交易量以平衡现金的进出，但是在更偏远地区，代理商自己本身就需要经常去银行网点。BCP 发现这很难去训练和管理偏远地区的代理商，这一挑战要求为代理商增加激励措施并且调整代理商管理模式（见专栏 12.16）。

专栏 12.16　管理代理商流动性的花费

管理代理商流动性是确保代理商流动性系统的重要组成部分。且不去考虑供应商和代理机构如何去分享现金管理的负担，一个过于沉重的负担将会使整个系统的可持续性降低或者使交易的费用超出了穷人所能承受的范围。

从墨西哥 Bansefi‐DICONSA 试点代理行得到的最新数据表明，系统总花费的 35%～60% 可以使现金处理业务到达任何地方。大部分处理现金的花费都用在了安全运输保障和保险费用上，大约 10% 是持有现金和防盗存储的机会成本。

　　影响现金处理成本的主要因素是尽量减少现金在银行和零售代理商之间的转移——理想的代理商是一家在每天结束时都会呈现"现金中性"状态的代理商。因为现金处理的成本主要与转移的资金量成正比。如果操作的量包括把大量的现金运往零售商网点，那么这个系统的网络效率将会变得不确定。大型社会支付项目（G2P）展现了在这个方面的特殊挑战。

管理渠道

　　如果没有现场监督和驻店培训，代理商不会给消费者提供完全符合质量的服务、坚持品牌并遵循规定的商业流程。供应商需要决定如何划分不同的管理职能和是否在公司内部保留这些职能，还是将其外包给一个独立的服务提供商。随着网络的发展，供应商涵盖分销链的"最后一公里"越来越难，所以大多数使用第三方机构来完成部分或全部的渠道管理功能。

　　供应商需要定期实地考察，以确保代理商符合业务流程和保持适当的品牌推广和销售。这里是一个选择的模型：

- 在移动网络运营商领导的运营模型领域使用现有的线路销售和营销人员。在坦桑尼亚的 Zain（电信公司）由于预算的原因而使用这种方法，但发现它的营销团队都不愿意专注于代理人的培训和管理。即使已开发出一个适当的激励结构，目前还不清楚销售代表是否有能力来管理和培训代理商。
- 建立专职工作人员的新团队只专注于监控和培训代理商。乌干达的 MTN 建立了一个新的内部团队全权负责进行培训，监控代理。它运作良好，但需要在工资方面大幅增加。
- 把监控功能外包给第三方机构。在肯尼亚的 Safaricom 公司使用第三方机构——顶部图片（Top Image），以保持直接和集中控制客户体验的关键要素，包括店面的选择和代理人的培训和监督。

代理商的成本和费用

　　代理机构银行系统要比银行分支便宜得多。就像如图 12.2 所示，与五个储蓄账户（两个存款账户，两个取款账户和一个转账账户）操作相关的月度花费范围从不到 1 美元的移动钱包到差不多 5 美元的银行本票不等。

　　这里是几个关于花费差异原因的说明：

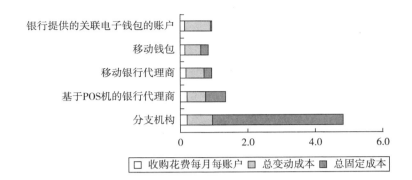

资料来源：Veniard，2010。

图12.2 交易账户每月成本说明（美元）

- 代理商银行通过利用现有的零售网点减少固定费用，并降低了对银行和其他金融服务提供者投资在自己基础设施方面的花费。因此，尽管代理商银行产生了较高的佣金和通信这些变动成本，银行网点每次交易的固定成本也要高于通过代理商的成本。
- 可移动支付的代理商赢得客户的成本也较低。使用手机而不是电子支付卡和POS机，和手机相连接的移动钱包和银行账户将可以以低于分支机构或有POS机功能的代理商70%的花费来赢得客户。
- 只有当交易实现时，代理商会收到佣金，而即使分支机构可能未被充分利用，而分支机构的固定成本仍然会存在。

需要一个微妙的平衡来设置代理佣金和向消费者索取的价格，后者的水平高低将会激励供应商所需要的客户的行为。例如，M－PESA支付其代理人约1美元相当于为每个新账户（针对客户快速吸收的另一个因素）每笔交易支付了佣金，无论客户是否被收费。M－PESA客户只为取款操作和转账操作而付费，因为这为顾客创造了极大的价值。

佣金结构随着时间的推移而调整，以配合代理商网点的状态。最初，当客户不多时，代理商需要进行佣金补偿以签订新的客户；在客户数量增长的情况下，佣金的结构需要更多地基于交易的数量，并减少依赖新客户的数量。

用于计算代理佣金的常用方法有：

（1）按操作价值的固定百分比收取（容易理解）；

（2）每笔交易收取固定费用（容易理解但是对小型操作不公平）；

（3）按每个分层交易价值而收取固定费用（允许对所有交易采取适当激励措施，但理解和计算起来更加复杂）。

通过使通道更接近客户，代理人可能会受益于与诸如账单支付交易相关的额外收入。虽然用户可以在分支机构支付账单不收费，但是代理的接近可能会增加他们为这些服务而支付的意愿，并且客户已经愿意为汇款和转账服务而缴费。一项最近的调查显示，使用 M – PESA 的家庭比在 2008 ~ 2009 年汇款的人数增加了一倍。为账户中余额很少的贫穷客户服务时这点尤为重要，因为供应商单凭金融盈余很难去覆盖掉这些金融账户的运营费用，并且供应商需要转移到以交易为驱动的收入模式中去。

注释

［1］在某些情况下，转账也可能发生在两个社区之间。

［2］当人们为工作而迁移时，他们需要把钱寄回家。这种转账称为汇款，因为它涉及劳动成分和同一家庭或社区成员之间财富的某种再分配。

［3］这些定义由 CGAP 提供，作者进行了一些增改。

［4］采访 UBL，2012 年 3 月。

［5］见手机上有关 GMS 定义的讨论。

［6］这一部分由金威尔逊（塔夫茨大学 Fletcher 学院）所提供。

［7］确实存在没有卡读取能力的超低成本 POS 机类交易终端，但缺乏与银行卡相关联的安全特征（参见例如 www. movilway. com）。

［8］大多数 POS 机设备上的打印技术是热敏纸打印，这意味着如果收据被暴露在阳光直射或其他形式的热量下，它们会变得难以辨认；然而，许多移动设备使用蓝牙打印机来确保收据是可用的。

［9］蓝牙是用于短距离交换数据的专有开放式无线技术标准。

［10］Wi – Fi 是允许电子设备通过计算机网络无线地交换数据的技术。启用 Wi – Fi 的设备（如个人计算机，视频控制台，智能手机，平板电脑或数字音频播放器）可通过无线网络接入点连接到互联网。

［11］通用分组无线电服务（GPRS）是在 2G 和 3G 蜂窝通信系统的 GSM 上的面向分组的移动数据服务。它通过在 GSM 系统中使用未使用的时分多址信道提供中速数据传输。

［12］数据通信协议是控制计算机之间的数据传输的硬件和软件标准。在银行部门，这通常是 XBRL（可扩展商业报告语言）。术语"协议"用于数百种通信方法。协议可以定义所传输的数据的分组结构或管理会话的控制命令，或两者均可。

［13］两种主要的手机技术标准是 GSM 或码分多址接入（CDMA）。GSM 的主要特征之

一是 SIM 卡，一种包含用户的订阅信息和电话簿的可拆卸智能卡。这允许用户在切换手机之后保留他或她的信息。基于 CDMA 技术的移动电话没有可移动的 SIM 卡，并且在发展中国家不普遍。

［14］平板电脑是一种高度便携的计算机，比手机或个人数字助理要大，其被集成到触摸屏中并且主要通过触摸屏幕而不是使用物理键盘来操作。它通常使用屏幕上的虚拟键盘，触控笔或数字笔。

［15］本节摘自 CGAP（n. d.）。

［16］这是基于 Veniard（2010）对六家金融服务提供商的成本的保密分析。

参考文献及进一步阅读

*Key works for further reading.

AFI (Alliance for Financial Inclusion). 2010. "Mobile Financial Services: Regulatory Approaches to Enable Access." AFI, November.

Alexandre, Claire. 2010. "10 Things You Thought You Knew about M-PESA." CGAP Technology Blog, CGAP, Washington, DC, November.

*Alexandre, Claire, Ignacio Mas, and Dan Radcliffe 2011. "Regulating New Banking Models That Can Bring Financial Services to All." *Challenge Magazine* 54 (3, May-June): 116–34.

Almazan, Mireya. 2010. "Beyond Enablement: Harnessing Government Assets and Needs." Brief written for the Global Savings Forum, Bill and Melinda Gates Foundation, Seattle, November.

Alvarez, Gabriela Zapata. 2010. "Turbocharging the Client Proposition through Proximity: Agent Banking in Latin America." Brief written for the Global Savings Forum, Bill and Melinda Gates Foundation, Seattle, November.

*Baptista, Piya, and Soren Heitmann. 2010. "Unleashing the Power of Convergence to Advance Mobile Money Ecosystems." Report, IFC and Harvard Kennedy School, Washington, DC, and Cambridge, MA.

Boris, Kim. 2011. "Payment Terminals Do Not Want to Die Off [in Russian]." *Digit.ru*, November 22. http://www.digit.ru/opinion/20111122/386574218.html.

Bruett, Tillman, and Janine Firpo. 2009. "Building a Mobile Money Distribution Network in Papua New Guinea." IFC and UNCDF, Washington, DC.

Center for Financial Inclusion. 2010. "Glossary of Terms." Draft, Center for Financial Inclusion, Washington, DC.

CGAP (Consultative Group to Assist the Poor). 2010. "Case Study: United Bank Limited Supports Cash Transfer Payments." CGAP, Washington, DC.

——. 2011. "Global Standard-Setting Bodies and Financial Inclusion for the Poor: Toward Proportionate Standards and Guidance." White Paper prepared by CGAP on behalf of the G-20's Global Partnership for Financial Inclusion. CGAP, Washington, DC, September.

——. n.d. "Interoperability and Related Issues in Branchless Banking: A Framework." PowerPoint presentation. CGAP, Washington, DC. http://www.cgap.org/gm/document-1.9.56025/CGAP_Interoperability_Presentation.pdf.

Chatain, Pierre-Laruent, Andrew Zerzan, Wameek Noor, Najah Dannaoui, and Louis de Koker. 2011. "Protecting Mobile Money against Financial Crimes." World Bank, Washington, DC.

Davidson, Neil, and Paul Leishman. 2010. "Building, Incentivizing and Managing a Network of Mobile Money Agents." Global Savings Forum.

Dolan, Jonathan. 2009. "Accelerating the Development of Mobile Money Ecosystems." IFC and Harvard Kennedy School, Washington, DC, and Cambridge, MA.

Eijkman, Frederik, Jake Kendall, and Ignacio Mas. 2010. "Bridges to Cash: The Retail End of M-PESA." *Savings and Development* 34 (2). http://ssrn.com/abstract=1655248.

*Frankiewicz, Cheryl, and Craig Churchill. 2011. *Making Microfinance Work: Managing Product Diversification*. Geneva: ILO.

Gencer, Menekse, and Jody Ranck. 2011. "Advancing the Dialogue on Mobile Finance and Mobile Health." Country Case Studies, mHealth Alliance. Draft.

GSMA. 2009. *Mobile Money for the Unbanked: Annual Report 2009*. http://www.gsma.com/developmentfund/wp-content/uploads/2012/03/annualreport200927.pdf.

Ivatury, Gautam. 2006. "Using Technology to Build Inclusive Financial Systems." In *New Partnerships for Innovation in Microfinance*, ed. Ingrid Matthäus-Maier and J. D. von Pischke, 147–72. Berlin: Springer.

Jack, W., and T. Suri. 2010. "The Economics of M-PESA: An Update." Georgetown University, Washington, DC.

*Kendall, Jake, Phillip Machoka, Clara Maurer, and Bill Veniard. 2011. "An Emerging Platform: From Money Transfer System to Mobile Money Ecosystem." School of Law

Research Paper 2011-14, University of California, Irvine.

Kumar, Kabir. 2011. "Banks Have Some Good News ... Are They Listening?" CGAP Technology Blog, CGAP, Washington, DC, September 21.

*Kumar, Kabir, Claudia McKay, and Sarah Rotman. 2010. "Microfinance and Mobile Banking: The Story So Far." Focus Note 62, CGAP, Washington, DC, July.

Lahaye, Estelle. 2011. "Rural Finance: Let's Crack the Nut!" CGAP Microfinance Blog, CGAP, Washington, DC, August 16.

Lehman, Joyce. 2010. "Operational Challenges of Agent Banking Systems." Brief written for the Global Savings Forum, Bill and Melinda Gates Foundation, Seattle, November.

Mas, Ignacio. 2008. "Being Able to Make (Small) Deposits and Payments, Anywhere." Focus Note 45, CGAP, Washington, DC.

——. 2009. "The Economics of Branchless Banking." Innovations 4 (2): 57–75. http://ssrn.com/abstract=1552750.

——. 2010a. "Banking for the Poor: State-of-the-Art Financial Offerings for the Developing World." The International Economy (Fall, November 14). http://ssrn.com/abstract=1709164.

——. 2010b. "Savings for the Poor: Banking on Mobile Phones." World Economics 11 (4). http://ssrn.com/abstract=1663954 or http://dx.doi.org/10.2139/ssrn.1663954.

——. 2010c. "The Utility of Retail Payments in Addressing the Financial Inclusion Gap in Developing Countries." Lydian Payments Journal 1 (November). http://ssrn.com/abstract=1694867.

*Mas, Ignacio, and Mireya Almazan. 2010. "Transactional Models to Bank the Poor." The American Banker, November 15.

*——. 2011. "Banking the Poor through Everyday Stores." Innovations 6 (1, Spring). http://ssrn.com/abstract=1719580.

*Mas, Ignacio, and Gautam Ivatury. 2008. "Early Successes in Branchless Banking." Focus Note 46, CGAP, Washington, DC.

*Mas, Ignacio, and Kabir Kumar. 2008. "Banking on Mobiles: Why, How, for Whom?" Focus Note 48, CGAP, Washington, DC.

Mas, Ignacio, and Dan Radcliffe. 2010. "Mobile Payments Go Viral: M-PESA in Kenya." http://papers.ssrn.com/sol3/papers.cfm?abstract_id=1593388.

Mas, Ignacio, and Sarah Rotman. 2008. "Going Cashless at the Point of Sale: Hits and Misses in Developed Countries." Focus Note 51, CGAP, Washington, DC, December.

*Mas, Ignacio, and Hannah Siedek. 2008. "Banking through Networks of Retail Agents." Focus Note 47, CGAP, Washington, DC.

Mylenko, N., et al. 2009. Financial Access 2009. Washington, DC: World Bank.

Pickens, Mark. 2010. "Where Will the Next Mobile Money Innovation Come From?" CGAP Technology Blog, CGAP, Washington, DC, November 18.

——. 2011. "Which Way? Mobile Money and Branchless Banking in 2011." CGAP Technology Blog, CGAP, Washington, DC, March 9.

Qiwi Channel. 2011. "NAUET Summarizes 2010 on Vimeo [in Russian]." Vimeo, March 30. http://vimeo.com/21697639.

Rotman, Sarah. 2010. "An Alternative to M-PESA? Orange and Equity Bank Launch Iko PESA." CGAP Technology Blog, CGAP, Washington, DC, December 6.

——. 2011. "So Where Are We in the Link between G2P and Financial Services?" CGAP Technology Blog, CGAP, Washington, DC, July 28.

Veniard, Clara. 2010. "How Agent Banking Changes the Economics of Small Accounts." Brief written for the Global Savings Forum, Bill and Melinda Gates Foundation, Seattle, November.

World Bank. 2011. "An Analysis of Trends in the Average Total Cost of Migrant Remittance Services." Remittance Prices Worldwide 3 (November): 1–6.

第十三章　产品之外：
在手机上构建一体化的客户体验

Ignacio Mas

前面的四个章节已经讨论了个人金融产品以及金融机构可能会用于递送这些产品的方法。在本章中，我们认为，为使客户搞清楚所有产品，后者必须被嵌入金融理财工具中。所有金融服务的运用应该从逻辑上符合顾客的愿望来组织支付，以满足当前和未来的需求。

金融服务是为了达到最终结果所使用的手段，而一个完整的金融服务是客户可以从中有各种不同的选择来实现其目的。例如，一个目的可能是买一辆摩托车，其中一个客户可能会存下一些钱剩下的部分通过借钱来完成购买，并随时间推移慢慢偿还。这就表明了提供金融服务最有用的方式是应该和客户的目的相关联，通过呈现出一系列的金融选项以供客户的选择，使他们选出最适合他们的金融服务，或者确实把这一系列的选项混合起来并进行搭配。在这种方式下，服务超越了构成金融服务的要素本身，成为一个一体化的客户体验———一种允许用户不仅要选择还要根据自己的具体情况和需要来建构自己的一系列服务的体验。

这样的客户体验应该允许，而且确实需要——客户和他们的资金之间的高水平互动。手机这种个人化的、随身互联的本质，呈现了一个独一无二的机会来设想金融服务是在客户和提供者之间的谈话。

设计这些扩展的、灵活的客户体验面临的主要挑战是发展一个直观、易于访问的移动用户界面。良好的用户界面可以让用户在较少的指导下发现并尝试新的服务，它会提示客户向供应商透露更多关于他们自己的信息，它通过纯粹的熟悉程度来增加客户的忠诚度，它提供了多样的品牌推广和交叉销售机会。

随着如今移动支付平台的发展，提出保持货币数字化和推动数字支付使用的价值主张仍然单薄。移动支付是建立在速度（实时结算）和流动性（有成千上万的商家与你进行现金交易）基础上的。它是现成的现金（一个实时访问的手机钱包），随时可支付的现金（个人对个人汇款，账单支付）。而移动支付是一个灵活的工具，这个工具可以从现在付款扩大到帮助人们筹集资金来实现他们"明天"才能支付得起的商品或服务。储蓄和信贷可以确保及时的支出。因此，储蓄和信贷服务是支付服务的一个合乎逻辑的延伸。

本章分为三个部分。第一部分描述了个人理财作为金融服务核心地位的必要性。它主张嵌入某种思维模式和心理学科的技巧使人们可以非正式地运用到正式的金融服务内。第二部分介绍了移动金融服务平台的基本要素，强调用户界面作为客户对钱的心理表征和体现在正规金融服务中的数字表征之间的关键联系这一角色。第三部分说明了满足各种需求的一体化的移动金融服务，只需通过重铸短期储蓄以自我支付，并允许一系列早期流动性选项的服务来如何被构建的。通过给供应商一个更有意义的窗口来去观察客户的财务资料，这样的服务应该允许供应商快速地扩展到客户端。

本章将吸引手机银行和移动支付的参与者，他们渴望建立一个更全面的价值主张，以解决低购买率，尤其是当前如此多系统的低使用率的问题。监管机构可能也注意到把供应者分类到更加细化的产品组这一"鸽洞效应"的潜在负面影响：支付提供商，存储的电子货币，信贷发放，银行等。

把个人理财放在金融服务命题的核心

如果你是一位贫穷的人而且你还想在今天购买一堆东西，但是为了未来的花销而有计划地积攒积蓄是艰难的。穷人需要深思熟虑地规划好自己省钱的目的，放弃什么样的花销，如何在时间的流逝中积累积蓄。在这个部分，我们探讨储蓄的心理，换言之，就是穷人是如何定义并设定花销及金融目标，如何使用不同的积蓄手段以到达他们的目标。

储蓄和目标设定的心理学

关于消费目标，人们的观念有很大不同。一些目标是明确的，一个典型的目标是为了在每个学期开始时能交得起学费。这有一个很明确的需要交费的量并且有明确的截止时间；我们可以把这些称为目的（objectives）。但是，这些目标常常是期望并且没有一个明确的截止时间的，比如我想买一辆摩托车，想买一套"永久"（例如，砖头制造）的房子，或者一块属于我的土地。这些都是明确的欲望，但是没有一个清晰的计划来实现它；我们也可以称之为意图（intentions）。目的和意图关键的不同点在于指定钱款用特定确定目标的程度。

目的和意图之间是一个连续统一体，事实上，目标可以在这两者之间转换。目标可以根据情况进行校准。例如，为了计划外的医疗或葬礼而划拨的应急款或许看起来像意图（没有明确的资金量，没有明确的截止时间），但是它可以转变为十分切实的目标，比如某人生病了或者过世了。或者我正在为买一辆自行车而省钱，但是如果我的屋顶渗漏了，我必须把目标转换为修补屋顶。也就是说，有些目标必须被理解为是一类潜在支出的代替物。个体或许会很清晰地了解他正在为哪一类的花销而积蓄，但是在旁观者看来他的目标一直在改变。

下一个问题是人们如何根据不同目标而规划储蓄工具。人们将会考虑三个关键方面存在的矛盾关系：

- 流动性与纪律。流动性是关于在不同的情形下满足变化的目标的灵活性，例如，在紧急情况下或当一个很好的投资机会出现时能够快速处理储存余额。然而，人们知道，如果钱是过于容易被使用，就会有一个永恒的花钱诱惑。保存省下来的钱变成了一个积极的决定，这个决定在每次有花钱的机会时就必须再次重申。这些防止损耗积蓄的小决定可能陷入懈怠，一旦产生决策疲劳，自我控制就完全不起作用了。因此，纪律就是关于使人们难以去重新审视以前做的决定，在放弃多少和多久目前的支出并把这些钱存起来［我们可以称之为纪律开始（discipline in）］以及在其后的任何时间当你决定不去突击花钱时，我们就可以宣布纪律解除了（discipline out）。

- 确定性与惊喜。人们想要知道他们所存起来的资金的数目和安全性。他们想可以在任何时间查询他们的积蓄的数量（因此有移动功能的存折查询余额解决方案才如此普及），他们还想要知道他们能够期待多少钱的利息。另一方面，人们总是想给自己一个惊喜，关于他们已经积蓄了多少资金，去享受打破存钱罐时的喜悦。他们或许也可以接受惊喜的储蓄回报，无论是投资计划具有较高的不确定性，或是参与到了像彩票一样的回报机制。虽然确定性产生信心，惊喜的元素承载的更多是一种不同的未来前景，因此可以更加激励自己。

- 隐私与社交展示。鉴于平分福利的社会压力，人们可能有强烈的偏好来保持较大的储蓄金额。另一方面，公开储蓄有助于建立定期储蓄的承诺，对此成员发现它非常重要，它也可以用来表达一种成功的信号或宣称自己的社会地位。

因此，储蓄手段的选择将取决于所讨论目标的性质。学费，我和周围的大家一样，必须通过某种方式支付，可能会被保存在一个有更多约束并且缺乏流动性、更加具有确定性、更多的社会接触的机制里。村级储蓄计划可能会满足这些标准。而我向往的摩托车可能会在涉及更多的流动性或较少约束性，有更多的惊喜、有更少的隐私性的机制来保存。买几头猪可能满足这些标准。

非正规的约束建立机制

人们已经把相当多的非正规约束建立机制与储蓄行为相关联，其中包括以下内容：

- 在不同的项目中进行储蓄，但各有各的明确目的。在储蓄目的和手段之间创造一个紧密的精神联系（例如，山羊来支付学费和校服费，民间标会和信贷协会账户来购买缝纫机），以帮助保持积蓄目标能够达到，并且使自己很难因为心血来潮而放纵花钱。

- 一揽子个人储蓄计划的不可分割性。人们经常储存金质首饰而不是小片金块；他们把一些小额钞票转换成大额钞票；他们把鸡交换成山羊、奶牛。有人可能会受到诱惑，拿出在床垫下的一美元纸币或牺牲一只鸡来满足一些小愿望，但是，除非有很强的理由，每个人都不会毫不犹豫地破开一百美元的钞票或卖牛。消费掉高额的储蓄将会有更强的内疚感。

- 广泛的储蓄类心灵标签。例如，显著划清储蓄和投资之间的界限，或者声称有某种形式的"家底"。这些都是未耗用的资产，但把这些划成投资或家底一类就能免于有关支出是否能满足目前的日常需求的争论。他们试图通过不同的期望来强化它们这些区别，例如，期待投资领域有高额回报率（与此同时也要接受高风险）。

- 赋予储蓄以社会意义和约束性质。人们往往寻求社会层面来增加他们的储蓄，以增加未能储蓄或花掉储蓄的风险。这些都是通过同伴压力的事例来实现的，通过基于社区的储蓄团体来达到定期储蓄的目的，或是通过公开展示储蓄并将其与社会地位相联系来实现的。

最终的结果是一种被划分好了的、几乎是程式化的储蓄方式，以无意识的态度来代替有意识的储蓄心理的。

与银行有关的麻烦：不灵活的产品

银行通常把自己的大众市场产品构建成几个标准的产品。他们与客户的沟通策略是向客户强调解释客户应该何时、为何并如何使用他们的产品。这与那些大型、规律并且有稳定的收入来源的雇员合作是很愉快的。涉及支付结构随时间推移无大变化的产品（无论是贷款的时间表，定期养老金计划供款，或定期存款）是很容易分析一个人的收入环境的。

但是，非正式就业的人面临的风险更令人眼花缭乱，因为他们没有固定的、有保障的收入来源。穷人自然较难稳定地朝着自己的目标去努力构建；他们需要更多的帮助。但银行的刚性产品很少为他们设置；他们被看做是不相关的。银行本可以在非正规部分提供更多的产品并为穷人提供了更加富有灵活性的条款，但是这也使服务变得更加复杂，很难去销售和管理。于是，他们就退回到只提供一种产品，归意型流动账户（catch – all liquid account），这些账户并没有与人们关于金钱和约束的心理模式相关联。

我们不是要为穷人提供单个的金融产品，每个产品都有它自己的一组条件和规则，我们需要一个一致的客户体验，模糊各构成产品之间的界限。无论它是否提供电子支付、积蓄、信贷，目的是帮助顾客买他们渴望的东西。我们需要模糊正式和非正式金融产品之间的界限，通过引进自律的元素，同侪之间的压力和如今很好地服务于人们的社会资本。甚至更加根本地说，把呈现移动金融服务作为规划支出的手段，涉及模糊储蓄和消费的概念。买那辆你已经长期渴望的自行车可能既体现了你积蓄的目的又体现了你的消费需求，你将会试图去买那辆自行车而不是其他的商品（假设这件商品比自行车更不重要）。这也就是为什么规划能力是积蓄问题最核心的部分。

一个有趣的实验

迄今为止在这个方面最雄心勃勃的计划是在印度的 KGFS 公司为穷人设计的私人银行模型（见专栏 13.1）。KGFS 的策略需要高接触的个人服务和依据家庭来源数据分析的产品推荐以及资产利润分析。为最贫穷的人的高触感服务，这似乎有悖常理，但是 KGFS 的前提是私人银行看起来是同时针对那些很富裕的人（那些拥有复杂的资产管理工具去选择）和那些很贫穷的人（那些拥有显著的风险管理工具去选择）。这就是像你和我一样的人，充分感受到从银行产品货架菜单上享受到的自助服务。

建设高触感的通道以接触那些数以百万的穷人是一个花费巨大的主张，涉及培训人员进行稳健投资。在公司发展过程中，任何以员工为中心的模式也有可能遭受服务质量不稳定的影响，因为质量将很难去评测，成功的财政措施往往会占据主导地位。本章试图去呈现虚拟的 KGFS 模型可能是什么样的——是一个可实现同等水平的客户支持但是有着更高水平的自助服务和远程交互元素的模型。

专栏 13.1　印度的 IFMR 信托

在 2008 年，一种新型的小微金融模型由 IFMR 公司在印度的三个偏远地区被测试，其特许经营名称为刹帝利格莱珉金融服务（KGFS）。在 IFMR 信托公司的支持下，KGFS 的目标是为所有个人和企业在预定区域提供完整的金融服务。每个特许组织的运营被限制为两三个连续的农村地区之间，总人口范围在 400 万至 500 万；在其负责的地域里，每个分支机构负责了解和解决这1000 户至 2000 户家庭的金融所需。工作始于金融福利的评估，收集受访家庭的数据；这些数据被输入预先设定好的数据库中，并进行简单的数据分析。在这些评估的基础上，一线员工（称为理财经理）给每个家庭推荐定制的金融组合产品。每一个 KGFS 单元都是 "产品不定向的"，给客户推销适合的积蓄组合产品、信贷、保险和为特殊家庭特殊需要定制的津贴服务。金融评估和建议伴随着客户家庭的需要而更新。

要达到这样的视野需要实现一整套服务的能力。KGFS 的关注点主要是建立一套 "前端" 展示以加深客户关系。雇员访问客户家庭来实施评估和提供金融建议，通常这些建议只是在分支机构才被提出，但是客户家庭与分支机构之间的距离仅仅在走路的距离之内。管理层和员工激励机制是为了迎合民众的需要，而不是向客户提供产品。

KGFS 的合伙人包括一系列的商业银行、津贴基金公司、经纪业务和保险代理。核心的（共享的）产品设计单元作为源头并最终设计出合适的产品。

KGFS 确实给农村偏远地区带来了服务，但这些服务对 KGFS 确实也是沉重的。然而，大部分的服务是在客户和实际提供者（大型的金融机构）之间签订合约的。这样的安排是对递送一系列可持续调整的服务是必需的，但是 KGFS 也相信一个大型的、专业化的金融机构会比一个相对较小的小额信贷组织系统能更好地管理系统风险。信贷是这种模式的一个例外。在大多数的事例里，KGFS 直接从其自有资金中提供贷款。这是为了确保 KGFS 承销和监督的激励是完好的，与金融机构的关系也并不是一种纯粹的代理。

三个 KGFS 的特许经营已经在印度不同的地区得以实施，所有服务明显不到位的农村地区和越来越多的特许经营正在酝酿。特许经营要适应当地环境，但是却和一个共同的文化和品牌捆绑在一起。

在移动平台上提供金融服务

一个金融系统怎么可能包含所有人的基本情况？通过在各相关行业观察已经成功的事例，我们可以猜测到这一解决方案所包含的某些元素。专栏 13.2 分别对小微金融、非正式金融、移动金融、电话、移动电话和互联网都归结了两个成功的因素。

金融普惠性缺口十分巨大——发展中国家 70% 的家庭没有银行账户——呼吁非常有力的措施来解决这个问题。我们需要解决接触的障碍（基础设施的最后一公里），相关性障碍（适当规模的产品和服务）、可用性障碍（友好而直观的客户体验）。

使这些问题格外困难的原因是它们不能被分开思考或者依次解决。这三个方面必须在营销层面一起去思考、去解决客户的三个主要问题：

（1）这是什么？这能干什么？

（2）我为什么要使用它？它的好处在哪里？

（3）它是如何工作的？在哪里我可以用到？

专栏 13.2　什么是关联领域的成功属性

小微金融有很多不同的成功案例，但在所有成功的案例之中有两个因素最为典型。第一个就是接近的价值：这些例子都找到了实现接触他们所想要服务客户的方法。第二是简单朴素：他们专注于精简的产品和标准化的特征。

继在肯尼亚的 M - PESA 的成功之后，现在又对移动支付作为金融普惠的新平台寄予厚望。一个经验是增强电子支付网络的优势是十分重要的：使存取款操作变得简单而又可靠。另外一个经验是金融服务的利润来源不仅仅是信贷自己：有大量愿意去支付一些类型的支付服务，这些服务在今天仍然代价昂贵而且不甚方便。

在贫困国家移动电话的迅猛发展已向我们展示出两个额外的需求驱动力量。第一是服务的即时性，这是技术的固有特性；能够根据需求即时沟通。第二就是打破价格壁垒，可以预付款（低至 20 美分），并逐渐取消手续费和使用承诺。

从互联网中，我们了解到通过将服务数字化来增加价值的两个关键来源。第一个就是把单个产品包装成一个更全面、友好、可定制的客户体验。第二个是能从他们的交易信息、服务的交互信息中收集相关顾客的信息，这可以用在提供个性化的产品服务上，更加优化客户体验。

人们在他们的日常生活中使用的不正规的资金管理操作有两个特点使其与银行正规操作区分开来：第一，在积蓄、信贷和保险之间模糊的界限；第二，他们使用了一系列的约束手段超越纯粹的时间承诺（如习惯、同侪压力、社会/家庭价值集）。

现在让我们一起连接起来所强调的重点关键词：破解金融普惠问题，我们需要做的是设计一个客户体验，这个客户体验需要满足以下四点：

1）汇集储蓄、信贷和保险的功能，并提供多种自律工具；

2）在简便易行、逻辑一致的框架下便于客户管理；

3）按需递送；

4）拥有便利的地方流动性选项。

移动金融服务命题的要素

我们可以区分出在移动金融服务命题的三个基本要素之间的差别。首先，需要有一个基础设施来为实物现金交换电子价值（最普遍的是网点和 ATM）。这不是银行本身，因为它只是使两种货币形式的交换，就像纸币兑换硬币一样。但是，它允许人们轻松地结合起来这些形式——他们所得到的工资，储存的钱，并花了它。这里需要有十分密集、高效的网点来使人们存取现金，而不单独把这些任务列入一天的日程表之中。这些网点需要离人们居住、工作的地方很近，位于零售店的环境中，并提供两种小额的服务（取款和存款）。

最有希望的方法是把门店做成日常现金存取点，向他们的客户提供现金购买出售电子货币的服务，而不是直接使用现金，就像他们通过交换手中的大米来销售大米，以获得顾客手中的现金。只要店铺充分准备（需要现金和电子货币的收支平衡），这完全具有可行性，店铺与客户之间的电子转账操作是获得数字通信网络安全实时授权使用的。

其次，这需要一个电子支付生态系统，这会使电子货币直接对人们有使用价值，可以通过电子云技术来实现快捷转账，这比现金的大额支付、远程支付、商业相关支付和无人售货亭的支付更加便捷。伴随着时间流逝，电子支付自然地成为方便快捷的付款方式，对小额、面对面支付和日常操作（例如，在零售商店里）也十分有效。这种支付发生在那些拥有电子货币且并不想很麻烦地去转换的人之间。

我们需要找到一种机制，以吸引在非正规经济中的更多款项以电子方式取得，比如日常劳动力、商品、服务的出售，以期让更多的人更期待电子货币。这是一种比通过资金转入系统更直接的方式去获取金钱的方法。其中一个重点应放在使货币资金来源电子化，而不是使之成为方便人们使用的电子货币，因为后者自然会遵循前者。第二个重点应该是连接所有的电子账户和钱包成为一个互联网络：任何人都不应该被隔绝在一个小岛上。这是一个关于催化和加速转型——从传统支付现金的系统到新的相互连接的电子支付平台——的过程。

最终，需要一套金融服务，来简单而又直接地呈现人们关于他们金钱的心理模式。这些服务允许人们计划如何去达到他们的投资和消费目标，并且还要管理好一定的风险。尽管交换和转账表现得越即时情况下才更显其功能的强大，理财究其本质却是需一段时间来完成的。

建设一个能平衡专业化和规模化的平台

成功实现这些要素需要建立一个昂贵的基础设施，并支持复杂的服务交付链。有必要重新设计组织结构和价值链中的金融服务，使它们可以提供给充满穷人的发展中国家大众市场。而大多数金融机构既没有合适的成本结构、规模，也没有足够的营销能力以满足客户的多样化需求。图 13.1 展示了这一过程所需的流程图。

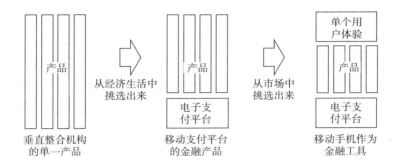

图 13.1　平台透视图

今天，大多数服务于穷人的小微金融机构往往在专有交付结构中（他们管理自己的现金点、财资、投资、贷款评估和恢复等）只提供非常有限的孤立的产品（通常只有一个，例如，基于团体的贷款或一般存款账户）。许多关于支持金融普惠性的干预措施却带来了在无服务或服务不到位地区新的不互联的垂直综合机构。这些机构往往基于任务，发展了很好的亲和力以接近他们的目标客户。但是因为他们把所有的功能（有些是可伸缩的，有些不是）变为单一的结构，他们往往以非常高的单位成本来操作，他们的系统和程序不能很好地处理地域扩张。

平衡客户关系和规模一般是通过机构专业化来实现。一种方法，如图13.1 的中间所示，从市场成熟的金融增值服务中分离出基本的支付操作。图13.1 中电子支付平台是指上述基本的交换和传递功能。这项服务可以由大型银行通过可互操作的交换机或者通过移动网络运营商办理移动支付方案来实现。

尽管存在这样的可能性：这些参与者或许会操纵这样的平台从而使之成为一个闭合环路，并期待随着时间推移他们能够开启一个特别的金融机构生态系统，从而为他们的客户提供一整套的金融服务。这些专业机构驾驭着可拓展的平台，这些平台操作着无现金银行，因为他们可以通过第三方机构电子支付平台向他们的客户收集和返还价值。从处理现金的业务挑战和电子支付网络中解脱出来，他们将处于一个更充分专注于市场营销和产品发展的位置，通过这个位置，他们可以与客户发展更为深入和丰富的关系。

创建单一用户体验

这种功能的分离还有很长的路要走，才能把金融服务提供者放在一个更加健全的经济基础上，但是这种服务的增值对他们来说有着显著的市场挑战。交流关于每个产品能干什么（特点和时限），为什么或在何种情形下，它与人们之间存在着关系（利益），以及它是如何被使用的（步骤）都需要对贫穷消费者有一定的关注，而供应商可能无法获得，即使他们做到了，它可能会带来供应商无法承受的成本。

有必要创建一个简单的框架，通过它人们可以发现、了解并管理多样化的服务。这体现在图 13.1 的右侧的单个用户体验方块。顾客可以通过多种多样的服务和产品来为自己创造利益，但是所有这些都通过共享接口以一种一致、无缝对接的方法来呈现和管理。

需要引起注意的是，这里我们说的是每个客户的单用户体验，但不同类别的客户可能会基于他们的社会人口学特征和熟悉的金融服务水平而被呈现出不同的用户体验。事实上，人们可以想象，他们的用户界面升级了，提供了更丰富的潜在服务内容，使之与不断增长的财政能力和需求相称。

客户体验可以通过以下几种元素而变得具有一致性：

- 客户的电子接入设备（手机或网络）上的用户界面，这使得他们能够寻找，签约，以及与他们在自助服务设施上的服务进行交互。
- 客户关系管理系统，它允许供应商基于他们与客户在用户端上的历史沟通记录创建客户的详细个人信息，他们也从交叉引用的外部来源中获取信息。这个系统也有客户分析和命题引擎，它评估客户对某些服务的适用性（例如，信用评估），并触发相关信息推送给客户（例如，强化目标或向顾客提供他们可能需要的新服务）。
- 当客户想互动时可以使用的一个辅助的销售和服务渠道。这可能是一个连锁的专卖店，一支外围的销售队伍，或呼叫中心。

为什么移动

在作为存取款网点的零售商店中使用手机支付非常有希望解决接触障碍的问题。使用手机有两个关键的因素：（1）它确保安全的实时沟通，在双方相距遥远的情况下，这是建立信任的关键因素。（2）手机使用起来很便宜，并且已经很成熟，因此与其他技术平台相比较，削减了部署成本。

手机不仅代表着钥匙用来开锁进入，也是提高使用率的关键。促进金融普惠性发展包括客户体验，以帮助人们规划和实现自己的目标，无论是否涉及具体的计划支出和宽松的金融缓冲垫。这需要两种东西：（1）提取客户信息，了解他们的目标以及实现目标的时间表；（2）在这些目标的背景下提出的各种可用的金融服务（储蓄、信贷、支付和保险）。

这两种东西是很难做到的，尤其是当客户互动并不频繁并且不是很一致的时候。在一个月内，银行客户通常通过收音机或电视机只接收一家银行的广告并只去了一次网点，这意味着沟通是非常有限的。在这种背景下，银行的推广必须是尽可能简单，而且是受产品来驱动。

但是，当银行（或其他金融服务提供商）和他们的客户是通过手机联系，潜在存在的关系就需要更频繁的互动。鉴于此，银行可以开始思考基于自己的目标（无论是基于愿望或恐惧）来和他们的客户对话，而不是基于银行的标准产品清单。从一开始就提出了合适的产品给客户将会有比较小的压力，因为顾客会引导银行来给他们提供所需要的产品、服务。移动用户界面应该吸引顾客到这个对话中，所以它的结构必须围绕人的目标。这就需要银行来使他们的产品符合客户的目标需求。客户与银行的交互也将由银行发起：向那些人提醒他们的既定目标；当他们有效地朝着自己的目标开展工作时，向他们表示祝贺；提出新的方法以使他们能够实现自己的目标。

移动电话可以作为成本较低的替代品淘汰卡终端销售点。但是，除了成本，手机的真正的机会是为银行建立直接、按需与客户相联系的方式。手机为设想未来提供了可能性——银行和他们的客户每天的互动不再只是银行的产品而是更多地依据客户的目标构想。在成功的手机银行关系中，客户在每一笔现金进账时都会拿起手机，思考如何使用这笔钱来达到我的目标？银行会为我提供什么样的产品呢？

在呈现单个用户的客户体验中，最关键的挑战是去设想如何在单独的逻辑框架和共同的用户界面里提供多样的、看起来不相同的服务。

如今的移动支付之旅

如今的移动支付主要提供基本的交易账户。在肯尼亚和其他地方，我们看到有大批用户在使用这些服务。但是，这些账户主要实现了一种支付功能：它们并不在较长的时间内存储大量的现金，而且它们也不与其他金融产品相关联，比如信贷和保险。

因此，金融普惠性支持者往往把移动支付作为提供低成本的交易渠道；一旦这些都到位，我们就可以在这些渠道中设计出合适的产品。但是，这个飞跃被证明是很难的。如果没有必要的产品范围，我们就不能保证按这一模式充分地使用，从而损害了必要的基础设施和营销投资的状况。直到现在也不清楚如何去使那些新接触银行的人在手机上去理解和使用一系列的金融服务。

克服这些挑战或许需要从很早就整合产品和渠道，使之联系更加紧密。另一方面，通过增加更高级别的金融服务优化移动支付运行的环境（储蓄功能的承诺、信贷、保险）却产生了移动货币的概念对市场更加复杂，在简易的手机上管理更加不实用的风险。

为了打破这种困境，我们需要的是一个单个的移动功能的定制体验，以客户的目标和需求为基础，来达到银行与客户之间的良性互动。这方面体验的主要驱动力将会是较少关注提供服务的潜在的金融产品，而更多地关注用户界面和引导着客户与银行的交互的客户信息管理系统。

电信公司和银行肯定会起到使这种整合服务概念能动起来的作用，但或许我们真正需要的是一个第三方机构来扮演 Amazon. com 的作用：管理客户视角，提出相关优惠，并组织他们背后的服务交付链。

这是在下一部分探讨的区域。其目的是研究如何可以以一种吸引发展中国家中的大部分贫困人口的方式提供丰富的资金管理服务菜单。

把手机变成一个理财工具

到现在为止，我们发展了两个核心的观点：第一，从可用性的角度，移动金融服务需要被设想为一个单个客户的体验，并在一系列潜在的金融服务中集成。这使得设计出一个简单的用户界面变得可能，这个界面引导着客户去接触、使用金融产品和服务。第二，从相关性的角度来考虑，在深入地确立了金融管理的心理模式下，人们解读那些不同的金融产品的使用感受。这从根本上提出了设计整合的移动用户界面作为一种理财工具的机会，一个集成了人们本能的心理约束机制的工具。本节说明这点如何能以简单的方式来完成。

在移动支付中引入时间维度

移动支付，正如目前的设想，当资源和使用之间的时间契合时，可以出色地运作。因为这样的交易可以立即实现。但是，当时间方面有所分离时，即钱在可以获得和在什么时间需要支付之间，移动支付就显得用处不大了。

在时间上分离会发生主要有两个原因：（1）如果支付需要在未来某一日期做出（例如房租、学费、电费、种子播种）；（2）如果支付相对收入流非常庞大，从而在支出的决定做出之前需要有资金的积累（例如，购买摩托车或新农用设施）。这些期望的未来支出从而为现在创建了目标。

填补资金流入和期待流出之间的时间差距是移动支付系统中具有价值储存功能的账户所扮演的角色，除非人们并不想在那个账户里存太多钱。这在很大程度上是出于监管原因，移动支付通常不作为储蓄工具。但是，这也可能是因为人们发现移动支付流动性过强，太容易获得：像在口袋里的现金，最好是摆脱它以获得某种持久的事物，以防这钱被用于购买某种多余的东西。

延期支付

由于消费目标代表未来支出，人们可以利用延期付款的系统用目前的收入来实现未来的目标。一个人可以因此把目前的积蓄服务作为支付的延伸。同样的方式，你可以使用移动支付，立刻给其他人汇款，你应该能给自己汇款，在未来的某一天，自己可以收到这笔款项。将这种方式看成是"自我付款"（self‐payments），而不是普通的个人对个人付款，就像在图13.2中说明的那样。

只需要在标准转账菜单里去创造一个延期支付的可选选项：转账生效的日期（立即生效可被设为系统默认值，如果没有特别标注出日期）。使用者可以把未来的某个日期和自己的目标相联系起来，之后朝着目标进行投资。

当客户查看自己的移动账户余额时，供应商可以提供一份详细的账目说明：账户的总额，可获得的或流动余额以及延期付款的数额（包括付给他人和付给自己的，即储蓄）。

在这些服务下，使用者可以在每次有收入进账时能够分配和处理他们的目标。不同的日期会像指定的储蓄容器一样操作。考虑两个例子：

- 临时工只要一有钱进账，他们就会把注意力转移到手机上来。这虽不可预见但常常发生。因此，如果我有一天挣 5 美元的好工作，我将得到 5 美元一天的现金收入，那么我将为我自己存下 2 美元来支付 2 月 28 日到期的学费；也为我 6 月 30 日买一辆自行车的目标存下 2 美元。其余 1 美元，我将保留在活期移动支付资金账户用于日常开支。

- 农民有着相反的问题。他们所有的钱都是在收割季节一次性到来的。因此，我可以把所有的农作物收入都储存起来，之后将其中的大部分收入在那个需要交地租的日期寄送给自己，用来支付地租以及下个种植季节所需的种子和化肥。在对于剩下的钱，我甚至可以每月给自己支付一些钱充当薪水直到下一个收割季节。

记得以前关于目标的讨论：一些像学费这样的目标是很清晰的，而其他的一些，比如买摩托车，或许代表了一种模糊的意图。因此，未来对自己的支付日期或许有时会被解读成一个不一定确定的日期，此时按计划应支付款项，但更属于未来的财务决策点。因此，我或许会轻易地把钱推迟到 4 月 1 日，只是因为直到那时之前我都不需要考虑来如何使用这笔钱；在 4 月 1 日，我或许会决定用这笔钱做一些事情，也或许会继续推迟到 7 月 1 日。

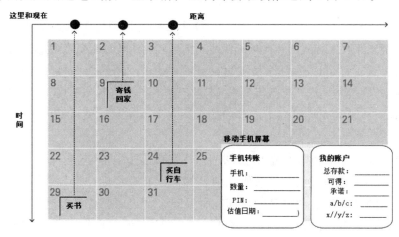

图 13. 2　交易的时间和空间

在未来某个日期自己对自己的支付功能等效于承诺储蓄子账户，每一个都与未来特定的日期相关联。在这一日程表中，没有必要预先定义或打开多个账户。在客户的心目中，每个日期的每个子账户，将与某个目标相关联。

大部分人都储蓄因为他们想去买一些东西。将一种支付理由与储蓄行为相联系使其变得更具象化，并且与人们相关。这是为了某个目的而存钱，而且还不断向前推进。从市场的观点来看，它增强了积极（positives）（花钱目标）而不是牺牲（存款）。

这里有一个非常普遍的目标，比如学费，这可能是一个典型有用的事例来说明驱动延期付款的营销方式，例如"给你自己支付就是给你的孩子的学校支付"，很像"向家里寄钱"被用于驱动肯尼亚的 P2P 付款概念。

实现自己对自己支付可以对移动支付提供商提供显著的增值。但更重要的是，它可以帮助软化 P2P 网络早期阶段发展所固有的残酷的网络效应。在自己对自己支付的背景下，移动支付变得十分有用处，即使有极少的人在网络上，因为他可以帮助人们管理自己的财产。如果人们对保持高余额满意，将会乐意去提高自己移动支付转账的操作率，也会降低转换成货币的次数——这是一个昂贵的步骤。

利用客户信息

交互活动也可能是由银行发起的并演变成一个持续的对话。如果客户现在存钱直到 3 月 31 日，为什么不联系她（通过短信、从呼叫中心的信息或电话）找出她的目标是什么，她需要多少钱？如果她不能按现有的存钱模式一直坚持到 3 月 31 日，为什么不联系她提醒她应完成目标或找出她为什么有麻烦？

每一次的交互都有机会得到一些对两个方面有用的信息。第一，银行可以给客户回放这些信息，展示出银行很关心她并愿意倾听她的诉求。例如，存款收据可以指出现在客户距离她买摩托车的目标还有多远。第二，了解到客户是如何管理他们的资产并且观察他们对于从信用评分上来获取对他们目标有价值的信息的频率是多少。

流动性与承诺

我们上面提到的，当人们做理财或投资的选择时，他们必须找到在流动性（即当我想获得现金时是否立刻获得资金）和承诺（直到我真的需要之前都不获取资金）之间的微妙平衡。到目前为止，延期付款计划表明了人们可能会承诺一直累积存款直到一个特定日期。但是，如果他们提早需要现金时怎么办？银行如何同时满足流动性和约束？

银行的一种方法是提出一个产品的组合，一些迎合流动性目标（往来及储蓄账户），一些满足承诺目标（延期付款或定期存款）。用户可以划分自己的财富，一部分作为流动性储备，另一部分作为承诺资金。但选择似乎不需要人为制造并把它从人们的日常担忧中移除掉。我们要牢记没有人可以保证定期的收入；他们不得不面对谷物价格的波动和谷物价格的下跌，没有人报销他们的损失。他们或许想把一部分积蓄省下来留作未来使用，但是他们也想在商业机会来临时使用这些积蓄，或是在生病时使用这些积蓄。

我不会把每一元钱都节省下来并计划好它是用在流动性计划里还是用在承诺计划里，我会衡量流动性和承诺对我每一分钱的影响。对于我存下的每一分钱，我都会去平衡它的流动性和约束，这是基于我存钱的目的和我生活中的不确定性有多大。如果我存钱视为了交学费（我需要支付的这种或那种方式）而不是买自行车（当一个更迫切的需要求出现时我可以延迟支付），我可能需要更多的承诺。

早期的流动性选项

我们更需要的是流动性承诺选项是连续的。在功能上，这需要被支持，通过让用户对每一个储蓄目标（可能带有日期或子账户关联）指定一个优先的早期流动性选项。这个选项逻辑上由两个关键的选择组成：（1）在什么样的情况下客户需要早期的流动性（也就是触发客户流动性的条件是什么）？（2）早期流动性的便利性如何提供（例如提早提款或贷款）。

关于流动性触发，六个选项可供选择。其中，有两个极端选择如下：

- 自由支配（完全流动性）：用户可以在任何时间完全自由地去提取任何数量的存款，即使在规定的日期之前。在一个人可以在心理上将目的和取出一定数量钱的时间表相联系起来的情况下，延期付款仍含有一种心理学的元素。它可以因客户的每一笔早期取款操作而强化（例如，在小额取款："即使还没到三月，你确实想撤回你用来买摩托车的 10 美元吗？"）。但是，没有什么可以阻挡客户来拿到他们的钱。
- 时间锁定（完全没有流动性）。直到规定的日期来临之前，这个账户是完全锁定的。这是这个储蓄账户的一个完整承诺。

在两者之间，或许有以下四个早期流动性选项。他们的目的是使客户过早地动用自己的储蓄账户有点难，但也不至于取不出钱来：

- 全部支取或完全不能支取（不可分割）：提前取款是允许的，但是必须取走全部余额。他们的意图是提高不储蓄的风险，因此为一些紧急情况而提供了流动性，但是会阻止一些常规账户的突然袭击——取钱。当然，如果全部的账目并不是为了紧急情况，使用者仍可以取出之前的全款，并重新设定一个相同的取款日期来存入不用的余款户。
- 等待期（Waiting period）：顾客必须事先声明提前取款（部分或全部），在一两天之后，这些钱就可以拿到手了，这给顾客一个时期来重新思考是否真的要使用这笔钱。这避免了顾客的冲动决策。
- 同侪的压力：用户必须提名一位他相信的人，在前期会充当他的"储蓄伙伴。"在客户提前取款的时候，这位"储蓄伙伴"会被通知，甚至只有在这位"储蓄伙伴"同意的情况下，这笔存款才能被提前支出。如果真的是有紧急情况，这位"储蓄伙伴"肯定会同意，而如果是非紧急情况，这位"储蓄伙伴"将会和储蓄者谈话，了解实际情况。通知会通过短信告知这位"储蓄伙伴"。
- 金融处罚：如果提前取款，将会收取一笔手续费来作为处罚。

这些措施被视为防止提前取款的良策，但不应视为障碍。如果这些选择的触发条件被满足，初期流动性工具可以以两种方式来提供：

- 清算存款余额：这是在早期实施流动性的情况下直接减少储蓄额的手段。这是最容易的手段，但有一个缺点，即储蓄目标的连续性被破坏，或当客户使用初期流动性时，账户余额直接被清零。
- 凭借储蓄来借贷：储户可以要求贷款最高达到他们所存储到某一日期的存款余额价值。相当于贷款的未偿付余额是从延期付款余额冻结的，因此贷款是无风险的。对贷款来说，这可能是固定或流动的还款期，也为客户提供了建设他们储蓄的新方法。有可能是有利息成本的贷款，我们可以将其映射到上述的经济处罚的选项上来，如果其他约束机制代替使用，同样有可能是没有利息。以这种方式给储户提供了早期流动性的机会，以满足意外需求，同时保持储蓄目标。人们常常认为，穷人在存款的同时又借款是因为他们同时玩弄目标和需求。

因此对于银行来说，协助储户守承诺要比获取他们的承诺时间更重要，这包括一系列的其他计划手段，因此客户可以从这些中自由地挑选。它可以不必提供所有的选项：通过适当的市场调研，结果可以归结为基本集，之后选出人们认为最有用的选项。

不考虑如何去实施，以下是最关键的：人们渴望有方法进行自我承诺，或对群体中的其他人也是这样，但是对外人和银行不是这样。在不正式的储蓄机制中，他们不必对储蓄媒介作出承诺：他们不必对这只牛的长寿命做出承诺。银行承诺机制（零存整取，定期存款）都是要在第一时间给银行承诺。这对穷人来说感到不舒服：没有人可以保证什么；他们为什么要对银行来保证这笔钱？

在组合中增加信贷

移动支付迄今已经是一个纯粹的预付费产品，像个借记卡。由于系统中不存在信贷使其可以通过第三方机构、大众市场的零售渠道出售，而不需要任何客户筛选。但是，随着其用途的发展，它也会具备信用卡的效用。这样的灵活应用却需要可靠的信用评级，这需要获取来自于人们的更多的相关财务信息或者是利用社区一级的信息。

信贷是很重要的，因为它扩大了客户付款的机会。上述的延期支付计划可以让人们建立自己的预付费分期付款计划，之后积攒钱，然后使用它。信贷则提供了不同的手段为了相同目的：它可以看作是一种后付费的分期付款计划。信贷很重要又在于顾客的信贷支付意愿（现在花钱，以后约束）比储蓄（现在约束，以后花钱）更高，因此往往是银行和小额信贷机构追求盈利的主要驱动力。信贷的可能性也是吸引人们去首先选择正式的储蓄而不是非正式的储蓄的因素。

我们有三种方式把信贷纳入到我们的框架之中：

- 用用户自己的积蓄做信贷抵押。正如前面流动性一节中提到，它应该是用户申请信贷来应对延迟支付或储蓄账户。如果用户的积蓄被冻结直到贷款还清，这个是完全抵押贷款，因此对机构来说应该是低风险的，对用户来说是廉价的。这种机制提供了流动性，使用户不破坏他们为什么储蓄和如何储蓄的心理模式。

- 基于用户过去金融行为的个人信用评分。延迟付款计划给供应商提供了一个关于人们如何管理自己资产的良好视角。如果银行知道我设置自己目标的频率（我使用的延期付款数目），我定期储蓄的频率，我行使早期取款选项的频率以及我的目标达到的程度（基于从用户呼叫中心获得的信息），之后银行可以较好地掌控我的金融习惯。这应该基于幕后信用评分引擎转化为自动的信用评价机制。供应商现在可以给客户提前提供要达到某个特定目标所需要的资金。预付款本身的承诺可诱导客户储蓄更多的钱。

- 基于用户社交网络质量的社会信用评分。一个客户的信用贷款可以通过询问他的同侪而增加。同侪不需要对这笔贷款进行担保；他们只需要支持者为贷款者即可。人们可以通过他们所担保之人的还款记录而获得一个社会信用分数。他们可以通过社交网络为他人担保而建立社会资本，但是如果他们担保的人不再还款，他们的社会资本评价分数将会降低直到最后消失。

利用社会资本

小微金融已经展示了在社区内充分利用社会资本和调用同侪压力的力量。这通常运行在两个层面：诱导和筛选新的加入者进入圈子内，并施以还款约束。但利用同侪压力已普遍仅限于那些居住在附近的人和信贷的管理人员。

延期付款计划，在三个方面可以充分利用社会资本和同侪压力，其中的两种方式已经提及：

- 为其他用户的信用请求提供担保。用户可以通过为其他借款者提供担保来发展自己在银行的声誉。每当他们在做这件事时，他们都在使用自己的声誉（但不必是他们的资金）。建立自己的良好声誉可以在他们的同侪需要资金时帮助他们，同时也在自己的社区里建立起了社会资本。

- 管理好早期的流动性。那些把钱节省起来为了未来打算的人或许会选择一个他了解的人作为他的"储蓄伙伴"。一位"储蓄伙伴"帮助你完整保存你的积蓄，他将不会同意你提前支取你的积蓄，除非你有一个很好的理由，否则你会很难去向他开口而索要你的积蓄。这就是通过同侪的压力帮你去省钱。

- 激励社区一级的储蓄。想象这个情景：当一家银行在偏远地区开设了一家分支机构并且宣布，当整个村庄储蓄到一定数量的资金后，就将会做一些有利于村庄的事情：重新粉刷学校、为当地的卫生所提供一些医疗支持，或者为年轻人建一所新的足球场。

目的是赋予移动金融服务更丰富的人际交互。但要通过电子手段捕捉到非正式金融关系的微妙是肯定不可能的。Johnson 等在 2012 年提出有一种给予——索取和人们交易的社会关系之间的潜在逻辑。给予他们资金是一种储蓄的形式，它使钱不能即刻获取：虽然没有明确要求回报，但却存在一个隐含的期望，它可能最终以某种方式被返回。

客户服务的渠道

图 13.3 对应了上面两个主要方面的 4 种渠道：当扩大金融机构时这些渠道需要多少的投资？他们又提供了多少的服务支持？目的就是要将尽可能多的顾客置于图中左上方的区域——包括直接渠道中低水平的客户支持。

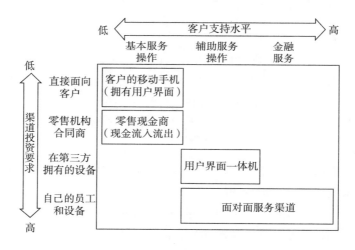

图 13.3　渠道

商业模式

这种商业模式将在已经有的移动支付模型的顶端建立，向每笔 P2P 转账和取款收取一定的手续费。开户和存款将对客户免费，尽管提供商都要对这两种业务向代理商支付佣金。存款的手续费一般在取款的时候由供应商收回（取款的手续费约等于向代理商支付的存款和取款的手续费之和）。因此，只要存取款交易的数量大致相当，这种商业模式就可以为移动支付提供商所用。

在增加服务的提议下，可以想象：自己对自己的交易操作将会免费，也就是说，客户在将来将自己子账户的钱重新取出将不再收费。然而，新的直接收入来源将开辟：

- 更多的储蓄动员。零碎存储和承诺存储的特点会导致更高的客户平均余额，这将为银行控制的资金带来资金成本的优势。提高贫困人口存款绝不会是一个特别赚钱的业务，但它肯定会是一个不错的生意。
- 贷款产生的利润。该系统将会产生高质量的信贷，这会为供应商产生额外的利息收益（以及可能的费用）。

要从这两个额外的收入流中获益，移动支付提供商将需要以这样的方式构建其产品——银行是客户账户记录的发行者，提供商要与银行谈判来分享几项业务的收益。

提高客户余额的单独好处是减少提款交易发生的数量。这将降低运营移动支付业务的总成本，因为代理商的佣金代表着这项服务的成本的显著分成。在另一方面，移动支付提供商可能会发现没有了顾客在取款时收取手续费作为补偿，自己要独自向代理商支付佣金作为客户存款时免收手续费的补偿。因此，供应商需要仔细管理好存款和取款这项服务比率的影响。

在成本方面，这项服务的商业案例需要考虑营销方面和联络中心资源方面增加的负担，这是由于产品的愈加复杂的本质使然。

一些最后的思考：金融信息就是金融接触面

在发展中国家，我们不能指望主要依赖实体投资去大规模拓展金融接触面，这一观点被广泛认可。我们需要无网点化，安全起见，我们可以利用正在日益普及的手机。在基础设施层面上这很清楚，但是关于在服务层面上的理解就有些不充分了。

出发点就是要认识到金融服务主要关于信息，具体地，金融服务也需要记录大量的信用和账目：你想要转多少钱以及转给谁，你拥有多少以及你欠多少，如果某情形发生，你将被欠多少。更基础的，金融服务也与信任或者被信任有关，而这是你从另一方那里得到的信息功能。

将金融视为一种信息服务有五点含义。第一，款额应当为数字化的，尽可能快地转化为真正的信息。这不是指非现金化，而是说我们需要去创造一个便宜而且广阔的基础，从而使得低收入者能将其可能是很小量的现金，按其需求尽可能在离他们居住或工作的地方近的地方转变为电子价值。有多少银行建立的网点能为低收入者存入他们微薄的薪水提供方便（不考虑 ATM；因为那主要是考虑数字化的钱，即取款)？

第二，关于款额的信息本身就有价值。金融服务者必须尽可能从他们与客户的交流中获得更多的信息价值，同时他们也确实应当去寻求最大化他们的沟通交际，使得他们能更全面地掌握每位客户的情况。这能强化服务的宗旨以及信用评级的算法。

第三，我们需要去克服因寻求更好的金融产品以及更多地关注那些创造出能为各种消费者提供合适的服务创新以及向客户递送任何所需服务的平台而产生的执着心理。移动支付需要有框架来支撑，后者能够掌控客户的关于财务需求和愿景的想法，以及收集来自于消费者的相关考虑，同时体现出一个简单框架中所有消费者相关的信息，而且，最重要的，使得交易在商业上可行从而他们能成为银行的伙伴而非敌人。

第四，如果信息命令是即时的，可以在即刻和目前所处的位置得到，那么信息就会产生收益。方便只是一个先决条件：寻找可以凭此找到服务的渠道。即时性可以在做出决定的一瞬间就采取相关行动（支付电费账单，把一些钱存起来以便买自行车)。实施责任化金融（responsible finance）是要有约束，把麻烦和拖延问题摆在客户面前是避免它的最好理由。

第五，要累积信息，但是更重要的是共享。我们要以同样的方式来对待穷人的资金。小微金融的世界观一直主要是关于积累：帮助小微企业来筹集他们所需要的资金。但是穷人最需要的是被连接。有了连接就有了机会。金融普惠性则将穷人纳入到电子支付网络中来，使他们能够更便捷、广泛与彼此相联系（横跨朋友和家人的支持网络），较大的服务提供商（公用事业），他们的业务关系（客户和供应商），政府机构（获得养老金的社会福利金），是的，还有金融机构。首要位置必须给予网络；如果网络允许高效率的分配，金融产品将紧随其后。

当涉及穷人时，银行往往不愿做这三样东西：他们不接近穷人生活和工作的地方；当穷人去找他们时，他们往往通过费用和排长队劝阻穷人办事。事实上，在向穷人提供银行服务中有两个关键的服务属性往往被忽视：便捷和及时。正规的金融服务提供商输给了非正式供应商的一系列服务或做法，主要是因为正规的金融服务没有那么容易而又可靠地被使用。

移动运营商在发展中国家无银行网点的区域取得领头羊的地位是不奇怪的。他们看到了让人们在此处即刻地交流和分享图片的力量。他们重新设计了预付业务,让人们享受到购买的最大便利性。他们知道他们是支付层的推动者,而不是包装产品供应商。

不过,移动网络运营商的角色可能是有限的。在其核心的语音和数据服务上,移动网络运营商提供基本的连接服务,但很难提供顶层的增值平台层服务(内容管理,统一通信或商业支持服务)。以同样的方式,其他金融服务供应商将需要使用移动运营商的移动货币系统构建那种金字塔底部的人士和企业家所希望的丰富量身定制的客户体验。

我们需要的恰恰是相反的:专注于价值链基础层面的灵活的参与者。这就是作为一位平台参与者的意义:你做的是工作总量的一小部分,但你这样做有安全感,因为你可以以更低的成本做得更好,你还可以频繁地创新。这些参与者都会更多地考虑客户界面和工具,而不是金融产品和教育。

参考文献及进一步阅读

Johnson, Susan, Graham Brown, and Cyril Fouillet. 2012. "The Search for Inclusion in Kenya's Financial Landscape: The Rift Revealed." Report. Financial Sector Deepening Trust of Kenya, Nairobi, March. http://www. fsdkenya.org/pdf_documents/12-03-29_Full_FinLandcapes_report.pdf.

Mas, Ignacio, and Colin Mayer. 2011. "Savings as Deferred Payments." http://papers.ssrn.com/sol3/papers.cfm?abstract_id=2018807.

第四部分　规模化和可持续的机构管理

第十四章 监控和管理财务业绩和社会绩效

Joanna Ledgerwood，Geraldine O' Keeffe，and Ines Arevalo

本章将阐述数据和涵盖规划、报告及监控财务业绩、社会绩效和财务风险的财务管理两方面的内容。这部分内容不同于第五章讨论的在国家、地域和全球层面对金融普惠性的衡量。本章是关于管理数据和监控提供金融服务的个体机构的绩效和风险。这些金融服务提供商主要是信用和储蓄机构，不包括保险提供商或支付服务提供商。本章只针对机构提供商，因为基于社区的提供商一般不要求如此精细的数据收集，或者其财务管理的类型和这里讨论的不同。本章内容将吸引业界参与者、投资者、监管者和其他对理解绩效管理参数指标感兴趣的读者。

出于不同的目的，不同的利益相关者要求不同的数据和信息：经理人依靠组织和业务单元层面的财务业绩和社会绩效信息来理解需要被关注的领域的运营状况；投资者利用财务数据来衡量价值和评估企业绩效是否满足商业计划的目标、其他潜在的投资是否必要；其他投资人利用财务业绩和社会绩效信息为特定的干预措施配置资金，或监控已存在的捐助或债务；监管者主要利用财务信息衡量合规性，以及为在他们监管职权范围内的金融服务提供商提供支持；政策制定者利用积累的机构财务业绩数据来构建和保护金融行业，确保政策和法律合适，且增加金融普惠性。

财务管理和报告要求反映所提供产品的精细程度、运营的规模和范围。为了同时进行自我监管和外部比较，非政府组织提供商倾向于采用标准的绩效衡量和报告规范。正式的组织，如吸收存款的小微金融机构（MFI）或者州立银行，一般都采用由监管机构设定好的复杂的运营政策和程序，包括特定的报告要求。

虽然绩效指标因为金融服务提供商的类型不同而千差万别，总体而言，业界已经开发出一系列日益标准化的测量手段。指标体系的标准化促进了机构间的相互比较和标杆学习，从而提升透明度。许多框架被用来组织社会指标和财务指标；但是首先，必须要通过信息系统来收集和管理数据。

金融服务提供商的信息系统

在本书中，信息系统通常指的是管理信息系统（Management Information System, MIS）和银行核心业务系统（Core Banking System, CBS），取决于提供商的规模大小和业务性质。这些信息系统可以实现许多功能：从交易处理；到生成基本投资组合报告；再到生成监管者和投资者要求的实时财务报表。随着服务提供商的规模扩大化和运营日常化，符合他们要求的信息系统正变得更加复杂。这个阶段的信息系统通常被称为银行核心系统（CBS）；而更小的未受监管的信息系统通常被称为管理信息系统（MIS）。

诸如储蓄团体（Saving Group, SGs）和自助团体（Self-Help Group, SHGs）之类的以社区为基础的服务提供商需要考虑两个层面的信息：一个层面的信息是这些机构为管理他们之间的交易所需的信息，另一个更高层面的管理信息是中介机构和外部借款人（若适用）需要的用于评价绩效和综合干预的信息。特别地，团体层面的数据常常由手工记录（存折、分类账等），并有团体自己保留。随着低价智能手机的出现，一些人正在自发地尝试帮助这些团体用自动系统替代手工记账。例如，移动设备上的应用可以帮助这些团体记账、开拓市场和相互联系。

对于中介机构和借款人，为了保证对团体的周期性评估，确保他们完成相应指标上的义务，需要一套更加复杂的信息系统。这套信息系统应该易于收集数据，并且最好能够允许中介机构生成它们需要的反映团体和项目现状的核心比率（见专栏 14.1）。微软的 Excel 软件是最常被使用的，虽然现在有更加复杂的系统出现，包括一些允许从移动设备中提交数据的系统。例如，在 2010 年，储蓄团体信息交流协会（the Savings Groups Information Exchange, SAVIX）开发出一套在线报告系统，每季度从各个团体的 MIS 中收集数据。其下一代产品的目标是取代以 Excel 为基础的系统，使用户转而使用一款与 SAVIX 网站更紧密集成而仍然易用的在线系统。

专栏 14.1　储蓄团体（SG）的绩效监控

为了支持对团体的周期性评估，VSL 联合软件集团（VSL Associates and Software Group）开发出一套基于 Excel 的开源 MIS，该系统存储从每个 SG 收集数据并生成核心比率。这款通用 MIS 的普及已经使得行业内部的报告标准化更进一步，使得所有的参与者和捐款人可以使用一套独立的 MIS，在没有这套系统时，分别开发信息系统将是极其昂贵且耗时的。没有数据是从个体用户处收集的。该系统的关注焦点在于：（a）团队概况和成员满意度；（b）团体的财务业绩和稳定性；（c）代理机构的效率和生产力；（d）服务送达和项目完成后的可持续性；（e）单位成员成本，同时测量项目周期内和长期两个跨度。

该 MIS 围绕三个主要的报告而构建：

- 绩效比率（performance ratio）。基于 16 个核心业绩指标（参见表 B14.1.1）对项目进行的快速概览。
- 项目整体绩效。对绩效表现的详尽总结，包括 48 个参数，覆盖了成员的包含范围和概况、团体的财务绩效，以及中介机构的运营和财务效率。
- 贷款组合绩效比较（portfolio performance comparison）。提供基于 13 个绩效指标的每个代理商整体贷款组合绩效数据的报告，以比较不同代理商之间的区别、更有效地配置资源和工作付出并且弥补弱点。

表 B14.1.1　　　　　**针对储蓄团体便利性（facilitation）的核心绩效指标**

比率	公式	目的
成员满意度		
参与度（attendance rate）	参与会议的成员人数/活跃成员人数	衡量短期的实用性、服务价值和方法的适宜性
保留率（retention rate）	活跃成员人数/（活跃成员人数+退出人数）	衡量长期的实用性、服务价值和方法的适宜性
成员增长率（membership growth rate）	（活跃成员人数——报告期开始的活跃成员人数）/报告期开始的活跃成员人数	衡量长期的实用性、服务价值和方法的适宜性

续表

比率	公式	目的
团体的财务业绩		
单位成员平均储蓄（Average saving per member）	储蓄总价值/活跃成员人数	衡量成员对系统的信心，以及储蓄的需求
资产回报率（ROA）	净利润/总资产	衡量关于成员投资的利润
资产年化回报率（Annualized return on asset）	（净利润/总资产）×（52/按周计算的团体寿命）	衡量关于成员投资的利润，允许不同寿命和到期时间的项目之间的比较
储蓄回报率（Return on saving）	净利润/储蓄总价值	衡量关于成员储蓄的利润
风险组合（Portfolio at risk）	未偿还逾期贷款余额/未到期贷款价值	衡量贷款组合质量
单位到期小组冲销（Average write – off per graduated group）	冲销价值/到期小组数	衡量贷款组合质量
团体运行效率		
未偿还贷款成员百分比	未偿还贷款数/活跃成员数	衡量贷款发放是否合理
未偿还资产占比	未偿还贷款价值/总资产	衡量机构贷款活动的运营效率和财务效率，以及成员对信贷的需求
促进组织的效率		
工作量：单位教练负责组织数（Caseload：groups per trainer）	受监督团体数/教练数	衡量业务拓展和运营效率
工作量：单位教练负责人数（Caseload：members per trainer）	活跃成员数/教练数	衡量业务拓展和运营效率
教练总员工占比	教练数/项目员工数	衡量业务拓展和运营效率
单位被帮助成员费用	当前的费用总额/项目累计已帮助人数	衡量财务效率和服务分销费用

资料来源：Adapted by David Panetta based on the Community – Managed Microfinance Management Information System of VSL Associates；SEEP Network 2008；and program materials developed by the Aga Khan Foundation and Freedom from Hunger. Panetta 2012；www. thesavix. org.

　　小型的非营利性小微金融机构需要一款只针对信贷运营的基础系统。这款系统除了基于 Excel 的手工系统之外，就是专门为小微金融公司定制的现成产品。最简单的系统能够实现跟踪客户的贷款组合，并为管理者生成报告的功能。一些系统还集成了分类账的简单功能，并能自动生成报表。

　　拥有超过一万个客户、多产品且跨地域的中型提供商为了有效管理，要求一个更加强大的系统。在这个意义下，能够处理日益增长的交易量和账户成为最重要的一点，很多提供商发现他们最初的系统不再有效地胜任，因此需要新的系统。随着组织的成长，能够生成实时报告和更便捷地获取报告也越来越重要。

　　在这种规模下，一些 MFI 会变成受监管的主体，经历这种转变的机构要么对自己的系统进行升级，要么更换系统以满足监管的要求和新一阶段的需要。例如，存款动员要求全新层面的监管报告，相应地需要一套整合度更高的系统。如果受监管的主体为经常账户提供支票或其他可转让票据，它就需要设立一个模块来管理核对和结算业务（虽然许多机构不会为经常账户提供支票和其他可转让票据，或者利用有结算系统的代理银行来结算，参见第十八章）。

　　金融合作社对信息的要求与其他吸收存款的机构大部分是重合的；合作社可能对计算成员的分红和支付的特殊功能有要求。他们大多数将其信息系统分成前台和后台两部分分别管理，虽然这种划分大部分是对同一信息系统进行的逻辑上的分离。

　　更大型和先进的受监管机构和中间存款机构（intermediate deposits）使用为银行开发的系统，符合监管要求和实时报告的要求。例如，商业银行要求支持结算、货币市场、金库管理、往来账户的功能设计，并要求能计算浮动利率。许多吸收存款的 MFI 和专门的小微商业银行使用为小微金融订制的银行业务系统。

　　多年来，许多为迎合低收入市场的服务商而订制的信息系统已经被开发出来。扶贫协商小组（CGAP）和小微金融信息协会（MIX）都在他们的网站上列出了该类服务供应商的清单。

　　接下来的部分将专注于银行核心业务系统的性能、挑选流程和新系统的安装。

银行核心业务系统的功能

银行核心业务系统（CBS）所要求的功能因为其产品和服务的自然属性及其组织结构而不同于其他金融服务提供商。然而，一些常见功能在大多数系统中都具备。

顾客信息系统（Customer Information Systems）

顾客信息系统创造和管理顾客记录。它也包括对姓名、地址等数据的捕捉。为了验证顾客的身份，其中许多系统还支持照片捕捉，签名扫描，甚至是生物测定学手段。在这个模块中，系统通常能够捕捉针对个体提供商需求的自定义字段，比如社会绩效追踪或者其他独有的数据。

团体管理（Group Management）

对于那些提供基于团体借贷方式的产品提供商，信息系统需要有创建和管理团队成员的功能。许多系统在顾客信息系统中提供这一功能，将一类顾客定义为独立的团体。无论系统是如何包含这样的功能的，系统都应当能够确定团体人数（上限和下限）、定义团体领导人、定义子团体、跟踪团体成员的退出，甚至是可以实现追踪团体会议参与的情况。

贷款组合跟踪（Loan Portfolio Tracking）

贷款组合跟踪模块被用于定义贷款产品，从应用层面支持贷款的偿还和结算流程。为了实现这些要求，系统需要有关于产品定义的极大的灵活性，包括对于计息方式的多种选项、相关费用以及其他保证信息系统实现贷款政策的参数。对于面向团体的提供商，信息系统需要有支持分散（bulk）或者基于团体的贷款流程。从这个模块中衍生的信息会被许多利益相关者使用，并用于支持一系列决策，从循环贷款发放到评估贷款组合。

存款账户管理（Deposit Account Management）

对于那些提供存款服务的提供商，信息系统需要支持负债账户的定义和管理。这些账户包括自愿的存款账户、直接与贷款相连的委托或者担保基金、定期或者活期存款，以及往来账户。对于所有的负债类产品，系统需要支持不同的计息方式以及手续费和其他费用的处理。

交易处理（Transaction Processing）

信息系统需要支持进出客户账户的交易处理。这些模块需要保证有效的数据捕捉，同时适用于个人和团体。提供全面柜员服务的金融服务提供商要求现金管理用以监控柜员和金库波动。交易处理同时也需要考虑收据的自动化，以及可能利用生物测定方法验证客户身份的方法。

会计

集成的会计模块所提供的拓展范围和功能有很大的差别。一个会计模块至少应该能提供一般分类账的功能，以保证所有的交易都在一个分类账户上被记录。更进一步，它应该可以提供一般分类账的日志权限，以管理所有与客户无关的交易。更复杂的系统可以提供子模块，例如银行调节和预算。最后，大型提供商需要对应付和应收账款、工资支出以及固定资产提供额外的支持，但是在大部分集成的银行核心业务系统中很难找到这些模块，即使有，功能上也存在很大的限制。

审计支持

所有的系统都提供基本的功能以支持提供商的审计职能，包括与审计用户交互时提供接口和可能的报表，特别是那些被认为是高风险的业务。审计支持同时也应该考虑系统的整体安全性，从用户进入系统的权限范围到防范未授权用户进入系统的逻辑控制（见专栏 14.2）。

专栏 14.2　软件应用管理

软件应用管理（Software Application Controls）在属性上就应该具有预防性、检测性和修正性。自动化确保和简化一系列这样的控制环节。无论是否有软件被购买或者开发，基于应用的控制都应该到位，以保证下列目标被实现：

- 输入控制。检查进入系统的数据完整性，无论何时何地何种方式，确保信息是符合特定参数的。例如收据的按队列进入、预防交易重复进入系统、控制进入日期，以及预防贷款号码重复进入系统。
- 流程控制。确保流程是完整的、准确的、受过验证的。一个例子是确保在特定日期内系统所报告的借贷双方的账户总额是相等的。流程控制也包括了用户对一系列活动的访问，以及访问这些活动的权限水平。
- 输出控制。通过数据或者交易显示已经完成的工作。输出控制将有预期结果的输出结果和有输入的输出进行对比。一个例子是通过数据库汇总报告检查收据的处理批次和它对本金、利息和费用的记录。
- 完整性控制。监控正被处理和已经存储的数据，确保它们保持一致性和正确性。

- 管理轨迹。为交易和流程提供一个历史的可访问的记录。这个"审计轨迹"确保管理可以追踪从来源到最终报告的交易过程，也确保数据可以追踪到它们产生的事件或者活动记录。

资料来源：Richards，Oliphant 和 Le Grand 2005。

报告

　　报告模块置于所有模块之上，为终端用户提供执行业务所需的报告。报告从内容上可以分成好多类型，从提供账户和交易的清单，到显示提供商的财务业绩和社会绩效的综合管理报告。这些报告的用户可以是内部的，也可能来自外部，例如监管主体和评级机构。对于有更加复杂报告要求的大型提供商，一个专用的报告系统经常是必需的。这些专用的报告系统可能以如下之一的形式出现：一是简单存放报告的报告仓库；二是一个更加复杂的可以从多种信息渠道获取数据并生成一系列固定形式报告的系统。暂且不论报告系统的类型，不管它是成批或者是分离的，报告模块都要求进行持续投资，因为对于信息的需求从来都不会是一成不变的。最成功的报告系统拥有能够随时间添加和修改报告的能力。

识别信息系统供应商

　　确认一个新的信息系统的流程是至关重要的。没有哪个信息系统可以满足机构的所有要求。专家一般建议，如果一个信息系统可以覆盖75%的要求，剩下的要求可以通过插入支持性的应用来实现。确认一个核心系统的步骤如下：

- 业务案例开发（business case development）。确定并就系统需求和采购需求达成一致。

- 需求分析（requirement analysis）。编写现有系统、产品和流程的地图和文档，确定未来的流程和产品。在这里，需要列出一系列的功能上、技术上的需求以及其他的系统需求。这是最重要的步骤之一。如果一个提供商的内部没有实现这一步骤的能力，应当考虑雇佣一个技术顾问。

- 方案征询（request for proposal）。将系统的要求转换成征询方案，征询方案会提示信息系统供应商如何满足特定提供商的要求。每个需求都应当按照对于提供商的重要性进行排列，有一些需求是必须实现的，而另一些需求则是最好能够实现的。需求最终应当以达成一致的清单形式送交提供商。

- 评估（Evaluation）。评估所有收到的方案，并且罗列需要澄清的问题，接下来是观看展示（demonstration）和实地参观（site visit）。供应商的展示应该被用以确认所罗列问题的答案，并对整个系统有个全面的印象；展示环节同时也提供了接触和评估技术供应商的员工的机会。实地参观和引用参考是评估技术供应商的技术支持能力和实现能力的最好途径。提供商需要针对参考提出一系列标准化的问题。在这个阶段，评估机构陈述的需求（"需求分析"阶段的成果）与方案中展现的基本功能之间的差距是有益的。

- 谈判和选择。回顾合同，终结谈判，并做出最后的选择。这阶段需要获得对提供的服务内容有一致意见的清晰合同。

安装一个银行核心业务系统

安装一个新系统的第一步是从每个核心部门中选择出人选组成一个新的小组作为代表。变革管理和广泛的大宗买进是至关重要的。相似地，员工需要理解为什么系统需要改变和机构怎样从改变中得到好处。

数据的准备和提取

如果要从一个系统转移到另一个系统，信息需要从旧的系统中提取出来，放入新的系统中。转换进入新系统的信息需要是精确的、没有错误的。技术供应商在数据提取的程度上有所差异。无论是谁做数据的提取和转换工作，都要求他同时对新旧两套系统的构造有详尽的了解。此外，强烈推荐在将数据转换入新系统之前进行多组样本数据转换测试，以保证两套系统能够互相适应。在这个过程中，许多提供商会需要"数据清理（data cleaning）"阶段以保证在数据准备和提取的过程中数据的一致性。

定制化

"定制化"指的是调整系统使之适应提供商的特定需要和产品。员工需要在系统改变之前理解系统，以保证定制化的元素能够反映组织的运营状况。在许多案例中，机构会发现标准功能已经能够很好地满足需求，虽然这与搜索需求的过程中终端用户预见到的功能有所不同。在这里的讨论中，客户和其他利益相关者能否通过定制化获得显著的额外价值是很重要的问题。抛开个人偏好，如果没有客观地测量到任何增加的收益，机构应该接受系统中已经编程好的特性，以节约金钱和实施时间。因为不需要不断地定制，这些节省会在每个新版本发布后不断累加。定制化会导致很大的复杂性，如果没有很急切且重要的需要，没有必要实施。所有的定制化内容需要被详细地用文档记录，包括技术供应商和提供商之间对定制化系统具体如何运作的协议。如果需要定制化，就需要分配用以测试的额外时间。

培训

　　专家和那些安装新系统的人员的噩梦就是"培训，培训，再培训。"从终端用户到高级管理层，每个层级的员工都需要有新系统方面的培训。培训应该出现在多个阶段，包括在定制化之前的样品试制阶段、在首次全面推行之前以及在全面推行之后继续跟进。在员工已经使用新系统之后，后续的培训是十分重要的，应该允许员工提出具体的问题。培训一般都是采用核心团队（core team）或者培训施教者（train the – trainer approach）的方法。这对于建立机构内部支持系统的能力很有好处，而且能够帮助跨越技术供应商和终端用户在组织和文化上的差异。

　　在培训过程中，外勤人员可能会继续同步使用手工记录或使用旧的信息系统。这样做的原因可能是对于新系统的不信任或者无法接触到新的系统。当两个并行的系统运行时，了解哪个系统是正确的版本，以及进入一个系统的数据是否也进入另一系统，是至关重要的。让员工参与数据的验证工作，确保外勤人员也能接触到新的系统以及有效的培训，这将增加购买和所有权。

用户接受度测试

　　在一个系统被安装、配置甚至是定制化之后，金融服务提供商需要确认系统是否按它们的要求运行。这项工作将在用户接受度测试过程中完成，用户接受度测试通过在系统上运行一系列测试案例和脚本来确认系统是否按照要求运行。这个关键的步骤不应该草草了事，因为这个时候比系统真正运行之后更容易解决出现的问题。理想的情况下，用户接受度测试应该由一个主要用户组成的团体或者一个受过培训的核心团队进行，因为测试往往能巩固理论学习的内容。

分销渠道和系统升级

　　为了拓展服务范围、增加客户接触度新技术和分销渠道的发展的相关性正在不断增加。然而，如果信息系统并不是稳定的或者是可升级的，增加新的分销渠道将会带来重大的风险。增加分销渠道的第一步是确保交易能够稳定地被操作，以及监控新渠道的数据能在日常报告中体现。

一个 CBS 由两个主要的用户构成。系统的前端（front end）促成了客户交易，并被系统的终端用户所使用，后者包括柜员、信贷员和会计员。系统的后端（back end）则是指存储数据的数据库，一般只对有 IT 部门开放。随着提供商的分销渠道日益多样化，系统需要一个接口来保证以电子方式接受来自于其前端之外来源的交易。两个允许从多个渠道中进行交易的方式是：

1. 手工系统。一些提供商选择通过在系统和销售渠道中手工上传和下载批处理文件与无网点的销售渠道建立联系。例如，一个电子钱包（e - wallet）的支付信息可以通过一个与系统上传格式要求相符的形式定期被下载，例如使用 Excel 或者 CSV。目前而言这个方法是最为便宜的，但是它有一些安全问题，因为数据在转换工程中被操作过。而且这样的方式没办法实时反映交易，所以支付信息体现在消费者账户上的时间总是有延迟。基于上述原因，手工系统只适用于交易量小和提供商没有足够收入投资一套自动化系统的情况。

2. 自动化系统。为了允许两个甚至更多系统，比如一个 CBS 和一个电子钱包，实现相互之间的实时通信，两个系统之间需要安放一些类型的中间件（middleware）。最经常使用的中间件被称为一个"桥梁"或者一个"开关"，这些中间件可以由 CBS 技术供应商或者第三方提供（见第十八章）。这些应用利用通用语言或者协议将交易数据转换成两个系统能读懂的格式（例如ISO，NDC，JSON，XML）以实现两个系统之间的相互通信。消息将会以更适用的协议形式在已经统一好的接口中传递，接口可能是一个发布的应用程序接口、一个网站服务器、一个简单对象访问协议或者一个传输控制协议插口。通过这种类型的技术，多个系统之间可以实现实时无缝通信。这个方式给提供商带来显而易见的好处，包括自动处理错误、提供完整的查账索引、实现实时化的流程，以及因为人工干预消失而变得更低的交易欺诈风险。

无分支银行同时也带来了新的要求，并且催生出新的安全技术。分支机构的柜员可以通过看照片来确定身份，技术支持的交易也应该有相应的验证和安全性。安全措施一般被分解成三个不同的类型：（1）你该知道的（比如密码）；（2）你拥有的（比如银行卡）；以及（3）你的身份（比如生物测定）。生物测定验证衡量个人独一无二的生理特征以辨认和确认人的身份。

　　手机银行交易使用传统的个人信息数字代码、实时警报以及批准验证码的组合。实时警报是告知顾客特定事件发生的通知或消息，比如一笔存款或者一笔取款。实时警报可以通过多种设备和渠道送出，包括电子邮件、短信、掌上电脑（PDA）或者电报。警报技术预计将迅速增长，特别是顾客开始意识到这项技术在他们与提供商交互过程中给了他们更多的控制。

　　从 CBS 中获取的数据是用以分析社会绩效和财务业绩，以及衡量财务风险的基础。从这些系统中捕获的数据也将支持其他运营流程，比如人力资源管理、产品管理，以及经营风险管理，这些都将在第十五章中讨论。

财务管理

　　财务管理包括记录、测量、控制、评估以及管理财务业绩和风险的一个连续过程。财务管理不仅是简单报告和管理会计账户，它是一个包括业务规划、财务报告和分析、绩效管理和盈利分析的综合流程。财务管理也包含对财务风险的管理，包括资产质量、资本充足、资产负债管理和流动性管理。

　　稳健的财务管理主要由董事会和高级管理层负责。董事会决定宏观战略和财务目标，包括可以接受的财务风险的范围。然后，由高级管理层决定如何实现这些目标，同时保持在可以接受的风险水平内。若可行，监管者经常会根据不同的提供商类型来规定金融风险的许可范围，由此影响到哪些财务风险以何种方式应接受监控和评估。

业务规划

　　业务规划流程包含了三个主要的阶段：战略或者长期规划、年度运营规划和预算。

　　战略规划通常包含在由股东（若符合条件）、董事会或者管理委员会以及高级管理层批准的战略计划中（一般包含 3～5 年）。一个战略计划概述了提供商的中长期目标，并强调关于所服务的市场、增长、产品提供、产品分销、渠道发展、营销策划、筹资、风险管理以及相关的系统。而战略规划流程每三年至少应当执行一次，用来为提供商展示一个关于运营的综合视角，同时也吸引所有股东的广泛（股权）买进。

　　运营规划建立在每年一度的基础上，提供关于服务范围拓展、预计收入、费用和资本开支的细节。在预算中，将提供进一步的细节。预算逐月地提供财务信息，包括整个组织的关于收入和费用的所有细节。预算一般能根据地点或者时间周期加以分解。准备预算最为常见的情况是在发展一项新产品时，它会提供关于人员和培训费用、所需资金（包括市场调研、营销和资本费用）以及相关外展的预计收入。预算为评估绩效提供了参考尺度。

财务报告

预算和规划预测着未来的活动，而财务报告则是为了追踪和观察历史结果。财务报告指的是提供基于及时准确的财务记录和财务报表的过程。财务报告总结了财务活动，并把它们按类型或者按一个特定的时间点叠加起来。

很多利益相关者都用财务报告来了解业绩，确定风险。董事会评估财务报表信息，判断总体的财务和运营战略是否实现，并和管理层讨论所面临的风险、机遇和挑战。外部的利益相关者，包括捐款者、投资人和监管者，严密地检查财务报表以评估财务业绩，并决定未来的参与程度。在内部，管理层通过财务报告了解某段时间内或某个时点上的财务业绩和财务状况。

一个组织的会计系统不间断地收集、总结和更新自己的资产、负债、权益、收入和费用数据。虽然世界各地使用不同的会计准则，但是国际财务报告准则正逐渐成为世界上大多数国家主要的会计准则。

会计科目表是会计系统的核心。会计科目表的结构和设计最终决定了会计信息的类型，决定了会计信息是否被管理层或外部团体分析和利用。在大多数的监管框架下，中央银行或者其他的监管主体为机构的会计科目表提出了特定的指导意见。对于那些未受监管的服务提供商，会计软件程序为他们提供了符合小微金融行业规范的会计科目表。

一个会计系统（和一个相关的会计科目表）一般都与组织的 CBS 相连接。为了最小化潜在的错误，投资组合质量信息系统应当直接整合进会计信息系统中。会计系统可以从一个全系统的角度出发提供财务报表，也能从局部或者从职能领域的角度提供财务报表，这些都取决于服务提供商的组织结构。

财务报表

财务报表同时包含存量数据（即在某一时刻上的信息）和流量数据（即在某个现金流的信息或者某段特定时间内交易的总和）。财务报表一般包括：

- 损益表：显示利润和损失
- 资产负债表：表示财务状况
- 现金流量表：表示资金的来源和用途

资产负债表代表了在特定的时间点上某一个提供商的财务状况。它被分成了三个部分：资产，负债和权益。资产列在资产负债表的左边，对于大多数金融服务提供商，贷款组合是他们最大的资产。这部分随着贷款偿还和借出不断地在变化。资产负债表一般只显示贷款组合总额，即所有未偿还的本金额，包括现有的、拖欠的和重新商议的贷款，但不包括已经核销的贷款。贷款组合总额的减去贷款亏损储备金或者减值亏损补贴会得到贷款组合的净值。当一笔贷款被核销时，贷款组合总额和贷款亏损储备金会以同等金额减少，从而保持净值不变。

其他的资产包括现金、在其他金融机构中的存款、对其他金融机构的应收款项、地产和其他资本资产。资本资产因为折旧费用的缘故，会随着时间不断减少，这部分将记录在损益表中。负债和权益是资产的资金来源。

负债和权益的总和等于资产的总额。负债表示所有提供商所欠下的，包括客户的存款（若符合要求）、借来的资金（债务）和应付款项。资产减去负债等于权益，或者说是提供商的净资产。权益包括留存下来的收益和投资的资本（这包括通过捐赠或者股东投资的初期资金加上后续的投资资金）。负债超出权益的比例越大，这家提供商的杠杆就越大。当杠杆越大时，风险也越大，因为负债是借来的资金，而且是需要偿还的。对于一个受到监管的提供商，杠杆率会被监管者控制，这样是为了保证这家机构财务安全，以保证储户的存款不出现违约的风险。

损益表是关于流量的报表，它反映某个时段内组织经营的财务成果。通过一定时间内的所有收入的累加，扣除同期的所有成本得到的净收入（net income）。净收入是损益表与资产负债表最主要的联系。通过资产负债表上的留存收益项目，净收入被加到权益中，或净损失从权益中减去。权益的增加（或者减少）是通过损益表所记录的净收入转移过来的。在每一个损益周期的开始，损益表的收入将归零。但是，资产负债表却是不断累加的。

对于大多数金融服务提供商，收入最主要的来源是贷款组合。虽然现金也是资产，但是它很少带来收入。来源于贷款的利息、手续费和佣金加上其他收入，都会被记录到收入表上。这些不仅仅包括已经收到的利息，也包括已经孳生但还未收到的利息。费用包括工资和其他人员费用，财务费用（债务所付出的利息和手续费），放款损失备抵（或减值损失费用），租金，折旧，其他运营成本和税金（若符合要求）。

现金流量表提供了某一时期内的现金收支的信息。一些现金流量表将现金流根据用途细分成运营活动、投资活动和筹资活动。运营活动指的是因为在日常运营中产生的活动，包括现金流入，例如利息的收取或者贷款本金的偿还和因费用产生而出现的现金流出，例如人员费用或者发放贷款。投资活动指的是将资金投入有回报的金融工具中，例如美国短期国债或其他投资。筹资活动包括通过股权注入（例如股东注资，或接受拨款）或者通过借款（短期或长期债务）实现的资金流入和通过清偿债务或者分发股息而产生的资金流出。

投资组合报告

投资组合报告提供借贷活动的细节，它将贷款组合按部门、地理区位和拖欠款项金额进行分解。它被用来分析资产的质量、构成和拓展。部门的分解是为了更加集中地评估一个子部门的情况，以及评估整个贷款组合的多样化。地理区位的分解有助于分析每个分部或地区的业绩，也帮助精确定位出由于地域原因可能产生的问题，如员工和税务。

对贷款最最常见的分解是根据拖欠天数将贷款本金进行归类。由此产生的报告被用来分析整个贷款组合的质量。通过这个报告，提供商可以计算出贷款亏损储备金和贷款损失备抵。贷款亏损储备金是机构为了覆盖预计的不良贷款而放置的资金。贷款亏损储备金的金额是通过将贷款组合分成不同的时间段而计算出来的。时间段由贷款的拖欠时间确定，即分为到期，0~30天，31~60天，60~90天，超过90天。若条件符合，监管者及当地或国际准则会规定一个组织应预备好的储备金金额（为审慎起见，许多提供商会多储备贷款总额1%~2%的金额，即使这部分贷款还没有被拖欠）。贷款亏损储备金的总额等于各个时间段的贷款金额乘以储备金率的累加。这项计算是按周期计算的，一般等同于资产负债表的更新周期。新计算出的贷款亏损储备金金额将与资产负债表上的原有金额进行对比，决定是否需要新增储备金。如果需要增加的话，原有金额与新计算金额的差额将作为贷款损失备抵记录在损益表上（作为费用）。从另一个角度来看，贷款损失备抵减少了资产负债表上的净收入，从而保证资产负债表平衡，两边都减少了相同金额，因为资产因新增的贷款亏损储备金（一项负资产）而减少，同时权益因为净收入的减少而减少。

　　同样地，资产负债表上的资本项目（例如车辆）的价值也会随时间减少，这部分金额将以折旧费用的形式在损益表上体现。大多数资本项目按资产的使用年限折旧，这些都在会计准则中体现或者由会计监管主体进行规定。资本项目的金额（在资产负债表上）会随着每个周期的折旧费用（在损益表上）而减少，这再次保证了资产负债表额平衡，因为净收入会随折旧费用额就减少（也即，资产减少的金额等于净收入少转入权益的部分）。

财务业绩监控和风险管理

　　一些标准体系帮助我们监控和管理财务业绩和财务风险。其中一些体系由评级机构开发；而另一些则由互联网或其他投资者开发，用于标准化小微金融机构的业绩报告。常用的体系包括 Accion 的 CAMEL 评价指标体系，Planet Rating 的 SMART GIRAFE 评级系统和 SEEP Network 的 MFRS 体系小微金融财务报告标准。这些框架适用于绝大多数是信用和储蓄机构，而世界信用社理事会（WOCCU）专门为信用社和其他金融合作社开发出了 PEARLS 体系。每一个体系都有分析财务管理和风险管理的核心指标集，这些指标集在一定程度上取决于提供商的类型。这些指标很多是相似的，并且一般被分为六类：效率（efficiency）、生产能力（productivity）、盈利能力（profitability）、资本质量（asset quality）、资本充足（capital adequacy）和流动性（liquidity）。CAMEl 体系包括对管理水平的量化评价，而 MFRS 则包含对外展性的指标。每个体系都可以用来评估单个机构的业绩或比较不同机构之间的业绩。

　　MFRS 体系是由 SEEP Network 针对机构金融服务提供商而专门开发的，包括非营利性小微金融机构（NGO MFIs），吸收存款的小微金融机构（deposit-taking MFIs），各类银行，其他提供信用和储蓄服务的机构，甚至是提供支付服务的机构。2010 年，SEEP Network 更新了最初的"sweet 16"指标，包含了一系列核心指标集。同时，它还包含了一些非核心指标集，以评估数目不断增长的提供存款中介和拥有复杂财务结构的受监管金融服务提供商。因为 MFIS 指标体系适用于更加广泛的提供商，我们将在本章节后面关于财务业绩和风险管理的部分使用这一指标体系。

财务业绩监控

　　财务业绩是关于两个主要领域的函数：收入和成本。收入是通过利息和手续费获得的（若适用，机构提供其他金融服务所得的资金也可以作为收入）。费用包括资本成本（付给债主和储户的利息）；运营成本，例如人员费用、保险费用、交通费；其他租金；以及贷款损失储备金。费用经常按照贷款组合的一个百分比衡量。由于贷款组合是主要的收入来源，这样的处理有助于理解为了产生和经营这样一个贷款组合需要花费的成本。财务业绩由效率、生产能力和盈利能力来衡量。

效率和生产能力

　　衡量效率和生产能力的指标为提供商产生收入以覆盖费用的程度提供信息（见表14.1）。效率涉及每单位产出需要的成本。生产能力涉及给定资源或资产（输入）产生的业务量（输出）。衡量效率和生产能力的指标都可以用于比较跨时间的业绩表现，衡量提供商经营能力的提升。

表 14.1　　　　　　　　　　　效率与生产能力比率（MFRS）

比率	公式	解释
资产组合	贷款组合总额/资产	衡量提供商投入借贷活动中的资产比例；借贷活动被认为是小微金融企业的核心业务
运营效率比	运营费用/营业收入	突出显示与总营业收入相关的人力费用和管理费用
运营费用存款比或单位存款动员费用	（直接用于存款业务的运营费用＋间接分摊到存款业务的运营费用）/平均存款余额	评价存款动员在成本方面是否有效率，可以指导提供商如何对自己的存款产品进行定价。要求必须把分解出直接或者间接用于存款业务的运营费用。该指标只有针对从事存款业务的提供商
资本成本比	用于筹资的财务费用/平均存款和借款总额	计算出提供商全部借债的混合利率
财务费用比	用于筹资的利息、手续费/平均贷款组合总额	衡量提供商为了实现其贷款组合需要付出的所有财务费用
财务费用存款比	存款支出利息总额/平均存款余额	帮助提供商与市场上其他企业比较为存款机会付出的成本。没有考虑存款作为一项产品给客户带来的收益。该指标只有针对从事存款业务的提供商

续表

比率	公式	解释
单位活跃用户成本	运营费用/平均活跃用户数	一个简单但有效地测量维护一个活跃用户的平均成本的指标。单位活跃用户成本会因产品不同产生很大差异。在这一指标内，"用户"的计算必须是唯一的，因为一个用户可能接触到不同的产品。提供商必须清晰地界定"活跃用户"，比如在过去 12 个月内使用过该提供商的金融产品的用户
单位信贷员占用借款人数	活跃借款人数/信贷员人数	衡量每个信贷员为处理平均数量的借款人所需的平均工作量
单位员工占用活跃用户数	活跃用户数/员工总数	衡量所有参与管理用户（包括借款人、储户和其他客户）的员工的生产能力。客户的计算必须是唯一的。客户应该是"唯一"的客户。通过生产能力和产品组合的性质分别区分

　　资料来源：SEEP Network 2010。

盈利指标

　　盈利指标提供由资产或者权益，特别是贷款组合生成的收入的信息。它也可以用作衡量利润率（见表 14.2）。

表 14.2　　　　　　　　　　盈利比率（MFRS）

比率	公式	解释
贷款组合收益	由贷款组合所得的利息、手续费和佣金等现金/平均贷款组合总额	显示提供商从贷款组合所得的利息、手续费、佣金中得到现金的能力。排除不以现金形式取得的收入
边际运营利润	税前和捐赠前净收入/营业和非营业收入	衡量一个提供商通过有效控制成本获得利润的能力
资产回报率	税后和捐赠后净收入/平均资产	衡量一个供应商利用自己资产取得收入的程度。该指标需提出税金和捐款
净资产回报率	税后和捐赠前净收入/平均净资产	衡量商业利润的重要指标。该指标计算时使用在某个时间段内平均净资产。分子是税后的，且不包括捐款

　　资料来源：SEEP Network 2010。

财务风险管理

　　财务分析和风险管理由下面四个核心领域组成：资产质量或者信用风险、资本充足、流动性管理和资产负债管理。资本充足，流动性和资产负债管理也常在资金管理（treasury management）中被结合起来分析。一个综合分析的理论基础来源于大多数金融风险是相互关联的这一事实。举例来说，如果一个借款人开始对提供商为他提供满足需要的贷款的能力产生怀疑时，流动性风险很容易导致信用风险。相似地，信用风险会加剧流动性风险和资金充足风险。

资产质量

　　信用风险对于金融服务提供商来说是熟悉且易于理解的，尤其是大多数情况下放贷是收入的主要来源。信用风险是一个人将资源借给另一个人时面对的主要风险。由于总是会存在贷款不被偿还的风险，所以机构为评估客户偿还的能力和意愿以及贷款的合适规模和期限而设计出精巧的标准、贷款政策、流程和指导方法。贷款组合分析，包括细分成分支网点、信贷员、产品和已违约贷款的报告，是理解和管理贷款组合的最好方式之一。拜访客户以确定其真实性、验证贷款账目、获取关于服务满意度的回馈，也是了解和管理贷款组合中的信用和欺诈风险的重要方法之一。

　　资产质量涉及贷款组合的质量、不良贷款的成本和影响，以及无收益资产的比例（见表 14.3）。信用风险是影响资产质量的核心风险。一般而言，大多数提供商只提供相关联的少数产品，其中大部分是为生产活动投资提供信用贷款的。这也导致了无论是在地域或者是生活上客户的同质化，从而导致了协变风险。因为贷款组合通常在所有资产中占很大比例，一个影响大多数借款人的困难将对整体业绩产生实质性的影响，比如歉收。如果提供商增加他们的贷款产品或者目标群体，协变风险就会降低。

表 14.3　　　　　　　　　　　资产质量比率（MFRS）

比率	公式	解释
逾期 30 天的不良贷款	（超过 30 天的贷款 + 重新谈判贷款的价值）/贷款组合总价值	逾期 90 天是最常见的国际性的不良贷款的标准，但是在小微金融领域，逾期 30 天是对这个比率更加合适的时间跨度

续表

比率	公式	解释
重新谈判贷款比率	重新谈判贷款价值/贷款组合总价值	包括所有的重新排期、重新结构化、重新融资和重新谈判的贷款。因为重新谈判的贷款有时候并没有披露或者在 NPL30 天之外被定义，这个指标更能够披露出重新谈判贷款的风险水平
冲销比率	被冲销贷款组合/平均贷款组合总价值	衡量因为无法被偿还而从资产负债表或者贷款组合中被移除的贷款所占的比例。冲销政策各有不同，所有建议管理者采用一种调整的方式计算该指标
逾期 30 天的贷款加上冲销比率	（逾期 30 天以上的平均不良贷款 + 重新谈判贷款价值 + 冲销贷款价值）/平均贷款组合总额	提供了一个衡量资产质量的更加全面的指标。包括了所有超过 30 天的 NPL，所有重新谈判贷款，以及所有的冲销贷款
贷款损失比率	（冲销贷款 - 恢复贷款价值）/平均贷款组合总额	提供了贷款损失的真实情况，将恢复贷款的价值从冲销中减去。这个比率比冲销比率的差异更大，因为恢复贷款的情况在时间和金额上并不规律
风险覆盖比率	贷款损失储备金/（逾期 30 天的不良贷款 + 重新谈判贷款的价值）	衡量逾期 30 天的不良贷款和重新谈判贷款被贷款损失储备金覆盖的程度
贷款损失准备（减值损失津贴）率	贷款损失储备金/平均贷款组合总额	衡量贷款损失准备金作为总贷款组合的比率。也可以被用作衡量占 NPL30 的比率，只需要把 NPL30 放在分母上
贷款损失准备（减值损失费用）比	贷款损失准备/平均贷款组合总额	衡量提供商为了保证足够的贷款损失储备金所需要的费用，这个指标会随着贷款组合的扩大而增大

资料来源：SEEP Network 2010。

资本充足

　　资本充足管理参与确定提供商拥有的资本的数量和类型是否充足，并且使提供商尽可能有效地工作（见表 14.4）。金融服务提供商通常有不同的资金来源，主要包括权益，负债和存款（若属于受到监管的吸收存款机构）。权益是最为耐久的资金来源。金融机构通过负债产生杠杆，扩大自己的权益。有三个主要方法取得负债：（a）向机构或者政府举债；（b）从公众或者成员中吸收存款；（c）通过发行债券向公众借款。负债的来源可以是短期或者长期的。长期负债，指的是超过一年的期限，通常是从其他银行借贷或者以债券的形式从资本市场取得。短期负债的期限小于一年。存款也可以分成长期和短期的。

表 14.4   **资本比率（MFRS）**

比率	公式	解释
负债权益比（杠杆系数）	负债/权益	衡量一个组织整体的财务杠杆，以及提供商偿还所有负债之后需要垫付的损失情况
权益资产比	总权益/总资产	衡量一个提供商的偿付能力。从这个比率中提取出的信息有助于提供商评估它们履行义务、吸收意料之外的损失的能力。分母排除商誉和无形资产
资本充足率	总体资本/风险资产	衡量与风险资产相关的资本情况（风险资产一般由监管机构决定）。对于提供商而言，这是一个更加精细的指标衡量偿付能力和评估它们履行义务、吸收意料之外的损失的能力。分母排除商誉和无形资产
未覆盖资本比率	（逾期30天未偿还贷款＋重新谈判贷款价值－减值亏损补贴）/总资产	提示管理者所管理贷款组合相对于总资产的风险程度。这个比率越低，情况越好。非政府组织和其他不受监管的提供商可能会用权益替代分母的总资产

资料来源：SEEP Network 2010。

    资本结构政策涉及风险和收益的权衡，体现出组织使命、对风险的偏好和监管要求。一个提供商的合适杠杆比例最终取决于它管理风险的能力。更高的杠杆意味着更大的风险，在这种情况下，一个机构可能只有有限的能力处理预期外的风险，可能拆借了超过其现金流允许偿还的资金。杠杆过低意味着机构没有充分利用自己的负债来增加自己的收入。如果一个机构能够通过自己的经营产生比负债成本更高的收益（即资产回报或者净资产回报），那么即使从一个保守的角度上看增加杠杆也是有意义的。

流动性管理

　　流动性管理指在有效地管理流动性以日常经营（包括取款，若符合要求）提供流动资金，同时将持有闲置资金的成本最小化（见表 14.5）。资产被认为是流动的如果它们容易获得并被转化成现金。当评估一个提供商的流动性和流动性风险时，最重要的是关注资产负债表的结构、筹资来源的类型以及持有的资产。

表 14.5　　　　　　　　　　　　流动性指标（MFRS）

比率	公式	解释
流动性比率（速动比率或者酸性测试比率）	（现金 + 交易性金融资产）/（活期存款 + 短期存款 + 应付利息 + 应付账款 + 其他短期负债）	表明提供商所有的现金及现金等价物覆盖短期债务的水平。短期债务指的是在 12 个月内到期或者将被提现的资产、负债或者类似的部分
单月强调性流动比率	现有资产/（现有负债 + 一个月的运营成本 + 一个月的贷款组合净增长）	一个衡量机构是否有足够的流动性面对一个月时间的垫付的预测性指标，考虑包括贷款组合增长的情况。这个指标也可以被改造衡量三个月或者六个月的时间
流动性资产占比	现金/总资产	衡量完全流动资产占总资产的百分比
存款流动性	（监管要求的存款准备金 + 未受限制的现金）/活期存款总额	提供关于满足活期存款取款的现金的信息。监管者通常利用法定存款准备金率来影响这个比率
贷款占存款比率	贷款组合总额/存款	衡量贷款组合中融资来源于存款的比率。提供存款在融资来源中所占角色的信息

　　资料来源：SEEP Network 2010。

资产负债管理

　　资产负债管理分析资产负债表的结构，以及该结构固有的风险和回报，包括分析定价和资本成本的关系、资产的到期结构和负债、筹资和借贷的货币等。资产负债管理通过保持收益的利率（通过贷款或其他收取利息的资产）与偿还利率（借贷资金的利率）的正的利差，寻求风险和收益的平衡。资产负债管理的目标包括保护股东和储户；保持满足现金流要求的流动资金并有效投资闲置资金；管理利差以在风险限定范围内最大化收入；在风险限定范围内产生有吸引力的外汇收入；以及有效定价产品以支持资产和负债、最大化收入。资产负债管理并不依赖于比率，事实上，资产负债管理表格也被包含在 MFRS 体系之中（参见 SEEP Network 2010）。

设立资产负债管理委员会（Asset and Liability Committee，ALCO）通常是为了管理资产负债表的市场风险敞口（exposure）。它一般都包含了管理层团队的成员。该委员会的主要职能包括（a）决定该提供商的市场风险敞口，并执行监督；（b）开发和采用中期和长期的财务和流动性方案；（c）确定筹资需求，制订战略满足这些需求；以及（d）不断跟踪各种市场动态，并对商业运营做出调整。一些董事会成立了职能更广泛的资产负债管理委员会以制订管理财务风险的高层次战略。

当资产的到期期限与负债的到期期限有实质性的差别时，一个提供商就遇到到期错配的问题。例如，一家银行拥有大量的长期资产（以长期债券或者抵押贷款的形式存在），但是资金来源却是短期负债（例如要求可以短时间取出的活期存款）或者是短期商业票据（一种由金融机构为满足短期债务需求而在货币市场发行的证券）。到期错配的问题在发展中国家会变得更加复杂，因为其缺乏足够多的金融证券以满足期限匹配的需要。

利率风险指的是重新定价的风险，被定义成在相同期限内重置的资产和负债带来的利率差异以及重新定价的可能性。例如，一家机构所拥有的负债都是浮动利率债券（利率跟随市场情况浮动的债券，其利率一般与借贷风险有关），但是它所有的资产却是固定利率的贷款。如果市场利率上升，它的资本成本将会上升并超过贷款所得到的固定利率。

由于跨国交易的巨大交易量，以外币标价的固定资产收益（这里的外汇指的是除了提供商运营过程中使用的货币之外的其他货币），一些提供商有着巨大的外汇风险敞口。外币风险考虑到将以外币形式持有的资产和负债与总权益进行比较，衡量汇率波动带来的风险。如果一个机构所持有的货币贬值，偿还来源于外国的资金时就会出现外币汇兑损失。单位外币流动性风险衡量每个贷款项目的外币汇兑风险，详细地说明了每种货币下的资产和负债的到期期限和一个组织在每个时间框架下所面对的外币兑换风险。

社会绩效管理

对许多机构金融服务提供商以及他们的投资人来说，社会绩效和发展影响力（development impact）与财务业绩同等重要。社会绩效是将组织的使命有效转换成实践，并与公认的社会目标一致。如果说社会绩效就是指组织是否达到自己的使命，那么社会绩效管理（SPM）就是指组织如何达到自己的使命，亦即一套允许组织为其客户创造价值的运营系统。

近些年来，社会绩效管理愈发重要，这其中很大程度上是由于对使命转换的持续关注，很多机构在走向商业化和利润的过程中开始为更高收入的群体服务。同样地，全球关于小微金融作为扶贫工作的有效工具（通过影响评价不断地增加自己的曝光度）的辩论加强了金融服务提供商评估自己运营带来的社会影响和采取措施改善自己社会绩效的重要性。对过度负债的担忧进一步强调了责任金融的重要性，这点虽然不等同于社会绩效管理，但是其中很基础的一点（参见第三章）。总而言之，社会绩效管理有助于确保行业帮助穷人在日益进化的金融市场仍可以有效地管理自己的财务生活这一目标不变（Social Performance Task Force 2012）。

管理社会绩效是一个将组织使命融入每天的运营中的过程。它包括设定清晰的使命和目标；为实现该使命和目标制定战略；监控和评估战略实施的过程；利用这些信息提升绩效；以及将组织系统与社会目标相联系。社会绩效管理全球规范是由社会绩效任务组制定，定义了构成一个有效的社会绩效管理体系的核心举措（详见专栏 14.3）。

专栏 14.3　社会绩效管理通用标准

在 2012 年 7 月，社会绩效任务组（the Social Performance Task Force）发布了社会绩效管理通用标准（Universal Standards for Social Performance Management），该标准是"适用于所有追求双重底线的小微金融机构的一系列管理标准，符合该标准意味着组织有很强的社会绩效管理实践"。该标准被分为六个部分：

1. 定义和监控社会目标
2. 保证董事会、管理层以及员工参与到社会绩效工作中
3. 有责任心地对待客户
4. 设计符合客户需求和偏好的产品、服务、分销模型和渠道
5. 有责任心地对待员工
6. 平衡社会绩效和财务业绩

该标准征询了行业参与者的意见，包括 MFI、投资者和捐款者、社会绩效评级机构、网络商以及行业协会。行业协会由行业最初的参与者组建，这些协会包括 the ImpAct Consortium，MicroSave 和 the Smart Campaign。该标准寻求为组织自我评估和实现社会绩效管理提供指导。同时，该标准能与 MIX Market、社会绩效评级机构和机构发起人在报告、评级工具和尽职调查流程等方面进行合作。

资料来源：http：//www. sptf. info/sp－standards#1；Social Performance Task Force 2012。

管理社会绩效要求组织主动地将自己的发展向实现其社会目标靠拢。金融服务提供商一般有以下的社会目标：

- 通过持续地开展更广泛更深入的业务服务面向日益增加的穷人和被排斥的人群。
- 通过系统性地评估客户的特殊需要提升用户可以接受的金融服务的质量和适当性。
- 为客户及其家人和社区创造收益，涉及增加社会资本和社会联系、向妇女及其他弱势群体授权、增加资产和收入以及减低他们的脆弱性等方面。
- 提升提供商对于客户、员工以及所服务社区的社会责任感。

均衡绩效管理

为了实现组织管理和将自己的运营和社会目标相结合，一个收集和分析与这些目标相关的组织绩效信息的系统是必要的。只凭借财务数据是不足以让经理人做出运营或者战略决策的，也不足以允许投资人评估自己投资选择的社会价值。一个均衡的绩效管理方法是同时利用财务数据和社会绩效去预测和形成战略以及组织的运营（见表 14.6）。

表 14.6　　　　　　　　　　　均衡绩效管理

视角	财务业绩管理	社会绩效管理
主要目标	金融机构的偿付能力和增长	为客户、他们的家庭以及更大的社区带来好处
如何评价它	系统的记账和会计	对范围、服务拓展、客户情况的变化的定期检查，再加上对上述监控结果进行周期性的分析，理解它显现出来的模式和趋势背后的原因

续表

视角	财务业绩管理	社会绩效管理
如何使用它	旨在影响关于定价、产品、服务分销系统和战略的决策	通过影响关于定价、产品、服务分销系统和战略的决策
如何验证它	内部和外部审计，财务评级	内部的交叉验证和外部的复核，社会绩效评级

　　资料来源：Social Performance Task Force 2012。

　　近期的一些研究表明社会绩效和财务业绩之间存在协同和权衡。运用回归技术分析和量化社会绩效指标和财务绩效指标的潜在关系，他们试图在两个指标间建立起因果性和相关性。这些发现指出，从总体上来看，社会绩效指标和财务指标不仅是相互兼容的，而且是相互促进的。"社会总体评分与几个独立的变量密切相关，其中最重要的指标是 PAR 30（超过 30 天的风险组合，portfolio at risk more than 30 days）和 FSS（金融财政自足能力，financial self - sufficiency）。这意味着，一般来说，社会绩效与财务利润有强烈的联系，并且二者存在相互促进的关系"（Guarneri，Moauro 和 Spaggiari，2011）。

　　为了满足衡量社会目标的需求和对客户负责，社会绩效任务组发展出一套框架来管理社会绩效。社会绩效任务组是一个由全行业的利益相关者组成的工作小组，包括参与者、捐赠者、投资人、区域或国家网络、技术支持提供商、评级机构、学术界和研究者（见图 14.1）。

　　在 2005 年 3 月，社会绩效任务组认可了以下几个衡量绩效的维度：

- 意图和设计。组织的使命是什么？是否有一个清晰的社会目标？
- 内部系统和活动。组织实施的活动是否实现自己的社会使命？是否设计了一个系统并放置在合适的位置以测量这些目标？
- 输出。该组织是否为贫穷甚至是赤贫人群服务？是否有产品为满足这些人群的需求而设计？
- 结果。是否有客户经历过社会或经济上的提升？这些提升能归功于组织活动吗？

社会绩效指标

　　社会绩效管理不只是关注于提升影响力；而更关注于收集能帮助提供商理解它们客户的需求和行为、提升金融服务的适用性和有效性的信息。一系列的定性和定量指标可以被用来评估社会绩效的每个维度（如图 14.1 所示）。

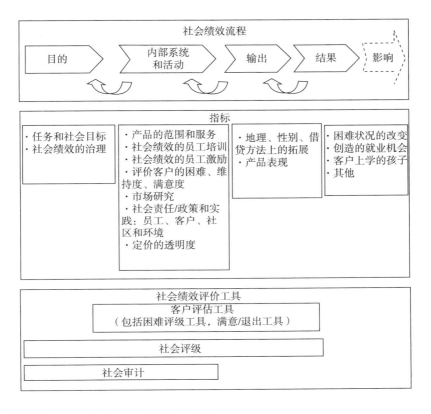

资料来源：Social Performance Task Force 2012。

图14.1　社会绩效流程、指标和评估工具

衡量社会绩效的各个方面会提供影响机构的产品、政策甚至是使命的信息（如图14.1所示的循环）。例如，如果客户比预想得更加贫穷，那么提供商可能会设计出更适合这部分人群的产品。客户的孩子中极低的受教育程度可能会使提供商开发出助学贷款或者一款针对有学龄儿童的家庭的契约型储蓄。针对社会绩效流程的每一步，MIX Market 和社会绩效任务组共同开发出一个衡量社会绩效的核心指标集（见图14.1中间部分）。

社会绩效标准报告

图14.1的大部分社会绩效指标都会被包括在一份关于社会绩效标准的报告上，这份报告使得机构能够把它们的社会绩效表现报告给 MIX Market。选取进入该报告的指标符合下面标准：（1）与社会绩效管理的决策使用相关；

（2）由某一特定期望结果有清晰的关联；（3）可检测；以及（4）容易让第三方机构检验（见表 14.7）。这份报告框架增加了社会绩效的透明度和可靠性，并使之可能成为大规模的社会绩效标杆。

表 14.7   社会绩效标准报告中的指标

指标类别	指标衡量对象
1. 宗旨和社会目标	MFI 对社会宗旨、目标市场和发展目标作出的书面承诺
2. 治理	机构理事会成员是否都接受了社会绩效管理培训，设立了专门的委员会对社会绩效进行监管
3. 产品和服务的范围	机构提供的金融和非金融类产品与服务
4. 对客户的社会责任	机构对客户保护原则的实施情况，包括防止过度负债、信息透明化、合理定价、公平公正对待客户、有效的投诉解决机制、保护客户隐私
5. 对客户服务成本的透明度	机构如何向客户说明利率
6. 人力资源和员工激励	机构对员工负有社会责任的政策，包括人力资源政策，董事会和员工构成，员工更换率以及员工与社会绩效目标挂钩的激励机制
7. 对环境社会的责任感	机构是否制定政策减少所支持企业对环境的影响
8. 贫困覆盖面	客户在加入时的贫困水平以及加入后的脱贫情况
9. 不同信贷方法导致的客户覆盖面	机构提供的不同放贷方法
10. 支持企业与创造就业	机构贷款支持的企业数目与这些企业创造的就业机会
11. 客户保留率	机构的客户保留率

资料来源：http：//www. themix. org。

社会绩效评估工具

业界已经开发出并且持续开发允许金融服务提供商测量和评估社会绩效的工具。不同的工具关注社会绩效流程的不同阶段（见图 14.1 底部）。一些工具专注于机构流程和内部系统，评估它们的意图和活动。另一些工具帮助机构评估自己的业务拓展（输出），以及客户是否在生活上有所改善，与企业的社会使命相一致（结果）。社会绩效评价工具被用于评估客户和机构流程。

客户评估工具

客户评估主要考察以下三种类型的客户数据：（1）客户的社会经济状况；（2）客户使用金融服务的经历，以及他们对于产品的偏好和需要；和（3）

他们的生活是否按着金融服务提供商的目标方向有所改变。收集这些类型的数据可以帮助机构为他们的客户设计更好的产品（考虑到他们的可承受性和效用），提升服务，保留客户。客户评估工具帮助机构研究他们客户的需求、满意度和放弃使用的原因。

　　贫困评估工具，例如格莱珉基金会的脱贫指数和美国国际开发署的贫困评估工具（PAT），都可以用于评估客户的贫困程度（见第十五章）。这些信息帮助提供商了解他们的客户是谁，以及他们是否符合目标群体的描述。它们同时也可以用于分析提供商在经营方面的盈利，例如，产品设计、分支机构等方面。

　　正式地评估客户的满意度和研究客户退出服务的原因，可以为回答哪些人在使用机构的产品和服务、哪些人不使用（即那些退出服务的人）以及为什么等问题提供线索。这包括研究用户和前用户如何使用产品去满足生活需要（教育、健康、生意）；他们对产品特征（费用、贷款规模）和机构特征（对交易的要求、分支机构的距离）的意见；他们对提供商的服务是否满足需求的认知；以及为什么他们停止使用该机构的产品（仅指以前的客户）。这些问题可以通过焦点小组讨论、参与式工具和问卷调查等方式进行研究。Micro-Save、the ImpAct Consortium 和 SEEP Network 的工具箱包含衡量客户满意度和退出的工具，可以用于评估客户满意度和客户退出。

社会评级

　　社会评级衡量金融服务提供商创造自己意图创造的社会价值（即社会绩效）的可能性，以及衡量没有取得社会使命带来的社会风险。社会评级由外部团体进行。他们根据其绩效的范围给出一个分数或者评级。在本书写作的时候，有四家评级机构进行社会评级：Micro Credit Rating International，Micro-Finanza Rating，MicroRate 和 Planet Rating（见第十六章）。虽然每一家都有自己独特的方法论，但是他们都使用图 14.1 所指出的流程和指标作为自己分析框架的参考。

社会审计

　　社会审计是对企业的意图（使命）、内部系统、为了提升现有系统而进行的活动和增加社会绩效的工序所进行的内部评价。社会审计的结果，不同于社会评级，是一系列关于如何增进社会绩效的建议；它不寻求在机构内部对现有的社会绩效进行评估。已经有许多机构发展出社会审计工具，包括：CE-

RISE，MFC（MicroFinance Centre），EDA 和 MicroSave。CERISE 和 MFC 的社会审计工具将在专栏 14.4 中进行简要描述。

专栏 14.4　社会审计工具

CERISE 社会审计工具利用问卷和指南的形式，检查（1）对贫穷和边缘人群的业务拓展；（2）针对目标群体的产品和服务选取；（3）社会资本和政治资本的提升；和（4）社会责任感。由于关注重心在组织系统和流程，CE-RISE 决定采用间接方式而不是通过客户评估接触穷人群体。它分析使命陈述、董事会和员工的参与度，以及聚焦目标群体的方法，以评估贫困客户是否被有效地服务到。它通过客户在 MFI 决策中的参与程度和金融机构的透明度来评估社会资本和政治资本，而不是分析客户在家庭和社区层面的授权。

质量审计工具由 Microfinance Centre 和 Imp – Act 开发。它可以由内部员工执行，也可以由外部咨询师执行。它确认了管理和流程在针对组织社会使命和目标上的优势和劣势，通过一个四步骤的程序：（1）管理上的差距分析（gap analysis）；（2）与关键的利益相关者和提供商进行访谈和小组讨论，以获得关于系统和流程的深层次信息；（3）通过一个报告展现出已有的发现；和（4）将这些发现与核心利益相关者组成的内部审计小组进行讨论。最后一个步骤被认为在确认评估结果和在组织内构建对社会绩效的各个方面的理解是有帮助的。评估过程的最终结果是一项帮助组织提升现有社会绩效的行动方案。综上所述，该工具对于金融机构开始自己的社会绩效管理是个不错的起点，同时，对于那些想要提升自己的社会绩效的组织也有帮助。

资料来源：http：//www. cerise – microfinance. org/publication/impact. htm；SEEP Network 2008。更多关于工具的信息见 SEEP Network（2008）；http：//www. mfc. org. pl/。使用者详论见 http：//api. ning. com/files/S6i7J1FpYVkkMGK F4TG901dP2qw2vr7x8FDcMyztLOMw7tHVp9mhE1a5lU6BFgsc/UserReviewVol1No6Q AT. pdf。

注释

［1］例外是使用标准化管理信息系统来进行辅助的储蓄集团组织，因此本章将对此进行讨论。

［2］例如，跨国家和市场的测量一致性允许基准和比较，这有助于为投资决策提供信

息。该信息是任何投资者尽职调查的重要组成部分，并向市场发送关于给定金融服务提供商的当前价值和预期业绩的重要信号。

［3］这些列表在 http：//www. cgap. org/p/site/c/template. rc/1. 11. 160192/1. 26. 3104/和 http：//www. mixmarket. org/service – providers。

［4］逗号分隔的值，如 Excel，使用更基本的格式。

［5］采访 Joakim Vincze，2011 年 10 月 14 日。

［6］本节的一部分由 Julie Earne 提供。

［7］如果供应商破产，其资产将被出售以支付其负债，剩余的金额将分配给其所有者（或在非政府组织的情况下，分配给其他民间社会机构，而不太可能分配给捐助者）。

［8］PEARLS 框架中的六类分析与 MFRS 框架中的类似，但是以不同形式组织。保护是指合作社保护存款人的能力，侧重于贷款损失准备金和冲销对资本和存款的影响。有效金融结构着眼于合作社的资金来源（存款、股票、外部信贷和机构资本）和资金使用（贷款、流动性投资、金融投资和非生息资产）。资产质量侧重于风险投资组合和整体投资组合。回报率和成本评估投资效果。流动性测量合作社响应客户对提款和支付的需求的能力。增长的迹象用来衡量成员的满意度和产品的适当性。

［9］分析的主要工具包括比率分析，趋势和常用大小分析以及差异分析。比率表示一个量与另一个量之间的关系。一些比率用于评估相对于标准数字的绩效，例如资本充足率，通常是监管机构所特别关注的。其他用于比较一个机构的绩效与另一个或另一个绩效期间的绩效。趋势分析用于分析方向和增长，并且可以应用于单个指标，例如财务报表中的比率或项目范围。常用大小分析用于确定单个项目在总组或子组中的比例。例如，投资组合与总资产的比例有助于了解贷款组合相对于总资产的数量。公共规模分析也用于评估提供商的资本结构。差异分析主要用于将预算与实际成本进行比较，但也用于评估目标的实现情况，例如增长预测，与特定部门的联系。预算与实际差异用于可能需要更强调精确评估的领域。

［10］除了非核心比率之外，还包括一组 ALM 表，专门针对流动性风险，重定价风险，外汇风险和外汇流动性。这些表对于具有复杂资金结构的供应商和那些寻求对机构的资金结构进行更广泛分析的供应商有用。见 http：//www. seepnetwork. org/Pocket guide – to – the – microfnance – fnancialreporting – standards – measuring – fnancialperformance – of – microfnance – institutionsresources – 180. php.

［11］非金融服务（如果有）应单独被跟踪。

［12］本节由 Julie Earne 提供。

［13］有关工具的信息，请参阅 http：//www. sptf. info/sp – task – force/online – trainings；SEEP Network（2008）；IFAD（2006）；http：//www. sptf. info.

〔14〕PPI 是衡量绝对贫困的贫困评分卡。它可以用于估计一个家庭的支出或收入低于给定贫困线的可能性（概率），估计一个群体在某一时间点的贫困率，跟踪一个群体的贫困率随时间的变化，以及目标客户。它由国家收入和支出调查以及国家的指标贫困线使用 logit 回归模型所得到。PPI 也被用于校准到其他贫困线。其结果包括一个有 10 个指标的记分卡，它是基于国别的、支出的、客观的，结果是有公认准确性的。现场工作人员可以在 5 到 10 分钟内在客户家填写记分卡。可以使用开发人员提供的 Excel 电子表格计算结果。培训和质量控制是确保收集数据质量的基础。

〔15〕由 IRIS 中心开发的 PATs 测量绝对贫困。它们是国家特定的计分卡，包括 16 ~ 30 个指标，这些指标从全国代表性住户调查中产生。他们使用一个或多个贫困线来计算贫困发生率并评估一个群体的贫困水平的变化。与 PPI 不同，PAT 不能用于评估个人的贫困水平。PAT 计分卡是通过与客户进行 15 ~ 20 分钟的访问来收集的，再将结果通输入到程序中。为了确保结果准确，负责收集和处理数据的人员将接受培训，来适应 PAT 计分卡和数据分析软件。

〔16〕MicroSave（http：//www. microsave. org），the ImpAct Consortium（http：//www. imp － act. org），and the SEEP Network（http：//www. seepnetwork. org）.

〔17〕有关社会评级和社会审计以及所有社会绩效信息的优秀资源，请参见 http：//www. sptf. info/images/spm% 20essentials% 20resource% 20hand book. pdf。

参考文献及进一步阅读

* Key works for further reading.

Aga Khan Foundation. 2010. "Monitoring, Evaluation, and Learning Plan for Savings Initiatives." Internal document, Aga Khan Foundation, Geneva.

Bédécarrats, F., S. Baur, and C. Lapenu. 2011. "Combining Social and Financial Performance: A Paradox?" Workshop paper commissioned for the 2011 Global Microcredit Summit, Valladolid, Spain, November 14–17.

*Campion, Anita, C. Linder, and K. E. Knotts. 2008. *Putting the "Social" into Performance Management: A Practice-Based Guide for Microfinance.* Brighton: Institute for Development Studies.

*CGAP (Consultative Group to Assist the Poor). 2003. "Microfinance Consensus Guidelines: Definitions of Selected Financial Terms, Ratios, and Adjustments for Microfinance." Report, CGAP, Washington, DC.

——. 2010. "Rewarding Innovation in Social Performance Reporting." Report, CGAP, Washington, DC.

*Ekka, Rashmi, and EDA Rural Systems. 2011. "Risk Management: Integrating SPM into Microfinance Capacity Building." Guidance Note, Imp-Act Consortium, Washington, DC.

*González, Adrian. 2010. "Microfinance Synergies and Trade-offs: Social vs. Financial Performance Outcomes in 2008." Report, MIX, Washington, DC.

Guarneri, M., A. Moauro, and L. Spaggiari. 2011. "Motivating Your Board of Directors to Actively Promote and Deepen the Social Mission." Workshop paper commissioned for the 2011 Global Microcredit Summit, Valladolid, Spain, November 14–17.

*Hashemi, Syed, and Laura Foose. 2007. "Beyond Good Intentions: Measuring the Social Performance of Microfinance Institutions." Focus Note 41, CGAP, Washington, DC.

*IFAD (International Fund for Agricultural Development). 2006. "Assessing and Managing Social Performance in Microfinance." IFAD, Rome.

*Ledgerwood, Joanna, and Victoria White. 2006. *Transforming Microfinance Institutions.* Washington, DC: World Bank.

MIX (Microfinance Information eXchange).

2011. "MIX Brings Social Performance to the Forefront of Microfinance." Press release, MIX, Washington, DC.

*Panetta, David. 2012. "Performance Monitoring." In *Savings Groups at the Frontier.* ed. Candace Nelson. Washington, DC: SEEP Network.

Pistelli, Micol. 2010. "Social Performance Standards." Report, MIX, Washington, DC.

Rao, S. 2009. "Real-Time Alerts a Big Step Forward in Collaborative Banking." Report, Infosys Technologies, Bangalore.

Richards, David A., Alan S. Oliphant, and Charles H. Le Grand. 2005. "Information Technology Controls." Global Technology Audit Guide, Institute of Internal Auditors, Altamonte Springs, FL.

*Rosenberg, Richard. 2009. "Measuring Results of Microfinance Institutions: Minimum Indicators That Donors and Investors Should Track: A Technical Guide." CGAP, Washington, DC.

Saltzman, S., and D. Salinger. 1998. "The ACCION CAMEL: A Technical Note." Microenterprise Best Practice Report, ACCION International, Boston.

*SEEP (Small Enterprise Education and Promotion) Network. 2005. "Measuring Performance of Microfinance Institutions: A Framework for Reporting, Analysis, and Monitoring." Financial Services Working Group, SEEP Network; Alternative Credit Technologies, Washington, DC.

*——. 2008. "Social Performance Map." Social Performance Working Group, SEEP Network, Washington, DC.

*——. 2010. "Pocket Guide to the Microfinance Financial Reporting Standards Measuring Financial Performance of Microfinance Institutions." Report, Financial Services Working Group, SEEP Network, Washington, DC.

Social Performance Taskforce. 2012. "What Is Social Performance?" http://www.sptf.info/what-is-social-performance.

*Yamini, Veena. 2010. "The Overlap between Customer Service and Social Performance Management." Briefing Note 91, MicroSave.

第十五章　治理与运营管理

Peter McConaghy

第十四章讨论了机构提供商的数据管理以及财务绩效和社会绩效的监管。本章是对治理和其他与机构管理相关课题的综述，包括人力资源管理、产品管理和运营风险管理。期待加深对金融服务公司治理与运营的理解的从业者、投资人以及董事会成员会对其感兴趣。

治理

治理作为人与流程结合的体系，明确并维护组织的目标与任务，引导重大决策，管理风险，保障问责制。良好的治理行为能激励大家追求符合组织利益的目标。治理结构也促进有效的监管和信息反馈，鼓励供应商做出好的决定和有效使用资源。

金融机构的所有权和治理在很大程度上取决于其法律形式、其主要利益相关者，以及它是如何受监管的。其法律形式可以是政府授权的股份公司，如银行或保险公司；当地注册的会员制公司；非营利性组织，如担保有限公司；或者非政府组织（NGO）、小微金融机构（MFI）。大多数机构供应商拥有一个推选或任命的理事会（或类似结构），该理事会提供主要的治理机制：

- 非政府组织和担保有限公司没有所有者，通常由理事会监管，不同于股份公司的董事会，它没有受委托责任，更多的是保护组织资产及实现组织使命的职责。
- 金融合作社及其他会员制组织归属于其会员，通常每个会员拥有一票。它们一般由其会员选出的并受政府机构监管的理事会管理。
- 股份制公司可以是国有的（如国家银行或邮政银行），或私有的（比如专业的小额信贷银行、商业银行和一些非银行金融机构），也可能是上市公司；通常由董事会直接管理，受中央银行监管。

董事会

董事会负责监督管理并主要关注：（a）坚持组织的使命和愿景，提供战略指导；（b）确保资源充足（财务、领导力和声誉）；（c）设计和完善政策以实现机构战略目标，确保管理问责制度（2005 年小额信贷股权基金会议）。

董事会推选出机构负责人，并提供薪酬。尽管董事会有监管职能，但不直接参与日常管理（除非在危急情况下）。董事会确保有效的组织规划，包括董事会和高管层面的继任计划；监控部署人力和财政资源，以确保有效地利用它们。此外，它会识别风险，确保供应商谨慎操作以降低风险。为此，董事会也采用外部审计师来确保适当的内部控制，通常的内部审计员向董事会或其审计委员会报告。

由于董事会不直接参与管理，它应当对高层管理团队和具有监管职能的政策和程序有信心。管理职责既应该通过一个稳健的报告制度来监管，以衡量相对于基准的进展；也需要第三方评论。基准应该是对应于供应商的操作和业务要求，并且是可测量、透明和公正的。合理的基准强调管理绩效中的潜在缺陷，并帮助识别应引起高层和董事会关注的运营问题。

第三方机构进行的外部审核工作，包括（a）银行监管机构；（b）内部审计师；（c）外部审计师；（d）法律顾问（内部和外部）；（e）评级机构和顾问，可以提供额外信息来帮助董事会监督管理人员，确保其管理行为符合董事会决策和相应法律法规。董事会和管理层应该确保外部机构提交的报告对所有相关方面透明。此外，如果可以，董事会应能直接接触供应商的内部法律顾问或其他专家。

成立和发展一个高效的董事会

董事会成员的数量通常为 5～25 人，大部分为 7～9 个成员。董事会的理想大小取决于其组织职责、战略方向和资金需求。董事会应该足够大，以有效地完成工作，保证足够的资金，持续性以及会议所需的法定人数。同时，它也应该足够小，以便作实质性决定和建立董事会成员间的互相信任。董事会席位应为奇数，避免投票出现平局的情况。

董事会成员的组成或许比数量更重要。常常有银行法律和专门的非银行法律授权监管部门审查各董事会成员，即通常所说的"任职资格测试"。一般来说，这种监管评估更注重筛选出不适合领导受监管金融中介事务的个人，而不是找出理想的成员。"任职资格测试"通过深入的背景调查，考评他的人格、荣誉与声誉。其目的是确保管理者没有欺骗和犯罪历史，没有政治风险，不处于民事或刑事诉讼的不利方，不牵扯到违反任何管理规定和标准的公司或组织。专栏 15.1 介绍了从非政府组织的小额信贷机构（NGO MFI）过渡到一个受监管机构对董事会的具体要求。

专栏 15.1　从 NGO MFI 转型到受监管机构的董事会的要求

在 NGO MFI 转型到受监管的吸收存款的小微机构的过程中，存在着特殊的治理考虑。类似的机构面临的一个核心挑战是如何使以前的董事会成员成为更新过的治理结构的一部分。NGO MFI 的董事会成员在转型之前面临了一个重要、在某种程度上来说是独特的挑战——他们需要为组织提供连续性（continuity），包括成为组织历史（和献身于组织的社会目标）的见证者、承认并对转型成为存款吸收机构所带来的风险和挑战做出回应，以及符合监管要求。这需要理解受监管的 MFI 董事会成员需要投入的时间和所扮演的角色。一些转型中的 MFI 提供培训以帮助董事会成员理解他们在新的治理结构下可能被要求扮演的角色。在其他的一些案例中，成员在转型过程中离开了董事会（或者不加入新的董事会）。

资料来源：Ledgerwood and White 2006。

董事会成员应该是可以贡献智力或实践经验的专业人士，并致力于组织的完善。同样，如果董事会成员有人际网络来帮助融资，确保组织在金融服务行业内的良好信誉，这都将是很有利的。不同性别，种族和文化背景可以确保董事会具有广阔的视野。董事会成员应不受政治风险和其他利益冲突的影响，因为这些可能影响他们的决定，不为组织的最佳利益考虑。无效的董事会的成员组成往往基于政府和社会关系，而不是能力与对组织战略方向把控的贡献。

一旦出现空缺，董事会（或其提名委员会）有责任选出一个或多个候选人来填补空缺，调查各候选人并提出选举建议。对准董事会成员的评价是基于以往在董事会的经历，领导能力，多样性，对穷人的金融服务知识，以及或许是最重要的专业能力，如小微金融，财务管理，审计，法律，或项目管理经验。尽管新的董事会成员可能会通过其他董事会成员或其他利益相关者进行招募，但一旦任命或被推选，他们就为组织服务，而不是提名他们的机构或个人。

作为董事会成员，董事要为其行为承担个人责任，一旦被发现其行为未达到期望的"注意标准"（通常由当地法律所定义），他们可能会受到民事和刑事处罚。许多金融服务提供商为董事及高级职员投保，补偿董事可能受到的任何民事处罚，支付董事因涉嫌不当行为而被诉讼时的法律费用，尽管涉嫌刑事责任时就不能对其施加保护了。这种保险在何种程度上有效，依据各地法律而不同。

董事委员会应提供商的需求而形成，某些时候，监管部门会强制成立特定类型的委员会。下面是最典型的董事委员会及职能：

- 执行委员会。由董事会授权在日常时间处理问题和做决定，这些决定要在之后的董事会上由全体董事批准。
- 审计或财务委员会。监督支出和预算，确保内部控制和财务分析，在董事会允许的预算范围内建议支出，听取内部和外部审计师的报告。
- 人事和薪酬委员会。审查人才战略问题和整体薪酬政策，建议奖励高级管理人员。
- 风险管理委员会。监控风险政策的充分性与完整性。
- 提名委员会。发展董事会成员的职责，发现和评估潜在的董事会成员，为新成员提供指导。
- 特设委员会。应对特殊问题，通常是短期内。

战略治理考量

治理是复杂的，因为普惠金融中隐含了双重（或三重）底线。治理结构已经逐步适应产业发展，包括各种产品的引进（例如租赁和小微保险），个人投资的巨大增长，以及很多情况下金融活动的潜在发展。这种发展已经使很多金融服务提供商的操作流程变复杂，更进一步地，将促进相关治理结构和操作。特别地，治理主体需要特别关注决策风险。

决策风险包括内部风险，如不利的商业决策或对决策的不当实行、糟糕的领导力或者无效治理，这些都可能导致信誉风险，即因为消极的公众观念而失去作为一个提供商的价值（Ekka and EDA Rural Systems，2011）。信誉风险管理是对治理主题的重要挑战，其衡量过程就是平衡财务业绩和社会绩效

（见第十四章）。受管制机构通常被要求依法维持偿付能力和保护公众存款。投资者期待金融机构能产生投资回报。考虑到这个金融任务，治理的一个重要方面是确保提供商也能重视社会绩效。

社会绩效衡量标准有助于评估提供商的社会影响，它的完善能提升董事会平衡财务绩效和社会绩效的能力。一些董事会成立社会绩效管理委员会，或在董事会中至少有一个社会绩效支持者。

决策风险还包括外部风险，如竞争环境和政策环境的改变。新进入者给提供商带来适应创新和操作流程的竞争压力。这可以刺激创新，让客户受益，而且还可以掠夺性地寻找新的客户和市场份额。利率上限政策的实施可能限制业务拓展。在一些国家，政府要求供应商能够免除特定客户群体的或因特定的事件而未偿还的贷款，如自然灾害或政治事件。政治家们不断质疑对非政府组织小微金融机构的税务豁免，因为小微金融在商业上的可行性正变得更加显著。董事会需要重视竞争压力和政治发展，并与管理层和其他利益相关者合作以减轻外部风险。

人力资源管理

人力资源管理是机构招聘、发展、激励人群完成其任务的流程（Frank-iewicz and Churchill，2006）。人力资源管理为员工和管理层提供适当的技能培训、激励与酬劳（经济上的与非经济的）来达成机构的使命。组织结构决定了人力资源的需求和功能，明确报告、问责渠道和结构信息流，从而最高效率地支持社会和经济目标。庞大且受管制的提供商通常有更为复杂的结构，而其他组织有着平面而灵活的结构。组织结构也受供应商的预定目标市场、提供的产品（按客户类型或业务线或产品单位划分）、供货渠道、现有的技术和基础设施以及决策是集中还是分散的影响。组织结构通常用提供商提供产品的规模和复杂程度来衡量。例如，拥有广泛地域覆盖的提供商可能有支持决策下放的制度和程序，并确保不同的网点和渠道的数据完整性。

组织结构应该支持增加客户访问性和降低交易成本与风险。客户的可访问性指员工能方便地访问客户，客户也能轻松享受服务与支持。与低收入者紧密联系有助于提供商了解客户需求；与其应对的社会群体建立信任；以及开发和提供与其预定目标市场的金融需求一致的产品和服务。提高可访问性意味着增加对低收入者的服务点，或通过代理关系和相关的技术平台建立新的分支机构。

相对层级结构或矩阵结构，扁平化的组织结构允许提供商更频繁地与客户交流，更迅速地应对客户的需求和变化。然而，扁平的组织结构要求一线员工在不向高级管理层反馈的情况下做出决定。这要求对一线员工或代理人的良好培训、不同组织层次间的信任以及适当的监管和信息反馈机制，从而不因放权而影响服务质量与业务拓展。

人力资源政策

大部分提供商的人力资源政策提供员工管理的协作和流程，且符合当地劳动法。人力资源政策通常包括一般的政策如招聘、培训和薪酬，以及关于利益冲突、性骚扰和安保的公司政策。

招聘和选拔

任何人力资源策略的一个关键组成部分是在适当的时候雇用足够数量的、拥有足够的技能、态度和动机并能按时、有效地完成任务的个人。为了挑选和招聘最好的员工，金融服务提供商会考虑定性的评估，如写作测试；分析工具，如心理测试；以及角色扮演，以考察应聘者的性格和态度。很多提供商会雇用只有基本技能的员工，而在之后培养他们的技能和能力。致力于为低收入女性提供金融服务的机构常常会雇用大量女性员工。这在男女除了家庭以外很少在专业领域或人际活动中共事的文化中尤为重要。如果提供商无法雇用足够的女性，那么男性应聘者对女性的态度将是很重要的。最后，对组织使命有认同感的员工更容易满足，且供职时间更长。

培训和发展

培训是为了更新技能，加强机构的文化和价值，促进团队合作以及激励员工。培训和员工发展包括员工的特定技能、领导力培训、教练或指导以及在职培训。人力资源开发关注与实现个人职业目标和供应商目标所需的知识、技能和态度。虽然培训使员工具备基本的知识和能力，以确保金融服务提供商的社会和财务绩效，但如果培训能结合具体客户的需求，那效果将更好。组织需要调整他们的培训计划，或寻求外部培训者，将有关客户行为的知识结合到课程中。

薪酬与激励

人力资源管理的一个重要目标是留住表现优秀和有经验的员工，为结果的达成提供激励因素。经济报酬包括基本工资，以及可能的经济或非经济的附加激励。经济激励和其他激励应该将机构目标与员工的个人目标相匹配，鼓励组织期望的行为。这在员工位于偏远的农村地区的分散的组织结构中尤为重要。激励方案应该同时考虑到数量和质量。例如，对信贷员来说，这包括综合考虑借款者的数量、投资组合的数量和质量（如准时还款的比例）。对代理人来说，激励应该鼓励充足的流动性、服务的可访问性、交易数量以及最重要的客户服务。经济激励必须精心策划，避免员工专注于以收入最大化为目的的激进的销售技巧或行为，而不考虑客户的安全与对客户的尊重以及机构的安全和文化（见专栏15.2）。一个不权衡客户和机构安全、只追求个人收益最大化的经济激励会阻碍机构实现其任务。其他激励可能包括额外的好处，比如增加休假时间、学术休假、员工发展补助金、外部培训课程、养老金或员工贷款。营造一个积极的环境，让人感觉到他们有着重要的贡献且受到尊重，也是无形的奖励，能培养奉献精神和忠诚度。例如，影响力研究和客户的成功案例可以提醒员工他们在做什么以及为什么这么做。为了保持员工的兴趣和参与度，可以邀请他们参加关于创新和改进的委员会或工作组，参与市场调查或影响力评估。

专栏15.2　设计良好的激励机制的主要原则

- 有序地引进激励。尤其是在基本工资很高的情况下，薪酬与激励的比例可以通过慢慢增加激励的方式随时间而减少。累计式地引进激励还可以使得激励的影响能被监控，并在需要的时候调整。
- 调整激励来解释不平等现象。激励需要根据不同的环境而被调整。例如，城市地区的信贷员有着与农村地区的员工不同的目标市场；又如已建立的机构对员工的期望不同于新建分支机构对员工的期望。
- 奖励健康增长。激励措施需要鼓励信贷员采用一种稳定的方式增长，直达他们达到（但不超过）最大生产力水平。
- 鼓励创新。每月对员工的创新想法分发奖金将激起员工的创意思考。
- 简单化。为了实现这些目标，一个激励机制应当保持简单；拥有太多的变量将会使员工不知道如何分配他们的时间和资源以最大化财务上的回报。
- 利用团队激励提升团队合作。为了提升团队合作，可以考虑在分支机构的绩效或者将整个组织作为一个整体的基础上，将个人激励与团队激励相结合。团队激励包括利润共享，即将超出的收益按一定比例分发给员工，以及员工股权计划。

资料来源：Frankiewicz 和 Churchill，2006。

绩效管理

绩效管理是制定绩效目标以实现运作和扩张任务的流程。它是管理者用来授权、监管和评估责任的流程（Pityn and Helmuth，2007）。一个有效的绩效管理策略要求管理者在特定的时间阶段制定每个员工的绩效目标和评价标准；监督员工表现；支持成功的表现；训导表现令人难以接受的员工；评估员工完成目标的程度来给予奖励，做出调整及制定下一阶段的目标（Frankiewicz and Churchill，2006）。一个设计合理的绩效管理流程能建立良好的沟通准则，包括提供和接受反馈，给员工提供参与计划和监督自己工作的机会（Pityn and Helmuth，2007）。

团队和个人的绩效目标应该达到 SMART 标准：Specific（明确性）、Measurable（可衡量性）、Attainable（可达成性）、Relevant（相关性）和 Time-bound（时限性）。目标不应该只自然地考虑数量，也应考虑质量，如客户服务、态度、团队合作以及与提供商使命相应的全局承诺。绩效目标应该为组织内的所有员工制定，而不仅是从事创收工作和与客户打交道的一线员工。

产品管理

产品管理不仅限于新产品的开发或现有产品的精细化，而是导致了解客户需求以及产品与投放方式的恰当配合的所有流程的总和。金融服务提供商提供优质产品的能力依赖于他们了解复杂的客户需求的能力。尽管已经努力根据当地的经济和社会文化背景提供产品，但很多提供商只简单地复制成功模式，基于假设而不是通过市场调查得出的对客户需求的准确理解来提供产品。根据特定需求和客户的消费习惯来量身打造产品能提升客户满意度、忠诚度以及盈利能力（见专栏 15.3）。

专栏 15.3　实践中设计聚焦用户的产品

格莱珉银行在 1976 年作为一个项目开始向孟加拉国的贫穷农民提供信

贷。在它的常务董事穆罕默德·尤努斯的带领下，该银行稳定地开发出一套现在被称为是经典小额贷款（classic microcredit）的产品。贫困村民（经过土地和资产所有等经济调查）组建成团体，并参加周会，在周会上将收集存款，发放贷款，并在他们陷入困境的时候提供支持和连带债务。贷款将以每周分期付款的方式在一年内还清。到 2000 年，格莱珉的信贷项目已经服务超过 200 万用户，大多数是妇女。同年，格莱珉二期项目开始启动，该项目的正式名称是格莱珉普惠系统（Grameen Generalized System）。格莱珉二期项目代表了在产品提供上一系列重要的变化，结合了许多提供服务的这几年中所学到的经验。重要的变化包括：

● 公众存款服务。银行成为真正意义上的从群众中而不再只是从成员中动员存款的金融中介，现在成员委托的存款只作为银行的信贷方法的一部分。

● 拓展的成员存款服务。它引进了更大范围的成员存款机会，包括被称为格莱珉养老金项目的承诺储蓄账户。个人储蓄账户被设计得更加灵活，而团体储蓄账户大规模消失。存折储蓄账户以及契约型储蓄账户被添加。

● 改进的贷款产品。它引进了品种更广泛的贷款产品，提供不同的期限和还款方案。商用的大额贷款被允许使用。贷款可以在中期追加，或者提前偿还。没有借款义务。还款有困难的借款人可以重新安排自己的贷款（变成"灵活"的贷款）。团体成员中连带金融债务不再被允许（虽然成员之间仍然可以互相帮助）。

更大范围的金融服务和选择的引进帮助顾客管理他们更加复杂的财务生活。追加贷款允许成员保持生意中的资本，或者管理不可预见的风险和短缺，在必要的时候以一个结构化的方法拓展还款周期。格莱珉二期项目也提供了针对赤贫家庭的特殊的期限，以及针对教育的担保和贷款。

格莱珉二期项目已经取得了显著的成效。在经过一段艰难的停滞和放低贷款组合质量标准的时期，银行在用户数和利润上都取得了显著增长。格莱珉花费了 27 年发展到 250 万用户，格莱珉二期项目则将用户数扩展了三倍。2002 年到 2005 年，格莱珉的存款额提升了三倍，放出贷款提升了两倍。在 2011 年 10 月，格莱珉拥有 835 万借款人，其中 96% 是女性；42% 的分支机构拥有的借款人储蓄相当于这些分支机构放贷额的 75%。据高级管理人员称，银行业绩的提升与格莱珉二期项目品种多样的聚焦用户的贷款产品对客户的吸引有关。

资料来源：Rutherford 2004；Wright 2010. Statistics are from http：//www. grameen‐info. org/。

　　提供商提供不同产品的能力取决于目标市场的需求和提供商自身的能力。例如，一些产品（存款、保险）要求具体的监管状况，而其他产品要求特定技能和对信息的获取能力（住房贷款、指数型保险），还有一部分产品要求特定科技和基础设施（结算系统、通信技术）。提供商必须确定满足他们现有和潜在客户的需求以及自身既定目标和任务的适当的产品组合。提供商可以通过不同的方式来确定策略性的产品组合，包括细分市场的方法（提供满足具体目标市场的产品组合），客户生命周期方法（提供满足不同发展阶段的客户或商业需求的产品）或者发展方法（提供帮助客户脱贫的产品）（Frankiewicz and Churchill，2011）。依靠特定的组合，一些产品会比其他的收益更高，收益相对较低的产品对保留客户以及交叉销售更多高收益的产品也许仍是重要的。总体而言，金融服务供应商必须了解每个产品的利润率，并监控走势以了解盈利（或亏损）的原因。除了保证整体的产品组合，产品管理还包括开发新产品、产品成本计算和定价、产品营销。

产品开发

　　产品开发包括最开始的市场调查、产品设计和测试、产品营销以及最后的展示。它考虑一系列潜在的产品，且依靠对项目可行性的研究和分析来缩小产品选择范围（Brand 等，2009）。提供商逐渐把客户需求放在产品设计的最前沿，在研究低收入者复杂行为的基础上开发产品来管理他们的经济生活（见专栏15.4）。了解客户需求、预测需求和细分市场都可以通过各种市场调查方法进行，包括问卷调查、客户反馈表以及对金融和社会监管信息的直接分析。依赖于组织的资源，市场调查可以有一个完整的调查部门，也可以是持续反馈的"轻触法"技巧，包括员工用来跟踪用户体验所做的快速调查、员工会议上针对客户的讨论、分支机构的意见箱或记录形式的简单提问。更进一步的信息可以通过研究行业趋势以及根据产品、大小和期限对现有客户分类、细分市场并可能扩大产品组合来收集。更具针对性的研究可以通过周期性的小组讨论，对现有、潜在和老客户的调查、可行性研究、试点项目和详细的竞争分析来进行。对志在运作和扩大服务的金融服务提供商来说，关键的市场调查问题集中在了解潜在客户的金融服务需求，基础设施的水平和质量（如果进入一个新的领域），了解社会文化和历史问题。对于在特定领域有运营经验的成熟的提供商来说，市场调查通常注重拓展客户群体、市场部署、在竞争中保持领先以及完善产品和服务交付渠道。传统的产品设计构建市场调查结果来找出服务交付于客户需求间的差距。在设计流程中，应明确产品特点诸如资格、条款、可访问性，概述操作流程，识别风险，分析成本和预测收入（Frankiewicz 和 Churchil，2011）。这有助于根据预设市场规模判断产品是否可行。如果产品看似可行，那么下一步就是先导测试。

专栏 15.4　Microfinance Opportunities 的聆听客户系列（Listening to Clients Series）

在福特基金会的担保下，Microfinance Opportunities 和 MicroSave 在 2002 年发布了聆听客户系列（the Listening to Clients series）——一款领先的针对小微金融参与者的市场调查训练项目视听教程。它包含了 13 个模块，这些模块展示了最初由 SEEP Network 在美国国际开发署的 AIMS 项目下开发的评估工具，以及 MicroSave 开发的评估工具。这一系列包括了客户满意度、对金融部门发展趋势的分析，以及对贷款和存款用途调查等模块。光盘中包含了解释这些工具的 PowerPoint 文本，以及展示核心应用的视频剪辑，使其更有价值。这套光盘可以被用于很多场合，使客户评估工具得以广泛传播。

资料来源：Cohen n. d。

试点包括在一定范围内介绍产品原型，以确定其受接受程度和需求改进。先导测试（pilot testing）有助于预测不同客户对新产品的反应，评估潜在需求，以及理解操作流程。它包括选择测试地点（规模，位置），建立测试时间，在测试阶段为分析和产品改进设置界标。

先导测试包括下面 10 步（Wright，2010）：

1. 确定目标
2. 成立测试团队
3. 拟定测试草案
4. 准备好所有系统
5. 模拟财务预测
6. 形成产品定义和流程文档

7. 培训相关人员

8. 形成产品营销计划书并准备材料

9. 开始先导测试

10. 监管和评估

这一阶段为产品扩张提供关键信息，包括与修改产品设计的金融、竞争、策略及机构性问题（Wright，2010）。

先导测试阶段的成功根据机构发展的环境和阶段对每个提供商来说有不同的定义；一旦被认为是成功的，下一步就是正式推出产品然后广泛推广。推出产品需要一个完善的营销计划。提供商必须预测员工培训、激励、信息系统和基础设施的需求（见专栏15.5）。

专栏 15.5　失败的代价：Equity 银行惨痛的教训

肯尼亚的 Equity 银行是市场导向方法的支持者，信奉先导测试（pilot testing）是发展成功的金融产品的核心步骤。它在 2003～2004 年的指数型增长以及从建房互助协会到银行的转型，挑战着管理人员，促使他们寻找出一条足够专注当下变化的道路。面对这每年 10 万的潜在用户，银行决定在未经测试的情况下推出一款显然过于简单的以工资为基础的贷款产品。据 CEO James Mwangi 称，"我们认为这会很快取得成功。"

这款产品有巨大的需求。在业务量很小的时候，这款产品易于管理，所以银行扩大了规模，在推出产品的 9 个月内达到了 375 万美元的贷款组合规模。员工完成一份完整的雇主评估以日常管理关系所需的时间被低估了。很快，一个 Equity 银行的员工就需要管理 5000 个顾客的组合。

转型后，Equity 银行花费了 3 个月才连接进入中央支付系统。这导致了几个月的欠款，这些欠款随着顾客偿还贷款期限的临近而更快地积累，但是顾客的工资还没有计入贷方。超过 30 天的风险贷款组合暴涨（在 3 个月内从 7% 增长到 18%）。Equity 银行快速复核并重新设计了产品，确认并中和风险，购买并安装了一套更加强大的银行核心业务系统，并且开展了一项收债活动。在 2005 年 11 月，贷款回收量增长到了 90%。这次事件的关键教训是先导测试对于预测需求和确定风险是至关重要的。

资料来源：Wright，2010。

产品成本计算

产品成本分析让金融服务提供商可以评估产品是否盈利。互补的产品也许能让提供商平衡财务可持续性和向难以接触到的客户群体扩张。分配成本的主要方法有两种：传统的成本分配法和作业成本法。传统的成本分配法根据分配基准来分配成本，如直接劳动时间和具体金融产品的总账户余额。传统的成本分配法一般依赖于与数量相关的指标，如员工对指定产品付出的时间。这种方法可能会因为较高的数量而高估产品，常常难以捕捉全面而复杂的特定产品成本。作业成本法（ABC）追踪在产品形成前的作业成本。对每个主要的流程，成本计算团队区分分支机构和总部员工所做的工作，例如处理贷款申请或开个储蓄账户。这些具体的行为根据导致行为成本（如住房贷款申请的数量、储蓄账户存折的数量）的特定属性被不同的产品"使用"或"消费"。一个给定的产品需要很多行为，这些行为加起来就得到产品交付的总成本（见图 15.1）。ABC 的一个重要的挑战是对细节的要求程度，这可能会超过很多金融服务提供商的可知晓信息的范围。

为了使精准性和效率最大化，产品成本核算每年至少应进行一次。尽管定期的成本计算可以洞察季节性问题，跟踪成本随时间的变化却可知晓为提高内部运作效率所做的努力是否有效。一般来说，提供商应该尽可能完成一系列一致的业务行为，且每一次都进行成本计算。

产品定价

产品定价是金融机构为了给出产品价格而分析成本、评估竞争趋势及预测需求的流程。正确的定价是保证产生的收入足够支付业务的全部费用的关键。提供商用多种指标和策略来定价。价格可能以每一次交易为基础，如开一个储蓄账户或转账，也可能包括更高的前期费用和不受限制的服务。一个产品的价格通常应体现产品的复杂性和相应的价值定位。例如，对客户来说可以无限制访问的储蓄账户比那些一个月只能访问三次的账户更方便。然而，提供无限制访问的储蓄账户比一个月只能访问三次的账户成本更高。因此提供无限制访问的储蓄账户的手续费更高，利率应该更低。

产品定价有三种主要的方法。成本导向定价法（cost – based method）中，价格是基于产品价格和一定的利润。这种方法可以确保所有的成本都包括在内，但是它可能难以将直接和间接费用与每个特定的产品联系起来。

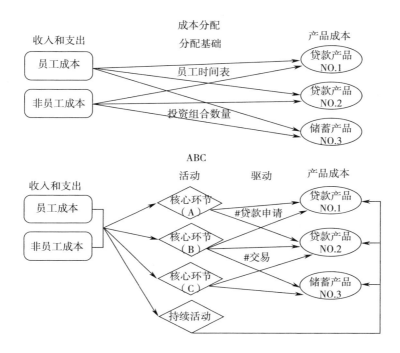

资料来源：Grace 和 Helms，2004。

图 15.1　传统的成本分配法和作业成本法（Activity‑Based Costing）

　　竞争或市场导向定价法（competition or market‑based method）中，价格取决于竞争对手和可比行业。这种方法在提供的服务相对标准化或竞争对手较少的市场中比较常见。竞争导向定价法是廉价的、迅速的且容易随市场条件变化调整的。然而，基于竞争走势的定价可能无法完全弥补成本，这取决于提供商的效率。类似地，考虑到低收入者金融服务市场及偏远地区信息不对称，提供商数量少，很难选择合适的竞争基准。另外，某些供应商可能会收到来自捐助者的补贴，因此可能会定出较低的价格。导致定价的大幅度扭曲。

　　最后，需求导向定价法基于顾客的意愿与消费能力。这种方法根据客户对产品的价值定位来定价。价值表示为使用某个产品的好处的函数，如质量，方便、安全或有存款约束或按时还款规定的承诺特征。

　　很多提供商结合使用这三种方法来定价。例如，一个机构的定价可以弥补所有产品或服务交付中产生的成本。然后它可以将这个价格与对手的相比较，分析是什么造成某个产品的独特性，从而帮助它了解客户愿意购买的产品，最后根据需求调整价格。

产品营销

提供商通过市场营销来告诉消费者在售的产品、它们的价值并区别于对手的产品。他们通常通过五部分将产品价值传达给潜在客户，也就是大家熟知的营销传播组合：人员推销、广告、促销、公共关系和直接营销。提供商可以从中选出任何一个或所有策略来形成一个适合其产品、目标市场和现有资源的销售策略。品牌推广是在市场中定位和向现有及潜在客户传达关键的价值定位的重要工具。品牌代表了产品或机构信息的汇总，一般由名字、区别性标志、商标、可识别的视觉符号和图像组成（Brand，2006）。金融服务提供商专注于创造与提供满足目标客户需求的优质服务所相关的品牌。他们用品牌创造核心产品的知名度来扩大推广，加强现有客户的忠诚度，锁定新的客户以及告知客户新的服务。

正如在第三章中所讨论的，小微金融行业的自律融资努力通过提高财力和保证透明公正的定价来保护消费者。机构提供商也可能主动监管审查其营销手段，要求披露所有的条款和条件，防止对产品不诚实的宣传或误导。确保客户了解他们所使用的金融产品的条件和风险可以防止出现误导性的营销手法。

风险管理

鉴于小微金融的商业化、最近的信誉挑战、服务提供商和交付渠道的快速多元化，无论提供商是一个移动支付运营商、农业价值链的参与者、信用社、小额信贷机构还是银行，良好的治理、风险管理以及内部控制和审计是至关重要的。专业化和复杂程度会有所不同，因监管实体机构受到非常复杂紧密地监管和控制，而更多非正式的提供商受到结构化程度较低的控制。风险是指现在或未来的事件（预期的或没有预期到的）对机构目标、资本或盈利可能产生的不利或有害的影响。风险以影响和可能性来衡量。金融服务提供商面临很多风险，包括内部的和外部的。风险是商业活动的固有部分，尤其对环境和运营来说。

风险管理是识别、评估、管理和控制潜在事件的系统化流程，为达成目标提供合理保障。风险管理包括在设计良好的控制环境中平衡风险。这有效地减少了造成损失的可能性，使可能的损失最小化，通过帮助提供商实现目标来增加价值。风险管理必须由提供商的董事会或高管层主动牵头，审批政策、监管内部审计职能，监督管理和运营（见表 15.1）。

表 15.1　　　　　　　　　　　　　　风险管理的角色和职责

组织角色	职责
董事会	批准政策，并监控遵守情况
高级管理层	确认风险并开发减少风险的政策、程序、系统和指导方案
分支管理层	执行程序，并监控政策和程序的遵守情况
运营员工	遵守政策、流程和风险降低的控制。提供建议和反馈新出现的运营变化和风险
内部控制员工	监控合规性，验证政策和程序是各自符合规定的
内部审计	检查和验证政策和程序是符合规定的，确保风险减少的管理是足够的，确定未被控制的风险的范围

资料来源：Adapted from Campion，2000。

风险也应该根据它们创造经济和社会价值的机会被评估。成功的风险承担和对风险良好的消化力应该根据它们所带来的回报和结果被定期评估。这种方法暗示着对风险的响应，无论是规避、接受、转移还是控制风险，都是一个评估权衡使用减少风险策略的审慎流程。控制风险影响到成本、效率及客户体验，所以必须针对预期收益进行权衡。一个了解风险管理的共同框架是风险管理"反馈回路"，该框架整合整个组织的风险管理行为。这个风险管理反馈回路包括六个关键的部分：（1）识别、评估风险和风险排序（2）制订衡量风险的政策（3）设计降低风险的政策和流程（4）贯彻落实问责制（5）测试效果，评估及有效地传达结果（6）必要时修订政策和程序（Campion，2000）。风险管理是一个持续的过程，由于缺点能随时间而改进，降低风险策略的改进将起到效果。提供商采取很多不同的方法来完善风险管理制度。很多机构成立风险部门（或专员）或者风险和监察部门（或专员）。一个风险管理者的角色是支持提供商有效果、有效率的治理，以及完善企业范围的风险管理策略。这个角色持续监测机构不断变化的外部和内部风险，一般与董事会成员联合或由董事会任命处理风险管理事务。其他机构则成立由来自运营单位和地区的高级管理人员组成的风险管理委员会。一个强大的委员会将确保风险管理策略纳入到供应商的所有商业行为中。随着提供商在规模、范围和复杂程度上的增长，其董事会可能会选择任命一个风险管理委员会或风险管理专员。很多中小型机构没有专门的风险管理者，在任命一个风险管理者之前，所有风险管理和报告的任务由内部审计部门承担，这是一项妥协内部审计的客观性和独立性的任务。

无论是风险管理还是内部审计，都不应该与内部控制混淆，然而，这三者在目前最好的实践经验中是相互关联的，应该被很好地理解，用于最大限度地提高效率和效力（见图 15.2）。

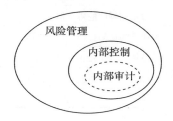

资料来源：Campion，2000。

图 15.2　风险管理和内部控制的关系

内部审计师的角色是测试和独立客观地评估风险管理策略及内部控制的成效。因此，内部审计师在风险评估流程中的角色需要精心管理，以保持审计独立性。内部审计师在识别和管理风险中可能扮演一个咨询角色，但他们不能参与实施提供商的风险管理政策。

金融服务提供商面临的风险一般包括信用风险、流动性风险、市场风险（包括利率风险）、运营风险（包括欺诈、系统、交易和出错风险）、合规及法律风险、声誉风险、战略风险、管理风险（包括商业和社会责任风险）、人事风险以及保险和交易对手风险（如果相关）。

尽管组织的管理人员和董事对外部风险的控制力有限，但他们也必须评估他们所接触到的外部风险。具有较强的管理层和员工团队以及足够的系统性和控制力的机构仍然会经历问题，这些问题主要是因为他们所接触到的外部环境。这些风险包括管理、竞争（策略风险的一部分），自然灾害和其他自然风险，政治和宏观经济风险如高通胀或贬值。

　　第十四章中探讨了信用、流动性和市场风险，本章风险和风险管理方法的讨论重点为运营风险。

运营风险和风险管理

　　运营风险是指提供商在日常运营中面临的缺陷，如欺诈和偷窃、系统和人事错误、投资组合的完整性和安保，这些都可能削弱其财务和声誉地位。通过监督、有效流程和降低风险控制，管理对运营风险有一定的控制力和影响。金融服务中介的核心行为包括通过现金、文件（收据、凭证和可转让票据，如支票）会计分录和电子账目或者客户和员工间磋商的信息等进行的价值交换。制订降低运营风险的策略是为了保护资产，保护信息和系统，确保交易的完整性及财务报告的可靠性。在金融服务交付中交易的登记和处理有着固有风险。交易可能是不完整、不准确的或者在流程和登记过程中被遗漏。例如，一笔未偿还的贷款会造成提供商的损失及可能会给借款人造成负面信用评级。信息不完整与不准确、交易处理或流程的中断或者客户或提供商无法完成交易都会导致这样的后果。

　　所有这些领域的另一个固有风险是最终进行商业交易的人——员工、管理层和客户。欺诈的风险涉及潜在的现金或收入损失，可能是员工或客户刻意欺骗的后果。信贷人员或其他工作人员窃取现金是一种最常见的欺诈事件。其他情况包括伪造财务报表或其他文件、贿赂、避开计算机软件或应用的控制，操纵系统的数据输入，登记不存在的借款人或贷款。拥有诚实、合格、称职和积极进取的员工是管理和控制运营风险的最好办法，因为是员工负责落实控制程序、政策和流程。控制的目的是限制员工为了个人利益而非组织利益做出越轨或欺诈性的选择。

内部控制框架

　　内部控制是为了应对提供商在追求经济和社会目标时面临的风险、挑战和问题而进行的要素和行为的整合。尽管还有其他可靠的模型，目前普遍被接受的内部控制模型是经全美反舞弊性财务报告委员会发起组织（COSO）整合的内部控制框架。COSO 框架定义内部控制如下：

　　内部控制是受企业董事会、管理层和其他人员影响，为经营的效率效果、财务报告的可靠性、相关法规的遵循性等目标的实现而提供合理保证的过程。

图 15.3 说明了由五个相互关联的、支持提供商使命、策略和相关商业目标实现的部分组成的内部控制体系。

控制环境

控制环境包括与内部控制体系及其重要性相关的董事会和管理者的态度、意识和行为。如果最高的管理层对内部控制仅有口头的服务或者对他们自身使用双重标准和政策，那么这个控制环境注定不会对组织的员工起作用。

一个有力的控制环境一般有如下特点：

- 包含董事会及其委员会，尤其是审计委员会
- 管理层的理念和经营风格以及任职承诺
- 高层和员工对诚信和道德价值观的承诺
- 组织结构及在结构内分配权力和责任的方法
- 高层对控制系统和控制方法的设计，包括内部审计职能
- 人力资源政策及程序，包括关键职责的分离
- 高层对外部影响的认识和重视

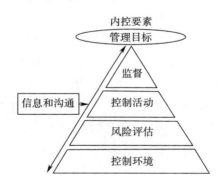

资料来源：http：//bibiconsulting. homestead. cam/coso＿s＿internal＿control. ppt#260。

图 15.3　内部控制的要素

风险评估

定期的风险评估有助于识别、衡量和对风险进行排序。风险评估通常要求可接受的风险参数、风险报告和定期监督特定风险的方法。它以风险管理反馈回路的前两个部分开始：（1）识别、评估风险和风险排序（2）制定衡量风险的政策。一些供应商委任独立顾问或评估员进行客观独立的评估；这

样的评估员直接向董事会报告。在其他提供商中，风险管理委员会或风险专员负责进行定期的风险评估。

风险排序和衡量也许是流程中最具有挑战性的部分，需要考虑风险容忍度和风险回报。这通常是一个阐明并塑造机构对风险的响应机制的主观、可评估的行为。系统评估风险各方面的工具有很多，包括定量和定性的衡量方法。然而，大多数机构发现，如果风险评估经过深思熟虑且客观地进行，它将是一个随着时间推移迭代的学习过程。另外一种常用的识别、分析风险和运营风险排序的方法是流程图。

风险通常通过将风险划分为递增、稳定或递减级别来为其排序。升序风险极可能产生重大影响，一般被认为需要通过风险降低策略和控制解决。由于金融服务提供商必须持续关注运营效率，这个过程有助于确定最合适的和具有成本效益的确定控制活动的方法。

控制活动

基于风险评估，提供商可以选择规避风险（改变包含固有风险的商业流程），风险转移（如果条件允许购买保险），接受风险（从而无助于管理、减轻或消除风险）或者尝试控制风险。风险导向的内部控制方法将具体的控制和提供商的目标联系起来。本节将介绍金融服务提供商最常用的控制活动和程序。

控制程序是指导工作人员处理交易，管理资产并开展工作的政策和程序。他们还提高和加强了会计制度中数据和信息的一致性与可靠性。会计和交易控制是为了满足管理层对盈利或可持续发展、政策合规、资产保护、欺诈、错误的预防和发现、会计记录的准确性和完整性、可信赖金融信息的及时整理、法定职责的免除以及防止虚假的员工信息的目的。整个会计和财务系统的完整性，包括财务报告，取决于内部控制程序，因为内部控制程序保证个人交易的完整性和一致性处理，包括其有效性、准确性、及时性、分类和授权。

控制程序本质上是预防或规定性的、侦查性的（内部审计）和正确的。他们可能包括但不局限于以下要素：

- 职责分离。不同部门和个人的职责分离以降低不合理行为带来的风险，确保没有某个个人或实体有可以威胁到透明性的集中数量的责任。职责分离涉及授权、记录交易和处理相关资产包括现金的责任。

- 双重控制。对访问和监督双重或三重控制，如对金库、系统更改、对账及独立审查和严重的访问。

- 人事控制。职务轮换、强制休假政策和对加班的授权。

- 签名要求和审批权限。交易审批的要求、交易限制、报告检验及第三方批准，增加关键活动和职能的透明度。

- 会计、管理、报告和财务的政策和程序。支持正确连续地处理交易和运营活动的清晰、可行且流动的政策和程序。

- 预算和比较报告。行使财政控制的一种方式。根据预算定期报告实际开销是一种有效的管理控制工具。

- 现金和支出限额。使用现金时为了安全和防止滥用而制定的政策，如授权指定人员处理现金，包括现金限额及一系列记录提供商进出现金流的文档程序。

- 设计并使用丰富的文档和记录。预先编号的文档、文档登记簿、大量副本、按顺序编号的文档以及在总账中组织会计事务的会计表格。

- 资产的物理控制。保险箱和锁箱，当要从中获取现金时至少要求三个人在场以确保资产的安全及合理使用。另外，在分支机构间或从分支机构到客户运输资产尤其是现金，至少需要两个员工来以使欺诈和偷窃的风险最小化。

- 会计控制。每日公告和每月对账，包括完整及时的银行对账从而使管理层和董事会掌握财务状况。按顺序编号的项目如现金收入凭证和支票从而减少员工欺诈或曝光。所有交易应保留审计跟踪记录以确保透明度。投资组合账户（贷款、储蓄和其他明细账户）应定期对账确保能迅速发现账户异常。

- 信息技术（IT）一般控制。一般理解为 IT 管理控制的"标准"。这些控制是为了确保应用的恰当开发和实施，以及项目、数据文件和一般计算机操作的完整性。最常见的 IT 一般控制是对基础设施、应用程序和数据的逻辑访问控制，系统开发生命周期控制，程序变更管理控制，对数据中心的物理安全控制（包括气候控制、电子供应和控制），系统和数据的备份和恢复控制。计算机操作控制，不同水平上访问使用的密码安全控制，程序和系统的维护，如杀毒、注册证书更新、防火墙以及版本配置兼容性（见专栏 15.6）。

专栏 15.6 IT 灾难恢复和商业连续性管理

一个组织越依赖于信息技术，该组织对 IT 灾难恢复和商业连续性管理计划的开发、测试和理解就越重要。甚至，无论组织规模的大小和其对信息技术的依赖程度，所有的组织都需要有这样一套计划。

一个十分基础和简单的途径如下所述：

- 常规的备份文件系统，无论是一天两次、一天一次或者每周一次（不推荐）进行备份。
- 一个轮转的备份系统，其中保存着近几天的数据。
- 对于备份数据的外置存储。
- 对于备份恢复的不定期测试和一个有效的恢复周期（理想情况下在一天到两天内）。
- 有备选或者远程工作地点及设备的计划。

资料来源：Ruth Dueck – Mbeba。

监督

内部控制是一个持续的流程，董事会或管理委员会和高级管理层监督（a）活动的效率和效果；（b）财务和管理信息的可靠性、完整性和及时性；（c）符合适用的法律和法规。内部控制结构促进信息的不断流动，这些信息对监督和降低所有商业风险至关重要，且依据提供商类型、规模以及监管要求（如果适用）而不同。正式的金融机构如商业银行往往根据央行的准则构建内部控制功能，且其内部控制结构必须经过监管机构审批。不受监管的和非正式的提供商有自我治理的内部控制和监督职能。

一部分管理职能包括每日的监督。通过职责分离、独立检查和验证，金融服务提供商对其日常运营进行持续的监督。预算和比较报告也是监督运营的常规方法。也许内部控制流程中最强大最有效的监督是依靠内部审计职能（下面会讨论）。

信息与沟通

内部控制系统中信息与沟通的部分并不是独立的。它与刚刚讨论的其他四个要素交互，是其中每个要素的一部分。员工和管理层必须完全知道且重视提供商的政策和程序。员工不了解的政策不能被实施。商业战略和目的也必须通过各种渠道在提供商内部沟通。如果缺乏信息和沟通，提供商就不能进行风险排序，发现欺诈行为，遵守法律法规，监督与预算相关的绩效，或者作出关于绩效和运营的数据驱动的明智决策。

员工、管理层和内部审计人员之间的沟通渠道也必须是确保内部控制有效实行的连续、高效的方法。内部审计、活动监督、外部评估的报告和结构应及时共享，从而尽早处理风险和关心的问题。监察人和个人或工作团队之间的定期会议，管理团队的会议以及"门户开放政策"有助于增强开放的文化和真诚的沟通。

内部控制的局限性

管理层制定和使用内部控制来帮助他们实现目的。然而，内部控制职能只能在有用的情况下实行。在设计中必须考虑对内部控制的以下限制：

- 成本和效益。实施控制的成本必须相对于损失的风险概率和损失的大小进行评估。大多数的效益难以确定因为机构始终都在计算损失概率。
- 异常情况。控制通常是针对正常的日常交易的，因为成本效益问题，异常和不寻常的交易通常不会被覆盖的。
- 人为错误。一定程度上这个因素总是会存在，人类是容易出错且影响判断。
- 员工流动。在一个领域工作过一段时间的员工通常比新员工更有效率，员工的快速流动或数量扩张可能会减小控制的有效性。
- 工作量。考虑到注意力和精力的优先因素，当工作量很大时，对政策和程序的合规性就会变弱。
- 共谋。如果一个控制是依靠职责分离的，那么当两个或更多的责任方决定欺骗机构时，内部控制很容易规避。
- 员工的不负责任。控制的负责人也有可能忽视或滥用职权，这种局限通常出现在员工对自己的工作不满意或产生厌倦时。

内部审计

国际内部审计师协会将内部审计定义为"一种独立、客观的确认和咨询活动，旨在增加价值和改善组织的运营。它通过应用系统的、规范的方法，评价并改善风险管理、控制及治理过程的效果，帮助组织实现其目标"。

内部审计独立于其他业务流程，向董事会（一般是审计委员会）报告，重点是检测性控制，检测政策、程序和控制的合规性，财务报告的可靠性，风险管理策略的有效性以及未知风险的存在性。理想情况下，董事会将任命一个审计委员会，作为董事会的下属委员会，监督内部和外部审计功能。审计委员会较合适的人员组成是一个合格的会计师或审计师和一个财务主管（如果董事会有这个职位），或许还有另一个人精通会计、审计问题。审计委员会向董事会报告。对审计委员会的直接汇报关系保证了内部审计师的独立性和客观性，尽管他或她在协调工作和沟通时与高级管理人员仍保持一种简洁的汇报关系。

大型、正式的金融中介机构通常有一个审计部门，由资深的、经验丰富的专业人士组成（见专栏 15.7）。小型、非正式的提供者可能没有专门的审计职能，在这种情况下，任务可以外包给外部顾问或不负责外部审计的审计公司。在更大、更正式的机构，审计功能以一个由董事会或审计委员会审查和批准的年度审计计划为基础。一个典型的审计计划涵盖总部所有部门的审计，包括 IT 系统和人力资源部门，也涵盖分支机构的定期审计（通常从一个季度一次到一年一次）。其范围也可能扩张到风险和治理职能。概述了政策和程序的审计手册指导审计功能。虽然大多数部门审计可以由内部审计来执行，但更先进的系统中需要审计专业技能，所以有时候会聘请外部专家。无论提供商的规模大小，分支机构审计往往是审计职能的核心任务。分支机构审计的关键领域包括现金、贷款、条款、冲销、储蓄、运输、IT 系统、固定资产、财务和操作报告。审计专员也经常随机访问客户验证信用档案。审计结果和分析记录在审计报告中，包括管理层对提交给董事会或审计委员会的建议的回应。

专栏 15.7　由内部审计部门进行的审计

内部审计部门或者类似的职能部门进行以下类型的审计：
- 财务审计评估会计系统、数据和财务报告的可靠性。
- 合规审计评估已建立系统的质量和适用性，以确保符合相关法律、监管、政策和程序的规定。
- 运营审计评估运营系统和流程的质量和适用性，批判性地分析组织结构，并且评价运营方法和资源是否充足。

- 管理审计评估管理者在组织目标的框架内针对风险和控制所采用的方法的质量。
- 复核（Reviews）评估保障资产（safeguarding assets）的举措，以及适用验证资产的真实存在。
- 对内部控制系统的评估将估计对欺诈的威慑和侦查以及对欺诈指标的警报。
- 对计算机系统的定期审计和装配后评估决定了主要的数据处理流程系统是否符合他们预期的目标和是否有实现这些目标的能力。
- 特殊审核将在 CEO 或者董事会的要求下被执行（例如，欺诈调查、效率审核、新增分支机构的关联风险、新产品或者渠道）。

资料来源：http：//www. seepnetwork. org/filebin/pdf/resources/Board _ Audit _ Guide _ 2010 _ final. pdf。

虽然主要是与机构供应商相关，但内部审计在非正式部门确实存在。例如，储蓄团体采用一个被称为"行动审计"（action audit）的常规的审计功能。行动审计要求团体定期向成员分发其所有储蓄和收入，包括利息和费用。审计通常被安排在一年当中重要的时间，当成员要求更高的收入时，如农业种植季节开始时或学校开学时。行动审计（或分配 share – out）结束时，组织通常重建并再次开始储蓄和贷款流程，但是，该流程将从零开始。

现在越来越多的金融服务提供商将检查社会绩效的指标集成到他们的内部审计功能中，以确保符合社会使命。

外部审计

外部审计由专业会计师对供应商的财务记录、交易和操作进行的正式而独立的审查。外部审计的目标是提供关于提供商的处境和结果的财务报表的公平性和可靠性的看法。外部审计也建立财务报表和其他管理报告的可信度。通过对机构运营和绩效的客观审查和分析，外部审计确保供应商对内部（对员工和董事会）和外部（捐助者、投资者或监管机构）报告的信息可靠。外部审计在每个财政年度之后进行。

对于许多金融服务提供商，财务报表审计是最常见的一种外部审计。它包括评估供应商的资产负债表（或财务状况报表）、收益（损益）声明、现金流量表（财务状况或现金流变动表）和权益变动表。金融服务提供者接受外部审计通常是因为管理者、捐助者、投资者（如适用）及董事会想要确保这些报表公平地反映运营状况。正常情况下，监管机构需要审计财务报表；有执照的金融中介机构也可能被要求发布经审计的财务报表。大部分国家要求具有非政府组织身份许可的供应商提供经审计的财务报表。

外部财务审计评估财务记录中的信息是否与会计准则（普遍被认可的有国际会计准则和国际财务报告准则）相一致。测试金融服务提供商的会计准则是为了确保财务报表没有重大错报——索赔或虚假陈述财务信息足以影响决策。审计由根据国际会计准则制定的审计准则约束。根据审计结果，外部审计师针对财务报表提供审计报告。审计报告可以是无保留意见的审计报告、有保留的审计报告或者反面意见的审计报告。

外部审计是环境控制和风险管理的一个重要组成部分。外部审计师评估和观察内部控制，通过管理建议书提出降低风险的程序和政策。然而，外部审计的作用不是识别欺诈或风险，这完全是管理层的责任。

外部审计的工作，从职权范围的发展、建议要求、审计师选择、工作范围的协议及合同条款、工作的监督到审计师管理建议书的接收，都是董事会或其指定成员如审计委员会的责任。必要时，金融服务提供商会利用一系列其他审计服务，包括特殊目的审计、经营审计、执行商定程序、审查和编辑。风险、控制、审计、IT 和治理管理原则、变更管理、人力资源和组织发展领域的从业者和支持人员需要保持相关性并加强能力以应对将为低收入者提供金融服务的变化和挑战。

注释

[1] 本节由 Ledgerwood 和 White（2006）提供，http：//microfinance. cgap. org/2010/10/14/getting – back – to – governance/。

[2] 本节由 Churchill, Hirschland, and Painter（2002）提供。

[3] 本节由 Wright（2010）以及 Frankiewicz 和 Churchill（2011）提供。

[4] 第五章概述了以理解消费者需求和行为以及整个金融部门为目的的研究方法。这里"市场研究"用于描述由金融服务提供商主导的，以改进现有产品、理解用户需求、分析贷款违约成因、发展客户监管策略或分析外延服务为目的的研究。

[5] 本节由 Grace 和 Helms（2004）提供。

[6] 使用这种方法，价格不必由模拟市场竞争来确定。相反，价格是在对主要竞争对

手的定价结构和收费进行详细调查之后设定的（Frankiewicz，Wright 和 Cracknell 2004）。

〔7〕本节由 Frankiewicz 和 Churchill（2011）提供。

〔8〕本节由 Dueck – Mbeba 提供。

〔9〕http：//www. cpa2biz. com/AST/Main/CPA2BIZ ＿ Primary/InternalControls/COSO/PRDOVR ~ PC – 990009/PC – 990009. jsp.

〔10〕了解这类相关工具，用于记录工作流程，识别风险，并在保证效率的同时提出关于风险管理的建议，请参见 www. MicroSave. org。

〔11〕改编自 Bellino 等（2007，2）。

〔12〕该定义由巴塞尔银行监管委员会所设定，委员会由 G – 10 中央银行行长所设立，用于评估金融机构内部控制系统。

〔13〕本定义来自 https：//na. theiia. org/standards – guidance/mandatory – guidance/Pages/Defnition – of – Internal – Auditing. aspx。

〔14〕http：//spmresourcecentre. net/iprc/assets/File/internal ＿ control ＿ guidance ＿ note. pdf；Ekka（2012）.

〔15〕关于小微金融行业外部审计的更多内容，见 CGAP（1998）。

参考文献及进一步阅读

*Key works for further reading.

*BCBS (Basel Committee on Banking Supervision). 1998. "Framework for Internal Control Systems in Banking Organisations." BCBS, Basel. http://www.bis.org/publ/bcbs40.pdf.

*Bellino, Christine, Jefferson Wells, Steve Hunt, and Crowe Horwath. 2007. "Auditing. Application Controls." Global Technology Audit Guide. IIA, Altamonte Springs, FL.

*Brand, Monica. 2006. "Marketing and Competitive Positioning." In *Transforming Microfinance Institutions: Providing Full Financial Services to the Poor*, ed. Joanna Ledgerwood and Victoria White, 95–129. Washington, DC: World Bank.

Brand, Monica, et al. 2009. *Product Development for Microfinance Institutions*. Course manual. Washington, DC: CGAP.

*Burge, Jennifer F. 2008. "Embedding Enterprise Risk Management into the Internal Audit Process." IIA, Altamonte Springs, FL.

*Campion, Anita. 2000. "Improving Internal Control: A Practical Guide for Microfinance Institutions." MicroFinance Network and GTZ, Washington, DC, and Frankfurt.

*CGAP (Consultative Group to Assist the Poor). 1998. *External Audits of Microfinance Institutions: A Handbook*. Technical Tool Series 3. Washington: CGAP.

Churchill, Craig, Madeline Hirschland, and Judith Painter. 2002. *New Directions in Poverty Finance: Village Banking Revisited*. Washington, DC: SEEP Network.

Cohen. n.d. "Listening to Clients: How to Better Serve Your Customers." MicroSave and Microfinance Opportunities, Washington, DC. http://microfinanceopportunities.org/docs/Listening_to_Clients_How_to_Better_Serve_Your_Customers.pdf.

COSO (Committee of Sponsoring Organizations of the Treadway Commission). 1992. "The Internal Control: Integrated Framework." COSO, Chicago.

——. 2004. "FAQs for COSO's Enterprise Risk Management: Integrated Framework." COSO, Chicago. http://www.coso.org/erm-faqs.htm.

*Council of Microfinance Equity Funds. 2005. "The Practice of Corporate Governance in Shareholder-Owned MFIs." Consensus statement, Council of Microfinance Equity Funds, Boston.

Ekka, Rashmi. 2012. "Internal Control and Audit: Integrating SPM into Microfinance Capacity Building." Guidance Note, Imp-Act Consortium, Washington, DC.

Ekka, Rashmi, and EDA Rural Systems. 2011. "Risk Management: Integrating SPM into Microfinance Capacity Building." Guidance Note, Imp-Act Consortium, Washington, DC. http://spmresourcecentre.net/iprc/assets/File/internal_control_guidance_note.pdf.

*Frankiewicz, Cheryl, and Craig Churchill. 2006. *Making Microfinance Work: Managing for Improved Performance*. Geneva: ILO.

*——. 2011. *Making Microfinance Work: Managing Product Diversification*. Geneva: ILO.

*Frankiewicz, Cheryl, Graham Wright, and David Cracknell. 2004. *Product Marketing Toolkit*. Nairobi: MicroSave. http://www.microsave.org/toolkit/product-marketing-toolkit.

Grace, Lorna, and Brigit Helms. 2004. "Microfinance Product Costing Tool." Technical Tools Series 6, CGAP, Washington, DC.

Grameen Bank. 2012. "Grameen Bank: Introduction." Grameen Bank, Dhaka. http://www.grameen-info.org/index.php?option=com_content&task=view&id=26&Itemid=0.

IIA (Institute of Internal Auditors). Various years. "Tone at the Top," no. 18 (June 2003); Ho. 28 (November 2005); no. 30 (March 2006). IIA, Altamonte Springs, FL.

——. 2008. "GAIT for Business and IT Risk." IIA, Altamonte Springs, FL.

——. 2009a. "Adding Value to the Organization: Questions and Answer Recommendations." IIA, Altamonte Springs, FL.

——. 2009b. "Audit Committees and Boards of Directors." IIA, Altamonte Springs, FL.

——. 2009c. "Fraud Prevention and Detection in

an Automated World." Global Technology Audit Guide, IIA, Altamonte Springs, FL.

——. 2010. "International Standards for the Professional Practice of Internal Auditing." IIA, Altamonte Springs, FL.

*Ledgerwood, Joanna, and Victoria White. 2006. *Transforming Microfinance Institutions: Providing Full Financial Services to the Poor*. Washington, DC: World Bank.

*Pityn, Kim, and Jennifer Helmuth. 2007. "Human Resource Management: Toolkit." MicroSave.

*Rutherford, Stuart. 2004. "What Is Grameen II? Is It Up and Running in the Field Yet?"

Grameen II Briefing Note 1, MicroSave. http://www.microsave.org/briefing_notes/grameen-ii-1-what-is-grameen-ii-is-it-up-and-running-in-the-field-yet.

*SEEP (Small Enterprise Education and Promotion) Network, and Jeane Wehlau. 2010. "Microfinance Internal Audit Toolkit and Resources." Financial Services Working Group, SEEP Network, Washington, DC.

*Wright, Graham A. N. 2010. "Designing Savings and Loan Products." Report, MicroSave, Nairobi. http://www.microsave.org/research_paper/designing-savings-and-loan-products-0.

第五部分　支持普惠金融

第十六章 融　　资

Julie Earne，Lisa Sherk

这一章节考察融资的作用、不同类型的资助者以及核心市场体系内供应商可用的融资工具。这章对小微金融的提供者和投资者会更加有用。第四章则更详细地解释了融资在市场体系中扮演的支持功能的角色。

资助者们在他们的角色与目的上有着很大的区别，这部分反映了他们资金的来源和他们使用的工具。在小微金融的早期，资金通常来源于慈善或者是关注发展的捐赠者，比如基金会、双边和多边代理机构以及开发性金融机构。随着产业发展与成长，基金的类型已经显著的扩大，包括私营机构投资者、商业银行（包括本地的和国际性的）、私募股权基金以及个体户。

小微金融产业的商业化和专业化吸引了越来越多不同的投资者，并使得各类提供商在各地向客户提供各式各样的产品。小微金融投资中介的扩张说明了金融服务提供者（FSP）可以是优秀而有利的投资，却仍满足双底线规程。最近，"影响力投资"的出现让资助者积极寻求投资，明确包括社会发展目标。

除了不同类型的资助者，融资工具也多种多样，包括补助金、各种债务、担保以及股权。历史上，会员存款和费用已经资助过大大小小的以存款为基础的合作社的运营。大部分非政府组织小微金融机构（NGO MFIs）的运作依靠补贴和贷款基金资本，直到实现财政可持续性，此时才从很多国际性和/或本地的放贷人那里贷款来扩充其业务。存款和其他形式的债务、股权和留存收益是更多正式受监管提供商资金的主要来源。金融服务提供商的公开上市和来自以利润为导向的行业投资者的敏锐投资已经扩大了资金的来源，使其包括资本市场。

考虑到小微金融融资越来越复杂以及很多新成员与新条款的进入，专栏16.1罗列了融资条款的术语。

专栏 16.1 融资术语

债券：债券就是可交易的债务证券，根据债券的条款约定，"发行人"（借方）欠"持有者"（贷方）一项欠款，并且有义务定期给付整个期间债券的利息（优惠券），并到期偿还本金。债券就是一种归还所借资金的正式合约，它与贷款不同点主要在它很容易交易或者说在一个借款人到另一个借款人之间转移，而贷款是两个特殊当事人的合约：借款人与贷款人。

资本：大体来说，资本代表一个公司所有累计的资产——包括现金，应收账款和固定资产。然而，有时候资本这个术语等同于股权，表示业务财富的累计，主要由它的资产而不是负债表示（如一级资本或二级资本）。重要的是要知道这个术语的哪种含义被用在文中哪个地方。

资本市场：资本市场就是一个有价证券市场（债务或股权），在这里企业与政府可以筹集长期资金。它被定义为一个可以提供一年以上期限资金的市场。资本市场包括股票市场（股本证券）和债券市场（债务）。

可转换债券：可转换债券是债券中的一种，持有者可以在发行公司转换成普通股股票或者双方共同协商的同等价值现金。它是具有债务与股权类特征的混合债券。虽然它通常有一个低于类似不可兑换利率的票面利率。通过选择将债券转换成股票，这种工具带来了附加值，因此可以进一步参与分享这个公司的股权利益。

相关性：相关性就是两个或两个以上可测量的项目同时表现出一种趋势的程度。在金融市场上它通常被用来描述两个或两个以上不同的投资收益会同向还是反向变动。两种投资之间的相关性通常同向变动，如果相关系数为 -1 意味着它们反向变化。

契约：契约是债务（贷款或债券）协定中的契约性协议，它是对债务人的某些行为的要求或禁止。肯定性条款是要求某些行为而否定性的条款是禁止某些行为。在小微金融贷款协议中，经常有相关的条款，比如债券的整个生命期内，投资者的投资组合质量水平、盈利能力或者资本充足率必须要由借款人来维护。契约中确切的条款一定要写在贷款协议/债券契约中。如果契约中的条款未被达成，那么债权人可能会宣布借款人/发行人违约并要求返还贷款/债券。

货币互换：货币互换就是两个当事人在预先确定的时间内互相交换两种

不同的货币流的一种约定，它的目的是用另一种货币回避波动的风险。

分散投资：在金融界，分散投资就是通过在多种资产进行投资以减少风险。如果资产价值在同一时间没有上下波动，一个多元化的投资组合将会比构成它的资产的最低风险更低，通常也会比它构成的资产的最低风险更低。因此，任何一个风险规避者至少会在一定程度上多元化投资，风险厌恶型的投资者会比风险喜好型的投资者分散投资的更彻底。

股东权益：股东权益等同于支付了（或者假定为应该被付）所有未尝贷款的负债之后剩下的公司资产。在盈利性的公司里它也表示为公司的所有权：股东权益（或者是股东权益、股东的资金、股东的资本或者是同类项目）表示一个公司资产的剩余利益，派发给个人股民或优先股。股民是投资者中地位最低的群体，只能在清偿完负债之后可以获利。

最先承受亏损额度：最先承受亏损额度是一项在投资组合中接受资本初步亏损的高风险投资，可以描述为总投资组合的一个百分比。例如，如果有贷款违约的话，或者超出 500 万元以上的其他损失（比如，因为货币贬值了）有最先承受亏损额度的投资者会损失相当于 1 亿美元的投资组合的 5% 的所有资产。

对冲：对冲就是一种抵销某种相关投资带来的潜在损失的投资头寸。例如，如果一位欧洲投资者用墨西哥的比索贷款给墨西哥食品券方案，它可能会对冲欧元对墨西哥比索的走势，目的是避免汇率损失，如果比索对欧元贬值的话。

机构投资者：机构投资者作为一个投资者，比如银行，担保公司或退休基金，它们金融经验丰富，会做大型的投资，通常是一个非常大的投资组合。

资产流动性：某项资产或者证券在不影响其价值的情况下可以在市场上买卖的容易程度。资产流动性的特点就是交易活动水平很高。一项资产如果可以轻易地买卖，那么它就被称为流动性资产。

夹层：夹层是指对次级债券的投资，只优先于对普通股的投资。

私募：私募是指直接将证券卖给那些少数达到某些合格标准的投资者。

散户：散户是个人投资者，即那些为自己的账户而不是其他公司或组织买卖资产的广大民众。

二级市场：二级市场是指让现有的金融资产进行买卖的市场。二级市场可以是一种正式的交易所，比如股票交易所，也可以是非正式交易所（通常叫场外交易），即买家和卖家直接对协议中的条款进行协商。如果存在一个活跃的二级市场，那么投资者可以方便地买卖他们的资产。

资产证券化：资产证券化是一种将不同类型的债务投资与将债券卖给投资者相结合的金融实践，投资者会从这些债务投资中获得收益。

优先级债务：优先级债务是优先于其他借款人所欠债务的债务。优先级债务在借款人的资本结构方面比次级债务有更大的优先级。当借款人破产时，理论上优先级债务必须要在其他债权人获得赔偿之前获得偿款。

结构化产品：结构化产品是投资的业务方式，它结合了各种风险等级的资产组合，通常不同类型的投资者有不同的风险/回报偏好。

次级债务：如果一个公司破产了，次级债务是排在其他偿还债务之后的债务。这种债务之所以是次要的，是因为债务提供者（贷款人）与正常的优先级债务相比地位更低。由于次级债务是在其他债务之后偿付的，它们对于贷方来说风险更大。

融资的角色

融资是所有金融服务提供者所必需的，目的是为扩大宣传提供资金支持，开发新的产品和渠道，或者是进军一个新的领域和市场细分。对小微信贷的直接融资主要是支持投资组合的增长，虽然它会因被资助的提供商的发展阶段而变化。一个不成熟的或者发展初期的机构，为了启动成本、基础设施和能力的建设，其融资——典型的是股权和补助金——应该占更高的比例。相对地，一个更加成熟的机构，已经能够创造足够的收入来覆盖其成本，应该采用投资组合融资的方式。

某一资助者会支持的提供商类型尤其取决于他们的回报预期、使命和社会面对财务回报的重要性。来自于拥有长远投资视野的双底线投资者的耐心资本给投资对象提供了他们从初创阶段转型到开始盈利阶段的时间。其他投资者可能有流动性和/或者回报的要求，他们可能对于资助更成熟、发达的机构更加感兴趣。

不同类型的融资支持不同的目标。债务融资通常延伸到投资组合发展或到期债务再融资。股权经常作为基金来支持监管要求，以及保证其他类型的融资，应为它作为财政缓冲使贷款人更安心地提供借贷。越来越多的不同类型和结构的融资的设计考虑到了现实中小微贷款客户的需求。结构融资的创新在于允许让不同风险和回报偏好的投资者参与到融资工具中来，其中一些投资者会有"首先承担"风险的责任，而其他人则更加安全一些。这有助于增加可得融资的期限和总量，反过来这样可以促进不同的产品，比如长期的租赁或房贷。本国货币债务允许提供者吸纳本国货币用来服务于它的客户。

需要回报的投资通常引入更严格的约束和问责制。这里，关于补贴和可持续性收入的争论以一种具体的形式进入白热化状态。虽然补贴与投资最终可以支持那些对私营部门没有吸引力的前沿项目和组织，这种补贴应该也会带来超越个体公司之外的公共利益，比如新兴机构或者进入市场的产品促进了客户接触服务的更多机会。

投资者的类型

各种各样的资助者支持金融服务提供商。当在讨论资助者的类型时，需要注意的只要区别包括资助者与中介机构、公众投资者与私人投资者、跨国资助者与本地资助者之间的不同。

资助者将资金直接分配或提供给金融服务提供商，中介机构从各种渠道接受资金然后将它们投资到各个供应商。这两个群体之间的差别并不是完全明确的：例如银行，中转（转贷）它们所收到的存款，因此银行经常被认为是"中介机构"。然而，对于本章的目的来说，银行被包含在"资助者"之内，因为是银行董事会或管理层作出将资金分配到小微金融中的决定（全部或者部分）。

中介包括小微金融投资工具、小微金融控股公司、当地的顶尖组织以及P2P聚合体。中介机构本身由公共投资者与私人投资者提供资金。

公众投资者包括（1）双边机构，（2）多边机构，（3）金融开发机构（DFIs），以及（4）当地政府机构。私人投资者包括：（1）基金会，（2）非政府组织，（3）私营机构投资者，以及（4）私营个体投资者，包括零售（一般公众）和高净值个人（见表16.1）。

跨境资金提供者是指在其他国家分配或投资资金的外国资助者，而当地的资助者在他们本国内分配或投资资金。在当地市场上资金的主要来源是存款、本地银行和资本市场。跨境融资不断增加，截至 2010 年 12 月，达到了承诺的 240 亿美元，约 70% 由公众出资，30% 来自私人投资者（CGAP，2011）。

20 个最大的小微金融资助者在 2010 年提供了约 150 亿美元的资金，其中包括 10 个金融开发机构、5 个多边机构、3 个双边机构、1 机构投资者和 1 个基金会。前五名的资助者包括德国复兴信贷银行，占整体投入资金的 18%，其次是世界银行为 11%，亚洲开发银行为 11%，国际金融公司为 9%，而欧洲复兴开发银行为 7%（CGAP，2011）。

尽管资助者对小微金融资助的多少是其在该领域作用的一个指标，但一个资助者的有效性取决于其工作人员的能力、在当地的知名度，以及它与其合作伙伴的关系，包括政府、联合融资方（cofinanciers）和客户。许多最大的跨境资金提供者在许多国家存在并日益形成分散的经营模式。

尽管如此，在许多市场，特别是撒哈拉以南非洲地区，存款是大部分供应商资金的最大来源（CGAP，2012）。图 16.1 提供了不同类型的资助者提供资金的比例，以及是直接融资还是通过中介机构。需要注意的是，从当地资源，即通过存款、本地银行和资本市场的融资不包括在这个图形内。

从公益到纯利润及之间的多种组合，不同类型的投资者的动机和预期回报有很大的差异。虽然小微金融融资中私人投资者比公共资金提供者所占的百分比更低，但私人资金总量增长得更快。这种增长主要是由大型基金会和机构投资者驱动，这两种群体往往具有不同的动机。然而，基金会经常提供资金，主要是补贴，以实现发展目标，个人和机构投资者出于社会和经济的原因投资，通常希望得到财务回报。

资助者的动机越来越集中于规模、商业化和基础广泛的金融普惠性。正如在第四章中讨论，公众投资者往往把重点放在促进市场发展，为想"涌入"的私人投资者提供例子或吸引私人投资者进入投资不足的市场。私人投资者更分散，而各基金会更注重市场的发展，投资者关注双重底线，财务回报与提高金融准入及影响的目标相平衡。

有些资助者指定资金的用处。这通常在资金拨付时就详细清楚地说明了。对于债务融资，所得款项的用途往往没有规定，虽然在某些情况下，贷款人要求资金只能用于特定产品（例如，农业贷款或小于一定规模的贷款）或目标市场（例如，妇女或农村地区的客户）。

表 16.1　　　　　　　　　　　公共与私人资助者

公共资助者	双边机构	多边机构	发展金融机构
案例	加拿大国际开发署（CIDA），德国技术合作公司（GTZ）瑞典国际开发合作署（SIDA），瑞士开发公司（SDC），英国国际发展部（DFID），美国国际开发署（USAID）	非洲开发银行（非行），亚洲开发银行（ADB），欧洲委员会（EC），国际复兴开发银行以及发展基金（世界银行的国际复兴开发银行），国际农业发展基金（IFAD），联合国资本发展基金（资发基金）	西班牙国际发展署（AECID），比利时投资公司为发展中国家（BIO），公司安第斯开发（CAF），荷兰发展署（FMO），欧洲复兴开发银行（EBRD），欧洲投资银行（EIB），美洲投资公司（IIC），国际金融公司（IFC），德国复兴信贷银行KfW（德国复兴信贷银行），多边投资基金（MIF美洲开发银行）
所用工具	补助金，担保	补助金，担保，债券，股票	债券，股票，担保，补助金
私人资助者	基金会	NGOs	机构投资者	个人
案例	比尔及梅林达·盖茨基金会，福特基金会，格莱珉基金会，格莱珉贾米尔，万事达卡基金会，迈克尔和苏珊，戴尔基金会	安信永，ACP，FINCA，国际机遇，SEPAR	养老基金，保险公司，私人股权投资公司，商业银行	高净值个人投资者，个人投资者，个人捐助者
所用工具	补助金，债券，股票	拨款，债券，股票	债券，股票	债券，股票，捐款，存款

注：DFI = 发展金融机构；NGO = 非政府组织。

公众投资者

对于双边机构而言，如美国国际开发署和瑞典国际开发署，它们的资金来源于国家预算，对于多边机构而言，包括世界银行和联合国，它们的资金来源于国家捐款资助。开发性金融机构（如德国发展银行，德国复兴信贷银行，荷兰FMO，国际金融公司（IFC），世界银行集团的私营部门机构）是由创始国家股东出资和留存收益相结合得到资助的，它们也经常在资本市场上发行债券。最终，这些机构须向广大公众负责并寻求双底线的回报。因此，公众投资者主动运用各种不同的工具，包括补助金，担保，债务和股权。公众投资者一般会在私营成分不能或不愿参与时提供支持，来帮助创造条件使私营成分最终参与进来。

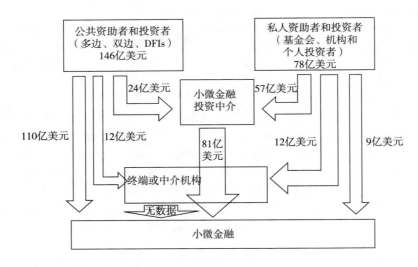

资料来源：El – Zoghbi 等，2011。

图 16.1　小微金融资金的来源

双边机构和多边机构

　　双边发展机构是直接与发展中国家的政府和其他组织共事的国家特定的政府机构。双边战略往往与捐助国的外交政策举措有关。来自于双边机构的资金通常直接用于市场的发展，通过支持个人金融服务供应商或资助配套服务市场的发展。如果不是直接提供给政府，双边资金就给当地或国际性的非政府组织以支持其能力的发展。因其良好的信誉，双边机构也完全可以为提供商发行由私人成分参与者购买的债券提供担保。

　　多边和联合国机构为发展中国家提供资金支持（补助金，担保和债务）和对经济和社会发展活动的专业意见。多边开发银行（MDB）这个术语通常是指国际复兴开发银行（IBRD，通常被称为世界银行，世界银行集团的公共部门机构）和其他区域性开发银行，如非洲和亚洲开发银行。这些银行的特点是具有广泛的所有权，包括发展中国家和发达国家的政府。大多数多边融资机构旨在与目标国政府互动，大多数资金是给政府提供贷款。政府则利用这笔资金转贷给各种类型的供应商，并支持提供商（provider）的能力建设，或支持市场的基础设施和政策发展（El – Zoghbi 等，2011）。鉴于多边开发银行与政府的广泛关系，他们完全有能力影响政策制定者。2011 年小微金融多边投资者的前五名是世界银行、亚洲开发银行（ADB）、国际农业发展基金（IFAD）、欧洲委员会（EC）和非洲开发银行（非行）（CGAP，2011）。

开发性金融机构

　　开发性金融机构（DFIs）不同于多边开发银行，因为它们大多是私营成分。开发性金融机构的资金直接投资于金融服务供应商，越来越多地投资于中介机构，如投资基金或控股公司（下文讨论）。一些初级开发金融机构投资于小额信贷，包括德国复兴信贷银行、欧洲复兴开发银行（EBRD）、国际金融公司（IFC，世界银行集团的私营部门机构）和FMO（荷兰国家开发银行）。

　　作为准政府，DFIs是双重底线的投资者，有盈利和发展的双重目标。开发性金融机构一般会将资源分配给最初并不吸引私营部门的项目和企业。许多开发性金融机构试图通过投资于前沿的项目而挤进私营部门，这表明这些供应商都是可投资的，而一旦退出在特定市场上会建立更多的信心。然而，在存在着一个充满活力或新兴的私营部门的经济体中，开发性金融机构（DFIs）一定要谨慎，不要通过提供较宽松的条件或给发展良好的机构提供不必要的补贴来排挤私营部门。特别地，国家和融资工具的选择以及开发性金融机构从投资中退出的时机是确保金融市场有效发展的关键。

私人投资者

　　在金融服务市场，大部分私人投资者是由社会和利润动机驱动。影响力投资、双底线投资、三重底线投资或可持续性投资被定义为产生社会或环境商品以及财务回报的业务投资或基金。有多种驱动因素，包括认识到政府和独立的慈善机构没有足够的资金来解决全球性的社会和环境问题，私营公司需要考虑的企业社会责任（CSR），以及在风险一定情况下的利益可以提供更大的社会和经济回报（雷耶等，2011）。这些回报期望正相互交织在一起，体现在定义成功所使用的投资工具和标准。

基金会

　　基金会资本（一般）来源于私人，通常来源于非常成功的跨国公司，如微软（比尔及梅林达·盖茨基金会）或福特汽车公司（福特基金会）。基金会通过支持全球慈善活动为发展作出贡献，认识到私人资金明显有助于解决全球贫困问题。

基金会给小微金融资金可以采取多种多样的形式，虽然它的主要的形式是，例如，资助培训，能力建设，或是产品开发，或是为新机构设立种子资金。基金会也经常充当"催化剂"式的投资者，同意在投资组合中承担首次亏损来为其他更厌恶风险的投资者创造一个缓冲（也就是某些投资可以设立这样一种方式，如果有一个默认的投资组合，基金会会承担这方面的损失，那么其他投资者就受到了保护）。有些基金会还投资于小微金融投资工具（见下文）。

NGOs

许多地方和国际的非政府组织参与小微金融的融资。他们从公共部门和私营部门多个来源获得资金，也通过有针对性的筹款活动从公众那里直接筹集资金。很多也积极参与金融普惠以外的领域，如健康，妇女权利，儿童问题，或人道主义救援。一般非政府组织提供资助协助产品开发，提供非金融服务，或运营种子资本以服务一些特定的缺乏服务的群体，这些群体被列为他们的一般使命/目标客户。那些帮助创立当地小微金融机构（通常是在转型后仍作为股东）的非政府组织，包括诸如实体的 ACP（Acción Comunitaria del Perú，Mibanco 的创始人）；FIENGO，玻利维亚外商投资企业银行的创始人；Separ，秘鲁 Confianza 的创始人；Urwego，卢旺达大华银行的创始人；以及 Acleda，柬埔寨 Acleda 的创始人。

机构投资者

养老基金和保险公司越来越多地投资于金融服务市场，既追求社会价值及多样化，又追求联合其他投资所得到的多样化回报。在过去的几年中，"影响力投资"作为一种整体投资主题出现在社会责任投资（SRI）领域内，包括制定一些可以产生积极的社会影响的投资策略。这与其他类型的社会责任投资不同，它们对公司或产品的投资可能会产生负面影响，如环境污染的或生产烟和枪支的。截至 2011 年，金融服务是受到影响力投资中最大分配的领域（Saltuk 等，2011）。

大部分来自于养老基金和保险公司的小微金融投资是通过中介得到的。尽管机构投资者可能有社会和经济动机，它们确实需要得到财务回报。其结果是，它们大部分资金给了成熟的、盈利的供应商。机构投资者也普遍在报告标准上有不同的要求，这些标准影响了供应商和中介机构收集并提供有关其业务、财务和社会效果的信息的方式。机构投资者进入金融普惠领域已经成为行业的一个重要发展，导致小微金融在投资替代选择中日益成为主流，有着更标准化的报告机制，由主流评级机构评级，以及其他更多的正规部门的特性。专栏 16.2 提供了机构投资者市场中小微金融规模的概述和值得注意的交易实例。

专栏16.2　小微金融中的机构投资者

在小额信贷市场的机构投资者是比较新的。机构投资者是小微金融市场中增长最快的投资集团，已经将对小额信贷的显著投资从 2006 年 12 亿美元增加到 2010 年的 35 亿美元（CGAP，2011）。2011 年 12 月由摩根大通和全球影响投资网络进行的一项的"影响力投资"（小微金融约占当前影响力投资的40%）调查报告整体显示，在未来 10 年内，那些接受调查的机构投资者期望拨出总投资约 5% 的部分来进行影响力投资。

很多不同的机构投资者正在致力于投资小额信贷。机构投资者包括国际银行，养老基金和保险公司。例如，2006 年，TIAA-CREF，一个受管理的4530 亿美元的资产组合的领先养老基金，推出了 1 亿美元的全球小微金融投资计划。该项目目前投资到 ProCredit，一个在 21 个发展中国家有小额信贷银行的德国控股公司。同样，在 2010 年 4 月，荷兰养老基金 ABP 在草根资本支持的全球私募股权投资了 3000 万美元。这项投资给 ABP 带来的小微金融市场的总债务和股权持有达到 2.15 亿美元。瑞士邮政养老基金于 2011 年将专用的 1.3 亿瑞士法郎投资到小微金融市场，并表示："我们的小额信贷资产的分析显示，这一资产类别符合我们设定的选择标准：它提供了一个有吸引力的风险/收益比，可以预计它会提高我们的产品组合多元化"。同样，有长期资金的保险公司开始投资于小额信贷。在塞内加尔的索南保险公司已经直接向小微信贷塞内加尔（MicroCred Senegal）投资了。

资料来源：Reille 等，2011；Saltuk 等，2011；Responsible Investor，2012。

银行

地方商业银行为小额信贷提供者提供资助因国家的不同而有显著差异；在一些国家，它们一点都不主动，而在有些国家中，它们是为穷人提供金融服务主要资助者。通常只有当本地银行业和小微金融业很发达和/或政府授权时才存在。例如在印度有条例积极鼓励当地贷款银行，要求银行贷款给"优先领域"以帮助实现国家发展目标。

商业银行投资于小微金融是为了实现商业和社会责任的目标。虽然大多数银行最初从事小微金融时是通过捐款来实现企业社会责任的目标，但现在很多银行以小微金融业务同时实现经济和社会业务目标。地方商业银行有时向较小的小微金融提供者销售现金管理服务，建立关系后，开始扩大信贷及其他投资服务，如信贷额度或长期贷款。然而，相比其他贷款者，情况往往是较为保守的，例如，要求抵押或提供短期的融资。当地商业银行有时也向当地提供者（provider）提供股权或建立联合品牌的、专业化的子公司旨在扩大当地的金融业或获得新的市场份额。专栏 16.3 提供了商业银行投资于小额信贷的例子。

专栏 16.3　商业银行小微金融投资

商业银行对小额信贷提供者投资债务和股权。非洲银行和 BFV – SG（兴业银行）是少数投资股权于新建小微金融机构的投资者。作为中小投资者，银行有董事席位，在发牌过程中可以提供帮助，随着一些中小企业客户发展的壮大，银行为它们提供配套服务。德意志银行是首批全球性银行之一，在 20 世纪 90 年代末建立了社会积极性小额信贷基金。作为整个银行企业社会责任承诺的一部分，它们的发展融资领导小组领导者德意志银行提供债务、股权和小额信贷机构的有限慈善资助。从 2002 年到 2012 年，德意志银行的小额信贷已投资了 2.155 亿美元资本到全球 50 多个国家，估计有 280 万贫穷业主受益（https：//www.db.com/us/content/en/1077.html）。

个人投资者

个人投资者被零售投资和高净值投资双重趋势驱动。一些高净值个人对金融服务供应商直接投资（通常为股权），其中绝大多数投资通过小额信贷投资工具，而较小的散户投资者的投资渠道包括通过向基金会或 NGOs 捐赠，P2P 聚合器（下面讨论），或者越来越多地通过小额投资工具。

中介机构

虽然很多市民和一些私人投资者直接投资于个别供应商，很大一部分小微金融的资金是由中介机构来引导的。小微金融投资中介机构（MIIs）对投资者有吸引力，因为他们可以提供规模经济、多元化的投资组合，以及专业化的地域和行业的专业知识，而直接投资者可能没有预算或规模来掌握这些知识。MIIs 有多种形式，其中包括小微金融投资工具、网络和控股公司、顶级机构和 P2P 聚合器。

小微金融投资工具（MIV）

开发性金融机构（DFIs）、个人和机构投资者中大约有一半的小微金融投资是通过小微金融投资工具（MIV）来传递的（El‑Zoghbi 等，2011）。MIV是由专门的投资经理管理的私人投资基金。他们在投资者（通常是外资）和金融服务提供者之间扮演着一个日益重要的金融中介作用。小微金融投资工具（MIV）目标定位于服务不到位的市场和农村地区，因为那里的其他出资者可能没有直接参与的能力。Symbiotics，一位日内瓦的基金经理，截至 2011年估计使用超过 102 种小微金融投资工具（MIV），管理着 68 亿美元。大多数小微金融投资工具（MIV）都专注于债券投资。一小部分但比例正增长的MIV 集中在股权投资，还有一些两者都提供（所谓的混合或混合型基金）（Symbiotics，2011）。专栏 16.4 提供了 MIV 的汇总数据。

专栏 16.4　小微金融投资工具的汇总数据

自 2008 年以来，CGAP，接着是 Symbiotics，已经对 MIV（小微金融投资工具）市场进行年度调查，分析数据和行业发展趋势。从 2011 年的调查来看，70 种 MIV（小微金融投资工具）估计占总 MIV 市场的 87%。一些重要的研究结果如下：

- 固定收益类基金 MIV 是主要类型，约占总参与 MIV 的 64%，占总管理资产的 83%。

小微金融投资工具（MIV）	MVI 数量	管理资产（百万美元）	占总量的百分比
固定收益基金	45	4881	83
混合型基金	13	667	11
股权型基金	12	358	6
总计	70	5906	100

- 私人机构投资者代表每个 MIV 对等组投资者的最大份额（见图B16.4.1）。
- 地理焦点集中在东欧和拉丁美洲，虽然趋势是 MIVs 扩大自己在服务

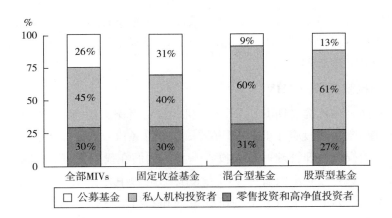

图 B16.4.1　小微金融投资工具融资来源

不到位地区，如非洲和中东地区的投资。

小微金融投资工具（MIV）	投资组合投资比例（%）			
	东欧和中亚	拉丁美洲和加勒比地区	东亚和太平洋南亚	非洲和中东
固定收益基金	45	34	14	8
混合型基金	27	39	27	8
股票型基金	6	47	45	2
总和	40	35	17	7
2010 年增长率	5	12	26	32

　　资料来源：Symbiotics, 2011, MIV 调查。

债务与混合型小微金融投资工具（MIV）

　　虽然 MIV 的资金主要来自机构投资者，一些债务及混合型 MIV 是对散户投资者开放的，如德克夏银行小额信贷基金、responsAbility 全球小微金融基金、双重回报基金和 Triodos SICAV。这些都是共同基金，让投资者通常按月份或季度购买或出售股份。由于这种流动性的特点及通过小微金融投资工具向金融服务商提供的贷款不易被出售，这些基金提供的贷款通常是短期至中期的（一般平均约两年，最长在三年到五年的范围）。通常情况下此类基金关注成熟的、运营良好的机构，虽然在不同程度上还投资于较小型的机构，除了债务，有的还可能提供股权。

　　很多 MIV 是全球化的，以追求多元化和最广的地域覆盖面。虽然投资基金本身以硬货币（hard currency）计值（通常为美元或欧元，有的还以瑞士法郎），大部分也使用当地货币贷款给供应商。由于大多数采用货币对冲工具，它们的投资者不会受到外汇风险威胁，并且能获得更多的可预见的回报。这些资金一般是针对稳定的回报，通常略高于投资者收到的 3~6 个月的银行存款的收益。

其他类似的 MIV 是私募债和混合型基金，如东南欧欧洲基金（EFSE），Microfinance Enhancement Facility（MEF）和 the Rural Impulse Microfinance Fund，主要的区别是，只有那些满足一定的监管要求的"合格"投资者才能够通过私募用这些工具进行投资，而一些新的投资者也可能被禁止投资。他们还比一些基金更有可能关注区域或行业重点，那些基金是开放给散户投资者的，通常也不会定期提供流动性资金。这些工具主要是由机构投资者及开发性金融机构提供资金。

其他 MIV 是合作/非政府组织结构，例如 Oikocredit 或 Alterfin 基金。这些基金的区别是，这些结构是由他们的成员拥有且往往针对小型机构，与其他基金相比这些基金更明确地关注社会绩效。作为一个合作型 MIV，荷兰的 Oikocredit 具有与其他 MIVs 不同的结构，因为它的成员提供资金并投票得到他们每年收到的年度分红，这在以往是 2% 或更少。成员主要是教堂、与教堂有关的组织以及支持协会（www. oikocredit. org）。

其他债务资金被设置为结构性融资工具，通常被称为贷款抵押债务（CLO）或抵押债务债券（CDO）。结构性融资工具在一段固定的时间内以其最简单的形式被建立起来，投资了一个贷款投资组合给提供商。他们是通过发行"票据"给投资者来被投资的，投资者的回报是来自于投资组合中贷款的还款资金。他们还可以充当为一种手段使投资者自己的投资组合中的贷款"证券化"，结合大量以提供给客户的贷款形成一个整体结构，然后将票据销售给投资者，投资者从这些贷款的收益中获得回报。

结构性融资工具发行不同级别的票据以吸引不同类型的投资者。在一个典型的结构中，有三种或更多的不同级别的票据，这些票据按照顺序支付（在所谓的"付款瀑布"中），这是因为结构融资工具给提供商的贷款是要偿还的。例如，最高级的"A"票据将被首先支付，因此在结构上是风险最低的等级。在这些"高级"（senior）票据中典型的投资者是私人机构投资者。还款线中接下来是所谓夹层（mezzanine）"B"的票据，这有更高的风险，但也提供了更高回报。这些往往被愿意支持更大发展回报的开发性金融机构（DFIs）或愿意为更高回报承担更大风险的私人投资者买下。第三个等级，最先承受股权损失份额（first - loss "equity" tranche），会被最后支付，一般是被基金会和双边和多边发展机构购买，他们可能没有预期投资回报，但愿意提供催化式的投资以使结构自己向前发展。鉴于不同类型的结构性基金的发展，专栏 16.5 提供了结构性基金在市场上的发展的例子。

专栏 16.5　结构性基金的变化特征

　　经过发展，在更广泛的债务抵押债券（CDOs）市场范围内，结构性基金的性质已经改变，2007 年，一个 1.3 万亿美元的全球产业却在 2008/2009 年全球金融危机中干涸（据证券业与金融市场协会，相比 2007 年的市场顶峰 4550 亿美元，2009 年只有 40 亿美元的债务抵押债券在全球范围发行）。

　　在小微金融市场中，2004 年 7 月第一大债务抵押债券进入市场（例如，蓝色果园（Blue Orchard）小额信贷证券，蓝色果园发展贷款和小额信贷证券 XXEB），并主要集中贷款给顶级金融服务提供商，具有很高的国家多元化。这些资金被视为一种将主流机构投资者带进小微金融市场的方式，并用同样的方式被构造成主流金融市场的 CDOs（债务抵押债券），其最高目标回报对应风险最高的股权档。举例来说，蓝色果园贷款 2007 发展项目拥有标准普尔（Standard & Poor's）评定的两个优先档。

　　然而，2008 年市场的变化情况意味着危机之后这种产品是很难出售给机构投资者了。最近，债务抵押债券（CDOs）已经减少专注于 II 级和 III 级金融服务机构（FSPs），而由公共捐赠资金最先承受股权损失份额，往往没有预期的回报，也往往是以地区为重点。撒哈拉以南非洲的区域微小中型企业投资基金（REGMIFA）是后一群体中的一个。

　　随着时间的推移，REGMIFA 的初衷是为了在非洲建立一个公共和私营部门伙伴关系，利用捐赠资金与私人资金的杠杆作用，支持区域经济增长，创造就业机会。该基金体现了不同的欧盟成员国与发展金融机构（DFI）之间的伙伴关系，并通过其分层风险分担结构来吸引私人投资机构。图 B16.5.1 说明了 REGMIFA 的结构和资金流向。

　　REGMIFA 的目标是：（1）提供并鼓励更多的基于市场的融资，重点在当地货币，服务于微型和小型企业（"小额信贷机构"）的金融机构，（2）与主流投资者一起帮助建立小额信贷的资产类别，并充分利用私人资本的捐赠资金，以及（3）支持服务微型和小型企业的金融实体之间的中期能力建设。

REGMIFA 为规模较小的银行、非银行机构以及服务于小型和微型企业的商业导向的非政府组织提供本地货币债务融资。一个并行的技术援助机构为投资对象提供能力建设支持。

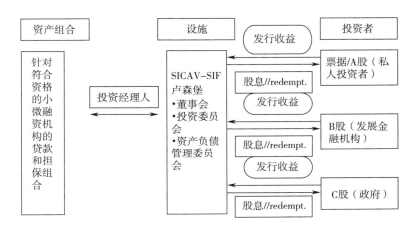

资料来源：改编于国际金融公司。

图 B16.5.1 REGMIFA 的结构和资金流向

股权基金小微金融投资工具

　　股权基金 MIVs 也通常有一个固定的持续时间，并且由于投资的长期性，一般不会允许投资者在该基金期限结束之前出售基金中的收益。通常情况下，它们有一个数年的"加速"投资期，紧接着又是多年的"退出"或撤资期。它们是一组有着不同回报目标的异质性组合，通常向新兴市场中高增长提供者出售混合股票和可转换债券。第一代股权 MIV 主要由开发性金融机构（DFI）或国际非政府组织网络设立。私人投资者——首先是高净值客户，然后是机构投资者也已经越来越多地参与进来——以区域为重点的基金如印度的领头羊（Bellwether）、全球性基金例如蓝色果园（Blue Orchard）私募股权基金以及传统的风险投资基金如红杉资本。2011 年瑞士投资机构 Symbiotics 关于 MIV 的调查显示，股权基金是 MIVs 中增长最快的部分。

　　首批致力于小微金融的股权投资基金之一是 ProFund，于 1995 年作为一家以营利性的投资基金成立，主要由非政府组织、开发性金融机构（DFI）以及多边机构提供资金。该基金既给投资者提供回报，也为未来私人的商业投资者树立了榜样。ProFund 在拉丁美洲投资了 10 个小微金融机构（MFI）并且已被清偿，并且根据计划，在 2005 年，其投资者年收益率整体达到 5.1%。

小微金融控股公司

许多国际小微金融"网络"是非政府组织或控股公司。这些网络，通过自己的捐助者或投资者筹资并在全球范围内的子公司运营，提供赠款、股权、债权，并根据子公司的要求让母公司为其担保（见表 16.2）。在这一领域著名的非政府组织的参与者包括 ACCION International 和 Opportunity International，但非政府组织网络模型正在萎缩，转而采用更加正式的制度模式。

控股公司模式是由 ProCredit Holding 首创，并已被 AccessHolding、Micro-Cred 和 Advans networks 等成功的复制了。控股公司通常是绝对控股的创始股东以及网络银行的赞助商。它有效地充当开发性金融机构（DFI）的投资工具，设立并管理服务不充分的市场中新的供应商。鉴于大多数控股公司拥有 DFI 股东，因此可以有效地建立公私伙伴关系，这证明了在新兴市场中商业小微金融模式的可扩展性和可复制性。

例如，FINCA，是世界上最大的小微金融网络之一，于 2011 年 7 月宣布推出一个名为 FINCA 小微金融控股（FMH）的子公司。该控股公司的成立是为了能够用来自社会责任投资机构的 7400 万美元的资金，使吸引扩张资本和保护 FINCA 慈善使命的完整性之间达到适当的平衡。FMH 的目标是要加大对外宣传，以及为现有客户推出新产品，如储蓄和保险产品（FINCA 新闻稿，华盛顿特区，2011 年 6 月 17 日）。

有些控股公司中一些股东保持持股水平，控股公司持有子公司 100% 股份，正如 FMH 和 ProCredit 子公司的情况。其他控股公司有一批保持持股水平的投资者，在子公司层面促进本地股东和其他战略投资者。

表 16.2　　　　　　　　　　控股公司投资案例

控股公司	资产	投资数量	投资区域	投资者
Access Holdings 2006 年成立于德国	4.798 亿英镑（截至 2011 年 12 月）	7	主要是在撒哈拉以南的非洲和中亚	疾病预防控制中心集团公司，欧洲投资银行（EIB），国际金融公司（IFC），德国复兴信贷银行 Entwicklungsbank，LFS Financial Systems GmbH 公司，MicroAssets GbR（MA），奥米迪亚—塔夫茨小额信贷基金（OTMF），荷兰开发银行（FMO）

续表

控股公司	资产	投资数量	投资区域	投资者
Advans SA 2005 年成立于卢森堡	1.335 亿法郎（截至 2011 年 12 月）	6	撒哈拉以南非洲和柬埔寨	疾病预防控制中心，欧洲投资银行，FISEA（PROPARCO）鱼类统营处，荷鲁斯发展金融，国际金融公司，德国复兴信贷银行
法国美信集团 2005 年成立于法国	1.087 亿法郎（截至 2011 年 12 月）	6	撒哈拉以南非洲和中国	安盛比利时，发展中世界市场（DWM），欧洲投资银行，法国开发署（AFD），国际金融公司（IFC），沛丰，法国兴业银行
ProCredit Holding 1998 年成立于德国	54 亿英镑（截至 2011 年 12 月）	21	东欧，拉丁美洲和非洲	BIO，DOEN，鱼类统营处，Fundasal，国际金融公司（IFC），工控机有限公司，工控机投资有限公司，德国复兴信贷银行，Omidyar-Tufts，PROPARCO，responsAbility，TIAA – CREF

资料来源：Holding company websites：www. accessholding. com；www. advansgroup. com；www. micro-credgroup. com；and www. procredit – holding. com。

当地顶级组织

顶级组织是国内资金构成的贷款放贷给供应商的资金池，继而，给低收入者发放贷款。顶级组织大多是以贴息贷款的形式分配资金给提供者，偶尔作为补助金。顶级组织的资本来自于公共资金，但是采取不同的制度形式，如开发银行、非政府组织、捐助方案、私营商业银行，以及特别的政府项目或捐助项目。CGAP 于 2009 年考察了 76 个顶级组织，并发现最大的 15 个顶级组织 2009 年总贷款投资组合超过 30 亿美元。虽然顶级组织存在于所有地区，但它们在拉丁美洲和南亚（Duflos and EL – Zoghbi 2010）最流行。15 大顶级组织于 2009 年为 1650 个零售小微金融提供商提供资金，有各种不同类型的机构，包括非政府组织、合作社、小微金融银行和其他商业金融公司（Forster 等，2012）。

P2P 集成商

P2P 放贷者，如 Kiva，MicroPlace，Globe Funder，Babylon 和 Good Return

为个人提供了直接向小微金融机构"投资"的机会。他们作为零售集成商，通过建立基于互联网的平台，充分利用技术来促进个人的小规模直接投资。对供应商来说，缺点是大多数的 P2P 集成商通常不提供本地货币资金，而报告要求是重要且昂贵的。使用这些资金的金融服务供应商一般是无法获得更多资金商业来源的二级和三级供应商。该模型的支持者声称这些集成商有促进在更深层次领域提供资金的作用。由于在集成商和接受资金的提供商之间追索权往往有限，提供商可能会利用这些资金来资助高风险客户和/或资助新产品试用（pilots）。虽然最先承担损失不一定是 P2P 放贷者宣布的战略，但这对计划外使用资金的情况可能会有用。专栏 16.6 说明了资金集中在小微金融领域的后果。

专栏 16.6　资金集中度

资金对于改进金融准入是非常重要的，因为它确保供应商有需要的资源开发，或者通过增加被服务客户的数量，进入新的地理区域，或将新的产品引进市场。

随着公共和私人投资者对债务和股权投资，供应商已经从依赖捐赠的项目转移到可持续的金融服务供应商。2007 年至 2010 年，外来小额信贷投资（包括债券和股票）翻了两番，达到 240 亿美元（CGAP，2011）。此外，顶级供应商正越来越多地通过资本市场融资，而以发展为导向的投资者正在寻找二级和三级供应商作为可能投资。[a]

尽管增加资金的收益已经颇具规模，也有一些人认为目前大批小额信贷投资在努力寻找合适的机构投资，大部分资金仍然流向同一批顶级供应商。小微金融投资越来越多地集中在区域性的中介机构。从地理的角度来看，资金主要集中在拉丁美洲、欧洲和中亚。十个国家共 1 亿人口获得超过 60% 的外国贷款。

在被投资的机构中有类似大量集中投资。截至 2010 年 12 月，发展金融机构（DFIs）承诺：将 91 亿美元的一半资金给 30 位受助人：12 个小微金融机构（MFI），每个机构获得 1.2 亿美元投资，18 种 MIV，控股公司、地方银行和基金，平均获得 1.6 亿美元资助。

集中投资是一个挑战，它真正扩大金融准入并且反映出许多市场缺乏可行的小额信贷机构。多元化受援国机构和国家是确保市场不会资金泛滥的重要角色，这可能是由供应商不负责任地放贷行为造成的。

资料来源：Peter McConaghy，El - Zoghbi 等人绘制，2011。

a. 二级供应商通常被定义为成功，但更小，更年轻，或者干脆不太知名的供应商。它们通常正在或靠近盈利。三级供应商是指那些接近盈利有理解不足的缺点所致，例如，作为一个年轻的组织，缺乏资金，或有疲软的信息系统。

融资工具

资金是通过各种工具所提供的。投资者的使命和视野，投资对象（金融服务提供商）的表现，它是否能调动存款，组织监管架构，以及金融系统的开放性和发展水平都影响融资工具的选择。然而在一般情况下，当金融服务提供商成熟起来，它们将会有越来越多融资的选择。不同于传统的非政府组织依靠政府为投资组合增长提供的补贴拨款，可持续的盈利机构能够吸引股票投资者，发行较长期限和无担保债券并在资本市场筹集资金，接受存款的机构能够转存一般公众的存款。

资金通过资助者或中介机构和提供商直接转移，或通过公开资本市场转移，在公开资本市场上机构和政府以金融证券的形式，如债券和股票来筹集资金。债券（债务）和股票（股权）市场都是资本市场的一部分。小微金融同时作为提供商的筹款工具和投资者的退出机制，已经逐步进攻资本市场。进入资本市场使供应商的资金来源多样化，降低了外汇风险（通过本地资源，而不是外国的资金来源），并通过长期资助（世界妇女银行，2006）支持经济增长和贷款产品的多样化（例如，房屋贷款）。

资本市场为公众提供了巨大的投资准入，并由于散户公众投资者缺乏技巧而受到监管。许多国家的证券法规定，在公开发行和销售之前，发行商必须在国家证券监督管理机构注册。注册要求对发行商进行高标准的信息披露。通过参与资本市场，供应商在满足投资者的需求和"投资准备"的过程中发展自己的能力。因此，进入资本市场的第二个好处是金融服务提供商的专业化和技能的培养。

补助金

补助金主要用于鼓励金融服务提供商深化拓展来开发新的产品和渠道，

或支持市场的发展。补助金一般都是无偿，这意味着捐助者并不希望归还资金。

补助金可以用于资助技术支持，或者作为一种工具使投资出现在风险更高的更前沿的市场和项目。当用于支持前沿投资，补助金可作为股权型第一损失缓冲，这使得供应商一开始要承担更多的风险来进行更深层次的拓展和创新。第一损失（first loss）可以采用现金储备的形式，试用或试验的第一损失都由补助弥补，或者也可以是一个更结构化的机制或工具的一部分，结构化融资工具中股权档的形式或向前面所述的风险分担机制。同样，第一损失的资金可以用来促进金融服务供应商投资缺乏服务的行业，如卫生和教育。

当被作为一种提供资金技术援助工具，补助越来越基于绩效。基于绩效的补助金激励承受人表现出人们所期望的行为，并且根据结果有条件地支付。他们往往有一个费用分摊成分和时限目标。绩效补助金的支付可以由两部分构成，其中金融服务供应商预先支付技术服务以及一旦达到目标就可报销。如果实现目标他们也可能会收到绩效奖金。基于绩效的补助有助于确保补贴不超过必要的绩效要求，而不只是增加供应商的利润。

债务

债务表示资金出借一段固定的时间，且本金与利息必须偿还。债务通常根据优先级别定义，或者，换句话说，当发行商出现财务问题无法偿还其所有债务时贷方优先受偿。最上层是公众存款人，他们承担的风险最小，因此一般赚取的回报最低。在底部是次级贷款人，他们承担最大的风险，因此通常获得最高的回报。

债务可以担保也可以无担保。担保债务由借款人所承诺的资产抵押。在借款人未按照原有条款偿还的情况下，贷款人可采取法律行动，并声称如果有必要将出售抵押品。相反，无担保债务只能根据借款人的信用和意愿支付偿还，并不支持抵押品。

高级中长期贷款

高级中长期贷款是指具有固定到期日且在存款者之后最先被偿还的贷款。贷款特征包括资金的借入货币、贷款期限及长短、定价（可固定也可浮动），及本金还款期（其中可能包括宽限期，在宽限期内不需要还款，包括分期还款或到期一次性还款）。有时候，贷款的信用增强，从而由借款人（金融服务提供商）提供担保，通常以投资组合或固定资产或第三方的形式提供担保，一旦违约这种担保可以被调用。中长期贷款往往还包括"公约"，这是该借款人必须遵守以保持良好信誉状况的条件。这些通常包括，例如，限制拖欠、关联贷款和资本充足率。如果这些契约被破坏，那么贷款人有权要求提前偿还贷款。对金融服务供应商来说，大多数国际债务融资以 MIV、DFI 或银行的短期贷款的形式进入。

银团贷款

银团贷款是高级长期贷款，有一个主要的或者负责记录核算的牵头贷款人与其他商业银行/贷款人参与，将整体银团的一部分出借。参加者在平均权益（pari - passu）的基础上与贷款牵头人分担风险（即所有贷款人享有平等的权利）。当机构所需债务大于任何单一贷方可以管理的敞口时，银团贷款被使用。通过联合，一批投资者同意以相同的结构和条款，减少为了大量举债所必须进行的双边谈判。以这种方式，提供者能够与牵头的银行集团一次单独谈判，而不是与所有贷方。

花旗集团和巴基斯坦本地银行组成的财团在 2007 年为小微金融机构提供了第一个本币银团交易。这个联合使 Kashf 基金会，一家领先的巴基斯坦商业提供者，获得更广泛的商业融资。具有里程碑意义的是，2200 万美元的长期融资方案为 Kashf 基金会显著增长计划提供了资金支持（花旗小额信贷业务部，http//222. citigroup. . com/citi/citizen/data/cr07 _ ch08. pdf）。

次级债权

"次级"翻译为"低于"或"次于"，因此次级债权低于所有其他债权。破产、清算或重组的情况下，次级债权只能在高级债权（高级长期贷款和其他债权）还清之后才可以索赔财产。由于风险较高，这些债权通常有一个较高的利率。募集次级债权对于机构而言是有利的，可以帮助他们满足资本充足率的要求，因为在某些情况下，它可以算作股权用于监管资本计算。专栏16. 7 概述了与次级债权相关的巴塞尔规定。

次级债券工具也经常转换为股权。可转换债券是可选择将部分或全部贷款转换为借款机构的普通股的债券。虽然可转换债券利率通常低于不可转换债券，但可转换债券为投资者提供了以参与借款人的盈利能力换取较低利率的机会。然而，在某些环境中，将债券转换为股权的选择限制了债权作为二级资本的资质（Ledgerwood 和 White，2006）。

专栏 16.7 次级债券和监管资本

由于次级债券的性质，中央银行通常允许在计算一个机构的补充资本（二级）时将其列入（但不是针对核心资本，或一级资本的计算）。对于此的国际标准在所谓的巴塞尔协议中有所规定，据此，金融机构可以将满足以下条件和限制的二级资本包括为次级债务的补充：

- 它必须有五年以上的最小原到期日。
- 总量上讲，只有次级债达到一级资本的50%可以算做二级资本。
- 在次级债券要到期的最后五年里，用于充当二级资本的债务的价值每年折现20%。

根据司法权限地方性法规可以与此有所不同。

资料来源：Basel Committee on Banking Supervision，2006。

债券

债券本质上是可转让的或"证券化"的贷款：也就是说，贷款义务可以很容易地从一个贷款人，或"债券持有人"转移到另一个贷款人。与贷款协议相似，借款人或"发行人"同意在具体日期支付利息和本金给债券的持有人。

私人债券配售商提供了一个开拓更广泛投资者的机会，但它不是从商业银行直接贷款，而是比在公开市场上发行债券较更为有限（Ledgerwood 和 White，2006）。私募是向特定的投资者提供的投资而不是通过资本市场募集的，并且可以是债权或股权投资。私募是直接出售给机构投资者，如银行、共同基金、保险公司和养老基金。

公开发行债券都可以通过资本市场获得，因此在收益率（收益）与风险方面受金融市场的评估。公共债券可以在当地资本市场和国际资本市场发行。地方债券发行将在发行国提供当地货币融资。国际债券发行可以使用不同的硬货币，通常与它们的发行国有关，但也并非总是如此。专栏 16.8 提供私募和小微金融公众发行债券的例子。

重大的行政、监管和报告要求与发行债券，包括评级有关，因此债券通常只有在被借用的金额很显著或者供应商正在市场上为未来更大的发行量而树立名声的时候才是一个可行的选择。只有极少数的供应商选择使用这种融资形式，因为很少有达到这样的规模可以产生经济效益，以及/或存在于允许销售债券的市场。

专栏 16.8 为穷人提供债券发行的金融服务

全球小微金融市场中第一个私募债券由 BancoSol 在 1996 年和 1997 年发行，共计 500 万美元。这两个发行是受美国国际开发署 50% 的担保支持和相对短期的两年期限。此后，当可用资金产品相对于机构增长和正规化而发生数目增长时，BancoSol 的资金结构已经开始演变。发行部分担保的私人配售后不久，BancoSol 转而发行存款证。虽然具有短期的性质，但这比私募更便宜。

债券也可以在提供者居住国以外的国际市场发行。AccessBank Azerbaijan 于 2007 年和 2008 年发行了 2500 万美元的欧洲债券。该债券被惠誉评级为 BB +，与银行（发行人）的评级一致。不同于地方债券，欧元债券是一种计价的货币不同于国家货币和发行市场的货币的国际债券。该债券在卢森堡通过 MFBA Bond I，一个具有特殊目的的法律工具。发行债券的收益被定义为给 MFBA 提供高级贷款以资助其投资组合的增长。该债券发行受发展中世界市场（DWM），一个美国的社会责任金融组，赞助和安排。DWM 协助整个新兴市场的微型和小型企业进入国际资本市场。

公开发行

由于费用和发行债券的行政要求，这种类型的融资通常只能由最大的金融服务供应商力图实施。秘鲁的 Mibanco 在 2002 年有了首次债券发行，募集了 2000 万新索尔（580 万美元）作为一个多年计划的一部分。墨西哥的 FIN-ANCIERA Compartamos 在 2005 年募集了 1900 万美元作为一个经过三年私人债券配售筹集 5000 万美元公开发行计划的一部分。在其转化为银行后，Banco Compartamos 曾在小额信贷市场发起一次最大的公共发行，2010 年在当地市场募集了 10 亿墨西哥币（8100 万美元）。

然而，它并不要求债券发行人是一个以营利为目的、受管制的机构。事实上，在小额信贷市场中最大的债券发行商之一是来自非政府组织的 WWB Cali（尽管它已经变成了一个银行），世界妇女银行网络的成员之一，在 2005 年募集了 1.2 亿美元（5200 万美元）。

资料来源：Ledgerwood 和 White，2006；Microcapital. org and Women's World Banking（www. swwb. org）。

当地货币融资

当地的货币融资对于金融服务提供商的健康发展是很重要的，因为它允许一个机构借贷同种货币。匹配资产和负债的货币会减少外汇风险敞口。这对于穷人的金融服务来说是一个关键的问题，因为绝大多数出资者（除存款者）设在发达国家并且获得的资金为美元和欧元，但是位于发展中国家的供应商都要求当地货币。外币错配的后果在专栏 16.9 中做了讨论。虽然有些 MIVs 和直接贷款人将会承受一些当地货币风险（有时不同币种的多元化可以降低他们的风险），不论是由出资人还是借款人，来自国际贷款人的当地货币融资大部分以对冲的方式进行。

有很多工具已经发展到促进本地货币融资，包括利用背到背贷款对冲、掉期、远期、部分信用担保，以及专门的外币资金保值。

对冲的最简单形式是供应商将借来的硬通货存放到本地的商业银行，并把它作为现金抵押借入当地货币。这就是所谓的"背对背"贷款。虽然概念简单，但这样的现金对冲是非常昂贵的，因为供应商必须支付美元借款和当地货币贷款利息。硬通货存款赚取一些利息，当地货币贷款的定价理论上应被定价更低以反映当地货币贷款人利用 100% 的抵押贷款所承担的有限风险，但往往价格没有作充分的调整。随着商业银行为小微金融提供商提供更多的便利，更好地了解小微金融，硬货币的现金存款可以加以利用，并且相对于它存入的硬货币，提供商可以借入大量当地硬货币。

掉期（互换）是双方对未来现金流的交易。货币互换促成以一种货币计价的现金流与另一种货币计价的现金流的交换。对于每一个交换都有一个愿意以相反的货币交换的对手。贷款人通常开始代表提供商进行交换，然后直接将当地货币借给供应商。一些货币有发达的掉期市场，在交换一种特定货币时会有很多感兴趣的参与者。其他货币具有流动性较差的掉期市场，感兴趣的交换合作伙伴也比较少。在发展中国家的货币交易过于清淡以至于无法开发一个有效的掉期市场。

在掉期不可用或掉期市场流动性远远不足的国家，部分信用担保（在结构性融资部分有详细讨论）能提供良好的当地货币解决方案。对于管理当地货币风险的部分信用担保（PCG）来说，一个良好评级机构，如 AAA 评级的 DFI 或双边捐助保证了商业银行和金融服务提供者之间的贷款。PCG 也可通过资本市场金融服务提供商保证债券的发行。担保的量可以是底层贷款的任何百分比；然而，通常的范围是介于 80%～10% 的任一百分比。担保人被支付的费用与保证水平相称。例如，如果担保人对某一国家的某一机构的风险定价为 5%，那么 50% 的担保费的价格是借款金额的 2.5%。贷款机构与金融服务提供商的风险越低，所需的保证越低。如果供应商在第一笔贷款期间，有按时偿还的良好交易记录和报告，那么保证金水平通常会下降，当地货币贷款的风险会变得更加平缓。

专业的外汇基金的建立是为了解决很多当地市场缺乏对冲工具的问题。它们通常是基于多元化原则，即贷款人尝试一篮子货币的多元化贷款。有时，这些资金被设置为结构性融资工具（下一节详细讨论），其中的风险是通过分层投资结构来管理，"最先损失"的投资者承担汇率损失的冲击，为更高级的投资者提供缓冲。这些资金作为借款人的交易对手方，后者不想承担外汇风险，或者是贷款人的交易对手方，后者直接借出当地货币，但希望除去货币风险的敞口。开发性金融机构和多边机构对这些基金的发展起到了至关重要的作用，并一直维持着起催化作用的能力，而不是取代私营部门的资本。专栏 16.10 提供外币资金的例子。

专栏 16.9　量化外汇的货币错配风险

2008 年 6 月一个吉尔吉斯斯坦金融服务提供商借了两年期限的 100 万美元，2010 年 6 月偿还。一收到美元，这个提供商就将其提供转换成吉尔吉斯斯坦索姆（Kyrgyz soms），并用这笔收入以索姆的货币形式借给其他的客户。2008 年 6 月 30 日，美元/索姆汇率为 35.92。用 100 万美元兑换，他收到 3592 万索姆。2010 年 6 月 30 日，美元/索姆汇率为 46.71，这个提供商需要 4671 万索姆偿还 100 万美元。因此，这花费了额外的 1080 万索姆成本（当时相当于美国 23.3 万美元），反映了两年内货币至少贬值了 20%。

资料来源：All historical exchange rate sources from www. oanda. com。

专栏 16.10　特殊的货币基金

货币外汇基金 N. V.（TCX），总部设在荷兰，任务之一就是在新兴市场为投资者和客户提供当地货币及利率对冲产品。TCX 于 2007 年被推出，发起者包括 FMO、德国复兴信贷银行、其他开发金融机构、商业银行以及包括由荷兰和德国政府提供最先损失部分的资本结构。最初的股东中后来又有开发银行，多边机构和 MIVs 加盟，截至 2011 年 9 月 30 日，TCX 有 6.5 亿美元的资金被评为 A 级标准普尔。TCX 进军中期至长期互换协议，可以用 60 多种货币进行交易。截至 2011 年 10 月，它的敞口面向 43 种不同货币，总金额为8.35 亿美元。

重要的是，只有股东或指定的股东客户可以进入 TCX 的套期保值服务。为扩大 TCX 的无障碍服务，"小额信贷货币风险解决方案"或"MFX"于2008 年 1 月由一群贷款人、投资者、网络工作和基金创建。有了 OPIC 的2000 万美元信用担保，MFX 成为 TCX 的股东，从而可以为客户提供 TCX 套期保值服务，这些客户无法承诺直接获得这些所需的资本。

资料来源：https：//www.tcxfund.com/partners/investors/mfx－solutions。

存款

存款在机构中扮演了一个双重角色。一方面，它们是向客户提供重要的服务。另一方面，存款也作为金融服务提供商在当地的资金来源，金融服务供应商被授权接受这些当地资金来源。一部分存款被作为流动性资产以确保客户在需要的时候可以撤回他们的资金，更大的一部分为机构所使用以资助其贷款组合（中介）。

由于保护公众存款人资金的重要性，严格的法规制定到位以确保机构吸收存款的稳健性。这些法规因国家而异，但通常包括最低资本充足率、信息系统和报告的最低标准及其他要求（见第十七章）。虽然存款通常期限很短，活期存款可随时取出，而定期存款往往只有几个月的期限，在实践中，作为资金它们的来源比较稳定，具有较长的持有期以及定期存款的频繁到期。一个例外是，如果储户突然觉得自己的钱不再那么安全，是因为机构特定问题或经济的不稳定性导致，会出现"挤兑"的现象，即大量存款人要求取回他们的储蓄的同时，潜在地危及了该机构的健康运转。

特许供应商吸收存款很少依赖于外部资金来源，一般有较强的流动性。机构接受存款能够提高当地货币储蓄量，并将其贷出去，或者用这些相同的货币资金做中介，从而匹配资源，使用资金，降低外汇风险。

结构性融资

结构性融资为提供者获得资金提供便利，这些本来自己没有信用的提供者就可以从资助者那里获得投资，资助者本来也不愿意在没有附加信用保障的情况下与一个机构接触。结构性融资，包括通过部分信用担保的担保机构的债务工具（债券和贷款）、风险分担的机制以及参与资产证券化。

担保

如果供应商无法自己吸引融资，可能是因为它是初创公司，交易记录有限，它处于风险过大的国家，或由于其他原因不能被视为"可独立投资"，担保有时是由有信誉的机构提供：多边机构、开发性金融机构，或者很多时候是供应商所属的网络。这样一来，债务可直接扩展到提供商，如果它无法支付，其担保人将被要求偿还债务。虽然很难有充分的保证能覆盖100%的本金和利息，但有时在发行给子供应商的网络担保债务情况下会出现。鉴于担保人和金融服务提供者之间的关系，从保证金中受益的供应商通常会向保证人支付担保费。

担保是专为满足借款人和债权人的需要的。在一般情况下，担保人的目的是提供最小必要保证金以促进交易的成功。保证有以下几个优势：（1）在大多数情况下，借款人降低整个资金的成本，（2）投资人在风险承受能力内最大化受益回报，以及（3）在一定的信用风险水平下，担保人为借款人最大化调动融资量。

PCGs（部分信用担保）更为常见，这在上面简要讨论过，它代表及时偿付某一定数额的一个承诺，这一数额比待偿付的全额债务要低。通常担保人支付了担保项下的总额，这是由违约引起的损失。担保金额占所担保贷款总额的一个百分比，可能会有所不同的是，借款人关注预期的现金流动性，而债权人关注资金流的稳定性。PCG的担保人通常是高评级的国际开发金融机构，或由高评级国家支持的双边机构。例如，国际金融公司（IFC）和德国复兴信贷银行拥有AAA评级，可为保证金提供杠杆的保证。PCG通过使担保人吸收不知名借款人的部分信贷风险以使客户受益。整个PCG有助于提高市场准入条件，长期融资和更广泛的投资者基础。

部分担保可用当地货币（适用于国内交易）或外币（跨境交易）。当地货币部分担保是最适合供应商的，它们拥有当地货币收入，但无法进入本地长期货币融资。对于那些靠自己进入国际市场的供应商来说跨境部分担保是最好的，因为有与所在国家相关的高风险溢价的存在。运用跨境部分担保可以缓解与借款有关的主权风险，提供者可能获得进入国际市场的机会。

虽然 PCG 是担保人和金融服务提供者之间的担保，风险分担措施让金融服务提供商分担了特定贷款投资组合的风险（例如，对农业部门或借款人的贷款处于一个特定的高危区域）。在这种情况下，资产通常保持在供应商的资产负债表中，以及风险转移来自于由高评级的机构提供的部分担保。在一般情况下，提供商可以在一个一致同意的承销标准内为新资产做保证，但在某些情况下，还可以对已经发起的资产做担保。通常一个进入风险分担机制的提供商的目的是增强自身获得更多贷款的能力，在特定的"高风险"区域内避免风险。

证券化

证券化是一种融资形式，它涉及资金池和金融资产向特殊目的工具（SPV）的转移。这种 SPV 会发行证券，并由资产池产生的资金流量支付。一般情况下，任何带有相对可预测现金流的资产类别都可以证券化。最常见的资产包括抵押贷款、信用卡债务、汽车贷款和消费贷款，企业债券，以及未来的收入。这种类型的交易使得融资主要是基于资产池的风险，而不是仅仅基于发起资产的机构的风险隐患上。

资产证券化可以是一个有价值的工具，它可以增强流动性，分散信贷风险，获得新投资者，降低资金成本，并将资产从资产负债表中移除，从而降低了 FSP 的债务/权益比率。一个较低的负债/权益比率对于 FSP 来说是很有益的，它可以最小化监管资本充足率的要求以满足和提高整体信誉。证券化结构是最适合供应商寻求融资的，但因为它的预期信用风险导致其无法挖掘满足时间期限和资金成本要求的融资来源。然而，要注意的是，只有具有完善的信用风险管理技术和表现良好的投资组合，并已证明有借贷能力的提供商才能考虑证券化融资。专栏 16.11 着重阐述了小额贷款证券化交易。

专栏 16.11　小微信贷证券化

首批小额贷款证券化的一个例子是孟加拉国农村发展委员会（BRAC）于 2006 年开始的。BRAC 收到 126 亿美元的孟加拉国塔卡（1.8 亿美元）的融资，期限 6 年，资金来自于小额贷款证券化，由 RSA 资本、花旗集团、富曼欧投资公司和德国复兴信贷银行组成。每半年发放 10 亿孟加拉国塔卡（1500 万美元）给孟加拉国农村发展委员会，期限为一年。在交易中，设立特定目的信托旨在从它的小额信贷投资组合中购买 BRAC 的应收账款给投资者并核发凭证。本次发行得到了当地评级机构孟加拉国信用评级机构的最高质量信用等级（AAA级），并成功地吸引了两个本地银行为主要投资者。

同样，2006年5月，职信银行保加利亚证券化了欧元计价的4780万美元小额贷款。由于得到欧洲投资基金和德国复兴信贷银行提供的担保而实力增强，这些证券获得了BBB信用评级，这被全球信贷评级机构惠誉认为是"投资级"。

2009年6月团结银行（Banco Solidario）在厄瓜多尔通过创建一个具有特殊目的的信托来证券化6000万美元的贷款，这个信托以这些贷款命名，并且向投资者发行的5类票据，期限可高达85个月。该票据由当地银行、顶尖机构 Corporación Financiera Nacional、全国养老基金和MIVs购买。该项目成功后，银行于2011/2012年又发行了3000万美元的证券。

资料来源：Adapted from www. microcapital. org。

股权

股权是一种以股份的形式表现的利率收益的所有权，它表示对提供商资产的所有权利——拥有资产的多少是相对于其拥有的股份比例来说的。初始股权通常是由当地非政府组织或投资者、国际网络——无论非政府组织还是控股公司和/或多边机构和开发性金融机构提供所拥有。股权合作社来自于成员（存款者，合伙开设账户并通过收购股份获得权益）。开发性金融机构扮演了一个积极的角色，它向许多供应商提供股权，而私募股权基金日趋活跃起来。需要注意的是，虽然非政府组织也有权益（资产与负债之间的差额），这并不代表"所有权"本身，因为非政府组织不能拥有"所有权"。在这里，股权是作为私人和/或公众投资者的捐款，最终可能会也可能不会转化为真正可转让的股权，这取决于该非政府组织是否会转变成一个营利机构。

在极少数情况下，一些供应商已经给他们的客户机会通过购买股份成为所有者。

一个封闭的私募可以作为一种创新的工具以促进客户的所有权。肯尼亚的家庭银行（Family Bank），一个致力于通过小额信贷和移动银行的产品服务于肯尼亚银行业低端市场的金融机构，它在2008年发行了私募配售，其中小额信贷客户参与了一种封闭的私募配售形式，如今在"自己的"银行中拥有了股份。该银行增加了7000多新股东，并通过这个过程募集了5亿肯尼亚先令（560万美元）（http：//www. familybank. co. ke）。

作为所有者，股东应承担最高水平的风险，并且在制度失效的情况下是最后一个被偿付。伴随着这种高风险，预期回报也有较高的水平。不同于债务，其中大部分收益是固定的，股权所有者可以通过分红赚取回报，或卖出股份获得回报。从供应商那里取得的收入要么保留，增加到资产负债表中的资产上去，或者将以分红的形式分给股民。

与债券一样，股权投资通过私募或公开发行取得（见16.3）。公开发行是指通过一个证券机构，如证券交易所，发行证券提供给机构和个人投资者。当一个机构第一次在资本市场募集资金时，它被称为首次公开募股（IPO）。首次公开招股对于投资者来说是一个关键机会，投资者在一个机构发展早期投入资金，这时他们可以退出或者清算原有的一些投资。这对于金融服务提供者也是一个机会，他们可以向公众筹集更多的资金，影响更多样化的潜在投资者。它使供应商能够筹集资金，获得更多的市场知名度，并有可能达到或实现发行证券的流动性，这取决于二级市场在特定市场中的活跃程度（世界妇女银行，2006）。相对新兴的小额信贷，IPOs已吸引了各利益相关者的浓厚兴趣（见专栏16.12）。

股份的两个主要类别：普通股和优先股。普通股是所有权单位，有投票权。在一个供应商被清算的情况下，存款人的债权、有担保和无担保债权人和优先股股东优先于那些普通股股份，按照此顺序清偿。优先股是拥有优于普通股股息和清算优先权的所有权单位。优先股可以投票或不能投票，通常以指定的利率支付股息。

提供者的股权可以由多数派和少数股东的利益组成。第一大股东通常是发起人或主要经营者。发起人负责该机构的运作和财务上的工作。一家机构的少数股东的股权低于50%，通常低于20%。通常情况下，大股东也在治理中起到了积极的作用，往往在董事会（通常相对他们的股份所有权的）有一个或更多的席位，在董事会决策时有投票权以及其他特权。

一个股票投资者最大的风险是退出风险。一旦投资者持有股份分享给供应商，清算投资的唯一方法就是找到一个乐意的买家。虽然小额信贷市场日益多元化和全球化，投资者的绝大多数是私人，而非上市公司，因此，股权投资流动性不是很高。股权退出机制包括私人销售给其他投资者或供应商，通过资本市场出售股票，或预先商定的股权安排。

预先商定股权安排涉及谈判，即在初始投资期间，一个所谓认沽期权的退出选择。看跌期权是在预先商定的条款下，有单方权利出售供应商股份给预先约定的买方。反之，看涨期权是以预先商定价格或方案买入供应商股份的权利。有时候，债务资助者有兴趣成为股权持有人。在这种情况下，有时以更低息票（利益）利率进行协商，以换取认股权证。权证本质上是选择买入，通常与其他金融工具一起发行，有权利而没有义务，而且是在特定的时间以规定的价格买入股票。

表 16-3　　　　　　　　　　处理大型公开发行的三个阶段

开始阶段	● 起源是这个过程中的第一阶段，主要是在基础市场上发行证券 ● 当借款人授权一家投资银行来代表他组织和管理新发行的证券，这是开始阶段 ● 该银行从借款人那里购买债券，并将其分配给投资人，这个过程被称为"包销" ● 在这种方式中，发行者避免了证券未出售完的风险
企业联合组织阶段	牵头经办人几乎没有资源包销整个发行过程 出于这个原因，牵头经办人可决定构建一个财团，将风险分担给其投资银行或证券商 这个过程被称为"联合" 发行人宣布发行之日起，牵头经办人邀请其他银行和证券商加入该集团
分销阶段	出售期结束后，发行证券就要被分配给集团成员 截止日期过后，通常在主要的财经报纸上刊登广告为集团的发行做宣传 发行证券被分发到集团成员之后，成员开始将证券销售给客户

注：DFI = development finance institution。

资料来源：Adapted from El-Zoghbi 等，2011。

专栏 16.12　资本市场门槛

虽然众多的金融服务提供商已经发行了债券，但是截至 2011 年 12 月，只有三股小额信贷在股权资本市场上市：墨西哥 Compartamos、肯尼亚的股票银行（Equity Bank）和印度的 SKS 公司。SKS 和 Compartamos 首次公开募股，这两者都有约 13 倍的超额认购，吸引了来自小额信贷行业的公共和私营部门甚至是主流大众的浓厚兴趣。

支持者认为，首次公开招股提供了一个重要的资金来源，可以帮助小额信贷机构全面商业化和规模化经营，从而扩大了无银行账户的规模和范围。许多支持者还认为，首次公开招股是小额信贷模式商业潜力的最终表现。首次公开招股的前景已经引起了各国家主要小额信贷行业的注意，如孟加拉国、墨西哥、肯尼亚、印度以及那些最近才进入该行业的私募股权投资公司。

然而，由多种利益相关者组成的批评者，包括非政府组织的金融服务机构、民间社会和消费者保护的倡导者，他们将 IPOs 作为完成使命的工具，因为他们吸引着具有不同目标的利益相关者，并给予投资者机会获得套现利润。他们认为，IPO 让极少数人非常富有，而且总体而言，促使机构更愿意去获利，这违背了要解决穷人困境并为他们扩大金融准入的更重要的小微金融使命。

有关 IPO 争论的一个特定部分是：新股发行价格是否基于内在价值，或者市场的能力不足是否抬高了要价。批评人士指出，SKS 和 Compartamos 在它们首次公开发行时价格过高与市场行情不一致。在新兴市场中，银行平均有 3 倍市净率，但服务于低收入客户的金融机构交易在 2.6 倍市净率。另外，SKS 被估值 6.7 倍市净率，这是公司过去的账面价值，是公司会计年度 2010 年市盈率的 40 倍。在上市后，Compartamos 的估值为 13 倍市净率，且是其以往收益的 27 倍。

另一个关键问题是，投资者以如此高水平购买可能会迫使管理层提高盈利能力，以客户的利益和公司长期可持续发展为代价。实际上短期和以营利为关注点的利益，可能事实上与客户的长期利益相冲突，特别是指要获得负担得起的和可接触的理财产品。

资料来源：Reille 2010；Women's World Banking, 2006。

负责任投资行为

随着过去十年中金融服务供应商融资的强劲发展以及各种资助机构的扩大，许多业界参与者一直在努力编纂原则，建立最佳实践，以维持一个健康、可持续、普惠的金融系统。这是关系到过度集中和过度负债的问题：如果资助者都将资金投入到同一小部分有利可图提供商，或者更易于进入的某些特定区域，这会存在一个风险，这些提供商或地区将会有更多的资金，超过了其以可持续的方式进行转贷的金额，这就可能导致他们自己的客户过度负债。与此相关的是贷款定价透明度的问题及客户保护等问题。

在过去几年中，这方面也出台了许多举措，包括"联合国负责任投资原则"和"投资者普惠金融原则"。小额信贷机构的国际协会已经建立了指导原则，当供应商违约或可能导致违约情形发生的情况下，这些原则可以帮助债权人和其他利益相关者。这些原则和准则背后的基本思想是考虑到最终客户的利益和整个系统的健康，该行业内的资金使用应是一种负责任的态度。专栏 16.13 概述了负责任投资者原则。

专栏 16.13　负责任投资者原则

坚持负责任投资者原则的机构投资者承认他们有责任根据投资受益人的最佳长远利益行事。在信托的作用下，他们认为环境、社会和公司治理（ESG）问题可能影响投资组合的表现（跨不同程度的企业、行业、区域、资产类别以及时间）。他们还认识到，运用这些原则可以更好地将投资者与社会更广泛目标相结合。由于坚持原则，投资者已认同以下事项：

1. 把 ESG 问题纳入投资分析和决策过程中去
2. 要成为积极的所有者，并把 ESG 问题纳入所有权政策和做法中
3. 在投资对象上寻求适当对 ESG 问题的披露
4. 在投资行业内促进人们接受的原则并实施
5. 携手合作，增强贯彻原则的有效性
6. 对活动和实施原则的进度进行报告

资料来源：www. unpri. org。

评级

自从小额信贷评级在 20 世纪 90 年代中期首次被推出，它的流行度与重要性已经成倍剧增。评级主要被资助者，包括捐助者和投资者，使用、评级是基于标准化方法对机构的业务、财务，最近更多的是社会绩效进行的评估。

小微金融机构的评级提供了长期可持续发展的体制和信誉，它是通过对风险、业绩、市场定位、管理和负责的财务做法进行了全面评估。他们衡量

的是一种可能性，即一个供应商即使在外部冲击的情况下是否会继续进行运营，并保持"持续经营"。他们集中精力关注的是治理、小额信贷业务和系统的质量，着眼于社会目标和客户保护的决策链，这些被视为长期可持续性发展的核心资产。

信用评级是一种传统评级机构产品（标普、惠誉和穆迪是最知名的评级机构），与一般的性能评级不同的是它具有更窄的焦点。信用评级特别关注供应商是否能够满足其信用义务，在一段特定时期内评估违约风险。适用于小额信用评级的方法也适用于任何金融机构——其主要目的是在给定时间内对该机构的违约风险给出意见。虽然许多市场参与者对信用评级很感兴趣，将它看成客观的第三方供应商的资信评估，但它们也被投资者和监管当局作为强制性要求的一部分以符合法规。

社会评级是对组织的社会绩效使用标准化评级进行的独立评估（SEEP，2006；见第十四章）。社会评级通常评估社会风险（没有完成社会使命的风险）以及社会绩效（贡献社会价值的可能性）。社会等级评估做法是，衡量一套指标并参照基准水平对它们打分。社会评级评估的是供应商完成特定目标的过程和表现，并对整体的推广和所提供的服务质量进行了分析。社会评估本身不能判定供应商是否达到特定的社会影响。然而，社会评级的更新贡献在于确定供应商承担的进程是否让该机构更接近实现其特定的社会职责。

主流评级机构倾向于利率债务和用升级和降级评级相应的判断拖欠债款的可能性。与此相反，更新的小额信贷评级的更新时机是比较零散的，因为评级往往是需要在一段连续长时间内才有效（见专栏 16.14）。市场对重复评级表现出成熟，如金融服务供应商拥有足够的资源和专业知识，它们自身会委托另一个评级。重复评级的频率也表明，评级被视为一种工具来改善治理或激励组织中的变化以继续完成组织任务，包括财政和社会两方面的任务。通常情况下，评级提供者自身支付评级的费用，这是主流评级标准做法。资金给供应商以在费用分摊的基础上获得由多边机构和开发性金融机构的首次评级；然而，这种资助形式已逐渐淡出。对 MIVs 和小额信贷资金的评级也是可用的（见专栏 16.15）。

专栏 16.14　小微金融机构评级与主流信用评级

自 1997 年以来，大多数已被评级的供应商，已对小微金融机构进行了评级，而不是传统的信贷评级，评级活动是由标准普尔、穆迪、惠誉这样的机构提供的。小微金融机构评级往往更适用于 MFIs，鉴于主流的信用评级通常会自动看到负面的具有相对较小资产规模且不受监管的金融机构（小，是以主流金融机构或银行为基准的）和无担保贷款业务。

当越来越多的小微金融机构转变为银行，情况已经开始改变，评级机构也在自身部门开发了内部专业知识。MFIs 作为被监管的金融机构和/或当地资金的来源或金融市场的中介，更有可能使用标准的信用评级，而不是小微金融机构的评级。对于很多小微金融机构而言，信用评级是一个重要的里程碑，因为它成为了寻求资本市场对外投资时的主流产品。

除了对机构评级，债券发行和证券化也要被评级。发行评级通常是由主流评级机构来准备。对发行的评级是很重要的，因为它们能使受监管的投资者，如养老基金和保险公司购买投资产品，满足相应的投资评级的监管标准。

发行一般有长期或短期评级，反映所发布债券的限期。债券有长期评级而商业票据有短期评级。长期和短期评级通常是与发行人的评级密切相关的。证券评级可能不同于发行人评级，因为它们是基于证券化投资组合的质量，而不是发行人本身。

专栏 16.15 MIV 和基金的评级

正如供应商被评级，所以 MIVs 和基金也有评级。卢森堡基金评级机构（LuxFLAG）是在 2006 年创建的，它是支持小额信贷和投资相关环境的一个独立的非营利性组织。LuxFLAG 小额信贷标签对于投资者来说是代表质量的标志，这个基金将其大部分资产投资在小微金融部门，并具有透明度、责任性、可持续性和独立性。

在与 MicroRate 合作时，LuxFlag 还提供了 Luminis，一个小额信贷资金的在线分析平台。Luminis 基于绩效、风险、社会和管理数据进行分析。基于互联网的平台使投资者可免费比较 80 个小额信贷资金的基本数据和分析，并配有完整的基金配置和可获得的报告。

扶贫协商小组（CGAP）与联合国责任投资原则，一个国际投资者组成的网络，于 2010 年建立一些标准以衡量小额信贷投资工具的非财务绩效。这些标准包括环境方面的（碳排放量补偿金、环境例外（environmental exclusions）和遭受的自然灾害）；社会方面的（平均贷款规模、客户保护原则、服务广度、消费贷款的比例、女性和农村借款人的百分比以及与健康、教育和妇女权利相关的活动）；和治理（报告、人员培训、投资企业的社会责任政策、投资的反腐败政策、举报（whistle – blowing）的保护以及投资对象的董事会席位）。

　　资料来源：www. LuxFLAG. org，www. microcpaital. org June 2012 issue，www. CGAP. org。

注释

　　[1] CGAP 的一项研究表明，2009 年，88% 的小微金融资金用于贷款，而用于能力建设的资金为 12%（零售为 8%，市场基础设施为 2%，政策为 2%）水平（El – Zoghbi 等，2011）。

　　[2] 联合国资本发展基金（资发基金）向一些小微金融机构提供了少量股权，但其一般作为多边机构的特例。

　　[3] 为了与私营部门接触，一些多边开发银行已经为这些私人客户分离出专门的部门；然而，这仍不是他们的主要关注点。

　　[4]"边界"一词表示欠发达国家和战后国家以及其他一些具有发达微型农业部门国家的农村地区。

　　[5] 见 www. unpri. org/piif。

　　[6] 见 www. iamf. org。

　　[7]"小额信贷机构评级"由 Abrams（2012）首次提出。M – CRIL, MicroFinanza 评级，MicroRate 和 Planet Rating 均同意将其作为通用评级产品名称。

　　[8] 2010 年，在 396 家至少参与过一次评级的小微金融机构中，34% 是重复评级的（ADA 和 PwC Luxembourg, 2011, 29）。

　　[9] 2001 年 5 月，美洲开发银行和援助贫困协商小组发起了一项名为小额信贷评级和评估基金的联合倡议。欧盟随后于 2005 年 1 月加入该评级基金。2009 年 2 月，美洲开发银行和拉丁美洲开发银行（CAF）启动了评级基金 II。www. ratingfund2. org。

参考文献及进一步阅读

*Key works for further reading.

*Abrams, Julie. 2012. "Global Microfinance Ratings Comparability." Multilateral Investment Fund (MIF), Member of IDB Group, Washington, DC.

ADA and PwC Luxembourg. 2011. "Microfinance Rating Market Review 2011." ADA and PwC Luxembourg, Luxembourg, September.

Basel Committee on Banking Supervision. 2006. "International Convergence of Capital Measurement and Capital Standards: A Revised Framework Comprehensive Version." Basel Committee on Banking Supervision, Basel, June.

Burand, D. 2009. "Microfinance Managers Consider Online Funding: Is It Finance, Marketing, or Something Else Entirely." CGAP, Washington, DC.

CGAP (Consultative Group to Assist the Poor). 2009a. "Focus on Deposits and Consumer Protection: A Silver Lining to the Crisis?" Article based on podcast interview with Elizabeth Littlefield, May 28.

——. 2009b. "Microfinance Funds Continue to Grow Despite the Crisis." CGAP, Washington, DC.

——. 2009c. "MIV Performance and Prospects: Highlights from the CGAP 2009 MIV Benchmark Survey." CGAP, Washington, DC.

——. 2011. "2010 MIV Survey Report." CGAP, Washington, DC, December.

——. 2012. "2011 Sub-Saharan Africa Regional Snapshot." CGAP, Washington, DC, February.

Dieckmann, R. 2007. "Microfinance: An Emerging Investment Opportunity: Uniting Social Investment and Financial Returns." Deutsche Bank Research, New York, December 19.

DiLeo, P., and D. Fitzherbert. 2007. "The Investment Opportunity in Microfinance: An Overview of Current Trends and Issues." Grassroots Capital Management, New York.

Duflos, E., and M. El-Zoghbi. 2010. "Apexes: An Important Source of Local Funding." CGAP, Washington, DC, March.

*El-Zoghbi, M., B. Gahwiler, and K. Lauer. 2011. "Cross-border Funding of Microfinance." Focus Note 70, CGAP, Washington, DC, April.

Forster, S., E. Duflos, and R. Rosenberg. 2012. "A New Look at Microfinance Apexes." Focus Note 80, CGAP, Washington, DC, June.

Freireich, J., and K. Fulton. 2009. "Investing for Social and Environmental Impact: Executive Summary." Monitor Institute, Cambridge, MA.

Gahwiler, B., and A. Negre. 2011. "Trends in Cross-Border Funding." CGAP Brief, CGAP, Washington, DC, December.

*Goodman, P. 2007. "Microfinance Investment Funds: Objectives, Players, Potential." In *Microfinance Investment Funds: Leveraging Private Capital for Economic Growth and Poverty Reduction,* ed. Ingrid Matthäus-Maier and J. D. von Pischke, 11–46. Berlin: Springer.

Harford, T. 2008. "The Battle for the Soul of Microfinance." *Financial Times*, December 6.

Ivory, G., and J. Abrams. 2007. "The Market for Microfinance Foreign Investment: Opportunities and Challenges." In *Microfinance Investment Funds: Leveraging Private Capital for Economic Growth and Poverty Reduction,* ed. I. Matthäus-Maier and J. D. von Pischke, 47–65. Berlin: Springer.

Ledgerwood, J., and V. White. 2006. *Transforming Microfinance Institutions: Providing Full Financial Services to the Poor*. Washington, DC: World Bank.

Mahmood, A. 2009. "Social Investment Matters." Deutsche Bank, New York.

Market Data and Peer Group Analysis. 2010. "2010 MIV Benchmark Survey." CGAP, Washington, DC, August.

Matthäus-Maier, I., and P. J. von Pischke, eds. 2006. *Microfinance Investment Funds: Leveraging Private Capital for Economic Growth and Poverty Reduction*. Berlin: Springer.

McKay, C., and M. Martinez. 2011. "Emerging Lessons of Public Funders in Branchless Banking." CGAP, Washington, DC.

MicroRate. 2011. "The State of Microfinance Investment 2011: MicroRate's 6th Annual Survey and Analysis of MIVs." MicroRate, Arlington, VA.

*———. 2012. "Microfinance Investment: A Primer." MicroRate, Arlington, VA.

Miller-Sanabria, T., and T. Narita. 2008. "MIF Retrospectives Investing in Microfinance: Making Money, Making a Difference." Multilateral Investment Fund, Washington, DC.

Platteau, S., and H. Siewertsen. 2009. "Trends in Microfinance: 2010–2015." Triodos Facet, Bunnik, the Netherlands.

Portocarrero Maisch, F., A. Tarazona Soria, and G. Westley. 2006. "How Should Microfinance Institutions Best Fund Themselves?" Sustainable Development Department Best Practices Series. Inter-American Development Bank, Washington, DC.

Puillot, R. 2007. "Governance, Transparency, and Accountability in the FSP Industry." In *Microfinance Investment Funds: Leveraging Private Capital for Economic Growth and Poverty Reduction,* ed. Ingrid Matthäus-Maier and J. D. von Pischke, 147–74. Berlin: Springer.

Reille, X. 2010. "SKS IPO Success and Excess." CGAP blog, August 11. http://microfinance .cgap.org/2010/08/11/ sks-ipo-success-and-excess/.

Reille, X., and S. Forster. 2008. "Foreign Capital Investment in Microfinance: Balancing Social and Financial Returns." Report 44, CGAP, Washington, DC.

*Reille, X., S. Forster, and D. Rozas. 2011. "Foreign Capital Investment in Microfinance: Reassessing Financial and Social Returns." Focus Note 71, CGAP, Washington, DC, May.

Responsible Investor. 2012. "How One of Switzerland's Largest Pension Schemes Invested CHF130m into Microfinance." March 14.

Saltuk, Y., A. Bouri, and G. Leung. 2011. "Insight into the Impact Investment Market." J. P. Morgan Social Finance and the Global Impact Investing Network. J. P. Morgan, New York, December 14.

Sapundzhieva, R. 2011. "Funding Microfinance—A Focus on Debt Financing." Microfinance Information eXchange, Washington, DC, November.

SEEP Network. 2006. "SEEP Network Social Performance Glossary." Social Performance Working Group. SEEP Network, Washington, DC, October.

Stauffenberg, D., and D. Rozas. 2011. "Role Reversal Revisited: Are Public Development Institutions *Still* Crowding Out Private Investment in Microfinance?" MicroRate, Washington, DC.

Symbiotics. 2011. "2011 MIV Survey Report: Market Data & Peer Group Analysis." Symbiotics, Geneva, August.

*Women's World Banking. 2006. "Women's World Banking Capital Markets Guide for Microfinance Institutions (MFIs)." Women's World Banking, New York, New York, November.

第十七章　监　　管

Kate Lauer，Stefan Staschen

第三章"政府和产业在金融普惠中的角色"在一个很高的层面上探讨了政策制定者在金融普惠中的角色以及政府作为"规则制定者"的作用。本章在本质上更具有技术性，关注怎样监管以及监管的内容——治理金融体系和其内部各种参与者的规则。它将引起刚刚接触到小微金融的决策者、想要更好地理解监管机制运作的从业者和其他想要了解正式的规则怎样影响金融生态系统以及它们如何支持市场更好地为穷人服务的利益相关者的兴趣。

定义和一般讨论

监管：监管这个词在这本书中是指不同类型的正式法律法令和政府声明，它们都是被公开发表的或者以其他方式公开的。这包括主要立法（立法机关通过的法律）、二级立法（通告、法规或监管机构发布或通过的指南）、行政命令、声明、法令和其他类似的法令和发布的规定。通常，主要立法指定并授权政府机构颁发二级立法。通常主要立法指定和授权政府权威机构发布二级立法。例如，银行法律可能指定中央银行作为银行的监管机构。小微金融的法律可能会指定专业金融权威机构负责监管小微金融机构（MFI）。主要立法通常只能被立法机关更改，而二级立法（如法规）则可以由监管机构更改。有些法规可能会在法庭上由私人团体执行，有些可能只能由政府机构执行。

许多法律法规领域影响金融服务、金融服务提供商和客户：银行法（即主要和二级立法）适用于银行，有时也适用于其他存款机构（在这种情况下，可以使用其他可能的名称，如"金融机构法律"）；非营利法律通常与非政府组织（NGO）的小微金融机构相关；金融合作社往往受制于特定的合作社法，尽管在一些国家它们也可能受制于特定的金融法律（例如，非银行金融机构法律）；保险法管辖保险公司；租赁法律管辖租赁公司；商业代码或公司法律通常适用于以营利为目的的金融机构以及非营利公司（如果存在）；支付系统法律一般管理支付的基础设施（也可能涵盖支付服务提供商和电子货币发行机构，直接被法律允许或在符合法律的规定中被阐述）。金融消费者保护法在理想情况下应该适用于所有的金融服务提供商。其他可能与金融服务提供商相关的法律领域包括竞争法、担保交易/抵押登记、反洗钱和打击资助恐怖主义（AML/CFT）、破产、资本市场、产权和外国直接投资。监管环境对特定金融服务交付模型和开发创新方法的可能性有重大影响。

注册和许可：注册申请通常是指在被指定为注册商的政府机构处备案基本信息（例如，非营利性组织注册商，小微金融机构注册商或合作代理商）。基本信息包括提供商的名称、地址和组成公文（例如协会或基金会章程、细则），有时需要创始人或所有者、高级管理层和董事会成员的名字。

许可是指作为特定类型的机构来运营（有些地区使用术语"permit"而不是"license"）。银行和其他存款机构、电子货币发行商和支付服务提供商需要获得许可。在一些国家，只提供贷款的机构也需要获得许可或被准许（permitted）。

为了获得许可，机构必须向监管或监督它的监管机构提交申请。申请通常要提交各种文件，包括一个三年或五年商业计划、运营政策和程序，以及拟任高级管理层、董事会成员和重要的所有者（也就是说，那些所有者权益超过指定百分比的人）通过任职资格测试的证明，以及证明其满足最低监管资本要求的能力描述。在某些情况下资金存款在提交申请时必须提供。经营银行或类似的许可申请可能还需要符合下列要求：精心设计和实行风险管理政策和程序、有效的审计功能、安全的分支机构、应急计划、不同的所有权和表明其拥有所需的核心银行系统和其他技术要求的证据。在一些国家，一个已获得授权的机构可能需要寻求额外的许可证才能从事某些活动（例如外汇交易）。

监督：有关金融机构的术语"监督"通常是指对银行和其他存款机构的审慎监管，尽管它还可以包括对非储蓄机构，如非银行电子货币发行商和支付服务提供商的监督。银行（或审慎）监管的主要目的是使银行和银行系统更安全与稳健。这并不意味着防止银行倒闭，而是减少"银行倒闭的概率和影响"。有效监督对一个运转良好的金融行业是至关重要的。当一个提供商受到审慎监管时，这意味着政府机构是在确保该机构承担的风险（对银行和其他存款机构来说承担的是公众存款的风险）属于合理范围。

对金融机构的监督通常包括许可、对机构报告和操作的不间断审查（这构成了非现场监管的一部分，能够发布有关现场监督的决定，如监督者是否应该对特定机构进行现场监督），发出强制性指令和纠正行为，临时管理和强制关闭。

监督者可能会将需要执行的任务及个人监督者采取的具体方法整理成详细的文档。这些文档可能会也可能不会向公众开放。一些监督者使用"关系管理技巧"，内容是关于对特定行业、个体企业及其业务和风险的深入理解。其他监督者依赖报告和计算机分析。一些监督者只对那些存在系统性风险的供应商应用关系管理。

两种最常见的组织金融机构监督的方法是（1）统一或集成的方法，一个监督机构同时负责审慎监管与监督以及商业监管的实施，（2）双峰模式，有一个负责审慎监管和监督的政府机构和一个负责业务监管的机构。一般来说，基于同一个基础的认识和理解有利于统一监管，但缺乏严格的审慎监管。双峰结构好处在于使审慎监管（至少从理论上讲）更加密集和集中但可能会因为两个监管部门之间缺乏协调和沟通（尽管在同一监管机构下的两个部门之间也可能有类似的问题）而受到影响。

自我监管和委托监督：自我监管和委托监督都需要一个非政府机构负责监测。自我监管的情况下，这个机构可能是金融服务提供商的联盟，正在实施的"规则"可能是一个成员起草的宪章或一个行业的行为准则（见第三章）。尽管自我监管表面上可能比无监管或无监督好，但是很难建立不受影响且有执行力的系统；也就是说，监管机构可以对一个成员强制执行标准，尤其是当这个成员有影响力时。

委托监督的情况下，代理权威（delegated authority）可能是一个政府机构或非政府实体（例如一个顶级机构），它们是现有的或新建立的专门监督某一类金融服务提供商。与自我监管相比，代理权威有强制力的优势，尤其是如果委托方保留了有效监督的最终责任。尽管在代理权威的情况下，不当影响的问题较少，但能力（委托方和被委托方）和资金上的问题依然存在。在该领域中，有时限的捐助者支持对开发能力至关重要。

监管的基本原理和目标

对市场参与者实施监管需要一个明确的依据，最好可以在市场失灵理论中找到。虽然有大量规范小微金融的经验但当然不存在"一刀切"的方法。在大多数国家，金融服务行业是监管最严格的行业。为什么尽管大多数国家赞成自由市场体系的原则，但还是会出现这样的情况？换句话说，监管的经济理由或基本原理是什么？在经济理论中，假定金融部门遭受市场失灵，这为监管形式下政府干预提供了理论基础——监管的公共利益观点。

最重要的是，市场失灵是信息不对称和外部性的结果，它为监管的实施提供了理由：

- 存款动员中的信息不对称导致储户缺乏激励和足够的方法来监控存款机构对资金的使用。在这种情况下，监管机构作为"代理监控者"可以代表储户更廉价有效地监控提供商。
- 在贷款中，借款人更了解他们偿还和使用所借资金的能力和意愿，这使得提供商很难选择最有信誉的客户。一个可能的结果是信用分配。
- 在保险行业，因为业务的复杂性和客户无法评估保险公司的能力，信息不对称依旧存在。考虑到客户的特定缺点为降低保险公司失败的风险而进行监管是特别重要的：如果保险公司不履行合同，客户将在自己或受益人最需要资金时遭受损失。
- 如果缺乏监管，支付系统通常会有利于先行者，可能导致有望为更广泛人群服务和提供更有效和高效的支付机制的竞争者被排斥。监管对于处理一个支付系统参与者未能执行操作（也就是说，未能完成其义务向其他参与者支付所应支付的）所带来的风险也是很必要的，无论是由于一个操作失败还是合同违约。
- 外部性负面效应导致"银行挤兑"（许多储户同时撤回他们的资金）的风险，导致健康机构恶化，继而蔓延导致系统范围的恐慌（系统性风险）。

监管的直接目标是避免市场失灵（例如，通过披露降低信息问题的要求），或者是减少市场失灵的负面影响（例如，通过保护客户）。在金融监管中，举证责任应该总是规则制定者的任务；只有在明确地实施监管的金融原理时，监管干预才是合理的。

表 17.1 总结了针对穷人的金融服务的主要监管目标。每个目标都基于监管的经济原因，可以通过一个特定类型的监管来达成。小微金融中被最广泛讨论的监管类型是有关金融机构的安全性与稳健性的审慎监管以及业务监管

行为，业务监管关注供应商如何与客户开展业务（例如，Christen 等，2012）。"使能监管"这一术语通常与融资渠道有关，指的是小微金融监管不应该过度限制融资渠道，而应除去当前的瓶颈使资金以平安和稳健的方式供给。五个监管目标是需要相互权衡的（例如，严格的安全性和稳健性规则限制了融资渠道），也属于支持性的关系（例如，安全性与稳健性规则提升了客户存款的安全性，从而达到保护消费者的目标）。

表 17.1   小微金融的监管目标

目标	包含该目标的主要原因	监管的类型和范围	监管手段的例子
提升金融服务提供商的安全性和可靠性	存款和贷款业务存在信息问题，负面外部性将影响提供商的安全性和可靠性	审慎监控 只对吸收存款的机构有要求	资本、流动性和保证金要求；管理和治理标准
防范系统风险	受负面外部性影响的提供商风险蔓延的可能，同时存在于存款吸收的机构之间和（程度较轻）只提供信贷的机构之间	系统监管 大部分针对存款吸收机构	最后贷款人、存款保险、支付系统监控
建立一个竞争性的市场	监管可以建立准入障碍；提供商在一个不饱和的市场上可能利用市场支配地位牟利	竞争监管 考虑到特定市场的市场支配；新的进入障碍	收购和兼并，互操作性，反卡特尔，反串谋法案
保障消费者	市场失灵的不良影响会伤害贷款和存款用户	商业规则监管 针对所有类型的金融机构	信息披露和公平对待法案，追索机制
提供可访问性	交易成本、信息问题、负面外部性和监管本身都可能导致缺乏可访问性	保障性监管 针对所有类型的金融机构	对现存障碍的去除；为小微金融调整标准

资料来源：Adapted from Staschen 2010，表 2.2。

监管可以随着时间的推移促进向外拓展"接触边界"，从而给正规金融部门带来新客户（Porteous，2006）。然而，在一些国家，供应商的能力太小以至于无法拓展"接触边界"，监管变化产生的影响可能很有限。监管（和监督）主要支持供应商和客户之间（相对于市场创造角色）核心交易的发展和扩张。规则如果遵循市场规律，那将是最有效的。

监管和监督的原则

在为金融普惠部门设计一个适当的监管和监督框架时，可以确定不同的指导原则。

- 比例原则：比例原则提倡的监管和监督方式（1）根据特定的提供者类型、活动或产品的特定风险，（2）旨在保持供应商、监管机构和消费者的成本和福利成比例。这种方法会对为穷人提供金融服务的不同监管和监督举措都有重大影响，特别是考虑到大多数现有的监管和监督机构可能没有充分考虑穷人的具体需求。然而，评估成本和效益不是一项容易的任务，利益相关者（监管机构、供应商、消费者）对风险以及成本和效益的量化往往有不同的观点。监管影响的评估可能是实施这一原则的实用工具（见专栏 17.1）。

专栏 17.1　　监管影响评估

监管影响评估（Regulatory Impact Assessment，RIA）是衡量特定监管改革是否成功的方法。这种方法既可以事前（ex ante）实施，即作为对监管变化带来预期影响的估计；也可以事后（ex post）实施，即在监管已经发生变化后。RIA 在发达国家十分流行，但是在发展中国家推广缓慢。作为一种政策工具，它在创建一个均衡的监管体系过程中扮演重要的角色。

RIA 可以衡量一项特定的监管改革完成监管目标（有效性）所带来的影响，以及实行新的监管带来的成本（效率）。一项监管改革可能是广义的（例如，一种新的机构类型创立，如吸收存款的 MFI 或者一个非银行的电子货币发行商）；也可能是狭义的（例如，一项特定的审慎监管标准的改变）。一项 RIA 可以比较不同监管改革的选项；或者将改变监管之后的情形与没有这项改革的情形进行对比，评估一项特定的改革提案。衡量影响的过程中将同时采用定性和定量的指标。

RIA 的一项优点就是它要求政策制定者清晰地描述监管改革的目标，以及预期的影响。这将增加监管者的可靠性，明确承认对金融部门带来的成本。

- 竞争中立：为了建立一个公平竞争的环境，不管是哪种类型的机构被监管，相同的业务应该遵从相同的规则。这也称为基于业务的监管，而不是机构监管。这有着重要的意义，因为许多国家选择建立一个单独的针对小微金融的法律框架，但同时允许主流银行提供相同或相似的产品。在竞争中立的原则下，不同类型的机构的小微贷款组合应当遵从相同的资产质量和配置规则。业务规则不管是否受到审慎监管，它们也应该同样适用于所有类型的贷款机构。然而，审慎监管和监督主要是针对金融机构的偿付能力，因而制度化方法更为合适。例如，最低资本金要求的对象是针对整个机构，应该根据整个业务的风险组合（其中可能包括小微金融这项业务）而定。

- 灵活性：小微金融的历史主要是关于金融创新和"跳出思维定式"。如果现有规则没有一定的修改灵活性，使它们更适合为穷人提供金融服务或去除现有瓶颈，那么小微金融的许多发展可能不会发生。基于原则的监管而不是基于规则的监管一直被提倡，它为金融服务提供商提供了更大的灵活性，但对经验较少的监管机构来说更具挑战性，也被批评太宽松（Black，2008）。灵活程度还取决于在主要立法（要求立法变化）或二级立法如法规（可被监管机构所修改）下的规则制定到何种程度。

小微金融机构的监管结构

绝大多数的监管框架设计时没有考虑向穷人提供金融服务的创新方法：例如，只允许商业银行动员储蓄，只允许监管机构授权的分支机构作为客服点，而移动网络运营商等非银行金融机构可能会被禁止提供金融服务。

关于小微金融监管的一个挑战是如何将 MFI 整合到现有的银行监管框架下。有三种不同的方法：

- 在现有的银行法下调整小微金融：世界上一些为穷人提供金融服务的大型提供商像商业银行一样被监管。根据银行法的灵活性，它也可能在相同的法律下做一些修改以整合接收存款的 MFI。如果在二级立法（相对于主要立法）下制定具体的适用于小微金融的审慎标准，这将是最简单的。
- 制定特殊的法律：很多国家对小微金融颁布了一项单独的法律（很少

有为小微金融采用二级立法的条例)。虽然这使得可以根据小微金融的具体风险情况而定制合适的法律，但也让其与银行的现有框架相一致更具难度。这一法律通常只涉及存款机构或小微贷款机构。这一法律监管下允许的业务必须明确定义，以防止"监管套利"，即供应商获得与该法律不相符的许可（例如，消费者、贷款者或其他金融服务提供商利用低门槛进入)。

- 现有法律下豁免：使用这种方法，只要符合一定的条件，MFI 就可以在银行法下得以豁免。这些条件定义了适用于 MFI 的具体监管措施。

  分层方法允许不同的金融服务提供者有不同的机构形式，每个都有不同的所允许的活动，遵从不同的监管标准。不同的层级可以在单一的一条法例或独立的立法行为下定义。这种方法的优点是，监督的强度随不同提供商具有的不同风险而不同，而且提供商可以从一个层级进入到下一个符合他们发展阶段的层级。例如顶层可能是商业银行，有权从事各种类型的活动，从存款中介到进行国际外汇交易。第二层级可能会限制银行的业务范围，允许存款中介但不允许国际交易，而第三层级可能只允许信贷业务（见专栏 17.2)。

专栏 17.2　分层方法的例子

在 2002 年，中非经济共同体（包括喀麦隆、刚果共和国、中非共和国、赤道几内亚、加蓬、乍得）采用了一项小微金融法案，将 MFI 分成三层：只能提供信贷的机构、只能吸收成员存款的机构和可以吸收大众存款的机构。莫桑比克将小微金融机构分成两类：那些经授权并且被审慎监管的机构（"微型银行"和信用合作社），以及那些需要登记并有央行监控的机构（信贷项目，以及存款和贷款协会)。

在欧洲和中非，包括波斯尼亚和黑塞哥维那、吉尔吉斯斯坦和塔吉克斯坦的国家已经采用了特定的小微金融分层法案。这些法案都只是将提供信贷的机构和吸收存款的机构进行区分。在 2002 年，吉尔吉斯斯坦通过一项法案监管小微金融机构。吉尔吉斯斯坦将所有小微金融活动分为三类：（1）小微金融企业；（2）小额信贷企业；（3）在非营利的基础上提供小微金融服务的小额信贷中介。

乌干达是非洲最早对吸收存款的 MFI 采用独立法律的国家之一。除了商业银行（1级）和不能吸收存款的信贷机构（2级），依据2003年通过的小微金融存款吸收机构（MDI）法案（the Microfinance Deposit – Taking Institutions Act）一个新的层级（3级）被创造出来。在这个法案通过的头五年里，4家NGO MFI在新法案下获得执照。然而，在第五年后，一家商业银行收购了其中一家MDI，在之后的9年里，只剩下3家MDI。

金融服务提供商的监管

金融服务提供商根据他们的业务和特定的法律形式受到不同的监管。例如，银行和其他存款机构受到审慎监管。相比之下，非储蓄机构可能会受到某些限制性的非审慎要求，如基本的报告。

在所有情况下，采取适当的监管方法有助于将注意力集中到相关风险，包括对什么业务、产品和服务进行评估（理想情况下由提供商和监管者进行），涉及什么风险以及为什么。对金融普惠性进行监管让市场更好地为穷人服务，其主要目标是确保监管是适当的而不过于烦琐，而且它给市场一个明确的信号，为穷人提供金融服务是监管方案的基本部分和需要被优先考虑的。

银行

银行从事金融中介的高风险业务：它们吸纳公众存款（包括法律实体和个人），借出这些存款（有或没有抵押品）和其他资金，包括资本和向借款人借入的资金（可能不是净储户）。基本的银行业务通常包括但不限于客户账户及代理账户的开设和服务；支付和转账业务，包括发行信用卡、借记卡和其他付款卡；保管贵重物品；信托业务；发行担保和备用信用证；其他贴现汇票和本票。鉴于这些不同的业务和银行的两个基本关注点——金融体系的稳定和公众资金的潜在损失，银行应受到审慎监管（监督）。

审慎监管包括遵守指定的比率（例如，流动性比率和资本充足率）的要求和其他限制，包括最低资本要求和资本储备，信贷风险限额和无担保贷款限制，对内部贷款和外汇的未平仓合约的限制（见专栏17.3）。银行通常也只能在其他法律实体中持有一定的权益比例。这些规则和要求的目的是为银行业务的风险管理提供参数。

专栏 17.3   必要的审慎要求

最小资本（Minimum capital）是对一家金融机构必须持有的最小资本金的监管要求。通过要求投资者将自己的钱投入风险活动中，资本金保证了股东会监管机构的行为，这继而会提升管理水平。为了方便机构准入和促进服务覆盖，审慎监管可以起到一个平衡较低的资本金要求的作用。

资本充足（Capital adequacy）为银行和存款吸收机构如何融资设定了一个框架。受监管的机构被要求根据资产情况持有一定数目的保证金。资产是有风险加权的，即资产的风险越大，要求持有的保证金就越多。

所有者、董事会和高层管理要求一般涉及胜任标准（所有者应当符合一定的财务能力标准；高层管理者，或者至少是董事会的部分成员必须符合经验和专业方面上的要求）。一些国家还对重要的所有者有额外的要求。

最大持股限制（一般会设为 20%，25%，50%，甚至更高）是为了确保多元化的利益。

资料来源：Ledgerwood 和 White，2006。

储蓄银行不同于商业（或综合）银行，其业务更有限、规模更小。储蓄银行，常为农村银行，不同于商业银行的是它通常由不同的监管机构监管。对储蓄银行的监管应该和对大型国际金融机构的监管有所区别；然而，对小微贷款业务的监管应该类似于监管其他从事小微金融的机构（Christen 等，2012）。

银行事务代理（即银行向客户和潜在客户提供各种服务时对代理的使用）作为接触和服务农村人口和其他生活在没有分支银行的低人口或偏僻地区人口的手段，在一些国家一直在发展。代理商可能从事各种服务，包括存/取款、开户或协助开户，代表提供商收集其他信息（例如，贷款申请表格），影响支付和转移，并提供账户余额。一般来说，银行事务代理是一种外包业务，应该规范化。然而，在许多国家，缺乏具体的有关银行代理使用的监管许可，这一直是一个障碍。规则是否能保证代理被最佳和有效的使用是至关重要的。其中包括（1）允许使用代理网络管理者和分层零售结构（例如，代理和子代理）使得代理网络的推广具有成本效益，（2）允许大量机构（包括零售商店和小商店）作为代理，（3）允许代理商影响或促进开户和执行其他确保银行符合 AML/CFT 规则的操作。此外，确保消费者保护的规则也能解决使用代理而产生的风险是很重要的。

非银行储蓄机构

通常，非银行储蓄机构可以从事银行允许的部分业务。贷款业务可能被限制（全部或部分）向小微企业贷款，贷款和储蓄以外的业务可能受到限制。其他复杂或高风险活动可能不被允许，如外币兑换和金融衍生品。审慎性条件应该由监管机构如银监会或一个单独的机构来评估，以确保他们向小额储蓄机构提交合适的申请。应该对某些适用于银行和其他存款机构的审慎性条件包括最低资本、资本充足率、所有权要求、最大股权所有限制、贷款损失准备金和流动性等进行调整以适应特定的小微金融业务的风险和收益（见专栏 17.4）。

专栏 17.4 为适应小微金融活动进行的审慎监管调整

- 因为受其自身业务和活动范围的限制，针对小微金融服务提供商的最小资本要求一般会更低。最小资本，通常作为一种配额（rationing）工具（以避免监管者负担过重），应当足够覆盖启动成本和损失。

- 关于专业的 MFI 需不需要有一个比多元化商业银行更高的资本充足要求（CAR）的争论一直存在。虽然一个更高的 CAR 会减低利润（从而使潜在的投资者打消投资的念头），但是在一家新的 MFI 创建的头几年，这并不会影响它的成长，因为一家专业的 MFI 需要花费比商业银行建立一个传统贷款组合更多的时间来建立自己的小额贷款组合。

- 所有者、董事会和高层管理要求（即考虑到经验和专业的任职资格考察，以及对资本追加的能力）应该根据具体的业务和存款吸收机构的风险而定。

- 最大持股利益已在某些国家和某些情况下做了调整以允许非营利的 MFI 创始人成为唯一的股东或者持股超过特定的比例限制。如果限制不被修改，可能会对转型中的 MFI 造成困扰，因为他们需要寻找投资者，尤其是那些赞成 NGO 社会使命的投资者。

- 对小微金融提供商的准备金要求一般都比银行更高，因为它们缺少或有不同的抵押要求、贷款期限更短以及更频繁的小额贷款的偿还时间。然而，除非小额贷款违约，才可以有确实的依据对小微服务提供商要求相似的准备金；在一定的时期之后，短期无担保的小额贷款才应当有比一般担保的银行贷款更积极的准备金。

● 小微金融服务提供商需要有更高的流动性要求，因为存在借款人违约蔓延、无法有效实施停贷指令（尤其是典型的 MFI，因为小额贷款者的偿还意愿很大程度上是建立在能借到下一笔贷款的期望上）以及缺乏接触到最终贷款人等风险。

资料来源：Christen 等，2012。

金融合作社

"金融合作社"这一术语是指每个成员有一票表决权的会员制机构。根据规模、会员标准/组成和运营方式的不同，金融合作社包括信用社、储蓄和信贷合作社、储蓄银行和合作银行。在一些国家，金融合作社有超过 10 万个成员，总资产超过了 2000 万美元。在其他国家，金融合作社是地方性的，规模很小（少于 100 个成员），在地理上是分散的。

监管（或监督）金融合作社的方法比监管银行、非银行金融机构和保险公司的监管方法方法更不具有统一性。在一些国家金融合作社受到审慎监管，在其他国家却不是。在许多国家负责监管所有合作社的机构也监管金融合作社（在很少数情况下，非金融监管机构被要求遵守审慎监管法规）。在其他国家，可能会有一个顶级监管机构（或合作社联合会）或一个独立的金融监管机构来监管金融合作社。

对于小型金融合作社，各成员间的纽带关系可以用侵扰性较低的方法来监管，特别是如果它们所吸收的存款仅来自于成员（尽管对于许多金融合作社，由于可以通过支付少量费用成为成员，会员和非会员存款的区别并不显著）。支持这种方法的基本事实是很难创建一个对小型（例如，100 名成员）合作社进行审慎监管和监督的可持续发展的体系；管理大量的小型机构可能会超出一个监管机构的能力。此外，这些小型合作社通常没有符合审慎性条件的能力（考虑人员和信息系统）或资金。另一种选择是关闭所有不受审慎监管和监督的金融合作社，但这会剥夺许多人享受所需金融服务的机会。然而，有些情况下，金融合作社明确需要受到审慎监管和监督，特别是当它们规模很大（以会员数量和资产规模衡量）和/或从非会员吸收存款时。这些机构往往从事类似小微金融银行的业务，因此要受到类似监管。

小微贷款机构

小微贷款机构可能是非营利也可能是营利的，可能采取不同的法律形式，包括协会、基金会、公司或企业。小微贷款机构的业务通常限于贷款和其他辅助服务，如提供业务发展服务，它们的贷款资金来自于捐赠者、私人投资者和其他放贷机构，包括商业银行。

由于小微金融机构只做贷款业务（根据定义，贷款不会引入存款流失的风险），所以没有理由对小微贷款机构采用适用于银行和其他存款机构的烦琐而困难的审慎监管。然而，只做贷款的机构应当满足某些基本需求（除了登记以外还有其他）：业务规则（即消费者保护）的实施、基本报告，也许还有对高管、董事会成员和公司所有者的任职资格标准要求。报告要求（如果有的话）应根据监管机构的合法目标来确定。不强加烦琐的或不必要的要求总是很重要的。

一些只做贷款的 MFI 从客户和中介收取现金抵押品（也称为"强制"或"被迫"储蓄）或转贷资金。非储蓄机构被要求将这些资金留在银行账户或进行其他安全且具有流动性的投资，但不允许转存资金。然而，许多人极力反对这样的要求，并列举了两个原因：（1）小微金融机构的业务往往严重依赖此类基金的可用性，（2）客户资金损失的风险受限于现金抵押品的价值超过这些客户所欠贷款的数额（对于任何客户）。

虽然只做贷款的机构不存在审慎监管的问题，但一些国家已经让银行监管机构负责这些机构（通常通过新成立的部门）。其他选项包括建立一个委托机构、一个独立的监管机构、协会或顶级机构的自我监管。一些国家可能只有一个注册机构拥有只做贷款的提供商的基本注册信息。

许多只做贷款的 MFI 为客户提供储蓄服务并额外融资，希望转变成一个可吸收存款的 MFI。存款是一项复杂的业务，新的（或转变后的）实体应当满足适用的许可标准及相关的适用于这种类型的存款接受机构的监管要求。针对转变是怎样被影响的，还应该有明确的规则。这些规则应至少允许只做贷款的 MFI（包括非营利组织）转化为新的机构，其小微贷款组合转换为相同市场公允价值的资产。其他需要考虑和解决的问题包括（1）是否允许贷款组合的普惠性满足部分初始资本要求，（2）允许 NGO 在营利性公司拥有所有权，和（3）允许 NGO 在存款机构持有显著权益。

在一些国家，NGO MFI 向吸收存款机构（或营利性的小微贷款公司）的转变是被禁止的，因为担心会出现用于公共利益的资产转移到私人行为体的问题。这是一个复杂的话题，但是可以解决，只要确保（1）NGO MFI 获取转移资产的公允价值（如由一个专家估值），（2）NGO 在适用的非营利性法律下继续运营，或根据法律解散。转变后的机构是否继续像 NGO MFI 一样为同样的群体服务将取决于交易的细节和新机构的管理文件。

支付服务提供商和电子货币发行机构

非银行机构如支付服务提供商（PSP）和提供电子货币的移动网络运营商（MNO）在为穷人提供金融服务中发挥着越来越重要的作用。这些机构通常不受存款机构的审慎监管，也不需要，只要它们遵守一定的风险缓解措施。它们通常提供范围更有限的服务（也就是说，只有支付和/或电子货币），因此风险也更为有限。根据比例原则，最好使 PSP 和 MNO 在非银行金融服务提供商的特定监管框架下。

越来越多的国家对支付系统有专门的法律。中央银行通常有监管权力，有时这种权力被赋予给另一个监管机构。在许多国家，这种力量是监管机构隐含的责任，以确保金融体系的安全与稳健。

只参与支付服务的提供商一般受这个法律或据此采用的二级立法（例如，法规或准则）的监管。在一些国家，电子货币发行者接受和 PSP 一样的监管要求，在其他国家却存在差别，包括特别指定的最低资本要求（如果有的话）、持有客户资金的情况，以及实现付款之前 PSP 可能持有客户资金的时长。

与通常需要定期清零结清的支付或转账不同，电子货币（在大多数司法管辖区）可以无限期地进行。它的"清偿能力"（对现金撤回）及与存款的相似性使得监管机构有时不允许非银行金融机构发行电子货币。然而，越来越多的国家包括欧盟成员国、马来西亚、菲律宾、印度尼西亚、BCEAO 西非国家和阿富汗已经制定了针对非银行电子货币发行商的具体规则。换句话说，他们允许无网点银行业务这种基于非银行金融机构的模型（Lyman 等，2008）。两个最重要的降低此类模型风险的监管措施如下（Tarazi 和 Breloff，2010）：

- 资金保护："电子货币浮动"，即兑换提供商发行电子货币而得到的资金必须保存在安全资产范围内从而随时可用。它可能存放在商业银行（在某些情况下受到多样化要求以最小化剩余风险）或政府债券等安全资产账户下。电子货币浮动除了向客户支付以外不能用于其他任何目的。
- 资金分离：电子货币浮动必须与对发行商的索赔分离。如果资金在非银行机构的名下，而非银行机构一旦破产这就有问题了。一些国家已经使用信托或托管账户来保护资金免受债权人索赔的影响。

非银行金融机构可能会采取其他风险缓解措施，比如禁止从事其他业务（特别是贷款），电子货币账户的交易限制和最低资本金要求。此外如果使用非银行代理商，银行代理商的规则通常也适用于非银行代理商，以确保两种模式之间的公平竞争的环境。

关于支付系统互操作性（竞争性金融服务供应商的客户之间相互交易的能力）和独家代理（客户为兑现/套现而使用不同供应商来代理）的问题挑战着决策者，使他们制定规则以促进全面金融包容性（Ehrbeck 等，2012）（见专栏 17.5）。

专栏 17.5　金融普惠生态圈

互操作性和非独家代理商可以通过增加更多访问点的方式扩展金融服务的范围，为更多客户服务。它们同时也加剧了竞争，这将使成本下降，虽然这最终还取决于交叉网络支付的交易成本（自由谈判或者政府强制规定）。但是，实现互操作性的最佳道路是什么呢？

允许独家平台和代理网络最终将使最早进入者或者最大参与者控制整个市场，可能出现竞争受限和人为抬高价格。然而，在市场成长的早期就要求互操作性可能会打击市场参与者的积极性，因为担心竞争者可能会"傍上大腿"。一些政府会在事前规定互操作性，有时甚至要求连接到一个开发了或者拥有了资金转换流程中央开关的国家。这样的努力经常取得不好的结果。另外一些政府则考虑在事后规范互操作性，通常是在大型参与者抑制竞争的时候。鼓励私人机构自发地实现互操作性，并需要产生如下的默契：如果自发产生的互操作性不能达到预想的要求，政府会自己建立一套互操作性系统，这套系统可能不会令私人机构喜欢。

资料来源：Ehrbeck 等，2012，7~8 页。

小微保险

保险公司通常受制于不同的监管机制，因为保险的风险不同于贷款或存款机构。通常保险承销商被禁止从事其他金融服务；同样地，银行和其他存款机构通常被禁止承销保险。如上国际保险监管协会所述，监督保险公司的主要目的是促进"公平、安全、稳定"的行业发展，为了利益和保护投保人（IAIS 2011，15 页，1.3 部分），小微保险提供商要受保险监管机构授权和监督。

如同小微保险的许多其他方面，如创新产品开发或交付，在小微保险监管中就监管和监督方案而言已经出现很好的做法。首先要认识到保险监督机构在支持小微保险方面的主导作用以及监督机构与明确发展任务的相关性：获得保险应包括在金融普惠性策略内。其次，监管应以风险为基础，并且按个体机构的性质、规模和固有的复杂程度分配比例。最后但同样重要的，监督机构应该根据不同的客户细分、商业模式和它们在权威下所面临的内部挑战来增强自己的能力，以适应小微保险。

现有的保险监管框架通常包含许多对普惠性的障碍，包括以下几点：

- 产品监管
- 寿险和非寿险业务范围的界定
- 为确保充分保障受保人的利益的市场行为监管
- 赔付或赔偿规定
- 资本充足率、偿付能力和技术规定
- 对投资业务规定的标准
- 规定的风险管理体系
- 规定的承销体系和流程

保险以外的监管区域也常常影响小微保险条款，包括银行法（可能阻碍银行保险），电信法律（可以阻碍基于移动电话的交付）和合作社法（可能为这种类型的实体提供不同的标准）。

保险监管机构应该制定一个同时考虑保险和其他法律领域的监管解决方案，鼓励行业创新，明确定义保险公司和那些只能作为中介的提供商。

保险监管机构一直在寻求各种各样的途径希望在其管辖范围内提高普惠性。一些国家（例如，菲律宾和南非）为小微保险建立了分级监管机构促进市场准入及其增长和规范化。这种方法力求使资本需求与有关风险性质、规模和复杂性的要求相称。创建保险许可第二层级能支持新供应商的进入，其条目和监管要求是根据小微保险量身定制的。它可以促进会员制组织的规范化，会员制组织在小微保险中非常普遍，通常没有正式的保险法律来规范。当有大量非正规提供商时，这种监管方法是必要的。

越来越多的保险监管机构允许创新的分销渠道通过已知的和可信赖的供应商（例如，公用事业公司、MFI、典当行、宗教团体、工会或零售商店）来接触低收入人群。

保险监管机构有更多选择来帮助促进小微保险，其中，可以降低保险公司和分销渠道带来的监管负担，例如，在允许寿险和非寿险捆绑于一体的保单上简化产品注册和代理培训的要求。专栏17.6 提供了更多有关保单、监督和监管选项的信息，监管机构可以用来促进健全小微保险规定以及包括各种各样的保险公司和中介机构参与的基础广泛的行业发展。

专栏17.6 让保险市场为穷人服务——已出现的小微保险政策、监管和监督的指导方案

- 采取积极的举措发展小微保险市场——在他们日常的委托管理的基础之上授予监管者市场发展的监管权力；理解现有和潜在的市场；考虑正式和非正式的服务提供商；发布信息，包括关于在公众领域中未被服务到的细分市场问卷调查；对小微保险市场发展做公开承诺；在监管市场和顾客的风险的同时，为市场实验留下足够的空间。

- 采取将小微保险作为普惠金融一部分的政策——形成适应于国家发展现阶段的政策；向正式和非正式的市场参与者和政府相关部门咨询；将政策置于政府发展普惠金融的框架内；政策需基于可靠的市场及其发展的信息。

- 确定一个小微保险产品目录——确定现有的监管范围在多大程度上会抑制小微保险的承保和分布；如果监管范围抑制了小微保险的发展，就在一个审慎监管与市场监管较少的低系统性风险下定义一个小额保险产品目录；在涉及的风险事件和最大的利益水平方面尽可能广泛地定义小额保险；限制小额保险政策的合同期限；保证条款的简化和便捷的沟通。

- 根据小微保险的特征指导监管——考虑限制小微保险发展的特定监管条款；确定是否在满足关键监管条款的基础上开设例外，或者是否要求一个新的监管层次；设计小微保险监管层级以吸引现有的保险商和潜在的进入者；发展一套适应于小微保险提供商的风险规则；考虑是否有必要划分寿险和非寿险，如果有可能的话让小微保险牌照持有人承销两者。
- 允许小微保险对多种实体承保——允许小微保险对多种形式的法律主体进行承保，包括合作社和其他形式的会员制正式组织；确保机构在相同的监管要求下承保相同的业务；确保所有组织在公司治理、会计、公开披露要求方面符合合规性的要求；确保所有的小微保险可以使用再保险业务。
- 为正规化提供道路——允许新的机构形式承销保险；提供一个分层的最小资本和偿付结构；对所有大型保险公司和再保险公司实行强制承保业务和能力建设要求；就正规化方面与其他政府机构展开合作。
- 为小微保险分布创造一个灵活的制度——允许多种类型的中介商存在；避免对可能的中介商进行规定性限制；为消费者追索权提供便利。
- 促进小微保险的积极销售——在不牺牲消费者保障的条件下，采用可能的最低程度的市场监管措施；发展一套针对小微保险的标准简化条款；确保产品和供应商信息对消费者的最低披露；避免对中介进行价格控制。
- 监控市场发展和反应——根据对风险的评估调整监管优先级；小心监管。
- 在低风险领域用市场力量支持监管——如果可行，向其他市场参与者授予某些方面的监管权力；明确描绘角色和职责；监控并保证有效的消费者追索机制，确保授权监管者不把消费者置于有风险的位置。

资料来源：Bester 等，2008。

对银行和其他非银行机构的监管

受审慎监管的机构一般包括银行和其他存款机构，尽管并不是所有的存款机构都受到监督。其他从事类似于接受存款业务（如非银行电子货币发行商）的非储蓄金融服务提供者可能受到金融监管机构的监督，尽管由于关键区别（即没有存款），它们所受的监督通常比银行更有限。

只做贷款的机构通常不受监督。可能有一个监管机构负责审查是否符合监管要求，包括基本报告、任职资格（适用于高级管理人员、董事会成员和重要的所有者）以及消费者保护规定。

在许多国家，可以发现有机构收集存款并将其转存但却没有受到任何审慎监管。技术上来说这些机构可能并没有吸收"存款"（根据法律所定义），但它们的行为涉及与其他吸收存款机构类似的风险。如果它们的资产（或金融合作社的成员）超过一定规模，这些机构应该受到审慎监管和监督。然而，监管机构可能没有足够的人力资源或能力来承担这样的责任，而机构本身可能也没有足够的人力资源或资金来满足审慎性条件。政策制定者需要评估情况并决定允许机构从事无人监督的吸收存款（或类似存款）的业务，还是叫停此类机构或此类业务。

银行

银行的监督机构通常是中央银行，尽管会有不止一个监督机构，也就是说，央行可能只负责货币问题，还有一个独立的负责系统性风险和审慎问题的监管机构，一个存款保险的监管机构，分别负责国有银行、私人银行、小型银行和其他银行（例如，储蓄银行或村镇银行）的不同监管机构。

银行监管的重点是风险管理，理想情况下应该应用比例方法来实现。它应该服务于提高金融普惠性，因为它主张根据风险（机构和特定的活动的）进行管理从而鼓励和支持在局限范围（专注于特定客户和产品）和风险下进行创新。

对银行的审慎监管包括：（1）监测（包括通过报告的非现场监测和现场监测）以确保银行遵从审慎监管；（2）发出强制性指令；（3）采取其他措施来影响银行的业务和行为；（4）实施制裁。监督银行代理业务应该类似于监督银行其他外包业务。

非银行存款机构

非银行存款机构的监管机构可能与银行相同（尽管通常会有一个单独的负责非银行储蓄机构的部门），也可能是一个独立的金融监管机构。在某些情况下是由非政府机构来监督，作为监管（政府）机构的代表团或作为自我监管计划的一部分。某些监管做法可能不适合以小微贷款为主要贷款业务的机构。首先，非现场和现场监督方法需要调整，因为小微贷款组合书面记录较少，无法以通过审查大额贷款的样本的形式来评估。相比而言，监管应重点关注贷款、收集政策以及投资组合表现的合规性。其次，某些监管行为对这些机构并不奏效，尤其是停止放贷和强制资产出售或并购的指令。由于客户对后续贷款产生依赖，放贷的停止令会导致大量的违约（Christen 等，2012）。而信贷员和客户之间通常关系密切，资产出售或并购会切断这种关系，从而也可能导致客户（也可能得出后续贷款的可能性变小的结论）违约。

如上所述，监督金融合作社的方法与监督其他非银行金融机构的更不一致。通常负责银行体系的金融监管机构既没有所需的员工也不熟悉要监督的金融合作社。这是一个困难的挑战，政策制定者必须决定是将责任交付给监管机构、建立一个委托结构、让他们在一个独立的监督机构下还是寻求自我监管。

金融基础设施的监管

运转良好和包容性的金融基础设施是金融普惠性的关键，包括信用信息、支付和结算系统、存款保险和抵押/担保交易。

信用信息市场的监管通常与数据隐私和银行保密法相联系。为了将客户信息传输给外部组织（如信用局），又缺乏单独的允许此类行为的监管规定，提供商通常需要获得客户的许可（在一些国家，监管明确要求供应商获得客户对此类行为的同意）。在有些国家，非银行机构对信用报告的参与度很低，监管机构可能会决定要求它们参与或激励它们参与（例如，通过降低提供贷款的要求，贷款是基于对客户信用报告的审查而扩展的）。为了确保客户不因为信用报告中的不准确信息而受苛待，通常要求保持信息更新并删除过时信息，向客户提供有关文件信息，在错误通知后纠正信息。

尽管监管机构通常关注金融机构之间的支付和结算系统（例如 SWIFT），越来越多的注意力和时间被投入到零售支付和转账上来，因为它们越来越重要。监督包括促进有效、安全可靠的系统，解决运营和其他风险，促进公平和开放的渠道。访问一个特定的支付系统通常需要参与者同意，他们决定哪些机构能够访问及其成本是多少。理想情况下支付系统的参与者将制定要求（例如，证明内部控制足够健全以解决和应对各种风险）来确保系统的完整性和稳定性。现实是由大型商业银行控制的正规支付系统没有为穷人服务兴趣或动力。在一些国家，因为顾忌具有统治力的参与者，或出于促进互操作性的目的，监管机构授权访问（或在反竞争定价下进行干预）并监管费用（尽管这些以金融普惠性为目的的步骤一旦抑制创新就可能会适得其反）。决定事前监管还是事后采取监管执法或干预（可能涉及竞争监管机构）的一个重要因素在于特定支付系统的成熟程度：一般来说，当不了解涉及内容或面对一个全新的支付系统时，事前监管很难进行。

在大多数国家，受审慎监管的商业银行必须参加存款保险计划。少数国家要求或者允许非银行吸收存款机构参与（在同一计划或类似计划），尽管这通常只适用于那些受审慎监管和监督的机构。在某些情况下，对存款保险计划及其参与者的监督可能由一个独立的监管机构负责，在这种情况下，与银行监管机构的协作是至关重要的。在任何情况下，确保这样的计划得到资助及相关机构受到有效的监督都是很重要的。

虽然抵押不是大多数小微贷款的特点，有效利用抵押品（担保交易）需要明确规定什么可以作为抵押品、怎样登记抵押品以及抵押中怎样的担保物权是"完善"的。除了要有可访问的抵押登记（通过物理或电子渠道访问），有效的执行机制也是至关重要的。然而，建立登记制和在法庭上执行债权人权利的能力需要耗费大量的时间和成本。

AML/CFT（反洗钱和打击资助恐怖主义）要求

尽管许多国家没有专门的 AML/CFT 法律，还是有很多国家遵循金融行动特别工作组（FATF）的建议和指导确立了相关要求。基本的 AML/CFT 措施包括客户尽职调查（CDD）（通常与"了解你的客户"［KYC］同义）、监控和维护客户交易记录，并在可疑交易出现时通知相应的部门（作为银行风险管理举措的重要组成部分，AML/CFT CDD 要求可能与巴塞尔银行监管委员会确定的 KYC 措施重叠。然而，它们也可能存在差异，因为两套要求是为了不同的目的）。

正如新的 2012 FATF 建议中所声明的，基于风险的方法应允许对低风险产品和服务简化测量，对成熟的低风险产品和服务免除一定的要求，CDD 应该包括以下内容：

- 通过可靠的文件、数据或其他信息对客户身份进行识别和验证
- 识别实际拥有人并采取合理的步骤来验证该身份
- 理解业务关系的目标和预期特征
- 在业务关系上进行持续的尽职调查

　　因为如果没有国家身份认证（ID）项目，贫困客户可能很难提供身份证明和地址证明，一个国家的 AML/CFT 要求会对金融普惠性产生负面影响。FATF 支持的导向风险的方法是解决 AML/CFT 规则潜在巨大负面影响的关键。低额的储蓄账户和移动钱包尤其受益于这种灵活性（Bester 等，2008；Isern，de Koker，2009）。

注释

　　[1] 巴塞尔银行监管委员会（2011），第 4 页，第 16 段。

　　[2] 这意味着工作的决议机构对失败的处理有序进行。

　　[3] 从公众利益的角度来说，管制是被认为对社会全体有益的。例如，Barth 等（2006）。有关小微金融失败的案例，见 Staschen（2010）。

　　[4] 在少数案例中，管制也会刺激市场，但仅仅是因为其恰好适应了市场需求。例如，巴基斯坦的 Branchless Banking Regulation，其实施于提供商推出新产品之时，稳定了动荡的市场。

　　[5] 这种方法由 Van Greuning（1998）等首次提出。

　　[6] 每个国家都有自己的允许活动列表，额外的活动可以得到允许，但是一些情况需要特殊许可证，包括投资银行业务，外汇业务，贵金属的保管和销售，租赁，保理和类似活动（即购买和收取索赔）以及境外活动。

　　[7] WSBI - ESBG 在 G20 领导人峰会（2011.11）中通知，http：//www. wsbi. org/uploadedFiles/Position _ papers/WSBI% 20and% 20ESBG% 20message% 20to% 20the% 20G20% 20Leaders. pdf。

　　[8] 许多国家允许个人成为代理人。合理的标准应该是根据代理人将从事的活动来设计。更多关于银行代理人相关的其他监管问题，参见对 Tarazi 和 Breloff（2011 年）的进一步讨论。

　　[9] 这个问题的其他讨论，见 Lyman 等（2008）。

　　[10] 见 Dias 和 Mckee（2010）关于消费者保护问题的更多讨论。

　　[11] 见 Christen（2012）等人关于如何将特别监管法案实施于小额信贷储蓄机构的讨

论。也可见 Basel Committee on Banking Supervision（2010）。

［12］一些小微贷款机构参与金融教育和非金融类活动，例如提供医疗和教育相关服务。

［13］尽管在一些国家，小型贷款机构已经发展到会产生系统性不稳定的规模，但是传统的信贷机构并没有引入系统性风险，尽管这些风险理论上应该由小微信贷监管机构来确认。

［14］报告可以包括所有权变动，董事会的基本信息，高级管理人员的地址和姓名。如果公众需要或者监管机构需要借此来了解和监管整个金融体系，则财务报告可以更改。然而，以"培训"小额信贷机构为目的进行报告，在私人安排中显得更为适当，比如和捐助者或贷方。

［15］在这种情况下，"转变"和"转型"通常不是指机构从一种类型转换为另一种类型，而是指将小额贷款业务转移到另一个机构。

［16］理论上，这类转账应该由专家进行评审，特别是当贷款被认为是满足存款机构初始资本需求时。

［17］也有其他使用贷款组合来满足最低资本需求的机制，包括给转型后的机构足够时间，条件是在资本全部捐赠之日之前的期间不从事存款活动。

［18］见 Lauer（2008）关于这个问题的进一步讨论。

［19］为了确保良性竞争，银行和其他存款机构有关支付和电子货币的业务必须受限于类似条例。

［20］第二条和第三条是相关的，如果资金仅仅是被短期持有，那么关于电子货币发行方的资金安保要求就可以不执行或者没有那么严格。

［21］电子货币可以被定义为用于进行支付交易的电子储藏价值。它可以被当做现金进行支付和转账业务。

［22］事实上，有人提出电子货币账户也应支付利息并且被储蓄保险所覆盖，尽管这目前没有被实施。见 Ehrbeck 和 Tarazi（2011）。

［23］即使这些储蓄账户参与储蓄保险，资金的数额也远超过保额限制。欧盟 E - Money Directive 也允许使用储蓄保险来全额覆盖电子货币资金。

［24］这取决于具体的法律，何种结构最适合于资金隔离。

［25］由 Martina Wiedmaier - Pfster 提供。

［26］不论提供商及其规模大小，只有一个法律主体来对保险监管负责。

［27］在信用合作社示范条例中，世界信用联盟理事会认为所有信用合作社应受到审慎监管和监督，并建议最低要求 300 名创始成员（WOCCU，2008）。

［28］更多关于监管的细节讨论，见 Lauer 等（2011）。

〔29〕本讨论涉及私人信贷局的监管，而不是信用登记系统，这些信用登记系统通常安置在金融监管机构中，并由适用的金融法规（银行法或小微金融银行法）允许从其监管机构收集信息，作为监管机构活动的一部分。

〔30〕根据国家采用的方法，负责执行反洗钱与打击恐怖活动融资的监管机构（称为金融情报机构，FIU）可能安置在金融监管局汇总。如果金融情报机构是一个独立的政府机构或安置在另一个政府机构（如警察局），那么与金融监管机构的协调将是十分重要的。

〔31〕国家身份证计划还可以实现非面对面开户和代理人使用 KYC 的目的。

参考文献及进一步阅读

*Key works for further reading.

Access to Insurance Initiative. http://www.access-to-insurance.org.

Barth, J. R., G. Caprio Jr., and R. Levine. 2006. *Rethinking Bank Regulations: Till Angels Govern.* Cambridge: Cambridge University Press.

Basel Committee on Banking Supervision. 2010. "Microfinance Activities and the Core Principles for Effective Banking Supervision." Report, Bank for International Settlements, Basel.

——. 2011. "Core Principles for Effective Banking Supervision—Consultative Document." Bank for International Settlements, Basel, December.

Bester, H., D. Chamberlain, L. de Koker, C. Hougaard, R. Short, A. Smith, and R. Walker. 2008. "Implementing FATF Standards in Developing Countries and Financial Inclusion: Findings and Guidelines," FIRST Initiative, World Bank, Washington, DC.

Bester, H., D. Chamberlain, and C. Hougaard. 2008. "Making Insurance Markets Work for the Poor—Executive Summary and Emerging Guidelines." Focus Note 2, Microinsurance Network, Luxembourg.

Black, J. 2008. "Forms and Paradoxes of Principles Based Regulation." LSE Legal Studies Working Paper 13. http://papers.ssrn.com/sol3/papers.cfm?abstract_id=1267722.

Chatain, P.-L., R. Hernandéz-Coss, K. Borowik, and A. Zerzan. 2008. "Integrity in Mobile Phone Financial Services: Measures for Mitigating Risks from Money Laundering and Terrorist Financing." World Bank, Washington, DC.

Chatterjee, A. 2012. "Access to Insurance and Financial Sector Regulation." In *Protecting the Poor: A Microinsurance Compendium, Vol. II,* ed. C. Churchill and M. Matul, 548–72. Geneva and Munich: International Labour Organization and Munich Re Foundation.

*Christen, R., K. Lauer, T. Lyman, and R. Rosenberg. 2012. *Microfinance Consensus Guidelines: A Guide to Regulation and Supervision of Microfinance.* Washington, DC: CGAP.

CGAP. 2011. *Global Standard-Setting Bodies and Financial Inclusion for the Poor – Toward Proportionate Standards and Guidance.* A White Paper prepared on behalf of the G20's Global Partnership for Financial Inclusion. Washington, DC: CGAP, October.

Committee on Payment and Settlement Systems. 2005. "Central Bank Oversight of Payment and Settlement Systems." Basel: BIS. http://www.bis.org/publ/cpss68.pdf .

Cuevas, E. Carlos, and Klaus P. Fischer. 2006. "Cooperative Financial Institutions: Issues in Governance, Regulation and Supervision." World Bank Working Paper No. 82. Washington, DC: World Bank.

De Koker, L. 2009. "The Money Laundering Risk Posed by Low-Risk Financial Products in South Africa: Findings and Guidelines." *Journal of Money Laundering Control* 12(4).

Dias, D., and K. McKee. 2010. "Protecting Branchless Banking Consumers: Policy Objectives and Regulatory Options." Focus Note 64, CGAP, Washington, DC.

Ehrbeck, T., M. Pickens, and M. Tarazi. 2012. "Financially Inclusive Ecosystems: The Roles of Government Today." Focus Note 76, CGAP, Washington, DC.

*Ehrbeck, T., and M. Tarazi. 2011. "Putting the Banking in Branchless Banking: Regulation and the Case for Interest-Bearing and Insured E-Money Savings Accounts." World Economic Forum, Geneva.

Financial Action Task Force. 2012. "International Standards on Combating Money Laundering and the Financing of Terrorism and Proliferation – The FATF Recommendations." Paris: FATF.

IAIS (International Association of Insurance Supervisors). 2011. "Insurance Core Principles, Standards, Guidance and Assessment Methodology." International Association of Insurance Supervisors, Basel.

Isern, Jennifer, and Louis de Koker. 2009. "AML/CFT: Strengthening Financial Inclusion and Integrity." Focus Note 56, CGAP, Washington, DC. http://www.cgap.org/gm/document-1.9.37862/FN56.pdf.

Kirkpatrick, C., and D. Parker. 2007. *Regulatory Impact Assessment: Towards Better Regulation?* Cheltenham: Edward Elgar.

Lauer, Kate. 2008. "Transforming NGO MFIs: Critical Ownership Issues to Consider." Occasional Paper 13, CGAP, Washington, DC, May.

*Lauer, Kate, Denise Dias, and Michael Tarazi. 2011. "Bank Agents: Risk Management, Mitigation, and Supervision." Focus Note 75, CGAP, Washington, DC, December.

Ledgerwood, Joanna, and Victoria White. 2006. *Transforming Microfinance Institutions: Providing Full Financial Services to the Poor.* Washington, DC: International Bank for Reconstruction and Development and the World Bank.

*Lyman, T. R., M. Pickens, and D. Porteous. 2008. "Regulating Transformational Branchless Banking: Mobile Phones and Other Technology to Increase Access to Finance." Focus Note 43, CGAP and DFID, Washington, DC, and London.

*Porteous, David. 2006. "The Regulator's Dilemma." FinMark Trust, Johannesburg. www.finmarktrust.org.za.

*Porteous, David, Daryl Collins, and Jeff Abrams. 2010. "Prudential Regulation in Microfinance."

Policy Framing Note 3, Financial Access Initiative, Cambridge, MA, January.

*Staschen, Stefan. 2003. "Regulatory Requirements for Microfinance: A Comparison of Legal Frameworks in 11 Countries Worldwide." GTZ, Eschborn.

———. 2010. *Regulatory Impact Assessment in Microfinance: A Theoretical Framework and Its Application to Uganda.* Berlin: Wissenschaftlicher Verlag.

Tarazi, M., and P. Breloff. 2010. "Nonbank E-Money Issuers: Regulatory Approaches to Protecting Customer Funds." Focus Note 63, CGAP, Washington, DC.

*———. 2011. "Regulating Bank Agents." Focus Note 68, CGAP, Washington, DC.

Trigo Loubière, Jacques, Patricia Lee Devaney, and Elisabeth Rhyne. 2004. *Supervising & Regulating Microfinance in the Context of Financial Sector Liberalization: Lessons from Bolivia, Colombia and Mexico.* Somerville: ACCION.

van Greuning, H., J. Gallardo, and B. Randhawa. 1998. *A Framework for Regulating Microfinance Institutions.* Washington, DC: World Bank.

WOCCU (World Council of Credit Unions). 2008. *Model Regulations for Credit Unions.* Madison, WI: WOCCU.

第十八章　基础设施和外包支持服务

Geraldine O'Keeffe，Julie Earne，
Joakim Vincze，Peter McConaghy

在大多数发展中国家，基础设施是匮乏或者是落后的，缺乏有效的规模，也缺乏接触金融服务的广泛途径。物理上的基础设施，诸如开通的道路、稳定的电源供应、有效的数据和声音通信系统，都将是提供金融服务的基本要求。金融上的基础设施，包括清算和结算系统、存款保险和信用局，将处理个人与机构之间的交易，支持金融市场的有效运作，保证金融服务提供商和其他机构（例如监管者）交换信息，完成结算。可靠和有效的基础设施将提升金融稳定性，并且对于一个现代的综合金融市场的有效运营至关重要。

面向第三方的外包支持服务使金融提供商可以专注在它们的核心专业领域中，同时雇佣外部专家来填补差距，从而提升整个运营的效率。它同时能够简化组织的流程，最小化意外的成本，最大化组织绩效，从而允许组织更加专注于提供服务。随着产业的扩大，越来越多的针对外包服务的市场正在发展，例如，呼叫中心、现金运送、审计服务和"软件即服务"。

本章将简要地讲述一些对于金融服务供应至关重要的基础架构，和几种金融市场系统可以获取的外包服务。本章内容主要吸引提供商、决策制定者以及捐款人的兴趣，以期获得他们对开发强大支持功能的有力支持。

物理基础设施

道路是最重要、最基本的基础设施，并且将被所有金融服务提供商、它们的代理人和客户使用。虽然道路与分支网点更有关联，但即使对于无分支的银行而言，它们也需要道路使自动取款机能被使用，需要道路让它们的代理人补充流动资金、需要流动分支机构去接触那些偏远的山村。客户需要存款或者取款时，申请或者接受贷款时，或者参加团体会议时，都需要使用道路。在乡下或者山区，道路基础设施经常是受到限制的，而在高密度的大都市，经常会遇到交通堵塞使得本来很短的距离都需要耗去不合理的大量时间。下面的例子对客户和提供商都有所启示："在非洲的乡村地区，妇女每天要走十英里甚至更远去打水。在旱季，妇女走上这个距离的两倍以上是常会出现的。"虽然对于水的需求比对于金融服务的需求更加迫切，许多人，尤其是妇女，每天都要为了保证自己的基本生存需要花上大量的时间在交通上，然而，这同时意味着无分支的金融服务有很大潜在空间，例如，通过手机使客户可以在村子里就完成交易。

电力是对于提供商的运营、数据整合和安全至关重要。在那些电力供应不稳定和不规律的地区，提供商使用自己的发电机，例如太阳能发电板，作为替代能源。客户也从太阳能照明中受益（见专栏18.1）。即使在那些供电的地区，也常有意外断电的情况出现。如果有的话，不间断电力供应设备或者短期备用系统，例如转化器，都可以提供足够的电力使得设备正常关机，避免数据的损失和未完整记录的交易。

专栏18.1　照亮非洲

当肯尼亚的乡下日落之后，大约96%的家庭点燃蜡烛或者煤油灯照明。这些光源昂贵，低效，而且不健康。平均而言，这些乡村家庭每月花费大约18美元用于购买煤油，这相当于他们月总收入的20%。为了克服这一障碍，由国际金融公司和世界银行发起的"照亮非洲"（Lighting Africa）项目已经帮助发展了商用闭路照明市场。一家旨在建立创造收入和经济增长的商业活动的非政府组织Techno Serve已经使这项工作资本化，并且建立了一种可以持续的经营方式，让乡村的农民参与日常工作，以获取付得起的照明资源。

为了供应价格可接受的照明产品，Techno Serve建立起当地商店与全球领先的太阳能公司，例如d. light，Barefoot和Green Planet的联系。这些当地的商业，被称为agrovet商户，会出售从家畜饲料和药品到电动自行车和水塔的一切商品。他们通过大批购买光源，然后以可以接受的价格供应手提式太阳能技术，并且出售照明灯泡。太阳能灯也能兼作手机充电器使用。

尽管使得产品便于购买是一个良好的开端，精巧的金融解决方案对于保证农村社区充分利用产品带来的新效率而言是必需的。每个太阳能灯泡的价格从22美元到27美元不等，并且可以保证在五年内没有重换的成本。虽然前期投入很大，奶牛合作社（dairy cooperatives）同意通过乡村银行引进一项贷款，这项贷款因为以奶牛社生意作担保而能够被申请。

家庭在使用太阳能照明刚刚四个月后就意识到了金钱上的好处。假设一个灯泡仅仅持续五年（产品的最小生命周期），家庭就能在第一年里节省144美元，并在随后的四年里节省超过800美元，总计为肯尼亚的农民节约了近1000美元。

资料来源：Keepper，2011。

支付、清算和结算系统

支付系统是为了支持两个甚至是多个金融机构及其客户之间的资金往来而建立的一系列法律和规则、流程以及网络系统。它们在金融体系的职能中起到核心作用，因为它们处理参与者之间的相互通信。这些通信包括对交易的清算和结算。清算涉及支付指令的传输和调节，以及公布最后结算的部分。结算则是真实承担义务的事件，亦即，参与交易的各方的会计账目的借贷活动。

支付系统也可以是实体的，也可以是电子的；而现在电子系统正迅猛发展，不断出现和被广泛采用的电子系统就有借记卡、资金电子转账（ETF）、直接借记、移动支付以及电子商务支付系统。这些电子支付系统允许参与的机构处理多地域的客户交易，实现资金电子转账，支付支票，以及处理信用卡支付。虽然这能带来很多潜在的好处，但是也只限于大型金融机构和它们的客户能够参与。

不同提供商之间机构间交易或客户间的交易需要一个系统与另一系统在通信上的技术支持。这通常被称为互操作性。互操作性同时也指网络之间建立允许一个网络的用户进入另一个网络的联系。互操作性扩大了金钱能被使用的场合和方式，从而为消费者带来价值（见第十二章）。一个电子支付系统提升了机构之间的互操作性，继而促进了客户之间的交易活动。

国家和国际支付系统

银行和其他存款型组织通过处理大规模交易的消息路由系统参与到各电子交易系统之中。这些系统既作为处理跨国交易的国际支付系统，也作为处理国内资金交易的国家支付系统（见专栏18.2）。在国际层面，环球银行同业金融电讯协会（SWIFT），一个设立在比利时的企业合作组织，提供了资金转移的国际标准，并为代表超过200个国家的9000个金融机构处理付款订单指令。SWIFT使用特别数字来确认机构对转账的发起和接收。在2009年，SWIFT引进了精英联盟（Alliance Lite），一款为了处理小型银行参与的简化产品。精英联盟为交易量较小的机构提供低成本进入SWIFT网络的途径。

在国家层面，几套系统同时存在，包括通常由中央银行（使用）处理高额低成交量的实施全额支付系统（RTGS）。在RTGS系统中，交易将通过设在央行的会计账户马上进行结算，这样做能最小化时间延误带来的风险。在国家层面，ETF交换器通过ATM和销售点设备（POS）的网络处理电子支付。交换器可以由单个金融机构控制，也可以在一群机构中共享，后者就是国家交换系统的情况。通过这些国内的交换器，所有参与机构的客户可以通过借记卡和信用卡使用共享的ATM或者POS机（见专栏18.3）。

专栏18.2　IRnet

许多提供汇款服务的信用社是通过世界信用社委员会（WOCCU）开发的电子平台"国际汇款网络"（IRnet）来提供服务的。在发送端，WOCCU和速汇金公司、通济隆公司、维戈汇款公司，三个著名的货币转移公司，签订了合同，为IRnet信用社完成账户对账户、账户对现金、现金对现金的汇款服务。加入IRnet的信用社可以选择为其客户提供怎样的服务。使用IRnet信用社的消费者可以发送或者接收来自美国、拉丁美洲、亚洲、非洲、欧洲和澳大利亚的货币。自从1999年建立以来，已经有超过13亿美元的资金从这个网络被转移了。

资料来源：www.woccu.org。

专栏18.3　地区或国家的交换器

分享式的地区或国家的交换器已经发展起来，用于在缺乏银行的地区扩展金融接触通道。地区交换器的例子如Ferlo，西非经济和货币联盟的第一个电子支付平台。Ferlo是作为Byte-Tech（一个电子支付解决方案提供者）和AfricapFund（一个由国际投资者所有投资基金）的合作伙伴而建立的。Ferlo

将自己定位为一个为 MFIs 提供服务和电子支付解决方案的供应商，包括在社区层面整合电子支付。

另外一个在非洲的国家交换器的例子是加纳的 e－switch，一个由加纳银行创立的国家交换器和智能卡支付系统。这个系统部分由国际金融机构资助，如德国复兴信贷银行（KfW），可以为储蓄、支付、转账和管理商业交易提供服务。这一技术已经通过代理网络在偏远地区得到应用以促进偏远地区金融接触通道的拓展。这一技术也支持离线交易和指纹识别，使它方便偏远地区的人们使用。

资料来源：CGAP 2011b；http：//www. ghipss. net／。

零售付款处理器

零售付款处理器，例如 Visa，MasterCard，Maestro 和 CIRRUS，有它们自己的结算系统。参与的金融机构发行印好商标的卡片给客户。当一个机构发放信用卡时，需要评估持卡人的信誉，并提供信用额度的限制。同样地，当发放一张借记卡时，机构需要检查客户的账户，保证他有足够的资金用于支付。之后，客户可以通过信用卡或者借记卡购买接受该付款处理器品牌的商家提供的产品和服务。付款处理器直接在持卡人的银行和商家的银行之间处理此次支付。这样的流程可以有效地将还款风险从商家转移到发卡的金融机构身上，金融机构比商家拥有更多的能力分析信用风险。

除了零售结算系统之外，现在金融机构之外的个人和商业对支付清算系统有越来越多的需求。这些个人对个人（P2P）的支付活动大部分在网络和手机上进行，要求一套处理三方会计账户的系统，三方包括：客户、移动运营商（mobile network operators，MNOs）或者互联网商家（Internet merchants）和金融服务提供商。一些金融服务提供商只提供在互联网上进行的支付，另一些则同时提供移动和互联网的接入点；还有一些只提供移动支付。

支付集合器

为了参与一个电子支付系统，一家金融机构需要考虑如何将自己的银行核心业务系统与支付系统相结合，以保证支付流程能够实时实现。这项工作通常是和支付集合器签约，后来提供联系金融机构信息系统和支付提供商信息系统的技术。支付集合器可以在提升互操作性上扮演重要角色，因为如果有更多的金融提供商连接到电子支付系统，就意味着客户可以有更大的能力进行相互交易，并且在多个地域获取他们的资金。

系统的集成同时伴随着银行指令或者是金融信息的转换，从生成指令的技术，包括手机（手机银行或者移动货币）、POS 机、ATM、网上银行平台，到金融机构存放客户账户的银行核心业务系统。被用于连接两个系统的技术常常指的是"桥"或者是 EFT 交换器（连接多个金融系统的一个小软件）。交换器运用的是符合行业标准的通信协议。具体使用的协议由支付系统提供商和金融机构商定决定（见专栏 18.4）。在一些案例中，两套系统生成和要求接收不同格式的信息，ETF 交换器或"桥"就需要将一个格式转换成另一个格式。

专栏 18.4　支付集合者

有两类公司提供支付整合服务：核心银行系统提供商和独立提供者。在第一类中，核心银行系统提供者将支付网关和他们自己的核心银行系统捆绑起来。这些网关以可选择的模块进行销售，而且可以在安装核心银行系统时实施或者在之后当金融机构想要连接进支付系统的时候实施。

第二类支付集合器者是这类公司，他们向金融机构既提供其他产品和服务也提供集合服务。这一类型中包括专业的软件提供商，他们通过一个 ETF 交换器使金融机构接入多种多样的支付系统或交付渠道。这个交换器或者单独出售或者和其他前端解决方案（手机、互联网）一起出售。支付集合者还可以提供集合服务作为他们的手机银行和商业服务的一部分。两者都可以向一系列核心银行系统提供集合服务。

资料来源：Geraldine O'Keeffe，Software Group。

语音和数据通信基础设施

电子通信技术有两种主要形式：固定线路和无线。传统上由公共部门提供的固定线路在许多发展中国家很少见，相反地，许多政府更喜欢私人移动运营商的参与。

　　无线连接要求终端用户拥有一个装有无线电装置的设备，例如移动电话或者能将电脑连入网络的调制解调器。世界上绝大多数的手机和调制解调器使用的是一款被称为全球移动通信系统（GSM）的无线电系统。用户在他们的设备中插入一张移动运营商提供的用户身份模块卡片（SIM 卡），就能接入移动运营商的无线电发射台构成的网络之中。SIM 卡是存储客户信息的一张芯片。当网络覆盖存在时，无线电信号会被手机信号塔接收，从而允许客户拨打和接听电话、发送短信，后者也被称为短消息服务（SMS）。GPRS、EDGE、3G 和 4G 都是比 GSM 技术更加先进的无线通信协议，它们之间最大的区别是数据传输速度的差异。更快的数据传输允许客户更快更可靠地收到确认信息。

　　SMS 消息常常被金融机构直接使用，或者作为电子支付系统的一部分。直接使用的例子包括推送短信，消费者可也通过短信形式请求获知自己的账户余额或银行微账单。第二大类是电子支付系统内使用的短信服务，比如移动货币提供商在每次交易后或者是在 ATM 上完成一笔交易之后会给发出确认短信。

　　语音技术（voice - based technology），比如交互式话音应答（IVR），是一项允许呼叫者选择语音菜单中的选项并与电话系统交互的电话技术（Krugel，2007）。IVR 技术比移动货币技术更早被使用，现在它正被用于针对文盲用户的交易服务。

　　非结构化补充数据业务（USSD），一款 GSM 运营商使用的协议，正不断地被用于移动支付服务。与 SMS 相似，它允许手机使用者和服务者实现一系列信息的实时交换。一般都认为它比 SMS 对客户更加友好，因为用户在与服务系统交互时会收到一系列的信息提示。

智能手机

　　智能手机是移动连接技术的下一步，它在手机里添加了计算、电子邮件和互联网功能。当智能手机的成本渐渐被客户和金融服务提供商（包括他们的代理人）接受，它正成为一项重要的商业工具。提高运行定制化应用的能力使智能手机成为提供金融服务的可能渠道之一。

　　为了利用好作为分销渠道之一的智能手机，金融服务提供商需要考虑到他们的客户所在地域的数据传输网络的可用性和能力。在许多发展中国家，

唯一能够使用的互联网连接是通过移动运营商的 GSM 网络。更进一步，出于
成本的考虑，移动运营商一般只在大城区安装移动数据塔台。这意味着移动
数据服务在乡村地区是无法获取的，而大部分无法享受金融服务的人都在乡
村地区工作和生活。

网络连接

网络连接优化了很多金融服务的功能。在总部所在地之外使用 POS 机、
平板电脑和个人电脑都需要访问金融服务提供商的核心银行业务平台。由 Da-
vid Bridge 和 Ignacio Mas 为 CGAP 撰写的文献《小微金融机构在农村的网络连
接选项》，总结了金融服务提供商能够访问互联网的几个可选方案，根据用户
类型对它们进行了对比，并评价了它们的各种能力。

提供商可以利用网络来建立安全连接，通过一个加密的虚拟专用网络
（VPN）连接总部和分支机构，从而实现远距离的系统访问。这使得分支机
构、外勤办公和总部之间运营数据的安全传递成为可能。如果该提供商在网
上发布了某些形式的网上银行，客户同样可以使用互联网浏览器去登录他们
金融服务商的平台。通过浏览器，用户可以查看账户信息，实现交易，支付
账单。虽然有很多微型金融机构没有直接访问互联网的渠道，这种情况正在
被迅速改变，都归因于智能手机的不断推广以及数据通信费用的不断下降。

如果有必要，金融服务提供商总是会组合使用通信技术，这取决于他们
运营部门的所在位置和基础设施。数据传输和连接解决方案利用电信和网络
的基础设施，将总部或者一个中心数据库与其他运营节点如分支机构相连接。
一个覆盖广泛的局域网就能被建立，允许不同的运营地点使用同一个中心数
据库。这些点对点的连接使用 VPN 以保证数据和访问权限只针对私人安全站
点。当互联网或者电信网络瘫痪，一些银行系统会允许系统继续在线下完成
交易流程，然后在网络恢复时将交易细节上传中央数据库，实现数据的统一。

存款保险

存款保险一般都由政府建立，以保护储户和保障全国范围内银行系统的
稳定。存款保险保护了因一个存款吸收机构的破产而导致的储户全部或部分
存款的损失。存款保险是必需的，因为储户难以知晓金融机构的贷款组合的

质量，从而无法判断他们存款的安全性。

当建立一个存款保险机制时，有三个主要的方面需要考量：系统依赖于私人管理或私人融资的程度；正式和非正式覆盖的广度；以及对破产银行导致的隐含风险转移的敏感性。存款保险可以通过中央政府的税收补贴或者通过金融机构的参与或者上述两种方法的组合来实现融资。最常见的方式就是结合私人和政府的资源。银行一般要支付被保险存款金额的 0.1% ~ 0.5% 作为保费。存款保险一般由政府管理。在大多数国家，存款保险系统的参与者必须是受到监管的银行。

存款保险覆盖的程度和范围应当与银行客户风险暴露的水平相对应。存款保险制度的一个关键特征就是杠杆限制，或者单个账户或客户的存款保险的最大金额限制。覆盖的金额十分重要，因为它影响到客户的行为和存款人市场的规则。在有些国家，会提供 100% 的存款覆盖，不论金额的规模大小，这样的做法就是没有杠杆限制的；另一些国家会提供高于平均存款账户金额的保险金额设定；而还有一些国家会提供相对较低的覆盖范围，只保护那些最脆弱的储户。

信用局

信用局和信用登记制度通过多种渠道收集个人的信用历史记录，这些渠道包括银行、非银行放贷机构、手机厂商以及法庭公共记录。它们相互验证并合并这些信息，从而提供一份综合的信用报告，该报告一般都在市场上出售。获取这些信息对借款人和放款人都有好处，它提升了放款人评估借款人信誉的能力；同时激励用户形成一个良好的支付习惯，这种习惯有助于建立一个良好的信用记录，帮助客户接受和获得更好的服务。信用局有助于信贷扩张，减少了市场上存在的信息不对称性，并且增加了所有参与者的透明度。

信用局收集多种类型的数据，包括：

- 申请人的人口特征（包括年龄、婚姻状况、性别、职业、居住状况、教育、阶级、雇佣状况、小微企业历史）。
- 客户信用行为和贷款历史［包括以前贷款的金额和类型、拖欠历史（historical arrears）］。

如果适用的话，还包括：

● 企业简介（商业类型、规模、历史、预计利润、商业资产）。

企业财务状况（利润率、净利润、资产、负债、费用、权益、存货周转率）。

大多数信用局同时收集负面和正面信息。前者，通常被称为"黑名单"，只关注客户现在和过去的违法行为和违约。正面信息，包括所有的正在进行和已经完成的贷款和偿还行为的细节，对深入了解客户更有帮助。一些信用局会将客户的其他信息包含到系统内，包括纳税信息、作为担保人和共同签字人的历史、商业犯罪、空头支票和法律诉讼。在一些国家，信用局会提供信用评分。信用评分是基于对于一个人信用历史的统计分析得到的一个数学表达式，将得到一个信用排名或者"分数"，从而提示客户的相对信誉（从另一个角度看，就是风险）。信用评分的组成一般包括支付历史、现有债务、管理债务的时间长度以及信贷类型。

操作与监管

信贷局可以由私人或者政府创建和拥有。政府的角色包括：（a）批准和监管信贷局；（b）为信用报告提供政策刺激；（c）授权信用局和提供商之间的数据共享；（d）要求所有批准的信用局之间实现信用数据共享，这一般都是通过公共信用登记来实现，低收费甚至是无收费地向私人信用局提供登记取得的信息。

客户信用信息共享主要出现在大银行之间以及消费贷款机构（consumer lenders）之间（见专栏18.5）。非正式部门的提供商以及他们服务的低收入客户大部分仍然被排除在这套信息基础设施之外。因此，在某些国家，MFI和它们的网络开始建立为其专设的信用局。一些人反对专门建立小微金融信用局，因为客户经常从几种类型的机构中借款；相反，他们提倡将小微金融融入主流信用局中，这样对客户和机构都有好处。

信用局必须在参与执行和在确保敏感数据受到保护这两个方面必须值得信赖。一个有效的信用局，要求从受到监管或者没有监管的提供商手中取得并向他们提供持续、可靠和值得信任的数据。信息安全，以及对被授权单位的适当披露，对于保证公平的信息传送至关重要。

专栏18.5　厄瓜多尔的信用报告革命

厄瓜多尔的农村金融网络（RFR）正在寻求另一种信用报告的方法，它们与 Credit Report，一家私人运营的信用局，成立了一家合营公司。选择这家公司的理由是在于其技术平台的优势、财务稳健、由一家跨国信用报告公司 Equifax 所有，以及该信用局保证为 RFR 成员提供的报告单价。当交易达成时，厄瓜多尔尚有六家私人所有的信用局。

在 2011 年，在经过一年残酷的竞争和基本没利润的定价——每篇报告成本不到 0.2 美元——只有 Credit Report 活了下来。它们成功的核心因素之一就是拥有获取构成 RFR 金字塔的基础用户数据的唯一权限。对 RFR 和其服务的贷款机构来说，与私人所有的信用局合作，可以获得来自信用市场其他部分的数据相关工具（例如信用评分），以及品质数据（以非常合适的价格获得）。

资料来源：CGAP，2011a。

信用局的益处

虽然信用局主要是为了最小化借贷者的风险，使贷款组合更加健康，他们还与一些提供商和客户的利益有所关联。信用报告有利于更快更好地做出信贷决策。通过简化发现有不良偿还记录的贷款申请者的过程，信用局减少了放贷机构的交易成本，提高了它们的效率。信用局通过指出那些在多个机构有贷款的人，提供一个更加全面的关于客户义务的图景，使过度负债的情况便于测量，并有所缓和。有关正面和负面支付行为的知识，加上评估违约概率的能力，信用局帮助提供商计算出他们应该贷出多少钱？贷多久？提供商可以利用这些信息设定一个合适的利率和其他与风险相对应的贷款项目定价。简而言之，共享了的信用历史信息减少了风险，增加了效率和利润，并且支持信贷的增长，使得我们有更多的途径接触到金融服务。

拥有一个专门收集一致和可靠数据的系统将激励用户养成良好的支付习惯，尤其是他们见识过信用报告的威力后。一个正面的信用记录对于客户来说是一项资产，当他们想要接触到更多或者不同种类的金融产品时。信用记录可以帮助客户获得一个更加灵活的期限或者一个更低的利率，也可以帮助客户寻找到其他的资金来源，而不是拴死在一个提供商身上。及时的信用记录也可以减少客户自身的过度负债，系统可以在他们违约之前发现那些同时申请了多份贷款的人。

信用局的增长挑战

当今，只有少数国家使用信用报告系统，包括一系列服务于穷人的银行和非银行贷款机构（见专栏18.6）。私人信用局的覆盖范围比公共的信用登记覆盖更广，然而，全球私人信用局的分布也有很大差异。在经济合作与发展组织中的国家，私人信用局覆盖了61%的成人人口；但是在拉丁美洲和加勒比海地区，私人信用局的覆盖率只达到31.5%；而在撒哈拉以南的非洲，覆盖率只有4.9%。信用局主要面对四个方面的挑战：

- 市场覆盖（Market Coverage）。建立覆盖针对穷人的所有放贷者的信用报告系统是困难的。在一些特定的市场，只有受监管的实体才能接触到信用局。MFI有可能因为特定的不同于银行的监管法案而无法接触到信用局的信息。此外，非正式放贷机构的数据很少被完整获取。

- 商业模式（Business Model）。因为信用局依赖于信用报告的高销售量和规模经济效应以覆盖它们高额的前期投资，所以小型信用局面临挑战。小额的贷款业务量对于传统的信用局来说很烦琐，而且处理起来很昂贵。提供商没有信息系统，也没办法达到信用局要求的数据质量，所以，相对于贷款的数量而言，取得信用报告的成本很高。

- 验证（Identification）。有时候，低收入客户缺乏全国身份识别卡、缺少实际地址，以及姓名混乱等现象，都成为他们被收录进信用报告数据库的障碍。

- 消费者保护（Consumer Protection）。由于业务量巨大而贷款金额小，想要再以合理价格取得准确数据的同时保护私人隐私是很困难的。

专栏18.6 现代信用数据库：正转变着南非的低收益金融服务

南非拥有世界上最复杂最全面的信用资料社之一。大销量的信用报告始于消费者信用协会（代表了大型零售商）、消费者小额信贷业和私人信贷局运营商的平行活动。小额信贷监管委员会（自从转型为国家信贷管理局）于是主动管理信用报告，并要求国家贷款登记完全合并各项数据流。登记工作外包给了两家私人信贷机构——环联和益佰利。南非其他主要的信用局运营商有CompuScan和Expert Decision Systems。

建立良好的信用记录甚至对贫困户来说也是至关重要的，因为自动决策工具和信用积分制已经越来越普遍了。如今，信用记录检查不仅运用于借贷决策，还渗透到常规流程中，例如保险承保、就业筛选、租赁背景调研和开设账户。同时，也许不公正，"没有信用记录便是不良信用记录"的信念已经盘踞在判定模型中。今后，信用数据库将会在将贫穷转变为经济主流中扮演着守门人的角色。

信用数据库不仅在最初的信贷决策中发挥作用，它也会成为收集资料的平台。数据库能提供历史地址和目前联系方式的信息；另外，它能追踪与债务关联的其他公开文档，例如房产交易、死亡信息、婚姻状况和离异情况。因此，信用社能为出借人提供长期追踪拖欠者状况的功能指令。数据库还有自动"弹出"功能，如果一位曾经注销了一笔贷款或目前没有收入或资产的客户的名字出现在一项新的信贷交易中（表明其现阶段收入水平），或者出现在一份公开的记录文档中（可能会表明其经济活动或既得资产）。虽然这样使用信用数据是合法合理的，但仍存在滥用的可能性，尤其是当强大的征信工具引入到竞争激烈的消费信用淘金潮中。据说，南非偶尔会有小额消费信贷的放款人故意将按时还款的借款人报告为拖欠贷款，于是他们能有效"拥有"他们的借款人，因为将不再会有竞争者借款给他们或者解决他们的高利率债务。

尽管有许多优点，但是应用复杂的信用报告仍要时刻警惕标准化的信贷决策中可能会带来的排斥及不公平的歧视。

资料来源：由 Joachim Bald，法兰克福学院金融与管理顾问提供。

唯一标识

唯一标识有助于确认身份的流程，使用唯一标识技术将支持低收入的客户整合进入正常的金融服务系统。在那些有国家身份识别系统的国家，政府一般都发行和管理身份证，为每个公民分配一个唯一的号码。身份证用来综合和追踪公众信息。它们一般都包含诸如姓名、性别、地址、个人婚姻状况等信息，以及一个唯一的身份识别号。卡片里同时包含了生物测定信息和智能芯片。这些卡片都能通过授权认证机构，例如受监管的金融服务提供商或者监管主体，连接到电子数据库。个人身份的认证可以通过将唯一的身份识别号码发送到数据库，然后进行确认。在国家身份识别系统的帮助下，个人可以便捷而有效地确认自己的身份。

在特定的市场，一个唯一的身份证还可以被用做开通银行账户，同时也是符合"确认客户原则"的有效文件。而且，它可以被用于验证客户和确认交易。拥有确认客户的能力对于移动银行来说是一个重大的挑战；通用识别卡可以帮助确认一家移动银行的客户身份。例如，来自肯尼亚的电子货币转移支付系统 M – PESA 取得成功的部分原因就是它有全国身份识别卡。当用户有义务出示自己的护照或者居民身份证时，移动银行业务能更有效地开展。同样，拥有唯一识别的人群也更倾向于使用金融服务（移动或者其他类型的），因为身份验证会更加容易，这对交易来说至关重要（见专栏 18.7）。

专栏 18.7　印度全新的唯一标识系统

印度身份证管理局（UIDAI）建立于 2009 年，为全印度 12 亿人口颁发唯一的 12 位身份号码（被称为 Aadhaar）。Aadhaar 与每个人独特的人口统计学和生物测定学信息相连接，并且将信息存储在中央数据库中——包括照片，10 个指纹和虹膜扫描。个人身份可以通过连接到手机网络的手提式设备被验证，只需要向中央数据库发送 Aadhaar 和一个指纹。UIDAI 在八秒内就可以完成对个人身份的验证。申请 Aadhaar 并不是强制的，获取一个 Aadhaar 需要身份证明、地址和出生日期。没有证明文件的人想要申请一个 Aadhaar，需要有一个已经参与进入该项目的人作为介绍人一起前往发行机构。

资料来源：Bhatnager，2011。

抵押登记

为大额贷款提供保障仍然是减少风险的一项工具，虽然这在某种程度上与小微金融客户不太有关联，因为小微金融的贷款方式往往是基于同类群体或者其他没有担保的机制。

担保贷款通常指的是放贷者持有借贷者的土地或者动产，例如存货、应收账款、家畜、设备或者机械作为担保贷款抵押的一种信用交易。土地或者财产的物权就是作为抵押权益、抵押品或者费用。在发展中国家，大约有78%的资本存量是动产，只有22%是不动产。

登记数据是对公众开放的数据库，里面存放着已登记资产的物权和所有权。不同的登记对应不同类型的资产，包括商业登记、抵押登记、车辆登记、租赁登记、船只或飞机登记以及土地登记。登记允许放贷者评估他们在可能的索赔中所涉及的担保物的优先级。有效地利用登记可以减少放贷者的风险，并且通过提高透明度减少交易费用。允许一般性的（与"特定的"相对）抵押物描述可以使担保协议更加灵活，并且在不需要更新或者重新登记，例如，在一个动产抵押物例如新库存已经被预订的情况下。

允许动产作为抵押物的规定清晰的担保贷款法案能够显著提升信贷水平，因为它保证了某些可能没有足够能力获取贷款的借款人能够利用自己的动产作为杠杆获得信贷。在发达国家，有抵押品的借款人可以得到那些没有抵押品的借贷人九倍的资金，而且享受更长的偿还期限和更低的利率。担保贷款法案允许银行和非银行的金融机构提供担保贷款，提升了金融市场的竞争。利用动产作为抵押也为二级市场的贷款组合证券化提供了更多的空间，增进了监管者分析贷款组合风险的能力。

为了担保贷款更加有效地运作，有效的纠纷调解是必需的。允许庭外执法，例如仲裁，是使执法更加有效的关键机制。法庭审理程序是昂贵耗时的，因此会挫伤参与担保交易的放贷者的积极性。快速执法对于会折旧的动产来说是尤其重要的。

外包支持服务

随着面向穷人的金融服务的增长，尤其是不断增加的产品和提供商的复杂性，许多服务被第三方服务提供商所外包。被外包出去的职能通常包括会计服务、培训和技术支持、管理咨询、软件服务、呼叫中心以及安保和现金押运服务。移动银行也将大多数的客户交易外包给代理商或者其他的第三方提供商。代理银行在第十二章中被讨论。

审计与会计服务

充足的审计和会计服务保证了财务记录的可靠性和机构间的可比较性，提升了所有金融机构的透明度。许多提供商引进外部会计人员编制年度财务报告，支持他们自身的会计和报告业务。大多数也会引进审计师进行外部审计（对大多数，即使不是全部，受监管的机构的要求），外部审计会为提供商的财务记录、交易和运营提供独立意见（见第十五章）。外部审计为财务报表和其他管理报告提供了可信性，保证了投资者和捐款人资金的可计量性，并确认内部管理和系统的弱点。他们对内部会计和金融部门的工作进行检查，这些工作包括进入交易、跟进会计和控制流程、进行适当的调停及提供高级管理层需要的财务报告。

审计师和会计师事务所需要理解审计服务于穷人的金融机构存在特定的挑战和风险。这些挑战包括是否能够恰当地说明捐款基金和部分补贴的投资基金，以及如果有跨国的投资者和捐款人参与，需要在不同的报告准则下工作（见第十四章）。

培训与咨询服务

专业的培训机构和管理咨询公司提供培训、战略咨询和管理咨询服务。例如，NGO MFI 会为了提升自己的财务管理水平和其他运营技能而寻求外部的技术支持，而规模变小的银行为了提供适用于低收入客户的产品，就需要为调整自己的系统、工序和员工技能而寻求外部的技术帮助。培训和管理咨询包含了很多话题，包括商业优化、财务管理、战略经营规划、一线员工培训、产品发展、品牌和营销以及人力资源培训。

培训和管理咨询服务可以通过商业性服务收费活动提供，也可以由投资者或者捐款人补助。特别是在那些小微金融行业增长迅猛的地区，提供跟得上市场参与者需求的最新技术的服务提供商十分短缺。这些服务往往只有跨国的专业机构能够提供。为了增强提供商、政策制定者和监管者的能力，大量的培训项目被开发。

此外，一些机构，例如国际劳工组织（ILO）向培训者提供资质认定项目（见专栏18.9）。

专业咨询服务在许多金融服务相关的领域都有提供，例如进入新市场带来的运营扩张或者对战略计划的发展支持。技术支持也在以下领域被提供，例如新产品和新渠道的开发，向存款吸收机构的转型，人力资源管理和风险管理，以及监管合规。

不断增加的基于咨询的服务（营利性或者非营利性）致力于帮助提供商进入资本市场。站在投资者的角度，咨询服务为寻求利用多样化投资组合、进行有社会责任感的小微金融投资的机构和商业投资者提供资产管理服务。专注于帮助客户进入资本市场的咨询公司一般关注高增长的小微金融市场，例如印度和非洲东部。

一些服务提供商，尤其是进入小微金融市场的商业银行，使用管理服务协议，将管理工作外包给专注于小微金融的咨询公司。这通常是有时限的合作关系，咨询公司按服务计费，为附属或者新建机构提供技术上的帮助。技术支持在早期尤为重要，因为附属或者新建机构需要在这个阶段建立自己的内在能力。许多新建机构与他们的控股公司（若适用）签订了不间断管理服务协议，以保证在整个服务商网络中的标准化（见第七章）。

专栏18.8　能力建设培训课程

一些连续举办的培训项目一般每年一次，为金融服务提供商的中高层管理者、政策制定者和监管者提供了绝佳的机会，提升他们普惠金融的知识和能力。接下来介绍一些著名的项目。

小微企业可持续性和发展项目由美国的新罕布什尔大学下属的卡西研究所举办。这个为期两周的项目强调小微金融、企业和社区经济发展为居民提供生计的方法。课程的建立是基于五个提供可持续生活的基本资本，这些资本是自然资本、物理资本、人力资本、社会资本和金融资本。它强调透明的工具和战略，以及信奉三条可持续性的基本底线（金融、社会和环境）的优秀的商业管理实践。

法兰克福学院的小微金融和中小企业银行暑期学校在德国的法兰克福举行。这项为期一周的项目针对小微金融机构的管理层、活跃在小微领域的商业银行和小微金融投资人。参与者可以选择某些选修课。本次项目关注小微金融和领导力的技术方面。

巨石小微金融所每年的七月到八月都会举办巨石小微金融培训项目，为期三周，外加一个在南美或其他地方的附加项目。项目采用英语和法语授课（在南美采用西班牙语），该项目是最受欢迎和参与度高的小微金融项目之一。扩展的可选择课程由一个为期一天的研讨会组成，届时会邀请许多行业领袖分享他们对于行业前沿的观点。

非洲小微金融学校提供在肯尼亚的蒙巴萨举行的为期两周的培训项目，针对在小微金融领域运作的中层和高层专业人员。该项目涵盖核心话题的全体会议、选修课（参与者从 14 个选题里挑选出 4 个），以及讨论会。本课程旨在提供工具帮助参与者发展聚焦市场的战略，提供合适的产品和服务及领导一个高绩效的组织。

欧洲小微金融项目是一个关注于小微金融的一年期硕士项目。该项目由欧洲的四所大学和五家 NGO 联合组织。课程将在位于比利时布鲁塞尔的布鲁塞尔自由大学中用英语教授。除了课程学习之外，所有的学生需要完成一个为期 2~4 个月的发展中国家小微金融机构的实习。为了符合条件，申请者必须先拥有一个硕士学位。

资料来源：http：//www. microfinancegateway. org/p/site/m/template. rc/1. 26. 19317？cid = PSD _ MFGatewayBulletinEN _ W _ EXT。

专栏 18.9　让小微金融发挥作用：ILO（国际劳工组织）的 MFI 管理培训和教练认证项目

作为"让小微金融发挥作用"项目的一部分，ILO 为小微金融教练提供一个三阶段的认证项目和一系列培训材料。

在 2012 年，ILO 已经认证了超过 100 名教练，涵盖亚洲、非洲、中东、美洲和欧洲，为使用 ILO 提供的训练材料的 MFI 管理人提供相应的培训，这些材料包括《让小微金融发挥作用：改进绩效管理》和《让小微金融发挥作用：管理多样化产品》等。培训材料拥有多种语言的版本，包括：阿拉伯语、英语、法语、葡萄牙语、俄语、西班牙语和越南语。

资料来源：Peter Tomlinson, International Labour Organisation；http：//mmw. itcilo. org/en/home/home – page。

软件即服务（SaaS）

许多提供商（金融机构）发现在企业内部拥有足够的技能管理自己信息技术环境是很难实现的。在许多案例中，他们选择将一些或者全部的 IT 管理要素外包出去。这可以通过建立在"软件即服务"（SaaS）模块之上的银行核心业务系统形式实现，系统的主机设在直接由技术供应商管理的远端服务器上，或者所谓的"云"上。这样的安排缓解了提供商在硬件上的投资以及维护一个公司内部系统需要的技能，降低了成本和所需的专业技术人员，这些专业人员不容易寻找，而且要求有高的薪酬。

SaaS 的选项越来越容易从技术供应商那里获得，而且常常是很经济的。供应商在自己的服务器上运行一个银行核心业务系统，该系统专门为提供商配置。一般而言，这种类型的服务的成本以每个客户或者每个账户计算，常常不需要在许可证上有前期投入。许多提供商发现这样的模式很有吸引力，但是，提供商需要有足够强大的访问服务器的通信连接，以及完全保证供应商提供的日常服务的质量。

其他形式的 IT 外包也存在于那些公司内部的核心银行系统，第三方公司为特定的领域提供支持。在这种情况下，提供商仍然需要一些能够使用的 IT 资源，但是所需的员工数目和技能会比 IT 职能完全由企业内部提供时低得多。下面是典型的适用于这种外包模式的服务类型：

- 战略 IT 输入。帮助企业设计和管理更高层次的 IT 战略。
- 硬件和网络。为管理与运行网络有关的日常工作提供资源。
- 银行核心业务系统支持。解决问题，促进服务台与业务员工的沟通。
- 银行核心业务系统审计。执行审计检查，并向提供商的审计部门提供反馈报告。技术检查主要针对数据库的完整性、安全性以及支持系统的功能。数据库审计帮助确认核心银行系统正在工作，提供准确的报告，并且准确记录所有的交易。
- 容灾备份服务。如果服务出现失败或损失，它将作为一个备份数据恢复站点，以及运行信息系统所需的备用机器。
- 客户开发（Custom developments）。发布报告，实施支持系统。

IT 外包在小微金融网络中十分常见。对于这些组织，总部常常包括一些 IT 支持的要素，这些要素不仅能够支持全国范围的运营，也使得在同一个网络工作的所有提供商实现系统的标准化。在这些例子里，全国范围的运营仍然在公司内部的 IT 部门完成，但是他们更加关注于日常运营；而总部则更加关注于专门的项目，或者更多有关技术的战略性输入。这样的支持机制运行良好，因为总部保持了对外勤运营人员所面对挑战的良好理解。

呼叫中心

金融服务提供商经常依靠呼叫中心实现客户请求的应答，以及与客户进行产品和服务的沟通。这尤其适用于成熟的 MFI 和大型机构提供商，例如邮政银行和储蓄银行。一个呼叫中心指的是接收和发出大量电话请求的集中化办公室。它一般被用来管理来自客户针对产品和服务的致电询问。同样地，它也管理提供销售信息或执行电话销售的去电呼叫。一些呼叫中心还处理贷款回收业务，呼叫拖欠贷款的用户并按照设定好的流程得到支付。呼叫中心不局限于电话技术，它们也处理邮件、电报、在线聊天和电子邮件。呼叫中心提供了重要的物理和技术基础设施，因为它们提供了接触到大规模客户所必需的技术。

呼叫和联络中心近些年来越发重要，因为越来越多的穷人开始使用手机技术。通过电话或者短信获取帮助的能力大大降低了访问一个实体网点例如分支机构所带来的交通和机会成本。相似地，呼叫中心在银行分支机构结束一天业务的很长一段时间之后仍在处理电话。因此，客户可以以一个更方便的方式在一个更灵活的时间与提供商进行沟通。

专栏 18.10　叙利亚第一小微金融局的呼叫中心

叙利亚第一小微金融局（FMFI - S）对发展除银行分支机构之外的渠道很有兴趣。为了提升服务和拓展业务，FMFI - S 建立了一个呼叫中心用于处理消费者投诉、咨询关于产品和服务的信息，也被用来传播促销活动的信息。在 2010 年底，进行了几个促销活动，拨打的电话中有 32% 与 FMFI - S 员工产生对话。在这 32% 中，大约有 10% 访问了网店，并且最终得到贷款。支付的贷款总额提升了 3%，在接下来的活动中可以期待提升更多。所有的 FMFI - S 的分支机构声称，呼叫中心在吸引新顾客中起到了作用。

资料来源：Aga Khan Agency for Microfinance，2011。

收债公司

许多金融服务提供商都将自己的收债业务外包给专门的中介。收债业务需要大量的时间和资源，如果想做好，也要求掌握专业技巧。收债中介有接受过培训、在接近客户并收集过期贷款方面有经验的员工。他们可以利用适当的时间收债，这点不同于前线员工。收债中介使用大量的策略来收到付款，包括拨打电话、现场收债、设定付款计划以及提供多样化的支付收集点。收款中介会采用比信贷员更直接的方式及时收回贷款，因为他们不需要和客户保持持续的联系。因此，一家专业化的中介可以将金融机构与客户长期关系的损伤最小化的同时保证收回贷款。

然而，依赖专业化收债中介也会带来一些风险和成本，所以必须评估外包决定的优先级。许多收债公司对于低收入人群缺乏经验。因此，金融提供商需要对收债中介进行详细的尽职调查，确保他们理解低收入客户的行为和独特需求。这也能保证收债外包在财务上合理。一般而言，收债中介收取归还债务的一定比例作为回报，这激励他们收回更多的债务。在将收债业务外包之前，需要完成一份包括多年度成本收益分析的完整的可行性分析。

外包收债服务同时也破坏了提供商与客户之间的沟通。联系客户的流程应当是简单的、持续的，并且考虑本土情境。使用收款中介的提供商会发现对它们的客户进行收债中介角色和权威性的教育是很有用的。如果客户不承认收债中介的权威性，收债中介会在回收贷款时遭受困难，而且可能损害客户和提供商的长期关系（ACCTON，2008，见专栏18.11）。

专栏18.11　实务：巴拉圭的 Financiera El Comercio

巴拉圭的 Financiera El Comercio 公司的股东和董事会创建了他们自己的外设收债公司，叫做 Gestión。该公司利用专业的收债员和律师，主要处理 El Comercio 逾期超过180天的未偿还贷款。公司同样提供针对那些逾期30天的未偿还贷款的呼叫中心服务，以支持信贷员的工作。经过几年的运营，El Comercio 在机构中重新恢复了收债业务。这个决定背后最重要的原因是维持两个独立管理架构（两套会计账目，两个董事会）导致的高额运营费用，以及 Gestión 和 El Comercio 的风控部门之间缺少反馈渠道。

资料来源：ACCION，2008。

安保和现金押运服务

专业化的公司提供安保和现金押运服务，最小化偷窃和欺诈，保障客户能够安全地取款、借贷和使用移动银行服务。外包的服务一般包括将分支机构和 ATM 的实际保卫工作交给有资质（甚至是受担保）的人员。安保人员有责任预防和最小化受到抢劫的可能性，保证面向客户、员工和其他利益相关者的安全程序得到尊重。

现金押运服务指的是钞票、硬币和其他价值贮藏形式从一个地方到另一个地方的实体转移。这包括将现金或贵重物品从分支机构和较小的地域机构转移到总部，也包括现金在 ATM 和其他代理地点的转移。在一些国家，现金押运受到交通和安全部门的监管，而在另外一些国家，则受到市政警察或者地方当局的监管。监管通常是关注安全和后勤。例如，押运公司经常在员工持有枪械数、车辆类型和车载人数上受到限制。

　　可靠安保和现金押运的重要性随着移动银行的增长而变得越来越重要。代理机构的抢劫和偷窃正成为严重的问题。在扶贫协商小组（CGAP）关于移动银行几个核心市场的代理商的问卷调查中，在关于安保的问题上，巴西93% 的代理商报告作为代理商自己被抢劫的风险增加了，25% 的代理商在过去三年里至少被抢劫一次。一项关于肯尼亚 M – PESA 的汇总结果表明，在2009 年 10% 的代理商被抢劫。

　　外包的安保服务可以帮助预防被偷盗的可能性，虽然这会明显地增加业务成本。直接用于外包服务的费用必须与额外安保带来的收益（主要是减少受偷窃或者破坏带来的财产损失）相平衡。

注释

　　［1］http：//www. waterforafrica. org. uk/go/more – information/water – and – sanitation – facts/.

　　［2］www. swift. com/alliancelite.

　　［3］http：//www. gsm. org/technology/gsm/index. htm.

　　［4］有关移动技术的其他信息，请访问 http：//www. gsm. org/technology/index. htm。

　　［5］本节主要摘自 Demirgüç – Kunt 和 Kane（2001）和 Demirgü – Kunt，Karacaovali 和 Laeven（2005）。

　　［6］本节由 Candace Nelson 提供。

　　［7］摘自 Campion 和 Valenzuela（2001）；Making Finance Work For Africa（http：//www. mfw4a. org/fnancial – infrastructure/credit – bureaus. html）。

　　［8］信用机构往往是私人的，而信用登记机构往往是公共的或政府资助的。

　　［9］本节主要来自 Making Finance Work for Africa（http：//www. mfw4a. org/financial infrastructure/credit – bureaus. html）；CGAP（2011a）。

　　［10］摘自 Making Finance Work forAfrica（http：//www. mfw4a. org/financial infrastructure/collateral – registries. html）。

　　［11］https：//www. mfw4a. org/fnancialinfrastructure/collateral – registries. html.

参考文献及进一步阅读

ACCION. 2008. "Best Practices in Collection Strategies." In Sight 26, ACCION, Boston, November.

Aga Khan Agency for Microfinance. 2011. "Case Study: Syria." Aga Khan Agency for Microfinance, Geneva.

Alvarez de la Campa, Alejandro, Everett T. Wohlers, Yair Barnes, and Sevi Simavi. 2010. "Secured Transaction Systems and Collateral Registries." IFC and World Bank, Washington, DC.

Bhatnager, Subhash. 2011. "India's Unique Identification System." East Asia Forum, October 22.

Bridge, David, and Ignacio Mas. 2008. "Rural Connectivity Options for Microfinance Institutions." CGAP, Washington, DC.

Campion, Anita, and Liza Valenzuela. 2001. "Credit Bureaus: A Necessity for Microfinance?" USAID, Office of Microfinance Development, Washington, DC, October.

CGAP (Consultative Group to Assist the Poor). 1998. "External Audits of Microfinance Institutions: A Handbook." Technical Tool Series 3, CGAP, Washington, DC.

——. 2011a. "Credit Reporting at the Base of the Pyramid: Key Issues and Success Factors." Access to Finance Forum 1, CGAP and IFC, Washington, DC, September.

——. 2011b. "Technology Program Country Note: West African Economic and Monetary Union (WAEMU)." CGAP, Washington, DC.

——. 2012. "Security Risk and Mobile Banking: Living with Robbery in Brazil." CGAP, Washington, DC. http://www.cgap.org/p/site/c/template.rc/1.26.15535.

Christen, Robert Peck, Kate Lauer, Timothy R. Lyman, and Richard Rosenberg. 2011. "A Guide to Regulation and Supervision of Microfinance." Microfinance Consensus Guidelines, CGAP, Washington, DC.

Demirgüç-Kunt, Aslı, and Edward J. Kane. 2001. "Deposit Insurance around the Globe: Where Does It Work?" Policy Research Working Paper 2679, World Bank, Washington, DC.

Demirgüç-Kunt, Aslı, Baybars Karacaovali, and Luc Laeven. 2005. "Deposit Insurance around the World: A Comprehensive Database." Policy Research Working Paper 3628, World Bank, Washington, DC.

Frankiewicz, Cheryl, and Craig Churchill. 2006. Making Microfinance Work: Managing for Improved Performance. Geneva: ILO.

——. 2011. Making Microfinance Work: Managing Product Diversification. Geneva: ILO.

Frederick, Laura I. 2008. "Information Technology Innovations That Extend Rural Microfinance Outreach." In New Partnerships for Innovation in Microfinance, ed. Ingrid Matthaus-Maier and J. D. von Pischke, ch. 10. Berlin: Springer.

Glisovic, Jasmina, Mayada El-Zoghbi, and Sarah Foster. 2010. Advancing Savings Services: Resource Guide for Funders. Washington, DC: CGAP and the World Bank.

Helms, Brigit. 2006. "Access for All: Building Inclusive Financial Systems." CGAP, Washington, DC.

Isern, Jennifer, Julie Abrams, and Matthew Brown. 2008. "Appraisal Guide for Microfinance Institutions." CGAP, Washington, DC, March.

Ivatury, Gautam. 2008. "Using Technology to Build Inclusive Financial Systems." In New Partnerships for Innovation in Microfinance, ed. Ingrid Matthaus-Maier and J. D. von Pischke, ch. 9. Berlin: Springer.

Keepper, Kevin. 2011. "How to Save Rural Kenyan Farmers $200 per Year." Next Billion, March 22.

Krugel, Gavin Troy. 2007. "Mobile Banking Technology Options." August. FinMark Trust.

Matthaus-Maier, Ingrid, and J. D. von Pischke, eds. 2008. New Partnerships for Innovation in Microfinance. Berlin: Springer.

Simbaqueba, Lilian. 2006. "The Role of a Microfinance Bureau." PowerPoint presentation at the regional conference "Credit Reporting Systems in Africa," LiSim, Bogotá, Colombia. www.lisim.com.

Tiwari, Akhrand J., Anurodh Giri, and Priyank Mishra. 2011. "Leveraging Unique Identification (UID) for Mobile Banking in India." Focus Note 70, MicroSave India.

第十九章 构建普惠性金融市场

David Ferrand

在前十八章里，普惠金融的很多方面已经做过深入的讨论。本章旨在将各种线索串联在一起，以检查整个系统是如何发展的以及有哪些因素会影响它。在引言这部分，我们建立了这样的愿景：整个普惠金融就像一个国家，在这里，所有想利用它的人们都可以以一个能够承受的价格用一种方便的方式接受一整套优质的给予客户尊严的服务。金融服务大多由一系列的私人供应商提供，这些服务可以覆盖到每一个可以使用的人，包括残疾人、低收入者、农村人口。

在转向一些试图去解释什么在推动着整个过程的理论之前，我们先审视市场和普惠性发展中的实证证据。在这个基础之上构建的理念"让市场为穷人工作"被进一步发展，并且有别于过去常常相互辩论的两种关于金融普惠政策的截然相反的方法。一种是属于一个更广泛的传统的公共干预经济，主张由政府直接代替市场进行供给。另一种是基于自由市场能有效解决经济供给问题的信仰，主张政府避开私营市场部门，专注于消除任何在激励管制、税收或补贴上的普遍扭曲。与上述两者相比，市场系统方法旨在控制利用市场力量的解决方法，以实现提供有规模的可持续的服务。试图去抵制或替换市场力量是几乎没有用的。然而，它也认识到市场如何发展以及谁会受益是不可预先确定的。通过影响市场发展的线路向一个更包容的方向发展，可以获得更多成就。系统化市场的发展需要建立在对当前市场形势、动力和未来潜势的理解之上。

虽然，通过这类分析，更实用的构建普惠金融市场的方法强调了检验每一个市场体系特定环境的重要性，但是，我们仍可以识别出许多广泛而普遍的挑战。这些挑战包括零售能力、相互联系的业务市场、提供良好条件的市场以及协调市场发展。基于更好的理解市场发展的潜力和挑战，我们可以考虑如何有效干预更具体的问题，并给出一些实用的建议。

增长和普惠性

金融深化

　　有证据指出了经济发展与金融市场深度之间的紧密关系。检查不同情景和不同时间下的金融市场发展模式，可以发现极大的差异，如图 19.1 所示，该图绘制了由银行系统提供国内信贷，以信贷规模与国内生产总值（GDP）的比例表示，与人均国民收入的关系。尽管人均国民总收入达到 7560 美元，加蓬的国内信贷中由银行系统提供的只有 8%；相比之下，在人均国民收入仅有 700 美元的孟加拉国，国内信贷中 47% 由银行系统提供。从这些证据中可以得出一个重要的结论就是金融市场发展状态并不是一个简单的关于更广泛的经济发展状态的函数。

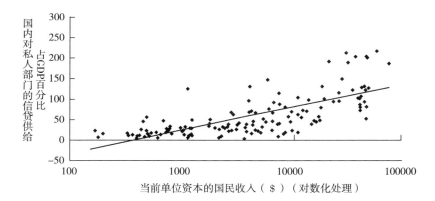

注：GDP = gross domestic product；GNI = gross national income。

资料来源：World Bank Global Financial Inclusion Database（2012）；World Bank national accounts data, and OECD National Accounts data files；International Monetary Fund, International Financial Statistics and data files and World Bank and OECD GDP estimates。

图 19.1　信贷供应与人均国民收入的变化

普惠性

　　关于普惠金融的数据很少，但是，使用代表指标我们还是可以看到不同的经济发展指标表示下的普惠水平存在非常明晰的差异，如图 19.2 所示。将人均国民收入（GNI）作为经济发展的一个代表指标，在一个给定的经济发展水平下，用在正式的金融机构中有账户的成年人口比例表示金融普惠，我们可以发现很大的差异性。斯里兰卡的人均国民收入为 2240 美元，该国有相对较高的普及程度，68.5% 的 15 岁及以上的成年人报告有一个账户。相比之下，墨西哥有近四倍的人均收入水平（人均国民收入为 8930 美元），但只有27.4% 的成年人报告有一个正式的账户。尽管数据清楚地显示了普惠化程度的上升与经济发展的增长之间有强烈的关联，但是几乎没有证据表明普惠性一定会紧随经济发展而改善。被观察到的变化范围暗示还有其他的因素在决定特定普惠金融经济水平上起作用。

　　然而，有重要的一点需要被澄清，经济发展和金融普惠之间存在关联是没有什么异议的。研究者做出了诸多尝试来判断这种关联的因果性的方向。基于对时间序列数据的详细的计量经济分析，研究金融市场的经济学家们达成共识，经济发展和金融普惠存在因果关系，金融部门的发展促进了经济增长。有一些更尝试性的证据表明，金融普惠确实会促进经济发展指标的改善。事实上，得出这里存在着互动关系的结论是不可避免的。利用现有的数据，我们没有发现工业发达体中存在比发展中国家更不成熟的金融体系和较低水

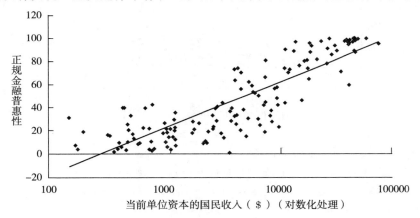

注：GNI = gross national income。

资料来源：World Bank Global Financial Inclusion Database（2012）；World Bank national accounts data, and OECD National Accounts data files；International Monetary Fund, International Financial Statistics and data files and World Bank and OECD GDP estimates。

图 19.2　人均国民收入与正规金融普惠性的变化关系

平的金融普惠的例子。虽然，这似乎很难认定这个因果关系并没有朝着其他方向发展。随着经济体的扩张和平均财富水平的增长，对于银行和其他金融服务提供方来说，在一个给定的金融中介效率水平下，必然有更多的消费者有望变成为可行的客户。可以预期，在一定程度上普惠性会自然地提高财富水平。金融市场的发展，特别是金融普惠的扩张，对于一个市场体系似乎是内生的。然而，从数据中可以得出一个重要的结论就是，未来市场发展的可能性将不会被特定的经济发展水平所阻碍。

理解市场

市场系统方法的核心就是尝试去理解市场上到底什么在起作用这一重要的观点，这也是这本书的理论基础。主流经济学观点集中在经济参与者做的决策所起的作用上。激励发挥着基础性的作用。当存在预期会有盈利的市场扩张机会时，参与者将会利用这些机会来投资。同样地，在需求方，顾客选择对他们有利的金融产品和服务，用经济学的语言来讲，那些会改善他们效用的产品和服务。然而，如果供给和需求的匹配也那样重要，那么结果会比当前在不同的金融系统中所得到的结果具有更大程度的集合效果（事实上，更广义上讲指经济体）。但是没有多少证据显示经济增长与金融普惠之间是存在简单关系的。那么，不同层次的普惠性在整个经济体中各占多少比例呢？详细数据的缺乏（直到最近）使得我们难以依靠经济计量技术分离出经济变化中的潜在推动因素。除此之外，即使数据可以利用的，只是简单地看总量也不能明显地清楚阐释其实的内情。要想是怎么回事，有必要考虑到市场发展的机制。

一个明显的出发点就是更加细致地观察金融服务提供者和消费者的行动以及是什么决定了市场行为。为了使模型易于处理，正统经济理论简化了关于经济活动参与者的行为方式的假定。理性经济人，或者经济人，被假设完全理性，在完全或完美信息的基础之上，追求他或她自己的关于可用选项和关键意义的最大化利益。虽然凭常识来看是不现实的，但是这些假设从未有打算去预测个体行为，而是总的来说去推断经济行为人是如何做出选择的。不幸的是，正如新兴的与互补行为和新制度经济学所强调的，这些简化的假设也未能弄清楚市场上和经济成果中一些重要的不同驱动者。

行为与策略

　　行为经济学关注实际个人决策偏离早期理想化理性观念的程度。虽然该领域涵盖了很多行为环节，有三方面需要强调：理性的界限、意志力和自我利益的动力。其中第一项"有限理性"的概念与理解市场如何发展最直接相关联。这只是简单反映了在特定的情况下通过处理得到的信息来获利是不可能的。虽然不一定总是能积极认识到这一点，但是大多数顾客是熟悉这个问题的。例如，在发达的金融体系，储户面临着来自一系列数目庞大的储蓄提供者竞争性存款邀请，这还经常发生变化。当在平衡未来不可预测的流动性资金需求时，试图最大化利息收益会变得出奇的困难。储户往往只是选择一个账户，然后在持续的一段时间保留它，因为试图去捕获和处理所有的选择简直是太难了。顾客一定能够选择什么是最适合他们的假设必须得抛弃掉。这经常与意志力问题相互影响，如在这个例子中，客户常需要自己主动地留意市场去找到更好的储蓄提供者。顾客往往只是没有采取可以改善他们财务状况的简单行动。

　　这种限制不仅体现在需求方，而且也适用于供应方。受商业策略做出的复杂决策的引导，金融机构可以理解在他们所经营的市场上当前及未来状态下的大量信息和不确定性。商业策略可以被看成隐含的不完整"理论"的应用，即市场如何应对各种报价以及如何随着时间而发展。这个"理论"的不完整性可能是由特定时间点的市场的纯粹复杂性，或者是对未来所有可能的发展的不可预测性所引起的。即使是最明显稳定的市场也会受到技术发展的影响。特别是金融市场经历了相当大的变化，这是信息和通信技术发展的结果。一个商业策略的成功与否很少能瞬间被时间检验出来。通常需要花一段时间才可以看清楚新策略是成功的还是失败的。鉴于开发一个全新策略有潜在的困难和风险，金融机构通常会退而采用那些看起来在特定行业内被证实过的商业策略。虽然人们的注意力经常集中在创新上，但是对于很多市场参与者来讲，效仿那些明显奏效的做法却可能是常态了。并不难发现，发展中经济体的商业银行采用了工业化经济体的基本商业策略和金融机构的模式，尽管它们的市场环境有相当大的差异。

　　提供商或消费者集中采取大致相似的策略可以将市场推向特定的方向。可以构思很多不同的策略。如何出现一个具有特定优势的策略，这可能取决于特定的历史环境。关键是潜在的市场机会可能由于主导部门策略的特点很容易被忽略掉。很多发展中经济体的商业银行的商业策略无法支持很多低收入顾客所需求的服务类型。

游戏规则：制度

寻求指导决策和减少不确定性的方法的需要产生了市场结构这一角色。游戏规则，即新制度经济学中的制度，在引导经济决策制定和提高市场效率中起到关键性的作用。这些规则大到正规的制度，如法律法规，小到非正式的社会习俗和文明规范。从经济学角度来看，获取可靠的信息（关于当前和未来的情况）来做出经济决策本身是代价昂贵的，并增加了整个市场的交易成本。可靠的制度有助于解决有限理性的问题，通常提供更高的可预测性，并提供简化或利用"经验法则"来促进决策。在提供引导经济行为的框架中，制度有助于解决市场中的协调与合作的问题。

一些简单的例子可以说明制度对金融市场的重要性。针对存款吸收机构的国家强制监管和存款保险制度允许储户假定他们把积蓄存放在这样的组织的风险是（相对）很低的。只是看到了一个机构获准将自己描述成一个"银行"（在法律上通常只用来描述那些受监管的机构），就能使储户有理由安心进行存款，而无须关心有关机构的详细财务分析或者定期的监视。如果没有这种制度效率，小额存款规模化将没有可能实现。

另一个例子是对拖欠贷款的信息共享，涉及合作问题的解决。一起分享信用违约信息符合大多数市场客户的集体利益，不仅仅是提供者还有消费者（分期还款是显然排除在外的）。然而，这只是在降低信用风险评估成本和阻止欠款中有真正价值，这些领域的信息涵盖大多数市场因此可靠。如果系统是足够全面的话，每一位顾客应该在改善存取或信贷成本时获得一些微薄的利益。然而，这样做的好处可能是很难看到的，并且需要针对可能的缺点进行设计，即如果借款人违约，他或她可能无法再次获得贷款。在没有建立规则（国家支持的监管或者一个行业集体主动建立）的时候，有用的信用分享在整个市场上获得潜在效益之前不太可能自发出现。

非正式制度——社会中内生的规则和规范——在贫穷的经济体中常常占据主导，它们经常在正式制度的覆盖范围之外。民间标会和信贷协会的效率取决于社会规范，在不依赖于合法合同和可能通过法院而获取的第三方机构强制执行的情况下保证信守承诺。这样的规范也常常由很多小额信贷机构在团体贷款中制定。更有利的是，在发展中经济体的很多社区中建立相互作用的规则支撑了更加复杂的金融安排（见第二章）。这些可以创造一些非正式保险的形式从而有助于明显减少低收入家庭的脆弱性。

只有很少的正规机构可以迅速地改变，这点远远不如非正规机构。相反，变化常常发生在边缘地带，已经由为参与者设置激励机制的现行游戏规则所昭示。因此，这里存在一个路径依赖：金融系统未来会走向何方取决于它的今天。这似乎是一个显而易见的道理，但是，对于金融普惠如何在一个特定的环境发展就需要从市场发展的可行轨迹这个角度来考虑。更进一步的制度变革往往会反映各种关键性参与者的利益和相对议价能力。我们不能假设发展必然会导致更加有效的安排，这可能是因为它不可能看到结果（有限理性的另一种含义），也可能是因为力量的平衡有助于改变对特殊狭隘的既得利益的支持。

让市场为穷人工作

让金融市场为穷人工作的思想建立的前提是影响金融普惠如何发展的真实选择存在于特定的市场中。为了市场的成功发展，有必要明白激励机制所处的市场核心有什么正在运转，以及什么可能会限制参与者朝着一个特定的方向发展。这在很大程度上依赖于这样的洞察，即市场是由正式的制度（规则），包括法律、监管以及它们的强制执行，非正式的规范、习惯，以及供求双方的市场参与者的实践组成。虽然参与者大多数时候有意变得理性，寻求效用的提高，但是他们的认知能力、意志力和相关的并不完美的规则条例（无论是正式的还是非正式的）限制了他们做出最优选择。此外，一个市场的发展前景常常受到相关联市场发展的限制，而这些相关联市场同样不会及时完美地对机会做出反应。例如，劳动力市场提供扩大扶贫金融的规模所需要的技能人才的能力经常受到限制。然而，通常通过干预这些限制或者完善激励机制将参与者引导到一个特定的方向可能会影响发展的路线和速度。

这个思想不是试图使河流逆流而上。更进一步利用这个类比，对市场中参与者进行的激励就像推动水流下山坡的重力一样。尝试对抗它会耗费大量资源，并且不可持续；一旦能量被转移，水还是会流下山坡。努力让市场更好地为穷人工作就是试图利用市场激励的"重力冲击"的作用，只不过是用一种更有利的方式去影响运行移动的方向。在一个适当的时候，即使一个相对温和的干预也可以改变河流的流向；而在其他情况下，可能意味着要开辟一个全新的渠道。

将市场体系方法与适用于普惠金融的主要发展方法进行对比是非常重要的，在这里可以被有效地描述为广泛的干预主义和自由放任主义。两者在金融部门发展的理论和实践中都经历过高潮时期。这里主张的方法是着眼于一种更加细微的市场观点。然而，混乱可能产生，因为时机常常出现在政策处方是相似的情况下。市场发展的动力已经建立，什么都不做却可能完全与市场发展方法一致。或者这里没有关于如何让一个特定的细分市场部门更加成功的范例，对市场参与者来说加大投资创造一个示范案例可能有助于加速市场开发。

干预主义

金融市场的干预主义来源于一个假设，就是如果市场没能达到一个既定的目标群，那么一个适当的响应会直接代替市场失灵。如果银行不贷款给小农户，那么就利用公共资金（由发展伙伴或者东道国政府提供）建立一个农业贷款机构就可以了。然而干预主义的方法却几乎很少会通过两个严格的有效发展的检测：可持续性和可扩展性。发展中世界遍布了昂贵的公共资助的农业金融方案，它们要么失败了，要么持续有重大的财政流失。失败的原因多种多样，包括了由腐败的贷款行为、糟糕的管理和成本控制带来的治理失灵，缺乏对借款人的筛选，无效的风险控制以及激励借款人偿还在政治上有目的性的妥协。

从根本上讲，这里经常有一个最基本的问题没有解决：市场上什么正在运行着？我们需要对现存的金融机构做些什么来开始从事小农业务？旨在达到既定目标群的政治性决定却经常会否决目标群体是否真的有债务能力的考虑。为基本不盈利的农业事业（农场）提供信贷对于放款人来说不太可能带来可行的还贷利率。如果客观的公共政策事实上只是将资源转让给穷人家庭，然后将贷款转换成收益，这样做是一种低效率的方法。具有讽刺意味的是，常常产生退化的情形，更富有的借款者更有可能拖欠贷款不还，穷人借款者则因试图拆东墙补西墙的还款方式而导致自身状况更加恶化。

自由主义

另一方面，自由主义代表了另一个极端。它假设公共部门参与者带来的一些市场干预超出了最小正式的设定游戏规则，这些干预一定会让市场和参与者更加糟糕。会出现这种情况，如果市场确实是理性的，效用最大化会通过在完全连通的市场中操作完美的信息来实现。不幸的是，在发展中经济体的背景下，几乎没有相对来说条件相近的市场环境。

19世纪60～70年代，很多发展中国家的金融管制，当然是从金融普惠的角度来看，频频产生令人失望的结果，19世纪80年代的市场化改革试图扭转这一长时间的金融管制。仅仅消除对金融发展合法监管的约束无法引导主流商业银行家立即发现低收入家庭是一个黄金市场这个机会。法规已经要求银行贡献一定比例的业务在不完善的产业部门（通常农业被列为目标），自由化往往会去除掉这个要求。如果仅仅以定位在更高收入群体和更大规模的正式企业的商业模式视角来看，这些市场部门（如农业）被看成非常没有吸引力的，银行通常会给予一些救济然后远离它们。

创造市场

在现代小微融资的早期历史中可以找到一个关于市场发展实践的经典例证。它起源于一个很简单的想法，就是将钱贷款给孟加拉国低收入妇女可能会盈利，但这个想法一直没有方法证明而被金融机构关注。孟加拉国大多数人可能知道当地的资金出借人可以在一个可行的基础上利用当地资讯把钱借出去，有时候会求助于强制的措施来要回还款。然而，有时候很高的利率和不可靠的商业活动与资金出借人运作的相对低效有关，他们几乎没有鼓励正式提供者去复制这种做法。尤努斯的伟大贡献就在于证明了可能会有更加有效的贷款形式，它依赖于现行的社会制度来创造激励机制，以较低的交易成本保证还款的充分水平。这并不依赖于现今无法获得的任何技术。这里需要重点提一下的是孟加拉国的私营部门以及相当多其他不发达国家已经无法识别这种市场机会，它们在尤努斯教授的工程试验之前一定早就存在着。尽管尤努斯自己已经尝试为小微融资的长期补贴站在一个有点模糊的立场上，但是高额盈利的小微贷款的兴起已经印证现在确实有一个真正的市场机会。它说明了一个至关重要的一点就是对于市场发展我们已无力承担采取过分乐观和命中注定的方法了。现实的市场机会可以改变穷人的命运，但常常被忽略。

明白其中的原因才是创造市场为穷人工作的出发点。

市场潜力

有很多原因可以解释为什么开拓市场的潜在可盈利机会，或者说融资渠道，没有被现有的金融部门参与者或其他投资者获取。这里就不列举所有的可能性了。当然，我们的目标是知道哪里可能有潜力，哪里有约束。知道什么可能会阻碍更迅速市场扩张将有助于识别特定经济体中市场发展的机会。

技术转移的挑战

为发展中的和新兴的经济体的快速发展潜力提供支持是下面情况的一个前提：经济中用于提升生产力的产品或系统的技术在更加发达的国家已经发展得很成熟了。因为没有必要去发明技术，直接就可以转移了。获取是为了高增长率。然而一些争论还在继续。当然，很多欠发达国家的经历就是技术转移绝没有那么简单。然而，正如最近的亚洲历史所展示的，非常迅速的经济增长是可以实现的，甚至是以一个在所有更早的工业化国家中史无前例的增长率。

从较富有国家转移技术的一个最主要的挑战是不同的技术在开发时是适用于不同的经济环境的，这些通常表示为资本和劳动力相对价格的显著差异、相关市场的必备技术和投入的有效性，以及需求的特征。发展中国家金融普惠面临的一个最主要的问题是金融体系核心直接移植西方银行模式而建立的程度。透过这种商业模式的视角可观察到很多低收入家庭和小规模非正式企业作为潜在的市场简直无法注册：他们是在范围之外的。举个不太恰当的例子，风险厌恶者看不到穷人，就像看不到一个预期的市场一样。尤努斯对金融普惠的更杰出贡献可能不是格莱珉银行本身，而是有助于打破整个发展中世界金融服务产业的思维定式。

更应明白的是，很多金融机构的商业模式是为较富裕的客户群而建立的，这将无法充分满足低收入群体的需求。成本结构会反映出高得多单位平均交易规模。集中建立在大理石铺就的银行大厅的交付渠道是为了满足高收入顾客的愿望。这套机制原来是用来衡量和评价那些正规用工或正式运行的企业的信用风险，这常常反映了他们的生计和行为规范。小额信贷机构经历了二十多年的试验和发展，找到了有效的方式来解决这些挑战。盈利性小微金融的发展继续受到金融市场对另一个非常不同的消费群体的有效锁定的阻碍。关键的支持服务市场领域的要素，包括信息系统、市场研究、培训和人力资源开发、管理咨询等，经常是满足来自金融机构的需求而开发的，一个典型的小额信贷提供通常有不同的需要。

在这样一个相互依赖的复杂网络中，我们禁不住要沉寂下来；市场体系太复杂并且相互依存，所以不可能设计策划任何有意义的改变。然而，最近的金融市场发展史表明频繁存在着很多机会；新市场很有可能孕育变革的种子，但是周围的市场基础设施或者合法的监管环境与新市场的需求无法对接。当一个新兴市场部门出现时，它对效率和产品设计的需求通常远比不上在它成熟时竞争力增强以及顾客变得更加严格时那么苛刻。早期小微贷款的经验表明，尽管后来的市场调研证据显示产品并没有特别好地与很多目标客户实际需求相匹配，在此基础上还是有可能实现可持续性的。然而小微金融的早期，没有其他更好的替代品，很多客户以相当大的热情尝试了简单短期团体贷款。

绘制金融格局

在理解市场发展潜力时，一个很明显但有时却出人意料地被忽略掉的出发点，就是依照目前存在的市场对它进行细致测绘。这需要对供需双方进行大范围且精细的测量和分析。在这本书前几章观点的基础上，供给方的分析不应该局限于某个特定类型的供应者。很多发展中国家的非正式金融提供了比正式金融更重要的服务来源。此外，它们可能提供重要的视野发现潜在的需求，而不是简单地从传统正规部门提供的产品中捕获这些需求。虽然尝试经营非正式金融需要格外谨慎，但是一些用来改进这些机制或者将其与正规金融供应商联合在一起的有效方法正开始出现。

再看看需求方，只看到一个账户接受服务获得财产是无法全面了解市场行情的。市场中重点不仅仅是服务覆盖的质量，还有它的数量。虽然在质量交叉可比性指标上尚需达成一个清楚的共识，但是一个简单的替代方法就是去检查使用水平。很多低收入家庭有一个交易账户的发现可能暗示了在减少排斥方面有进展。但是如果我们又发现这些账户每年只用几次，这就很清楚了这对于解决缓解日常现金流的问题只有很小的影响。这揭示出目前缺乏持续的服务供应，但也存在一个改善的机会。识别市场中的缺口应该从分析需求方开始。

很多国家的研究表明金融服务组合使用正在流行。比如，在肯尼亚，一个需求方的调查表明只依赖于单一的正规服务的顾客非常少。有趣的是，近年来尽管正规金融服务正在扩大，但是使用运用正规的、半正规的和非正规的多种资源的人数越来越多。个中因由并不难理解。甚至在发达的金融市场，很少有顾客或企业的需求能被单一的机构完全满足。在迅速发展的市场，正规提供者才刚刚开始涉及很多新市场部门。正如从提供者的角度来看，这些市场仍只是略微可行，对顾客和企业的附加值也可能微不足道。

金融接触边界

基于对既定市场中现有金融服务的供需情况的明确衡量，下一步是决定市场发展机会可能在哪里。金融接触边界（Porteoas，2005）提出了有用的方法将市场作为整体来考虑（见图19.3）。这个使用边界很明显是被那些如今使用金融服务的人定义的，而这些金融服务正是需求方研究的衡量对象。除了他们，就是那些可能潜在地被目前存在的金融服务机构服务到的人们（由供给方研究测量）。这定义了接触边界。干预市场运行意在帮助提供者找到那些未来的客户，缩小使用与接触服务边界的差距。市场发展（相对）容易取得的果实应该展现在这里。仅仅为已有的参与者提供识别市场机会的数据可能会产生一种影响。下一步就是通过拓展服务接触边界决定那些未来可以接触得到的顾客和企业。多方面扩张可能需要市场发展积极性。通常情况下，这可能意味着扩大了系统的地理范围，减少了交付成本或者改善了新市场部门服务的相关性。除此之外，这个未来的接触边界之外是那些波蒂厄斯提出的"超级市场"群。无论是通过直接补贴还是嵌入式的政府或社会保障支出捐赠，给这个超市场带来金融服务必然会涉及一些重新分配或者网络转移。甚至在拥有一些最先进金融系统的最富有的国家，真用不起金融服务大有人在。最后，在任何一个群体中，都会有一些人（来自于发达国家的证据显示是数目非常小的少数人）根本不会选择使用金融服务（图19.3中的第五类）。这就在市场上建立起了全面的自然限制。

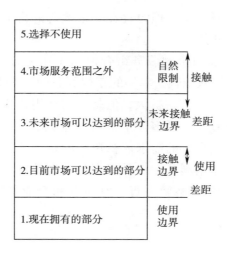

资料来源：欧瑞特欧式，2005。

图 19.3　金融边界

情景分析

　　试图预测未来通常是一个有勇无谋的任务。通常比较有效率的做法是着眼于从多种方向考虑潜在的方案让金融部门得以优化，而不是尝试去做一个明确的预测。这有助于增大未来可能性以及更好地理解哪些因素会影响不同的路径。为找到未来的同行者，我们需要找到什么有可能会推动市场的发展。经济和非经济因素可能会影响金融服务渠道和使用。到底什么力量会推动改进？首先无疑主要是可以被识别的政治和经济力量将塑造出整个国家的未来。政治和社会的稳定性、谨慎的宏观经济管理或者是主要环境灾难的回避必须直接作为不易受影响的背景假设；也不可能产生重大的意外战略事件（至少在处理金融普惠性的情况下）。更确切地讲，这里有必要看一下那些更直接冲击金融市场的力量。这些力量可以被划分为两类，一类是那些有可能以合理的信心去预计的方式改变市场的力量，另一类是那些明确会产生影响，但可能以不同方式产生作用的力量。决定后者不确定性产生方式的因素至少对金融体系来说是部分外生的。然而，识别结果的预期范围有助于建立一个广泛的平台，在这里，市场发展需要集中寻找机会来支持积极的规模变化。

　　即使相当多的不确定因素已经被识别出来（不考虑那些还未发现的），在一个给定的环境中，尽一切努力识别金融接触所有可能的潜在情景仍然是很困难的。然而，利用更有意义的不确定性是如何产生的来思考普惠性在一段时间内可能会如何发展却是非常有用的。很多情形下，技术已经开始显著地改变市场了。这看起来毫无疑问它将会继续；很多市场中的紧急任务是考虑技术可以影响未来普惠性的方式。这种情境的分析肯定不会尝试覆盖金融包容性的所有方面，但只是会让我们意识到已有的变化动态是怎么来的。更好地理解这一点有助于发现变革整个系统的可能机会。

解决关键的挑战

"核心" 中缺乏零售能力

零售能力的缺乏常常被作为发展普惠金融市场的核心挑战。一开始，很少有或没有服务提供，我们需要演示模型来确立低收入市场是如何能够被可持续的服务。这里没有唯一的 "最佳做法"。早期的小微金融以专门化的小额贷款机构为特征。以商业银行为代表的主流机构持非常怀疑的态度。如果有可能让他们完全参与进来，那么这项参与将在很大程度上被视为是企业的社会责任而不是竭力去开拓新的战略业务范围。经常发现很难在主流银行机构中创造有效的小微金融。常常可以发现小微贷款业务与更多的主流银行业务之间的一个错位，它起始于公司文化水平，整个反映在人力资源、交付渠道、基础设施、市场以及品牌化所有方面。尝试建立一个空间实现小微金融有时可能比创造一个新的组织更难。然而，重要的是不能低估建立新组织的挑战。在早期阶段，很多需要支持快速发展的资源是没有的。很显然，大多数必备技能根本无法获得，所以组织必须要发展自己的员工。

一旦第一个示范案例被建立起来，焦点需要从个体机构转移到一个产业行为的层次。长期目标不应该是支持领先者——尽管这些是有价值的——而是创造一个可以让竞争和创新繁荣的环境。这并不简单。人的能力常常在于促进产业发展的核心层面。很多技能只有在零售组织的框架中边做边学才能得到有效的发展，很可能将注意点拉回到一些特定的机构。同样，金融部门的创新并不会成功开发出抽象的专利产品，而是会在市场中生成实际的产品与服务。我们需要持续努力利用好机会开发能力，要与机构共事但是要经常从行业层面来展望。

　　当小微金融逐渐被认可为金融普惠而不是狭隘地关注特定小微贷款产品或小微金融机构，组织的范围已经显著扩展了（在前面章节详细地讨论过）。一方面，这已经加强了建立一个金融普惠体系的潜在能力；另一方面，它创造了一种需求，即与一个的更宽广的组织类型与需求共事。零售商业银行已经开始认识到满足下一代顾客的需求的重要性，这需要找到方法使他们现有的产品、运营和渠道满足客户的需求。信用社或储蓄信用合作社已经在服务一个较低收入的市场，但是能力和治理的挑战却往往总是伴随着他们那种自发性的根基。以社区为基础的金融有助于满足很多那些被正规甚至是半正规金融排除在外的低收入消费者的需求，在更加强健的模型中，为社区中介培训会员会显著地提高质量和安全性。最后，全新的参与者现在全部进入这个领域，比如移动网络操作者、大的零售商以及技术性企业。即使常常用重要的专业知识处理大规模的零售市场，进入一个全新产业会还是需要理解基础市场以及遵守监管要求。组织形式会对它提供特定的服务的能力产生深刻的影响。这里没有单一的组织类型能够展示出触及所有市场部门的最佳解决方案。根据市场部门和产品区域，组织形式最关键的特点对其竞争优势有不同的影响。在更加遥远的农村地区，使用者所有和使用者管理的以社区为基础的金融组织的低成本结构构成了一个重要的优势，使其优于更加正式的集权式的微型金融机构或商业银行。然而，这些组织经常疲于满足一个快速增长的小企业融资需求，或者是横跨城市和农村不断延伸的家庭资金管理需求。关键的是，组织形式伴随着显著转型和交叉学习而继续发展。面向低收入市场的商业银行忙于发展更低成本的代理销售点以接近更贫穷的客户。微型金融机构始终理解与现有的社区化组织合作能更好地接触到更远的或农村客户的价值。

　　在这个水平上市场发展的机会正愈发地变成发现可以推动市场扩张的创新。实现了这一点通常就意味着要超越简单的设计理念而与市场伙伴一起共事来提供可靠的示范到市场上去。常常（以及必须）同时解决的创新焦点区域包括以下几个部分：

1. 组织架构（例如，创造专业小微金融机构的形式）
2. 产品（例如，为贷款提供者引入激励机制）
3. 渠道（例如，可行的代理银行模型发展）以及
4. 产品/服务（例如，基于指标的气象保险）

建立业务服务市场（支持功能）

单个的组织需要被看成一个更广阔"产品体系"的一部分。日益增加的专业化、战略联盟与合伙关系、非核心业务的外包，以及部门公共物品（比如金融教育）或者行业准公共产品（比如 FinScope 市场调研）的协作发展都给服务提供的效力与效率带来了相当大的收入潜力。信息是金融市场的生命线，它的产生与传播常常取决于零售机构本身以外的支持者。这个产业基础设施的建立可能来自于关联市场或者是用于解决金融市场中特定支持功能的专业组织。前面的例子包括覆盖了多种多样的区域，如市场调研培训、广告、审计、招聘、信息系统发展以及咨询管理的商业服务。同时，而后者的经典案例是行业会员组织，它们通常是为了代表某一行业团体的共同利益——最明显的是与政府对话——而建立。

随着市场的发展，营造市场照理应该开始转移到这个层次。这种转变的理由与需求和影响都相关。在市场初期，机构间的合作与协调的程度预期可能会变弱。缩小这种差距可以通过测试选项、传递即时利益并且帮助证明机会的所在之处来实现。这种预期的影响可能会在部门层面更好地起作用，因为任何一项干预的目的就是覆盖整个产业群而不是单个的机构。这也有利于减少执行风险和缓和与单个参与者相关的市场扭曲的内在风险。在这个层次中的可能干预包括下列几点：

1. 加强支持服务市场的供应（例如，服务提供者能力的建设）

2. 建立金融体系内部联系（例如，用有限的信用保证在金融市场机构之间建立信任）

3. 提供部门准公共产品（例如，在金融和社会绩效领域，以及客户产品定价领域建立顾客金融能力）

4. 投资人力资源发展（例如，开发储蓄和信贷合作培训的新课程）

塑造一个有利的环境（规则）

所有市场活动都发生在构成了环境的游戏规则之下。正如先前所讨论的，这些规则既有正式的也有非正式的。焦点倾向于前者，因为前者被认为更可以即时驾驭，由政府政策和因此产生的正式制度（法律、法规和强制执行的实践）所形成。然而，非正式的习惯和规范在市场参与者行为中起着核心作用。现在有一个越来越多的共识就是行为因素在创造一些导致最近的全球金融危机的条件时扮演了一个重要的角色。按理，唯一保护消费者免于已经在很多市场里出现的掠夺性和欺骗性的金融阴谋的方式就是发展社会化的规范以引导市场参与者来质询所谓"提供"的可信度。

在正式层面，最有可能直接影响金融市场发展的三个领域是审慎监管、消费者保护以及竞争政策。后两个相对而言最近才开始在很多发展中国家引起严重关注。从政策制定开始，这些领域很重要，不仅因为它直接导致明确法律法规的形成，还因为它有助于构建针对需要讨论的法律法规的可预期性，而后者对于金融市场的可能投资者尤为重要。

特定的金融部门和相关的法律法规规范以及他们的执行直接作用于市场。从扶贫市场发展的角度来看，制定适当的监管是非常重要的。从金融服务提供者和客户的角度来看，一个精心设计的管制可以通过改善可预测性而大大降低交易成本。金融机构审慎监管的主要经济功能是减少潜在的不稳定性和并向这个市场发出可靠的信号。强制信息披露和保持透明度——保护消费者的核心支柱——大大地改善了市场运作，使买家在鉴别适合他们需求的服务时减少他们的成本。

有效和高效的执行在所有情况下都是至关重要的。因此规则的发展必须要与执行机制的设计携手并进。似乎难以预测的是，比如说，在现有的正统监管模式基础上发展对基于社区的提供者的可信审慎监管是否可行。要用可靠的监管和执行成功地处理遍布整个国家的上千个小型组织构成的市场太难了。

此处提到的服务商角色通常与专有技术相关：有助于当局更好地理解市场——市场的特征以及面临的特定挑战，旨在构建长期的内部能力。在新兴产业和政策制定者与监管部门之间建立并促成关联是一件十分有挑战的事。在一个年轻的产业中，不难发现会有一个或两个起主导作用的机构，他们最关心的事不可避免地成了关注他们自己的需求而不是更广泛的整个产业。服务商此刻应有一个长远的视野。

这个领域被正确地强调为对于更广阔的市场发展来说是至关重要的，并且很明显是更广阔的经济改革的核心。通过让金融市场为穷人工作这个特定的视角，应关注以下各领域：

1. 惠贫政策分析——支持政策制定者理解对金融接触的影响（例如，对银行通道的审慎监管进行分析）

2. 调研——提供一个真实的证据基础来支持政策构建（例如，调研无网点银行业务的使用者遇到的损失与困难）

3. 监管设计（例如，为制定新规章和建立监管当局的发展提供支持），以及

4. 对更广泛的公共意识和行为改变的倡导（例如，为金融教育提供支持，旨在改善金融成果更好地传播现有的数据和分析）

重要地强调一点是，一定要明白政策制定者和监管部门是市场体系的一部分。因为环境的运作可能涉及对有良好公共目标的公共实体进行补贴，这可能趋向于没有那么严格。但是不应该是这样的情形：在市场体系的形成部分，政策制定者和监管者需要有一个长期的能力而不依赖于服务商或者一个不可持续的补贴（即没有一个明确可行的长期公共融资）。

协调市场发展

最后的一个挑战是尝试在市场体系方法下与国际合作发展伙伴、非营利组织和当地的政府共同开展不同的活动。很多市场中都不容易做到这一点。人们日益认识到金融普惠对经济社会发展的重要性，而且有众多参与者已对此产生很大的兴趣。然而，在递送支持方面的糟糕实践却会破坏那些试图从可持续发展市场体系中寻求长期解决方法所做的努力。小微捐助者的全球协会扶贫协商小组（CGAP）已经在其会员中大力宣传优良实践的意识。世界上大多数领先的全球性捐助组织致力于在《巴黎有效援助宣言》框架下一起改善协作努力。这本名为《小微金融资助者优良实践指南》的粉色书已经被CGAP中所有 33 位成员所接受，这本书清楚论述了市场体系方法。然而，还需要在国家层面做后续工作以保证将这些高水平的承诺变成现实。"走捷径"的诱惑是永远存在的。

介入市场构建活动

怎样才能让金融市场真正地为穷人工作呢？怀疑者可能会坚持认为市场能为穷人或者事实上任何其他人做的会相对很少。这会导致二者完全相反的政策结论中的一个：开发机构或政府应该直接放手以允许市场无阻碍地发展，或者允许在没有市场运行的地方应该有它们的直接代替品。这两种论点可能

由于不能解释之前讨论过的市场复杂性而被驳斥。市场不会只出现在社会和经济领域，而是以复杂的方式被构成并随着时间的推移不断演变；一个积极地路线会将其导向更低的成本和更大的普惠性。开始理解了市场如何运转以及它们如何失败、失败在哪里，为成功处理好这些失败提供了一个更好的机会。

然而，在干预市场弊大于利的这一点上是很重要的。那些期待促进市场开发的角色应该寻找机会发起有限的行动以将市场推向或者往好里说推向一个全新的更惠贫的轨道上去。然而，根据希波克拉底的医生誓言，第一条箴言就是首先不能带来伤害。

市场参与和促进之间一定经常存在差别。参与者可能是需求方的顾客，也可能是供给方的多种角色，从产业协会的零售供应商和关联市场的参与者到规章政策的制定者。需要着重强调的是，虽然规章政策制定者经常需要很小心以避免直接成为市场核心中提供服务的参与者，但是它们仍然是大市场体系中的一部分。相比之下，市场推动者的角色纯粹就是一个变革代理人或是催化剂，从长期来看不会成为体系中的一部分。市场推动者一开始在市场体系内扮演这样一个角色，接着可持续性发展就会实现。原则上，促进市场发展可以获得国际性捐助者、国家政府和各式各样的非营利性组织（包括有社会影响的投资者）的赞助。无论如何，存在一个最迫切的需求就是能够在市场中的特定参与者之间建立起一个清晰公正度和一个在市场之外仍然存在的可信承诺（见第四章）。

在倡导这个途径时，应该强调这里仅仅一个简单的蓝图或模板对于加快金融普惠是没有意义的。增强金融普惠的策略需要重点受所处环境的影响，应该警惕不要在计划中太过规范和约束性。市场体系方法中所用的实际参与工具不一定明显不同于那些长期被用过的。当然，问题是如何使用它们以及要达到什么目的。有几个关于市场推动如何取得成功的关键性实用原则应该有助于弄清楚这个问题。

确定退出机制

可能推动市场发展的唯一最重要的实用性原则是决定如何退出。关于干预是否有催化作用的一个严格测试就在于是否有一个令人信服的退出策略。如果没有的话，可能的情况就是推动者已经成为参与者，无论它扮演的角色是什么都一定成为了市场的一部分。一个很明显的问题就是不知不觉地形成了依赖，退出不可避免地发生了，取得的任何进步都要打了折扣。为市场参与者提供长期技术支援通常要冒这样的风险，因为专业技术人员被吸收成为管理团队的新成员。从一个实际的观点来看，当情况运转良好时，仍然会存在越来越不愿退出的危险。不可避免地任何一个组织都能发现与成功相关的好处，而且诱惑会持续存在。这时的问题可能就是市场扭曲，为寡头参与者创造了一个长期的优势，最终破坏了有效竞争的发展——而后者通常可能对取得包容性的最大化影响是至关重要的。

　　一个相对较早的退出可能仍然会产生好的结果。例如，英国国际发展署（DFID）为移动手机企业沃达丰开发移动方案提供了小微金融支持。在这项工程的最后期间，为现在著名的 M－PESA 移动支付系统开发的基础技术已经问世，但是还没有生产出令人信服的产品。这可能对于英国国际发展署（DFID）来说会是一种应一直参与其中的诱惑，但是它的挑战基金期限阻止这一做法，而且这也没有必要。沃达丰的团队和其肯尼亚分公司狩猎通信（Safaricom）已经拥有这项技术，最关键的是已进入市场。没有了进一步的支持，他们也能够开发 M－PESA 转账产品，三年之后会被用在肯尼亚70%的家庭中，并且会向其他国家推销。

定义潜在的"变革理论"

　　除了退出的问题，要清楚我们期待的一项干预如何能够带来从市场角度来衡量的变革也很重要。我们需要一个"变革理论"来解释市场预期应被如何开发以及导致变革的干预所扮演的角色。相似的经济学概念"市场失灵"通常在这里有助于分析市场中的挑战在哪里，解决为什么一项预期变革没有任何支持就不能发生的问题。然而，"市场失灵"的分析需要谨慎使用。它不能只充分地识别为什么市场会失灵，而是如何解决失灵问题，以及形成一个基于市场的可持续的解决方法。如果没有可行的方法解决一个特定的失灵，那么这一阶段的干预将会带着有限的可持续性发展前景回落至市场替代模型的情形。

相称性

　　早期的市场时常是脆弱的，重要的是避免用铁锤来敲击坚果（杀鸡用牛刀）。这不仅会导致在使用稀缺发展资源时没物尽其用，而且还可能会破坏实现目标的机遇。一般来说，大规模的干预带有很大的扭曲激励机制的风险，会阻碍市场长期的可持续性发展。

时机是一切

市场发展过程一定是动态的，一个特定的干预类型是否适合市场取决于市场发展的阶段。在世界上小微金融发展的早期阶段，有必要集中精力与相对较少的小微金融机构共事。目标只是去在很多市场中发展专有技术以开发可持续性的机构并且为下一阶段的发展提供演示模型。正如小微金融的发展史在很多情况下所示，这并不是一项容易的事业。这时候试图去支持过多的机构可能会有稀释努力、无法实现示范作用的风险。然而，一旦示范形成，就有必要改变方式看一下如何复制成功并扩大规模。仅仅继续关注个体机构可能不再合适，需要将重点转移到一个更宽广的、部门层面的方法中去。市场的成熟与参与者之间更激烈的竞争有关，而风险则会随着与个体机构的密切共事所产生的市场扭曲而不断增长。

把握机遇

频繁地推动金融普惠的边界必定会进入未知的领域。对于明智的金融机构管理人来说，将目标设定为已有的顾客服务而不是努力开发新产品新服务以揽到没有银行账户的人群有着强大的激励因素。一个潜在的促进市场发展的重要角色就是帮助开发并打开市场边界。应该更加重视尝试解决不确定性而不只是知道这项风险。前者涉及这样一种情形：何为绩效的推动因素尚不得而知。例如，小农指数型气象险目前还处于初级阶段；是什么驱动这些产品的成本收益结构，这还有待确定。实际上，没有支持，那些提供者将不太可能开发这些技术。相比之下，对于金融机构进入市场做那些组团的短期小额贷款不需要太多帮助。这可以被很好地理解，而且尽管风险一定会在涉及的机构中出现，但这就是投资者应该承受的。

实用主义

重要的不要将市场系统方法与天真的或教条的市场原教旨主义相混淆。在可持续发展的基础上，市场经常展现有效机会延伸到大量的穷人中间。这里的目标就是让市场为穷人工作，而不是反其道而行之。有些家庭可能在财政、人力、社会、身体、自然以及政治资本方面获得很微薄的捐赠，可预见未来他们可能被排斥在市场甚至是非正规的服务之外。然而，机会的出现可以将穷人带入市场。政府为最贫穷和最弱势的人提供社会转移资金，金融系统可能提供最有效的方法来传递这些转移资金。虽然这里的成本最终会由政府补贴来填补，但是这仍然提供了一种可持续发展的潜力来提供服务。

关键问题是政治上以及财政能力是否会提供长期存在的补贴。此外，重点应该是保证政府在市场上购买这些服务——从市场上的提供者中寻找最好的报价。

结束语

支持市场系统方法的发展同时要求雄心和谦虚。雄心是必需的，因为发展市场就是要在经济中实现重要的长期永久的变革。谦虚是因为市场推动者只能在可能性中工作，这些可能性由很多变革之力带来，有些可能有一点或者没有直接的影响，有些可能是非常不清晰的。找到通往终极目标的路径不是去寻找一份一次性的市场分析和对相关限制与机遇的识别。整个市场环境随时都在变化，初步证据没有一开始预想的精准，实验可以揭示了失败的想法和意料之外的成功，而所发起的很小活动的成功执行通常可能带来更多的未预料到的挑战，且变化的速度几乎完全不可预测。技术已经革新了市场，在目前的指标中，变化的速度会加快而不是变慢。

要想市场发展策略保持正轨，必须要定期测量市场变革和干预的真正成功之处和影响。只有通过在理论与实践之间建立一个有效的反馈循环才可以预测到进步是一直在保持着的。调研与分析在这里扮演了一个重要的角色，并且需要用各种不同的方法包括定性和定量的来处理。大量国家范围内的量化调研问卷绘制了服务扩展形势，对于我们更好地理解产业处于哪一阶段以及取得了哪些进展是至关重要的。但是深入的研究，比如金融日记，需要用来将领域内的视野传播到穷人的金融生活中。除非市场是基于最终利益相关者的现实而建立，它才不会失败。

在过去30年内金融普惠的发展已取得了巨大进步。虽然焦点会一直关于金融如何影响发展，但是证据仍旧证明了金融普惠是将穷人带入经济社会主流的一个关键部分。如果我们齐心协力利用市场的力量，我们应该能在不到30年的时间里，我们最终可以建立起一个为穷人工作的金融体系。

注释

[1] 这采用了 Angus Deaton，（2010）提出的方法。

[2] 请注意，在本章中所说的"机构"适用于新制度经济学，而不是像前面章节中提到的金融服务提供商。

[3] 大型金融服务集团热衷于交叉销售，以此试图满足其客户的广泛金融服务需求。然而，很少有一个单一的集团可以向不同服务范围内的消费者提供最好的服务。单一领域"寡头"的出现证明了这种关联的建立可以实现收益，于是消费者可以通过购物和挑选最好的机构来满足他们的个性化需求（Kay，2009）。

[4] 当然，应该指出的是，在早期小微金融发展史上一个成功案例是国有商业银行 Rakyat Bank Indonesia。它的成功至少可以部分归因于在小额信贷要素（单位税）和主要银行业务之间实现了一定程度的分离。

[5] 要注意，金融消费者教育的范围可以非常广泛。实际上，它有时只是营销的一个要素，因此没有成为公共消费品。然而，对如何适当地使用金融服务以及避免不当行为成为了共识。有趣的是，这并不一定意味着提供金融教育的最佳切入点是共同资助的计划。来自 M – PESA 研究的最新证据表明，使用合适的产品而不是更结构化的金融教育过程，可以最有效地建立财务能力（Zollman 和 Collins，2010）。

[6] 公共物品这个词经常被滥用，它最基本的要求是无竞争性（即一个消费不阻碍他人消费）和无排他性（如果一个人可以消费，那么他人也可以消费）。许多信息并不是严格意义上的公共物品，因为它是排他的。对于 FinScope 数据，就是这种情况。然而，如果要将 FinScope 的数据应用于公共政策，那么它必须对所有潜在的利益相关方是开放的，因而是非排他的。而更为困难的是人力资源的发展。这是一个"搭便车问题"，因为对于之前的投资人而言，当有其他人对投资对象进行能力投资时，他无法确保自己的财产权，而这会导致市场失灵。这个问题只是当参与者从集体利益角度进行利益协调时才得到解决。在一个新生市场，它提供了一个机会。

[7] 用体育运动来类比，他们就是起到体育当局和裁判建立和执行游戏规则的作用。虽然乡村足球比赛可以通过彼此之间互相熟悉玩家来指导，但一旦游戏变得更加严肃危险而且比赛双方都接受比赛结果时，一个独立的第三方裁判就是不可避免的。在国际比赛中，通常采用裁判与参赛球队不同国籍的手段来确保比赛的公正性。

参考文献及进一步阅读

Beck, T., S. M. Maimbo, I. Faye, and T. Triki. 2011. *Financing Africa—Through the Crisis and Beyond*. Washington, DC: World Bank.

Collins, D., J. Murdoch, S. Rutherford, and O. Ruthven. 2009. *Portfolios of the Poor: How the World's Poor Live on $2 a Day*. Princeton: Princeton University Press.

Deaton, A. S. 2010. "Understanding the Mechanisms of Economic Development." NBER Working Paper 15981, NBER, Cambridge, MA.

Demirgüç-Kunt, A., T. Beck, and P. Honohan. 2008. *Finance for All? Policies and Pitfalls in Expanding Access*. Washington, DC: World Bank.

Demirgüç-Kunt, A., and L. Klapper. 2012. "Measuring Financial Inclusion: The Global Findex." Policy Research Paper 6025, World Bank, Washington, DC.

Gibson, A., H. Scott, and D. Ferrand. 2004. "Making Markets Work for the Poor: An Objective and an Approach for Government and Development Agencies." ComMark Trust, Woodmead, South Africa.

Heyer, A., and S. Ouma 2011. "Financial Inclusion in Kenya: Results and Analysis from FinAccess 2009." FSD Kenya, Nairobi.

Jack, W., and T. Suri. 2010. "The Economics of M-PESA: An Update." Georgetown University, Washington, DC.

Kay, J. 2009. *The Long and Short of It*. London: Erasmus Press.

Khandker, S. R. 1998. *Fighting Poverty with Microcredit: Experience in Bangladesh*. New York: Oxford University Press.

Levine, R. 2004. "Finance and Growth: Theory and Evidence." NBER Working Paper 10766, NBER, Cambridge, MA.

North, D. 1990. *Institutions, Institutional Change and Economic Performance*. Cambridge: Cambridge University Press.

Porteous, D. 2005. "The Access Frontier as an Approach and Tool in Making Markets Work for the Poor." DFID Policy Division Paper. http://www.bankablefrontier.com/assets/pdfs/access-frontier-as-tool.pdf.

Ridley, J. 2011. "Facilitating Mobile Money for the Poor: The Contribution of Donors to Market System Development." M4P Hub Conference. http://www.m4phub.org/userfiles/resources/212201194742847-Jonathon_Ridley_-_Mobile_Money_Paper.pdf.

Roodman, D. 2012. "Due Diligence: An Impertinent Inquiry into Microfinance." Center for Global Development, Washington, DC.

Springfield Centre. 2008. *A Synthesis of the Making Markets Work for the Poor Approach*. Bern: Swiss Agency for Development and Cooperation.

Zollman, J., and D. Collins. 2010. "Financial Capability and the Poor: Are We Missing the Market?" FSD Insights 02, FSD Kenya, Nairobi.